朴尙煥 博士 近影

踏雪野中去　不須胡亂行
今日我行跡　遂作後人程

瑞峯先生朴尚煥大雅
論文上梓記念之

막막한 들판의 눈길을 걸어갈 때 (아무리 어려운
처지를 당하더라도)
절대로 어지럽게 발자국을 디뎌서는 안된다.
오늘 내가 걸어간 흔적이 마침내
뒷날 사람의 이정표를 만들고 마니까.

道谷은 서봉선생 박상환 大雅의 논문이 세상에
나오는 것을 기념하여 이 글(西山大師의 詩)을
써서 축하하노라.

瑞峰의 올바로 살아온 師道를 기리는 뜻에서 이 글을
선택하였습니다. 진심으로 祝賀를 드립니다. 健康하십
시오.

김태정 上

류재우 교수 그림

朴尙煥博士停年紀念

史學論叢

毋岳實學會

혜안

賀書

    우선, 건강한 모습으로 맞게 된 朴尙煥 교수님의 정년퇴임을 참으로 뜻깊고 기쁘게 생각합니다. 아울러 지난날의 삶에 대한 보답으로 베풀어진 기념논총 증정을 진심으로 축하합니다. 박 박사님, 아니 박 형과 나는 반세기 가까운 동안 질기고(?) 깊은 우정을 나눠 왔다고 말할 수 있을 것 같습니다. 신촌 로터리가 호박 넝쿨로 덮여 있을 무렵부터 학창을 같이한 대학 동문이요, 자유당 말기 논산 훈련소에 입소하여 삭발하고 군대생활의 고락을 같이한 전우요, 대학 강단에서 고뇌와 보람을 함께 나눈 동료 교수로서, 지금까지 거의 비슷한 인생역정을 걸어 왔다고 생각합니다. 어디, 그뿐인가요. 절대자의 배려하심이 있을 경우에는 황혼의 인생길을 함께 걸어갈 동행자가 될 수도 있을 것입니다. 지난날 박 형과의 사이에 있었거나 앞으로 일어날 수도 있을 이러 저러한 사연들이 떠올라, 오늘의 경사에 임하는 나의 기쁨과 감회가 남달리 크고 깊게 느껴지는 것인지도 모르겠습니다.

    박 교수는 다정다감한 분입니다. 가정생활 내지 사회생활을 영위함에 있어 항상 가족을 보살피고 동료들을 돕는 일에 앞장서는 분으로 알려져 있습니다. 그리하여 2녀 1남과 두 외손주가 재롱을 떨고 있는 가정은 행복과 기쁨이 넘치고 있습니다. 특히, 직장 동료들의 신뢰를 받아 박 교수와 더불어 가까이 지내기를 원하는 이들이 많다고 들었습니다. 아마도 박 교수의 성격이나 삶의 자세에, 흔히 세속적으로 말하는 '보스 기질'이 있기 때문에 그러는지도 모르겠습니다. 어쨌든 박 교수는 삶의 현장에 열정적으로 적극 대응하며 자기 나름의 인생을 소신껏 살고 있다는 점에서, 주변 사람들의 부러움을 사게 되는 것으로 알고 있습니다.

돌이켜보면, 박 교수는 1961년 연세대학교 사학과를 졸업하고 이듬해부터 고등학교에서 역사담당 교사로 교편을 잡았습니다. 14년 간의 고등학교 교편 생활을 마치고 1975년에 홍익전문대학 교수, 이어 1989년에는 홍익대학교 교수로 부임하였습니다. 전문대학 재직(1975~1989) 중에 전공분야에 관한 연구를 심화시키기 위해 1978년에 연세대학교 교육대학원 석사과정을 수료하였습니다. 1987년에는 단국대학교 대학원 사학과에서 『조선시대 기로정책 연구』로 문학박사 학위를 취득하였습니다. 이 박사학위논문은 조선시대 정치제도사를 구명하는 데 있어 개척적인 연구업적으로 평가되고 있는 줄 알고 있습니다. 뿐만 아니라 쉬지 않고 학문연구에 힘써 20여 편의 학술논문을 발표하였습니다. 그가 오랜동안의 고등학교 교편 생활의 타성을 극복하고 학구에 정진하여 박사학위를 취득하고 적지 않은 연구업적을 낸 것은 학자적 자질은 물론 각고의 노력과 강한 성취욕구가 있었기 때문이라고 생각합니다. 오늘 이 곳에서 동료와 후배 및 제자들에 의해 마련된 정년기념논총 증정식과 퇴임축하회는, 지금까지 박 교수가 한 집안의 가장이요 교육자이자 역사학자로서 성취한 삶에 대한 보답이라 할 수 있을 것입니다.

그러면, 정년퇴임 이후 박 교수의 삶은 과연 어떻게 영위될 것인가? 틀림없이, 그 이전보다 더욱 보람되고 가치 있는 인생을 열심히 살게 되리라고 믿습니다. 앞으로의 인생은 지난날의 삶을 통해 얻은 경험과 지혜를 바탕으로 해서 설계되고 영위될 수 있을 것이기 때문입니다. 아무리 그렇다 하더라도 허물없이 지내는 친구로서 한 마디 충고(?)가 없어서는 안 되겠다고 생각해서 동병상련의 정을, 아니 杞憂 같은 몇 마디 당부의 말씀을 전하려 합니다.

무엇보다도 먼저, 박 교수가 건강한 몸으로 정년을 맞고, 또한 인생의 보람과 기쁨을 누리는데 직접·간접으로 도움을 준 가족을 비롯한 주변의 모든 이들에게 감사해야 할 것입니다. 또한 지금까지 이룩한 모든 인간적 성취의 배경이 된 사회와 국가에 감사하고, 나아가서는 하나님께 경외와 함께 감사를 드려야 할 것입니다. 모든 일에 감사하는 마음으로 살다 보면 우선 심신이 건강해져 삶에 기쁨과 활력이 넘치게 될 것입니다. 또한 퇴임 이후의 인생을 통해 이루게 될 보람과 가치는 남달리 크고 값진 것이 되리라고 믿습니다.

박 교수는 지난날에도 그렇게 살았던 것으로 알고 있지만, 퇴임 이후에는 보다 열심히 이웃을 돕고 베푸는 인생을 살게 되기를 바라고, 또한 그럴 수 있게 되리라고 믿습니다.

그리고 건강이 허락하는 한 자주 여행을 떠날 것을 권하고 싶습니다. 가까운 친구와 함께하는 여행은 물론, 부인을 모시고 떠나는 여행도 뜻깊고 보람이 적지 않을 것으로 생각합니다. 외국여행이 번거롭다고 생각하면, 하많은 국내 명승고적을 순력하는 여행 역시 해볼 만할 것으로 생각합니다. 일정에 쫓기지 말고 쉬거나 사색하고 싶을 땐 머물며, 떠나고 싶으면 주저 없이 발길을 옮기는, 그러한 여행을 즐겨 보라는 말입니다. 때로는 동해바다 수평선을 박차고 오르는 일출을 바라보며 약동하는 활력을 느끼고, 새벽녘 서산 마루에 걸려 있는 조각달을 바라보며 소멸의 의미를 되새기게 될 것입니다. 또한 부인과 함께 떠난 여행길에 뜻깊은 일이 일어날는지도 모릅니다. 물기둥 같은 폭포수가 천둥처럼 咆哮하며 짙푸른 龍沼를 빙빙 도는 모습을 보고 佛家의 輪廻를 마음에 새기게 되며, 그 마음 사랑이 되어 來生의 再會를 다짐하는 역사(?)가 일어날 수도 있단 말입니다.

이야기가 너무나 장황해진 것 같습니다. 그렇다 해도 꼭 전해야 할 말씀이 있답니다. "이제부터 덤으로 사는 인생의 하루 하루가 사랑·소망·믿음이, 또한 감사·감격이, 그리고 건강과 행운이 노상 함께하기를 기원한다"는, 그 말씀을 전해야만 하겠다는 것입니다.

　박 형! 글 내용이 '하서'답지 않게 횡설수설한 것 같아서 조금은 쑥스럽고 미안하다는 생각이 들기도 합니다. 그러나 어찌하겠습니까? 동병상련하는 가까운 벗, 아니 황혼의 인생길에 고락을 함께할 동행자로서의 진한 우정, 아주 찐한 우정의 탓인 것을……

1999년 8월

원 유 한 씀

祝辭

    연세 동산에서 瑞峰 朴尙煥 박사를 처음 뵌 것이 어저께 같은데 벌써 정년을 맞으셨다니 믿어지지 않습니다.

    瑞峰 朴 박사님, 朴 박사님의 정년퇴임을 맞아 동료와 후학들이 박사님의 학덕을 기리기 위하여 정성어린 정년퇴임 기념논총을 엮게 되었으니 정말 뜻깊은 일이라 하지 않을 수 없습니다.

    돌이켜보건대, 朴 박사님이 태어난 1934년은 우리 민족이 세계역사상 그 유래를 찾아볼 수 없는 일본제국주의의 가혹한 식민통치 밑에 시달리고 있던 때였습니다. 이 때부터 시작된 일제의 야욕은 날이 갈수록 더욱 노골화하여 이 땅을 대륙침략의 병참기지로 만들어 滿洲를 삼켜 괴뢰 滿洲國을 세우고 중국대륙까지 넘보던 때였지요. 그 때부터 시작된 일제의 '大東亞共榮圈'의 망령은 꿈 많던 10代의 朴 박사님 가슴에 퍼런 멍이 들게 했습니다. 이는 1930년대에 태어난 우리 모두가 공통으로 경험한 地平이라 하여도 과언이 아니라 하겠습니다.

    1945년 우리는 일제의 질곡에서 벗어나 해방을 맞긴 하였지요. 그러나 해방의 그 날 조국은 둘로 갈라졌고 일찍이 경험치 못한 좌우익의 충돌과 6·25라는 전대미문의 동족상잔이라는 뼈아픈 시련에 시달려야 하였습니다.

    朴 박사님은 그 같은 민족의 비극을 눈으로 지켜본 몇 안 되는 역사의 증인이 되셨지요. 그 때문에 朴 박사님은 연세대학에서 역사학을 전공하시게 되었다고 생각합니다. 더욱이 이 나라에 물질만능주의가

팽배하면서 경로사상이 희박해져 가자 이를 개탄하시며 경로사상을 높여 온고지신으로 삼고자『朝鮮時代 기로소 연구』로 문학박사학위를 받으셨고 이 방면에 권위자가 되셨음은 우리 역사학계에 잘 알려진 바입니다. 이 점에 대하여 동료교수로서 저절로 고개가 숙여집니다. 더구나 여러 가지 어려운 여건 속에서도 역사학 연구를 당신에게 주어진 사명으로 알고 한 길만 걸어 왔다는 것은 말로는 쉽지만 결코 쉬운 일은 아니었을 것입니다.

朴 박사님은 항상 역사학자답게 혜안을 가지고 세상을 통찰하시면서도 항상 잔잔한 미소를 머금으시고 음지에선 동료 교수들의 입장을 대변하셨기에 朴 박사님 곁에는 항상 많은 학자들이 구름같이 모여들었음은 모든 분들에게 神話와 같이 영원히 남아 있을 것입니다.

더구나 대학사회에서는 섣불리 나서기를 꺼리는 교수협의회에서 평교수들의 궂은 일들을 당신의 일처럼 대변하셨고 총장선거에 입후보하셔서 행하신 눌변은 45년 전 박사님을 연세 동산에서 처음 만난 가슴 뿌듯한 감회를 새롭게 해 주었던 일이기도 합니다.

뿐만 아니라 敎學處長으로 헌신하는 바쁜 가운데에도 20여 편의 논문을 발표하여 학계에 뚜렷한 족적을 남기셨으니 그 같은 학구열에 동료교수로서 옷깃이 여며집니다.

그렇게도 부지런하고 자상하신 박사님. 이제 명예로운 정년을 맞게 되었으니 그 동안 대학에서의 보직과 연구, 강의로 좀처럼 시간을 내지 못하여 할 수 없었던 일들을 좀더 한가롭고 여유롭게 펼쳐 나가시고, 그간 이룩해 놓으신 학문 성과를 바탕으로 더욱 훌륭한 연구업적을 이룩하실 것으로 믿어 의심치 않습니다.

朴 박사님. 제자들에게는 영원한 사표가 되시고 동료와 후학들에게는 이 세상을 살아가는 데 올바른 지침이 무엇인지를 몸소 가르쳐 주시기 바랍니다. 그 위에다가 앞으로도 젊고 활기찬 제2의 삶을 더더욱 불태우시고 해가 갈수록 더욱 더 다복하시기를 두 손 모아 빌면서 박

사님을 위하여 이육사의 詩 한편을 골라 보았으니 웃으면서 받아 주십시오.

청 포 도

내 고장 칠월은
청포도가 익어가는 시절

이 마을 전설이 주저리주저리 열리고
먼 데 하늘이 꿈꾸며 알알이 들어와 박혀

하늘 밑 푸른 바다가 가슴을 열고
흰 돛 단 배가 곱게 밀려서 오면

내가 바라는 손님은 고달픈 몸으로
청포를 입고 찾아온다고 했으니

내 그를 맞아 이 포도를 따 먹으면
두 손은 함뿍 적셔도 좋으련

아이야, 우리 식탁엔 은쟁반에
하이얀 모시 수건을 마련해두렴.

1999년 8월
南陽 洪 鍾 佖

朴尙煥 博士 年譜

1934年 8月 11日 忠淸北道 鎭川郡 德山面 九山里 410番地에서 朴來源氏(本貫
　　咸陽)와 趙庚仁(本貫 豊壤)女史의 4男 2女 중 4男으로 出生. 號 瑞峰

[학력]

1941년　　　　　서울 普光유치원 수학
1942년~1948년　서울 梨泰院 國民學校 卒業
1948년~1950년　龍山中學校 卒業
1953년~1956년　龍山高等學校 卒業
1956년~1961년　延世大學校 文科大學 史學科 卒業(文學士)
1976년~1978년　延世大學校 敎育大學院 歷史敎育科 碩士課程 修了(敎育學碩
　　　　　　　　士)
1980년~1987년　檀國大學校 大學院 史學科 博士課程 修了(文學博士)

[경력]

1962년~1964년　恩光中高等學校 敎師
1965년~1975년　梨花女子高等學校 敎師
1975년~1989년　弘益專門大學 敎授
1976년　　　　　弘益專門大學 學生指導 硏究所 相談部長
1977년　　　　　弘益專門大學 敎養科程 主任敎授
1985년　　　　　弘益專門大學 新聞·放送局長
1988년·1989년　專門大學 入試出題委員
1989년~1999년　弘益大學校 造形大學 敎授

1989년	弘益大學校 鳥致院캠퍼스 新聞·放送部長
1992년	弘益大學校 鳥致院캠퍼스 圖書館長
1995년	弘益大學校 教學處長

國際大學校 講師
明知大學校 講師
韓國外國語大學校 講師
母岳實學會 會長
教育部 一種圖書 審議委員

[論著目錄]

著書

『東洋史講論』(編著), 創文閣, 1998.
『西洋史講論』(編著), 創文閣, 1998.
『朝鮮時代 耆老政策研究』, 혜안, 2000.

論文

「舊韓末 西北地方의 新教育 運動에 대한 一考察」, 延世大學校 教育大學院 碩
        士學位論文, 1978.
「安島山의 新教育 運動 研究」, 『弘益工大論文集』 10, 1979.
「平壤 大成學校의 教育理念에 대한 研究」, 『弘益工大論文集』 10, 1979.
「舊韓末 言論의 教育救國論 分析」, 『弘益工大論文集』 13, 1982.
「丹齊 申采浩의 歷史認識」, 『弘益工大論文集』 13, 1982.
「泰西 洋務書의 韓國思想史的 考察」, 『弘益工大論文集』 14, 1983.
「日帝의 言論彈壓 研究」, 『弘益工大論文集』 15, 1984.
「朝鮮時代 耆老所 研究」, 『邊太燮博士華甲紀念史學論叢』, 1985.
「朝鮮時代 養老制度 研究」, 『弘益工大論文集』 17, 1986.
「朝鮮時代 致仕制度 研究」, 『弘益工大論文集』 18, 1987.
『朝鮮時代 耆老政策 研究』, 檀國大學校 大學院 博士學位論文, 1987.

「洪敬謨와『耆社志』의 刊行」,『弘益工大論文集』19, 1988.

「朝鮮時代 加資制度 硏究」,『弘益工大論文集』20, 1989.

「朝鮮時代 國老 優待策」,『車文燮博士華甲紀念論叢』, 1989.

「朝鮮時代 耆老所의 敬老行事」,『弘益大論文集』(人文・社會科學編) 21, 1990.

「朝鮮時代 耆臣政策」,『弘益大論文集』(人文・社會科學編) 22, 1991.

「朝鮮時代 老人星祭」,『張忠植博士華甲論叢(歷史學編), 1992.

「高麗時代 耆老政策」,『弘益大論文集(人文・社會科學編) 26, 1995.

「壬辰倭亂과 鄭湛將軍」,『軍史』32, 1996.

「中日戰爭 이후 朝鮮總督府의 軍需鑛業政策」,『弘益大論文集』(산업기술편) 9,
2000.

「한국근대 민족운동가들의 지도노선에 대한 비교검토 - 이승만・안창호・이동휘
・신채호를 중심으로 - 」,『弘益大論文集』(인문과학편) 7, 2000.

[家族關係]

1965年 12月 安有得氏(本貫 順興)와 金順福女史(本貫 慶州)의 2男 4女 중 3女
인 安貞子女史와 結婚, 1男 2女를 둠.

長女, 允喜(梨花女大 英文科 卒)

壻, 尹寧彬(서울대 항공기계학부 敎授)

外孫女 珠瑛, 外孫子 晟源

次女, 恩暎(延世大 建築科 卒, 월마트 근무)

長男, 在憲(中部大學 在學)

目　次

朴尙煥 博士 近影
그림 / 류재우
賀詩 / 김태정

동물상을 통해 본 구낭굴의 자연환경

이 융 조[*]
조 태 섭[**]

1. 머리말

단양 구낭굴 유적은 충청북도 단양군 가곡면 여천리 산17번지에 자리하며 삼태산의 남쪽 기슭(해발 312m)에 자리하고 있다. 지질상으로 조선계 석회암지대가 발달한 이 지역은 많은 동굴과 바위그늘들이 있으며, 이 유적 근처에 도담 금굴, 상시 바위그늘 그리고 수양개 유적과 같은 구석기시대의 유적들이 찾아진 바 있다.[1]

1986년에 처음으로 찾아진[2] 이 굴은 충북대학교 박물관에서 조사단(단장 이융조 박물관장)을 구성하여 1986년과 88년 두 번에 걸쳐 발굴 조사를 하였으며 그 후 10년 만인 1998년 겨울 제3차 발굴이 이루어졌다.[3]

---

* 충북대학교 고고미술사학과 교수
** 충북대학교 고고미술사학과 강사
1) 이들 유적들이 반경 10km 안에 위치하고 있어 이 곳 단양에 많은 구석기시대 유적이 있었음을 잘 보여주고 있다.
2) 당시 매포중학교 교사로 있던 임광훈 님의 제보에 의하여 알려지게 되었다.
3) 1·2차 조사에는 충북대 박물관 예산으로 조성되었으며 충북대 역사학과와 고고미술사학과 학생들이 참가하여 수고하였다. 3차 조사는 단양군(당시 정

유적의 퇴적 규모와 함께 전체 규모를 알기 위해 이루어진 제3차 발굴에서는 전체 퇴적층의 두께가 약 5m에 이르고 적어도 9개의 퇴적층으로 이루어지고 있음을 알 수 있었다.[4]

이와 함께 많은 유물들이 출토되었는데 그 가운데 제일 많은 것이 바로 동물화석이다. 이 글에서는 이 동물화석들을 분류하여 얻어진 구낭굴 짐승상의 종적 구성을 바탕으로 당시 구낭굴 일대의 자연환경을 복원해 보기로 한다.

구낭굴 유적은 세 차례에 걸친 발굴에도 불구하고 아직도 많은 부분이 미발굴된 채로 남아 있다. 지금까지의 발굴에서 어느 정도의 개요를 파악할 수 있는 것이 제3층으로, 퇴적의 두께는 140~170cm이며, 많은 동물화석을 출토하고 있다. 그러므로 이 글에서는 제3층에서 출토된 동물화석의 분석을 중점으로 해석해 보기로 한다. 앞으로 계속되는 분석을 통해 다른 문화층과의 비교 검토가 있을 것이다.

2. 구낭굴 3층 동물상의 종적 구성

구낭굴 제3층의 전체 동물상은 모두 2문 4강 11목 17과 25종으로 구성되어 있다. 사람을 포함한 큰 젖먹이짐승이 12종 출토되었으며 토끼

하모 군수)의 특별한 배려로 예산이 만들어졌으며, 이 발굴을 진행하는 데 이건표 군수(단양군)와 김재호 회장(단양 향토문화연구회)의 따뜻한 격려에 크게 힘입어 어려운 여건에서도 진행될 수 있었기에 이에 사의를 표한다. 지금까지 나온 구낭굴 유적에 관계된 글들은 아래와 같다. 이융조·박선주·우종윤,『단양 구낭굴 발굴보고(Ⅰ) - 1986·88년도 조사』, 충북대 박물관, 1991 ; 이융조·박선주, 「단양 구낭굴 출토 곰화석 연구」,『박물관 기요』8, 단국대, 1992, 33~68쪽 ; 이융조·조태섭·이동성·박홍근, 「단양 구낭굴 유적 발굴 조사 개보」,『충북대 박물관 년보』7, 1998, 155~169쪽 ; 이융조·조태섭, 「단양 구낭굴 동물상의 새로운 연구 - 3차 발굴 결과를 중심으로」,『선사와 고대』 12, 한국고대학회, 1999, 3~26쪽 ; 이융조·조태섭·김주용·강상준,『단양 구낭굴 유적(Ⅱ) - 1998년도 조사』, 충북대 박물관·단양군, 1999, 237쪽.
 4) 이융조와, 앞의 책, 1999, 31~45쪽.

보다 작은 젖먹이짐승이 8종 출토되었다. 이 밖에 새 1종과 박쥐 1종이 나왔으며 달팽이들도 3종이 분류되었다(표 1).

<표 1> 3층 출토 동물상의 종구성

문	강	목	과	속	종
등뼈동물	젖먹이짐승	영장	짧은꼬리원숭이	짧은꼬리원숭이	짧은꼬리원숭이
			사람	사람	슬기슬기사람
		소	사슴	사슴	사슴
					말사슴
				사향노루	사향노루
			소	산양	산양
		말	코뿔이	코뿔이	코뿔이
		식육	고양이	판테라	호랑이
				시라소니	시라소니
			곰	곰	불곰
			족제비	오소리	오소리
				담비	산달
		토끼	우는토끼	우는토끼	우는토끼
		식충	두더지	두더지	두더지
			땃쥐	땃쥐	땃쥐
		쥐	비단털쥐	비단털쥐	옛비단털쥐
				대륙밭쥐	대륙밭쥐
				갈밭쥐	브란티갈밭쥐
			다람쥐	마르모트	마르모트
		박쥐	애기박쥐과	관코박쥐	관코박쥐
	개구리	개구리	개구리	개구리	개구리
	새	새	새		새종
연체동물	복족	병안	달팽이		흑산도좀달팽이
					제주도달팽이
					콩알달팽이

이러한 종적 구성을 제1·2차 발굴 보고와 비교해 본다면 모두 9종의 짐승이 보고된 제1·2차 발굴보다 제3차 발굴에서 많이 늘어난 것을 볼 수 있다.5) 이것은 쥐를 포함한 작은 짐승들과 달팽이의 자세한 분석에 의한 분류에 힘입은 바 크다. 이와 함께 큰 젖먹이짐승에서는

소목에 속하는 산양이 새로 나타났으며, 사슴과의 사향노루와 홑굽짐
승인 코뿔이(털코뿔이?)가 보인다. 반면에 1·2차 발굴에서 나왔던 시
라소니와 사람 뼈는 출토되지 않았다.

3. 구낭굴 짐승의 생태 적응요소 분석

유적에서 찾아지는 동물들은 각 짐승마다 고유한 생태환경요소
(Biotope)를 지니고 있다. 이들을 분석해 봄으로써 우리는 그 유적의
자연환경 상태를 좀더 면밀히 살펴볼 수 있게 된다. 이러한 분석의 틀
로는 찾아진 전체 짐승상의 종적 구성 분포·무게별 분포·먹이습성
별 분포 그리고 이동성의 분포 등 크게 네 가지의 분류방식이 제시되
고 있는데, 각각의 구분 기준을 알아보면 다음과 같다.[6]

ㄱ. 종별 분포(Histogramme taxinomique) - 8부류

쥐	Rongeurs(R)
식충류	Insectivores(I)
영장류	Primates(Pri)
짝굽짐승류	Artiodactyles(Ar)
식육류	Carnivores(C)
홑굽짐승류	Perissodactyles(Per)
코끼리류	Probosdcidiens(Pro)
기타	Autres(A)

ㄴ. 무게별 분포(Histogramme des masses) - 7부류

---

5) 이융조·박선주·우종윤, 앞의 책, 1991, 101쪽.

6) Guerin C. et Faure M., "Grands Mammifères" in Miskovsky ed., *Géologie de la Préhistoire ; Méthodes, Techniques, Applications*, 1987, 810~830쪽.

AB :   0 <P≤   1kg - 식충류·작은 쥐류
C   :   1 <P≤   10kg - 토끼·작은 족제비과
D   :   10 <P≤   45kg - 작은 개과·작은 초식동물
E   :   45 <P≤ 100kg - 작은 사슴·소과·개과
F   :   100 <P≤ 200kg - 대부분의 사슴·멧돼지·큰 식육류
G   :   200 <P≤ 1000kg - 말·큰사슴과·소과·곰과
H   :   1000kg<P   - 코끼리·코뿔이·하마

ㄷ. 먹이 습성별 분포(Histogramme des adaptations alimentaires)
 - 6부류

I(Insectivores) : 곤충먹이짐승 - 식충류· 박쥐 등
F(Frugivores et granivores) : 과일·열매 먹이 짐승 - 많은 쥐들·원숭이
HB(Herbivores brachyodontes) : 이 짧은 풀먹이 짐승 - 사슴과
HH(Herbivores hypsodontes) : 이 긴 풀먹이 짐승 - 소·말·코끼리 등
C(Carnivores) : 고기먹이 짐승 - 식육류
O(Omnivores) : 잡식짐승 - 돼지·곰·오소리 등

ㄹ. 이동성별 분포(Histogramme des adaptations locomotrices)
 - 6부류

GTf(Grands mammiferes Terrestres forestiers) : 큰 젖먹이 숲지성 짐승
GTu(Grands mammiferes Terrestres ubiquistes) : 큰 젖먹이 혼합성 짐승
GTc(Grands mammiferes Terrestres coureurs) : 큰 젖먹이 들판성 짐승
PT(Petits mammiferes Terrestres) : 작은 젖먹이 평지성 짐승 - 쥐
Gr-Ar(Grimpeurs et Arboricoles) : 기어오르거나 나무 생활형 짐승
Aq(Aquatiques) : 물·숲지성 짐승 - 수달·하마

Ar(Aeriens) : 날기 짐승 - 박쥐
Fo(Fouisseurs) : 땅파기 짐승 - 쥐·식충류

　이러한 구분 아래 각각의 분포별로 비율을 내어 봄으로써 출토된 짐
승상의 우세 환경을 알아볼 수 있으며 이것을 토대로 그 짐승상이 속
한 유적의 환경 조건을 알아볼 수 있는 것이다.

　한편 이러한 짐승상의 생태환경 요소별 분석의 기준은 출토된 모든
젖먹이짐승들을 가지고 이루어지는데 이것은 동물들의 최대뼈대수
(NISP)나 최소마리수(NMIc)가 아니라 찾아진 동물의 종수를 기초로
한다. 여기에는 최소한 30종 이상의 동물들이 찾아진 유적인 경우에만
통계분석과 해석이 신뢰성 있는 결과를 얻을 수 있다고 주장하는 견해
도 있다.[7]

　위와 같은 분류구분에 맞추어 구낭굴 제3층에서 찾아진 짐승들의
생태환경 요소를 구분해 본 것이 아래의 표이고(표 2), 각각의 분포도
를 작성해 본 결과 아래와 같은 분포도를 얻을 수 있었다(그림 1~4).

　먼저 이 곳 구낭굴 유적 3층 짐승상의 종적 구성을 보면 코끼리를
제외한 7부류의 동물들이 다 나오고 있다. 그 중 제일 많이 나온 것이
식육류로 5종이 찾아져서 22.7%를 점유하고 있다. 사슴과로 대표되는
짝굽짐승과 작은 쥐 종류들이 각각 18.2%를 차지하고 있다. 식육류는
전체 동물상의 종적 구성에서 볼 때 일반적으로 높게 나타나는 편이
다.

　예를 들어 프랑스의 후기 구석기시대 유적인 아브리 빠또 유적의 경
우 각 층별로 평균 30~40%를 차지하며,[8] 뚜르날 동굴도 33%이다.[9]

---

7) Guerin C. et Faure M., 위의 글, 1987.
8) Cho Tae-Sop, "Etude Archéozoologique de la faune du Périgordien
　supérieur de l'Abri Pataud," Les Eyzies, Dordogne, Thèse, M.N.H.N., 1998.
9) Patou-Mathis M., "Actions anthrophiques sur les assemblages osseux et
　sur les ossements du Paléolithque : état des recherches," in *Taphonomie*,

<표 2> 구낭굴 3층 동물상의 생태 적응요소 분석

짐승	종적분포	무게별분포	먹이습성별분포	이동성별분포
사슴	Ar	F	HB	GTf
말사슴	Ar	G	HB	GTf
사향노루	Ar	D	HB	GTf
산양	Ar	E	HH	GTc
코뿔이	Per	H	HH	GTu
호랑이	C	G	C	GTu
시라소니	C	E	C	GTu
곰	C	G	O	GTf
오소리	C	D	O	GTu
산달	C	C	C	PT
토끼	A	C	HH	PT
개구리	A	AB	I	Aq
두더지	I	AB	I	Fo
땃쥐	I	AB	I	Fo
마르모트	R	AB	F	Ar-Gr
옛비단털쥐	R	AB	F	PT
대륙밭쥐	R	AB	F	PT
브란티갈밭쥐	R	AB	F	PT
관코박쥐	A	AB	I	Ar
새	A	AB	I	Ar
원숭이	Pri	D	F	GTf
사람	Pri	E	O	GTu

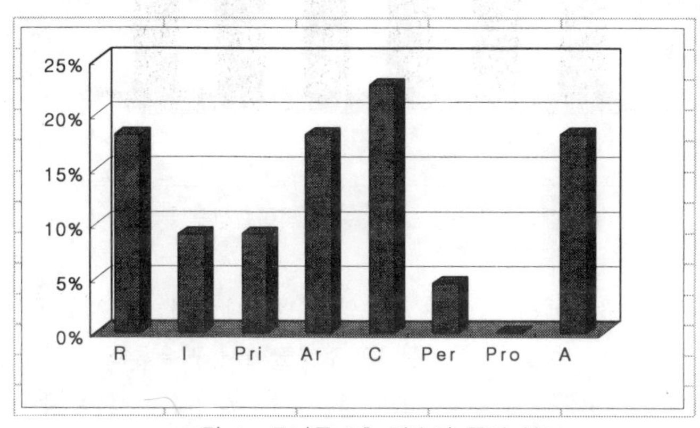

<그림 1> 구낭굴 3층 짐승의 종적 분포

Bone Modification, Cedrac, 1994.

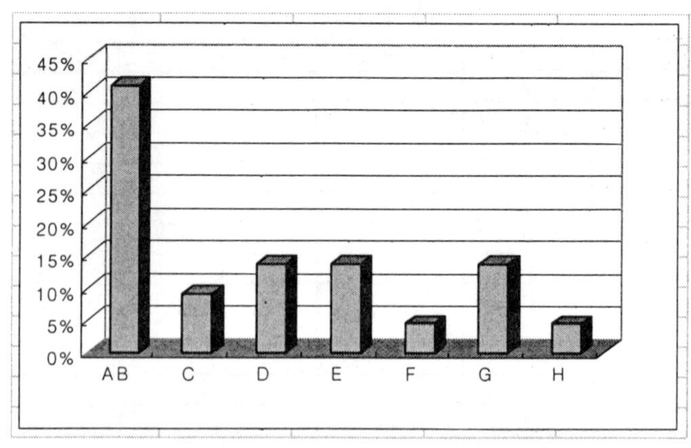

<그림 2> 구낭굴 3층 짐승의 무게별 분포

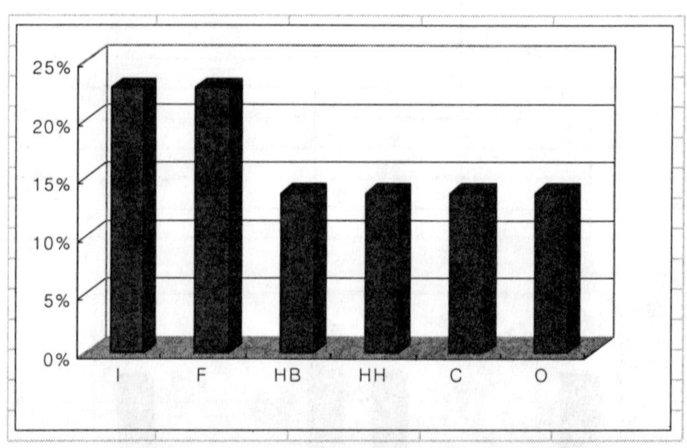

<그림 3> 구낭굴 3층 짐승의 먹이습성별 분포

하지만 이들 유적에서 식육류 짐승의 최대뼈대수와 최소마리수는 각각 2% 미만이다. 이들과 비교할 때 구낭굴에서 식육류의 구성비율은 낮은 편이고, 쥐들을 포함한 작은 짐승들이 우세하게 나타나는 것을 볼 때 당시의 자연환경은 숲들이 발달하고 작은 크기의 나무(관목)들이 넓게 퍼져 있는 모습으로 가늠해 볼 수 있다.

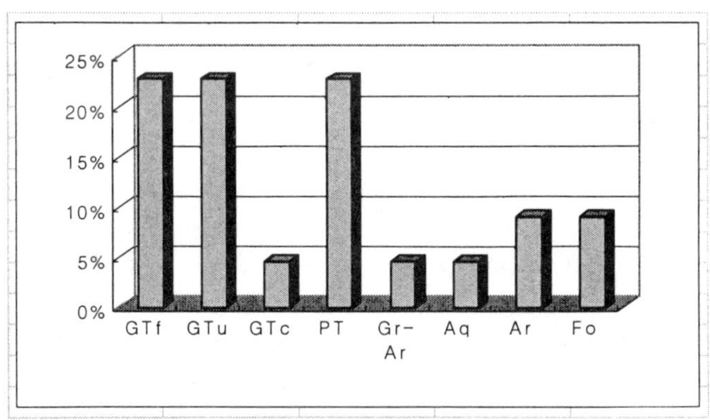

<그림 4> 구낭굴 3층 짐승의 이동성별 분포

　이 점은 무게별 분포 상황 생태 그림에서도 잘 나타나고 있다(그림 2). 즉 무게가 1kg이 채 못 되는 'AB' 무리의 짐승이 8종으로 전체의 40.9%를 차지하고 있음을 보아 확인된다. 반면 아주 큰 크기의 짐승들로는 코뿔이가 유일하게 보이는데, 이 동물도 실제로는 어린 짐승의 젖니 한 점에 불과해 구낭굴 3층에서는 큰 젖먹이짐승이 적은 편으로 나타난다.

　짐승들의 먹이 습성별 분석은 그 분포가 제일 고루 분산되고 있음을 볼 수 있다. 곤충먹이·열매먹이 짐승들도 많이 보이며, 사람·곰·오소리 등의 잡식성 동물들도 제법 비중 있게 나오는 편이다. 이런 점은 숲과 나무가 널리 퍼져 있는 점과 연결되는 것이다.

　마지막으로 출토된 짐승들의 뛰기, 이동 모습에 대한 분석은 땅에서 사는 큰 젖먹이짐승들이 거의 반을 차지하고 있다(50%). 그리고 작은 크기의 평지에서 생활하는 짐승들도 22.7%의 점유율을 보이고 있다. 제일 많이 나온 큰 젖먹이짐승들 가운데에서 넓은 들이 필요로 되는 즉, 빠르게 뛰어다니는 짐승(GTc)은 아주 적고 숲지성 짐승들(GTf)과 혼합지성 짐승들(GTu)이 크게 우세한 것으로 나타난다.

　그러므로 위의 4가지 생태환경 요소별 분포 상황을 볼 때, 이 곳 구낭굴 3층의 자연환경을 복원해 보면 당시 이 굴의 주위에 숲이 넓게 퍼져 있으며, 관목 등의 작은 크기의 나무가 발달했었고, 주위에 열매 맺는 나무들도 함께 있었음을 알 수 있다.

4. 세노그람(Cenogramme) 방법에 의한 기후환경 분석

세노그람에 의한 분석의 방법은 처음에는 고생물학의 분류체계를 분석하기 위해 발달하기 시작하였다. 1960년대에 발베르드라는 고생물학자가 발전시키고 사용했던 것인데, 이후 제대로 쓰이지 않고 있다가 1980년대 말에 르장드르(S. Legendre)에 의해 보완되어 쓰여지기 시작하였다.[10]

그는 짐승 종의 크기와 먹이 관계에 바탕을 둔 예전 방법을 다시 취하면서, 쓰기에 편하고 좀더 뚜렷하게 보여주는 새로운 방법론을 세웠다. 이렇게 새로이 정리된 세노그람 방법론은 현재 발달하고 있으며, 갱신세 동물상 연구에 체계적으로 이용되고 있다.

세노그람 방법의 원리는 간단하다. 유적에서 출토된 모든 짐승들의 계산된 무게값을 그래프로 만들어서 나오는 선의 기울기·각도·빈도 등을 분석하여 유적의 환경조건을 따져 보는 것이다.

즉, 젖먹이짐승들을 먹이에 상관 없이 무게에 따라서 가장 큰 것에서 작은 것의 순서로 분류한다. 각 짐승의 로그 무게값은 아래 첫째 어금니의 면적과 그 짐승의 몸무게 사이에 존재하는 밀접한 관계를 가지고 계산할 수 있다.

---

10) Legendre S., "Les communautés de mammifères du Paléogène d'Europe occidentale ; Structures, Milleux et évolution," *Thèse de Doctorat d'Etat*, Univ. de Monpollier, 1988.

$$\text{Log } Y = \text{Log } b + K \text{ Log } X$$

(K= allométrie 계수, b= 상수, X= M1의 면적, Y= 동물의 몸무게)

이러한 상관관계는 위와 같은 식으로 표현될 수 있다. 여기에서 K값과 Log b값은 상수로 이들은 젖먹이짐승의 종별 또는 과별로 주어지고 있다(표 3. 박쥐·새류는 제외).

따라서 각 짐승의 로그 무게값은 M1의 면적값을 알면 구할 수 있게 된다. M1의 면적은 이 이빨의 길이와 너비의 평균값을 곱하는 것으로 산출된다. 이렇게 해서 유적에서 출토된 동물뼈 화석의 무게지수가 구해지게 되며, 이들을 수치가 큰 것에서 작은 것의 순서로 배열하면 유적 전체의 로그그래프가 얻어지게 되는 것이다.

그런데 유적에서 찾아지는 모든 짐승이 첫째 어금니를 가지고 출토된다면 이들의 값을 쉽게 구할 수 있지만, 찾아진 짐승들 중에는 첫째 어금니가 없는 것들도 있다. 이 경우에는 다른 유적에서 얻어진 또는 비슷한 종의 값을 참고자료로 쓸 수 있다. 여기에 많이 이용되는 것이 르장드르가 현생종을 가지고 만들어 놓은 자료이다.[11]

<표 3> 젖먹이짐승의 세노그람 계수(K값과 Log b값)

목	과	K	Log b
영 장 류		1,6353	3,0288
짝굽짐승		1,5416	3,5346
홑굽짐승		1,5594	3,2818
식 육 류	개　　과	1,4586	2,2276
	고양이과	1,5353	2,9506
	곰　　과	1,8436	2,1494
	족제비과	1,6681	1,2984
식 충 류		1,8228	1,4461
쥐		1,7548	2,0875

---

11) Legendre S., 위의 글, 1988.

그래프 만들기는 가로축에 무게가 큰 동물부터 작은 동물의 순서로, Log Y값의 순서에 따라서 늘어놓는다. 얻어진 그래프들은 크게 4가지 형식으로 요약해서 정리될 수 있으며, 이에 따른 기후환경은 아래와 같이 요약될 수 있다.

a. 숲 환경
- 0.5~5kg 사이의 종이 많다. 만일 숲이 아주 울창했다면 250kg이 넘는 종은 거의 나타나지 않는다.
- 큰 젖먹이짐승 종과 작은 젖먹이짐승 종 사이의 불연속성이 없다. 세노그람에 보이는 두 선이 이루는 기울기는 같다.

b. 열린 환경
- 0.5~5kg 사이의 종이 아예 없거나 드물다.
- 중간 무게의 동물들이 없고 큰/작은 짐승 군으로 개별화된다.

c. 습한 환경
- 종 수가 많다.
- 큰 젖먹이종이 많고, 세노그람의 기울기가 같다.

d. 건조한 환경
- 종 수가 적고, 특히 큰 젖먹이종이 적다.
- 큰 젖먹이종이 이루는 그래프의 각도가 훨씬 가파르다.

크게 두 종류의 환경조건으로 대별되는 이 분류는 먼저 유적의 주위가 열린 환경 즉 평지나 들판 같은 성격을 지니고 있는가 또는 숲이 발달한 환경인가를 구분해 볼 수 있는 것이며, 또 한 가지는 유적의 기후환경과 관계된 것으로 추운 성격의 건조한 기후인가 또는 약간 온화한 편인 습한 기후인가를 구분해 볼 수 있다. 이 두 종류의 성격은 위

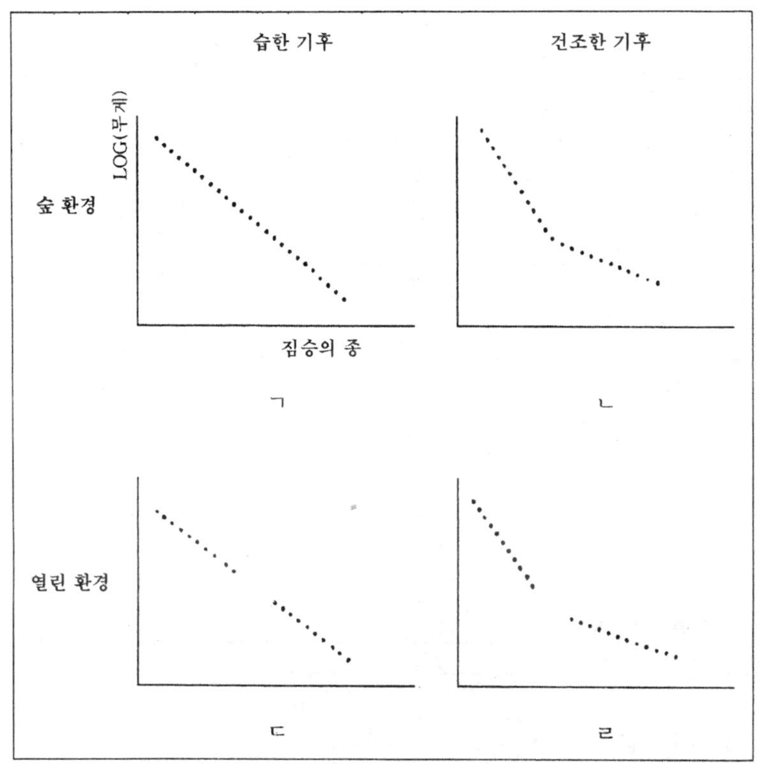

<그림 5> 세노그람에 의한 기후환경 해석의 4가지 모습

의 4가지 예에서 보듯이 서로 유기적으로 연결되어 있는 것이다(그림 5). 한편, '기온'도 젖먹이짐승들의 구성에 끼치는 영향은 '건조'가 일으키는 효과와 같았다. 즉 기온이 낮아지면, 크고 작은 젖먹이짐승 종의 수가 줄어들며, 특히 0.5kg 이하의 작은 동물 사이에서 변화가 크다.

위의 방법에 의하여 구낭굴 짐승들의 세노그람에 관계된 지수를 산출하여 본 결과 아래의 표와 같이 정리될 수 있다(표 4).

구낭굴 3층에서 찾아진 젖먹이짐승들의 Log M1의 값을 산출한 다음에 구해진 Log(무게)의 수치를 기초로 하여 얻어진 세노그람 분포곡

<표 4> 구낭굴 3층 짐승상의 세노그람 계수

짐승	Log M1의 크기	Log(무게)
코 뿔 이	6.92402	14.02252
곰	6.04025	13.45884
말 사 슴	5.90495	12.59473
호 랑 이	5.86567	12.10071
사 슴	5.09522	11.15625
사 람	4.76729	11.12726
산 양	4.45899	10.18490
시 라 소 니	4.68518	9.95228
오 소 리	4.81200	9.34093
짧은꼬리원숭이	3.77276	9.24256
사 향 노 루	3.84246	9.21034
여 우	4.52100	8.98969
산 달	3.82155	7.24423
토 끼	1.54079	4.94164
두 더 지	1.01957	4.30542
대 륙 밭 쥐	0.67702	3.61362
옛비단털쥐	0.57706	3.42751
브란티갈밭쥐	1.14467	3.34990
땃 쥐	0.04919	1.62924

선이 그림 6이다.

이 구낭굴 3층의 세노그람 분포곡선을 위의 일반 특징에 비교해 보면, 먼저 이 시기는 아주 춥고 건조한 기후가 아니었음을 알 수 있다. 즉 구낭굴 분포곡선의 전체 기울기는 조금 불규칙하게 이루어지고 있지만, 크게 보아 <그림 5-ㄱ>과 비슷한 것으로 가늠할 수 있는 것이다. 다만 작은 짐승들을 나타내는 아래쪽의 곡선이 조금 기울어지는 경향이 있는 것으로 보아 약간 추운 기후조건이라 볼 수 있다.

그리고 큰 짐승들과 작은 짐승들 사이에 있는 중간 크기 짐승의 분포가 적을 때(그림 5-ㄷ·ㄹ) 당시의 환경은 들판과 같은 열린 환경이었다고 볼 수 있다. 구낭굴 그래프의 경우 이들 중간 크기의 짐승들이 약간 적지만 꾸준히 연결되고 있음을 볼 수 있다. 이것은 넓은 들판과

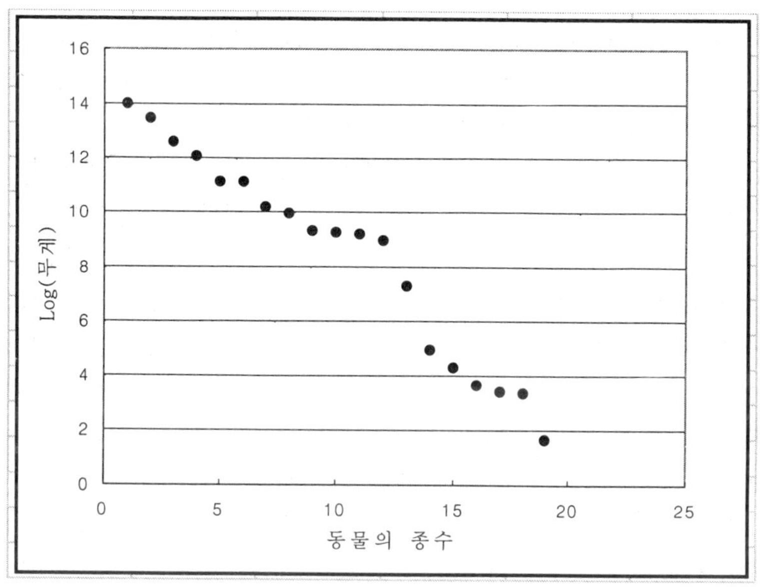

<그림 6> 구낭굴 3층 짐승상의 세노그람

같은 열린 자연환경에서 거의 나타나지 않는 중간 크기의 짐승들이 이 구낭굴 유적에서는 제법 보이는 것으로 유적의 환경이 숲지성 기후조건이었음을 말하여 준다. 즉 세노그람에 의한 자연환경 분석은 3층 시기의 구낭굴 유적 언저리의 기후가 숲지성 공간에 약간 추운 자연환경 아래에 있었음을 보여주는 것이다.

5. 맺음말

구낭굴의 제3층에서 출토된 짐승들을 가지고 이 유적의 자연환경을 복원해 보았다. 먼저 출토된 짐승들의 생태환경요소를 가지고 4가지의 분류를 하여 본 결과 이 유적 일대는 숲이 발달한 가운데 작은 크기의 관목들이 널리 퍼져 있으며 열매 맺는 나무들도 일대에서 쉽게 찾아볼 수 있는 것으로 추정되고 있다. 그리고 세노그람에 의하여 분석하여 본 기후환경은 당시 구낭굴 유적 언저리의 기후가 역시 숲지성 공간에 약간 추운 자연환경 아래 있었음을 밝혀 낼 수 있었다.

한편, 꽃가루 분석결과에 따르면 제3층은 소나무의 빈도가 증가하고 있으며 참나무의 수는 줄고 있는 것으로 보고된다. 이와 함께 젓나무·낙엽송과 같은 추운 기후에서 서식하는 수종이 나오는 것으로 보아 서늘하였던 시기로 해석된다. 하지만 온난한 기후를 반영하는 참나무 속이 증가하고 있는 것으로 보아 서늘했던 시기와 온난하였던 시기가 여러 번 반복되었던 것으로 해석되고 있다.[12] 이 3층은 퇴적 두께가 140cm에 이르는 아주 두꺼운 퇴적층인 것으로 볼 때 이 문화층 내에서 시기에 따른 약간의 변화 양상을 이해해 볼 수 있는 것이다.

구낭굴 제3층의 기후환경을 동물상을 통하여 분석해 본 결과는 이 층의 전체 기후 양상을 보여주는 것으로 꽃가루 분석에서 볼 수 있는 제3층 내에서의 변화 양상을 파악하는 데까지는 못하였지만 전체로 볼 때 꽃가루 분석을 통한 기후환경 분석과 비슷한 양상을 띠고 있어 좋은 비교가 되고 있다.

---

12) 이융조와, 앞 책, 1999, 79쪽.

<사진 1> 구낭굴 유적의 모습

<사진 2> 발굴작업 모습

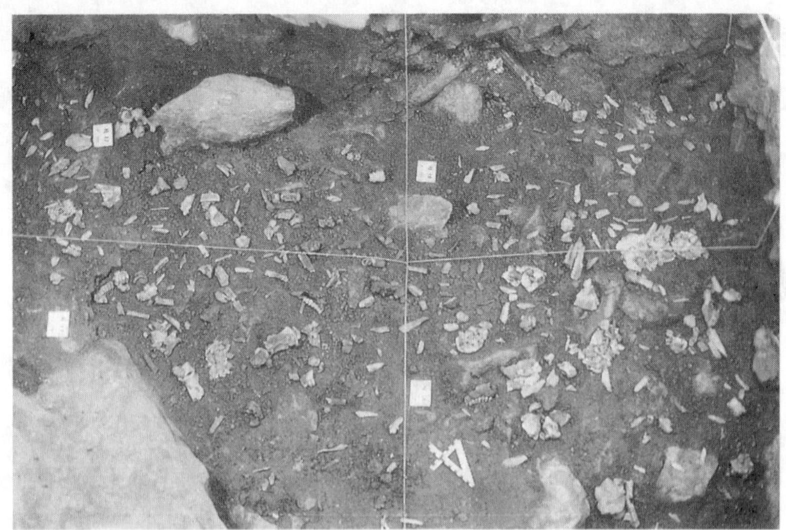

<사진 3> 시굴구덩 유물 출토 모습(깊이 350cm)

<사진 4> '자 18'칸 유물 출토 모습(깊이 370cm)

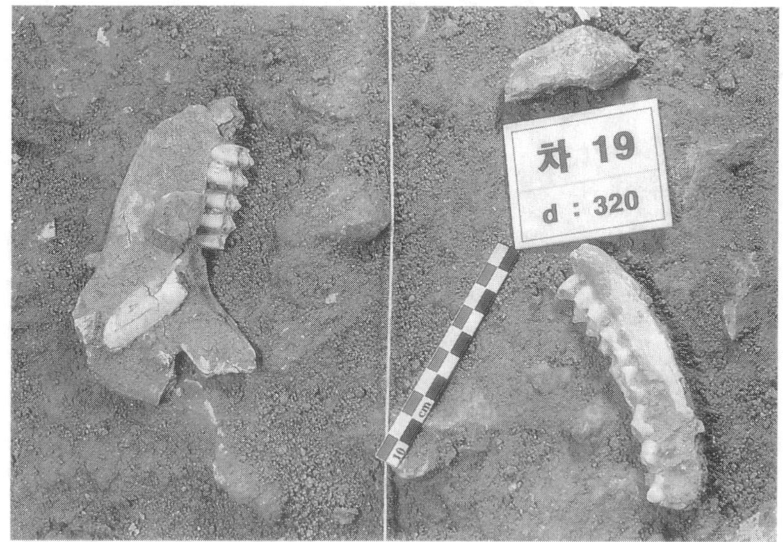

<사진 5> 사슴 아래턱 출토 모습

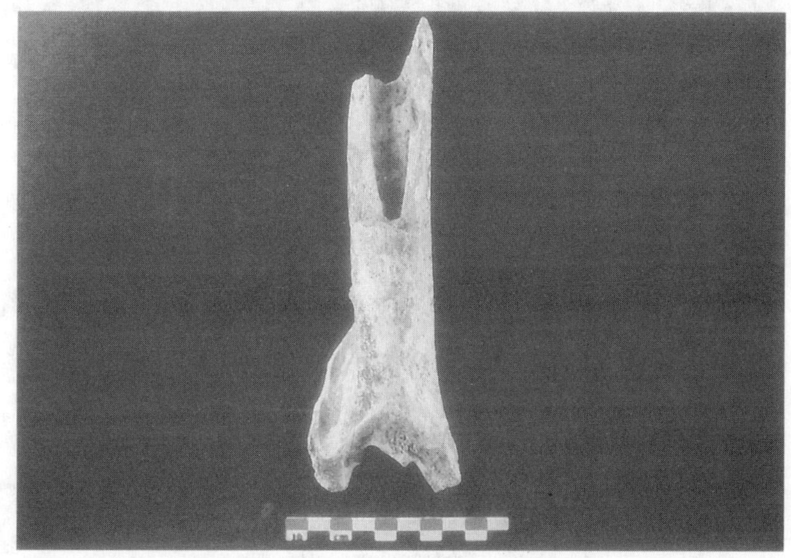

<사진 6> 곰 위팔뼈 오른쪽

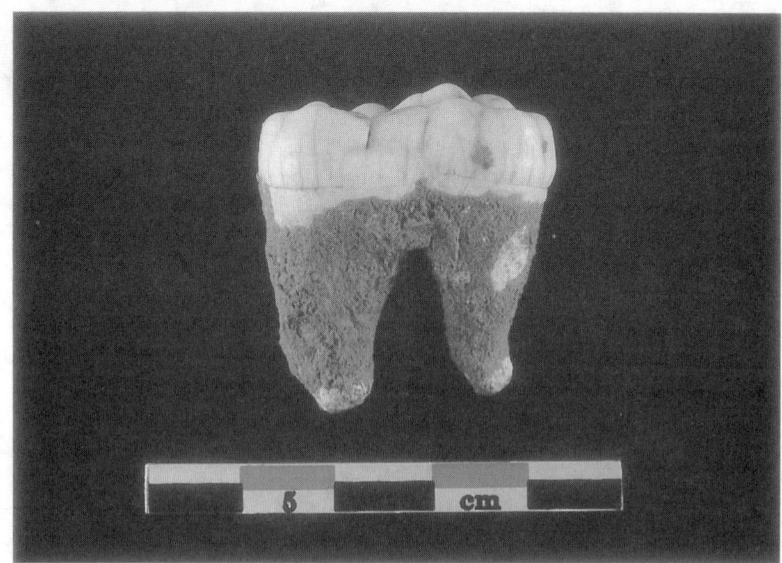

<사진 7> 곰 아래 어금니

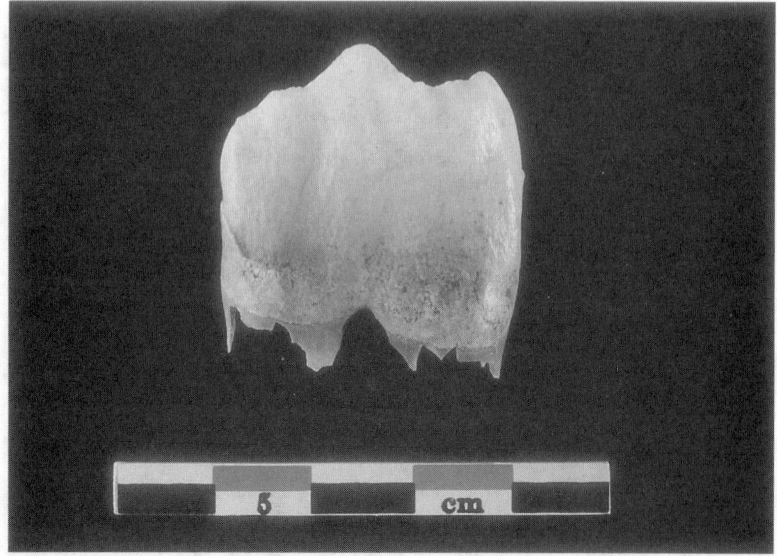

<사진 8> 코뿔이 아래 옆니 젖니

<사진 9> 호랑이 송곳니

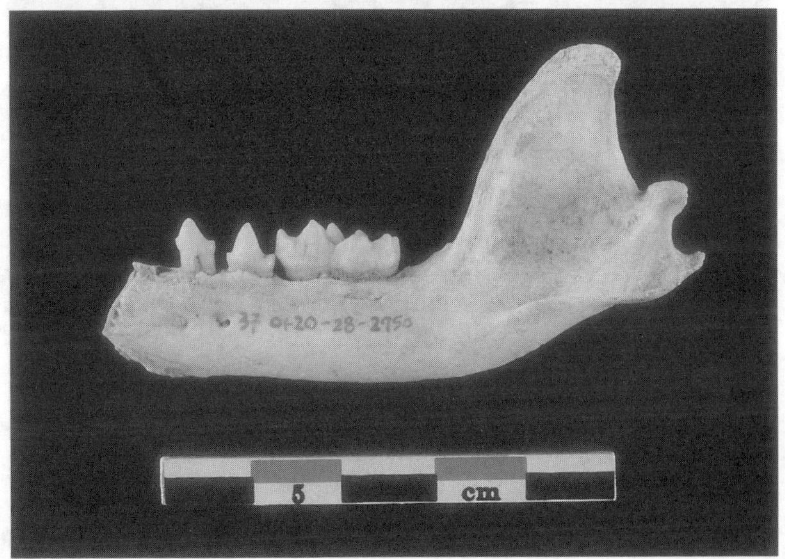

<사진 10> 오소리 아래턱

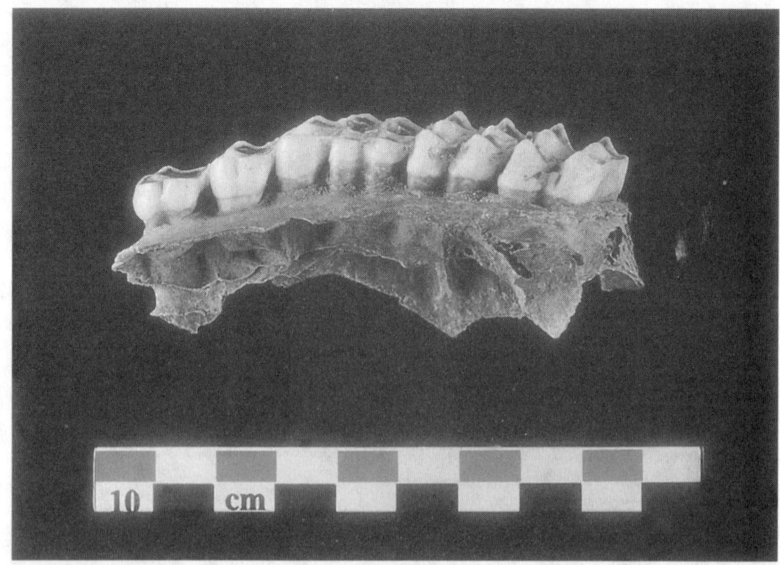

<사진 11> 어른 사슴 위턱 왼쪽(±6살)

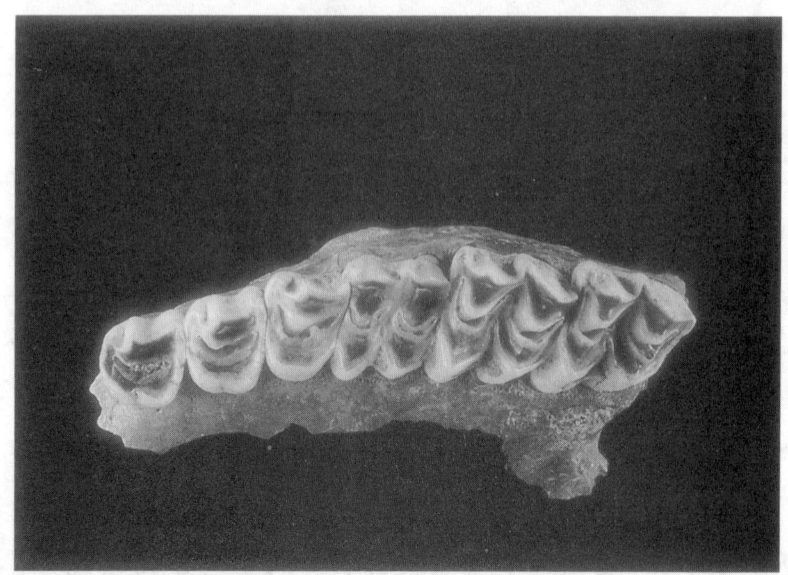

<사진 12> 어른 사슴 위턱 왼쪽 씹는 면

韓國 古代 金屬鎔接工藝技術에 관한 고찰

鄭 明 鎬[*]

1. 序言

금속공예의 기술발달 과정을 살펴볼 것 같으면, 일반적으로 鍛造技術로부터 출발하여 鑄造技術, 冶金技術을 거쳐 鎔接技術 등으로 발달해 왔다. 그 가운데 귀금속 세공기술과 관련하여 용접 기술이 차지하는 비중은 지대하다. 특히 이 기술은 우리의 고대 금속 세공 공예품에서 탁월한 기술을 발휘한 흔적이 엿보여 크게 주목되는 바이다. 용접 기술은 삼국시대 金縷細工品(Granulation)을 비롯하여 치레거리[裝身具]와 연관된 금관과 舍利具藏置, 葬禮用具 등에 많이 보이는데, 이러한 유물들을 통하여 발견되는 제조 기술상의 몇 가지 의문점을 검토해 보고자 한다.

2. 火의 認識과 金屬技術開發

인류의 문화발전 단계는 일반적으로 크게 구석기시대, 신석기시대,

청동기시대, 역사시대인 철기시대로 구분하고 있다. 구석기시대부터 인간들은 자신의 능력과 창의력을 발휘하였는데, 그 증거를 보여 주는 것이 바로 우리가 잘 알고 있는 北京 周口店人으로부터 시작된 불의 이용이었다. 구석기시대인들에게 불이라는 괴물은 태양과 같이 어두운 곳을 밝혀 줄 뿐만 아니라 추위로부터 따뜻하게 하는 기능을 가지고 있었으므로 해와 같이 신비로운 능력과 기능을 발휘하는 것으로 믿어졌다. 또한 만물을 태워 생명을 빼앗아 갈 뿐만 아니라, 형체조차도 남겨 놓지 않는 무서운 위력과 신비한 능력을 지닌 두려운 존재로 인식되었다. 결과적으로 이러한 획기적인 혁명은 인간을 만물 중 최고의 위치에 오르게 하였으며, 이를 이용해 인간은 자연물로부터 얻어지는 여러 종류의 재료를 가지고 생존을 위한 창조물 즉, 다양한 도구와 장신구를 만들어 냄으로써 역사 발전에 박차를 가하였다. 즉, 불을 이용하여 기술혁명의 소재인 재료와 용도에 따라 흙의 문화를 형성한 신석기시대와 금속물을 통해 청동기시대인 금속시대에 공예품을 생산해 냄으로써 과학기술 문화단계와 문화적 특수성을 형성하게 되었다.

이러한 불의 혁명과 더불어 기술발달사의 새로운 서막을 장식한 것이 바로 본고가 다루고자 하는 주제의 기초를 이루는 금속의 발견이었다. 특히 금속물인 구리, 즉 동의 발견은 하나의 획기적인 대변혁이었다. 고고학의 발달로 밝혀진 바에 의하면, 이 순동은 중동의 레바논에서 기원전 8000년경 신석기시대에 해당하는 유적에서 그 최초의 모습을 보였다. 이 사실이 확실하다면, 신석기시대 초기부터 이미 금속물에 대한 이해가 있었으며, 흙이 아닌 새로운 재질의 금속물을 발견하였다는 것은 놀라운 사실이다. 그러나 불행하게도 신석기인들이 이 순동 재료를 가지고 지속적으로 널리 사용한 흔적은 찾아볼 수가 없다. 그 이유는 아마도 순동제 도구나 용기들이 흙이나 돌로 만든 것보다 재질이 무르기 때문에 오래도록 사용하기 불편하였기 때문일 것이다.

이렇게 자연으로부터 채취된 순수한 구리인 순동을 활용할 수 있는 기술이 향상된 것은 대략 B.C. 4000년경으로, 이 시기에 들어서야 비로소 순동의 재질을 개량하는 기술을 익히는 동시에 합금인 청동제를 개발하게 되었다. 특히 이집트에서는 구리를 열처리한 자료가 발견되는가 하면 불과 석탄을 이용하여 동광석을 제련하는 고도의 야금술을 가지고 금속구리를 얻어 내는 단계에 이르게 되었다.

이러한 야금술의 발달은 새로운 재질의 금속개발을 불러왔다. B.C. 3500년경에 들어서면서 구리에 주석을 배합한 청동제 합금술을 개발하였고, 마침내 鑄造術과 鍊金術인 冶金術, 그리고 鎔接術 등의 고도의 기술로 향상하게 되었고, 이로 말미암아 자연히 금속공예의 여러 분야에 급속한 발전을 가지고 왔다. 특히 야금술의 발달은 세공기술을 낳게 함으로써 근대 금속 세공기술의 절정을 이루는 기술문화를 형성하기에 이르렀다. 이상으로 금속 가공기술의 기원과 발전단계에 대하여 고찰해 보았다.

3. 韓民族의 金屬科學技術發展

그렇다면 우리 민족은 언제부터 금속공예에 입문하여 용접술을 이용한 세공기술 단계에 이르게 되었을까? 일반적으로 이 시기에 대하여는 청동기시대부터라고 하는데, 아직 시기의 편년 문제에 대해서는 의견이 여러 가지로 엇갈리고 있으므로, 이 문제와 더불어 제조기술 발달의 몇 가지 의문점을 제시하여 한국 고대 금속공예기술의 상황을 진단해 보고자 한다.

일반적으로 우리 민족의 금속공예 발달의 배경을 언급할 때, 중국 청동기보다는 스키타이 청동기문화로부터 영향을 많이 받은 것으로 논의되고 있는데, 과연 그러한 것일까 하는 의문이 남는다. 앞서 언급한 것처럼 청동 재료는 중동지역을 중심으로 그 기술문화가 동서로 전파되어 청동기시대를 형성하게 되었는데, 이러한 상황 하에서 한반도에 영향을 끼친 문화는 어느 쪽이었을까 하는 것이다. 韓民族이 생산해 낸 이 시기의 청동기가 주로 주조제품이 주류를 이룬다는 점에서는 중국과 맥락을 같이하고 있으나, 중국의 영향을 받은 흔적을 찾아볼 수 없어 매우 홍미롭다. 그 예로 청동제 비파형동검을 들 수 있는데, 이 부분과 관련된 내용에 대해서는 지면 관계상 다음 기회에 언급하기로 하고 철기시대로 넘어가기로 하겠다.

B.C. 2세기 초에 접어들어 우리의 청동기문화는 중국 漢나라의 영향을 받아 철기시대로 바뀌면서 새로운 문화 양상을 맞이하게 되었다. 새로운 문화 양상이라 함은 종전까지의 주조기술 위주의 기술 형태에서 벗어나 鍛造術과 압날기법, 용접술에 의해 이룩된 금은제 세공공예품 제조기술이 도입되었다는 사실을 가리킨다. 새로운 자료에 의하여 새로운 기술과 새로운 금속재료가 등장되었다는 것은 주목되는 사실이다. 특히 새로운 금속재료인 金을 가지고 최고의 세공기술의 한 형태인 용접술을 이용한 땜질기술이 새로 도입되었다는 것은 대단히 중요한 사실이다.

그 자료로는 1916년 발견된 평안남도 대동강 하류의 낙랑군 유적지로 여겨지는 평안남도 大同郡 大同面 石巖里에 소재하는 고분군 가운데 제9호분에서 출토된 金製銙帶를 들 수 있다. 이는 세련된 금세공 작품으로, 그 기원을 B.C. 3000년경 이락크의 티그리스와 유프라테스 강 유역 사이에 수메르 민족이 세운 메소포타미아 초기왕조(우르 제1왕조) 시대의 고분군인 우르 왕묘 제580호분에서 출토된 바 있는 金縷細工 공예품(Granulation or Filigree)에서 찾을 수 있다. 금루세공 공예품은 귀금속 공예품 가운데 최고의 용접(땜납) 기술을 요하는 것으로, 이 제품의 주재료는 귀금속 계통의 금속물일 뿐만 아니라 불변의 금속물로서 인간들이 가장 선호하는 金이었다.

4. 金採取技術

앞에서 밝힌 바와 같이 금루세공 공예품의 순금 원재료가 언제부터
인간에게 알려지고 쓰여져 왔는지 명확치 않다. 단 현재까지의 고고학
조사를 통해, 대체로 B.C. 4000년경부터 중동지방에서 쓰여져 왔음이
밝혀졌으며 이들 자료를 근거로 그 기원을 추정할 수 있게 되었다. 즉
고고학적 조사에 의하여 금에 관한 자료는 얻기는 하였으나 금을 가지
고 사용되기는 아마도 自然銅의 사용에 앞선다고 하는 확실한 근거가
없는 것으로 알려져 있다. 그러나 우리 나라에서 귀금속에 속하는 銀
에 대한 최고의 자료가 평안남도 평양시 낙랑군 정백동에 소재해 있는
樂浪유적지로부터 발견된 바 있으며, 이와 더불어 금동제품도 출토된
바 있다고 한다. 또한 석암리에서는 금루세공인 금제과대의 발견으로
순금제에 대한 새로운 인식을 갖게 되었다고 하나, 금 제련기술에 대
한 명확한 자료는 밝혀진 바 없다. 그러나 이미 중국에서는 B.C. 3~2
세기경에 존재해 있었을 것으로 믿어진다.

일반적으로 금 제련기술은 금은 순동에 비해 冶金術의 공법이 좀 간
편할 뿐만 아니라 금은 금속 중에 특별한 위치를 차지하고 있으므로,
이 기술의 역사적 배경 및 이 곳에서 논하고자 하는 금을 취하기 위한
선금법과 제련에 관해 살펴보자. 먼저 금이 함유되어 있는 곳은 石英
鑛脈 중에 불규칙적으로 자연 상태로 뭉쳐져 있는 것으로, 이들을 가
리켜 山金이라고 한다. 또한 때로 금맥이 형성되어 있는 광석이 침식
되어 물의 힘에 의해 2차 鑛床이 이루어지는데, 이를 가리켜 砂金이라
고 한다. 금은 沖積層 또는 부서진 바위의 돌가루로부터 금속을 분리
시킨 후 椀掛法과 鑛脈採取法으로 채취한다. 세계적으로 고대 금광 산
지가 분포되어 있는 곳은 아라비아의 사막지대를 비롯하여 인도, 페르
시아, 코카서스, 소아시아 등 중동지방을 중심으로 널리 분포되어 있는
것으로 알려지고 있다. 이들 여러 지역에 분포된 산지에서 얻어진 金

山이나 砂金을 채취하여 우리가 사용하기 편리하도록 자연으로부터 금을 選金하는 기술이 발달했는데, 고대 원시적인 방법에서는 다음과 같은 과정을 거쳐 얻어졌다. 금 성분이 함유되어 있는 沖積層 혹은 석영석에 함유되어 있는 금광석을 채취하여 이들을 椀掛法과 광맥채취법에 의하여 금을 얻었다.

앞에서 밝힌 바와 같이 우리 나라에 있어서 고대, 즉 고조선 이래 통일신라시대에 이르기까지 어떠한 방법으로 금을 얻었는지에 대해서는 알 수 없으나, 중동지방과 인도, 고대 이집트에서 석영광맥 중에 금이 함유되어 있는 금광석을 채취하여 분석한 공정을 살펴볼 것 같으면 다음과 같다. 먼저 광물질을 절구에 넣고 찧어 가루를 낸 것을 다시 작은 절구에 넣어 고운 가루로 만든다. 이 가루를 넓은 나무판자 위에 펼쳐 놓고 잔잔히 흐르는 물에 돌가루가 흘러 내려가게 하면, 가벼운 돌가루는 물에 흘러 내려가고 무거운 금가루만 판에 남게 된다. 판에 남는 금가루는 海綿으로 모아 불에 녹여 금뭉치로 만든다. 또 다른 특이한 금채취 방법으로는 코카서스 지방에서 성행하던 것이 있는데, 코카서스 사금을 양털에 올려 놓고 물로 씻어 내는 방법을 쓴다. 금가루가 양털의 지방에 잘 붙는 성질을 이용하여 앞에서 밝힌 방법대로 금을 얻었다는 설이 있다.

초기의 금제품들을 분석해 본 자료에 의할 것 같으면, 금은 현재 우리가 사용하는 24금처럼 순금이 아니고 대개 은·동·철 등의 불순물이 다량 포함되어 있는 것들을 사용하였다고 한다. 그러므로 현재 우리가 사용하고 있는 24금처럼 정밀한 정련이 이루어지기 시작한 것은 좀늦게 개발된 것으로 알려지고 있다.

금을 정련하는 또 다른 방법은 놀랍게도 은의 야금술에서 도입된 것으로, 오랜 기간을 거치면서 귀금속을 비금속에서 분리하는 방법인 灰吹法으로 정련하는 방법이다. 회취법이란 粗金에 연을 첨가하여 이 금속을 多孔質의 점토성 도가니나 혹은 회취용기에 넣어 녹여서 채취하는 방법이라고 하겠다. 이 때 鉛과 다른 비금속은 공기와 접촉하면서 산화되어 버린다. 이 결과 포함된 비금속 산화물이 녹으면 一酸化鉛이 생성되며 그 생성물의 일부는 바람에 의해 사방으로 날아가 버리고 일부는 회취그릇[灰吹皿] 벽에 흡수되어 자연히 정련된 금 덩어리만 용기에 남게 된다. 원래부터 鑛石 속에 銀이 포함되어 있는 경우에는 은과 금의 합금이 남게 된다.

이 밖에 회취법의 다른 방법으로서 비금속과 함께 은을 제거하는 방법도 있다. 먼저 점토로 만든 용기에 粗金을 넣고 그 곳에 鉛 덩어리와 약간의 鉛, 錫(朱錫) 그리고 보리껍질 등을 첨가한다. 그리고 나서 틈이 없는 뚜껑을 덮고 이 곳을 질흙으로 밀봉하여 5박 5일 동안 晩爐에 가열을 한 후 적당한 간격을 두고 냉각을 시키면 이 그릇에는 다른 물질은 하나도 남지 않고 순금만 남게 된다.

위에서 밝힌 바와 같이 금을 정련하는 데 있어서 최초의 단계로서 공기 유통을 막고 탄소질의 보리[麥]를 환원 매개물로서 작용하게 한다. 그 사이에 금속이 녹으며 銀은 염에 의하여 鹽化銀으로 변하게 된다. 아마도 갈라진 틈을 통해 들어간 공기가 보리로 하여금 연료 역할을 하게 하고 비금속은 산화되어 도가니에 흡수되었을 것으로 생각된다. 아마도 뚜껑은 최후에 제거하고 가열은 잠시 계속했을 것인데, 회취법을 실행하기 위해서는 아주 오래도록 가열을 해야 한다.

또 다른방법으로는 전환에 의하여 은을 硫化銀으로 만드는 것이다. 먼저 금=銀合金을 輝安石(Sb2S3)과 같은 硫化物과 木炭과 함께 가열한다. 輝安鑛은 고대인에게는 잘 알려져 있던 화합물로서, 이러한 방법을 사용했다는 것은 몇 가지 금제품에 안찌몬이 포함되어 있다는 사실에서 추측된다. 유화물이 변화된 銀은 회취법에 의해 재차 회수할 수 있다. 混汞法은 결국 水銀으로써 금을 녹여 수은을 증발시키는 방법인데, 이는 로마인에 의해 전해진 것이라고 한다. 아마도 로마 이전에는 이러한 방법이 아직 알려져 있지 않았을 것이다.

다른 금속에 비하여 비교적 부드럽고 可塑性이 높은 금은 실용으로 는 흔하게 쓸 수 없으나 그 아름다움과 주술적인 이유에서 언제나 높 이 평가되어 오고 있는 금속이다. 이러한 금은 쉽게 얻을 수도 없었고 설사 금을 얻었다 하더라도 이것을 마음대로 가공하기가 어렵고 특수 하고 복잡한 기술을 요구하였기 때문에 이들 자료를 함부로 다루지는 못하였을 것이다. 그러므로 여러 어려운 방법과 기술로 금을 채취하여 공예품을 생산하는 특출난 기술을 가진 사람들이 중동지방을 중심으 로 금세공 공예품을 발달시켰을 것으로 여겨진다.

또한 순동처럼 재질이 연약하여 실용적인 물건을 만들 수 없는 재질 이라는 사실이 감안되어 마침내 단조공예를 발달시키게 되었다고 볼 수 있다. 이 새로운 문화적 요소는 다름 아니라 귀금속 계통의 금·은 이라는 신재료에 대한 인식 및 전통적인 鑄造術(Casting)에서 탈피한 새로운 기술인 배름질[鍛造 : Forging]과 땜질[鎔接 : Soldering]에 대 한 인식이라 하겠다.

5. 鎔接技術의 工程과 種類

낙랑시대에 사용되었던 금루세공 금제과대와 더불어 삼국시대와 통 일신라시대 그리고 초기 고려시대 유적에서 발견된 금루세공 공예품 들은 모두 땜이라는 새로운 공법으로 만들어진 작품이다. 그런데 땜 공법에 대한 명확한 자료를 갖고 있지 못하는 상황에서 어떠한 방법으 로 땜질(용접)을 했는지를 밝혀 내는 것이 문제이다. 새로운 공법인 땜 질, 즉 용접이라는 기술은 배름질인 단조술의 발달과 함께 개발된 것 으로, 그 발달로 인해 마침내 최고의 기술과 기예를 보여주는 대표적 인 금루세공 공예품을 개발하기에 이르렀다. 이는 앞에서 밝힌 바와 같이 비금속계의 순동이나 귀금속계인 금·은이 모두 柔軟性이 품부 한 금속이라는 사실을 인식한 페르시아의 메소포타미아 사람들이 합금술을 개발하고 주조술을 써서 완성시킨 것이다.

이들의 제작 과정을 살펴볼 것 같으면, 연금술과 단조술을 통해 평금법인 板金法으로 얇은 금판을 만들어 그 곳에 필요한 무늬를 타출(打出 : Repdusse)과 압출(押出 : Chasing) 기법을 구사하여 적절히 장식한 후, 좀더 기술적인 기교를 발휘하여 금실[金絲 : Gold Wire]과 금알맹이[金粒]를 어울러 땜질[鎔接 : Soldering]함으로로써 최대의 장식품을 만들어 내게 된다. 여기에서 금실을 이용하여 장식무늬를 베풀고 이를 땜질한 것을 細線細工(Filigree)이라 하며 혹은 金絲法이라고도 한다. 금알맹이를 이용하여 장식무늬를 베풀고 이를 땜질해 붙인 것을 金縷細工(Granulation) 혹은 金粒法 또는 細粒細工이라고 한다. 일반적으로 細線과 細粒을 혼용하여 장식무늬를 베푼 작품을 소위 鏤金細工(Filigree)이라고 하는데, 이 명칭에 대해서는 다음에 다시 언급하겠다.

우선 금실과 금알맹이를 갖고 행하는 특수한 공법인 땜질에 대한 역사적 배경을 살펴보면 다음과 같다.

앞에서 밝힌 바와 같이 금속공예품을 만들 때 가장 어려운 기술은 개체와 개체를 서로 땜질해서 연결하는 기술로, 주조물(Casting)일 경우에는 蜜蠟法의 발달과 함께 자유자재로 구조적 결구 및 연결 문제를 해결하였으나 배름질인 단조술로 이루어진 작품의 개체를 각각 연결하려면 특별한 공법 없이는 불가능한 일이다. 이 문제를 해결하기 위하여 소위 땜질(Soldering)이라는 새로운 용접(Welding)기술이 등장하여 세공공예기술이 발달하게 되었다. 이 용접술이야말로 오늘날의 귀금속 공예기술 발달에 절대적인 공헌을 한 것으로, 초기 금속공예 장인들에게는 커다란 문제였을 것이다. 황금이나 순동의 각각의 조각을 접합하는 일은, 땜질이나 용접술이 개발되기 전까지는 일반적으로 못조이개(Rivetting) 기법으로 해결하였다.

용접술과 못조이개 공법의 시원에 대해서는 명확히 알 수 없으나, 현재까지 고고학에 의해 밝혀진 자료에 의할 것 같으면 B.C. 2500년경

메소포타미아 지역을 중심으로 한 우르 왕조에서 발전하여 이웃 주변 국으로 그 찬란한 기술이 전파된 것으로 보인다. 이 우르 왕조 유적에서는 땜공예품으로서 금루세공 공예품을 비롯하여 못조이개 작품 등이 다수 출토되었다. 이로 미루어 보건대 이 시대에 이미 못조이개 기법과 땜질이 아울러 행해지고 있었다고 할 것이다. 즉 우르 왕조시대에 사용되었을 것으로 믿어지는 단검과 작은 칼의 손잡이를 비롯하여 그릇의 몸체를 볼 것 같으면, 판재로 원형을 만들기 위해서는 양편단을 합해야 하고 당연히 이를 위한 시설과 공법이 요구된다. 이를 해결하는 방법으로서 양단을 합하기 위해 여러 곳에 못조이개로 고정하는 방법을 취한 자료가 남아 있다. 때로는 양 끝단을 서로 반대로 일직선으로 구부리고 이 구부린 부분을 서로 이어서 두들겨 고정시키는 경우도 찾아 볼 수 있다. 때로는 양단에 구멍을 뚫어 철사로 고정시키는 방법도 쓰고 있다. 이러한 자료들을 통해, 우르 왕조에서는 순금제품에 소위 땜질이 이용되었으나 한편으로는 단조술에 의한 판금제품에는 못조이개가 실시되었다는 사실도 알 수 있게 되었다.

中近東 지방에서는 여러 지역에서 채취된 천연금괴를 함께 熔融할 수 있다는 사실을 알게 되고, 금속물을 녹여 소요되는 곳에 쓴 후 남은 쇳물 찌꺼기를 버려진 금속 위에 부었더니 접착되는 현상을 보고 땜기술을 착안하게 되었다. 즉 여기에서 개체와 개체를 연결할 경우 이곳에 쇳물을 부어 고정시키는 쇠물 땜질법을 터득하게 되었으며, 이 기술은 후대에 더욱 발전하여 마침내 땜납이라는 새로운 공법을 개발하게 되었다.

이상에서 보았듯이 고대 금속공예 장인들은 초기에는 원시적인 공법으로 금속을 서로 연결시키는 방법을 취하였으나, 아직 동이나 은이 포함된 금은 순수한 금보다 낮은 온도에서 녹는다는 사실을 우르 왕조시대에 들 때까지는 알지 못하였던 것으로 믿어진다. 이란의 스샤 지방에서 B.C. 1000년경의 청동제 단지가 발견되었는데, 여덟 마리 숫소의 머리 부분과 어깨 부분을 돌출시켜 장식한 부분에 비로소 용접을 한 흔적이 발견되었다(현재 루르 박물관에 소장되어 있다). 이 단지는 銅 또는 靑銅의 얇은 판을 이용하여 만든 것으로, 앞에서 밝힌 바와 같이 단조술을 이용하여 단지의 몸통에 숫소의 몸통 부분을 打出浮造한 작품이다. 여기에서 머리 부분은 별도로 打出部造作을 하고 이후 몸통에 땜질을 해서 이어 붙여 완전한 소의 모습을 갖추었다. 이 작품에서 주목되는 점은 역시 이 땜질 부분이다.

이 자료만 갖고는 당시 어떤 땜납 재료를 사용하였는지 알 수는 없지만, 일반적으로 현대의 땜 재료를 예로 볼 것 같으면 銅과 함께 합금을 해서 땜납을 만든는 것이 일반적이다. 여기에서 주로 합금재료로 쓰이는 것은 구리(동)와 아연의 합금이다. 그러나 고대사회에서는 아직 아연 재료에 대해 명확한 지식을 갖고 있지 못했던 것으로 여겨진다. 로마 시대의 작품 가운데 보이는 땜 재료를 살펴보면, 異極鑛($ZnCO_3$)인 광물을 녹여 眞鍮로 만든 것을 사용하였음이 조사를 통해 밝혀졌다. 대체로 순수한 아연이 쓰이기 시작한 것은 중국의 明代로, 永樂年間(1402~1424)에 제작된 永樂通寶에서 그 예를 찾아볼 수 있다.

땜납이라 함은 앞서 밝힌 바와 같이 접합하고자 하는 금속보다 낮은 온도에서 녹는 금속물을 접합재료로 삼아 이것을 두 금속 사이로 흘러 들어가게 한 후 냉각시켜 접합작용을 하도록 하는 것으로, 硬鑞과 軟鑞도 땜 재료로 사용되는 것 중 하나다. 경납의 경우는 대체로 550~900℃, 혹은 그 이상의 온도를 필요로 하므로 보석을 비롯하여 은세공, 양질의 구리나 청동 세공에 쓰이고 있다. 연납 땜은 주석판이나 납과 같은 종류를 접합할 때 사용되는 것으로, 온도는 183℃이다. 동과 금은 거의 비슷한 온도에서 녹는데, 동은 1,083℃에서, 금은 동보다 20℃ 낮은 1,063℃에서 녹는다. 그러나 동인 구리 10%에 금을 90%로 해서 합금할 경우 녹는 온도는 940℃로 떨어지게 된다. 이처럼 합금을 하게 되면 녹는 온도가 낮아지기 때문에 이를 순금세공에 이용할 경우 매우 안전하고 적절한 땜납을 할 수 있게 된다. 여기에서 더 나아가 구리 18%에 금 82%로 합금을 하면 녹는 온도는 그보다 낮은 878℃로 떨어진다. 따라서 합금비율에 따라 더욱 낮은 온도에서 녹는 땜납을 만들 수 있으므로, 장인들은 금은세공 공예품의 소재에 따라 땜납의 비율을 산정해서 사용하게 된다.

고대 미술품에는 순금제 물건이 휘귀한 것으로 알려지고 있다. 대부분은 은이라든가 구리와 같은 다른 금속이 높은 비율로 포함되어 있다. 이와 같은 재료를 접합할 때는 땜납을 신중하게 고려하여 선택할 필요가 있다. 참고로 땜납으로 사용하는 합금의 熔融點들을 살펴보면 다음과 같다.

은의 경우에는 용융점이 961℃이며, 이를 사용한 땜납도 금의 경우와 마찬가지로 몇 %의 구리를 이 금속에 배합하느냐에 따라 달리 만들어 사용할 수 있다. 아연은 용융점이 낮은 재료에 쓰인다. 땜납으로 쓰이는 硬鑞은 보통 구리와 亞鉛의 합금으로 만들어진다. 軟鑞은 鉛·錫·蒼鉛 등의 합금으로 만든 것으로, 땜납은 비교적 낮은 120℃ 이하라 금속편을 땜질하는 데 유리하다.

그런데 금을 비롯하여 은, 청동, 구리의 단편을 붙이기 위해 어떠한 방법을 사용했는가에 대해서는 혼란을 일으키기도 한다. B.C. 2500년경 우르에서는 금과 은을 땜질할 때 오늘날과 같은 방법으로 하였다는 사실은 잘 알려져 있다. 땜질과 같이 쉬운 공정을 이용한 고대의 금세공 장인들은 鍛接이라는 어려운 일을 시도할 필요는 없었을 것이다. 다만 금속을 용해시킬 경우와 가열시킬 경우, 금속선의 끝이 일반적으로 표면장력에 의해 급속히 둥글게 말리는 현상이 생긴다. 만약 두 개의 금속선의 끝과 끝을 합치거나 약간 겹쳐지게 한다면 그 두 쪽은 녹을 때 처음과 같이 한 몸으로 되면서 서로 떨어지게 된다. 인접한 두 장의 금속판 선단을 녹였을 때도 마찬가지로 서로 떨어지게 된다. 그렇지만 좀더 용융되는 물질이 그 곳에 있다면, 그 각각을 化合하여 두 장의 금속판을 접합부를 통하여 굳게 고정시킬 수 있다는 사실도 터득하게 되었을 것이다. 대체로 구리 또는 다른 임의의 합금을 木炭爐 속에서 가열하면 표면에 산화동의 막이 형성된다. 이 막은 다른 금속과의 접착을 방해하는 작용을 한다. 그러므로 용제에서 망치로 대름질을 하더라도 표면에 불순물을 제거하지 못하므로 접합될 수 없다. 또한 구리 표면은 철과는 달리 가열이나 대름질을 통해 단접할 수가 없다. 초기 금속 가공인들은 청동이나 은, 금을 단접하는 일을 하지 못하였을 것이다. 그러므로 땜질을 터득하고 있었던 그들은 이러한 방식을 채용하지 않았을 것이다. 금은 오히려 예외적인 경우에 속한다. 금의 단조법에 대해서는 고대세계에서 알려지지 않았다. 금세공의 접합에는 硬鑞이 쓰였고, 우르에서도 당연히 이것이 쓰였다.

　B.C. 2800년경에 제조된 것으로 여겨지는 앤데메나 은제 그릇 하나가 메소포타미아 데스로에서 출토되었다. 그것은 금속의 얇은 판으로 만들어진 것으로, 동 또는 청동제의 흐물흐물해진 대 위에 놓여 있었다. 이 작품에는 보기 드물게 은으로 땜질을 한 흔적이 보인다. B.C. 2500년경 이집트의 헤데스 헤네스 왕비(제4왕조)의 무덤에서 출토된 천계는 구리기둥이 받치고 있는데, 그것을 은땜을 사용하여 받치도록 하고 있다. 여기에서 주목되는 점은 은땜을 할 때 어떤 용제를 사용하였느냐 하는 것이다. 가열된 공기로 산화되어 꺼칠꺼칠해진 금속 표면의 막은 땜납의 유입과 접착을 방해한다. 그러므로 보통 접합부에 들어가 공기를 배제하고 표면을 깨끗하게 만드는 용제를 쓰게 되는 것이다. 분사는 경납의 용제로 많이 쓰이는 재료이며 아연의 염화물은 연납의 용제로 쓰이고 있다. 연납은 그 역사가 매우 길다. 그 한 예로서 B.C. 3000년경에 만들어진 것으로 여겨지는 이므 도구도의 동판을 들수 있다. 이는 메소포타미아 아르 우바이도에서 출토된 작품으로, 여기에서 연납을 쓴 흔적이 발견되었다. 그러므로 용재의 활용은, 앞서 밝

힌 바와 같이 경납인 경우는 분사를 활용한 시기가 명확치 않으나 연
납인 경우는 B.C. 3000년경에 이미 쓰여졌다는 사실이 자료를 통해 알
수 있다.

6. 金鏤細工品의 傳波

우리의 금루세공 공예품은 앞에서 밝힌 바와 같이 B.C. 108~A.D.
313년에 걸쳐 존재하였던 낙랑시대 유적인 석암리에서 금루과대가 발
견되고 삼국시대와 통일신라시대, 그리고 고려 초기 유적에서 금루세
공 공예품이 출토되어 앞으로 동서 금속기술 교류사 연구에 중요한 요
소를 보여주고 있어 매우 주목된다.

특히 주목되는 점은 낙랑유적에서 발견된 銙帶가 중국 新疆省 焉耆
古城 부근에서 발견된 금루세공 銙帶와 매우 유사하다는 사실이다. 더
불어 경상북도 경주시 황남동 대총에서 발견된 고신라시대의 금루세
공 팔찌인 腕釧, B.C. 2500년경 우르 왕조의 Queen Pu-abis 묘에서발
견된 반지, 그리고 페르시아 Aqar에서 출토된 B.C. 1595~1150년에 걸
쳐 존속한 카시트 왕조의 팔찌인 腕釧, B.C. 475~450년에 걸쳐 그리스
에서 사용된 腕釧이 모두 유사한 장식과 제조기술을 보여준다. 하나같
이 고도로 숙련된 기술을 가진 장인들의 솜씨로 용접술인 땜 기술을
이용하고 있어, 교류사 측면에서의 비교·연구에 귀중한 자료를 제공
해 주고 있다.

또한 경상북도 경주시 계림로에서 발견된 금루세공 象嵌寶劍과 흡
사한 보검이 카자흐스탄 공화국의 브로우에(Brovoje)에서 출토되었으
며, 중국의 신강성 위구르 자치구 구차 지역의 키질 석굴 제69동 주실
의 앞벽 입구 상단에 그려진 불공양주의 허리춤에 찬 보검이 매우 흡
사하여 주목된다. 이들 자료는 우리 나라에서 출토되는 금루세공 공예
품과 이웃 나라 중국의 변방지역을 비롯하여 멀리 페르시아와 그리스

에 이르는 지역에서 발견된 유물과의 관련을 짐작케 해 주고 있어 귀중한 자료가 되고 있다. 뿐만 아니라 삼국시대의 백제지역에서는 절대 연대를 예시해 주는 저 유명한 무령왕능에서 발견된 金縷玉인 金帽曲玉을 비롯한 여러 종류의 장식용 금루금모, 신라지역에서는 금령총에서 출토된 금루세공 금모곡옥과 이식 등을 위시하여 황남대총 · 금관총 · 미추왕릉 앞지역, 황룡사지 목탑에서 발견된 금동태환이식 등이 금루세공의 흔적을 보여 주고 있다. 고구려지역과 가야문화권에서도 이와 유사한 것들이 발견되고 있어, 삼국시대에는 이러한 종류의 공예품이 매우 유행하였을 것으로 믿어진다. 또한 통일신라시대의 고분에서도 금루세공 공예품이 출토되고 있으며, 고려 초기 유적에서도 발견되고 있다. 그러나 고려 초기를 전후하여 이 금루세공 공예품 자료가 갑자기 사라지는 경향이 보이는 것으로 미루어, 이후 이러한 종류의 공예품에 대한 선호도가 떨어진 것이 아닌가 하는 의구심을 불러일으키고 있다.

어쨌든 이 다채로운 금루세공 공예품이 모두 우리 나라에서 생산된 것이고 우리의 유능한 장인들의 땜질 솜씨로 이루어진 것으로 간주되고 있으나, 실제로 그런가에 대해서는 의심의 여지가 없지 않다. 불행하게도 백제나 고신라, 통일신라시대의 고분에서 금루세공 공예품과 함께 발견되는 금동제 공예품 가운데 당연히 있어야 할 땜질한 자료가 전혀 보이지 않기 때문이다. 예를 들어 금관의 관식을 살펴볼 것 같으면, 출자형 입식이나 녹각형 장식 또는 조익형 관식의 윤곽에는 모두 정으로 돋을무늬 장식을 하고 있다. 실제로 돋을무늬 장식보다 충분히 縷金技法으로 장식무늬를 베풀 수 있음에도 불구하고 이 기법을 전혀 사용하지 않은 것은 왜일까? 또한 금관의 입식이나 녹각식을 冠帶에다 연결하는 데 있어서 땜질로 고정하는 방법을 택하지 않고 굳이 못조이개 기법이나 구멍을 뚫는 방식으로 금사로 고정하고 있다. 금관과 더불어 출토되는 금동제 飾履라든가 마구 등에서도 땜납이나 용접 흔적은 찾아볼 수 없으며 오직 못조이개인 리벳팅 공법만이 보일 뿐이다.
마찬가지로 불구자료인 사리장엄 시설에서도 땜질한 흔적은 전혀 찾
아볼 수 없다. 이로 미루어 볼 때 아마도 금루세공 공예품을 제외한 여
타의 금속공예품에서는 땜질기법을 익히지 못한 것이 아닌가 한다. 우
리 나라에서 청동기에 땜질 흔적이 보이는 것은 고려 중기 이후이고,
중국에서도 명대 이후에야 땜질에 관한 자료가 보이는 점도 함께 염두
에 둘 필요가 있을 것이다.

7. 結論

우리 나라가 금속을 접한 것은 대략 B.C. 9~8세기로, B.C. 5~2C에
걸쳐 금속을 이용하는 기술이 발전하고 특히 주조기술에 관한 것으로
서 밀납기술도 약간 보이고 있다. 귀금속 분야에서는 특히 메소포타미
아의 문화적 요소가 B.C. 2세기 초에 접어들면서 금루세공 공예기술에
따른 용접술의 새로운 공법에 접근하였을 것으로 보인다. 그러나 우리
나라의 경우 금루세공 공예품을 제외한 여타의 금동 공예품에서는 용
접기술에 대한 증거를 얻을 수 없고 오직 못조이개 기법만 소개되고
있는 점으로 미루어 금루공예품은 페르시아의 대상들에 의하여 공급
받은 문화적 요소로 여겨지기도 한다. 이에 대해서는 앞으로 좀더 세
밀한 연구의 여지가 있는 것으로 여겨진다.

百濟의 東明과 高句麗의 朱蒙

吳 舜 濟[*]

Ⅰ. 서론

百濟와 高句麗는 夫餘에서 나왔다고 하며 그들 모두가 東明이라는 인물을 공동의 始祖로 받들고 있다. 이들이 받들어 모시고 있는 東明이라는 인물에 대해 일반적으로 高句麗의 건국자인 朱蒙으로 알고 있다. 그런데 만약 百濟의 건국자인 溫祚王이 고구려 朱蒙의 아들이라면 그들은 夫餘에서 나온 것이 아니라 高句麗에서 나왔다고 해야 맞을 것이다. 그러나 『魏書』[1]에 언급되어 있듯이 百濟人 자신들은 항상 고구려와 함께 夫餘에서 나왔다고 인식하고 있어 현재 우리가 알고 있는 것과는 거리감을 가지고 있다.

일반적으로는 東明과 朱蒙을 동일 인물로 보는 것[2]은 『舊三國史』와 『三國史記』 이후의 인식[3]이었다. 이 문제를 정확하게 해결하기 위해서

---

* 명지대 강사

1) 『魏書』 卷100, 列傳, 高句麗條, "高句麗自出於夫餘";『魏書』 卷100, 列傳, 百濟條, "百濟國其先出夫餘".
2) 일제하 那珂通世와 李丙燾로 이어져 정설화되었다.
3) 李奎報의 「東明王編」 並序에 보면 "지난 계축년 4월에 『舊三國史』를 얻어

는 현재 우리의 인식이 아니라 그 당시의 인식이 중요하므로 筆者는 그 당시의 高句麗人들이 東明과 朱蒙을 어떻게 생각하고 있는지 알아보기 위하여 현재 전해지고 있는 高句麗의 金石文을 통하여 이 사실들을 검증해 보았다. 이 과정에서 그 당시 사람들은 두 인물을 서로 다르게 인식하고 있었다는 매우 중요한 사실에 도달하게 되었다.

이러한 인식은 朝鮮時代에도 이어져 成宗 때의 문신인 金千齡은 그가 지은 『高句麗賦』에서 "東明은 그 밝은 위업을 열었고 朱蒙은 그 나머지를 이어받았네"라고 역설하였다.4) 그 후 實學者인 韓百謙·申景濬·丁若鏞·韓致奫 등도 두 신화를 구별할 것을 주장하였다.5) 일제하에 白鳥庫吉6)은 東明神話는 엄연히 먼저 존재한 것이고, 朱蒙神話는 고구려인들이 일정한 목적의식 하에서 이것을 차용 개작한 것이라고 하였다. 池內宏,7) 李弘稙,8) 洪起文,9) 金哲埈10)씨 등도 두 신화가 다름을 주장하였다. 최근에는 李福揆,11) 김형신,12) 주승택13)씨 등의 국문학계의 연구와 盧明鎬,14) 李道學,15) 吳舜濟16)씨 등의 사학계의 연구가

「東明王本紀」를 보니……"라고 하였고, 『三國史記』 卷30, 高句麗本紀, 始祖 東明王 卽位年條에는 고구려 시조 朱蒙을 東明聖王이라고 하였다.

4) 『海東繹史』 卷6, 世紀6, 高句麗條, "東明啓其赫業 朱蒙承其餘波".

5) 이복규, 「부여건국신화의 시대별 인식양상」, 『국어교육』 87-88, 한국국어교육연구회, 1995.

6) 白鳥庫吉, 「夫餘國の始祖東明王の傳說に就いて」, 『白鳥庫吉全集』 5, 民族文化, 1985.

7) 池內宏, 「高句麗の建國傳說と史上の事實」, 『東洋學報』 28-2, 東洋學術協會, 1941.

8) 李弘稙, 「高句麗의 興起(1)」, 『國史上의 諸問題』 4, 東國文化社, 1959.

9) 홍기문, 『조선신화연구』, 평양 : 사회과학원출판사, 1964.

10) 金哲埈, 『韓國古代社會研究』, 知識産業社, 1975.

11) 이복규, 「동명신화와 주몽신화의 개별성」, 『어문연구』 68, 일조각, 1990.

12) 김형신, 「고구려건국전설의 재검토」, 한국외국어대 석사학위논문, 1990.

13) 주승택, 「고구려 건국신화의 재검토」, 『민속연구』 4, 안동대 민속학연구소, 1994.

14) 盧明鎬, 「百濟의 東明神話와 東明廟」, 『歷史學研究』 10, 歷史學會, 1981.

15) 李道學, 『百濟古代國家研究』, 一志社, 1995.

있다.

그리고 부여는 夫餘 또는 扶餘로 표기되고 있으나 「廣開土大王陵碑」·「牟頭婁墓誌」 등 고구려 당시의 금석문에서는 夫餘로 되어 있어 本考에서는 原文을 제외하고는 夫餘로 통일해서 부르며, 고리도 槀離[17]·索離[18]·槀離[19]·橐離[20]·高麗[21] 등으로 되어 있는데 여기에는 원문을 제외하고는 고구려 당시의 기록인『三國志』를 기준으로 槀離로 통일하여 쓰고자 한다.

Ⅱ. 본론

1. 東明과 朱蒙의 異質性

(1) 百濟人들의 인식

우리가 알고 있듯이 백제인들이 시조로 받들고 있는 東明이 고구려의 시조인 朱蒙이었다면 百濟는 高句麗에서 나왔다고 해야 할 것이다. 그러나『魏書』卷100, 列傳88, 百濟國條의 東城王이 北魏에 보낸 表文에도 "百濟가 고구려와 함께 夫餘에서 근원이 되었다"[22]고 말하고 있고『北史』卷94, 列傳, 百濟傳에서도 百濟는 索離國의 東明으로부터 나왔다[23]고 하였다. 이러한 인식은『隋書』卷81, 列傳, 東夷, 百濟條에서

---

16) 吳舜濟,『漢城百濟史』, 集文堂, 1995.

17)『論衡』卷2, 吉驗編.

18)『後漢書』卷85, 東夷列傳75, 夫餘條 ;『北史』卷94, 列傳, 百濟傳.

19)『三國志』卷30, 東夷傳, 夫餘條의 주석에 인용된『魏略』.

20)『梁書』卷54, 列傳8, 諸夷, 高句麗條.

21)『隋書』卷81, 列傳, 東夷, 百濟條.

22)『魏書』卷100, 列傳88, 百濟國條, "臣(百濟)與高句麗源出夫餘".

23)『北史』卷94, 列傳, 百濟傳, "百濟之國 蓋馬韓之屬也 出自索離國 其王出行 其侍兒 於後姙娠 王還 欲殺之 侍兒曰 前見天上有氣 大如鷄子 來降 感故 有娠 王捨之 後生男 王置之豕牢 豕以口氣嘘之 不死 後徙於之馬蘭 亦如之 王以爲神 命養之 名曰東明 及長 善射 王忌其猛 復欲殺之 東明乃奔走 南

도 마찬가지로 보이고 있어[24] 그들이 시조로 받들었던 東明은 고구려의 朱蒙이 아니라 槀離國에서 이동해 와 卒本夫餘를 건국한 동명임을 강하게 말해주고 있다.

그리고 『續日本紀』卷40, 桓武天皇 延曆 9年 7月條에 "대저 百濟의 태조 都慕대왕은 日神이 降靈하여 문득 扶餘에 개국하였는데, 天帝의 秘記를 받아 諸韓을 거느리고 왕을 칭하였다"[25]라고 하여 백제는 부여를 세운 都慕에서 나왔음을 기록하고 있다. 『新撰姓氏錄』下之本, 左京諸蕃, 百濟條에서는 管野朝臣・百濟技・不破連이 百濟國의 '都慕(tomu)'왕으로부터 나왔다[26]고 하였는데 都慕란 卒本夫餘의 시조인 東明을 지칭하는 것으로, 백제왕들이 그들의 시조로 모셨던 東明을 나타내는 것임을 알 수 있다.

『三國史記』卷23, 百濟本紀1, 溫祚王條에도 百濟가 고구려와 더불어 扶餘에서 나왔기 때문에 王의 姓을 '扶餘氏'[27]라 하였고[28] 『三國遺事』卷2, 紀異2, 南扶餘前百濟條에 聖王 때에는 도읍을 천도하고 국력을 쇄신하고 부여의 전통을 계승한 것을 천명하기 위하여 國號를 '南扶餘'로

 至淹滯水 以弓擊水 魚鼈皆爲橋 東明乘之得渡 至夫餘而王焉 東明之後有仇台 篤於仁信 始立國於帶方故地 漢遼東太守公孫度以女妻之 遂爲東夷强國 初以百家濟 因號百濟".

24) 『隋書』卷81, 列傳, 東夷, 百濟條, "百濟之先 出自高麗國 其國王有一侍女 忽懷孕 王欲殺之 婢云 有物狀如雞子 來感於我 故有娠也 王捨之 後遂生一男 棄之厠溷 久而不死 以爲神 命養之 名曰朱蒙".

25) 『續日本紀』卷40, 桓武天皇 延曆 九年 七月, "夫百濟太祖都慕大王 日神降靈 奄扶餘而開國 天帝授籙 惣諸韓而稱王".

26) 『新撰姓氏錄』下之本, 左京諸蕃, 百濟條, "管野朝臣 出自 百濟國 都慕王十世孫 貴首王也"; "百濟技 出自 百濟國 都慕王孫 德佐王也"; "不破連 出自 百濟國 都慕王之後 毘有王也".

27) 「唐平濟碑」에서는 "其王扶餘義慈"라 하였고, 「唐劉仁願紀功碑」에는 "蘇定方 平破百濟 執其王扶餘義慈"라 하여 百濟 義慈王의 姓이 扶餘氏임을 밝혀주고 있으며, 이는 중국 낙양에서 출토된 의자왕의 아들 「扶餘隆 墓地銘」에서도 확인되고 있다.

28) 『三國史記』卷23, 百濟本紀1, 始祖溫祚王 卽位年條, "百濟其世系 與高句麗 同出扶餘 故以扶餘爲氏".

바꾸기까지 한 것[29]을 볼 수 있다. 더구나 漢城시기의 백제왕들은 卒本夫餘의 창시자인 東明廟[30]를 세워 받들어 모셔왔는데[31] 이러한 사실들은 百濟인들이 卒本夫餘 王家의 후예라는 강한 자부심을 가지고 있었음을 알 수 있게 한다.

(2) 高句麗人들의 認識

① 朱蒙에 대한 인식

史書에 반영된 朱蒙에 대한 고구려의 인식을 알아 보면,『三國史記』卷30, 高句麗本紀, 始祖東明聖王 卽位年條에서는 朱蒙이 東明聖王으로

---

29)『三國遺事』卷2, 紀異2, 南扶餘前百濟條, "百濟聖王二十六年戊午春 移都於 泗沘 國號南扶餘".

30) 百濟의 수도였던 河南慰禮城으로 추정되는 河南市 校山洞土城의 동쪽에 위치한 해발 675m의 黔丹山의 정상 남쪽 봉우리에는 폭 281cm, 길이 704cm의 직사각형으로 축조된 祭壇터가 百濟文化研究會의 韓宗燮 씨에 의해 1992년에 발견되었는데, 그 바닥에 잔돌을 1자 이상 촘촘이 쌓았다. 이 곳에서는 眞北 방향으로 정상이 보이며 제물을 진설했을 것으로 추정되는 넓은 바위가 祭壇의 북쪽 끝에 놓여 있다. 百濟 당시 이 산의 정상은 매우 신성한 지역으로 여기는 동시에 東明廟가 있어 사람들의 접근을 금지하였고, 백제의 王들은 이 제단에서 그 곳을 향해 제사를 드렸던 것으로 추정된다. 현재 이 산의 이름은 '黔丹山'인데, '黔'이란 '감[神]', '고마', '개마' 등으로서 신성함을 뜻하고 '丹'이란 제단을 의미하여 '神聖한 祭壇이 있는 山'이라고 하여 동명묘가 있던 거룩한 산으로서 '崇山'으로 불렸는데, 그 뜻 또한 '崇拜받는 山'이었음을 알 수 있다. 이 산은 강 건너의 禮峰山과 마주하고 있으며 그 아래에서는 北漢江과 南漢江, 慶安川 등이 합해져 二山三水의 吉地에 자리잡고 있다(吳舜濟, 앞의 책, 27~49쪽).

31) 溫祚王 元年 五月 立東明王廟
　　多婁王 二年 一月 謁始祖東明廟
　　仇首王 十四年 四月 王祈東明廟 乃雨
　　責稽王 二月 一月 謁東明廟
　　汾西王 二年 一月 謁東明廟
　　比流王 九月 四月 謁東明廟
　　阿莘王 二年 一月 王謁東明廟
　　腆支王 二年 一月 王謁東明廟

인식되고 鄒牟 또는 衆解로도 불렸다[32]고 하였으며, 同書, 卷7, 新羅本紀, 文武王 15年條에 고구려가 망해 安勝이 신라로 투항해 오자 그를 高句麗王에 봉하면서 "公의 太祖인 中牟王은 덕을 비산에 쌓고……"[33] 라고 하여 朱蒙을 中牟라고 칭하고 있다. 그리고 同書, 卷21, 高句麗本紀9, 寶藏王 4年條에 唐나라가 고구려의 遼東城을 치는 과정이 나오는데 이 遼東城 안에는 '朱蒙祠'가 모셔져 있었다는 기록[34]이 나온다. 이것은 고구려가 그들의 시조로 받들고 있던 東明의 祠堂이 움직일 수 없었던 것과는 달리 高句麗의 건국자인 朱蒙의 사당으로 그 당시 수도였던 平壤 이외에 지방의 중요 도시에도 설치되어 있었음을 증명해주고 있다.

『三國遺事』, 王曆1에는 東明聖王이 朱蒙 또는 鄒蒙라고 되어 있고[35] 同書, 卷2, 紀異2, 南扶餘, 前百濟條에는 주몽을 鄒牟로 표기하고 있다. 中國의 史書 중에서는 『魏書』卷100, 列傳88, 高句麗條에서 "고구려는 夫餘로부터 나왔는데 스스로는 그 선조가 朱蒙이라고 말한다"[36]고 하였고 『周書』卷49, 列傳41, 異域上, 高麗條에서는 "高麗의 선조는 夫餘로부터 나왔는데 그들 스스로 말하기를 시조는 朱蒙인데 河伯의 딸이 햇빛에 감응되어 잉태하였다고 한다"[37]고 하여 朱蒙으로 표기하고 있다.

『隋書』卷81, 列傳46, 東夷傳, 高麗條에 "高麗는 夫餘로부터 나왔는

---

32) 『三國史記』卷30, 高句麗本紀1, 始祖 東明聖王 卽位年條, "始祖東明聖王 姓高氏 諱朱蒙 一云鄒牟 一云象解 象解恐當作衆牟".

33) 『三國史記』卷7, 新羅本紀7, 文武王 15年條, "公太祖中牟王積德比山".

34) 『三國史記』卷21, 高句麗本紀9, 寶藏王 4年條, "李世積攻遼東城 晝夜不息 旬有二日 帝引精兵會之 圍其城數百重 鼓噪聲振天地 城有朱蒙祠 祠有鎖甲銛矛".

35) 『三國遺事』王曆1, "高麗 第一 東明王 甲申立 理十九年 姓高 名朱蒙 一作鄒蒙".

36) 『魏書』卷100, 列傳88, 高句麗條, "高句麗者 出於夫餘 自言先祖朱蒙".

37) 『周書』卷49, 列傳41, 異域上, 高麗條, "高麗者 其先出於夫餘 自言始祖朱蒙 河伯女感日影所孕也".

데 夫餘王이 河伯의 딸을 잡아 방에 가두었는데 햇빛이 따라와 비추어 수태하여 큰 알을 하나 낳았는데 사내아이 하나가 그 알을 깨고 나오니 이름을 朱蒙이라고 하였다"[38]고 하였고『北史』卷94, 列傳82, 高句麗條에는 "高句麗는 夫餘로부터 나왔는데 夫餘王이 河伯의 딸을 얻어 방 안에 가두었더니 햇빛이 따라와 비추어 잉태하여 다섯 되만한 알을 하나 낳았다. 부여왕이 그것을 개나 돼지에게 주었는데 먹지 않자 길에 버렸으나 우마가 피해 갔다. 들에 버리니 새들이 날아와 털로 감싸 주었다. 왕이 갈라 보려 했으나 깨지 못하고 마침내 그 어미한테 돌려 주었다. 어미가 물건으로 싸서 따뜻한 곳에 두었더니 한 사내아이가 그 알을 깨고 나왔는데 朱蒙이라고 불렀다"[39]고 하여 고구려가 부여에서 나왔으며 그 선조는 朱蒙이라고 말하고 있다.

『日本書記』卷27, 天智天皇 7년(A.D. 668) 겨울 10월조에는 "唐의 대장군 영공이 고구려를 공격하여 멸망시켰는데 고구려의 仲牟王이 처음 건국했을 때에 천년을 다스리고자 하였다"[40]고 하여 고구려의 건국자가 仲牟로 되어 있다.

『新撰姓氏錄』下之本, 右京諸蕃下, 高麗條에는 고구려의 시조를 鄒牟 또는 朱背로 나타내고 있다.[41]

② 高句麗 金石文의 인식

---

38) 『隋書』卷81, 列傳46, 東夷傳, 高麗條, "高麗之先 出自夫餘 夫餘王嘗得河伯女 因閉於室內 爲日光隨而照之 感而遂孕 生一大卵 有一男子 破殼而出 名曰朱蒙".

39) 『北史』卷94, 列傳82, 高句麗條, "高句麗 其先出夫餘王嘗得河伯女 因閉於室內 爲日所照 引身避之 日影又逐 旣而有孕 生一卵大如五升 夫餘王棄之 與犬 犬不食 與豕, 豕不食 棄於路 牛馬避之 棄於野 重鳥以毛茹之 王剖之不能破 遂還其母 母以物裏置煖處 有一男破而出 及長字之曰朱蒙".

40) 『日本書記』卷27, 天智天皇 7年條, "冬十月 大唐將軍英公 打滅高麗 高麗仲牟王 初建國時 欲治千歲也".

41) 『新撰姓氏錄』下之本, 右京諸蕃下, 高麗條, "長背連 出自高麗國主 鄒牟 一名朱背也".

고구려 당시의 金石文들을 살펴보면 「廣開土大王碑文」에서는 高句麗의 始祖를 鄒牟王으로 보고 그가 解慕漱가 세운 北夫餘 왕가의 후예이며 (東)夫餘의 奄利大水를 건너 忽本에 이르렀음을 말하고 廣開土大王 당시에는 東夫餘를 복속하였음[42]을 말하였다.

「高慈墓地銘」에는 그의 선조가 朱蒙王을 도와 海東의 여러 오랑캐들을 평정하였고 高句麗國을 건국한 이후에는 대대로 公侯宰相이 되었다[43]고 하였다.

「泉獻誠墓地銘」에서는 "바닷가 동쪽이여 옛날에 朱蒙이 있었도다. 江을 건너 나라를 세우니 世業이 드높았다"[44]고 하였다.

「牟頭婁墓誌銘」에서는 고구려의 시조가 河伯之孫 日月之子인 鄒牟聖王으로서 北夫餘에서 나왔음[45]을 천명하고 주몽의 시호가 東明聖王이 아니라 '鄒牟聖王'이라고 분명히 하고 있다.

「泉男産墓地銘」에는 "옛날에 東明이 기를 느끼고 虒川을 넘어 나라를 열었고, 朱蒙은 해를 품고 浿水에 임해 수도를 열었다"[46]고 하여 東明과 朱蒙이 서로 다른 인물임을 명확하게 밝히고 있다. 이어서 "東明의 후예가 진실로 朝鮮을 세워 胡를 제압하였으며 徐州와 통하고 燕을 막았도다"[47]라고 하여 고구려 또한 東明의 후예임을 자처하고 있다.

---

42) "惟昔始祖鄒牟王之創基也 出自北夫餘 天帝之子 …… 鄒牟王 爲我連葭浮龜 應聲卽爲 連葭浮龜 然後造渡 於沸流谷 忽本西 山上移建都焉 …… 東夫餘舊是鄒牟王屬民 中叛不貢 王躬率往討"(韓國古代社會硏究所 編,『譯註韓國古代金石文』, 1992, 7~22쪽).

43) "先祖隨朱蒙王 平海東諸夷 建高麗國己後 代爲公侯宰相"(韓國古代社會硏究所, 위의 책, 509~511쪽).

44) "濱海之東兮 昔有朱蒙 濟河建國兮 世世崇崇"(韓國古代社會硏究所, 앞의 책, 521~526쪽).

45) "河伯之孫日月之子 鄒牟聖王元出北夫餘"(韓國古代社會硏究所, 앞의 책, 93~101쪽).

46) "東明感氣 踰虒川而開國 朱蒙孕日 臨浿水而開都"(韓國古代社會硏究所, 앞의 책, 529쪽).

47) "東明之裔 寔爲朝鮮 威胡制貊 通徐拒燕"(韓國古代社會硏究所, 앞의 책, 530쪽).

③ 東明에 대한 인식

고구려의 시조를 東明으로 보고 있는 史書들을 살펴보면, 王充(A.D. 27~100)이 쓴『論衡』卷2, 吉驗編에 "北夷 橐離國王의 하녀가 임신하자 왕이 하녀를 죽이려 하였다. 하녀가 답변하기를 '무슨 기운이 크기가 닭 알만한 것이 하늘로부터 나에게 내려온 까닭에 임신이 되었다'고 하였다. 후에 아들을 낳았다. 돼지우리 속에 가져다 버리라고 하였더니 돼지가 입김으로 불어서 죽지 않았고, 다시 마굿간으로 옮겨다 놓고 말에게 밟아 죽이게 하였더니 말이 다시 입김으로 불어서 죽지 않았다. 왕은 하늘에서 낸 아이가 아닌가 의심해서 그 어머니더러 데려가라 하고 종으로 길렀다. 이름은 東明이라고 했는데 마소를 맡아서 기르게 하였다. 동명은 활을 잘 쏘았는데 왕은 그 나라를 빼앗길까 두려워하여 그를 죽이려고 하였다. 동명이 달아나다가 남쪽으로 淹滹水에 이르러 활로 물을 치니 물고기와 자라들이 떠서 다리가 되어 동명은 건널 수가 있었다. 물고기와 자라가 곧 흩어지니 추격해 오던 병사들은 건널 수가 없었다. 이로 인하여 夫餘에 도읍하고 왕 노릇을 하였다"48)고 하여 처음으로 기록되기 시작하였다.

『後漢書』卷85, 東夷列傳75, 夫餘條에 "처음에 北夷 索離國王이 출타하였는데 그 시녀가 뒤에 임신하였다. 왕이 돌아와 그 여자를 죽이려고 하자 시녀가 말하기를, '전에 하늘에 크기가 달걀만한 기가 있어 제게 내려오는 것을 보았기 때문에 임신하였나이다'라고 하였다 왕이 그 여자를 가두었는데 뒤에 드디어 사내아이를 낳았다. 왕이 명령하여 돼지우리에 버려두게 하였지만 돼지가 입김을 불어주어 죽지 않았다. 다시 마굿간에 옮겼으나 말도 그와 같이 해주는 것이었다. 왕이 생각

---

48)『論衡』卷2, 吉驗編, "北夷橐離國王侍女有娠 王欲殺之 婢對曰 有氣大如鷄子 從天而下我 故有娠 後産子 損於猪洞中 猪以口氣噓之 復徙置馬閑中 不死 王疑以爲天子 今其母牧取 奴畜之 名曰東明 令牧牛馬 東明善射 王恐奪其國也 欲殺之 東明走 南至淹滹水 以弓擊水 魚鼈浮爲橋 東明得渡 魚鼈乃解散 追兵不得渡 因都王夫餘".

하기를, 신으로 여겨 거두어 기르도록 하였다. 이름을 東明이라고 하였
는데 동명은 자라서 활을 잘 쏘았다. 왕이 그 용맹스러움을 꺼리어 다
시금 죽이려고 하자 동명은 도망하여 남쪽으로 掩㴲水에 이르렀다. 활
로 물을 치자 물고기와 자라가 모두 모여 물 위로 떠올라 동명은 그것
을 타고 건널 수 있었다. 이리하여 夫餘에 이르러 이 곳 왕이 되었
다"[49]라고 하였다.

　『三國志』卷30, 東夷傳, 夫餘條에 인용된 주석에 "『魏略』에 이르기
를 옛 사료에서도 또 말하고 있거니와 옛날 북방에 '槀離'[50]라는 나라
가 있었던바, 그 왕의 시녀가 아이를 배어 왕이 죽이려고 하였다. 시녀
가 이르기를 '닭 알만한 무슨 기운이 나에게로 내려오더니 그 까닭에
아이가 서게 되었다'고 하였다. 그 후 아들을 낳았다. 왕이 돼지우리 속
에 가져다 버리라고 하였더니 돼지들이 주둥이로 김을 불어주고 마굿
간으로 옮겨다 두라고 하였더니 말이 김을 불어주어 죽지 않았다. 왕
은 하늘에서 낸 사람인가 싶어 그 어머니더러 데려다 기르라고 하였
다. 이름은 동명이라고 하고 언제나 말을 맡아서 기르게 하였다. 東明
은 활을 잘 쏘았는데 왕이 나라를 빼앗길까 두려워 죽이려고 하였다.
동명이 달아나다가 시엄수에 이르러 활로 물을 치니 물고기와 자라들
이 떠서 다리로 되어 동명은 건널 수 있었다. 물고기와 자라들이 곧 흩
어져 버려서 추격해 오던 군사들은 건널 수 없었다. 동명이 인하여 夫
餘 땅에 도읍하고 임금 노릇을 하였다"[51]고 되어 있다.

---

49) 『後漢書』卷85, 東夷列傳75, 夫餘條, "初 北夷索離國王出行 其侍兒 於後姙
　　身 王還欲殺之 侍兒曰 前見天上有氣 大如鷄子 來降我 因以有身 王因之
　　後逐生男 王令置於豕牢 豕以口氣噓之 不死 復徙於之馬蘭 馬亦如之 王以
　　爲神 乃聽母收養 名曰東明 東明長以善射 王忌其猛 復欲殺之 東明奔走 南
　　至掩㴲水 以弓擊水 魚鼈皆聚浮水上 東明乘之得渡 因之夫餘 而王之焉".
50) 註釋에는 여러 本에 따라 高, 槀, 索, 橐 등으로 나와 있다고 기록되어 있다.
51) 『三國志』卷30, 東夷傳, 夫餘條, "魏略曰 舊志又言 昔北方有槀離之國者 其
　　王者侍婢有身 王欲殺之 婢云 有氣如鷄子來下我 故我有身 後生子 王損之
　　於溷中 猪以喙噓之 徙之馬閑 馬以其噓之 不死 王疑以爲天子也 乃令其母

『梁書』卷54, 列傳48, 諸夷, 高句麗條에는 "高句麗는 東明으로부터 나왔는데 東明은 北夷인 槀離國王의 아들이다. 그 시녀가 출타중 임신을 하여 낳은 자로 왕이 죽이려 하자 남쪽으로 달아나 淹滯水를 건너 夫餘에 이르러 왕이 되었다"[52]고 하였다.

이러한 東明에 대해『三國遺事』卷1, 紀異1, 高句麗條의 註에 "東明帝는 卒本扶餘의 왕을 말한다"[53]고 하였고, 同書, 東扶餘條에 "天帝가 내려와 말하기를, 장차 나의 子孫으로 이 곳에 나라를 세우려 하니 너는 이 곳을 피하라(註 : 東明이 장차 왕이 될 조짐을 이름이다)"[54]라고 하였으며, 同書, 北扶餘條에서는 "東明帝가 北扶餘를 이어 일어나 도읍을 卒本州에 정하여 卒本扶餘가 되었으니 곧 高句麗의 始祖다"[55]라고 하여 졸본부여를 세운 것이 東明이며 고구려의 시조로 받들어지고 있음을 기록하고 있다.

그런데『海東繹史』, 卷6, 世紀6, 高句麗條에는 "東明이 빛나는 왕업을 열었고 朱蒙이 그 여파를 계승했다"[56]고 기록하였으며『欽定滿洲源流考』卷1, 部族, 夫餘條에는 "高句麗는 부여에서 나왔고 부여는 索離에서 나왔는데 부여는 고구려의 북쪽에 있고 索離 또한 夫餘의 북쪽에 있었으므로 東明은 남쪽으로 달아나 夫餘에 이르렀고 朱蒙 역시 남

　　牧畜之 名曰東明 常令牧馬 東明善射 王恐奪其國也 欲殺之 東明走 南至施掩水 以弓擊水 魚鼈浮爲橋 東明得渡 魚鼈乃解散 追兵不得渡 東明因都王夫餘之地".

52)『梁書』卷54, 列傳48, 諸夷, 高句麗條, "高句麗者 其先出自東明 東明本北夷槀離王之子 離王出行 其侍兒於後任娠 離王還欲殺之 侍兒曰 前見天上有氣如大雞子 來降我 因以有娠 王因之 後遂生男 王置之豕牢 豕以口氣嘘之 不死 王以爲神 乃廳收養 長而善射 王忌其猛 復欲殺之 東明乃奔走 南至淹滯水 以弓擊水 魚鼈皆浮爲橋 東明乘之得渡 至夫餘而王焉".

53)『三國遺事』卷1, 紀異1, 高句麗條, "東明帝爲卒本扶餘王之謂也".

54)『三國遺事』卷1, 紀異1, 東扶餘條, "天帝降而謂曰 將使吾子孫 立國於此 汝其避之 (謂東明將興之兆也)".

55)『三國遺事』卷1, 紀異1, 北扶餘條, "東明帝繼北扶餘而興 立都于卒本州 爲卒本扶餘 卽高句麗之始祖".

56) 주 4) 참조.

쪽으로 달아나 高句麗에 이르렀다"[57]고 하여 東明은 索離에서 夫餘로, 朱蒙은 夫餘에서 高句麗로 왔으며 북으로부터 索離, 夫餘, 高句麗 순으로 배치되어 있었음을 알 수 있다.

   ⑶ 소결

   위의 사실들을 종합해 보면 다음과 같다. 먼저 東明이 槀離國에서 卒本에 이르러 卒本夫餘를 건국하자 北夫餘의 解夫婁가 그를 피하여 동쪽으로 옮겨 東夫餘를 세웠다. 그 후 東夫餘에서 출생한 朱蒙은 그곳에서 달아나 卒本夫餘에 이르러 東明의 王業을 이어 高句麗를 建國한 것으로 된다.

   즉 『三國史記』나 『三國遺事』의 기록들의 연대를 비교해 보면, 朱蒙의 어머니인 柳花는 東夫餘王 解夫婁의 아들인 金蛙王과 같은 시대이며, 朱蒙은 금와왕의 아들인 帶素와 같은 시대로 되어 있다. 그렇다면 『三國遺事』에서 北夫餘의 마지막 왕이며 東夫餘의 시조인 解夫婁에게 그가 살던 곳을 비켜 달라고 한 卒本夫餘의 東明이라는 세력[58]은 해부루의 손자 帶素와 같은 시대에 살았던 朱蒙이 아님을 알 수 있다.

   北夫餘의 건국자인 解慕漱와 東夫餘의 건국자인 解夫婁의 관계는 부자관계[59] 또는 同時代로 서술되어 있는데,[60] 두 기록 중에서 동시대로 보고 있는 것은 誤記다. 그 이유는 해부루가 북부여의 마지막 왕으로 동부여를 세웠는데, 그를 밀어낸 것이 이 기록에는 해모수로 되어 있으나 다른 모든 기록에는 東明으로 되어 있기 때문이다.

   위의 두 기록 중에서 타당한 것은 해모수와 해부루를 적어도 부자관

---

57) 『欽定滿洲源流考』 卷1, 部族, 夫餘條, "高麗出自夫餘 夫餘出自索離 夫餘在高麗北 索離又在夫餘北 故東明南走而之夫餘 朱蒙亦南走而至高麗".
58) 『三國遺事』 卷1, 紀異1, 高句麗條, "東明帝卒本扶餘王之謂也".
59) 『三國遺事』 卷1, 紀異1, 北扶餘條, "解慕漱生子 名扶婁".
60) 『三國史記』 卷30, 高句麗本紀1, 始祖東明王條, "阿蘭弗遂勸王 移都於彼 國號東扶餘 其舊都有人 不知所從來 自稱天帝子解慕漱".

계 내지는 조상으로 추정한 것이다. 왜냐하면 해모수는 북부여를 건국하고 해부루는 북부여의 마지막 왕이라고 되어 있기 때문에, 이들의 계승관계에는 적어도 한 명 이상의 인물이 개재되어 있다고 보아야 하기 때문이다. 만약 이들이 부자관계라면 북부여라는 나라는 건국되자마자 멸망한 비운의 국가가 되고 해부루가 해모수의 아들이라면 북부여의 마지막 왕이라는 표현 자체가 어색해지기 때문이다. 따라서 이 두 사람 사이에는 적어도 한 명 이상의 왕이 더 존재해야 한다. 1대를 25~30년으로 본다면 북부여는 적어도 3~4명 정도의 왕이 존재하여 100여년 이상을 존재하였을 것으로 추정된다. 그리고 이 당시 북부여의 마지막 왕계가 長子로서 東夫餘 시조가 된 해부루로 이어진 것을 본다면, 주몽의 아버지로 추정되는 인물은 長子 계통이 아닌 北夫餘 王子 내지 王孫의 신분이었을 것으로 추정된다.

그리고 『三國史記』 卷13, 高句麗本紀1, 始祖東明聖王 卽位條의 기록에는 解慕漱가 朱蒙의 아버지로 나타나고 있는데 이것 또한 오기이다. 왜냐하면 해모수는 북부여의 건국자이고, 그 마지막 왕인 해부루가 동부여를 건국하고 그 아들인 금와가 주몽을 임신하고 있던 어머니를 거두어 들였다. 즉 주몽은 금와의 아들인 대소와 동시대 인물이었기 때문에 이 기록은 解慕漱-(?)-解夫婁-金蝸-帶素로 이어지는 3~4代를 뛰어넘은 사실을 같은 시간대로 놓고 사건을 전개시킨 것이기 때문이다.

위에서 검증된 사실들을 주몽을 중심으로 한 夫餘의 계통도로 정리해 보면, 주몽의 어머니인 柳花는 北夫餘 계통의 왕자 또는 왕손과 야합한 후 임신한 상태에서 그 아비인 河伯으로부터 버림을 받아 떠돌다가 東夫餘의 건국자인 解夫婁의 아들 金蝸의 부인이 되었다. 朱蒙은 태어난 후 금와의 아들인 帶素와 경쟁관계가 되어 늘 위협을 느껴 오던 차에 어머니의 권유로 東夫餘에서 달아나 卒本에 도착하였다. 그곳은 예전에 동명이 북부여의 해부루 세력을 밀어내고 卒本夫餘를 세

운 곳이다.[61]

그 곳의 마지막 왕은 왕통을 이을 아들은 없고 優台에게 시집가서 沸流와 溫祚 두 아들을 낳고 과부가 되어 친정에 돌아와 있던 딸[62]이 하나 있었다. 朱蒙은 여기에서 그녀와 혼인하여 왕이 죽자 王統을 이었다.[63] 즉 朱蒙은 장인이 죽자 왕위를 계승하여 國號를 高句麗라고

<夫餘系와 高句麗, 百濟의 關係圖>

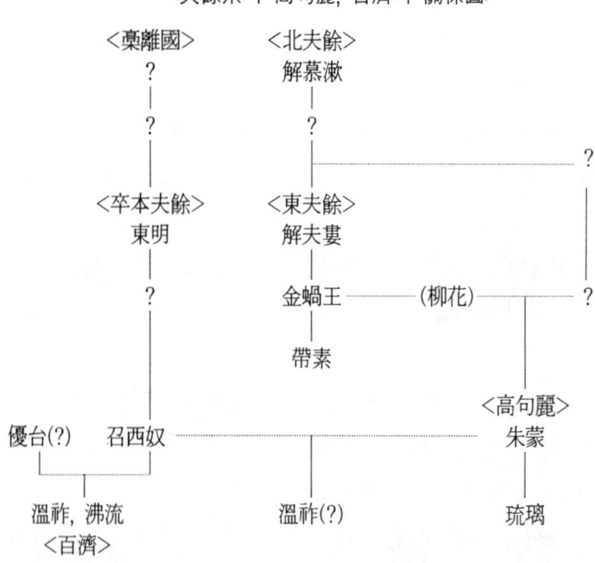

---

61) 『三國遺事』卷1, 紀異1, 北扶餘條, "東明帝繼北扶餘而興 立都于卒本州爲卒本扶餘".

62) 『三國史記』卷23, 百濟本紀1, 始祖溫祚王 卽位年條, "母召西奴 卒本人延陁勃之女 始歸于優台 生子二人 長曰沸流 次曰溫祚 優台死 寡居于卒本".

63) 『三國史記』卷30, 高句麗本紀, 始祖東明聖王 卽位年條, "一云朱蒙至卒本夫餘 王無子見朱蒙知非常人 以其女妻之 王薨朱蒙嗣位";『三國史記』卷23, 百濟本紀1, 始祖溫祚王 卽位年條, "其父鄒牟 惑云朱蒙 自北扶餘逃難 至卒本扶餘 扶餘王無子 只有三女子 見朱蒙 知非常人 以第二女 妻之 未幾扶餘王薨 朱蒙嗣立".

고쳐 불렀으며 자신은 北夫餘를 세운 해모수의 후예[64]임을 강하게 천
명하였다. 『三國史記』나 『三國遺事』에서는 그가 죽자 시호를 東明聖王
으로 한 것처럼 되어 있으나 고구려 당시의 금석문인 「牟頭婁墓誌銘」
을 통해 볼 때, 그의 시호는 동명성왕이 아니라 '鄒牟聖王'이었음이 확
인되었다.

　　2. 考古學的인 검토

(1) 貊族과 積石塚의 傳統

① 卒本夫餘와 積石塚

　夫餘가 中國의 史書에 나타나기 시작한 것은 B.C. 5~4세기에 쓰여
진 『山海經』 卷17, 大荒北經에서로 '不與'라고 표기되어 있고,[65] 司馬
遷(B.C. 145~98)의 『史記』 卷129, 貨殖列傳에 처음으로 '夫餘'라고 나
오고 있다.[66] 그런데 B.C. 5~4세기[67] 당시의 부여는 解慕漱가 세운
北夫餘로 보아야 한다. 왜냐하면 東夫餘란 北夫餘의 마지막 왕인 解夫
婁가 卒本夫餘를 세운 東明에게 밀려 동쪽으로 이동함으로써 얻어진

---

64) 『三國遺事』 王曆1, 高麗條에 朱蒙이 檀君의 아들이라 하였고 同書, 紀異1,
　　高句麗條에 인용된 『檀君記』에서는 檀君이 河伯의 딸과 친하여 夫婁라는
　　아들을 낳았는데 夫婁는 朱蒙과 어머니가 다른 형제라고 하였다. 또 朱蒙을
　　檀君의 아들이라 하였는데 이것은 北夫餘를 세운 해모수를 檀君이라 칭한
　　기록이 나오고 있고 주몽의 어머니인 柳花가 河伯의 딸이며 檀君王儉이 하
　　백의 딸과 혼인 것을 혼동하여 주몽과 단군왕검의 아들인 夫婁를 이복형제
　　라 한 것이다. 또 다른 기록에서는 단군왕검의 장자인 '夫婁'와 동부여의 건
　　국자인 '解夫婁'를 혼동하여 기록한 것도 있다.
65) 『山海經』 卷17, 大荒北經, "有胡不與之國".
66) 『史記』 卷129, 貨殖列傳, "北鄰烏桓 夫餘 東縮濊貊朝鮮 眞番之利".
67) B.C. 5세기경 遼河 중·하류에서부터 淸川江 이북까지 발견되는 美松里土器
　　文化는 돌널무덤을 주체로 하고 있는데, 이것은 貊族의 활동 범위와 서로 부
　　합되며 특히 혼하·태자하·압록강 중하류 지역에 밀집 분포되어 있다.

이름으로, 졸본부여와 동시대에 존재한 동부여는 북부여를 이은 국가이므로 이들 부여 중에서는 북부여가 가장 선행하기 때문이다.

遼寧省 撫順 연화보, 鞍山의 양초장, 寬甸의 쌍산자와 오한노호산 등과 북한의 평안북도 細竹里 등에서 나오는 B.C. 3~2세기의 철기문화는 細竹里-蓮花堡文化로, 동남쪽은 청천강과 대동강 상류지역으로부터 서쪽은 요하를 지나 대능하 유역에 이르는 넓은 지역에 30여 개소의 유적이 남아 있다. 여기에서는 鐵器의 호미·괭이·삽·낫·도끼·자귀 등의 농공구와 회색노끈무늬그릇 등과 명도전·일화전·명화전·포전·반량전 등의 화폐가 나오고 있다. 단산리유적·윤가촌남하유적·목양성지·대령둔성지 등에서는 瓦片과 온돌 시설이 나오고 있어 지배계급이 호화로운 건물을 짓고 살았음을 알 수 있다. 그리고 일부에서 중국제 桃氏劍이 나오고 중국의 화폐인 明刀錢이 다량으로 출토되고 있어서 중국과의 교역이 성행하였음을 보여주고 있다.[68]

그리고 현재 북한은 졸본지역에 句麗라는 나라를 설정하여 高句麗의 연대를 B.C. 3세기까지 소급하려는 움직임이 있으나[69] 이것은 卒本夫餘와 고구려를 혼동한 것으로 高句麗의 기원은 B.C. 58년[70]이며 그 이전 B.C. 3세기까지는 卒本夫餘가 존재하였던 것으로 추정된다. 즉 B.C. 3세기경은 北夫餘가 소멸하고 동부여와 졸본부여가 성립한 시기였음을 알 수 있다.

이는 고조선 유적으로 B.C. 8~5세기에 걸친 崗上·樓上 積石塚의 전통을 잇는 B.C. 3세기의 細形銅劍 등의 청동기가 출토되는 積石塚이 압록강에 가까운 吉林省 集安市 五道嶺溝門, 遼寧省 丹東地區 寬甸縣

---

68) 『조선고고학개요』, 과학백과사전출판사, 1977, 139~158쪽.

69) 사회과학원력사연구소, 『고구려사』(조선전사 개정판) 3, 1991.

70) B.C. 37년으로 되어 있는 것은 建國을 新羅→高句麗→百濟 순으로 배열하기 위한 김부식의 조작으로 받아들여지고 있고, 현재는 朱蒙의 출생 연도인 B.C. 58년을 건국 연대로 보고 있어 삼국 중에서 가장 먼저 건국된 것으로 본다.

의 太平哨公社 泡子沿大隊·長甸公社 四平街大隊, 鳳城縣 弟兄山公社 三家子大隊 등에서 나타나기 때문이다.71)

특히 고구려의 초기 무덤인 桓仁縣 高力墓子村 15호분은 화장한 무덤인데, B.C. 5~4세기의 고조선의 적석총인 환인현 大甸子의 火葬무덤의 전통을 이어받은 것이었다. 그리고 五道嶺溝門 적석총은 그 무덤의 형식이 고조선의 적석총과 매우 비슷하고 유물도 대부분 고조선의 문화적 영향을 받은 細形銅劍 관계 유물이지만 그 유물 중에는 古朝鮮에서는 볼 수 없는 도끼날형 쇠화살촉이 들어 있다. 이것은 고구려의 것과 같으며 그 무덤형식도 고구려 초기의 적석총과 같아, 북한에서는 고구려의 전신인 ‘句麗’로서 고조선과는 별개의 小國이 있었다고 보고 있다.72)

이처럼 북한이 句麗로 보고 있는 것은 遼河 부근에 존재했던 句麗와 혼동한 결과로서, 실제로는 ‘卒本夫餘’의 문화이다. 이 문화는 졸본부여의 수도였던 桓仁을 가로지르는 渾江을 중심으로 鴨綠江 중하류, 太子河 상류, 渾河 상류, 伊通河 하류를 포괄하는 현재 중국 요녕성의 桓仁縣, 新賓縣, 淸原縣과 길림성의 柳河縣, 通化縣, 集安縣, 臨江縣과 북한의 慈江道 지역에 해당된다.73)

현재 중국 요녕성 桓仁縣은 고구려 초기의 수도였던 卒本으로, 주몽이 고구려를 건국한 B.C. 58년부터 국내성으로 천도한 2대 琉璃王 22년인 A.D. 3년까지의 수도였다. 따라서 이 곳에는 716기의 적석총이 남아 있는데, 그 중에서도 五女山城과 上古城子의 초기 고분군과 집안 통구고분군 가운데 초기의 無基壇式積石塚과 方壇形積石塚은 이곳에서 함께 출토된 ‘明化’, ‘半兩’, ‘五銖’, ‘大泉五十’, ‘貨泉’ 등 戰國시대로

---

71) 田村晃一,「高句麗積石塚の年代と分類について」,『考古學雜誌』68-1, 1982.
72) 박진욱,『조선고고학전서 - 중세편 고구려 - 』, 과학백과사전종합출판사, 1991, 18~27쪽.
73) 사회과학원력사연구소,『고조선사·부여사·구려사·진국사』2(조선전사 개정판), 1991.

부터 前漢·後漢 시기에 걸친 화폐로,[74] 후한 초기 이전 시대인 졸본 부여의 유적임을 알 수 있다. 이와 아울러 渾河 상류의 淸原縣 土口子, 夏家堡 등에서 나타나는 소형 석관묘는 전국시대에서 한나라 초기에 해당하는 맥족과 고구려 초기 고분으로 추정된다.[75] 이 부근인 新賓縣 의 黑溝山城에도 고인돌과 작은 적석총이 있는데, 모두 無基壇式積石 冢으로 봉토석실분이 없어 오녀산성 부근의 고분군보다 더 이른 시기 의 것으로서 이들 또한 卒本夫餘의 문화권에 속한 沸流國으로 추정된 다.

② 貊族과 積石塚

貊族의 주묘제로 추정되고 있는 積石塚의 기원은 B.C. 3500년경의 大凌河 유역의 요녕성 凌源縣 牛河梁의 紅山文化에서 나타나는 적석 총으로, 이 곳에서는 積石塚 안에서 모두 15기의 石棺墓가 발견되었고 그 외에 祭祀遺蹟과 神殿 및 塑造神像 등이 발굴되었다. 이것은 적석 총이 이미 고조선 이전에 우리 민족의 묘제로 자리잡아 왔음을 보여주 는 것으로, 현재까지 우리 나라의 적석총 문화가 시베리아의 영향을 받았다고 보았던 종래 견해는 수정되어야 할 것이다. 그 이유는 시베 리아의 적석총은 B.C. 2000년경의 것으로, 이 곳의 적석총보다 그 연대 가 훨씬 내려가기 때문이다.[76]

이러한 전통은 요녕성 大連市에 남아 있는 고조선 시기의 于家村, 崗上, 樓上의 적석총으로 나타나는데 于家村 口它頭積石塚은 B.C. 13 세기의 것으로 58개 석곽이 한 적석 내에 분포되어 있어 같은 친족관 계를 나타내며, 崗上무덤은 B.C. 8~7세기의 것으로 23개의 石棺이 있 는데 7호 무덤을 중심으로 방사선 모양으로 배치되어 있어 殉葬墓임을

---

74) 李殿福, 「集安高句麗墓研究」, 『考古學報』 1980-2, 1980, 171~172쪽.
75) 王錦厚, 「高句麗民族的起源及其考古學文化」, 『高句麗·渤海研究集成』 1, 哈爾濱出版社, 42쪽.
76) 李亨求, 『韓國古代文化의 起源』, 까치, 1991, 83~89쪽.

알 수 있다. 樓上무덤은 B.C. 7~5세기의 것으로 누상과 같은 순장묘로서 이 두 무덤에서는 고조선의 상징적 유물인 琵琶形銅劍이 나오고 있다.

金庠基,[77] 李玉[78] 씨의 연구에 의하면 B.C. 7세기경에 貊族은 중국의 북동쪽인 陝西·河北 지방에 살았었다. 특히 B.C. 7세기에 쓰여진 『逸周書』에 나타나고 있는 孤竹·高夷[79]는 山海關 부근에 있던 고대의 우리 종족인 貊族으로 추정된다. 왜냐하면 『三國遺事』 卷1, 紀異1, 古朝鮮條에 인용된 『唐書』 裵矩傳에 "高麗本孤竹國"이라 하여 고구려가 高夷나 孤竹國과 관계가 있었음을 시사해 주고 있기 때문이다.

李亨求[80] 씨는 요녕성 喀左縣에서 나온 '其侯' 方鼎와 '孤竹' 銘罍를 들어서 이 곳이 기자의 일족이 이주해 와 기자조선을 세운 곳으로, 고죽국이 있었던 곳이라고 주장하였다.

孫進己[81] 씨에 따르면, 동·서의 2개 성으로 되어 있는 錦西의 小荒地城은 자연적인 산줄기를 따라 성을 쌓은 것으로, 타원형 북쪽의 중간이 낮아 출구로 사용되고 있으며, 토석혼축으로 되어 있어 보존이 잘 되어 있는데, 이는 고구려산성과 동일하며 시대는 春秋戰國時代로서 고구려족의 기원이 된 高夷가 사용한 것으로 추정하였다. 이렇게 본다면 高夷는 요서의 객좌, 금서 등에 거주한 맥족이었음을 알 수 있다.

이지린[82] 씨는 고조선 당시 흉노와 고조선 사이인 만리장성 부근에 존재한 東胡族[83]을 貊族으로 파악하여 고조선의 일족으로 보고 있다.

---

77) 金庠基, 「韓濊貊移動考」, 『史海』 1, 1948, 1~47쪽.

78) 李玉, 『高句麗 民族形成과 社會』, 1984, 34~47쪽.

79) 『逸周書』 卷7, 王會解에 나오는 '高夷'에 대해 晉나라 孔晁이 註釋하기를 "高夷 東北夷高句麗"라고 하여 고구려의 선조로 보았다.

80) 이형구, 「발해연안 대능하유역 기자조선의 유적·유물」, 『고조선과 부여의 제문제』, 서신원, 1996, 65~75쪽.

81) 손진기, 「고구려족적기원」, 『동북민족사연구』 1, 중주고적출판사, 1994.

82) 이지린, 『고조선연구』, 과학원출판사, 1963.

이들은 B.C. 200년경 匈奴族의 공격으로 멸망하게 되는데84) 筆者는 이 사건을 계기로 산해관과 요하 사이에 거주했던 貊族이 槀離, 小水貊,85) 大水貊,86) 梁貊87)과 貊國 등으로 분화되면서 이동을 거듭하게 되었다고 추정한다.

이동에 참여한 貊族에서도 가장 멀리 한반도 春川에까지 이동한 貊國은 춘천의 中島유적의 발굴결과 積石塚이 나타나고 있고, 旌善의 古城里山城 주변에 강돌로 축조된 積石塚88)이 나타나고 있어 貊族과 積石塚이 매우 밀접한 관계를 가지고 있음을 알 수 있게 해주고 있다. 즉 적석총을 쓰던 貊族의 전통은 高夷로부터 孤竹, 東胡, 槀離, 卒本夫餘

---

83) 『山海經』卷11, 海內西經에 "東胡는 큰 호수의 동쪽에 있으며 夷는 東胡의 동쪽에 있다. 貊族의 영토는 漢水라는 강의 북동쪽에 있으며 燕과 접하고 있는데, 이 나라는 멸망하였다"고 되어 있다. 漢水는 『水經注』에 "濡水는 동북쪽에서 難河로 합해지고 그 오른쪽으로는 漢水가 흘러 들어온다"고 하여 언급되고 있는데, 여기서 濡水란 현재의 灤河를 가리킨다. 이것을 볼 때 맥족은 B.C. 3세기에 灤河 부근으로 이동하였음을 알 수 있다. 현재 중국과 일본의 학자들은 山海關과 遼河 사이의 대능하 주변에서 집중적으로 나타나고 있는 비파형동검을 東胡族으로 문화로 보고, 이들이 鮮卑와 烏丸의 선조임을 들어 중국의 소수민족으로 취급하여 고조선과 별개 종족으로서 우리의 역사와 분리시키고 있다.

84) B.C. 5세기 중엽에 趙襄子(B.C. 457~425)가 代를 점령하고 胡貊과 접촉한 것을 보면, 이 당시 貊族이 山西省의 북쪽인 흉노족 영토의 동쪽에 살고 있었음을 알 수 있다.

85) 姜孟山은 沸流水가에 있던 졸본부여를 小水貊들이 세운 나라로 보고 주몽이 이 기초 위에 고구려를 세우고 기원 3년에 유리왕이 大水貊이 있던 압록강의 集安지역으로 천도하였다고 보았다("최초의 高句麗國家", 『白山學報』40, 白山學會, 1992).

86) 大水貊은 集安지역으로 추정되는데, 이 지역의 國內省을 발굴한 결과 국내성의 성벽 밑에는 고구려가 천도해 오기 이전의 土城이 남아 있는데 이 곳에서 나온 석기는 길림 장사산유적에서 나온 석기와 같은 것으로 B.C. 5세기 것으로 인정되고 있다(사회과학원력사연구소, 앞의 책, 1991).

87) 鄭寅普 씨는 梁貊을 현재의 太子河 상류인 谷原지방으로 보았다["朝鮮史硏究(下)", 『薝園鄭寅普全集』, 연세대출판부, 1983].

88) 忠北大學校 湖西文化硏究所, 『旌善 古城里山城과 松溪里山城 및 古墳群 地表調査報告書』, 1997.

르 거쳐 고구려로 이어지는 끈질긴 생명력을 지니고 있다.

　貊族의 하나인 句麗는, 遼河가 句麗河·巨流河·枸柳河 등으로 불렸고[89] 요하의 서쪽 遼寧省 新民縣 부근에 巨流河라는 지명이 현재도 남아 있음을 볼 때 요동지역에서 가장 큰 강이었던 현재의 요하 부근에 존재했던 족속으로 추정되고 있다. 그렇게 보면 한나라 무제가 위만조선을 멸망시키고 설치한 玄菟郡에 소속된 현 가운데 보이는 高句麗縣은 고구려가 있던 환인·집안 지역에 설치된 것이 아니라 B.C. 107년 원시 고구려족인 옛 '句麗'의 땅에 설치된 것[90]이고, 따라서 B.C. 58년에 졸본지역에 건국된 高句麗와는 전혀 다른 장소임을 알 수 있다.

　崔棟[91] 씨는 옥저를 사서에 등장하는 東沃沮·北沃沮·南沃沮 이외에 西沃沮를 삽입하여 4개의 옥저로 구분하였다. 일반적으로 東沃沮는 함흥,[92] 北沃沮는 훈춘[93] 지방으로 비정되고 있다. 南沃沮는 『遼史』 卷38, 志8, 地理志에 "海州는 본래 沃沮國의 땅이다"라 하였고 『大淸一統志』 卷38, 奉天府表에는 遼나라의 海州가 현재의 海城으로 되어 있는데, 그는 해성지방에 있던 옥저를 南沃沮[94]로 보았다.

　씨는 西沃沮를 구려의 옛 땅이었던 고구려현을 포함한 玄菟郡이 설

---

89) 『大淸一統志』 卷37, 奉天府, 遼河條.
90) 『漢書』 卷28下, 地理志8下, "玄菟 樂浪 武帝時置 皆朝鮮 濊貊 句麗蠻夷".
91) 崔棟, 『朝鮮上古民族史』, 東國文化社, 432~441쪽.
92) 강원도와 함경도 지역을 합하여 청동기와 철기 유물의 분포밀도가 가장 높은 곳이 함흥과 영흥 일대이다[이현혜, 「Ⅳ. 동예와 옥저」, 『한국사(4) 초기국가 - 고조선·부여·삼한』, 국사편찬위원회, 1997, 249쪽].
93) 오동유형문화 또는 團結文化로 불리며, 분포지역은 서쪽으로 두만강 중류(회령 오동)으로부터 목릉하 상류지역(목릉 소사방산)에 이르며, 동쪽은 홍개호 호반과 연해주 남부 해안지대, 북쪽은 목릉하 중류지역, 남쪽으로는 함경북도 해안(나진 초도)까지 미치고 있다. 이것은 이웃한 挹婁의 앵가령문화, 해청문화, 볼챠이문화와 확연히 구분되나 夫餘의 서단산문화와는 적지 않은 공통성을 보이고 있다(사회과학원력사연구소, 앞의 책, 1991, 137~138쪽).
94) 현재 동옥저를 남옥저와 혼돈하여 같은 곳으로 비정하고 있으나 사서에는 엄연히 동옥저와 남옥저를 구분하고 있기 때문에 동일한 장소로 보는 것은 매우 불합리하다.

치된 곳95)으로서 현재의 대릉하 부근으로 추정하였다. 그것은 후일 "夫餘가 白鹿山96) 부근에 있다가 百濟97)에게 깨져 모용 씨의 前燕98) 부근으로 이동하였는데 그들의 공격을 받아 부여왕 依慮가 죽고 그 아들이 잔존세력을 이끌고 沃沮지역으로 이동하였다"고 하는 옥저를 西沃沮로 보았기 때문이다. 句麗는 전술한 바와 같이 요하에 句麗河라는 지명이 남아 있는 것으로 보아 요하 부근에 살았던 맥족으로 추정되고 있어, 西沃沮는 이들과 이웃한 대능하와 요하 사이에 있었던 옥저로 추정된다.

특히 支石墓는 遼東半島와 通化지역에 집중 분포하고 있는데, 哈達嶺 남쪽99)의 通化, 梅河口, 柳河, 東豊, 撫松, 渾江, 集安 등 통화지역의 지석묘는 B.C. 10세기 정도의 중소형으로, B.C. 15세기경으로 대형인 요동반도의 지석묘보다 시대가 늦고 출토유물이나 결구형식 등에 지방색을 띠고 있는데 요동반도의 지석묘가 북쪽으로 전파된 영향의 결과이다.100) 지석묘의 분포지와 적석총의 분포지를 비교해 보면 그 분포지역이 일치하고, 濊族의 土壙墓 분포지와는 겹쳐지지 않음과 동시에 濊族의 거주지였던 吉林 중부지역의 대표적인 청동기문화인 西團山文化와는 다른 점101)이 많다.

---

95) 『三國志』 卷38, 東夷傳38, 東沃沮條, "漢武帝元封三年 伐朝鮮 以沃沮城爲玄菟郡 後爲夷貊所侵 徙郡句麗西北 今所謂玄菟故府是也 沃沮還屬樂浪".

96) 『欽定熱河志』 卷64, 山2, 建昌縣, "布枯圖山 漢名白鹿山 在建昌顯屬喀喇沁左翼東三十里 卽古白狼山".

97) 遼西지방을 차지하고 있던 百濟세력이다(『梁書』 卷54, 列傳48, 百濟條, "晉世句驪旣略有遼東 百濟亦據有遼西 晉平二郡地矣 自置百濟郡").

98) 前燕은 대능하 중류에 있는 요녕성의 朝陽으로 비정되고 있다.

99) 西團山문화는 哈達嶺 이북에 분포되어 있어 哈達嶺을 경계로 북쪽은 西團山文化, 남쪽은 지석묘문화가 분포되어 있었음을 알 수 있다[宋鎬晟, 「Ⅲ. 부여」, 『한국사(4) 초기국가 - 고조선·부여·삼한』, 국사편찬위원회, 1997, 158쪽].

100) 崔茂藏, 「濊貊文化論」, 『文化財』 28, 1995, 236~237쪽.

101) 董學增, 「關于西團山文化的新資料」, 『黑龍江文物叢刊』 4, 1984 ; 王洪峰, 「吉林海龍原始社會遺蹟調查」, 『博物館硏究』 2, 1985.

이것은 지석묘를 축조한 고조선의 문화 속에서 貊族의 적석총 문화가 배태되고 있음을 보여주는 것으로, 특히 貊族인 졸본부여와 고구려의 초기 발생지인 통화지역에 집중되어 있는 것은 졸본부여가 고조선의 전통을 계승하고 있음을 알 수 있다.

③ 濊族과 土壙墓

吉林지역에 남아 있는 夫餘의 수도로 추정되는 東團山城과 南城子城[102] 부근의 고분들은 적석총을 쓰고 있는 맥족과는 달리 土壙墓를 쓰고 있어 濊族으로 분류되고 있다. 이들은 이 지방에 나타나는 西團山文化를 바탕으로 발전해 오고 있는데, 西團山文化는 B.C. 12~11세기에서 B.C. 5~3세기까지 濊族의 청동기문화로 제2 松花江 유역의 松遼平原을 중심으로 東으로는 長廣才嶺, 南으로는 渾河와 淸河 상류, 西로는 伊通河 중하류와 東遼河 연안, 北으로는 拉林河에 미치고 있다.

현재 북한의 고고학계는 貊族의 한 갈래로 東明의 본거지였던 櫜離國을 제2 송화강 하류 혹은 제1 송화강 및 嫩江 유역으로 추정하는데 이 곳에는 肇源을 중심으로 한 白金寶文化, 大安지방의 漢書文化, 肇東의 望海屯文化 등이 분포되어 있다.[103] 이러한 松嫩平原의 望海屯文化의 기본 묘제는 토광묘이고 길림을 중심으로 하는 松遼平原의 西團山文化의 묘제는 석관묘인데, 細形銅劍이 나타나는 B.C. 5~4세기에는 부여의 중심지역이었던 松遼平原에 토광묘[104]와 석관묘[105]가 공존하

---

102) 東團山은 外城·中城·內城의 三重으로 되어 있고, 그 밑의 平地城인 南城子城은 圓形의 성으로 南門 근처에는 王宮址로 추정되는 직사각형의 높은 平地가 있는데 이 곳에서 꽃무늬가 있는 벽돌과 기와 등이 출토되었다[엄장록, 「扶餘의 遺跡과 遺物에 對하여(BC 2세기~AD 3세기)」, 『于江權兌遠教授停年紀念論叢』, 世宗文化社, 1994, 194~195쪽].

103) 朴京哲, 「扶餘史 展開에 關한 再認識 試論」, 『白山學報』 40, 白山學會, 1992.

104) 夫餘 前期의 대표적 유적은 遼寧省 西豊縣 西岔溝유적으로, 총 63기의 장방형 土壙木槨墓가 발굴되었는데 殉馬를 비롯해 무기·마구·복식·기물·공

고 있다. 그 후 B.C. 3세기가 되면 土壙墓가 현저해진다.106)

즉 吉林市 泡子沿前山과 楡樹縣 老河深文化가 모두 동일하게 西團山文化層을 파괴한 층위에서 발견되고 있어 서단산문화를 직접 계승하였음을 알 수 있으며, 부여의 문화유적으로 출토되는 토기의 재질과 기형 및 토광묘라는 매장풍속에서도 漢書 상층과 望海屯文化와 동일하다.

이것에 대하여 앞에서도 언급했듯이 槖離國의 東明 집단이 졸본지역의 적석총문화107)와 직결될 것으로 생각하므로, 위에 나타난 길림지역의 고분분포의 변화 현상은 東明의 槖離國 문화로 보기보다는 북부여를 세운 解慕漱 집단이 그들의 근거지인 大安·肇源108)으로부터 남쪽으로 이동하여 B.C. 5세기경에 세형동검을 중심으로 한 새로운 철기

구·금동패식·철제무기·금은제귀고리·옥제목걸이·청동거울 등 2000여 점이 나왔다. 夫餘 中期의 대표적인 유적인 吉林省 楡樹縣 老河深 유적은 맨 아래층이 西團山文化層이고 그 위의 中層에서 부여시대의 무덤인 장방형의 토광목곽묘 129기가 발견되었는데 토기·금동제패식·철제무기·갑주·농기구·금은제귀고리·마노구슬·유리제구슬·금은제팔지·반지 등이 발굴되었다. 이것은 『三國志』 東夷傳 夫餘條에 "그 나라에서는 가축을 잘 기르며 좋은 말과 붉은 구슬·담비·아름다운 구슬이 산출되는데 구슬은 대추만하다. 그리고 활·화살·칼·창 등 병기를 사용하며 집집마다 각자 갑옷과 무기를 보유하고 있다"고 한 기록과 일치한다(李亨求, 『韓國 古代文化의 起源』, 까치, 1991).

105) 제2 송화강과 그 지류인 飮馬河 유역의 吉林, 九台, 永吉, 磐石, 樺甸, 撫松 등지에 분포되어 있는데 그 중에서도 길림에 가장 많이 분포되어 있다(姜仁求, 『考古學으로 본 韓國古代史』, 學研文化社, 1997).

106) 강만길 외, 「부여사의 전개와 지배구조」, 『한국사』 2, 한길사, 1994.

107) 池炳穆, 「高句麗 成立過程考」, 『白山學報』 34, 白山學會, 1987.

108) 尹明喆 씨는 大安지역의 답사를 통해 嫩江 유역을 부여족의 原居住地로 추정하였는데, 이것은 松嫩平原이 蒙古과 黑龍江省으로 연결되는 平原과 같은 草原과 興安嶺에서 내려오는 산악이 만나는 지역으로서, 이 지역의 군데군데 둥그렇게 남아 있는 연못을 보면서 『魏書』 夫餘傳의 "부여에는 山陵이 많고 넓은 연못이 많으며 곡식은 오곡이 잘 자라지만 과일은 나지 않는다"고 한 기록과 일치됨을 지적하였다(『말타고 고구려가다』, 청노루, 1997, 81~88쪽).

문화를 가지고 길림지역 토착인들의 문화인 西團山文化를 아우르면서
北夫餘109)를 세웠다고 보는 것이 더욱 자연스럽다.

　왜냐하면 白金寶文化 유형의 유적에서 나오는 타원형 銅飾小刀 등
의 동제품이 반출되었고 방사선 탄소 연대측청 결과 B.C. 8세기 무렵
이라는 연대가 나오고 있어, 그 주민들이 이른 시기부터 청동기문화를
영위하였을 것으로 추정되기 때문이다.110)

　④ 槀離國의 位置

　졸본부여를 세운 동명이 출발한 槀離國의 위치는,『遼史』卷37, 志7
地理志에서 鳳州가 槀離國의 옛 땅이라고 하면서 韓州의 북쪽 200리에
있다고 하였다. 한주는 현재의 遼寧省 昌圖縣에서 서북쪽으로 200리
되는 內蒙古自治州의 동쪽에 있는 古爾嘎朗이다.111)

　周采赫112) 씨에 따르면, 동몽골의 도르노드 아이막[道] 할힝골숌[郡]
의 보이르 호수 남쪽 초원 숑크 타반 톨로고이에 석인상 2기가 있는데
그 중 하나는 고올리칸의 훈촐로[石人像]이라고 불린다. 이 곳은 치열
한 역사상의 싸움터로 이 부근의 다른 석인상들은 모두 목이 잘리운
채 다시 얹혀져 있는 데 비해 '고올리(槀離)칸'의 석인상만은 건재하고
있다. 그래서 몽골과학원의 베 수먀바타르는 이것을 東明聖王의 석인
상이라고 주장하고 있다. 그리고 이 부근에는 고올리 城邑 터 두 곳과
고올리 사람들의 농장터가 있는데, 그 농법은 중국식도 러시아식도 아

---

109)『魏書』卷100, 列傳88 豆莫婁條와『唐書』卷220, 列傳145 流鬼傳을 보면, 豆
　　莫婁는 북부여의 후예로 고구려가 그 나라를 멸하자 남은 세력들이 那河를
　　건너 자기의 고국인 그 곳에 거했다고 하는데, 金貞培 씨는 이들의 위치를
　　흑룡강성의 嫩江 유역으로 보고 있다(「두막루국 연구(부여사 연결과 관련하
　　여)」,『국사관논총』29, 국사편찬위원회, 1991).
110) 孫正甲,「扶餘原流辨析」,『學習與探索』1984-6, 1984.
111) 채희국,『고구려력사연구』, 종합대학출판사, 1985.
112) 주채혁,「홍안령 지역의 실위와 맥 - 몽고올리와 맥고올리 - 」,『동북아시아
　　겨레(1) - 맥·실위·말갈 - 』, 단국대 한국민족학연구소, 1995, 5～9쪽.

니다. 또한 이 곳의 남서쪽 수흐바타르, 아이막 다리강가, 솜 등에도 세 곳이나 고올리 성읍 터가 남아 있다. '고올리'란 韓國을 뜻하는 말로서, 孫 寶基 단장을 중심으로 한 1995년 6~8월에 걸친 몽골 숨팅토이룸 고올리 성읍 터 발굴에서 고구려 돌칸무덤 2기와 벽화고분을 발굴하였는데 그 곳에서 고구려의 것과 같은 도깨비 숫막새 기와 등의 유물이 많이 나와 '고올리'가 고려보다는 '高句麗'를 지칭하는 것이었음이 확인되었다.

『蒙古秘史』에 따르면, 몽골의 시조인 보돈차르의 계보는 전설대로라면 닐롱몽골이 나온 핵심체인 蒙兀室韋는 보돈차르의 후손이고 보돈차르의 어머니인 몽골의 女祖上 알랑 코아의 아버지가 코리 부족인 코릴라르타이 메르겐이므로 부계혈통으로 따져 올라가면 몽골족은 코리족의 外孫이 된다. 빛과 결혼하여 몽골의 시조가 나왔으니 부계는 천손족이다. 코리(Khori) 족은 바이칼 호의 중서부에 있는 오이홍 섬을 탄생지로 하고 그 뒤 주로 바이칼 호 동쪽 바르구진토쿰에 살았던 수렵유목민족이다. 오이홍 섬은 시베리아 샤머니즘의 메카로 널리 알려져 있는데, 그들의 시조전설에는 황소와 백조가 등장하고 있어 예맥족을 비롯한 東夷族에 보편화되어 있는 새 토템이 보이고 있으며, 알랑 고아가 몽골의 시조인 보돈차르를 낳는 과정에서 日光感生의 요소가 등장하고 있어 알랑 고아의 아버지 계통인 코리 족과 東明이 망명해 나온 藁離族은 같은 종족[113]임을 알 수 있다.

이지린[114] 씨는 藁離國의 위치를 난하 상류와 소능하 이북, 대능하 상류, 서요하 상류에 걸친 지역으로 보았는데, 筆者는 고고학적 입장에서 적석총이 출토되고 있는 紅山文化와 가까운 西遼河와 東遼河가 만나는 雙遼의 서북쪽, 大興安嶺의 동쪽, 西遼河의 북쪽, 松花江의 서쪽

---

113) 베 수먀바타르 지음, 고송무 옮김, 「몽고와 한국 민족 선조들의 민족 - 언어학적 상호관계에 관한 문제에 대해(2) - 」, 『세종문화』 30, 1980.3.1.
114) 이지린, 『고조선연구』, 평양 : 과학원출판사, 1964, 398쪽.

으로 둘러싸인 현재 內蒙古의 동남부지역에서 찾아야 할 것으로 생각
한다. 그래서 앞으로 홍산문화의 근거지인 적봉에서 卒本 부근으로 이
어지는 이 지역에 대한 추후의 고고학적인 발굴성과에 기대해 보아야
할 것으로 생각된다.

(2) 桓仁地域의 遺蹟

① 東明王의 무덤

고구려의 첫 수도인 동시에 졸본부여의 도읍이었던 桓仁지역에는
「廣開土大王碑」에 "鄒牟王이 沸流谷의 忽本 서쪽산 위에 성을 짓고 도
읍을 정하였다"115)고 한 五女山城이 남아 있다.

이 부근의 下古城子城은 오녀산성과 더불어 平地城＋山城으로 짝을
이루던 평지성으로, 졸본부여 당시의 수도로 추정된다. 이것은 부여의
수도로 추정되는 길림시의 南城子城과 東團山城, 고구려의 수도였던
집안의 國內城과 丸都山城, 평양의 安學宮城과 大城山城처럼 평지성＋
산성의 형태를 이루고 있어 부여 및 고구려적인 독특한 도성체계를 갖
추고 있다.

下古城子은 동벽 226m, 서벽 264m, 북쪽에 남아 있는 성벽은 237m,
남쪽에 남아 있는 성벽은 212m이고 폭이 2m, 殘高는 0.5m 정도이다.
서북 모서리는 잘 보존된 편이라 남아 있는 높이가 2m 남짓한데, 근년
에 그 곳에 돌담장을 쌓았다. 이 성에는 원래 두 개의 문이 있는데 동
벽과 남벽의 중간에 있다. 東門은 이미 홍수에 떠내려가 없어졌고, 南
門 유적은 분명하지 않다.116)

한편 집안지역에는 20여 기의 벽화무덤이 발견되었는데, 桓仁지방에
는 유일한 벽화고분으로 米倉溝의 將軍墓가 있다. 이 무덤은 봉토석실

---

115) 「廣開土大王碑」, "鄒牟王 爲我連葭浮龜 應聲即爲 連葭浮龜 然後造渡 於沸
　　流谷 忽本西 山上移建都焉".
116) 東潮・田中俊明 編著, 『高句麗の歷史と遺跡』, 中央公論社, 1995.

분으로 사방이 蓮花文으로 가득 차 있으며 구름 안에는 '王'자 도안이 남아 있어 王陵임을 보여주고 있다. 무덤의 연대는 長川 3호분과 유사하여 4~5세기경에 축조된 것으로 보인다.117)

筆者는 이 무덤이 바로 졸본부여의 건국자이며 고구려의 시조로 받들어 모셔지고 있는 東明聖王의 무덤이라고 추정한다.

고구려는 장수왕 때인 A.D. 427년에 國內城에서 평양지역으로 천도하면서 그들의 건국자인 朱蒙의 梓宮을 모셔118) 평양지역에 蓮花文 벽화를 가진 眞坡里古墳119)을 만들고 그 옆에는 定陵寺120)라는 절을 지었는데, 東川王 21년(247) 봄 2월에 평양성을 쌓고 백성들과 宗廟와 社稷을 옮기고 故國壤王 9년(392)에 平壤 東黃城으로 도읍을 옮긴 후 故

---

117) 武家昌·崔茂藏 譯, 「桓仁 米倉構 將軍墓의 壁畵에 대한 初步 檢討」, 『講座 美術史(10) - 高句麗·渤海硏究(1) - 』, 1989 ; 武家昌, 「米倉溝 將軍墓 壁畵 및 諸壁畵 被葬者 硏究」, 『高句麗硏究』4, 高句麗硏究會, 1997.

118) 『高麗史』卷4, 世家 顯宗 9年 12月 辛亥條에는 거란이 침입해 오자 太祖의 梓宮을 負兒山 香林寺로 옮겼다고 되어 있으며, 『高麗史』卷23, 高宗 19年 條에 보면 몽골이 쳐들어오자 강화도로 천도하면서 太祖의 梓宮도 함께 옮겼으며 開京으로 환도한 이후인 충렬왕 2년 9월에는 太祖의 梓宮을 다시 모셔다가 顯陵에 안치하였다고 하였다. 마찬가지로 고구려도 卒本→國內城→平壤으로 천도하면서 그에 따라 건국자인 朱蒙의 梓宮도 함께 모시고 다녔음을 알 수 있다.

119) 붉은 자색 바탕에 연꽃무늬를 전면적으로 그린 유일한 벽화무덤이다. 금관 잔편이 100여 점 발견되어 이 무덤에 금관이 있었음을 알 수 있고, 고구려무덤 중에서 쇠문확을 쓴 것으로는 이 무덤이 유일하며 무덤의 외형도 태왕릉과 장군총처럼 특수한 구조를 가졌다. 무덤의 기초석에서 사방 약 5m 너비로 강자갈을 깔아 묘역시설을 만들었으며, 무덤의 위치도 신하들이 왕을 호위하듯 이 일대에 나열한 작은 무덤떼들의 제일 앞자리에 거연히 위치하고 있다. 특히 이 고분을 위해 지은 정릉사라는 절터가 발견되어 이 고분이 왕릉급에 속하며 그 중에서도 특별한 위치에 있었음을 확실히 해주고 있다(전제헌, 『동명왕릉에 관한 연구』, 사회과학출판사, 1994, 9~21쪽).

120) 정릉사 우물터를 발굴한 결과, 아래쪽은 청회색 기와층, 위쪽에는 붉은색 기와층으로 되어 있었다. 이는 이 건물이 처음에는 주몽성왕의 명복을 빌기 위해 참배하러 온 왕들의 행궁으로 쓰였다가 불교가 들어온 이후 주몽의 명복을 빌기 위한 행궁인 동서 건축군은 그대로 두고 중심 건축 부분만 사찰건물로 개축해서 정릉사라고 한 것임을 보여준다(전제현, 앞의 책, 1994, 144~145쪽).

桓仁 東明王陵의 연꽃무늬

東明廟(서길수, 『高句麗城』, 32쪽)

國原王 13년에 나라의 社稷을 세우고 宗廟를 수리하였다[121]고 하여 이러한 사실들을 증명해 주고 있다.

한편 평양으로 천도한 후에도 安藏王, 平原王, 榮留王 등 고구려의 왕들이 반드시 졸본까지 가서 拜謁을 한 졸본부여의 건국자이자 고구려의 시조인 東明聖王의 陵[122]도 고구려 건국자인 朱蒙(鄒牟)聖王의 능으로 추정되는 평양지방의 眞坡里古墳[123]과 같이 동일한 형태의 蓮花文의 벽화고분[124]으로 수축 단장하였을 것으로 추정되기 때문이다.[125]

② 東明廟

---

121) "東川王 二十一年 春二月 王以 丸都城經亂不可復都 築平壤城 移民及廟社" ; "故國原王 十三年 秋七月 移居平壤東黃城 城在今西京東木覓山中" ; "故國壤王 九年 三月 命有司立國社 修宗廟".

122) "安藏王三年夏四月 王幸卒本 祀始祖廟 五月 王至自卒本" ; "平原王二年春二月 王幸卒本 祀始祖廟 三月 王至自卒本" ; "榮留王二年夏四月 王幸卒本 祀始祖廟 五月 王至自卒本".

123) 이 고분에는 안칸에 685개, 앞칸에 315개, 총 1000개의 연꽃이 그려져 있는데, 이는 주몽성왕의 명복과 나라의 번영을 기원하여 '千秋萬歲' 번영하라는 뜻을 담고 있다(전제현, 앞의 책, 1994, 68쪽).

124) 무덤의 주실 네 벽, 평행고임식 들보, 천장 및 측실 안 전반에 걸쳐 벽화를 그렸다. 주실의 네 벽에는 주요하게 붉은색과 검은색으로 조화된 側視蓮花圖를 그렸는데 꽃송이는 대개 단일체이고 꽃잎은 붉은색, 꽃받침은 검은색을 사용하였다. 각 벽면에 그려진 측시연꽃은 합쳐서 55송이로서 각 줄에 11송이씩 다섯 줄로 배열되었는데, 각 연꽃송이는 다섯 잎으로 이루어져 있고 네 편의 꽃봉오리에는 안받침이 되어 있다. 부장품으로는 금칠을 올린 장식품, 마구 및 철제도구, 차록색 유약을 바른 질부엌 한 점, 네 개의 띠손잡이가 달린 황갈색 배부른단지 3점이 출토되었다. 종합적으로 보건대 대략 4세기 중·후기에 해당하며 늦어도 5세기 초는 넘지 않을 것으로 추정된다(武家昌·魏運亨, 「桓仁에서 발견된 큰 고구려 벽화무덤」, 『中國境內 高句麗遺蹟 研究』, 예하출판사, 1995, 278~279쪽).

125) 북한의 박진욱은 「단군릉 발굴 정형에 대하여」(『단군을 찾아서』, 살림터, 1994)를 통하여 현재 북한에서 발굴된 단군릉도 고구려식 고분으로 축조되었다고 하였는데, 고구려가 평양으로 천도하면서 단군릉으로 전승되어 온 이 무덤을 함께 改築하였을 가능성이 높다고 보았다.

고구려의 東明廟는 A.D. 20년(大武神王 3)에 卒本에 세워졌는데 고구려가 國內城이나 平壤으로 천도한 후에도 이것만은 움직이지 않았다고 보고 있다.[126] 盧明鎬[127] 씨는, 백제의 경우도 漢城지역에 있던 東明廟가 한강 유역을 상실한 이후의 熊津이나 泗沘 시대에 나타나지 않고 있어 漢城지역에 그대로 존재하고 있었다고 보고 있다. 마찬가지로 고구려의 동명묘도 졸본지역에 그대로 존재하고 국내성이나 평양지역으로는 옮겨지지 않은 것으로 추정된다.

그래서 長壽王 15년(427)에 평양지역으로 천도한 후인 安藏王 3년(521), 平原王 2년(560), 榮留王 2년(619)에도 고구려의 왕들은 졸본에 가서 시조인 東明廟에 제사를 지냈는데, 이것은 수도인 평양이나 지방의 중요거점인 遼東城 등에 존재하였던 朱蒙祠[128]와는 달리 卒本지역에만 유일하게 東明廟가 존재했음을 나타내주는 역사적 사실이다.

筆者는 忽本城으로 추정되는 五女山城의 絶壁 밑에 있는 동굴을 동명을 모셨던 동명묘로 보고자 한다. 그 이유는 오녀산 위에 있는 연못이 백두산의 天池와 같은 이름으로 불리고 있고 「廣開土大王陵碑」에 보면 "沸流谷 忽本西城 山上而建都"라 한 고구려의 첫 수도가 있던 곳으로서 당시 고구려인들이 이 곳을 성스러운 산으로 여겼을 것으로 보아, 이 동굴이 國內城의 압록강가에 있는 國東大穴, 평양의 대동강가에 있던 麒麟窟, 강화도의 穴口유적[129]과 같이 고구려인들의 동굴신앙과

---

126) 李道學, 앞의 책, 1995.

127) 盧明鎬,「百濟의 建國神話의 原形과 成立背景」,『百濟硏究』20, 충남대 백제연구소, 1989, 58~61쪽.

128)『三國史記』卷21, 高句麗本紀 寶藏王 4年 5月條에는 唐나라 李世勣이 遼東城을 공격할 당시 그 성 안에 朱蒙祠가 있었다는 기록이 나온다.

129) 江華島의 옛 지명은 甲比古次로, 그 뜻은 '甲串'이며 현재 김포와 다리로 연결된 곳의 지명으로 남아 있다. 강화도는 한국 고대사에서 단군시대의 제사유적인 塹城壇을 비롯하여 三郎城 등이 남아 있고, 백제시대에는 古爾王이 西海大島였던 이 곳을 중요시하여 당시 황해를 주름잡던 수군의 거점으로 삼았을 것으로 추정된다. 나아가 고구려가 이 곳을 차지한 후에는 穴口郡으로 이름을 바꾸는데, 강화도 전체를 가리키던 '穴口'가 穴口山에 있는 '구멍

연결된 신성한 祭祀處로 사용되었을 것으로 추정되기 때문이다. 이렇게 가장 성스러운 장소에 고구려인들이 모실 인물은 주몽을 제외하고는 東明 밖에 없으므로 이곳이 東明廟로 추정된다.

Ⅲ. 결론

고구려를 세운 주몽은 혈통적으로는 北夫餘의 왕계이며 그가 초기에 태어나서 거주한 지역은 解夫婁가 세운 東夫餘이다. 그가 달아나 도착한 곳은 卒本夫餘로, 졸본에 정착한 주몽은 과부가 된 졸본부여 마지막 왕의 공주 召西奴와 결혼한 후 왕이 죽자 졸본부여의 왕통을

바위[穴口]'에서 비롯된 것임을 본다면, 이 바위동굴이 예사로운 것이 아님을 알 수 있다. 더구나 이 산의 남쪽에 위치한 불온면 삼성리에는 習陣伐城이라고 불리는 고구려시대의 石城이 남아 있고, 현재까지 동문언덕, 서문안, 영청골, 習陣坪과 같은 지명이 남아 있다. 이 곳이 바로 고구려의 穴口郡의 군치가 설치되었던 곳으로, 신라 景德王 때에는 海口郡이라고 고쳤고 文聖王 때에는 穴口鎭을 두어 요새화하였다. 海口란 바다에서 육로로 들어오는 입구라는 의미로, 고구려나 신라인들이 바닷길을 이용할 때 이 산을 푯대로 삼았을 것으로 보이며, 윤명철에 의하면 바다에서 이 산이 보일 수 있는 視認距離는 49.95해리다. 필자가 확인한 바로는 穴口라는 동굴유적은 혈구산의 정상에서 동으로 뻗은 산줄기의 남쪽 斜面에 자리잡고 있는데, 정상에서 매우 가까운 위치로 그 깊이는 10여 미터이고 입구가 낮으며 옆으로 긴 형태를 하고 있다. 바닥에는 물이 흘러나오고 있어 식수로도 사용할 수 있다. 바로 앞에는 절터로 추정되는 建物址가 있는데, 그 밑 黃蓮寺 스님의 말에 의하면 이 절은 고구려시대의 黑蓮寺址라고 한다. 이 곳에서는 고려시대의 日揮文의 막새와당과 靑瓷片을 수습하였다. 그리고 그 아래 골짜기에 穴口寺로 불린 거대한 절터가 남아 있는데, 이 절은 『高麗史』卷26, 世家, 元宗 5年 6月 壬子條에 의하면 고려의 원종이 1264년에 이 절에 大日王道場을 만들고 왕이 몸소 향을 공양하였다고 하는 중요한 사찰이다. 穴口는 滿洲의 國東大穴과 매우 유사하며 불교유적과 더불어 나타나는 현상은 평양의 永明寺와 麒麟窟, 百濟의 양천구 孔巖과 塔山, 하남시의 虎窟寺·法華寺·黔丹寺, 공주의 東穴寺·西穴寺·南穴寺, 일본 九州의 熊本縣에서 발견된 トソカラリソ (古閑三博, 『夢·甦る·謎の隧道遺構トソカラリソ』, 三弘會, 1994) 등에서 필자가 이미 확인하였다.

계승하였기 때문에 졸본부여를 건국한 東明을 시조로 모시게 된 것이다. 동명은 고리국 출신으로, 槀離란 고구려의 별칭인 高麗와 같은 음130)을 형성하고 있어131) 고구려와 매우 밀접할 것으로 추정되며 그들은 부여의 濊族과는 달리 貊族 계통이었음을 알 수 있었다.

이와 아울러 소서노의 아들로 백제를 건국한 溫祚王도 東明廟를 세워 졸본부여의 시조인 東明을 받든 것을 볼 때, 그를 고구려 주몽의 아들로 보는 것에는 의문점이 남게 된다. 즉 고구려나 백제는 그들 모두 卒本夫餘에서 나왔고 그들의 공동시조가 東明이라는 것에 대해서 인식을 같이하고 있었음을 알 수 있다.

그리고 부여·고구려·백제가 山城과 平地城을 하나의 세트로 이용하는 都城體系를 유지하는 전통을 갖고 있었고 積石塚을 墓制로 쓰고 있었던 사실로 보건대, 이들은 貊族132)이라는 동일한 족속에 속했음을 알 수 있다. 그리고 백제지역에는 약 800여 개에 달하는 고대 산성이 분포되어 있는데, 그 중 99%는 테뫼식 산성이다.133) 이러한 백제의 테뫼식 산성의 원류로는 부여의 王城으로 추정되는 吉林市 동쪽 교외 東團山城134)과 南城子城135)의 원형이 된 성터를 들 수 있다. 왜냐하면

---

130) 『康熙字典』이나 『全韻玉篇』뿐만 아니라 보통의 자전에도 '麗'자를 찾아보면 '부딪칠 이, 나라 이름 이[名高句麗·高麗]'라고 설명되어 있어, 고구려의 별칭인 高麗의 '麗'는 '리'로 읽어야 한다고 하여 '高麗=고리'가 됨을 알 수 있다.

131) 『大東韻府郡玉』卷2, "扶餘北方昔有槀離國 其侍婢生子 名曰東明 槀離卽高麗之說".

132) 東團山城과 南城子城은 부여인 濊族이 사용한 성으로 추정된다.

133) 尹武炳, 「高句麗와 百濟의 城郭」, 『百濟史의 比較研究』, 충남대 백제연구소, 1993, 13쪽.

134) 이 성은 외성·중성·내성의 세 겹으로 된 타원형 성으로, 외성은 동서 길이가 230m, 남북 너비가 115m이며, 성벽높이는 10m쯤 되며 성벽 윗면의 너비는 3m이다. 중성은 동서 길이 170m, 남북 너비 62m이고 성벽높이는 12m쯤 된다. 내성은 동서 길이가 60m, 남북 너비가 15m이며 성벽은 흙에 돌을 섞어서 쌓았다[엄장록, 「扶餘의 遺跡과 遺物에 對하여(BC2세기~AD3세기)」, 『于江權兌遠教授停年紀念論叢』, 世宗文化社, 1994, 195쪽].

『三國志』卷38에 "城柵은 둥굴게 만들어서 마치 감옥과 같다"136)고 기록되어 있는 원형의 성책인 '圓柵'은 고대의 濊族 또는 夫餘族의 독자적인 축성법을 이용한 것으로, 부여 고지에는 소규모의 불규칙적인 원형의 산성, 즉 테뫼식 산성이 많이 발견되고 있다. 백제는 고로봉식 산성이나 포곡식 산성이 대부분인 고구려보다는 이 부여의 산성 전통을 더 강하게 유지하고 있었던 것으로 추정된다.137)

특히 貊族이 주묘제로 사용한 積石塚은 고조선 이전 시기인 大凌河 지역의 紅山文化를 시작으로 고조선의 崗上·樓上積石塚과 졸본부여의 집안 五道嶺溝門積石塚, 寬甸의 태평초공사 연자연대대무덤, 장구공사 사평가대대무덤, 鳳城의 제형산공사 삼가자대대무덤 등138)을 거쳐 고구려 초기의 환인 高力墓子古墳群, 집안의 적석총과 북한 압록강 유역의 慈江道 자성강·독로강·위원강·충만강 유역의 적석총, 청천강 상류인 구양군·희천군·운산군과 평안남도 개천군·북창군과 평양 일대, 함경북도 연사군, 황해도 신원군, 강원도 이천군, 충북 단양군139) 등의 고구려 적석총140)이 있다.

---

135) 평면의 모양은 원형에 가깝고 성 전체가 심하게 파괴되어 있다. 단 동남쪽 일부가 보존되어 있는데 성벽 높이는 2m쯤 되고 성벽 윗부분의 너비는 1m 정도 된다. 성벽 외부에 깊이 5~6m 정도 되는 해자가 있으며, 성벽 둘레의 총 길이는 1400m 정도 된다(엄장록, 위의 논문, 1994, 194쪽).

136) 『三國志』卷38, 東夷傳38 夫餘條, "以圓柵爲城 …… 作城柵皆圓 有似牢獄".

137) 全榮來, 「古代山城의 發生과 變遷」, 『馬韓百濟文化』11, 원광대 마한백제문화연구소, 1988, 46~48쪽.

138) 田村晃一, 「高句麗の積石塚」, 『東北アシアの考古學』, 六興出版, 1989, 151~155쪽.

139) 최근 단양군의 요청으로 한양대학교에 의해 조사되었다. 단양군 영춘면 사지원리 산14번지에 위치하고 있으며 현지 주민들은 이를 '태장이묘'라고 부르고 있다. 북쪽이 3단으로 저변의 길이는 2.1m, 동쪽은 3단으로 10m, 서쪽은 7단으로 22m, 남쪽은 10단으로 6.4m 정도 남아 있는데 1단의 높이가 0.7~0.9m이다. 주민들에 의하면, 예전에 들어가는 구멍이 있었으나 무너졌다고 한 것으로 보아 횡혈식 묘실이 있었을 것으로 추정된다. 이는 고구려 중기의 기단식 적석총과 유사하여 이 부근의 온달상성, 온달굴 등에 남아 있는 온달장군의 전설과 함께 고구려의 남진을 확인해줄 수 있는 매우 중요한 유적으

그 외에 백제에서는 서울의 石村洞 적석총,141) 임진강 유역의 적석총,142) 楊平의 문호리·양수리, 南楊州의 금남리,143) 龍仁 운학동·마평동,144) 公州 송산리,145) 靑陽 벽천리,146) 청원군 강내면 석화리와 연

로서, 추후 조사가 진행됨에 따라 확인될 것으로 본다(한양대학교박물관, 「단양사지원 태장이묘 학술조사 현장설명회자료」, 1999. 10).

140) 정찬영, 「기원전 4세기까지의 고구려묘제에 관한 연구」, 『고고민속논문집』 5, 1973, 10~22쪽.

141) 서울대박물관, 『石村洞 積石塚 發掘調査報告』, 1975.

142) 임진강 유역의 적석총은 前方後圓 형태의 적석총으로, 문화재연구소에서 이미 발굴이 이루어졌다. 1~2세기 백제 초기의 것으로 판명된 中面 三串里를 비롯하여 중면 횡산리, 전곡읍 전곡리, 군남면 선곡리, 백학면 학곡리, 미산면 우정리 등에 분포되어 있다. 이들 적석총은 임진강가의 강변에 위치하며 강과 나란히 놓여 있고, 그 주위에 백제시대의 성터들이 남아 있다는 공통점을 갖고 있다. 이러한 형태의 적석총으로는 북한의 압록강 중류 초산군 운평리 4지구 6호분, 심귀리 99호분과 자강도 나성군 송암리 1지구 1호분, 2호분, 3호분, 33호분, 88호분, 106호분, 45호분, 56호분 등이 있다. 이 중에서 雲坪里 4지구 6호분에서는 銅鐸·刀子·鉸具·馬具·鐵釘·灰色瓦片 등의 고구려 유물이 나왔는데, 북한에서는 고분의 주인공을 고구려의 지방세력으로 보고 있다. 필자는 압록강변에 나타나고 있는 전방후원 적석총의 피장자들을 주몽이 동부여서 도망해 와서 정착한 졸본부여 세력으로서 고구려 초기에 이 지역에 유력한 세력을 형성하였다고 보고 있다. 이와 동시에 임진강 유역에 나타나고 있는 것들도 온조와 함께 졸본부여로부터 백제로 따라 내려와 북부를 다스린 解氏 세력으로 추정하고 있다. 왜냐하면 북부여의 해모수, 동부여의 해부루가 모두 부여족이며 '解'씨 성을 가지고 있기 때문이다. 이러한 묘제가 석촌동 6·7호분과 방이동 1·2호분, 해남군 북일면 방산리 장고산고분, 삼산면 창리 말무덤, 영암군 시종면 태간리 자라봉고분, 고성 송학동 무기산고분, 함안 말이산 2호분, 4-5호분, 16호분, 22호분 등의 백제 및 가야 지역을 거치면서 前方後圓式 土墳으로 바뀌어 일본으로 전파되어 간 것으로 추정된다. 현재 하남위례성으로 추정되는 교산동 토성 부근에서도 밑단을 원형으로 두른 적석의 前圓後方墳이 나타나고 있어 추후 정밀한 조사를 요하고 있다(吳舜濟, 앞의 책, 147~149쪽).

143) 黃龍渾, 「楊平郡 汶湖里地區 遺蹟發掘報告」, 『八堂, 昭陽땜 水沒地區 遺蹟發掘調査綜合報告書』, 1974, 333~378쪽.

144) 경기도박물관, 『경기문화유적지도』 1(경기도박물관 학술총서), 1999, 168쪽.

145) 趙由典, 「宋山里 方段階段型 무덤에 대하여」, 『武寧王陵의 硏究現況과 諸問題』, 1991, 47~63쪽.

146) 朝鮮總督府, 「忠南 靑陽郡 碧泉里石塚」, 『大正六年度古蹟調査報告』, 1917,

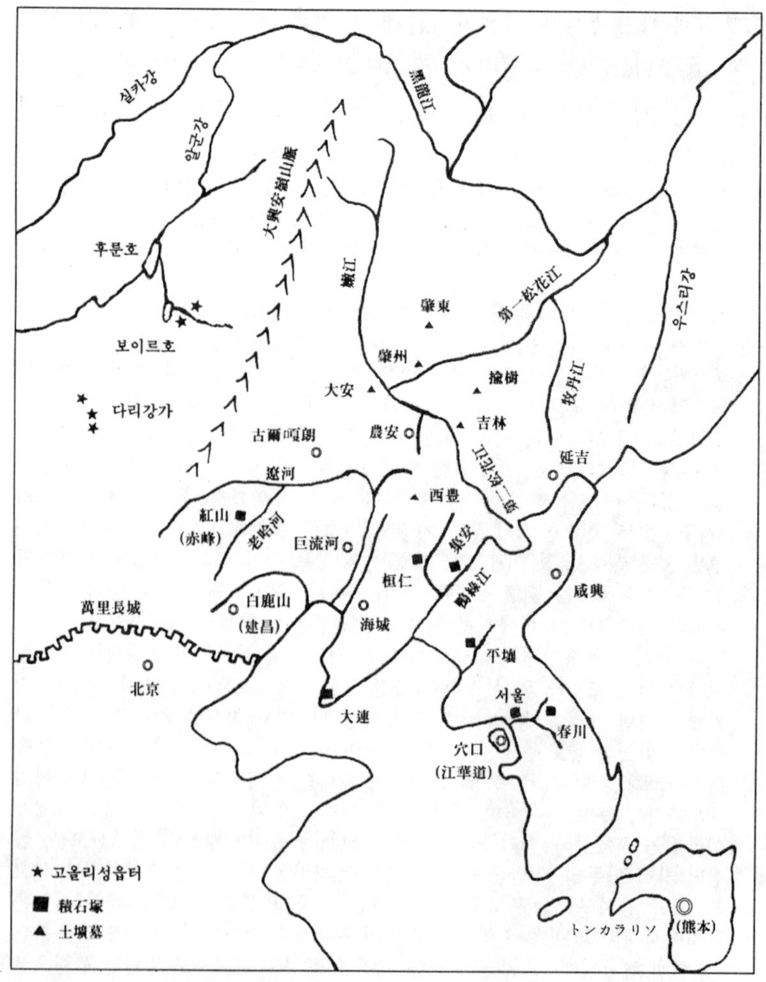

貊, 濊族과 積石塚, 土壙墓 관련 遺蹟과 地名

기군 조치원[147] 등으로 이어지는 매우 기나긴 전통을 지니고 있다. 한편 貊國이 있었던 春川의 중도[148]·고산[149]과 春城郡 산천리[150]·신매리[151]와 華川郡 간척리[152]와 平昌郡 응암리·종부리·하안미리·마지리·중리[153]·여기리[154]와 堤原郡 양평리[155]·연곡리[156]·계산리[157]·도화리·교리,[158] 旌善의 古城里山城 주변[159] 등에 적석총[160]이 나타나고 있어 貊族과 적석총이 매우 밀접한 관계를 갖고 있음을 더욱 명확히 밝혀주고 있다.

147) 정찬영, 앞의 논문, 1973, 49쪽.
148) 朴漢卨·崔福圭,「中島積石塚發掘調査報告」,『中島發掘調査報告書』, 1982.
149) 江原大博物館,『中島遺蹟地表調査報告』, 1984, 35쪽.
150) 朴漢卨·崔福圭, 앞의 논문, 1982, 30쪽.
151) 盧爀眞 외,『春川郡의 歷史와 文化遺蹟』, 한림대학교박물관, 1994, 61~63쪽.
152) 趙東杰,「春川의 先史社會 考察」,『春川敎大論集』 4, 1968, 33~43쪽.
153) 김용백,「北漢江 流域의 先史文化 硏究」,『江原史學』 6, 1990, 135~156쪽.
154) 한림대 아시아문화연구소,『江原道의 先史文化』, 1986, 160쪽.
155) 裵基同,「堤原 陽坪里 A地區 遺蹟發掘調査報告」,『忠州댐 水沒地區 文化遺蹟發掘調査綜合報告書』, 1984, 615~661쪽.
156) 黃龍渾,「堤原 淵谷里地區 古墳發掘調査報告」, 위의 책, 601~609쪽.
157) 黃龍渾,「堤原 鷄山里A地區 圓形積石古墳發掘調査報告」, 위의 책, 581~611쪽.
158) 崔夢龍 외,「堤原 桃花里地區遺蹟發掘調査報告」, 앞의 책, 693~725쪽.
159) 충북대학교 湖西文化硏究所,『旌善 古城里山城과 松溪里山城 및 古墳群 地表調査報告書』, 1997.
160) 李東熙,「南韓에서 發見된 高句麗系 積石塚에 대한 一考察」, 成均館大學校 大學院 碩士學位論文, 1995, 27~28쪽.

百濟 初期의 地方統治體制 研究
-'5部制'를 中心으로-

李 鎔 彬*

1. 머리말

고대국가로서의 百濟의 성립이 溫祚와 沸流로 대표되는 扶餘系 高句麗 遊移民 集團의 南下·定着 과정에서 이루어졌음은 주지의 사실로, 이들 유이민 집단은 건국 초기부터 군사적 성격이 매우 강했으며, 또한 집단의 總體的 戰爭遂行能力이 先住民에 비하여 월등하였던 것으로 여겨진다. 백제의 건국세력은 이러한 성격을 기반으로 馬韓地域에 대한 일정한 영역 확장과 樂浪·靺鞨에 대한 효과적인 통제를 통하여 고대국가로의 발전을 꾀하게 된다. 이는 고대국가의 발전 방향이 체제를 유지하기 위한 기반으로서 土地와 人民이 결합된 통치영역을 확장하고, 새로이 편입된 영역을 효과적으로 통치하기 위한 지배체제를 정비하는 데 있음을 감안할 때, 백제 건국 초기의 상황은 고대국가

---

* 명지대 박사과정

로 발전할 수 있는 필요한 조건을 구비하였다고 할 수 있다.

따라서 백제가 영역의 변천에 따라 통치영역을 어떠한 방식으로 編制하고 統治하였는가를 밝히는 문제는 백제사를 動態的으로 파악하기 위한 필수적 과제라 할 수 있다. 이는 지방통치체제가 중앙권력에 의한 지방의 상부지배조직의 편제뿐 아니라, 그 조직의 하부단위에서 이루어지는 실제의 운영구조, 즉 村落의 구조 및 在地勢力의 존재양태와 有機的 관계를 갖기 때문이다.[1] 이러한 점을 감안하면 지방통치제도는 政治史와 社會史의 연결고리로서 그 중요성이 매우 크며,[2] 이에 따른 적극적인 관심은 심도있는 연구결과로 표출되었다.[3] 그 결과 백제사의

---

1) 盧重國, 「漢城時代 百濟의 地方統治體制 - 檐魯體制를 中心으로」, 『邊太燮博士華甲紀念史學論叢』, 1985, 127쪽 ; 金英心, 「5~6세기 百濟의 地方統治體制」, 『韓國史論』 22, 1990, 61~62쪽.

2) 金英心, 위의 논문, 61쪽.

3) 盧重國, 「泗沘時代 支配體制의 變遷」, 『韓㳓祐博士停年紀念史學論叢』, 1981 ; 盧重國, 「漢城時代 百濟의 地方統治體制 - 檐魯體制를 중심으로 - 」, 『邊太燮博士華甲紀念史學論叢』, 1985 ; 盧重國, 「漢城時代 百濟의 檐魯制 實施와 編制基準」, 『啓明史學』 2, 1991 ; 梁起錫, 「五世紀 百濟의 王·侯·太守制에 對하여」, 『史學研究』 38, 1984 ; 權五榮, 「4세기 百濟의 地方統治方式 一例」, 『韓國史論』 18, 1988 ; 金英心, 「5~6世紀 百濟의 地方統治體制」, 『韓國史論』 22, 1990 ; 金英心, 「6~7世紀 百濟의 地方統治體制 - 地方官을 中心으로 - 」, 『韓國古代地方社會의 地方支配』(한국고대사연구회 합동토론회 발표요지), 1996 ; 金英心, 「百濟의 城·村과 地方統治」, 『百濟研究』 28, 1998 ; 金英心, 「百濟의 支配體制 整備와 王都 5部制」, 『百濟의 地方統治』, 1998 ; 朴賢淑, 「百濟 初期의 地方統治體制 研究 - 部의 成立과 變化過程을 中心으로 - 」, 『백제문화』 20, 1990 ; 朴賢淑, 「百濟 檐魯制의 實施와 그 性格」, 『宋甲鎬敎授停年退任紀念論文集』, 1992 ; 朴賢淑, 「百濟 泗沘時代의 地方統治體制 研究」, 『韓國史學報』 창간호, 1996 ; 朴賢淑, 「百濟 泗沘時代의 地方統治와 領域」, 『百濟의 地方統治』, 1998 ; 金周成, 「百濟地方統治組織의 變化와 地方社會의 再編」, 『國史館論叢』 35, 1992 ; 鄭載潤, 「熊津·泗沘時代 百濟의 地方統治體制」, 『韓國上古史學報』 10, 1992 ; 李宇泰, 「百濟의 部體制 - 新羅와의 比較를 중심으로 - 」, 『百濟史의 比較研究』, 1993 ; 李鍾旭, 「百濟의 建國과 統治體制의 編成」, 『百濟論叢』 4, 1994 ; 金壽泰, 「百濟의 地方統治와 道使」, 『百濟의 中央과 地方』, 충남대 백제연구소, 1996 ; 田中俊明, 「百濟 地方統治에 대한 諸問題 - 5~6세기를 중심으로 - 」, 『百濟

전개과정 속에서 존재하였던 지방통치제도로 5部制, 城·村制, 檐魯制, 王·侯·太守制, 方·郡·城制 등이 존재하였다는 의견이 제시되었다.

그러나 백제의 지방통치제도에 대한 활발한 연구성과에도 불구하고 연구자들 간의 기본적인 시각차가 엄존하다 보니 제도의 실시 여부라는 전반적인 문제뿐 아니라 실시 및 해체 시기, 실시지역, 그 성격과 기능 등 많은 세부적 문제에 이르기까지 의견의 일치를 보지 못하고 있다. 특히 漢城時代의 경우는 그 정도가 더욱 심한데 그 요인으로는 다음과 같은 점을 지적할 수 있다.

첫째,『三國史記』百濟本紀에 漢城時代의 지방통치조직과 관련된 자료들이 정리된 형태로 나타나지 않고, 또한 中國側 史書나 日本側 史書에도 한성시대의 지방통치제도를 총괄적으로 표현해 주는 기록이 없다.[4]

둘째,『三國史記』초기 기록에 대한 연구자 간의 인식 차이가 연구 결과에도 절대적으로 영향을 미치고 있기 때문이다. 즉 백제의 국가형성과 관련하여 日帝史學者들이 주장한 近肖古王 이전의 기록은 믿을 수 없다고 하는 극단적인 否定論[5]을 극복하기 위한 노력이『三國史

의 中央과 地方』, 1996 ; 朴淳發,「漢城百濟의 中央과 地方」,『百濟의 中央과 地方』, 1997 ; 田祐植,「百濟 漢城時代 末期 檐魯制의 實施와 展開」,『北岳史論』5, 1998 ; 金起燮,「百濟 前期의 部에 관한 試論」,『百濟의 地方統治』, 1998 ; 兪元載,「百濟의 領域變化와 地方統治」,『韓國上古史學報』28, 1998. 최근 백제시대 지방통치제도를 다룬 박사학위논문은 다음과 같다. 金英心,『百濟 地方統治體制 硏究 -5~7세기를 중심으로 -』, 서울대 박사학위논문, 1997 ; 朴賢淑,『百濟 地方統治體制 硏究』, 고려대 박사학위논문, 1997 ; 金起燮,『百濟 漢城時代 統治體制 硏究』, 한국정신문화연구원 박사학위논문, 1997.

4) 盧重國, 앞의 논문, 1991, 2쪽.

5)『三國史記』초기 기록에 대해 일제 사학자들은 中國正史에 보이는 중국과 삼국과의 교섭기사나『日本書紀』소재의 왕위계승 관련 기사를 기준으로 초기 기록의 내용을 검토한 후『三國史記』초기 기록은 신빙할 수 없는 것으로 부정해 왔다. 그 결과 백제사의 경우 중국사서에 東晉과의 첫 교섭 기록이 보이는 근초고왕 이전의 역사는 부정하고 있다.

記』백제본기 초기 기록을 역사적 사실로서 그대로 받아들여야 한다는 肯定論[6])과 그 紀年은 따를 수 없으나 기사내용 그 자체만은 백제의 건국이나 그 이후의 발전과정의 추이를 반영하고 있는 것이라는 分解論[7])의 결과로 나타나고 있다. 이러한 결과는 현재까지 학계의 커다란 논점이 되고 있으며, 이러한 상황 하에서 어느 견해를 따르느냐에 따라 상충되는 연구결과가 도출되고 있다.

따라서 본고에서는 사료의 해석에 따라 발생할 수밖에 없는 이러한 한계성을 극복하기 위한 방법으로 백제본기의 年代觀을 무시하고 당시 한강유역 先住民 세력과 백제 건국세력의 제반 역량 및 馬韓의 동향에 대한 종합적 검토를 통하여 溫祚王代에 설치된 것으로 기록되어 있는 '部'의 編制過程과 그 성격 및 기능 등을 검토하여 그 실체를 파악해 보고자 한다.

2. 百濟 初期 '5部'에 관한 諸見解

백제의 국가성립 과정을 보여주고 있는 『三國史記』百濟本紀의 초

---

6) 『三國史記』 초기 기록에 대한 긍정론은 金元龍이 考古學의 연구성과를 바탕으로 처음 제기(金元龍, 「三國時代의 開始에 關한 一考察-三國史記와 樂浪郡에 대한 再檢討-」, 『東亞文化』7, 1967, 16~31쪽)한 이후 千寬宇는 『三國史記』百濟本紀 溫祚王條의 기사를 그대로 취신하면서 온조왕대에는 이미 領域國家의 단계에 도달한 것으로 파악하였으며(千寬宇, 「三韓의 國家形成」下, 『韓國學報』3, 1976) 李鍾旭은 이를 토대로 古爾王代에는 中央集權的 專制王權이 확립된 것으로 보고 있다.(李鍾旭, 「百濟王國의 成長」, 『大丘史學』12·13합집, 1977)

7) 3세기 중엽까지의 한국 고대사회의 실상을 보여주고 있는 『三國志』東夷傳은 삼국 초기의 상황에 대해 내용 면에서나 연대 면에서나 『三國史記』초기 기록과는 커다란 차이를 보이고 있지만 『三國志』東夷傳의 내용을 단계화하고 『三國史記』초기 기록을 분해하여 이를 재구성하면 兩 사서의 내용은 상호 모순되는 것이 아니라 보완관계의 자료로 활용할 수 있다는 주장이다(盧重國, 『百濟政治史研究』, 一潮閣, 1988, 25~27쪽).

기 기사는 高句麗本紀나 新羅本紀의 내용과는 달리 주변 小國에 대한 정복과 복속을 통한 통치체제내 편입에 관한 내용이 전혀 보이지 않을 뿐 아니라 建國主인 溫祚王 當代에 영역을 획정하였고[8] 國內 民戶를 東・西・南・北部로 編制[9]하는 등, 국가성립 초기부터 다양한 내부적 발전과정을 경험하였던 고구려・신라와는 달리 출발부터 완벽한 영역국가로 묘사되고 있다.[10] 고대국가로 성립하기 위해서는 통치영역을 확장하고 내부적으로는 지배체제에 대한 정비가 전제되어야 하는데[11] 특히 지방통치조직은 중앙통치조직과 함께 국가의 통치를 원활히 하기 위한 지배체제의 중요한 하나의 축으로, 이는 단순히 제도사적 차원의 문제가 아니라 중앙정치 및 권력구조와 밀접한 관계가 있으며 또한 중앙세력과 지방세력 나아가 對民支配의 有機的 관계를 밝히는 단서[12]가 된다. 그러므로 백제본기 초기 기사에 대한 올바른 이해는 초기 백제의 국가발전 정도를 가늠하는 단서가 될 뿐 아니라 고대사에 대한 새로운 認識을 주리라 여겨진다.

　기록에 의하는 한 ‘部’에 대한 인식은 크게 둘로 구분할 수 있다.

---

8)『三國史記』百濟本紀, 溫祚王 13年 秋8月條, “遣使馬韓告遷都遂畫定疆場北至浿河南限熊川西窮大海東極走壤”.

9)『三國史記』百濟本紀, 溫祚王 31年 春正月條, “分國內民戶爲南北部”;『三國史記』百濟本紀, 溫祚王 33年 秋8月條, “加置東西二部”. 疆域畫定은 국가의 체제가 정비되었음은 물론 강역에 대한 제반 사항이 어느 정도 文書化되었음을 의미한다. 따라서 백제 최초의 문서화는 近肖古王 30年條의 “始有書記”에 반영되어 있으므로 근초고왕대에 백제는 自國의 疆域을 획정하고 문서화하였지만 해당지역에 대한 백제의 영유권이 뿌리깊음을 강조하고 始祖의 권위를 높일 목적으로 온조왕대에 일괄 정리하였다는 견해도 있다(金起燮,『百濟漢城時代統治體制硏究』, 韓國精神文化硏究院 韓國學大學院 博士學位論文, 1997, 167쪽).

10) 金英心,『百濟地方統治體制硏究 -5~7세기를 중심으로 - 』, 서울대학교 대학원 국사학과 박사학위논문, 1997, 16쪽.

11) 金泰植,「百濟의 伽倻地域 關係史 試考 -交涉과 征服方式의 變遷을 中心으로 - 」,『百濟의 中央과 地方』(百濟硏究叢書 5), 1997, 2쪽.

12) 朴賢淑,『百濟地方統治體制硏究』, 고려대학교 대학원 사학과 박사학위논문, 1997, 1쪽.

첫째는 『三國史記』 백제본기 온조왕대에 국내를 南·北部와 東·西部로 획정[13]하였다는 기록의 '部'로, 이는 백제의 통치영역 전체를 행정상의 편의를 위하여 인위적으로 구획한 지방통치제도라는 인식이다. 둘째는 周書[14]·北史[15]·隋書[16] 등에 보이는 '部'에 대한 인식으로, 이는 王都를 구획한 것이며 또한 『日本書紀』에 나오는 인명이 冠稱된 部名 즉 上·中·下·前·後部 등도 王都의 部[17]를 지칭하는 것으로 보는 견해[18]이다.

현재까지의 연구결과는 後者의 '部'가 왕도를 區劃한 것이라는 데에는 별다른 이견이 없으나 前者의 '部'에 대하여는 공통된 의견이 적출된 바가 없으며, 또한 대부분의 연구가 백제의 지방통치제도를 언급하

---

13) 주 9)와 같음.

14) 『周書』 卷49, 列傳41 異域上 百濟, "治固麻城 …… 都下有萬家分爲五部曰上部前部中部下部後部統兵五百人".

15) 『北史』 卷94, 列傳82 百濟, "其都曰居拔城亦名固麻城 …… 都下有方分爲五部曰上部前部中部下部後部部有五巷士庶居焉部統兵五百人".

16) 『隋書』 卷81, 列傳46 東夷 百濟, "其都曰居拔城 …… 其內爲五部部有五巷士人居焉".

17) 王都는 여타 지역과는 달리 국왕의 직접적인 통제하에 있고, 중앙의 지배층이 거주하는 지역이기 때문에 다른 지역에 비해 중앙과 긴밀한 관계를 가지고 制度의 운영상 서로 분리시킬 수 없는 측면이 있다. 하지만 왕도의 편제는 중앙에서 정치를 이끌어 가는 중앙통치체제와는 다른 차원의 왕도라는 지역에 대한 통치제도라는 점에서 지방통치체제의 범주에 포함시킬 필요가 있다(金英心, 「百濟의 支配體制 整備와 王都 5部制」, 『百濟의 地方統治』, 韓國上古史學會, 1998, 104쪽).

18) 다만 『日本書紀』 欽命天皇 13年(552)條의 西部 姬氏와 齊明天皇 元年(655)條의 "西部恩率鬼室福信" 등은 王都 5部를 다르게 표현한 것으로는 보이지 않는다. 이는 백제 멸망기의 기록인 『三國史記』 百濟本紀 義慈王 20年(660)條의 "國本有五部三十七郡二百城七十六萬戶"에서 알 수 있듯이 方位名 部는 5方과 동일한 실체로 여겨진다. 따라서 『日本書紀』에서 방위명 부를 冠稱한 인물들을 일괄적으로 王都人으로 보는 것은 재고되어야 한다. 이와 관련하여 백제 초기의 전국 행정구역이었던 5部가 泗沘時代의 5방으로 연결된다는 견해(金哲俊, 「百濟社會와 文化」, 『武寧王陵 發掘調査報告書』, 文化財管理局, 1973)가 주목된다.

면서 부분적인 관심을 표명하는 정도였다.[19]

　백제의 '部制'에 관하여 처음 언급한 今西龍은 백제에는 部族이라는 것이 없으므로 고구려·신라와는 큰 차이가 있으며, 따라서 백제 초기의 4部에 관한 기록은 後代의 조작이며 후기 5部의 성격을 行政區劃이라고 파악하였다.[20]

　盧泰敦은 삼국의 部를 다루면서 삼국 초기의 部는 行政區域單位로 보기 어려우며 人名 위에 部名을 冠稱하는 것은 部와 중앙정부에 이중으로 歸屬됨을 의미하는데, 현실 생활은 소속 부에 따라 많은 영향을 받는다고 하였다. 또한 古爾王代 이후 部名을 생략하는 것은 실제적 정치체로서의 부의 기능이 소멸된 것으로 파악하였다.[21]

　반면 盧重國은 온조왕대의 정치 발전 정도가 上位의 행정조직을 둘 만큼 발전한 것으로 볼 수 없으므로 당시의 4部는 중앙과 연결하면 5部가 되므로 온조왕대에 설치되었다고 하는 4부는 바로 5部體制의 성립을 의미하는 것으로 보아야 하며 백제에서의 5부체제는 고이왕대에 성립된 것으로 추정하고 있다. 온조왕대에 보이는 4部가 5部體制를 반영하는 것이라면 이 5부체제는 중앙집권적 국가체제가 갖추어지기 이전의 단계로서, 따라서 5부체제 하에서 인명에 관칭되는 部는 두 가지 의미를 갖는다고 하였다. 하나는 王都의 지배자집단의 居所로서의 部이고, 다른 하나는 王都의 지배자집단이 관할하는 일정한 구역으로서의 部라고 한다. 그러므로 부체제 하에서의 5部는 전국을 넷으로 나눈 행정구역이 아니라 지배자집단의 단위정치체로 보아야 하며 5부체제

---

19) 백제 초기 '部'를 지방통치제도로 인식하면서 이를 심도 깊게 다룬 연구자로 朴賢淑(「百濟 初期의 地方統治體制研究 - '部'의 性格과 變化過程을 中心으로 - 」, 『百濟文化』 20, 1990)을 들 수 있다.

20) 今西龍, 「百濟五方五部考」, 『百濟史研究』, 1934, 307~308쪽.

21) 盧泰敦, 「三國時代 '部'에 關한 研究 - 成立과 構造를 中心으로 - 」, 『韓國史論』 2, 1975, 14~16쪽 ; 「初期 古代國家의 國家構造와 政治運營 - 部體制論을 中心으로 - 」, 『한국고대사학회 제1회 하계세미나 발표요지』, 1999, 4~5쪽.

단계에서의 지방통제는 지방관이 파견되지 못하고 在地 首長層을 통한 간접적인 지배방식이 행해지고 있었으며 또한 백제 초기의 方位名으로 기록된 部名은 熊津遷都 이후 지배세력 재편과정에서 행정구역으로서의 성격을 갖는 方位部가 이전의 단위정치체로서의 部名에까지 소급되어 나타난 현상으로 보고 있다.[22]

한편 朴賢淑은 백제 초기는 樂浪·靺鞨·馬韓과의 力關係에서 대두된 東北地域에 대한 防禦의 필요성과 새로이 편입된 지역에 대한 통제 등 지방통치체제의 마련을 위하여 성립된 것이 '部'로서, 실제 운영과정에서도 군사력 동원 및 巡撫·力役의 행정단위로 기능하였던 것으로 파악하였다.[23]

李鍾旭은 백제가 주변의 마한 소국들을 병합한 후 피병합 소국을 단위로 東·西·南·北의 4部를 설치하여 지방통치조직을 편성하였고, 이는 지방통치를 위하여 피병합 소국을 몇 개씩 묶어 上級行政組織을 편성한 것을 뜻한다고 하였다. 이들 세력을 일종의 諸侯的인 존재로 삼아 지방을 통치하였는데, 이들의 영역은 사로국의 6村과 같이 지역 구분이 되었고 다시 그러한 村 안에 部落이 있었던 것으로 인식하고 있다.[24]

文東錫은 고이왕 이전의 部를 하나의 지방행정단위로 볼 수는 없으며 반독립적인 모습으로 나타나는 부의 실상은 이전의 독립적인 정치세력이 백제에 편입되면서 행정단위로 변하는 과도기의 산물로 이해하고 있다.[25]

金起燮은 백제의 부는 고구려와 같이 血緣과 地緣에 입각하여 자연스럽게 成長·編入된 하나의 독립된 정치체가 아니라 행정편의를 위

---

22) 盧重國, 앞의 책, 96~98쪽 ;「漢城時代 百濟의 檐魯制 實施와 編制基準」,『啓明史學』2, 1991, 22~23쪽.
23) 朴賢淑, 앞의 논문, 1990, 21~41쪽.
24) 李鍾旭,「百濟의 建國과 統治體制의 編成」,『百濟論叢』4, 1994, 10쪽.
25) 文東錫,「한강유역에서 백제의 국가형성」,『역사와 현실』21, 1996, 88~89쪽.

해 중앙에서 임의로 구획한 행정·군사적 단위체에 불과하므로 그 자체 왕권 성장의 지표로 작용하기에 충분하다고 하였다. 따라서 이른바 5부체제는 伯濟가 百濟로 발전하고 제한적이나마 왕권이 크게 성장하는 시기인 4세기대에나 성립되었을 것으로 보고 있다.[26] 즉 聯盟段階에서 벗어날 무렵인 4세기에 백제의 왕권은 독자적 기반을 가진 지방세력을 중앙으로 흡수하는 장치로서 부를 설치하였고, 수도권을 제외한 전국을 方位에 맞추어 4개의 단위로 구획하여 부를 편성한 다음 이들 부를 통해 각종 役과 전쟁수행 등에 필요한 인력을 동원하는 한편 그러한 과정에서 중앙권력을 자연스럽게 투입하게 되었다고 하였다. 이는 집권화를 향하는 手順으로 이해되지만 중앙에는 王妃族, 지방에는 각 수장층 세력이 엄존하였으므로 실질적인 행정단위로서 영향력을 행사하는 단계에는 들어서지 못하였다고 한다.[27]

이상의 견해를 종합해 보면 다음과 같다.

첫째, 今西龍을 제외한 대부분의 연구자는 5部制의 實在를 認定하고 있다.

둘째, 실시 시기에 대하여는 溫祚王·古爾王·近肖古王代로 통일된 견해가 없다.

셋째, 性格과 機能에 대하여는 대체적으로 전국을 인위적으로 구획한 초보적 단계의 지방통치조직으로 인식하고 있는데, 다만 盧重國의 경우 王都의 지배자집단의 居所로 이들이 관할하는 일정한 구역으로 파악하고 있다.

넷째, 부의 해체 시기에 대하여는 근초고왕대로 보는 견해와 웅진 천도기로 보는 견해로 양분된다.

따라서 5部制의 實在 및 그 機能에 대한 견해는 대략 공통점을 찾을

---

26) 金起燮, 『百濟 漢城時代 統治體制硏究』, 한국정신문화연구원 학국학 대학원 박사학위논문, 1997, 200쪽.
27) 金起燮, 위의 논문, 208~209쪽.

수 있지만, 실시 및 해체 시기와 성격에 대하여는 통일된 견해가 없음을 알 수 있다. 이러한 이유는 『三國史記』 초기 기록에 대한 해석의 차이에 기인하는 것[28]임은 再論을 요하지 않는다.

3. 紀元前 3~1世紀頃 漢江流域의 動向과 百濟의 建國

한강 하류지역은 지리와 기후 조건이 유리하고 토양이 비옥하여 인간이 생활을 영위하는 데 최적의 자연조건을 갖추었을 뿐 아니라 역사적으로도 구석기시대 이래 철기시대에 이르기까지 累層的인 遺物·遺蹟이 출토되고 있으며, 또한 南方文化와 北方文化를 융합하여 새로운 지역문화를 창출하는 역할을 담당하였다. 따라서 한강 하류지역의 자연조건과 역사적 배경[29]은 국가발생의 유리한 여건을 조성하여 주었음을 알 수 있다.

그러나 이러한 한강 하류지역의 잠재적 성장 요건에도 불구하고 기원전 3~1세기경 이 지역은 한강 이남의 다른 지역에 비하여 문화적 후진성과 힘의 공백이 현저하였다.

기원전 3~2세기경 금강유역은 대동강유역과 함께 한반도 靑銅器文化의 양대 중심지의 하나로 간주될 수 있을 정도로 선진적인 위치에 있었다. 이 지역에서는 遼寧地方 청동기문화를 배경으로 하는 石棺墓系 집단들에 의하여 일찍부터 다수의 정치집단들이 형성되고 있었으며, 이어 戰國系 청동기문화의 간접적인 영향과 土壙墓系 이주민의 정착 등을 계기로 정치적 발전 추세가 확대된다. 이러한 배경 하에 이 시기 이미 소규모 단위집단들을 통합하는 소국 정치집단들이 보편적으

---

28) 『三國史記』 초기 기록의 사료적 가치에 대한 제 견해는 盧重國, 앞의 책, 21~30쪽 참조.

29) 한강 하류지역에 대한 자연조건 및 역사적 배경에 대하여는 申瀅植, 『百濟史』, 이화여대출판부, 1992, 38~50쪽 참조.

로 형성·대두될 수 있었던 문화배경과 계기를 찾을 수 있다.[30] 낙동 강유역에서는 衛滿朝鮮系 청동기·철기 문화의 유입, 漢의 철기문화 보급으로 기원전 1세기경에 이르러 전반적으로 청동기·철기 유물의 수량이 현저하게 증대되고 다량의 금속기를 소유하는 지배자가 대두되면서 상당수의 소국 정치집단들이 형성 대두되고 있었다.[31]

반면 한강유역의 문화적 결핍 현상은, 기원전 2세기 말 漢에게 멸망되어 기존의 토착사회가 해체되는 격동기를 겪으면서 한에 대하여 적대감을 품고 있던 위만조선의 주민들이 漢郡縣과 지리적으로 인접하여 위험이 상존하고 있던 한강유역에 정착하기보다는 비교적 원거리에 위치한 낙동강유역으로 직접 이동하여 정착하였으므로[32] 점진적이면서도 획기가 인정되는 낙동강유역[33]과는 달리 이들 위만조선계 유이민들의 선진적인 문화를 접할 기회가 없었던 것으로 여겨진다.[34] 또한 한군현 설치 이후 고도로 발달한 漢式 鐵製武器를 구비하고 있던 낙랑군에 가장 인접해 있으면서도 기원 전후까지 武器는 물론 農器具등 다른 부문의 철기문화조차 제대로 성장하지 못하는 정체성에 빠져

---

30) 李賢惠, 『三韓社會 形成過程硏究』, 一潮閣, 1984, 167~168쪽.
31) 위와 같음.
32) 權五榮, 「初期百濟의 成長過程에 관한 一考察」, 『韓國史論』 15, 1986, 23~25쪽 ; 문동석, 앞의 논문, 82~83쪽.
33) 李南珪, 「韓半島 古代國家形成期 鐵製武器의 形成과 普及 - 中國과의 比較的 視覺에서 - 」, 『한국고대사학회 제12회 학술토론회 발표요지』, 1999. 2, 23쪽.
34) 이러한 경우는 금강유역에서도 나타난다. 즉 금강유역의 경우 청동기시대 이래 낙동강유역의 정치체에 대하여 모종의 영향력을 행사(『三國志』 魏書 東夷傳 弁辰條, "弁辰韓合二十四國 …… 其十二國屬辰王辰王常用馬韓人作之")하는 등 한반도 중남부지역에서는 가장 선진적이었지만 한강 이남으로 철기가 유입된 이후 그 영향력이 현저하게 약화(『三國史記』 新羅本紀 赫居世居西干 38年條, "三十八年春二月遣瓠公聘於馬韓馬韓王讓瓠公曰辰卞二韓爲我屬國比年不輸職貢事大之禮其若是乎")되고 있음을 확인할 수 있다. 따라서 금강유역 역시 선진 철기문화를 소유하고 있던 위만조선계 유이민 집단의 정착이 없었던 것으로 보인다.

있었던 것은 그만큼 군현의 간섭정책[35]과 힘의 완충지대로 방치[36]되는 등의 이유로 자체적인 발전역량을 제대로 갖추지 못한 때문으로 이해된다.

이는 이 시기에 해당되는 土壙墓와 甕棺墓 등의 분묘유적이 한강유역에서 조사된 바가 거의 없으며[37] 財力과 權力 집중화의 척도가 될 수 있는 金屬製 유물이 집중 부장되는 분묘의 존재[38] 역시 발견되지 않는 데서도 확인할 수 있으리라 여겨진다.

따라서 기원전 2~1세기경 한강유역에 존재하였던 정치집단의 통합 규모는 여전히 邑落單位의 수준에 머물러 있었으며, 位階化의 진행 상태도 늦어 다수 읍락을 통할하는 상위집단은 아직 출현하지 않았던 것으로 보인다.[39] 이들은 이후 유이민 집단의 來住에 의해 차츰 초기 백제에 흡수되어 가는 先住民 세력으로 이해된다.[40]

백제 건국세력의 출자는 扶餘系 高句麗族 출신[41]이라는 데에는 학

---

35) 漢郡縣의 존재가 토착사회의 정치적 통합을 지연시켰다는 견해에 대해, 이를 일괄적으로 이해하기보다는 시점과 지역에 따라 달리 해석하여야 하며 특히 한강유역에서 철기문화 확산과 백제국의 형성 과정은 오히려 한군현의 설치라는 정치문화적 변화와 밀접한 관련이 있다는 견해가 있다(李賢惠, 「馬韓 伯濟國의 形成과 支配集團의 出自」, 『百濟硏究』 22, 1991, 10~11쪽).

36) 이러한 이유를 墓制의 相異함에 근거하여 西北韓(樂浪)地域의 木槨墓·塼築墳勢力과 南部地域(馬韓)의 土壙墓勢力 사이에서 힘의 균형을 유지하기 위하여 방치한 것으로 보고 있다(林永珍, 『百濟漢城時代 古墳硏究』, 서울대학교 대학원 고고미술사학과 박사학위논문, 1995, 106쪽).

37) 위와 같음.

38) 李賢惠, 앞의 논문, 1991, 10~11쪽.

39) 李賢惠, 위의 같음 ; 문동석, 앞의 논문, 1996, 82~83쪽.

40) 權五榮, 앞의 논문, 1986, 27쪽.

41) 백제 건국지인 한강유역의 경우 無文土器—支石墓段階에서 대규모적인 細形銅劍文化의 유입을 거치지 않고 그 다음 시기인 기원이후 곧바로 金海式土器—鐵器文化段階로 넘어갔을 가능성이 큰데, 이는 무문토기문화 후기단계에 西北韓 지역의 衛滿朝鮮系 이주민이 정착하지 않고 그 다음 단계에 본격적인 철기사용집단이 來住하였으리라는 추측을 가능케 하며, 바로 이 집단이 고구려계 이주민으로서 백제건국의 중추세력이 되는 온조 등의 유이민 집

계의 대체적인 공감대가 형성되어 있다.42) 이들 세력집단의 남하는 당
시 고구려사회 내부의 급격한 변화와 밀접한 관련이 있다.

고구려는 기원전 1세기경 압록강과 佟佳江 유역을 중심으로 성장·
발전하고 있었는데 이러한 과정이 순탄한 것만은 아니었다. 대외적으
로는 성장을 방해하는 漢과 塞外民族의 압력에 능동적으로 대처하여
야 하였고,43) 이러한 외부의 압력에 적극적이고 효율적으로 대처하기
위한 필요성에 의하여 우월한 세력기반을 확보하고 있던 桂婁部集團
을 중심으로 활발한 통합과정이 진행되고 있었다. 그러나 이러한 통합
과정에 대한 내부적 반발도 만만치 않았던 듯 적지않은 세력이 이탈하
여 남하한 것으로 보이며, 이 가운데 대표적인 이탈세력이 沸流와 溫
祚集團이었던 것으로 보인다.44)

백제 건국세력으로서의 온조와 비류집단의 남하에 대해『三國史記』

단이라는 견해가 참고가 된다(權五榮, 위의 논문, 20~22쪽 및 30~31쪽). 그
러나 한강유역 철기문화의 성격이 토착의 무문토기문화를 바탕으로 하고 여
기에 衛滿朝鮮과 樂浪系文化가 혼합된 중남부지역 공통의 原三國期 철기문
화와 통하는 면이 더 많다고 하여(李賢惠, 앞의 논문, 14~16쪽) 백제의 형성
이 새로운 주민과 문화의 유입이라는 외적인 측면에서만 접근할 것이 아니라
생산력의 증대·인구증가·전문적인 제작기술의 발전과 같은 사회경제적인
내적 작용의 측면을 중시한 견해(李賢惠, 위의 논문, 26쪽)와 위만조선의 유
이민이 한강유역 및 남부 내륙지역으로 이주해 오면서 그들의 문화가 남한
전역으로 급속도로 확산되고 이러한 과정에서 백제와 신라의 국가 형성기틀
이 만들어졌는데 이 문화를 衛滿朝鮮系 韓文化라고 보는 견해도 있다(이홍
종, 「『三國史記』'靺鞨' 記事의 考古學的 接近」,『韓國史學報』5, 고려사학
회, 1998, 45쪽).

42) 기원전부터 고구려와 扶餘는 영역과 체제가 다른 독립된 정치체로 존속하고
있었으므로, 부여계 고구려유민이라는 표현은 양자가 미분화된 상태의 동일
계 종족집단으로 있었던 듯한 느낌을 주기 때문에 고구려계 또는 부여계로
구분할 필요가 있다는 견해도 있다(李賢惠, 앞의 논문, 5쪽).

43) 徐永大, 「高句麗 平壤遷都의 動機 - 王權 및 中央集權的 支配體制의 强化
過程과 관련하여 - 」,『高句麗 南進經營史의 研究』, 1995, 326~327쪽.

44) 온조집단의 남하·이동이 卒本地域에서의 新舊勢力 사이에 빚어진 갈등의
산물이고(盧重國, 앞의 책, 50쪽) 비류와 온조의 母가 召西奴인 점을 들어 소
서노 집단일 가능성을 제기한 견해도 있다(문동석, 앞의 논문, 84쪽).

에는

> A 百濟始祖溫祚王其父鄒牟或云朱蒙自北扶餘逃難至卒本扶餘扶餘王
> 　無子只有三女子見朱蒙知非常人以第二女妻之未幾扶餘王薨朱蒙嗣
> 　位生二子長曰沸流次曰溫祚(或云朱蒙到卒本娶越郡女生二子)及朱
> 　蒙在北扶餘所生子來爲太子沸流溫祚恐爲太子所不容遂與烏干馬黎
> 　等十臣南行百姓從之者多 (『三國史記』百濟本紀 溫祚王 元年條)

라고 기록되어 있다. 이 기록을 통하여 백제 건국세력의 제반 역량을
살펴보면, 이들 세력은 주몽에 이어 고구려의 2代王으로 등극하는 琉
璃集團과의 주도권 다툼에서 패하여 남하한 것으로 보이는데, 그렇다
면 이들은 고구려의 중심세력[45]과 거의 대등한 실력을 가지고 있었으
며 또한 온조와 비류의 남하에 동행한 烏干・馬黎 등 十臣과 따르는
백성이 많았다는 기록으로 보아 남하 유이민은 비교적 대규모 세력이
었을 것으로 보인다.

> B 1) 秋七月扶餘王從弟 …… 乃與萬餘人來投 (『三國史記』高句麗本
> 　　紀 大武神王 5年條)
> 　2) 蠶支落大加戴升等萬餘口詣樂浪內屬 (『後漢書』東夷列傳 高句
> 　　麗條)

---

45) 高句麗의 경우『後漢書』東夷傳 高句麗條에 의하면 "王莽初發句驪兵以伐
匈奴其人不欲行彊迫遣之皆之出塞爲寇盜遼西大尹田譚追擊戰死莽令其將嚴
尤擊之誘句驪侯騶入塞斬之傳首長安莽大說更名高句驪王爲下句驪侯於是貊
人寇邊愈甚建武八年高句驪遣使朝貢光武復其王號"라 하여 王莽 初(기원후
8〜23)에 王의 칭호가 侯로 되었으나 이후 建武 8년(기원후 32)에 光武帝에
의하여 왕으로 復號되고 있다. 이 기사에 의하면 고구려는 왕망 이전에 이미
왕을 칭하고 있었음을 알 수 있다. 따라서 고구려에서 王號를 칭한 것은 적
어도 기원전부터였을 것으로 여겨지는데, 이는 고구려가 당시에 이미 일정
수준의 정치체제를 유지하고 있었음을 말해 준다.

B1)에서 扶餘王 從弟가 거느린 집단의 규모와 B2)의 蠶支落 大加 戴升等이 거느린 집단의 규모가 모두 만여 구로 당시 1戶의 인구를 평균 5口라 하면 那部內의 독자적인 세력은 약 2천 호로 추산된다. 그러므로 이 지역에서 독자적인 세력으로 움직이던 한 집단의 규모는 약 2천여 호(만여 인) 정도로 추정[46]할 수 있다. 또한 이 지역보다는 정치적 규모가 미약하였던 삼한의 경우 읍락은 중심적인 취락에 다수의 취락이 연결되어 형성된 것으로 戶數는 500~600호에서 1000호, 인구수는 2200~5000人 정도라는 연구결과[47]를 참고한다면 온조와 비류 집단의 규모가 적어도 소규모는 아니었음을 짐작할 수 있다. 이들과 함께 동행한 十臣의 성격은 정확히 단정할 수 없지만 아마도 온조와 비류 집단에 소속되었던 家臣이거나,[48] 온조와 비류를 따라 남하한 10개의 친족집단[49] 혹은 小國의 수장층으로 생각되며[50] 따라서 같이 남하하였던 백성들은 이들의 소속민[下戶]으로 보인다.[51]

이러한 점을 감안한다면 백제의 건국세력은 비록 고구려로부터 밀려난 세력이었다고는 하여도 고구려의 선진문화를 체험하고 또한 이

---

46) 余昊奎, 「高句麗 初期 那部統治體制의 成立과 運營」, 『韓國史論』 27, 1992, 45~46쪽.

47) 李賢惠, 앞의 책, 120~121쪽 ; 權五榮, 『三韓의 '國'에 대한 硏究』, 서울대 대학원 국사학과 박사학위논문, 1996, 83~93쪽.

48) 李鍾旭, 「百濟王國의 成長」, 『大丘史學』 12 · 13, 1977, 67쪽.

49) 盧泰敦, 「三國時代 部에 關한 硏究」, 『韓國史論』 2, 1975, 59쪽.

50) 삼국시대의 사회단위에 대하여 김용성은 國家的結束體－村－自然村으로 (『大邱 · 慶山地域 高塚古墳의 硏究』, 영남대 대학원 박사학위논문, 1977), 權五榮은 國邑－邑落－聚落으로 구분하고 있으며(위의 논문, 1996, 93~101쪽), 朴京哲은 地域集團(社會體)－區域集團(社會單位)－基底集團으로 구분하고 있다(朴京哲, 「'高句麗社會'의 發展과 政治的 統合努力」, 『韓國古代史研究』 14, 1998, 284쪽).

51) 盧重國은 斯盧國과 駕洛國의 성립과정에서 나타나는 先住 토착세력인 6村과 9干의 예를 들어 十臣의 존재를 溫祚와 함께 남하하여 十濟를 형성한 유이민 세력이 아니라 10개의 先住 토착집단으로 파악하고 있다(盧重國, 앞의 책, 52~53쪽).

를 실행에 옮길 만한 능력을 가진 대규모 이주집단으로서, 이미 국가를 세울 능력을 갖추고 있었음을 알 수 있다. 이들은 국가조직을 편성할 능력이 있었고, 騎馬와 鐵製武器 등 군사적인 실력도 갖추고 있었음을 짐작할 수 있다.[52]

반면 한강 하류지역을 영향권 내에 포함시키고 있던 마한[53]에는 기원전 2세기 말경 50여 개 정도의 소국이 존재하고 있었으며, 이들 소국을 통솔하는 중심세력이 존재하고 있었다.[54]

> C 1) 辰韓在馬韓之東其耆老傳世自言古之亡人避秦役來適韓國馬韓割
>   其東界地與之 (『三國志』 東夷傳 辰韓條)
> 2) 三十八年春二月遣瓠公聘於馬韓馬韓王讓瓠公曰辰卞二韓爲我屬
>   國比年不輸職貢事大之禮其若是乎 (『三國史記』 卷1, 新羅本紀1
>   赫居世居西干 38年條)

기사 C1)과 C2)는 각각 기원전 2세기와 기원전 1세기경의 마한과 진한의 상황을 전해주는 기사로 1)을 통하여 辰韓의 주도세력이 된 이주민집단에게 동쪽 영역을 분할하여 거주케 한 것은 마한세력으로서, 당시 마한지역에는 일부의 개별적인 정치단위가 아니라 다수의 세력군 또는 이를 대표하는 존재로 외부로부터의 위협에 대응하여 공동으로 그들의 영역을 지키고 旣得權을 행사하고 있었던 확고한 토착 세력기반이 형성되어 있었다.[55]

이 기사에 나타나는 진한의 주도세력은 『三國史記』의 혁거세 대두

---

52) 李鍾旭, 「百濟의 國家形成」, 『大丘史學』 11, 1976, 56~57쪽 ; 「百濟의 建國
   과 統治體制의 編成」, 『百濟論叢』 4, 1994, 7쪽.
53) 온조집단의 한강유역 정착을 容認한 주체는 馬韓王으로, 이 지역에 일정한
   연고권과 함께 영향력을 행사하였던 것은 분명하지만 한강유역에 근거를 두
   고 있던 정치집단은 아니었을 것이다(權五榮, 앞의 논문, 25~27쪽).
54) 李賢惠, 앞의 책, 168쪽.
55) 위와 같음.

기사와 경상도지역에서 출토되는 고고학 자료 등으로 미루어 위만조선계 유민들이 남주하는 과정에서 마한지역의 선주 세력집단과 대결한 결과 마한세력에 밀려 小白山脈 以東 경상도 방면으로 이주 정착하던 상황을 반영한 것으로 보인다.

따라서 늦어도 기원전 2세기 말경 마한의 역량은 이 지역의 선진적인 청동기문화를 기반으로 하여 북방 유이민의 정착을 제지하거나 그들에게 제재를 가하는 등 대외적으로 통일적인 지배기능을 발휘하고 있었음을 알 수 있다.[56]

그러나 기사 C2)를 보면 기원전 1세기경 한강 이남으로의 철기문화 유입과 동시에 획기적 발전을 거듭하는 辰·弁韓과는 달리 금강유역을 중심으로 한 마한의 세력은 기존에 영위하였던 영향력에 큰 타격을 받고 있는 듯하다.[57] 이러한 요인은 앞에서 살펴본 바와 같이 선진 철기문화를 소유하였던 위만조선계 유이민이 한강유역뿐 아니라 마한의 중심세력이 자리잡고 있던 금강유역에도 정착하지 않고 낙동강유역으로 직접 이동한 까닭에 선진문화의 자극에 의한 자체 발전 기회를 얻지 못하였기 때문이다. 또 한편으로는 C1)에서와 같이 외부세력에 대해 폐쇄적이고 배타적이었던 마한의 성격에도 기인하는 바가 컸던 것으로 보인다.

그러므로 마한이 백제 건국세력의 한강유역 정착을 용인[58]한 이유는 이들 유이민의 우월한 세력을 쉽게 제압할 수 없다는 현실적 인식과 함께 지속적으로 남하하는 또 다른 유이민 세력과 낙랑 및 말갈 등 이종족의 침범을 견제하기 위한 방파제로 삼기 위함에 있다고 여겨지며[59] 마한이 할양한 동북 一百里[60]의 땅은 별다른 정치체가 존재하지

---

56) 李賢惠, 위의 책, 168~169쪽.
57) 李南珪, 「韓半島 古代國家形成期 鐵製武器의 形成과 普及 - 中國과의 比較的 視覺에서 - 」, 『한국고대사학회 제12회 학술토론회 발표요지』, 1999. 2.
58) 『三國史記』 卷23, 百濟本紀1 溫祚王 24年 秋7月條, "王作熊川柵馬韓王遣使責讓曰王初渡河無所用足吾割東北一百里之地安之".

않았던 空地로 여겨진다.

  이러한 점은 위만세력의 고조선 서쪽 변경지역으로의 정착과정을 통하여 비교할 수 있다. 고조선이 위만집단의 서쪽변경 거주를 허락한 이유는, 위만세력의 출신 내력과 실력을 충분히 인정하고 계속되는 유이민 세력의 고조선 내부로의 유입에 따른 사회적 충격을 완화하는 동시에 漢과의 완충을 삼기 위한 것이었다. 이에 위만에게 秦의 上下障[61]이 설치되었던 遼東地域의 땅 일백리를 봉해주고 博士로 임명하여 西邊을 지키게 하였다.[62] 『史記』 朝鮮傳에는 "滿이 亡命하여 동쪽으로 塞를 나와 浿水를 건너 秦의 옛 空地 上下障에 살았다"[63]라고 하여 진과 고조선과의 완충지 역할을 하던 빈 땅에 위만집단이 거주한 것으로 보인다.[64] 그렇다면 백제의 건국세력이 처음 정착하였던 한강 하류지역도 비록 마한의 영향권 안에 속하였다고는 하나 별다른 정치체가 존재하지 않았던 空地였을 개연성이 높다할 수 있다. 만약 이 지역에 소국을 형성하고 있던 정치체가 존재하였다면 필연 백제의 정착과정은 순탄하지 못하였을 것이다.[65]

---

59) 李鍾旭, 앞의 논문, 1976, 44~45쪽 ; 앞의 논문, 1994, 4쪽 ; 朴燦圭, 『百濟의 馬韓征服過程 研究』, 단국대 대학원 박사학위논문, 93쪽 및 98~99쪽.

60) 중국 戰國時代에 諸侯의 封地가 一百里였다는 예를 들어 고조선이 衛滿에게, 馬韓이 溫祚에게 割壤한 一百里의 의미는 이들 유이민 세력을 제후국과 같은 존재로 여겼으며 특히 이들 사이에는 군사적인 이해관계가 강하였기 때문에 附庸關係의 측면이 강하였을 것으로 짐작된다(朴燦圭, 위의 논문, 98~99쪽).

61) 障은 鄣으로도 쓰이는 山中小城으로, 변방의 險要한 지역에 위치하고 인위적으로 구축한 조그만 城이며 성 안에는 吏士가 진주하여 堠望하면서 적을 막거나 살피는 작용을 하였다고 한다(張寅成, 「중국 고대 障塞의 출현과 형태」, 『百濟研究』 28, 1998, 412쪽).

62) 『三國志』 魏書東夷傳 魏略所引, "燕人衛滿亡命爲胡服東度浿水詣準降說準求居西界故中國亡命爲朝鮮藩屛準信寵之拜爲博士賜以圭封之百里令守西邊".

63) "滿亡命聚黨千餘人魋結蠻夷服而東走出塞度浿水居秦故空地上下鄣".

64) 위만이 거주하던 지역을 上下 2重의 障塞가 설치된 것으로 보아 이는 단순한 空地가 아니라 秦의 遼東外要에서 관할하던 지역으로 보는 견해도 있다(徐榮洙, 「對外關係史에서 본 樂浪郡」, 『史學志』 31, 1998, 100~101쪽).

　　이상 검토한 내용을 종합해 볼 때 백제 건국세력이 남하할 당시 한강유역에는 이에 대항할 만한 조직화된 선주민계 정치체가 존재하지 않았고, 또한 이 지역에 일정 영향력을 행사하였던 것으로 보이는 마한세력은 점차 약화되는 추세였다. 반면 백제의 건국세력은 선진적인 고구려문화를 그대로 소유하였던 일정 규모의 정치집단으로 국가조직을 편성할 정치적 능력이 있었던 것으로 판단된다.

4. 溫祚王代의 對外關係와 5部의 編制過程

1) 溫祚王代의 對外關係

　　백제의 5부 편제에 대한 『三國史記』 百濟本紀의 기록을 살펴보면 國家의 建國主인 溫祚王代에 이루어진 것으로 되어 있다.

　　D 1) 春正月分國內民戶爲南北部 (溫祚王 31年條)
　　　　2) 秋八月加置東西二部 (溫祚王 32年條)

　　백제가 건국 초기부터 조숙한 정치체제를 갖출 수 있었던 요인은 외부세력의 끊임없는 도전에 대한 극복과정에서 찾을 수 있다.[66] 즉 외부세력의 위협에 효과적으로 대처하고, 또한 영역 확대 과정에서 새로이 편입된 지역에 대한 적극적인 통치를 위하여 扶餘나 혹은 高句麗에서의 경험을 토대로 5部를 편제한 것으로 보인다. 그러나 백제는 건국 후 외부세력에 대한 위협뿐 아니라 내부적으로도 토착세력의 반발을

---

65) 百濟와 靺鞨의 계속적인 무력충돌의 요인에 대하여 백제의 한강유역 정착으로 생활권을 상실하게 된 말갈의 저항으로 보는 견해가 있다(이홍종, 위의 논문, 16쪽). 이 당시 말갈은 하나의 통일된 정치체를 구성한 세력으로는 보이지 않으며, 邑落單位別로 독립된 활동을 한 것으로 생각된다.

66) 申瀅植, 『百濟史』, 이화여대출판부, 1992, 78~80쪽.

무마하고 이들의 적극적 지원을 얻어야 하는 상황에 있었고, 그것이 그렇게 순탄하지만은 않았던 것으로 보인다. 따라서 백제는 5부의 편제 이전에 내부 모순을 해결하고 그 결속을 공고히 하기 위해 정지작업을 선행해야만 했다.

> E 1) 春二月王都老嫗化爲男五虎入城王母薨年六十一歲夏五月王謂臣下曰國家東有樂浪北有靺鞨侵軼疆境少有寧日況今妖祥屢見國母棄養勢不自安必將遷國予昨出巡觀漢水之南土壤膏腴宜都於彼以圖久安之計 (『三國史記』卷23, 百濟本紀1 溫祚王 13年條)
> 2) 夏四月立廟以祀國母 (『三國史記』卷23, 百濟本紀1 溫祚王 17年條)

요상한 기운이 일어나는 것과 王母가 돌아가는 사정 및 국내정세의 불안, 그로 말미암은 國母廟의 설치와 같은 일련의 사건이 이러한 추측을 가능하게 한다. 물론 온조왕 17년에 세워지는 국모묘는 同王 13년에 王母가 薨去한 사실과 연결되지만 왕모의 죽음은 老嫗가 남자로 변하는 것과 같은 요상한 기운과 연관되는 점으로 미루어 보아 그 이면에는 다른 사건이 내포되어 있었을 것으로 보인다. 따라서 국모묘가 토착신앙(地神)과 관련이 있으며, 온조왕 원년에 東明王廟를 세운 것과 대비될 수 있다는 연구결과[67]를 주목하면 E1)의 현상은 내부적으로 토착세력[68]들의 동요와 관련시켜 볼 수 있으며, 이러한 동요를 무마하기 위하여 이들의 실체를 인정하고 또한 이들을 통치체제 내에 흡수하기 위한 방편으로 E2)와 같이 국모묘를 건립한 것이 아닌가 추측된다.

이러한 내부 정비 과정을 거친 백제는 드디어 "나라가 완성되고 백성들이 모여들어 대적할 적이 없는"[69] 국가로 거듭나면서 온조왕 17년

---

67) 金杜珍, 『韓國古代의 建國神話와 祭儀』, 一潮閣, 1999, 177~178쪽.
68) 토착세력의 신앙은 아마도 蘇塗信仰이었을 것으로 여겨진다.

이후 외부세력과의 관계에서 그간의 열세를 반전시킬 수 있었던 것으로 보인다. 온조왕대 백제의 대외관계는 靺鞨·樂浪·馬韓과의 관계라 할 수 있다. 『三國史記』 百濟本紀 溫祚王代의 靺鞨記事를 살펴보면 다음과 같다.

> F 1) 二年春正月王謂君臣曰靺鞨連我北境其人勇而多詐宜繕兵積穀爲拒守之計
>
> 2) 三年秋九月靺鞨侵北境王帥勁兵急擊大敗之賊生還者十一二
>
> 3) 八年春二月靺鞨賊三千來圍慰禮城王閉城門不出經旬賊糧盡而歸王簡銳卒追及大斧峴一戰克之殺虜五百餘人
>
> 4) 十年冬十月靺鞨賊北境王遣兵二百拒戰於昆彌川上我軍敗績依靑木山自保王親帥精騎一百出烽峴救之賊見之卽退
>
> 5) 十一年夏四月樂浪使靺鞨襲破瓶山柵殺掠一百餘人
>
> 6) 十三年夏五月王謂臣下曰國家東有樂浪北有靺鞨侵軼疆境少有寧日
>
> 7) 十八年冬十月靺鞨掩至王帥兵逆戰於七重河虜獲酋長素牟送馬韓其餘賊盡坑之
>
> 8) 二十二年九月王帥騎兵一千獵斧峴東遇靺鞨賊一戰破之虜獲生口分賜將士
>
> 9) 四十年秋九月靺鞨來攻述川城
>
> 10) 四十年冬十一月又襲斧峴城殺掠百餘人王命勁騎二百拒擊之

처음으로 말갈[70] 관계 기사가 등장하는 온조왕 2년(기원전 17) 이후

---

69) 『三國史記』 百濟本紀 溫祚王 24年條, "秋七月王作熊川柵馬韓王遣使責讓曰 …… 今以國完民聚謂莫與我敵大設城池侵犯我封疆其如義何".

70) 말갈의 실체에 대하여 대부분의 연구에서 (東)濊로 파악하고 있으나 말갈이 어느 한 집단을 지칭하는 고유명사라기보다는 낙랑과 고구려의 변방주민, 즉 피지배민이라는 의미를 담고 있는 보통명사로 사용되었을 가능성이 있으며 따라서 동예세력으로 보기는 어렵다는 견해도 있다(李東熙, 「南韓地域의 高句麗系 積石塚에 대한 再考」, 『韓國上古史學會』 28, 1998, 133쪽). 말갈의 실체에 대한 諸說의 整理는 姜珉植, 「百濟의 國家形成過程에 대한 一考察」,

백제와 말갈은 매우 빈번히 접촉하고 있는데 예외없이 모두가 전쟁으로 일관하고 있다. 이러한 백제와 말갈 간의 지속적인 충돌 요인에 대하여 한강유역의 재지집단이었던 말갈과 새로운 이주집단인 백제와의 영토분쟁으로 보고 따라서 어떠한 타협도 있을 수 없었을 것이라는 견해71)와 백성의 약탈, 가축이나 재보 획득, 풍부한 물산 등의 확보를 위한 경제적 요인으로 보는 견해72)로 대별할 수 있다. 그러나 사료 F를 통하여 말갈의 來侵 시기를 분석해 보면 총 10회의 말갈 관련 기사 중 직접 충돌한 경우는 8회인데 이 가운데 백제와 낙랑 간의 민감한 정치 문제였던 병산책을 낙랑의 사주에 의하여 공격하는 경우(F5)를 제외하면 백제와 말갈이 직접 충돌한 7회는 그 시기가 예외없이 농산물의 수확기와 빈궁기였던 9월에서 2월 사이에 집중되어 있음을 알 수 있다. 따라서 말갈과 백제의 충돌은 경제적 문제에서 기인하는 바가 더 컸던 것으로 보인다.

온조왕대 말갈과의 역관계를 살펴보면 대략 왕 13년(기원전 6) 이전에는 말갈에 의하여 국도인 慰禮城이 피습을 당하고 있고(F3), 對應策도 소극적일 뿐 아니라 왕이 직접 출전할 수밖에 없을 정도로 모든 國力을 기울여야 하는 열세에 놓여 있었지만 왕 18년(기원전 1)을 기점으로 상대적 우위를 점하면서 영역의 확장과 동시에 말갈세력을 驅逐하는 등 상황이 反轉된 것으로 파악된다. 그러나 백제의 입장에서는 말갈세력이 존재하는 한 국가의 安危를 언제든 위협을 받을 수 있는 상황이었으므로 이들에 대한 방어책을 강구하여야만 하였고 따라서 말갈의 내침이 예상되는 지역을 중심으로 정비된 방위체계를 설정할 필요가 있었다.

『上古史學報』 12, 1993, 202쪽 주 49) ; 文安植, 「『三國史記』 羅·濟本紀의 靺鞨 史料에 대하여」, 『韓國古代史硏究』 13, 1998, 148쪽 참조.
71) 이홍종, 앞의 논문, 16쪽.
72) 文安植, 「『三國史記』 羅·濟本紀의 靺鞨 史料에 대하여」, 『韓國古代史硏究』 13, 1998, 169쪽.

다음으로 樂浪의 존재도 말갈과 함께 백제의 국가성장에 장애가 된 세력으로 파악된다.

　G 1) 四年秋八月遣使樂浪修好
　　 2) 八年秋七月築馬首城堅瓶山柵樂浪太守使告曰頃者聘問結好意同
　　　　一家今逼我疆造立城柵或者其有蠶食之謀乎若不渝舊好墮城破柵
　　　　則無所猜疑苟或不然請一戰以決勝負王報曰設險守國古今常道豈
　　　　敢以此有渝於和好宜若執事之所不疑也若執事恃強出師則小國亦
　　　　有以待之耳由是與樂浪失和
　　 3) 十一年夏四月樂浪使靺鞨襲破瓶山柵殺掠一百餘人
　　 4) [十一年]秋七月設禿山狗川兩柵以塞樂浪之路
　　 5) 十八年十一月王欲襲樂浪牛頭山城至臼谷遇大雪乃還

낙랑은 백제의 동북방에 있었던 세력으로[73] 처음 백제와는 우호관계를 유지하다가(G1) 백제가 영역 확장 과정에서 馬首城과 瓶山柵을 築造하게 되자 이해관계가 상충되면서 적대관계로 변하였고(G2) 상대적 열세에 놓여 있었던 백제는 낙랑의 침입에 대한 대비책으로 禿山과 狗川에 柵을 세워 통로를 막았던 것으로 보인다(G3). 塞[74]는 東北의

---

73) 樂浪은 백제의 북쪽에 위치하고 있었기 때문에 이는 기록의 잘못으로 이해되었으나 『三國史記』百濟本紀에는 일관되게 백제의 북쪽에는 靺鞨이, 동쪽에 낙랑이 있는 것으로 기록되어 있다. 따라서 최근 말갈이란 명칭이 그 실체를 달리해 『三國史記』에 등장하는 것과 같이, 낙랑의 실체 역시 다양한 관점에서 파악하여야 한다는 전제 하에 낙랑의 실체를 춘천지역에 잔존해 있던 辰韓의 한 분파로 보는 견해(朴賢淑, 『百濟 地方統治體制 研究』, 고려대 대학원 박사학위논문, 1997, 38쪽)와 한강 중상류유역에서 영남지역으로 이동중이던 辰韓聯盟體로 보는 견해가 있다(姜鍾薰, 「『三國史記』初期記錄에 보이는 '樂浪'의 實體 - 辰韓聯盟體의 공간적 범위와 관련하여 -」, 『三韓의 社會와 文化』, 1995, 133~149쪽).

74) 塞는 戰國時代에 이르러 郡縣 徵兵制의 실시와 步兵 위주의 전쟁술이 채택됨에 따라 평시에 많은 병력을 주둔케 하고 대규모 전쟁에 대비하는 변방의 방어시설로서 출현하게 되며, 이는 봉건 城邦國家가 영역국가로 변모하는 등 정치·사회구조의 변화를 반영하는 것이라 한다. 漢代에 이르러 塞는 長城

要塞이고, 徼는 西南의 要塞를 이르는 것으로[75] 즉 '徼'는 '塞'에 대칭되는 말로서 단순히 변방을 가리키는 것이 아니라 夷敵을 막기 위해 강가에 설치한 서남쪽의 요새를 의미하는 용어라면, 塞는 동북쪽의 강가에 설치한 요새를 말하는 것이다. 따라서 백제가 온조왕 11년에 세운 禿山·狗川 兩柵은 백제와 낙랑의 경계가 되는 강가, 즉 백제의 동북방면에 위치한 강가에 세운 요새로서 낙랑이 백제로 나오려면 반드시 거쳐야 하는 지역이었을 것이다.

낙랑은 말갈을 附庸勢力으로 삼을 정도(G3)로 백제의 세력에 비하여 상대적 우위를 점하고 있었던 것으로 보이며 백제의 입장에서는 낙랑의 동향을 항상 예의 주시하여야만 하였다. 그러나 온조왕 18년 이후 백제는 낙랑침공 계획을 세우는 등(G4) 이전과는 변모된, 즉 적어도 낙랑과 대등한 세력을 형성하였음을 알 수 있다.

반면 백제와 마한과의 관계는 마한 병탄 전까지는 비교적 우호적 입장을 견지하고 있다.

H 1) 十年秋九月王出獵獲神鹿以送馬韓

  2) [十三年]八月遣使馬韓告遷都

  3) 十八年冬十月靺鞨掩至王帥兵逆戰於七重河虜獲酋長素牟送馬韓其餘賊盡坑之

  4) 二十四年秋七月王作熊川柵馬韓王遣使責讓曰王初渡河無所容足吾割東北一百里之地安之其待王不爲不厚宜思有以報之今以國完民聚謂莫與我敵大設城池侵犯我封疆其如義何王慙遂壞其柵

  5) 二十五年春二月王宮井水暴溢漢城人家馬生牛一首二身日者曰井水暴溢者大王勃興之兆也牛一首二身者大王幷鄰國之應也王聞

만이 아니라 木柵, 溪谷 등도 포괄하는 변경의 방어시설을 총칭하는 용어로 쓰였는데 규모가 큰 것은 城이라 하고 그보다 작은 것은 障, 장보다 작은 것은 (烽)燧라고 하였다(張寅成, 앞의 논문, 416쪽).

75) 徐榮洙,「衛滿朝鮮의 形成過程과 國家的性格」,『韓國古代史研究』9, 1996, 101쪽 ; 張寅成, 위의 논문, 397쪽 주 1).

之喜逐有幷吞辰馬之心

6) 二十六年秋九月王曰馬韓漸弱上下離心其勢不能又儻爲他所幷則
　　脣亡齒寒悔不可及不如先人而取之以免後艱
7) 二十六年冬十月王出師陽言田獵潛襲馬韓遂幷其國邑唯圓山錦峴
　　二城固守不下
8) 二十七年夏四月二城降移其民於漢山之北馬韓遂滅
9) 二十七年秋七月築大豆山城
10) 三十四年冬十月馬韓舊將周勤據牛谷城叛王躬帥兵五千討之周勤
　　自經腰斬其尸幷誅其妻子

　마한은 백제 건국세력의 한강 하류지역 정착을 용인하였고(H4), 이
는 유이민 세력을 무력으로 제압할 수 없다는 현실적 판단과 낙랑과
말갈 등 異種族의 침입을 견제하기 위한 防波堤로 삼기 위함에서였음
은 앞서 살펴본 바 있다. 백제는 이후 사냥에서 잡은 神鹿과 靺鞨戰에
서 사로잡은 말갈의 酋長 素牟를 마한에 보내고(H1·3), 천도 사실을
告하는(H2) 등 마한에 臣屬하면서 우호관계를 유지하고 있었다. 그러
나 마한에 대한 신속은 세력의 열세 때문이라기보다는 의례적 측면이
강한 것으로, 국가 성립 과정에서 主敵이었던 동북방의 낙랑·말갈 세
력에 대항하기 위하여는 남쪽 후방에 위치하고 있었던 마한과의 우호
관계가 절대적으로 필요한 상황이었다. 그러므로 백제는 마한의 追認
아래 낙랑과 말갈 세력을 구축하면서 그 통치영역을 확장시킬 수 있었
던 것으로 보인다. 따라서 낙랑과 말갈에 대해 상대적 우위를 확보하
게 된 온조왕 18년 이후에는 백제의 대마한 정책이 변화하게 되는 것
으로 보인다.

　온조왕 24년 熊川柵을 세우면서[76] 계속적으로 유지되던 우호관계가

---

76) 城이나 柵의 설치 목적은 통상 적의 침입을 방어하기 위한 것으로 인식되고
　　있으나(張元燮, 「百濟初期 東界의 形成에 관한 一考察 - 靺鞨과의 關係를
　　中心으로 - 」, 『靑溪史學』 7, 1991, 114쪽) 백제가 東北境과 南境에 세운 甁
　　山柵과 熊川柵을 樂浪과 馬韓이 國基를 위협하는 사태로 인식하고 있는 것

손상되기 시작하였으며 이는 계산된 행동으로 볼 수 있다. 이러한 점은 바로 다음 해에 마침내 마한을 병탄할 뜻을 세우고 얼마 후 병합하게 됨으로써 영토의 확장과 더불어 이 지역 民에 대한 지배권까지 확립하게 되는 것으로써 알 수 있다.

따라서 온조왕대의 대외관계는 왕 17년 이전까지는 건국 과정에서 나타나는 내부적 모순의 표출로 외부세력의 위협으로 국가의 역량을 결집하지 못한 까닭에 소극적으로 대처할 수밖에 없었으나 이후 건국세력과 토착세력 간의 갈등을 수습하면서 '國完民聚'하는 단계로 국가역량이 제고되면서 대외관계를 반전시키게 된다. 이러한 대외관계의 역전은 이후 국가의 더욱 공고한 발전을 담보하기 위한 통치체제의 정비 과정으로 나타나는 것이다.

2) 5部의 編制過程

앞장에서 살펴본 바와 같이 백제의 고대국가로서의 건국과정은 주체세력의 준비된 역량에 기인한 바가 컸으며 이후의 발전을 위하여 체제유지의 토대로서 土地와 人民이 결합된 통치영역을 확장하고 나아가 영역통치의 효율적인 관리를 위하여 지배체제의 정비가 필요하였다.[77] 이러한 필요성의 일환으로 초보적 수준의 지방통치조직의 편제가 이루어졌던 것으로 보인다. 그러나 비록 초보적 수준의 지방통치조직을 편제할지라도 일정한 기준이 적용되었을 것이며[78] 부여계 고구려 유이민이었던 백제의 건국세력은 부여와 고구려에서의 역사적 경험을 援用하였을 가능성이 추정된다.

─────────────────────

으로 보아, 백제가 세운 柵은 방어보다는 오히려 공격을 위한 거점 확보로 보인다.

77) 金瑛河, 「韓國古代社會의 政治構造」, 『韓國古代史硏究』 8, 1995, 43~44쪽.

78) 盧重國, 「漢城時代 百濟의 檐魯制 實施와 編制基準」, 『啓明史學』 2, 1991, 3~4쪽.

　부여의 경우 4명의 加가 주관하는 四出道 制度를 가지고 있었는데,[79] 이는 사방을 다스리는 長官이 4명이며 그 중심에 王이 존재하는 것이다. 따라서 부여에는 전국의 4구역과 그 중앙을 다스리는 王의 직할구역을 합하면 5部가 존재하는데 이는 부여의 지방편제가 5라는 수를 기본으로 하였음을 뜻하며, 이러한 관념은 부여계 국가로 확산되었을 것으로 보인다.[80] 부여의 5부는 국왕직할지를 중심으로 4周를 방어하기 위하여 그 中核地(거점지역)의 방어역량을 제고하고 나아가 보다 실효적인 국가권력의 침투와 관철을 꾀하기 위하여 자연환경적·지정학적 특성을 고려하여 구획되었는데,[81] 백제의 경우도 이러한 기본 원칙이 적용되었을 것으로 여겨진다.

　백제가 모든 통치영역을 5部로 편성하기 이전 이들 지역에 대한 領有權 확보는 西部→東·北部地域→南部地域의 순서였을 것으로 보인다. 이들 중 남부를 제외한 지역은 대체적으로 백제 건국집단과 마찬가지로 유이민 계통이었다는 점에서는 동일하나 남하해 오던 시기와 경로, 혹은 出自 등이 조금씩 달랐을 것으로 보인다.[82]

　먼저 서부지역의 중심을 이루었던 세력은 토광묘를 축조한 彌鄒忽의 비류세력으로 보이는데, 이들 세력은 海路를 통하여 남하한 후 미추홀에 정착하면서 주로 해안선과 강을 따라 활동한 해상세력으로서 한강 하류지역을 중심으로 그 세력권을 확대해 나갔다.[83] 따라서 이 집단의 거주지역은 인천을 중심으로 한 경기도와 충남의 해안지대로 추정된다.[84] 이들 세력의 남하는 상대적으로 온조집단보다 빨랐을 것

---

79) 『三國志』 魏書東夷傳 扶餘條, "諸加別主四出道大者主數千家小者數百家".
80) 李道學, 「方位名 夫餘國의 성립에 관한 檢討」, 『白山學報』 38, 1991, 12~13쪽.
81) 朴京哲, 「扶餘國家의 支配構造 考察을 위한 一試論」, 『古朝鮮과 扶餘의 諸問題』, 1996, 152쪽.
82) 盧泰敦, 「古代國家의 成立과 發展」, 『韓國史』 2, 國史編纂委員會, 1977, 169쪽 ; 金哲埈, 「百濟建國考」, 『百濟研究』 特輯號, 1982, 9~12쪽.
83) 千寬宇, 「目支國攷」, 『韓國史研究』 24, 1979, 29~30쪽.

으로 보인다.85)『三國史記』百濟本紀의 沸流始祖傳承에는 비류의 出自를 北扶餘王 解夫婁의 庶孫인 憂台의 장자로 보아 주몽과의 혈연적 관계를 부인하고 있는데, 이는 고구려와의 관계를 배제한 것으로서 고구려계임을 강조한 溫祚始祖傳承과는 큰 차이를 엿볼 수 있다. 따라서 비류집단은 온조집단과는 相異한 계통으로 전형적인 고구려계 유이민은 아니었던 것으로 여겨진다.

이들 세력은 한강유역에 정착한 지 얼마 되지 않은 온조집단에게 흡수·통합된 듯하다.『三國史記』百濟本紀 溫祚王 元年條 溫祚始祖傳承에,

> I) 遂至漢山登負兒岳望可居之地沸流欲居於海濱十臣諫曰惟此河南之地北帶漢水東據高岳南望沃澤西阻大海其天險地利難得之勢作都於斯不亦宜乎沸流不聽分其民歸彌鄒忽以居之溫祚都河南慰禮城以十臣爲輔翼國號十濟是前漢成帝鴻嘉三年也沸流以彌鄒土濕水鹹不得安居歸見慰禮都邑鼎定人民安泰遂慙悔而死其臣民皆歸於慰禮後以來時百姓樂從改號百濟

라고 하여 十臣의 諫言을 듣지 않은 비류가 온조가 정착한 위례지역이 '都邑鼎定'하고 '人民安泰'함을 보고 '慙悔而死'하자 그를 따르던 臣民들이 모두 온조에게 歸附하였다는 표현에서 그 대략적인 상황을 추정해 볼 수 있다. 비류가 '慙悔而死'한 것은 남하 후 신민들이 위례에 정착하기를 권한 건의를 무시하고 미추홀에 자리잡은 것을 참회해서 죽었다는 사실을 말하는 것이다. 그러나 이 기록의 실제적 의미는 아마

---

84) 비류계를 解氏로 보고 그 집단의 거주지역을 북부로 보는 견해(盧重國, 앞의 책, 112~124쪽)와 서부세력의 기반을 공주를 포함한 충남 일대로 보는 견해도 있다(權五榮, 앞의 논문, 88~90쪽).

85)『三國史記』百濟本紀의 始祖傳承 중 비류의 시조전승이 온조의 시조전승보다 더 원초적이고 오래 되었다는 데는 이견이 없다. 이에 대한 자세한 논고는 金杜珍,『韓國古代의 建國神話와 祭儀』, 一潮閣, 1999, 206~214쪽 참조.

도 한강 하류지역의 주도권을 놓고 양 세력이 대결하는 가운데서 先來 유이민 세력이었던 비류집단이 後來 유이민 세력인 온조집단과의 경쟁에서 세력의 열세로 인하여 마침내 패한 것을 나타내는 것으로 보인다.

이러한 사실로 미루어 보아 비류집단은 온조집단과 혈연적·문화적으로 異質的인 존재였으며, 또한 엄존하는 세력 차이로 인하여 온조집단에게 무력으로 합병되었을 것으로 추정된다. 따라서 이들은 종족적 이질성과 세력 차이로 인하여 백제의 지배층으로 편입되지 못하였던 것으로 보이며, 이는 북부와 동부 출신들이 합병 후 백제의 최고위직을 역임하는 것과는 대비되는 것이라 할 수 있다.

북부세력은 온조집단과 마찬가지로 북방계통의 유이민으로 보이는데,『三國史記』백제본기 온조왕 41년조의 기사에 의하면 右輔에 임명되는 북부 解婁의 출신지가 扶餘로 기록86)된 것으로 보아 부여계와 깊은 관련이 있는 것으로 보인다. 그러나 고구려 초기의 琉璃王, 大武神王, 閔中王, 慕本王 등이 모두 解氏인 점이나, 扶餘의 基本 墓制가 積石塚이 아니라 土壙墓나 石棺墓인 점, 그리고 卒本扶餘 계통으로 보이는 석촌동지역의 백제 건국세력과의 긴밀성으로 미루어 보면 이 해루집단의 출자 역시 졸본부여와 깊은 관련이 있는 것으로 보인다.87) 이러한 견지에서 북부세력 또한 온조세력과 마찬가지로 부여계 고구려 유이민으로 漢四郡의 설치 이후 대체로 기원전 1세기경에 남하하여 경기 북부지역에 정착88)한 후, 기원전 1세기 말에 이르러서는 각기 하나의 독립된 정치집단으로 성장하였던 것으로 보인다.89) 이들은 이후 동

---

86) "春正月右輔乙音卒拜北部解婁爲右輔解婁本扶餘人也".

87) 李東熙,「南韓地域의 高句麗系 積石塚에 대한 再考」,『韓國上古史學報』28, 1998, 129~130쪽.

88) 북부의 위치에 대하여 黃海道지역(千寬宇,「三韓의 國家形成」下,『韓國學報』3, 1976, 117~124쪽), 춘천 중도와 양평 문호리 지역(權五榮, 앞의 논문, 1986, 67~68쪽), 임진강유역(李東熙, 앞의 논문, 129~130쪽)이라는 견해가 있으나 대체로 황해남부와 경기북부로 보는 것이 타당할 듯하다.

북방의 靺鞨·樂浪 세력의 위협이 증대하는 상황에서 혈연적·문화적 동질성을 가지고 있던 온조집단과 연합하였으나 이후 비약적인 성장을 거듭하는 백제의 압력에 세력의 열세를 인정하면서 별다른 충돌없이 자발적으로 복속한 것으로 보인다.

동부세력의 실체와 관련하여 주목되는 것은 한강중류 일대에 널리 분포하고 있는 초기철기문화 유적과 무관하지 않을 것으로 보인다는 점으로,[90] 이들 세력 역시 온조집단이나 해루집단과 마찬가지로 북방계 유이민 계통이었을 것으로 여겨지며 백제에 흡수·통합되는 과정은 북부세력과 비슷했을 것으로 추측된다.

백제의 남부는 마한의 영역을 편제한 것이다.[91] 그러나 여기서 검토하여야 할 사항은 과연 온조왕대에 병합된 마한의 실체는 무엇이며 그 위치와 영역은 어디인가 하는 문제이다.

마한의 실체에 대한 학계의 일반적인 견해는, 마한의 영역이 中西南部地域이며, 성립시기는 늦어도 準王의 南走(기원전 2세기 초) 이전에 해당하고 소멸시기는 百濟 近肖古王의 南征(369)과 관련이 있다는 것이다. 그러나 『三國史記』 百濟本紀에 의하면, 마한은 온조왕 27년에 백제에 의하여 병합되었고(H8) 同王 34년에 馬韓 舊將 周勤에 의하여 牛谷城에서 이루어진 마지막 저항도 진압당함으로써 완전히 멸망당한 후(H10) 이후 기록에서는 전혀 그 실체가 나타나지 않는다. 따라서 마한의 실체는 그 성격이나 주체가 時空間을 달리하면서 변화가 있었다는 전제 아래 개별적 이해가 필요하다고 여겨진다.[92] 이러한 점을 감

---

89) 李鍾旭, 앞의 논문, 1976, 61~63쪽.

90) 張元燮, 앞의 논문, 79~80쪽.

91) 온조집단이 북부세력과 연합하여 백제를 건국하였다면 온조집단을 남부로 볼 수 있다는 견해도 있으나(李宇泰, 「百濟의 部體制 - 新羅와의 比較를 中心으로 - 」, 『百濟史의 比較研究』, 1993, 89~106쪽) 백제건국의 주체세력이었던 온조집단의 경우 그 거주지가 王都지역이었을 것이고 왕도의 경우 비록 중앙정치와 밀접한 관련은 있지만 지방통치제도 하에서는 5部 중 中部·內部·黃部 등으로 지칭되었을 것으로 보인다.

안하면 온조왕대에 병합된 마한은 오늘날의 경기도·충청도·전라도 지역에 위치하고 있던 마한 54개 국 전체를 이르는 것이 아니라 백제에서 그리 멀지 않은 곳에 위치해 있던 마한의 맹주국인 目支國을 가리키는 것으로 이해된다.[93] 목지국의 중심지는 대체로 직산·천안·청주·공주·평택·성환 일대에 위치하였으며, 그 영역은 안성천 이남과 차령 금강의 이북 사이를 점하고 있었던 것으로 보인다.[94]

마한의 種族的 原流는, 고고학자료를 근거로 보건대 한반도 남부지역이 한강유역을 경계로 그 북쪽지역과 구별되는 특색있는 문화권을 형성하기 시작한 것은 청동기시대이고 이 한강 이남의 지역화된 濊貊人들이 북쪽의 '예맥 퉁구스 프로퍼'와 구별되어 韓族으로 불리게 된 것은 초기철기시대라는 견해[95]를 참고할 때, 마한을 구성하는 종족은 유이민 집단인 백제 건국세력과는 달리 청동기문화 단계에 韓族으로 형성·토착화되었고 이들 선주 정치집단을 기반으로 성립·대두된 것으로 생각된다.[96]

백제는 마한 목지국 세력을 병합한 후 처음에는 이 지역에 대하여 어느 정도 자치권을 허용했던 것으로 보이며 이러한 자치권의 허용 결과가 구마한의 일부 지역에서 반란으로 연결되는 요인[97]으로 작용한

---

92) 마한의 성격을 둘러싼 학계의 견해에 대한 정리는 林永珍, 「馬韓의 形成과 變遷에 대한 考古學的 考察」, 『三韓의 歷史와 文化 - 馬韓篇 - 』, 1997, 49~51쪽 참조.

93) 李鍾旭, 「百濟의 建國과 統治體制의 編成」, 『百濟論叢』 4, 1994, 6~7쪽 ; 兪元載,「百濟 領域變化와 地方統治」, 『百濟의 地方統治』, 1998, 16~17쪽 ; 崔夢龍, 「馬韓·目支國 研究의 諸問題」, 『三韓의 歷史와 文化 - 馬韓篇 - 』, 1997, 30~31쪽.

94) 兪元載, 「百濟 湯井城研究」, 『百濟論叢』 3, 1995, 80~85쪽.

95) 金元龍, 「百濟建國地로서의 漢江下流地域」, 『百濟文化』 7·8, 1975, 31~34쪽.

96) 李賢惠, 「馬韓地域 諸小國의 形成」, 『三韓의 歷史와 文化 - 馬韓篇 - 』, 1997, 68~71쪽.

97) 『三國史記』 新羅本紀에 의하면 신라의 경우도 공동체 단위의 정치적 독립성을 허용한 悉直國과 押督國이 신라에 대하여 반란을 일으키자 이들 세력을

것이 아닐까 추정된다. 따라서 백제는 마한 구세력의 반란을 진압한
이후에는 築城[98]과 徙民策[99]을 통하여 그 세력 기반 자체를 완전히 해
체시키는 등 다른 지역과는 다르게 강경책을 견지하게 된다.

동부와 북부의 세력들이 백제에 흡수될 수 있었던 데는 소국 간의
통합이 진행되는 과정에서 발생하는 인구의 증가와 교류의 확대, 농업
용수의 공동관리 필요성, 외부 다른 종족들의 성장과 이에 따른 군사
적 위협 등이 큰 촉진제가 되었을 것이다.[100] 특히 낙랑과 말갈이라는
강력한 세력에 대하여 같은 언어와 전통을 공유한 동일 종족이라는 인
식은 충돌보다는 평화적 해결방식을 택하게 했을 가능성이 컸을 것으
로 보인다. 예컨대 백제는 혈연과 문화가 동일하며[101] 어느 정도 선진
적 문화를 소유하고 있었을 것으로 추정되는 東·北部의 경우 중앙의
지배귀족으로 편제시키기도 하고 혹은 중앙에의 복속과 의무이행을
약속받는 대가로 직접적인 통제보다는 그 지방의 세력 근거를 어느 정
도 인정해 주는,[102] 즉 일정 범위 내에서의 자율을 허용하면서 이들을
공적 지배질서체제로 흡수하여 간접적인 통제를 취하였을 것으로 보
인다.

반면 언어와 문화를 서로 달리하는 종족들의 세력집단 간 충돌은 결
국 무력에 의한 相爭으로 귀결되었을 가능성이 큰 것으로 보아[103] 백

해체시키기 위하여 실직국과 압독국의 구성원을 남방의 변경지역으로 徙民
시키고 있다("婆娑尼師今二十五年秋七月悉直叛發兵討平之徙其餘衆於南鄙"
; "逸聖尼師今十三年冬十月押督叛發兵討平之徙其餘衆於南鄙").
98) 『三國史記』 百濟本紀 溫祚王 36年 秋7月, "築湯井城分大豆城民戶居之".
99) 『三國史記』 百濟本紀 溫祚王 27年 夏4月, "(圓山·錦峴)二城降移其民於漢
山之北".
100) 金基興, 「三國時代 稅制의 성격」, 『國史館論叢』 35, 1992, 98쪽.
101) 같은 언어와 전통을 공유한 동일 종족 간의 충돌은 東濊에서 보이는 責禍에
의한 해결 같은, 보상에 의한 평화적 해결방식이 관습화되는 경우가 있다고
한다(金基興, 「三國時代 稅制의 성격」, 『國史館論叢』 35, 1992, 98쪽).
102) 盧重國, 「百濟王室의 南遷과 支配勢力의 變遷」, 『韓國史論』 4, 1978, 107쪽.
103) 金基興, 앞의 논문, 98쪽.

제의 미추홀세력과 마한세력에 대한 병합과정은 이종족에 대한 무력
정복의 결과로 나타난 것이라 할 수 있다. 그리고 이들에 대한 지배는
병합 직후부터 그 지역민을 타지역으로 사민시키거나 그 근거를 해체
시킴[104]으로써 직접지배를 실현했을 것으로 보인다.

이상에서 살펴본 바와 같이 백제는 온조왕 18년을 전후하여 내부의
갈등을 극복하고 이를 바탕으로 국가적 역량을 제고한 이후, 국도까지
위협한 동북지역의 말갈과 낙랑 세력의 위협에 효과적으로 대처하기
위해 거점을 확보하고 마한의 합병을 통해 새로이 편입된 영역 및 사
회구성원을 효율적으로 통제할 필요성이 대두됨에 따라 부여의 제도
를 원용하여 지방통치조직으로서의 5部制를 편제한 것으로 보인다.

5. '5部'의 性格과 技能

1) '5部'의 性格

삼국 초기 '部'의 성격은 삼국의 발전과정 및 정치체제에 대한 이해
와 직결되는 관계로 활발한 논의가 이루어져 왔으며,[105] 대략 部體制
論(單位政治體說)과 中央集權體制論(行政區域論)의 두 가지 견해로 집
약된다.

부체제론[106]은 고대국가의 정치체제가 연맹체적인 부체제에서 영역
국가적인 중앙집권체제로 진전되었다고 보는 견해로서 후기 고조선과
삼국 초기의 정치체제가 여기에 해당하며 삼국 중기(4~6세기)에 이르

---

104) 盧重國, 앞의 논문, 1978, 107쪽.
105) 최근(1999년 7월) 韓國古代史學會에서 주최한 제1회 하계세미나의 주제가
　　'韓國古代社會의 部와 部體制'였는데 이에 대한 관심의 정도를 알 수 있다.
106) 部體制論의 상세한 개념에 대하여는 盧泰敦, 위의 논문, 1975 ; 「初期 古代
　　國家의 國家構造와 政治運營 - 部體制論을 中心으로 - 」, 『한국고대사학회
　　제1회 하계세미나 발표요지』, 1999 참조.

러 성숙한 고대국가 체제인 영역국가적인 중앙집권체제로 진전되면서 일종의 군현제 국가가 되었다는 견해이다. 따라서 삼국 초기의 '部'는 정치적 위상을 달리하는 독립적인 단위정치체의 연합체로서 地緣에 바탕을 두고 형성되었는데, 部의 내부에는 계층분화가 이루어졌으며 또한 하위 자치체가 존재하였다고 한다(部內部). 그리고 部에는 部主 혹은 部長으로 불릴 수 있는 세력들이 존재하였으며, 국왕도 일정 시기 특정 부의 長이었으며 部에 소속된 民들도 國家와 部에 二重으로 귀속되어 있었다는 것이다. 또한 최근에는 각국의 部集團 외에도 地方侯國과 集團隸民을 部體制 하에 포함시키고 있다.107)

반면 중앙집권체제론108)은 초기국가의 형성·발전에 대하여 국가형성 이전의 정치체인 촌락사회에 이어 초기국가는 小國－小國聯盟－小國倂合段階로 발전하고 이어 중앙집권적인 왕국으로 성장한다는 것으로 이는 삼국 초기부터 중앙집권체제가 성립되었으며 이른 시기부터 중앙에서 지방관을 파견하였고, 部는 戰士團이나 行政區域單位의 성격이라는 것이다.

이처럼 삼국 초기의 부에 대한 견해 차이는『三國史記』本紀의 초기 기사에 대한 시각 차이에 기인하는 것으로, 部體制論과 中央集權體制論은 각각 分解論(절충론 또는 수정론)과 肯定論의 시각에 입각하고 있는 것이다.

그러나 이러한 논의에도 불구하고 백제 초기의 部制109)는 건국 초부

---

107) 노태돈, 위의 발표문, 1999.

108) 部體制論에 대한 비판과 中央集權體制論에 대한 자세한 논거는 李鍾旭,「新羅 '部體制說'에 대한 批判 - 하나의 새로운 新羅史 體系를 위하여 -」,『韓國史研究』101, 1998 ;「새로운 韓國古代史 體系를 위한 論考 - 部體制論 批判을 中心으로 -」,『한국고대사학회 제1회 하계세미나 토론문』, 1999. 7 참조.

109) 백제 초기의 지방통치제도를 논하는 연구자는 대부분 '部體制'라는 용어를 사용하지만 개념 정의에 통일성이 없는 등 여러 가지 문제점이 노정되고 있다. 그러나 백제 초기에 편제된 '部'를 적어도 上位의 지방통치조직으로 인정한다면 '部體制'란 용어의 사용은 부적절하다고 여겨진다. 따라서 필자는 삼

터 方位名을 띠고 있으므로 시종일관 固有名을 띠는 신라의 6部나, 3세기에 고유명에서 방위명의 部로 전환하는 고구려의 部와는 동일시할 수 없으며 적어도『三國史記』백제본기의 기록에 의거하는 한 백제의 부는 단위정치체보다는 행정구역적 성격을 가지고 있음을 알 수가 있다. 따라서 삼국 초기의 부를 일괄적으로 단위정치체로 규정하거나 혹은 행정구역적 성격으로 규정하는 데는 좀더 신중한 검토가 선행되어야 할 것으로 여겨진다.

백제 초기의 부제는 부여계 고구려 유이민으로서 얻은 역사적 경험을 토대로110) 국도를 방어하기 위하여 그 중핵지(거점지역)의 방어역량을 제고하고 나아가 보다 실효적인 국가권력의 침투와 관철을 꾀하기 위하여 자연환경적·지정학적 특징을 고려하여 순차적으로 4부를 구획하였고, 중앙에서 정치를 이끌어 가는 중앙통치조직과는 다른 차원의 왕도를 지방통치의 범주에 포함하여 5부제가 성립된 것으로 파악된다.111)

백제의 5부제는 고구려·신라와 같이 고유한 部族 명칭을 갖지 못하고 編制 당시부터 작위적이며 행정적 요소를 갖춘 方位名을 칭하고 있다. 이에 대하여 部를 구성하는 집단들도 본래는 고유한 부족명이 있었을 것이며 방위로써 部名을 삼아 이들 부족을 기록한 것은 熊津時代 이후로 상호 융화가 이루어지지 않은 여러 집단으로 구성된 상대적으로 응집도가 낮은 慰禮(漢城)시대의 諸部가 熊津遷都 以後 지역단위 간의 地緣性마저 상실하게 되면서 부족으로서의 部는 자연 소멸되고, 이들 백제건국의 주류가 되었던 유이민 계통들이 수도의 지역구획으

국 모두 '部'라는 용어가 나오지만 그 성격이 동일하지 않으므로 '部體制'란 용어의 사용에 신중을 기하여야 한다는 지적(金英心,「百濟의 支配體制 整備와 王都 5部制」,『百濟의 地方統治』, 1998, 113~114쪽)에 동감하며, 본고에서는 '部體制'란 용어 대신 '部制'라는 용어를 사용하였다.

110) 李鍾旭,「高句麗 初期의 地方統治制度」,『歷史學報』94·95, 1982, 10쪽.
111) 金英心, 앞의 논문, 104쪽.

로서의 5부에 分居하거나 지방의 5方에 나누어 거주하면서 그들에겐
사실상의 종래의 부족으로서의 部는 의미가 없고 그들 氏姓의 血緣的
脈絡을 따라 새로운 성격의 상호관계와 정치적 결속을 이루게 되었다
고 한다.[112] 즉 한성시대에는 부족명을 갖춘 정치집단들이 존재하고
있었으나 웅진천도 후 고유명칭을 잃어 버리고 웅진시대에 있었던 方
位名 部를 漢城時代로 소급 적용하였다는 것이다. 그러나 고구려의 경
우 部의 고유명이 方位名과 함께 존재하였고, 신라의 경우도 部의 고
유명이 남아 있는 데 비하여 유독 백제에만 한성시대 내내 존재하였다
고 하는 고유한 부족명이 전혀 흔적도 찾을 수 없다는 것은 이해하기
힘들다. 따라서 백제의 부는 고구려처럼 혈연과 지연에 입각하여 자연
스럽게 성장·편입한 하나의 독립된 정치체가 아니라 행정편의를 위
하여 중앙에서 임의로 편제한 행정·군사적 단위체였으며 편제 당시
부터 이미 방위명을 사용했을 개연성이 무척 높다고 여겨진다.[113]

그러므로 백제 초기의 部制는 중앙집권체제가 출현하기 이전 연맹
체의 하나인 단위정치체로서의 部體制[114]가 아니라 이미 국가단계로
의 발전 양상이라고 생각되며, 초기 기록에서부터 이른바 '族制的'이거
나 '部族的'인 성격이 약한 方位部인 지방통치제도로서의 특징을 나타
내고 있다. 따라서 삼국의 발전과정에 있어 집권국가의 전단계로서 聯
盟的 성격의 部體制를 삼국 모두에 일괄적으로 적용하는 것은 문제가
있다고 여겨진다.[115]

백제가 지방통치제도로서 部制를 편제한 궁극적인 목적은 당시 지
배체제를 더 효율적으로 유지·관리하는 데 있었다. 즉 중앙과 지방

---

112) 盧泰敦,「三國時代 '部'에 關한 硏究 - 成立과 構造를 中心으로 - 」,『韓國史
論』2, 1975, 15쪽.
113) 金起燮,「百濟 前期의 部에 관한 試論」,『百濟의 地方統治』, 1998, 78~79쪽
및 81쪽.
114) 盧泰敦, 앞의 논문, 1975 및 1999 ; 李宇泰, 앞의 논문, 89~106쪽.
115) 朴賢淑,『百濟 地方統治體制 硏究』, 고려대 대학원 사학과 박사학위논문,
1997, 55쪽.

사이에 一元的인 지배체제를 구축하여 왕권을 강화하고 또한 국가의 통제력을 民에게까지 직접 침투시켜서 이들을 공적 지배질서체제 내로 흡수하여 재편·통제함으로써 이를 바탕으로 지방의 모든 역량을 중앙으로 결집시키는 데 있었던 것이다. 그러나 백제는 部를 편제하는 과정에서 일정한 한계를 가지고 있었다. 즉 西部·南部와 같이 무력에 의한 정벌과정을 거쳐 편제한 지역은 築城과 徙民 등을 통하여 직접지배를 실현할 수 있었지만, 東部·北部와 같이 편제 당시부터 그 지배층의 실체를 인정할 수밖에 없었던 지역의 경우 국가 지배력의 한계 때문에 자체 내의 자율적인 질서가 나름대로 존재하고 있었으며, 중앙권력은 자치를 인정하는 대신 경제적 貢納과 군사적 동원의 의무를 부과하는 정도로 일단 그 지방을 통제할 수밖에 없었다. 이것은 곧 部를 대표하는 세력들이 지방의 규제자로서 영향력을 행사하였으며, 중앙국가 권력은 이들을 통한 간접지배 방식을 취하였음을 의미하는 것이다.

　따라서 백제 초기의 부제는 편제 당시의 상황에 따라 직접지배와 간접지배가 공존하는 이원적 지배체제를 유지할 수밖에 없는 한계[116]가 있었고 이후 古爾王代에 이르러서야 모든 통치영역을 직접지배 방식으로 전환하게 되는 것으로 보인다.[117]

---

116) 국가의 내부 상태가 확실하지 못한 형편에서 주변 강대세력의 위협에 적절히 대처하기 위해서는 기존 복속세력의 기반을 해체하여 재편하는 것보다는 그들을 온존시키는 것이 훨씬 효과적이었을 것이라는 견해가 있다(朱甫暾, 「신라의 촌락구조와 그 변화」, 『국사관논총』 35, 1992, 58쪽).

117) 古爾王代의 官等과 服色의 制定 등은 비로소 통치영역에 대한 지배체제가 일원화되었음을 의미하며, 따라서 고이왕대에 이르러 部制의 성격에 중요한 변화가 있었을 것으로 생각된다. 즉 온조왕대에 초보적인 지방통치체제였던 5部가 편제된 이래 국가의 성장과 함께 노정되는 한계를 지속적으로 극복하면서 좀더 완비된 지방통치제도를 지향하였을 것이고, 이러한 과정을 거쳐 다시 제도적으로 개혁을 이룬 시기가 고이왕대로 여겨진다. 5부제의 성격변화에 대하여는 별고를 준비중이다.

2) '5部'의 機能

백제 5부제는 대외적으로 낙랑·말갈 등 외부의 위협세력에 대한 방어 역량을 제고하기 위하여 거점지역을 확보한 후 동북부지역으로 영역을 확장하면서 북부를 설치하였고, 대내적으로는 마한 병합을 통하여 확대된 영역과 민에 대한 통제력을 강화하기 위하여 남부를 설치하였다. 남·북부의 편제가 선행된 후 군사·행정적인 요인 및 지방통제의 균형적 발전을 위하여 동·서부의 加置가 이루어지는 것으로 보인다.118) 따라서 5부제의 기능은 결국 군사적 요인과 행정적 요인이 주가 된다고 할 수 있다.

『三國史記』百濟本紀에 보이는 '部' 관련 기사는 다음과 같다.

J 1) 溫祚王四十一年春丁月右輔乙音卒拜北部解婁爲右輔
  2) 多婁王三年冬十月東部屹于與靺鞨戰於馬首山西克之殺獲甚衆
  3) 多婁王七年二月右輔解婁卒年九十歲以東部屹于爲右輔
  4) 多婁王十年冬十月右輔屹于爲左輔北部眞會爲右輔
  5) 多婁王十一年冬十月王巡撫東西兩部貧不能自存者給穀人二石
  6) 多婁王二十九年春二月王命東部築牛谷城以備靺鞨
  7) 肖古王四十吳年春二月築赤峴沙道二城移東部民戶
  8) 肖古王四十八年秋七月西部人茴會獲白鹿獻之王以爲瑞賜穀一百
    石
  9) 肖古王四十九年秋九月命北部眞果領兵一千襲取靺鞨石門城靺鞨
    以勁騎來侵至于述川城
  10) 腆支王十三年秋九月徵東北部二部人年十五已上築沙口城使兵官
    佐平解丘監役
  11) 毘有王二年春二月王巡撫四部賜貧乏穀有差
  12) 東城王十二年秋七月徵北部人年十五歲已上築沙峴耳山二城

---

118) 朴賢淑,「百濟 初期의 地方統治體制 硏究 - '部'의 成立과 變化過程을 中心
    으로 - 」,『百濟文化』20, 1990, 27쪽.

위의 기사에 대한 분석을 통하여 部制의 기능에서 몇 가지 유형을 추출할 수 있다.

첫째, 직접적으로는 외적에 대한 방어와 공격을 위한 군사적 목적 (J2·9)과 간접적으로는 고대국가로의 성장에 필요한 북방계통의 선진 문화를 수용하는 기능을 수행하고 있다.

5부제의 편제 목적의 하나가 군사적 기능에 있었음은 部가 설치되기 이전 단계에서는 대외전쟁에 왕이 직접 군사를 이끌고 전투에 참여하였으나, 部가 설치된 이후에는 東部 屹于의 對靺鞨 戰鬪(2)와 高木城의 昆優119) 및 北部의 眞果에게 靺鞨습격을 명하는 등(J9) 諸部 勢力의 군사조직을 이용하여 전쟁을 치르고 있음을 통해서 확인할 수 있다.

백제 초기에 말갈과 낙랑이 국가의 안위에 가장 큰 위협세력이었음은 再言을 요하지 않는다. 이러한 사실은 馬首城·瓶山柵·禿山柵·狗川柵·牛豆山城·高木城·述川城·斧峴城 등 초기 방어시설의 대부분이 말갈·낙랑 침략의 저지수단이었다는 데서도 명확하다. 더구나 온조왕 8년 7월에 세운 마수성·병산책에 대한 낙랑태수의 항의를 차치하더라도(G2) 백제는 동북방의 말갈과 낙랑의 끊임없는 군사적 도발에 대응하면서도 동시에 북방 유이민의 흡수를 통해 국력을 신장시키고 이들의 선진적 문화를 수용하는 데 적극적이었음을 주목할 수 있다. 즉 1세기 초 중국은 新에서 後漢으로 이어지는 과도기로 낙랑군에서 발생한 王調의 亂120)(기원후 25~30)과 같은 극심한 정치적 변화에 따른 사회적 혼란으로 낙랑은 중국 군현으로서의 역할을 제대로 수행할 수 없었으며, 이러한 행정 공백을 틈타 낙랑을 이탈하여 남하하는

---

119) 『三國史記』 百濟本紀 多婁王 4年條, "秋八月高木城昆優與靺鞨戰大克斬首二百餘級".

120) 『後漢書』 卷76, 王景傳, "[王景]父閎爲郡三老更始敗土人王調殺郡守劉憲自稱大將軍樂浪太守建武六年光武遣太守王遵將兵擊之至遼動閎與決曹史楊邑等共殺調迎遵".

유민의 수가 급증하였을 것으로 보인다. 백제는 이들의 수용에 적극적이었을 것이고 그 결과 양국은 유민을 둘러싸고 심한 대립상을 보인 듯하다.[121] 多婁王 7년(34) 백제가 낙랑과의 접경지대에 설치한 것으로 보이는 마수성과 병산책을 말갈이 공격한 원인은 정치적 혼란을 피하여 남하하는 낙랑유민들과 밀접한 관련이 있는 것으로 보이며, 말갈의 이들 設柵地域에 대한 공격은 낙랑의 사주에 따른 것임을 알 수 있다(F5). 따라서 낙랑은 所屬民의 이탈에 따른 세력 약화뿐 아니라 이에 따른 반대 급부로 백제의 국력이 크게 신장하는 상황을 우려하고 있었음을 추정할 수 있다. 이러한 점은 초기 백제의 부제가 북방의 낙랑·말갈과의 전쟁에서 효율성을 담보하는 기능 외에도 내면적으로는 영토확장과 인구증대 및 새로운 선진문화의 흡수 기능을 수행하고 있었음을 보여준다.

둘째로는 중요 관직에 오르는 인물이나 王과 직접적인 접촉이 있었던 인물의 소속을 표시하는 기능을 수행하고 있다(J1·2·3·4·8·9·12).

이는 인명 앞에 部名을 冠稱하는 경우로 北部 解婁, 東部 屹于, 北部 眞會, 北部 眞果 등과 같이 東·北部를 관칭하는 유력자로 중앙의 최고관직인 左·右輔를 제수받는 경우와 西部人 茴會와 같이 部에 소속된 民임을 보여주는 듯한 경우로 대별할 수 있다.[122]

백제의 경우 처음 右輔로 임명되는 인물은 온조왕과 혈연적 관계에 있었던 族父 乙音이었으나[123] 이후는 계속하여 東·北部 출신의 유력자들이 임명되고 있다. 고구려의 경우도 초기의 좌·우보에는 왕과 친

---

121) 申瀅植, 『三國史記硏究』, 一潮閣, 1981, 126쪽.
122) 백제 초기에 나오는 주요 인물 중 高木城主로 보이는 昆優의 경우 部名을 관칭하지 않고 있는데, 곤우는 고목성을 新築한 뒤 중앙에서 파견한 인물이기 때문에 部名이 생략된 듯 하다(金起燮, 앞의 논문, 1998, 84쪽).
123)『三國史記』百濟本紀 溫祚王 2年 3月條, "王以族父乙音有智識膽力拜爲右輔委以兵馬之事".

밀한 桂婁部 출신이 임명되었는데 이들의 주요 임무는 계루부 출신의 왕을 보좌하는 것으로, 계루부나 那部의 연합적인 정치운영 방식을 반영하거나 國政을 총괄하던 인물이라기보다는 왕의 측근이라는 성격이 강하였다. 이후 次大王代에는 那部 출신이 좌·우보로 임명되는데 이는 나부세력의 본격적인 중앙정치 참여로 해석된다. 각 나부의 출신인물을 중앙관직에 진출시키는 현상은 고구려 국가 전체에서의 위상의 강화뿐 아니라 왕권과의 관계 및 중앙정계에서의 직위를 이용하여 나부에서의 세력확대를 도모하기도 하였지만, 반면 나부 출신 인물의 좌·우보 임명은 那部勢力의 중앙정계 진출이라는 측면과 아울러 각 나부의 실무집행권이 점차 계루부 왕권에게 집중되었음을 반영한 것이라 한다.124) 물론 이러한 견해는 部體制論에 입각한 것이지만, 백제의 경우도 고구려에서와 같이 좌·우보직을 왕과 혈연관계에 있었던 인물에서 부명을 관칭한 인물로 교체하는 것은 이들 세력을 중앙관직에 진출시킴으로써 결과적으로는 중앙의 실질적인 지배를 실현시키기 위한 방책이었을 것이다. 즉 종래 小國으로 존재하고 있었던125) 세력들을 흡수·통합한 백제는 部制의 편제를 통하여 독립적인 세력기반을 지닌 지방세력에게 관직 등을 수여하여 公的 支配秩序體制 내로 흡수, 그들 세력을 재편·통합함으로써 지방에 대한 국가지배력의 침투를 도모하고126) 결국은 종속관계를 실현하게 되는 것이다.

그러나 西部人 茴會(J8)의 경우는 위에서 살펴본 관직을 수여받은 東·北部의 유력자와는 달리 西部에 소속된 民이라는 인상을 준다. 물론 '人'字가 첨부되었다 해도 白鹿을 잡아 왕에게 바칠 정도의 사람이라면 서부 내에서 일정한 사회적 신분 내지는 지위를 획득한 인물이라고 할 수도 있다.127) 그러나 만약 서부에 동·북부와 같이 部를 대표하

---

124) 余昊奎, 「高句麗 初期의 諸加會議와 國相」, 『韓國古代史硏究』 13, 1998, 68~70쪽.
125) 李鍾旭, 앞의 논문, 1976, 56~57쪽 ; 權五榮, 앞의 논문, 1986, 32~34쪽.
126) 朴賢淑, 앞의 논문, 1993, 620~621쪽.

는 세력이 존재하였다면 '人'으로 표현되는 酋會가 아무리 神物이라 하여도 部의 대표를 거치지 않고 직접 왕에게 헌상한다는 것은 쉽게 납득이 되지 않는다. 따라서 회회가 백록을 직접 왕에게 헌상할 수 있었던 것은 이미 서부의 경우 중앙에 완전히 귀속되어 왕권의 직접지배 하에 놓여 있었기 때문으로 보인다.

남부의 경우는 기록이 남아 있지 않지만[128] 서부와 같이 部를 편제할 당시부터 동·북부와는 달리 중앙에 의한 직접 통치가 이루어졌을 것으로 보인다.

셋째는 築城과 設柵 등 국가의 役事時 필요 인력의 징발을 위한 力役의 동원단위로서의 기능을 갖고 있었다(J6·7·10·12).

築城과 設柵은 외침에 대항하기 위한 방책으로 주로 변방지역에서 행해지고 있는데, 이를 중심으로 촌락이 형성[129]되는 까닭에 제 군사행동은 이 城과 柵을 단위로 행해지고 또한 지역사회의 중심이며 생활의 터전이 되었다.[130] 따라서 이러한 築城·設柵은 단순한 방어시설의 조성일 뿐 아니라 다수의 인원동원을 통한 국력의 집중이며 왕권의 신장을 뜻하는 것이다. 대규모의 축성과 설책을 위해서는 그에 필요한 役夫의 동원과 그를 위한 力役體系의 정비가 불가피하며, 일시에 대규

---

127) 金起燮, 앞의 논문, 1998, 84쪽.
128) 남부에 대한 기록이 전혀 없는 것은 정복지역에 대한 탄압 결과로 볼 수도 있지만(張元燮, 앞의 논문, 79쪽) 『三國史記』百濟本紀 多婁王 6年 2月條에 "下令國南州郡始作稻田"의 南州郡이 南部의 誤記일 가능성도 배제할 수 없다.
129) 廣開土王碑文의 기사를 통하여 城과 村의 비율은 1 : 12임을 알 수 있다. 즉 1개의 城은 대략 12개의 촌락으로 구성되었을 것으로 추정된다(盧重國, 앞의 책, 236~240쪽). 백제에서 聚落 내지 村落을 지칭하는 용어로서 '村'이라는 명칭이 등장하는 것은 중국 南北朝時期에 村이 보편적인 촌락의 호칭으로 사용된 데서 연유한 것이며 또한 舊小國의 재편과정에서 읍락이 '城' 단위로 편제되었고 읍락을 구성하는 개별 촌락은 '村'이 되었을 것이다(金英心, 「百濟의 城·村과 地方統治」, 『百濟研究』 28, 1998, 196쪽).
130) 朴京哲, 「高句麗 軍事力量의 再檢討」, 『白山學報』 35, 1988, 162~163쪽.

모의 역부를 동원하기 위해서는 일원적인 통치체제의 정비가 절실히 요청되었을 것이다.131) 이러한 과정을 통하여 축성과 설책한 지역에 중앙에서 지방관이 파견되는 上位의 지방통치조직으로서의 部制를 통한 직접지배 방식을 실현해 나갈 수 있으며, 또한 왕은 방어시설의 확충이나 대비책의 講究 속에서 실질적인 왕권강화를 모색하는 방편이 되기도 한다.132) 물론 이에 대한 회의적인 견해도 있지만133) 만약 지방관이 파견되지 않았다면 城은 地方民만으로 구성되었을 것이고 이러한 상황에서는 당시의 치열한 대외전쟁을 효과적으로 수행할 수 없을 뿐 아니라 중앙정부의 의사와는 관계없이 촌락공동체의 이해 여부에 따라 성의 운명이 결정될 수도 있다.134) 따라서 예상할 수 있는 지방민의 이탈을 방지하고 감독하기 위해서는 대부분의 築城과 設柵 지역에는 지방관이 파견되어 전투의 主管 및 조세의 수취, 力役動員의 감독 등 재지세력에 대한 통제를 담당하였을 것으로 보인다. 그러므로 部가 축성과 설책을 위한 역역의 동원단위로 편제되는 것은 왕권의 신장 내지 강화에 기여하였음을 알 수 있다.135)

넷째는 백성에 대한 徙民策을 시행할 때 部를 단위로 시행되고 있다 (J7).

국가에 의한 新築城으로의 徙民은, 토지의 國王歸屬意識이 확립되지 않은 部族社會 또는 chiefdom에서는 혈연적 유대가 강하게 작용되기 때문에 국가나 통치자가 임의로 民戶의 이동을 命할 수 없었다.136) 결

---

131) 全德在, 「新羅 州郡制의 成立背景硏究」, 『韓國史論』 22, 1990, 45~46쪽.
132) 申瀅植, 『韓國古代史의 新硏究』, 一潮閣, 1984, 298쪽 ; 『百濟史』, 이화여대 출판부, 1992, 80쪽.
133) 盧重國, 「漢城時代 百濟의 檐魯制 實施와 編制基準」, 『啓明史學』 2, 1991, 14~15쪽.
134) 李道學, 「漢城 後期의 百濟 王權과 支配體制의 整備」, 『百濟論叢』 2, 1990, 306~307쪽.
135) 李永植, 「伽倻諸國의 國家形成問題」, 『白山學報』 32, 1985, 71쪽 ; 李鍾旭, 「百濟의 國家形成」, 『大丘史學』 11, 1976, 56~57쪽.

국 백제는 군사적 팽창에 의하여 영토가 확장되는 과정 속에서 王土思
想이 형성되면서 徙民政策의 수행이 가능했을 것으로 보인다.[137] 이러
한 사민의 실시는 종래의 공동체 구성원을 자신의 생산기반으로부터
분리시켜 국가적 지배를 관철함으로써[138] 백제의 왕권은 신장될 수 있
었을 것이다. 따라서 백제 초기의 통치체제 원리는 族的 유대관계에
의하였다기보다 정치적·행정적인 요소에 의해 좌우되었고 이 같은
民戶에 대한 통제는 部의 행정적인 힘에 의하여 행하여졌으며, 국가에
의한 徙民政策이 部를 단위로 행해지고 있다는 것은 部에 대한 직접통
치체제의 지향 과정에서 표출되는 것이라 할 수 있다.

다섯째는 국왕에 의한 部와 部民에 대한 巡撫 행위로, 이는 통치목
적을 강화하는 기능을 수행하였다(J5·11).

삼국시대에 행해진 國王의 巡撫 目的은 ① 天災를 당한 지역을 위로
하고 老人을 만나보면서 하늘에 제사를 지내는 전형적인 순무 ② 군사
적 목적을 띤 것으로 再征服을 준비하기 위한 사전작업의 일환으로 백
성들을 宣撫하기 위함 ③ 농업생산력의 증대를 위한 경제적 목적 ④
영토 확인 ⑤ 외형상으로는 사냥이지만 군사훈련과 인물발탁의 의미
를 갖는 것으로 구분할 수 있다.[139] 따라서 J7·13)의 기사는 天災를
당한 지역의 民을 위로하고 아울러 部를 巡幸함으로써 통치영역을 확
인하는 데 그 목적이 있었을 것으로 보인다. 이처럼 部의 유력자를 배
제하고 國王이 직접 巡撫를 통하여 自存이 不能한 백성을 돌보는 것은
部와 部民이 중앙정부 혹은 왕권의 통제 하에 있음을 보여주는 것으
로, 王者의 입장에서 儀禮的인 것이라 할 수도 있으나 이는 백성들에

---

136) 李鍾旭, 「百濟王國의 成長」, 『大丘史學』 12·13, 1977, 67~68쪽.
137) 李鐘璿, 『韓國 古代國家의 奴隷와 農民』, 한림대 아세아문화연구소, 1997,
　　35~37쪽.
138) 韓沽劤, 「古代國家成長過程에 있어서의 對服屬民施策 - 其人制 起源說에
　　대한 檢討에 붙여서 - 」, 『歷史學報』 12, 1960, 102~103쪽.
139) 申瀅植, 『韓國古代史의 新研究』, 一潮朝, 1984, 95쪽.

게 국왕으로서의 자신의 존재를 인식시키고 각 지방에 대한 통치력을 확보하려는 시도라고 할 수 있다.140)

이상에서 살펴본 바와 같이 백제 초기의 部는 외적의 침입에 대한 효과적 방어를 위한 군사적 기능과 築城·徙民·巡撫의 행정적 기능을 통하여 통치영역을 확인하고 지배체제를 강화시킬 수 있었으며, 또한 북방 유이민 세력과 그들의 선진문화를 수용하는 역할을 수행하기도 하였다. 이러한 部의 역할을 통하여 백제는 고대국가로 발전할 수 있었고 또한 왕권의 강화를 지향할 수 있었던 것이다.

6. 맺음말

고대국가에 있어서 地方統治體制는 중앙에 의한 지방의 上位行政組織으로의 編制뿐 아니라 그 조직의 下部單位에서 이루어지는 실제의 운영구조와 밀접한 관계를 가진다. 이러한 점을 감안하면 백제사를 동태적으로 이해하기 위해서는 백제가 영역의 변천에 따라 통치영역을 어떠한 방식으로 편제하고 통치하였는가를 밝히는 것이 필수적 과제라 할 수 있으며 따라서 이에 대한 활발한 연구가 진행되었다. 그 결과 백제사의 전개과정 속에서 지방통치제도로서 5部制, 城·村制, 檐魯制, 王·侯·太守制, 方·郡·城制 등이 존재하였음을 알 수 있었다.

그러나 온조왕대에 區劃된 것으로 기록되어 있는 '部'의 성격에 대해서는 연구자 사이에 의견이 상충하고 있는데, 이는 비단 백제뿐 아니라 고구려·신라사에서도 공통적으로 나타나는 문제라 할 수 있다. 즉 삼국 초기의 '部'의 성격에 대한 이해는 삼국의 발전과정 및 정치체제에 대한 이해와 직결되는 관계로 활발한 논의가 이루어져 왔으며 현재까지의 연구결과는 대략 '部體制論'과 '中央集權體制論'의 두 가지 견해

---

140) 姜鍾元,「百濟 比流王의 卽位와 政局運營」,『韓國上古史學報』30, 1999, 92
　　~93쪽.

로 집약된다.

삼국 초기의 '部'의 실체에 대한 이러한 견해 차이는 『三國史記』本紀의 초기 기사에 대한 시각 차이에 기인하는 것으로, '部體制論'과 '中央集權體制論'은 각각 折衷論(分解論 또는 수정론)과 肯定論의 시각에 입각하고 있기 때문이다.

이러한 난맥상을 극복하기 위하여 본고에서는 가능한 한 『三國史記』 백제본기의 초기 기록에 대한 紀年을 염두에 두지 않고 대신 기원을 전후한 시기 백제의 建國地인 한강유역 상황에 대한 이해와 백제 건국세력의 제반 역량 및 마한과의 관계 등을 종합적으로 검토하여 온조왕대에 설치된 것으로 기록되어 있는 백제 초기의 '部'에 대한 실체를 규명해 보고자 하였다.

한강유역의 자연조건과 역사적 배경은 국가가 발생할 수 있는 유리한 조건을 제공하였음에도 불구하고 기원전 3~1세기경 이 지역은 한강 이남의 다른 지역에 비하여 문화적 후진성과 힘의 공백이 현저하였다. 漢郡縣 설치 이후 고도로 발달한 漢式 鐵製武器를 구비하고 있던 樂浪郡에 가장 인접해 있으면서도 기원 전후까지 다른 부문의 철기문화조차 제대로 성장하지 못하는 정체성에 빠져 있었던 것은 그만큼 郡縣의 간섭정책과 남북 세력간 힘의 완충지대로 방치되는 등 외부적 조건에 의하여 자체적 발전역량을 갖추지 못한 데 기인한 것으로 보인다. 따라서 이 시기 한강유역에 존재하였던 정치집단의 통합 규모는 여전히 邑落單位의 수준에 머물러 있었으며, 位階化의 진행도 늦어 다수의 읍락을 통합할 수 있는 上位의 정치집단이 출현하지 못한 상태에 있었다.

또한 한강유역에 대하여 일정한 영향력을 행사하고 있던 마한은 기원전 2세기경 금강유역의 선진적인 청동기문화를 기반으로 북방 유이민의 정착을 制止하거나 그들에게 制裁를 가하는 등 한강 이남지역에서는 가장 강력한 정치체를 형성하면서 대외적으로 통일된 지배기능을 소유하고 있었다. 그러나 기원전 1세기경에 이르면 선진 철기문화의 유입으로 획기적인 발전을 거듭하는 낙동강유역의 弁·辰韓과는 달리 外部 선진문화의 유입에 否定的이고 排他的인 성향을 보이면서 결국은 기존에 영위하였던 영향력에까지 큰 타격을 받게 된다.

　반면 백제의 건국세력은 扶餘系 高句麗族 출신으로 비록 고구려의 2代王으로 등극하는 琉璃集團과의 권력투쟁에서 패하여 南走하지만 騎馬와 鐵製武器 등 군사적인 실력뿐 아니라 북방의 선진문화를 두루 체험한 대규모 집단으로, 건국과 동시에 국가조직을 편성할 충분한 역량을 가지고 있었던 집단이었음을 알 수 있다.

　그러므로 마한이 백제 건국세력의 정착을 용인한 이유는 선진문화로 무장한 이들 세력을 쉽게 제압할 수 없다는 현실적 인식과 함께 樂浪·靺鞨 등 異種族의 침입에 방파제로 삼기 위한 고육책이었던 것으로 보인다.

　백제는 건국 직후부터 동북방에 위치한 낙랑과 말갈 등 외부세력의 위협에 노출되어 있었으며 또한 일정 기간 열세를 면치 못하였지만 온조왕 17년을 전후하여 내부모순에 대한 整地作業을 거치면서 '國完民聚'의 변모된 국가로 거듭나게 되며, 외부세력과의 관계에서도 그간의 열세를 反轉시킬 수 있게 된다. 이후 고대국가로의 발전을 위하여 외부세력의 위협에 적절히 대처하고 또한 영역확대 과정에서 새로이 편입된 지역에 대한 적극적인 통치의 필요성이 제기됨에 따라 부여 혹은 고구려에서의 역사적 경험을 援用하여 지방에 대한 上位統治組織으로서의 '部'를 편제하게 된다.

　백제가 통치영역을 5部로 편제하기 이전 이들 지역에 대한 영유권 확보는 대체로 西部－東·北部－南部地域의 순서로 이루어졌으며 남부를 제외하고는 백제 건국집단과 마찬가지로 북방계 유이민들에 의하여 형성된 정치체로서, 다만 남하해 오던 시기·경로·出自 등은 조금씩 차이가 있었다. 백제는 동·북부 세력에 대해서는 같은 언어와 전통을 공유한 동일 종족이라는 인식 하에 강력한 적대세력이었던 말갈과 낙랑에 공동대처하다가 별다른 충돌없이 평화적으로 이들 세력을 공적 지배질서체제 내로 흡수·통합한 것으로 보이며, 일정 범위 내에서 자율을 허용하면서 간접적인 통제를 취하였다. 반면 서로 언어와 문화가 다른 종족들의 세력집단간 충돌은 결국 무력에 의한 상쟁으로 귀결되었을 가능성이 큰 것으로 보아 백제의 미추홀세력과 마한세력에 대한 병합과정은 이종족에 대한 무력정복의 결과로 나타난 것이라 할 수 있으며, 이들에 대하여는 직접지배를 실현한 것으로 보인다. 그러므로 백제의 초기 部制는 東·北部와 南·西部에 대한 통치방식이 다른 이원적 지배구조라는 한계를 가지고 있었으며, 이러한 한계에 대한 극복은 古爾王代에 이르러서야 실현되는 것으로 보인다.

온조왕대의 '部'는 편제 당시부터 方位名을 띠고 있으므로 시종일관 고유명을 띠는 新羅의 6部나, 3세기 단계에 固有名에서 方位名 部로 전환하는 고구려의 部와는 동일시할 수 없으며 적어도 『三國史記』 백제본기의 기록에 의거하는 한, 단위정치체로서의 성격보다는 행정구역적 성격을 띠고 있었음을 알 수 있다. 따라서 초기 백제의 部는 행정편의를 위하여 중앙에서 임의로 편제한 행정·군사적 성격의 지방통치조직임을 알 수 있다.

그러므로 백제의 部는 북방의 낙랑·말갈과의 전쟁에서 효율성을 담보하는 기능 외에도 내면적으로는 영토확장과 인구증대 및 새로운 선진문화를 흡수하는 기능을 수행하였으며, 部의 편제를 통하여 독립적인 세력기반을 지닌 지방세력에게 관직 수여 등을 통하여 公的 支配秩序體制 내로 흡수, 그들 세력을 再編·統合함으로써 지방에 대한 국가지배력의 침투를 도모하고 결국은 종속관계를 실현하게 된다. 또한 築城과 設柵 등 국가의 役事時 지방관의 파견과 아울러 필요인력의 徵發을 위한 力役의 동원단위가 되었는데, 이는 결과적으로 중앙의 직접통치를 실현시키면서 왕권강화의 기능을 수행하였다.

이 밖에도 部를 단위로 徙民을 실시함으로써 종래의 공동체 구성원을 그들의 생산기반에서 분리시켜 국가의 지배를 관철시킬 수 있었으며, 또한 왕토사상에 대한 의식의 확대에 기여하고, 部에 대한 巡撫를 통하여 部와 部民에 대한 통치권이 지방의 유력자가 아닌 국가 혹은 국왕에게 있음을 확인시켜 줌으로써 국가의 영향력 확대를 도모하고 민의 국가에 대한 귀속의식을 갖도록 하였다. 따라서 백제는 部의 편제와 그 기능을 통하여 고대국가로 성장할 수 있었으며, 왕권의 강화를 지향할 수 있었다.

朝鮮初期 軍器監 別軍考

金 一 煥[*]

1. 머리말

고려말 火藥과 火藥武器가 새로 개발되자 이를 발사하는 放射軍의 필요성이 증대하였다. 따라서 재래 군사와는 다른 새로운 兵種이 출현하는데 고려 말 이래로 조선 초기에 걸쳐 나타나는 火㷁放射軍, 火㷁軍, 軍器監 別軍, 銃筒衛, 銃筒軍, 火砲軍, 破陣軍 등이 그들이다. 이들은 모두 火器를 전문으로 다루는 특수병종인데 이 중에서 火㷁放射軍, 火㷁軍, 軍器監 別軍은 고려 말, 조선 초에 걸쳐 軍器寺, 軍器監에 소속되어 화통방사뿐만 아니라 화약무기 제조에도 관여하였던 군대로 특별히 주목된다.

지금까지 조선 초기 軍制史 연구는 中央軍으로 五衛와 地方軍에 대한 연구가 폭넓게 이루어졌음에도 불구하고 화기방사군으로서의 특수병종에 대한 연구는 미미하여 火器發達史를 연구하는 과정에서 부분적으로 언급되는 정도였다.[1)]

---

* 弘益大 강사

1) 許善道, 「麗末鮮初 火器의 傳來와 發達(上)」, 『歷史學報』 24, 1964/『朝鮮時代 火藥兵器史研究』, 一潮閣, 1994에 재수록.

 그 중 別軍에 관한 연구는 千寬宇[2]에 의하여 이루어졌다. 別軍에 대한 최초의 체계적인 연구라 할 이 연구는 하지만 중앙군 연구의 일환으로서 五衛 外의 병종을 언급하는 과정에서 다루어진 것이라 충분히 연구되지 않아 소략하다. 비교적 최근에 金泰振은 상기한 화기방사군 중에서 銃筒衛를 연구하며 銃筒衛의 성립 과정을 설명하면서 別軍에 대해 언급하였다.[3] 북한의 연구로는 리영룡[4]의 연구가 주목된다. 小考이지만 火砲軍의 구성에 대한 개략적인 연구에서 別軍에 관해 언급하였다. 이렇게 別軍에 대한 연구는 간단히 언급되는 정도였다.

 따라서 본고에서는 軍器監에 소속된 병종으로 別軍을 중심으로 火㷁放射軍부터 火㷁軍에까지 차례로 살펴보고 조선 초기 화약무기의 발전에 상응하여 형성된 火器放射軍의 편성과 성격에 대한 일단을 밝혀 보려 한다.

2. 火㷁軍의 成立과 變遷

 고려 말 왜구의 침략이 격화되자 이들의 침략을 격퇴하기 위해 禑王 3년(1377) 10월에 火㷁都監이 설치되었다. 火㷁都監은 최무선의 건의로 화약을 제조하기 위해 세워진 권설기관인데 이 곳에서는 火藥뿐만 아니라 각종 火藥武器도 함께 제조되었다. 이러한 신무기의 등장은 지금까지 재래병종과는 다른 새로운 兵種의 출현을 요구하였는데 왜구의 침략에 급박한 고려정부는 화통방사군을 선발하지도 않고 이듬해인 동왕 4년(1378) 3월에 벌써 贊成事 睦仁吉, 判密直 趙仁璧이 士卒들

---

2) 千寬宇, 「五衛와 朝鮮初期의 國防體制」, 『李相佰博士華甲紀念論集』, 1964/ 『近世朝鮮史研究』, 一潮閣, 1979에 재수록.

3) 金泰振, 「鮮初 銃筒衛의 樣相」, 『素軒南都泳博士華甲記念史學論叢』, 太學社, 1984.

4) 리영룡, 「15세기 우리나라 화포군의 신분구성과 편성」, 『력사과학』 1990年 1호, 1990.

을 모아 水戰에 火砲를 사용하기 위해 화포방사를 연습시켰다.5) 하지
만 이들은 火器를 전문적으로 다루는 군대로 편성된 것이 아니었다.
따라서 實戰에 투입하지는 못하고 동년 4월 전문적으로 화약무기를 다
루는 '火㷁放射軍'의 설치에 착수하였다. 그런데 이 때 화통방사군은
일반 양인을 調發하여 충당하지 않고 京外各寺에 인원을 할당하여 大
寺는 3명, 中寺는 2명, 小寺는 1명을 배정하였다.6) 이렇게 사찰에 인원
을 배정하는 것은 사찰에 소속된 社寺奴婢를 軍役에 동원하기 위한 것
이다. 그것은 火㷁役이 워낙 힘든 苦役이라 일반 농민들이 기피하므로
寺社奴婢를 뽑아 火㷁役에 충당한 것인데 이후 火㷁軍은 신분상 賤人
들로 채워졌다. 이들은 업무의 특성상 火㷁都監에 소속되었는데 인원
수가 정확히 얼마였는지는 확인되지 않는다. 한편 화통방사군은 우왕
5년 5월 端午에 시행된 火砲雜戲에도 동원되었다. 이러한 '火戲'는 이
후 화통방사군의 주요 업무 중 하나가 되었다.7) 화포방사군이 實戰에
참가하는 것은 창설된 지 2년 4개월 만인 동왕 6년(1380) 8월이었다.
최무선이 水軍을 거느리고 직접 왜구토벌 작전에 참여하여 鎭浦싸움
에서 대승을 거두었는데 화포를 처음으로 사용하였다. 이 때 화통도감
소속의 火㷁放射軍들도 수군과 함께 실전에 참가한 것으로 짐작된다.
　이러한 화통방사군은 위화도회군 이후 정치적 변화에 따라 그 소속

---

5)『高麗史』卷133, 列傳46 辛禑1.
6)『高麗史』卷81, 志35 兵1, "(辛禑)四年四月 定火㷁放射軍於京外各寺 大寺
　三中寺二小寺一". 위 기사는 내용의 해석을 둘러싸고 이견이 분분하다. 허
　선도 교수는 일단 문맥에 따라 화통방사군을 사찰에 編定하였다고 해석하였
　다. 이것은 화통방사군을 사찰에 배치한 것으로 이해한 것이지만 그 타당성
　에는 강한 의구심을 나타내었다(許善道, 앞의 글, 17쪽/앞의 책, 17쪽에 재수
　록). 최근 리영룡은 위 기사가 사찰에 현역 군인을 배치한 것이 아니라 火㷁
　軍役을 배정한 것이라 해석하고 社寺奴婢를 火㷁役에 동원한 것으로 이해
　하였다(리영룡, 앞의 글, 31쪽). 본고는 조선시대에 들어와서 火㷁軍이 抄出
　되는 사례를 참고해 볼 때 리영룡의 견해가 타당하다고 보고 이 견해를 수용
　한다.
7)『高麗史』卷134, 列傳47 辛禑2.

에 변화가 생겼다. 새로 권력을 잡은 신흥사대부들에 의해 군기제조관청의 기구조정이 있었기 때문이다. 창왕 즉위년(1388) 7월에 趙浚은 권설기관인 각종 都監類 관청의 남설을 비판하고 권설도감들의 통폐합을 건의하였다. 군기제조관청의 경우, 지금까지 양분되어 있던 防禦都監과 火㷁都監을 軍器寺에 귀속시키자고 제의하였는데[8] 창왕이 이를 수용하여 兩監을 폐지하고 軍器寺에 소속시켰다.[9] 이 때 화통방사군도 화통도감에서 軍器寺로 소속이 바뀌었는데 고려왕조의 몰락까지 이러한 형태는 계속되었다.

이후 신왕조인 조선이 개창되고 나면 중앙의 兵器廠으로 軍器監이 설치되었다. 군기감은 태조 원년(1392) 7월 文武百官의 제도를 처음으로 정할 때 兵器·旗幟·戎仗·什物의 제조를 담당하는 관청으로 설치되어 명실상부한 군기제조의 최고기관이 되었다.[10] 그런데 기실 軍器監은 고려 말의 軍器寺를 명칭만 변경했을 뿐 관원과 조직은 그대로 계승한 것이었다. 따라서 화통방사군도 명칭이 '火㷁軍'으로 개칭되었을 뿐 여전히 軍器監에 소속되었다. 다만 조선조에 들어와 火㷁軍은 社寺奴婢가 아닌 官寺奴婢, 곧 國家 公奴婢로 충당하였는데 京外各官에 分定하여 抄出하였다. 火㷁役이 社寺奴婢에게서 官寺奴婢로 전환된 것은 조선 초 抑佛策으로 사원조직이 약화된 데 이유가 있었던 것 같다.

그런데 火㷁役은 其人役과 함께 대단한 苦役이어서 그 役의 배정을 둘러싸고 분란이 많았다. 役이 邑勢에 따라 차등적으로 부과되지 않아 各官의 불만이 고조되었던 것이다. 이와 같은 현상은 力役 부과의 기준이 확실치 못한 데 이유가 있었는데 이에 대한 개선은 국왕이 교체되고 나서야 가능하였다. 1차 왕자의 난을 겪고 나서 왕위를 계승한 定

---

8) 『高麗史』 卷118, 列傳31 趙浚 ;『高麗史節要』 卷33, 辛禑4 大司憲 趙浚 上疏.

9) 『高麗史』 卷77, 志31 百官2 火㷁都監 ;『高麗史』 卷81, 志35 兵1.

10) 『太祖實錄』 卷1, 太祖 元年 7月.

宗은 즉위교서에서 火㷁役을 언급하며 戶曹가 官寺奴婢의 수를 살펴 그 多少를 따라 軍額을 更定하여 勞逸을 균등히 하도록 명하였다.11) 그런데 이후에도 계속하여 이 문제는 제대로 고쳐지지 않은 것 같다. 그 이유는 시기를 확인할 수는 없으나 태종이 집권한 후 火㷁軍을 강화하기 위하여 火㷁軍을 새로 加定할 때 노비의 다소, 年歲의 老弱을 不考하고 오직 田籍에 의거하여 加定함에서 알 수 있다. 따라서 의당 減해져야 할 사람이 加定되고 加定되어야 할 사람이 減해지는 모순이 발생하였다. 힘든 부역이 공정하게 실행되지 못하자 役을 이기지 못하여 유망하는 자들이 속출하였다. 이에 태종 4년 8월에 비로소 제도를 바꾸어 먼저 각도 관찰사로 하여금 各司各官奴婢賤籍을 詳考하여 15세 이상, 50세 이하 자의 名數를 具錄하여 보고케 하고 都堂에서 다시 詳定케 하여 火㷁役을 완비토록 하였다.12) 따라서 화통군의 力役體制는 비로소 태종 4년(1404) 8월에 와서야 확실히 자리잡게 된 셈이다.

이러한 화통군의 인원수가 얼마였는지는 확실하게 알 수 없다. 다만 제1차 왕자의 난에서 이방원이 火㷁軍 1백여 명을 자신의 무력기반으로 동원한 사실에서 國初만 해도 1백여 명에 지나지 않았다고 여겨진다.13) 그러나 火㷁의 무기적 중요성을 잘 아는 태종은 즉위 후 火㷁軍을 加定하는데 이 때에 숫자가 약 6백 명 정도로 늘어난 것으로 짐작된다.14) 이후 태종 15년 4월에 다시 4백 명을 증치하여 1천 명으로 증원되었다.15)

火㷁軍의 임무는 그 명칭에서 알 수 있듯이 火砲16)나 火車發射17)가 주업무였다. 따라서 火㷁軍으로 放火에 능한 자는 포상을 받기도 하였

---

11) 『太祖實錄』 卷15, 太祖 7年 9月 甲申.
12) 『太宗實錄』 卷8, 太宗 4年 8月 己丑.
13) 『太祖實錄』 卷14, 太祖 7年 8月 己巳.
14) 『太宗實錄』 卷8, 太宗 4年 8月 己丑.
15) 『太宗實錄』 卷29, 太宗 15年 4月 辛未.
16) 『太宗實錄』 卷19, 太宗 10年 3月 丁丑.
17) 『太宗實錄』 卷18, 太宗 9年 10月 丙辰.

다.18) 하지만 이들은 官寺奴婢라는 신분적 한계로 인하여 국가로부터 일정한 料를 받지는 못했다. 다만 기근이 들면 軍器監匠人과 함께 직역에 절반을 나누어 入番시키는 例가 있었다.19) 반면에 火㷁役은 賤役이어서 火㷁軍도 점차 役軍化되어 使役을 당하고 雜役에도 많이 동원되었다. 실례로 군기감 관리들에 의해 私役되었고20) 崇禮門行廊改構21)와 같은 雜役과 사냥에서 驅軍으로 동원되었다.22)

이러한 火㷁軍은 태종 6년 4월에 오면 큰 변화를 맞이한다. 抑佛政策의 결과 혁파된 사찰의 社寺奴婢들이 군기감에 대거 分屬되기 시작한 것이다. 군기감에는 4천 口가 소속되어 매 1番에 4백 구를 輪次入役케 하였다.23) 사사노비의 분속으로 인해 군기감에는 관시노비로 구성된 火㷁軍이라는 병종과 혁거사사노비로 구성된 助役奴婢가 병존하는 상황이 태종 16년까지 지속되었다. 한때 火㷁軍을 강화시키려고 처음 6백 명이던 인원을 태종 15년 4월에 4백 명을 증치하여 1천 명으로 만들고 攝隊長, 隊副, 補充軍, 司宰監에 소속된 自己婢妾子孫으로서 壯實한 자를 充額하여 肄習케 하였다.24) 그러나 分屬된 社寺奴婢는 대부분 助役奴婢이지만 신분상으로 火㷁軍과 같은 賤人이고, 火㷁軍이 점차 役軍化됨에 따라 하는 일도 동일하여 이들 사이의 구별이 모호해졌다. 그런데 태종 16년 12월에 오면 또다시 屬公된 前屬革去社寺奴婢들이 火㷁軍에 대거 분속되어 화통군의 숫자가 1만 명으로 크게 증가하였

---

18) 『太宗實錄』 卷29, 太宗 15年 4月 戊辰.

19) 『太宗實錄』 卷30, 太宗 15年 9月 丁酉, "晉山府院君河崙上書 ─ 今年京中各戶 皆難食 軍器監匠人火㷁軍別軍 兵曹補充軍 司宰監水軍 不在受料之例者 皆許三分放二 隔兩月更代……下六曹議 得軍器監匠人火㷁軍司宰監水軍及失農各官當番軍人爲半分番".

20) 『太祖實錄』 卷11, 太祖 6年 5月 丁卯.

21) 『太宗實錄』 卷30, 太宗 15年 7月 壬子.

22) 『太宗實錄』 卷25, 太宗 13年 3月 庚寅.

23) 『太宗實錄』 卷11, 太宗 6年 4月 辛酉 ; 卷13, 太宗 7年 正月 丁卯.

24) 『太宗實錄』 卷29, 太宗 15年 4月 辛未, "增置火㷁軍四百名 通前六百爲一千 以攝隊長隊副補充軍司宰監 屬自己婢妾子孫壯實者 充額肄習".

다. 이 때부터 이들은 매년 形止案으로 正軍의 奉足에 부쳐 예비마감하고 頭目을 정하여 1년씩 바꾸어 入番케 하였다. 이러한 변화는 비록 賤役이지만 火㷁軍이 가진 본래의 火㷁放射軍이라는 특수기능이 해소되고 役軍으로 전락된 것을 의미한다. 따라서 賤口를 充軍하는 것은 옳지 않다는 의견이 제시되자 軍器監火㷁軍의 명칭은 '助役奴'로 개칭되고[25] 火㷁軍은 소멸되었다.

　이렇게 재편된 軍器監의 조역노비 1만 구 중에서 당번입역하는 正軍의 奉足을 제외하고 나머지 노비들은 所在官에서 身貢을 받아 濟用監에 납부하였다.[26] 이후 入役하는 助役奴子들은 選上奴로 지방 각 관에서 초출되어 일정 기간 군기감에서 군기 제조에 투입되었는데 이들 또한 궐내의 差備와 諸處雜役에 정송하는 것이 너무 많아 폐단이 커지자 세종 16년 6월에 오면 他役에 정송치 못하게 하였다.[27] 이러한 조역노들은 세종 27년의 예와 같이 軍器改鑄에 종사한 功으로 한때 보상을 받는 경우도 있지만[28] 대부분은 고역 속에서 고단한 생활로 일관하였다.[29] 끝으로 軍器寺에 입역하는 選上奴의 숫자가 얼마인지는 확인되지 않지만『經國大典』에는 軍器寺 소속노비가 差備奴 2백 명, 根隨奴 12명으로 규정되어 있다.[30]

---

25)『太宗實錄』卷32, 太宗 16年 12月 辛未, "刑曹啓 區處革去寺社奴婢法 其奴婢專屬典農寺 未能考察 請分給本司及敬承府濟用監內資內贍禮賓寺 令刷卷色形止案成籍 以給其司 每年考察身貢收齊 以納其軍器監屬火㷁軍 因前屬革去寺社奴婢之數 定爲一萬口 而每年 以形止案 付正軍奉足 豫備磨勘 以定頭目 一年相遞入番 然賤口充軍未便 軍器監火㷁軍 稱爲助役奴 司宰監水軍 稱爲轉運奴 成籍 從之".

26)『太宗實錄』卷33, 太宗 17年 閏5月 辛酉.

27)『世宗實錄』卷64, 世宗 16年 6月 丙辰, "兵曹與軍器監提調議……— 本監助役奴子 非他各司奴子之例 專爲軍器造作也 闕內各差備及諸處雜役 定送猥多 其弊甚多 依己亥年已前例 勿定他役".

28)『世宗實錄』卷108, 世宗 27年 6月 乙卯.

29)『世祖實錄』卷40, 世祖 12年 10月 甲子 ;『世祖實錄』卷44, 世祖 13年 11月 辛巳 ;『世祖實錄』卷44, 世祖 13年 12月 丙辰 ; 全炯澤,「朝鮮初期의 公奴婢 勞動力 動員體制」,『國史館論叢』12, 1990, 40쪽 참조.

3. 軍器監 別軍의 成立과 運營

이렇게 火㷛軍이 소멸되는 배경에는 새로운 병종인 軍器監 別軍의 출현이 크게 작용하였다. 군기감 별군은 화통군과 같이 火器를 전문으로 放射하는 放射軍인데 태종이 즉위한 후 조직된 새로운 병종이다. 태종은 화기 제조가 본격화됨에 따라 화통방사군을 노비로 구성된 火㷛軍에 맡겨 둔다는 것은 중요한 火㷛役을 소홀히 하는 것이라고 판단하고 火㷛役을 양인을 중심으로 하는 國役體制에 포함시키려 하였다.31) 이것이 火㷛軍를 해체시키고 軍器監 別軍이 출현하게 되는 또 다른 이유였다.32) 군기감 별군에 대한 기록은 태종 4년 5월에 처음으로 등장하는데 이들은 양인 농민으로 전국에서 抄出되어 軍役에 동원된 자들이었다.33) 별군은 군기감 소속으로 실전에서 火㷛과 火砲, 火車 放射를 담당하는 火器放射軍隊34)인데 大閱時35)에는 火㷛을 가지고 참가하는 특수병이었다. 따라서 陣法訓練에 참가하였으며36) 왜구토벌전에 藥匠과 함께 火器를 가지고 참전하였고37) 파저강 野人정벌시에도 출병38)하는 등 외적의 방어뿐만 아니라, 이시애난 같은 內亂鎭壓에도

---

30)『經國大典』5, 刑典 諸司差備奴根隨奴定額.

31)『世宗實錄』卷109, 世宗 27年 7月 庚寅, "銃筒 軍國重事 別軍本爲此而設".

32) 別軍이란 호칭은 고려 말 우왕 2년 5월에 처음 나타나는데 이 때의 별군은 왜구 방어를 위하여 元帥가 전라도에 가서 抄軍하는 과정에서 煙戶軍과 함께 농민 중에서 선발한 兵種이었다. 그러므로 이들은 軍器監 소속의 火㷛放射軍인 別軍과는 직접 관련이 없다.『高麗史』卷81, 志5 兵1 兵制 五軍 辛禑, "二年五月 體覆使 郭璇 還自全羅道 奏曰元帥 於原定別抄外 又抄煙戶軍 及抄別軍 民將失農 乃罷煙戶軍與別軍 歸農".

33)『世宗實錄』卷19, 世宗 5年 2月 癸酉, "兵曹啓 黃海道失農 平山安岳遂安海州載寧瑞興豊川長淵等官 住各司皂隷補充軍別軍螺匠守公等 限早穀成熟 除入番 從之".

34)『世宗實錄』卷81, 世宗 20年 6月 丙寅.

35)『世宗實錄』卷11, 世宗 3年 5月 乙亥.

36)『世宗實錄』卷60, 世宗 15年 6月 丙申.

37)『世宗實錄』卷4, 世宗 元年 5月 丁巳.

토벌군으로 출동하였다.[39] 한편 수강궁 軍器庫[40] 및 군기감 火藥庫 등의 중요 시설 경비업무도 담당하였다.[41] 더욱이 직접 화기 제조에도 관여하여 화통 제조를 익히는 傳習人으로 동원되었고[42] 화기 제조에 직접 종사하기도 하였다.[43]

군기감 별군이 화통방사군이란 특수병종으로 만들어졌기에 火砲를 지방에 보급하며 그 방사술을 전수할 때도 藥匠과 함께 참여하였다. 실례로 세종 8년 7월에는 재주가 숙달된 別軍 1명에게 小火砲 120자루를 가지고 경원·경성 등관에 가서 官奴들에게 화통 발사를 교습하게 하였고,[44] 세종 15년 야인정벌을 위한 北征에 참가한 것을 계기로 세종 20년부터는 火藥匠을 대신하여 火砲放射에 정숙한 別軍을 北方에 부방하게 하였다.[45]

이러한 軍器監 別軍이 처음에 어떤 과정을 거처 편성되었는지를 알 수 있는 자료는 많지 않다. 그런데 태종이 즉위하면서 함길도 출신들을 우대하여 시위군사에 많이 임명하며 현임은 親軍衛라 칭하여 祿을 주고, 前銜은 別軍이라 칭하여 給料하였다.[46] 이 사실에서 別軍은 함길도 출신들로 처음 조직되었던 듯하다. 이후 점차 별군으로 편입되어

---

38) 『世宗實錄』卷60, 世宗 15年 6月 丙申, "傳旨戶曹曰 婆猪江從征防牌別軍等 雖無成功者 其行役之勞 誠爲可恤 其賜米豆 各一石".

39) 『世祖實錄』卷42, 世祖 13年 6月 癸丑.

40) 『世宗實錄』卷4, 世宗 元年 7月 丁巳.

41) 『世宗實錄』卷77, 世宗 19年 6月 己未.

42) 전습인은 別軍으로 이미 개월이 찼지만 未去官者들로 충당하였다(『太宗實錄』卷30, 太宗 15年 7月 辛亥).

43) 『世宗實錄』卷49, 世宗 12年 8月 辛卯, "判府使崔閏德啓……又軍器監別軍 稱爲使令 多般役使 故本監軍器 視爲餘事 不遑造鍊 請勿供他役 專修軍器" ;『文宗實錄』卷10, 世宗 元年 11月 壬戌.

44) 『世宗實錄』卷33, 世宗 8年 7月 壬辰.

45) 『世宗實錄』卷81, 世宗 20年 6月 丙寅.

46) 『文宗實錄』卷7, 文宗 元年 5月 壬寅, "典農少尹崔濡上言 咸吉道 我列聖誕生之地……及太宗卽位 侍衛軍士 多本道子弟 見任則稱親軍衛給祿 前銜則 稱別軍給料".

들어오는 사람들이 늘어 그 계통이 다양해졌는데 요동에 거주하다가 귀순한 고려유민인 慢散軍[47]과 使令에서 거관하여 군기감 별군이 된 자,[48] 各領 防牌로 서울과 개성에 사는 자들로 充軍하기도 하였다.[49]

이러한 혼란을 정리하기 위해 세종은 동왕 13년 4월에 별군을 징발되는 방법에 따라 '元屬別軍'과 '移屬別軍'으로 구분지었다. 元屬別軍은 처음부터 別軍으로 차출된 자들로 이들의 숫자는 1천 명이었다. 이들은 각각 복무한 햇수의 多少를 통산하여 16牌로 나누고 每朔에 4牌를 番上케 하였는데 수령들이 親點하여 上送하도록 法制化되었다. 한편 移屬別軍은 頭隊長, 副司正으로 去官한 자와 每政에 隊長 및 隊副로 散職이 된 자들로 구성되었다. 이러한 이속별관의 대두는 船軍을 謀避하는 자가 종사하기 위해 별군에 소속하기를 구하거나[50] 防牌, 六十에서 거관한 자들의 進出路로 별군이 새로이 이용된 결과였다.[51] 이들은 1천 명의 숫자에 구애되지 않고 錄名하여 軍器監에 移文하면 年壯者는 別軍에 분속하고 나이가 50 이상인 자는 별도로 老牌를 만들어 4중월 (2·5·8·11월)에 친히 나오도록 하고 비상시에만 공역토록 하였다.[52]

그런데 別軍이 되는 과정이 위와 같이 二元化되어 있고 복무 형태에도 차이가 있자 새로운 문제가 제기되었다. 元屬別軍의 경우는 나이가 60, 70세가 되어도 오히려 아직 壯牌에 소속되어 있지만, 移屬別軍은

---

47) 『太宗實錄』 卷25, 太宗 13年 正月 壬寅 ; 姜性文, 「朝鮮初期 漫散軍의 流入과 送還問題」, 『竹堂李炫熙教授華甲紀念韓國史學論叢』, 1997.

48) 『太宗實錄』 卷35, 太宗 18年 3月 庚午.

49) 『世宗實錄』 卷5, 世宗 元年 10月 壬午.

50) 『世宗實錄』 卷52, 世宗 13年 5月 乙酉.

51) 『文宗實錄』 卷9, 文宗 元年 8月 己丑, "又有獻議 兩界防牌六十 元不上番 仍在本道防禦 至於去官移屬別軍 則京中番上例也 今設新銃筒衛則別軍似 爲不緊 兩界赴防人數不敷 請自今雖去官人 除屬別軍 或稱銃筒軍 或稱正軍 各於本道 仍在赴防 其已曾去官 屬別軍上京者 亦兵曹推刷 還入送守禦爲便 皆從之".

52) 『世宗實錄』 卷52, 世宗 13年 4月 癸卯.

나이가 50세만 되면 老牌로 이속되었던 것이다. 이것은 원속별군에 비해 이속별군을 우대하는 것이라 원속별군들의 불만을 샀을 뿐 아니라 軍額이 점차 줄어드는 결과도 초래하였다.53) 따라서 軍國重兵의 뜻에 어긋난다는 이유로 비판되었는데, 세종 15년 9월에 오면 '元屬別軍'과 '移屬別軍'을 불문하고 나이가 50세에 이르렀더라도 모두 화포를 隷習케 하고 才熟한 자는 나이가 60세에 이르러 老牌로 移屬토록 통일시켰다.54)

한편 군기감 별군에 대한 대우는 태종 4년 5월에 「給助戶法」에 따라 各司吏典, 隊長, 隊副, 丁吏, 皂隷, 都府外, 守公, 速毛赤, 吹螺赤와 함께 1~2結 이하일 경우는 봉족 1戶를 주고 3~4結 이상일 경우는 不給토록 하였다.55) 이것은 이후『續六典』에도 등록되어 별군에 대한 대우는 법적인 뒷받침을 받았다.56) 세조 10년 10월에 保法이 실시될 때는 평로위, 파적위, 근장, 보병, 정병, 대평소, 기선군과 함께 1保를 받았다.57)

또한 別軍役이 고역이라 이들을 完護하는 조항이 법제화되어『六典謄錄』에 별군을 비롯하여 司饔院, 尙衣院, 圖畵院, 奉常寺齋郎, 各司의 權知直長, 吏典, 司僕寺의 養理馬, 速毛赤, 補充軍, 義禁府의 百戶, 螺匠, 都府外, 皂隷, 守公, 禁聲, 所由, 杖首, 喝道, 樂工, 武工, 牧子干, 院主, 津尺 등은 본가에서 3丁 이상이면 그 집 내에 使喚人口가 비록 3丁이 넘는다고 하여도 他役에 정하지 말도록 하였다. 그러나 문종 원년 오이라트의 침공이 예상되는 시점에 軍丁을 더 조발하기 위하여 이 규정은 폐지되었다.58) 또 별군은 모두 양인 농민들이기에 가뭄으로 실농

---

53)『世宗實錄』卷52, 世宗 13年 4月 癸卯.

54)『世宗實錄』卷61, 世宗 15年 9月 己丑.

55)『太宗實錄』卷7, 太宗 4年 5月 癸亥, "命各道各官分其民濠貧富强弱 以給助戶法……— 各司吏典 隊長 隊副 丁吏 皂隷 都府外 守公 軍器監別軍 速毛赤 吹螺赤 一二結以下一戶 三四結以上不給".

56)『世宗實錄』卷18, 世宗 4年 12月 乙酉.

57)『世祖實錄』卷34, 世祖 10年 10月 乙未.

하게 되면 入番을 제한하여 농업에 종사토록 허락되었고[59] 세조대의 경우, 別軍은 北方徙民에서 제외시켜 주기도 했다.[60]

都目에 있어서 이들은 일년 兩都目으로 서용되었는데,[61] 처음에는 1년에 去官者가 1천 명 중에 8명이었다. 세종 9년 5월에 오면 義禁府 都府外는 1천 명 중에 거관자가 12인이라 多寡가 不均하다 하여 이 때부터 별군도 1년에 12명이 거관하는 것으로 정식화되었다.[62] 그런데 세종 13년 4월 元屬別軍과 移屬別軍에 대한 규정이 마련되면서는 거관자가 절반으로 줄어들어 都目時에 실제로 근무를 많이한 사람 6인만을 去官토록 허락하였다.[63]

한편 役이 끝나고 去官시에는 비록 녹봉은 지급받지 못했지만 태종대의 경우는 檢職에 제수하여 예우하였다.[64] 그런데 세종 26년 7월에 오면 의정부, 육조의 건의로 軍器監 別軍은 각령방패, 사복제원 및 六十 등과 함께 나이 60세 이상으로 기력이 쇠잔한 老者는 兵籍을 살피고 그 나이를 고찰한 뒤 新定한 「散官之法」에 의거하여 除授去官토록 되었다.[65] 그러나 관직 제수는 용이한 문제가 아니라서, 都目을 당할 때 마다 빈자리가 적어서 제수하지 못하는 경우가 많게 되어 끝내 관직을 받지 못하고 사망한 자까지 있었다. 그 결과 문종 즉위년 7월에 오면 忠順衛・司僕諸員 등 각처에서 遞兒職을 받는 자는 첫번 녹을 받은 뒤, 別軍, 奉常寺齋郎, 各司權知直長, 吏典, 義禁府百戶, 各領頭隊長,

---

58) 『文宗實錄』卷5, 文宗 元年 正月 乙丑.

59) 『世宗實錄』卷19, 世宗 5年 2月 癸酉.

60) 『世祖實錄』卷22, 世祖 6年 閏11月 甲辰.

61) 『世宗實錄』卷3, 世宗 元年 2月 癸巳.

62) 『世宗實錄』卷36, 世宗 9年 5月 己丑.

63) 『世宗實錄』卷52, 世宗 13年 4月 癸卯.

64) 『太宗實錄』卷31, 太宗 16年 6月 戊寅, "成衆愛馬及各司吏典 軍器監別軍等 檢校除授 去官者 東西班 幷五百餘人"; 韓㳓劤, 「勳官檢職考」, 『震檀學報』 29・30합, 1966 ; 金東洙, 「朝鮮初期의 檢校職」, 『震檀學報』 51, 1981 ; 李成茂, 『朝鮮初期兩班研究』, 一潮閣, 1980, 146쪽.

65) 『世宗實錄』卷105, 世宗 26年 7月 戊辰.

管領 등의 사람으로 메워 임명하여 積年의 공로를 보상하고, 影職을
자원하는 자는 下番하는 甲士의 직을 제수하여 職牒을 내어준 뒤, 이
내 곧 散官으로 삼아 소통하게 하였다.[66] 세조 원년에 오면 別軍은 防
牌, 攝六十, 近仗과 함께 입속된 지 20년 되고 나이가 만 60세가 된 자
의 경우, 자원에 따라 산관직을 제수하였다.[67]

한편 別軍에서 去官한 者는 權知直長과 令史와 함께 하삼도 여러 營
鎭과 諸浦의 軍官으로 뽑혀서 근무하였는데 이 제도는 세조 3년 정월
에 혁파되었다.[68] 하지만 복무중에는 노역에 강제하기 위해 別軍이 補
充軍, 其人, 都府外, 助役奴子 등과 함께 日役에 종사하지 않을 경우에
各司에서 代錢을 징수하였는데 하루에 1인당 20文에서 60文, 어떤 때
는 1백 30文까지 받았다. 이에 代錢 징수가 고르지 못하자 세종 9년 12
월부터는 內雇工人錢의 例에 따라 1인당 60文을 징수하고 임의대로 가
감하지 못하게 하였다.[69]

4. 軍器監 別軍의 變化樣相

이러한 軍器監 別軍들은 개국 초 토목공사의 수요가 폭주하여 일반
雜役에 많이 동원되었다. 그것은 농민을 상시적으로 力役에 동원할 수
없는 상황에서 부득이한 조처였다. 따라서 노역군으로 동원되는 예는
市廛行廊의 건설,[70] 宮中鑿池,[71] 開渠작업,[72] 漢京의 軍營축조공사[73]

---

66) 『文宗實錄』 卷2, 文宗 卽位年 7月 丁未.
67) 『世祖實錄』 卷2, 世祖 元年 10月 己未.
68) 『世祖實錄』 卷6, 世祖 3年 正月 辛巳.
69) 『世宗實錄』 卷38, 世宗 9年 12月 丁卯.
70) 『太宗實錄』 卷25, 太宗 13年 5月 甲午.
71) 『太宗實錄』 卷15, 太宗 8年 5月 乙卯.
72) 『太宗實錄』 卷26, 太宗 13年 7月 丁酉.
73) 『太宗實錄』 卷35, 太宗 18年 3月 辛未, 5月 壬申.

등이 있고 雜役의 경우는 경복궁 樓池에 放魚하는 일,74) 山陵役,75) 송충이 잡이,76) 사냥 몰이꾼,77) 盜賊搜捕,78) 奉常寺 齋郎,79) 화재 진압80) 및 石戰에도 참가하였다.81) 나아가 出宮한 왕세손의 宿衛뿐 아니라82) 군기감제조에 의해 私役되기도 하였다.83)

이렇게 軍器監 別軍은 본업을 제껴 두고 使令이라 칭하며 타역으로 많이 동원되어 다방면으로 부림을 당하였다. 따라서 軍器監의 군기 제조가 소홀해져 軍器 보기를 餘事로 알게 되자, 別軍을 타역에 공역치 말고 군기만 專修하게 하자는 의견이 자주 개진되었다.84) 그 결과 세종 15년 정월에 오면 병조의 건의에 따라 거관하여 별군에 속한 자로 나이가 20세 이상 40세 이하인 자는 모두 화포를 肄習토록 하였다.85) 이것은 일단 별군이 가진 본연의 임무로 복귀하는 것을 의미한다. 동년 8월에는 병조가 군기감 별군이 너무 타처에 사역되어 화기를 연습치 않아 火㷁과 莊藥과 화살을 接箭放射하는 것을 모르는 자가 자못 많다고 우려하며 지금부터는 特旨外에 타처의 사역을 부리지 말자고 건의하자 별군의 타처 노역을 일시적으로 중지하였다.86)

---

74) 『太宗實錄』 卷23, 太宗 12年 5月 戊戌.
75) 『世宗實錄』 卷111, 世宗 28年 3月 乙未.
76) 『太宗實錄』 卷17, 太宗 9年 4月 甲午.
77) 『太宗實錄』 卷31, 太宗 16年 3月 甲午 ;『世宗實錄』 卷11, 世宗 3年 3月 辛卯.
78) 『世宗實錄』 卷52, 世宗 13年 4月 甲寅. 都城警守所 중 궁곡심처에 있는 13개를 파수하고 매 1소에 별군 5인을 배치하고 도적을 잡을 경우 1년 간의 휴가를 주었다(『世宗實錄』 卷71, 世宗 18年 3月 戊辰).
79) 『太宗實錄』 卷35, 太宗 18年 3月 庚午 ;『世宗實錄』 卷27, 世宗 7年 2月 庚申 ;『世宗實錄』 卷43, 世宗 11年 3月 戊辰 ;『世宗實錄』 卷47, 世宗 12年 2月 庚寅 ;『世宗實錄』 卷108, 世宗 27年 6月 辛酉.
80) 『世宗實錄』 卷20, 世宗 5年 6月 丙子.
81) 『太宗實錄』 卷25, 太宗 13年 5月 癸未.
82) 『世宗實錄』 卷105, 世宗 26年 閏7月 戊子.
83) 『世宗實錄』 卷110, 世宗 27年 12月 甲辰.
84) 『世宗實錄』 卷49, 世宗 12年 8月 辛卯.
85) 『世宗實錄』 卷59, 世宗 15年 正月 戊寅.

하지만 이러한 조처는 별로 효과를 거두지 못하였다. 나아가 이런 별군의 役軍化 현상은 別軍役을 고역으로 인식케 하여 농민들로 하여금 入役을 기피하게 만들었다. 이것은 많은 병폐를 일으켰는데 실례로 세종 26년 9월에 오면 軍器副正 權蹲이 상언하기를,

　1. 별군은 본래 화포를 의습하기 위하여 설치된 것인데 이제 국가가 승평한 지가 오래 되어 급한 일이 없어지자 무릇 영선등의 일에 모두 사역시켜 연습할 겨를이 없습니다. 또 그 사람들이 번상할 날에 부역하기를 꺼려 모두 代立하니 폐가 막심합니다. 일찍이 교지를 내려 그 잡무를 제거하고 소업에 전공하게 하였는데 그러나 무식한 무리들이 대체를 불고하고 오히려 전습을 일삼아 자제를 대신하게 하거나 타인을 고용하기도 합니다. 소재한 수령 역시 점고하지 않고 上送하니 입법의 뜻을 어김뿐만 아니라 만일 완급이 있으면 장차 어찌하리까, 지금부터는 소재관에서 반드시 當身을 점신하고 本監에서 또 代立을 받지 않고 병조에서 때때로 규찰하여 만일 어김이 있는 자는 本人 및 中外官吏를 모두 논죄하고 價錢을 沒官함이 어떠할까 하옵니다.
　1. 別軍은 16패로 나누어 매삭에 4패를 번상케 하니 수령들이 親點하여 上送합니다. 이것은 일찍이 立法되었습니다. 그런데 각 관 수령들이 관심을 두지 않아 혹 陳省은 도착했는데 當身이 이르지 않은 자가 있고, 진성·당신 모두가 이르지 않은 자가 있고, 진성 없이 몸만 이른 자가 있습니다. 고찰이 陵夷하여 번상이 많지 못하니 비록 빠진 인명을 보내 재촉하더라도 봉행치 않으니 한갓 紙墨만 낭비할 뿐입니다. 이제는 당도감사가 각 관에 접거하는 별군의 牌號, 小名, 年歲를 軍案에 成置하고 每朔에 立, 不立을 本監에 보내 명문으로 빙고하게 하여 항상 고찰할 수있게 하는 게 어떨런지요?87)

라고 하였다.

---

86) 『世宗實錄』 卷61, 世宗 15年 8月 己丑.
87) 『世宗實錄』 卷106, 世宗 26年 9月 癸卯.

위의 내용은 別軍役이 워낙 고역이라 농민들의 피역저항이 극심하여 징발된 자들은 부역을 꺼려 타인이나 子弟들을 代立시키는 현상이 크게 일어났음을 알려 준다. 한편 別軍은 번상 과정에서 소재관의 관리소홀로 진성은 왔는데 당사자가 오지 않거나, 진성과 당사자가 모두 오지 않는 경우, 진성이 오지 않고 당사자만 오는 경우 등, 별군 운영의 문제점이 여러 형태로 드러났다. 이것은 물론 소재관의 官吏들이 관리를 소홀히 한 결과이지만 別軍役이 고역이 됨에 따른 민의 避役抵抗도 한층 고조된 결과였다.

이렇게 별군이 役軍化되고 양인 농민들의 피역저항이 거세지자 세종 27년 4월에 세종도 "군기감 별군은 화포를 위하여 세운 것이지만 다른 일에 사역하고 또 孱劣하고 노약자가 많다"라고 하며 별군 운영의 문제점을 인정하였다. 그러나 노역군으로서 별군의 존재를 필요로 한 세종은 別軍제도 자체의 운영을 개선하기보다는 지금대로 별군을 그대로 존치시킨 채, 年少壯勇者 1백여 인을 뽑아 화포를 상습케 하고 行幸시 御駕 뒤를 시위토록 하기 위해 火器를 전문으로 다루는 정예 병종을 새로 창설하기로 결심하였다.[88] 그 결과 동년 7월에 '銃筒衛'가 만들어졌다. 銃筒衛에 소속되는 총통의습인은 별군을 제외하고 京外無役者를 취하여 만드는데 이들은 별군과 달리 군기감이 아닌 병조에 소속되었다. 따라서 병조에서 훈련을 시키며 군기감 관리는 병조낭청과 함께 감독 기능만 가지도록 하였다.[89] 이러한 銃筒衛의 창설은 실상 세종 27년의 화약무기 제조기술의 개량과 이에 따른 화약무기의 대량 改鑄에 힘입은 것이었다.

銃筒衛의 창설은 군기감 별군의 운영에 큰 변화를 가져왔다. 우선 별군이 가진 특수병종으로서의 화통방사군이라는 특성이 약해지고 役軍化를 더욱 촉진하였다. 따라서 별군 징발에도 크게 영향을 주었다.

---

88) 『世宗實錄』 卷108, 世宗 27年 4月 丙辰.
89) 『世宗實錄』 卷109, 世宗 27年 7月 庚寅 ; 金泰振, 앞의 글 참조.

구체적으로 살펴보면 먼저 세종 27년 7월 銃筒衛가 성립된 後, 별군은 各司吏典, 近仗, 防牌, 差備軍, 螺匠, 皂隸 등과 함께 京役에 속하기를 원하는 자들에게는 들어 주기로 하여 이들이 他役으로 전출할 수 있도록 허용하였다.90)

이런 변화는 移屬別軍의 경우에 더욱 크게 나타났다. 문종 원년 정월에 오이라트의 추장 에센(也先)의 침략이 예상되어 북방이 소란해지자 이를 계기로 황해도 도절제사 朴薑이 군기감 별군의 番上을 없애자고 건의하였다. 이것은 일단 병조의 반대로 거절된다.91) 하지만 동년 8월에 의정부의 헌의에 따라 양계에 부방하던 防牌, 六十이 거관하여 移屬別軍이 되면 上京하여 번상하던 전례를 깨고, 이들을 別軍으로 보내지 말고 각각 본도에서 상주시켜 銃筒軍, 혹은 正軍이라 호칭하며 부방하게 하였다. 더구나 이미 거관이 되어 별군에 소속되어 上京한 자도 또한 병조로 하여금 이를 推刷하여 돌려보내어 守禦하게 하였다.92) 나아가 다음 달에는 별군에 정속된 사람과 학생으로 입속된 사람은 番上을 면제하고 역시 본도에 부방케 하고 그 仕到한 文籍과 本牌를 통계하여 거관하게 하였다.93) 이것은 비록 兩界지방에 한정된 것이기는 하지만 銃筒衛의 성립과 지방 銃筒軍의 확대 속에서 군기감 별군은 점차 그 긴요성이 사라져 우선 移屬別軍부터 지방군으로 전환되는 모습을 보여준 것이다. 따라서 별군으로의 이속이 예정되어 있던 防牌, 六十의 거관자들은 지방 銃筒軍이나 正軍으로 전환되고, 중앙에

---

90) 『世宗實錄』 卷109, 世宗 27年 7月 庚寅, "若各司吏典近仗防牌差備軍別軍螺匠皂隸等 京役願屬者聽".
91) 『文宗實錄』 卷5, 文宗 元年 正月 癸卯.
92) 『文宗實錄』 卷9, 文宗 元年 8月 己丑, "又有獻議 兩界防牌六十 元不上番 仍在本道防禦 至於去官移屬別軍 則京中番上例也 今設新銃筒衛則別軍似爲不緊 兩界赴防人數不敷 請自今雖去官人 除屬別軍 或稱銃筒軍 或稱正軍 各於本道 仍在赴防 其已曾去官 屬別軍上京者 亦兵曹推刷 還入送守禦爲便 皆從之".
93) 『文宗實錄』 卷9, 文宗 元年 9月 辛亥.

번상하던 별군마저 추쇄하여 지방으로 복귀시켰던 것이다.

세조대에 들어오면 군기 제조에 있어서 火器를 중시하지 않고 弓矢를 그 군기체제의 중심으로 채택하였다. 따라서 火器放射軍에 대한 대우나 규정도 변화되었다. 우선 별군의 숫자가 줄어들어 세조 10년 8월 동지중추부사 양성지가 각 병종을 언급하면서 군기감의 경우 別軍이 존재함을 밝히고, '군기감의 별군은 7번으로 나누어 1번이 百數에 미만'이라는 사실에서 별군의 숫자가 7백 명 이하로 축소되었음을 알 수 있다.94) 동왕 5년 9월에 오면 步兵강화책으로서 별군을 비롯하여 防牌, 攝六十, 皂隷, 螺匠, 所由, 喝道, 杖首, 都府外, 諸員, 吏典으로 모두 서울에서 從仕하는 사람 중에 步兵이 되기를 원하는 사람이 있으면 들어주게 하였다.95)

복무방법도 변화하였다. 세조 원년 軍翼道가 전국으로 확대될 때 별군은 甲士·防牌 등과 함께 翼에 소속되고 당번이면 번을 들고 習陣하였다.96) 세조 3년에 軍翼道制가 鎭管體制로 전환되고 나면 익단위로 실시되던 습진은 폐지되고 巨鎭을 중심으로 재편되었다. 따라서 동왕 4년 2월에 오면 別軍은 甲士, 別侍衛, 忠順衛, 近仗, 攝六十, 防牌, 侍衛牌 등과 함께 모두 鎭에 소속되어 번을 당하면 番上하였다.97) 세조 3년 3월에 오위제도가 성립될 때 별군은 忠贊衛·京侍衛牌와 함께 後衛인 忠武衛에 소속되었는데 京侍衛牌·攝六十과 함께 入直치는 않았다.98) 복무기간도 바뀌어 京外의 正兵과 함께 5부에 소속되어 12개월은 번을 쉬고 2개월은 번상하였다.99) 이는 7번으로 나누어 2달씩 복무한 것이다.

---

94) 『世祖實錄』卷34, 世祖 10年 8月 壬午.
95) 『世祖實錄』卷17, 世祖 5年 9月 甲午.
96) 『世祖實錄』卷2, 世祖 元年 9月 癸未.
97) 『世祖實錄』卷11, 世祖 4年 2月 乙卯.
98) 『世祖實錄』卷7, 世祖 3年 3月 己巳.
99) 『世祖實錄』卷28, 世祖 8年 7月 壬寅.

이렇게 별군의 타 병종으로의 전환이 광범위하게 허용되고, 地方軍化가 촉진됨으로써 별군의 존재 의미는 점차 약화되었다. 따라서 그들의 역할도 諸處警守所의 捕盜軍으로 활동하거나[100] 武班우대책의 하나로 防牌와 함께 大護軍 등에게 지급되는 驅從으로 작정하도록 요구되기도 하였다.[101] 睿宗 이후가 되면 別軍은 해체된 듯 기록상에 더 이상 나타나지 않는다.

5. 맺음말

지금까지 고려 말 조선 초기에 걸쳐 軍器監에 소속되어 있던 別軍을 중심으로 하여 火㷁放射軍, 火㷁軍을 살펴보았다. 이들은 모두 고려 말에 화약과 화약무기가 개발됨으로써 새로 조직된 火器放射軍이다. 가장 먼저 조직된 화통방사군은 최무선에 의해 만들어진 火㷁都監 소속으로 社寺奴婢로 구성되어 있었다. 이후 화통도감이 폐지되고 軍器寺로 통합됨에 따라 軍器寺로 그 소속이 바뀐다.

조선조가 성립되고나면 중앙의 兵器廠으로 군기감이 성립되는데 이 군기감은 고려 말의 軍器寺를 계승한 것이라 화통방사군은 화통군으로 이름만 바뀌고 계속하여 군기감에 소속되었다. 그러나 이 때 화통군은 신분상 賤民이지만 社寺奴婢가 아닌 各官의 官寺奴婢로 조직되었다. 이들은 火㷁이나 火車를 방사하는 임무를 가졌는데 火㷁役은 대단한 고역이었고 이들은 勞役軍으로 사역되기도 하였다. 그런데 태종대에는 두 차례에 걸쳐 혁파된 社寺奴婢들이 대거 火㷁軍에 분속되면서 화통군이 가진 화기방사군으로서의 특수성이 점차 약화되었다. 따라서 태종 16년에 오면 결국 화통군은 폐지되고 명칭도 助役奴로 바뀌

---

100) 『世祖實錄』 卷28, 世祖 8年 6月 庚辰.
101) 『世祖實錄』 卷35, 世祖 11年 3月 癸酉.

었다.

이러한 화통군의 폐지는 새로운 병종인 군기감 별군이 출현하면서 더욱 조장되었다. 별군은 화통군이 천민들로 구성되었던 데 비해 양인으로 구성되었다. 그런데 이들의 임무는 화통군과 본질상 다르지 않았다. 이들은 군기감에 소속되어 화기를 가지고 실전에 참전하였고, 무기고, 화약고 등의 중요시설을 경비하였으며 지방에 화기방사를 전습시키고 화기제조에도 직접 참여하였다.

이러한 별군은 징발되는 방법에 따라 元屬別軍, 移屬別軍으로 구분되었다. 원속별군은 처음부터 別軍役에 동원된 자들로 1천 명을 정원으로 지방 각 관에서 抄出된 양인이었다. 이속별군은 선군이나 지방의 防牌, 攝六十으로 복무하다가 去官한 자들과 都目에서 隊長 및 隊副로 散職이 된 자들로 구성되었다.

이들은 국가로부터 奉足을 지급받고 去官 후에는 지방 營鎭의 軍官으로 임용되는 등 일정한 대우를 받았지만 점차 화통군과 같이 각종 잡역에 동원되는 사례가 많아지자 노역군으로 전락하게 되었다. 따라서 별군역에 입역을 기피하는 민들의 저항이 점차 고조되었는데, 그 결과 세종 27년에 오면 국왕은 銃筒衛라는 새로운 정예 화기방사군을 다시 조직하였다. 이러한 변화는 상대적으로 별군이 가진 고유한 화기방사군으로서의 기능을 약화시켜 별군은 더욱 노역군으로 전락한다. 한편 문종 이후가 되면 외침의 위협 속에서 지방군을 강화시키는데 이 결과 별군도 번상이 폐지되고 지방 銃筒軍, 正軍, 步兵으로 전환되어 사실상 별군의 기능은 소멸되어 갔다. 따라서 睿宗 이후에는 별군이 더 이상 나타나지 않는다.

15세기 조선시대의 서적수입정책

신 양 선[*]

Ⅰ. 머리말

한 시대의 서적은 그 시대의 역사 발전에서 나타나는 연구 성과와 지식의 체계를 밝히고 평가하는 척도가 된다. 그러므로 그 시대 문화의 성격을 이해하기 위해서는 그 시대에 만들어진 서적의 내용과 성격을 분석하는 것이 필요하다. 이 글에서는 조선시대 서지사를 쓰기 위한 작업의 일환으로, 15세기의 서적수집 활동을 다루려고 한다.

조선 초기에 해당하는 15세기는 조선시대의 지배질서가 확립되어 간 시기로 조선의 지배체제 성격이 가장 잘 드러나는 시기이다. 그런 의미에서 볼 때 조선 초기에 추진되는 서적정책 또한 당시 지배층의 성격을 보여주고 있다. 여기서는 그 중 외국으로부터 조선에 수증되거나 무입된 책들이 어떤 형태로 우리 나라에 수용되어 영향을 주었는가 하는 문제를 살펴보려고 한다. 이는 아시아에 있어서 韓・中・日 삼국의 문헌이 어떠한 변화를 보이면서 자국의 문화로 소화되는가를 살피는 단서가 될 것이다. 이제까지 이에 관해 연구된 논문으로는 對明書

---

* 정신여자고등학교 교사

籍 무역을 다룬 것이 있다.[1]

Ⅱ. 시대적 배경

조선이 건국되는 태조대부터 임란이 끝나는 해(1598, 선조 31)까지의 100년 간은 새 왕조의 創業과 守成을 그 특징으로 하는 왕권확립기에 속한다. 조선 초기에 속하는 이 시기에는 유교적 정치이념의 구현과 왕도사상에 따른 善政의 상징으로 문화사업이 일어났다. 통치자들은 문헌이 발달한 나라로서의 긍지와 자부심을 갖고, 국가통치 차원에서 서적의 중요성을 깊이 인식하였다. 그 예로 태종은 국가통치 이념을 구현 내지 부합시키기 위한 방법으로 서적의 중요성을 밝혔다.

나라를 다스림에는 반드시 전적을 널리 본 연후에야 가히 이치를 통달하고, 마음을 바르게 가져서 수신·제가·치국·평천하의 功效를 이룰 것이다.[2]

조선 초기의 관찬사업은 이러한 국가의 확고한 뒷받침 속에서 유교적인 정치사회 이념을 펴면서 수집·편간·보급 활동이 병행되어 추진되었다. 그리하여 조선의 문화·사상을 정리하고 정치·제도의 기초를 확립하는 기반이 되었다. 태종대에는 육조직계제를 통하여 왕권의 강화를 기하면서 양전사업과 호패법을 실시하고, 저화의 발행과 그 유통을 위한 司贍署를 설치하였다. 성균관과 5부학당이 서울에 설립되고,

---

1) 이존희, 「조선전기의 대명서책무역」, 『진단학보』 44, 1977 ; 정형우, 「조선초기의 서적수집 및 그 관리」, 『조선조 서적문화연구』, 구미무역, 1995 ; 정형우, 「조선전기의 서적수집과 관리」, 『조선시대서지사연구』, 한국연구원, 1983 ; 김윤식, 「조선 세종조의 서적문화에 대한 고찰」, 『동덕여대논총』 17, 1987.

2) 『增補文獻備考』 卷250, 예문고9 문집류4, "我太宗大王三年諭左右曰 爲治必博觀典籍 然後可以窮理正心 致修齊治平之效".

지방 향교에는 祭田과 廩田을 주어 경제적으로 지원하였다. 秘記類 서적은 금지하고 권근의 『勸學事目』에 따라3) 사학의 발전을 장려하는 등, 학풍의 진작에도 관심을 보였다. 대명관계가 호전되자, 중국으로부터의 서적 수입은 활기를 띠게 되었다. 『역대제왕혼일강리도』가 만들어지고, 고려시대의 발달된 활자 인쇄술을 바탕으로 서적 간행을 위한 제반 조건이 구비되었다. 주자소를 설치하고 조선시대 최초의 동활자인 계미자를 만들고 楮貨紙를 만들기 위해 造紙所를 설치하였다.4) 그리하여 세종대의 서적인쇄 문화발전에 기반을 구축하게 된다.

그 후 세종대에는 자체가 정교한 갑인자를 비롯해 각종 활자체가 만들어져 자연히 인쇄술이 발달하였다. 종이 원료인 楮의 재배 장려와 기술의 향상으로 다양한 冊紙를 생산하여 조선의 紙質은 인정받을 정도로 뛰어났다. 이러한 문화적 역량을 바탕으로 훈민정음 창제를 비롯한 역사·윤리·음운·법률·지리·천문 등 광범위한 분야의 편찬물들이 이루어졌다. 집현전은 1420년(세종 2)에 설치된 후5) 37년 간 존속하면서 『치평요람』·『역대병요』·『고려사』·『사정전훈의자치통감』 등 다수의 책들을 편찬하였다. 특히 1428년(세종 10) 이후에는 많은 편찬물이 집현전 학자들에 의해 집중적으로 만들어졌다.6) 이는 갑인자가 주조된 1434년(세종 16)을 전후한 시기로 깊은 연관성을 지닌다. 그리고 사료 보존을 위해 춘추관·충주·성주·전주 등에 사고를 설치하여 사료들을 분산시켰다. 주자학은 학문의 기본이 되어 주자의 『성리대전』과 『근사록』 등이 존중되고, 『자치통감강목』도 수입되었다. 훈민정음의 창제, 貢法의 제정, 형벌제도의 정비, 의창제도의 실시, 그리고 측우기를 비롯한 각종 과학기계의 발명 등은 다양하고 방대한 편찬사업과 함께 유교정치의 기초를 확고히 다져 놓고, 민족문화의 질을 한

---

3) 『太宗實錄』 卷13, 7年 3月 戊寅.
4) 『太宗實錄』 卷30, 15年 7月 庚申.
5) 『世宗實錄』 卷3, 元年 2月 辛卯.
6) 崔承熙, 「集賢殿研究(上)」, 『역사학보』 32, 1967, 52~55쪽.

단계 높였다.

세조대에는 육조직계제와 오위체제를 확립하여 왕권과 군사력을 강화하고, 직전법을 실시하여 국가 재정을 개선하였다. 1456년(세조 2)에는 집현전을 혁파하고 경연을 정지하였으며, 집현전에 소장하였던 서적을 예문관에서 관장하도록 하였다.『팔도지리지』등을 편찬하고 간경도감을 두어『대장경』을 비롯한 많은 불서를 간행하였는데, 불경뿐 아니라 농·병서까지 한글로 간행하여 대중화에 기여하였다. 성종대에는 훈구세력을 견제하면서 영남사림을 등용하여 왕권의 안정을 도모하였다. 성균관의 도서실인 존경각과 집현전의 기능인 홍문관을 설치하고, 학문의 재충전을 위한 독서당을 만들어 사가제도를 실시하였다. 소형 동활자인 갑진자와 대·중·소형의 계축자를 새로 만들고,『동국통감』·『동국여지승람』·『동문선』·『악학궤범』 등을 편찬하였다. 특히『경국대전』의 완성은 정치적으로 중앙집권화를 이룰 수 있는 법제적 기틀을 확립한 것이었다. 이로써 조선은 건국 이후 1세기에 걸쳐 집권체제를 위한 문물제도의 정비작업을 일단락하였다. 그리고 중국문화의 수용에 대응한 민족적 자각과 전통문화에 대한 자부심으로 민족문화도 크게 피어났다. 특히 여말 이래 전래된 서역의 문화와 인쇄술, 특히 금속활자의 발전은 더욱 알찬 열매를 맺었다.

Ⅲ. 국외서적의 수집정책

1. 중국서적의 受贈

조선이 건국할 당시에 동북 아시아의 국제환경은 큰 변화를 맞이하였다. 중국 대륙은 원과 명이 교체되면서 한족에 의한 중국지배가 시작되었으며, 일본은 장기간의 내란 상태였던 남북조시대가 끝나고 足利幕府가 성립되었다. 이러한 여건 속에서 건국된 조선은 국제관계를 안정시키기 위한 새로운 국제질서의 확립이 필요하였다. 그리고 그것은 사대교린정책을 표방하는 외교정책으로 나타났고, 외교적인 의례로서 경제적 교류와 함께 문화 교류가 이루어졌다.

15세기에 있어서 조선은 문물이 융성해지면서 서적의 수집사업을 국내·외에 걸쳐 활발히 전개하였다. 국외에서의 서적수집 활동은 거의 중국으로부터의 受贈과 貿入에 의존하였다. 중국에서의 서적 입수는 태종대에 명과의 외교관계가 원만해짐에 따라 10여 회에 걸쳐 30여 종의 서적이 수증되면서 점차 활기를 띠었다. 중국과의 관계에 있어서 교류 활동은 대체로 공무역을 통해 이루어졌다. 聖節使·千秋使·正朝使·冬至使 등의 정기 사행을 비롯하여 謝恩使·奏請使 등 다양한 사신들이 파견되었다. 이들은 그 때마다 인삼·포·금은 등의 공물을 중국에 가져갔고, 반면 명으로부터 서적·문방구·약재 등을 받아왔다. 그러므로 서적은 중국으로부터 문물제도를 도입하여야 하는 조선으로서 對明무역의 대표적인 물건이었다.

태조대부터 태종대까지 기증받은 책은 다음과 같다. 태조대에는 1398년(태조 7)에 義州萬戶 李龜鐵이 가져온 『대통력』 1부뿐이고,7) 태종대에는 1401년(태종 1)에 禮部主事 陸顒 등이 『建文三年大統曆』 1부,8) 李舒 등이 『대학연의』·『通鑑集覽』·『事林廣記』를,9) 1402년에 趙溫이 『문헌통고』 1부,10) 1403년에 成石璘 등이 『통감강목』·『십팔사략』, 黃儼 등이 『元史』·『山堂考索』·『諸臣奏議』·『대학연의』·『春秋會通』·『讀書記』(眞西山)·『朱子成書』 각 1부,11) 1404년에 謝恩使 李彬 등이 『永樂二年大統曆』 100本, 『고금열녀전』 110부12)와 進賀使 李至 등

---

7) 『太祖實錄』 卷15, 7年 12月 甲子.
8) 『太宗實錄』 卷1, 元年 2月 乙未.
9) 『太宗實錄』 卷2, 元年 12月 癸亥.
10) 『增補文獻備考』 卷242, 예문고1 歷代書籍.
11) 『太宗實錄』 卷6, 3年 9月 戊子, 10月 辛未.
12) 『太宗實錄』 卷7, 4年 3月 戊辰.

이『고금열녀전』500부 및 약재,[13] 1406년에 內史 韓帖木兒 등이『통감강목』·『漢準四書衍義』·『대학연의』각 1부,[14] 1408년(태종 8)에 陳敬 등이『大明孝慈高皇后傳書』50부와『永樂六年大統曆日』100부,[15] 세자가『통감강목』1부,『대학연의』1부,『法帖』3부,『仁孝皇后勸善書』150부,『孝慈皇后傳』150부,[16] 1409년에 摠制 權緩이『永樂七年大統曆日』·『勸善書』,[17] 1415년(태종 15)에 千秋使 吳眞이『銅人圖』,[18] 1417년에 사신이『神僧傳』300부,[19] 盧龜山 등이『冊曆』100부,『諸佛如來菩薩名稱歌曲』100부,[20] 1418년에 賀聖節使 金漸 등이『菩薩如來歌曲』300부 등을 가져왔다.[21]

이 시기에는 조선이 관료적인 유교사회로서의 통치체제를 수립하는 데 참고할『대통력』·『대학연의』·『통감강목』등을 자주 들여왔다.[22] 주자성리학 이념으로 治國의 도를 설명한『대학연의』는 제왕학을 위한 경연강독 교재로서[23] 그리고 선비들의 필독서로서 사용되어 1403년

---

13)『太宗實錄』卷8, 4年 11月 己亥.
14)『太宗實錄』卷12, 6年 12月 丁未.
15)『太宗實錄』卷15, 8年 2月 丙戌.
16)『太宗實錄』卷15, 8年 4月 庚辰.
17)『太宗實錄』卷17, 9年 2月 壬辰.
18)『太宗實錄』卷30, 15年 10月 丁亥.
19)『太宗實錄』卷34, 17年 7月 丁卯.
20)『太宗實錄』卷34, 17年 12月 辛丑.
21)『太宗實錄』卷35, 18年 5月 戊辰. 이상의 책들은 제도류『문헌통고』·『제신주의』, 사서류『통감집람』·『통감강목』·『십팔사략』·『원사』·『춘추회통』, 교화서류『고금열녀전』·『인효왕후권선서』·『효자황후전』·『권선서』, 역서류『대통력』, 의학류『동인도』, 유학류『대학연의』·『사서연의』, 주자류『독서기』, 불교류로『신승전』·『제불여래보살명칭가곡』·『보살여래가곡』등이 된다.
22) 그 가운데『대통력』은 태조대(1398), 태종대(1401·1404·1408·1409·1417)에 이어서 1421년(세종 3)과 1466년(세조 12)에도 들여오고,『대학연의』(1401·1403·1406·1408)와『통감강목』(1403·1406·1408)은 모두 태종대에 들여온다.
23) 세종대의 경연 과목은『사서삼경』·『춘추』·『통감』·『강목』·『통감속편』·『대학연의』·『송감』·『사기』·『성리대전』등이 된다.

(태종 3), 1434년(세종 16), 1527년(중종 22)에 계속 간행되었다. 1472년
(성종 3)에 편찬된 이석형의『大學衍義輯略』이나 正祖 命編의『대학유
의』등은 이 책을 바탕으로 이루어진 것이고, 1494년(성종 25)에 무입
한『대학연의보』는 주석서로 사용된다.

한편『문헌통고』『사림광기』는『杜氏通典』과 함께 당·송의 제도를
검토하여 성리학 이념에 맞게 개혁을 시도하는 데 사용하게 된다. 특
히『문헌통고』·『宋史』·『元史』등은 예제 운영의 실제를 확인하는데,
『사림광기』는『예기』와 함께 禮器 제작에 자주 인용된다.24)『독서기』·
『주자성서』는 주역에 대한 설명서인『주역회통』, 성리학 중심체제의
역사서인『통감강목』등과 함께 여말부터 접해 오던 성리학서들을 직
접 접한 것이 된다.『동인도』는 침구학에서 쓰이는 銅製 인형으로, 그
해 중국에 가는 천추사편에 침구서를 구해 오도록 한 논의와 관련이
있는 것으로 보인다.

> 의약은 사람을 살리는 것이라 진실로 중대한 일입니다. 우리 나라
> 는 외따로 해외에 떨어져 있는데다가 침구의 방서도 적고, 또한 훌륭
> 한 의원도 없는 까닭에 무릇 병을 앓게 되면 經絡圖를 살펴가며 침도
> 놓고 뜸도 뜨지만, 흔히 효험을 보지 못합니다. 만약 奏聞에 힘입어
> 銅人을 내려 주어서 사용하는 법을 취하여 시행하게 한다면 대단히
> 편익하겠습니다.25)

그리하여『동인도』는 그 후 1431년(세종 13)에 경상도에서 간행된
다.

중국으로부터 기증받는 서적은 우리의 의사와는 별 관계 없이 받는
것이지만, 조선은 이 통로를 적극적으로 활용하여 원하는 책을 받는
경우가 많았다. 1403년(태종 3)에 받아온『대학연의』·『주자성서』등은

---

24) 李範稷,『한국중세예사상연구』, 일조각, 1991, 202쪽.
25)『太宗實錄』卷29, 15年 4月 己丑.

성균관에 입학한 원자의 교육을 위해 요청한 것이고,[26]『고금열녀전』
은 1404년(태종 4) 4월에 110부를 받아 왔음에도 불구하고[27] 다시 부
탁하여 그 해 11월에 500부를, 그리고 1422년(세종 4)에 또 들여온다.
이는 1408년(태종 8)의『인효황후권선서』·『효자황후전』, 1469년(예종
1)의『오륜서』등의 구입과 함께 유교적인 교화서가 필요한 데 따른
조치였다.

한편『제불여래보살명칭가곡』·『신승전』·『음즐서』등의 불서는 중국
으로부터 기증받아 각 절과 관청 및 사대부에게 반사된다.[28] 이는 숭
유억불책의 기치 아래 시작된 조선왕조이지만 불교를 숭상하던 明王
으로부터 받은 까닭이다. 그래서 1418년(세종 즉위)에는 대명관계를
위해 明使들이 내왕하는 서북도의 연변에서 歌曲誦習獎勵策이 강구되
기도 하였다.[29]

세종대에 기증받은 책은 다음과 같다. 1418년(세종 즉위)에 欽差宦
官 陸善財가『名稱歌曲』1,000부,[30] 1419년(세종 1)에 성절사 李之崇이
『爲善陰隲書』600부,[31] 사신 황엄이『陰隲書』1,000부,[32] 敬寧君 李裶
등이『新修性理大全』·『사서오경대전』과[33]『음즐서』22상자,『명칭가
곡』30상자,[34] 1421년(세종 3)에 正朝使 趙備衡 등이『대통력』100
권,[35] 1426년(세종 8)에 진헌사 金時遇가 사서오경 및『성리대전』1부

---

26)『太宗實錄』卷6, 3年 9月 戊子, 10月 辛未.

27)『太宗實錄』卷7, 4年 3月 戊辰, 11月 己亥.

28) 조선시대에 중국으로부터 불서를 기증받은 경우는 태종·세종대인 1417년
    (태종 17), 1418년(세종 즉위), 1419년, 1434년(세종 16)뿐이고, 성종대에는 사
    헌부의 반대에도 불구하고 대비의 명이라는 이유로 간경도감에서 불경을 무
    입하도록 추진된 적이 있다.

29)『世宗實錄』卷2, 卽位年 12月 辛丑.

30)『世宗實錄』卷1, 卽位年 9月 辛亥.

31)『世宗實錄』卷4, 元年 6月 己卯. 이 책은 세종대에 활자주조에 사용된다.

32)『世宗實錄』卷5, 元年 8月 己丑.

33)『世宗實錄』卷6, 元年 12月 丁丑.

34)『世宗實錄』卷6, 元年 12月 戊子.

120책『통감강목』1부 도합 14권,[36] 1433년(세종 15)에 千秋使 朴安臣이『사서오경대전』·『성리대전』각 1부와『통감강목』2부,[37] 1434년(세종 16)에 사신이『음즐서』441부,『명칭가곡』135부,[38] 1435년(세종 17)에 사신이『胡三省音註資治通鑑』등을 가져왔다.[39]

『사서오경대전』과 『성리대전』 등은 明使에게 요청하여 들여온 (1419/세종 1, 1426/세종 8, 1433/세종 15) 후에도, 1435년(세종 17)에 신간서를 구입해 오도록『재거사목』에 포함시키고 있다. 그리하여 1469년(예종 1)에도 들여온다. 특히『성리대전』은 程朱의 학설에 의거하여 이론을 집대성한 성리학 연구의 필수서로서, 明의 永樂帝에 의해 간행(1415/明 영락 13)된 지 불과 4년밖에 되지 않은 신간서였다. 그리고 이 영락판은 높이 평가받는 관찬 주해서였다. 그러므로 이 책의 구입은 그 동안 정치 지침서인『대학연의』나 성리학 입문서인『근사록』, 또는 부분적으로 주자의 저서를 접해 오던 조선인들에게 성리학에 대한 지평을 넓혀 주는 계기가 된다.[40] 그리고 세종의 비상한 관심 속에서 1427(세종 9)~1428년에 걸쳐 곧 간행되어 경연에서 강의되는 등, 성리학 연구의 백과사전적 문헌으로 사용된다. 그런데 이 책은 성리학의 권위적 체계를 확보하여 사상의 통일을 도모하려는 의도가 담겨 있어 성리학 체계에 대한 이해를 심화시키는 데 있어서뿐 아니라, 중앙집권체제를 통제하기 위한 방편으로 사용되었다고 할 수 있다.[41] 또한

---

35)『世宗實錄』卷11, 3年 2月 癸丑.
36)『世宗實錄』卷34, 8年 11月 癸丑.
37)『世宗實錄』卷62, 15年 12月 壬戌.
38)『世宗實錄』卷64, 16年 5月 辛丑.
39)『世宗實錄』卷70, 17年 12月 戊午. 이상의 책들은 주자류『성리대전』, 유학류『사서오경대전』, 역서류『대통력』, 역사류『통감강목』·『자치통감』, 불교류『명칭가곡』, 도교류『위선음즐서』등이 된다.
40) 고영진, 「성리학의 이해와 왕도·민본」,『한국사상사의 과학적 이해를 위하여』, 청년사, 1997, 96쪽.
41) 금장태,『조선전기의 유학사상』, 서울대, 1997, 204쪽.

『성리대전』 속에는 음성에 관한 이론이 담겨 있는『황극경세서』가 있어 한글 창제에 영향을 주었을 것으로 믿어진다.42)

『자치통감』·『자치통감강목』·『음주자치통감』은 역대 왕조의 흥망과 명분을 밝혀 중국의 고제 연구나 治道의 자료에, 그리고『사정전훈의 자치통감』을 校註하는 데 참고되었다.『자치통감』은 1451년(문종 1)에 무입하도록 한 것을 1481년(성종 12)에 기증받게 되고,『통감강목』은 태종·세종대에 들여왔음에도(1403/태종 3, 1406, 1408, 1426/세종 8, 1433/세종 15) 1435년에 계속 무입하도록 하는데, 성종대에 이르러서는『신증강목통감』·『속자치통감강목』등을 들여오는 것으로 이어진다.『통감강목』은 분량이 많음에도 불구하고, 세종이 1420년(세종 2)부터 1423년까지의 기간에 20~30여 번씩 읽을 정도로 관심을 가진 책이다.『음주자치통감』은 1435년(세종 17) 3월과 8월에 중국에 주청하여 그 해 7월과 12월에 연이어 들여오는데,『자치통감』의 훈의작업이 본격화되고 있었기 때문이다.43) 그러나 함께 청한『원위』·『통감전편』·『역대필기』등은 제외되었다.44) 그러므로 주자성리학의 기본 지침서인『대학연의』나, 성리학에 입각한 철학·역사서인『사서오경』·『근사록』·『성리대전』·『자치통감』·『자치통감강목』등을 강론하는 일은『사정전자치통감훈의』·『사정전자치통감강목훈의』등의 편찬작업과 아울러 성리학 이념에 맞추어 통치제도를 정비해 가는 과정이 된다.

명나라 역서인『대통력』은 고려 말에 전해진 이후 1653년(효종 4) 시헌력을 사용할 때까지 조선에서 통용된다. 그러므로 태조·태종대에 이어서 1421년(세종 3), 1466년(세조 12)에도 계속 들여와 농업 등 실생활에 사용된다. 뿐만 아니라 세종대에『칠정산내편』을 편찬하는 데 참고하게 된다. 1460년(세조 6)에 들여오도록 한『대명력』·『수시력』·

---

42) 姜信沆,「訓民正音解例이론과 성리대전과의 관련성」,『국어국문학』26, 1963.
43)『世宗實錄』卷67, 17年 3月 壬午, 8月 癸亥.
44)『世宗實錄』卷70, 17年 12月 戊午.

『회회력』 등도 세종대에 편찬된 『칠정산내편』·『칠정추보』 등을 사용하는 데 참고하였을 것이다. 특히 『회회력』은 아라비아의 천문서로 중국 재래식 방법에 의한 계산을 시정하는 데 도움을 주게 된다.

문종대부터 세조대까지 기증받은 책은 1454년(단종 2)에 『송사』,[45] 1466년(세조 12)에 『대통력』 101부 등이 있다.[46] 이 책들은 기증받기까지 어려움이 많았다. 『송사』는 1426년(세종 8), 1435년(세종 17), 1451년(문종 1)에,[47] 『홍무정운』은 1461년(세조 7) 중국에 요청하였지만[48] 단지 『송사』만을 얻었을 뿐이다.[49] 중국 자음의 권위서인 『홍무정운』은 세종대에 『훈민정음』·『동국정운』 편찬에 참고할 뿐 아니라, 이를 바탕으로 1455년(단종 3)에 『홍무정운역훈』이 편찬된다. 『홍무정운』은 1460년(세조 6)에 이르러 문과 初場의 시험과목으로 정해진다.

예종대부터 성종대까지 기증받은 책은 다음과 같다. 예종대인 1469년(예종 1)에 明使가 『五倫書』·『오경대전』·『성리대전』,[50] 성종대인 1475년(성종 6)에 서장관 鄭孝終이 『文章類選』,[51] 1481년(성종 12)에 사신이 『자치통감』·『程氏遺書』·『眞西山集』·『사문유취』·『致堂管見』·『宋朝文鑑』 각 1부,[52] 1483년에 明使가 서명을 알 수 없는 서적을 가져왔다.[53] 그러므로 성종대에는 문집류가 눈에 많이 띈다.

---

45) 『端宗實錄』 卷12, 2年 9月 戊午·己未·乙亥.

46) 『世祖實錄』 卷38, 12年 4月 庚戌.

47) 『世宗實錄』 卷34, 8年 11月 癸丑, 17年 8月 癸亥 ; 『文宗實錄』 卷8, 元年 7月 庚申. 그리고 단종 원년에는 어전 예물이 없어 그 다음 해에 연기하여 요청한 것을 받아온 것이다(『端宗實錄』 卷9, 元年 11月 乙亥).

48) 『世祖實錄』 卷24, 7年 4月 丙子 ; 『增補文獻備考』 卷242, 예문고 1 역대서적.

49) 『端宗實錄』 卷12, 2年 9月 戊午·己未·乙亥.

50) 『예종실록』 卷4, 元年 閏2月 壬戌.

51) 『成宗實錄』 卷51, 6年 正月 己卯.

52) 『成宗實錄』 卷136, 12年 12月 戊辰.

53) 『成宗實錄』 卷156, 14年 7月 丙申·己亥·庚子. 이상의 책들은 의례류 『오륜서』, 유학류 『오경대전』·『성리대전』·『정씨유서』, 역사류 『자치통감』, 문학류 『문장유선』·『송조문감』, 기타 『사문유취』 등이 된다.

조선은 중국으로부터 서적을 기증받을 때 통상적으로 그에 따른 사례를 표하였다. 예를 들어『호삼성음주자치통감』을 받을 때는 포·인삼 등을 보냈고,54)『자치통감』·『사문유취』·『송조문감』 등을 받을 때는 각 1부에 대하여 은 100냥씩 쳐 주었다.55)『송사』를 구입하려 할 때는 중국에 보낼 예물이 없어 다음 기회로 연기하기도 하였다.56) 한편 중국왕은 조선에서 銅佛을 헌납하자 그에 대한 보답으로『통감강목』·『한준사서연의』·『대학연의』 각 1부를 보내왔다.57)

2. 중국서적의 貿入

우리 나라가 중국으로부터 기증받는 책은 많았지만, 그것만으로는 우리가 필요로 하는 서적을 충족할 수 없었다. 그래서 우리가 원하는 책을 직접 선정하여 무입함으로써, 국내에서의 수집의 한계를 보완하고 선진문화를 수용하는 바탕을 마련하게 된다. 서적을 구입하는 방법은 사무역을 통해서도 가능하였지만, 1432년(세종 14) 이후로는 약재와 함께 공무역을 통해서만 들여오도록 조치가 이루어진다.

> 약재·서책 등의 물건을 사사로이 무역하게 한 것도 역시 마땅치 아니하였다. 약재와 서책은 무역하지 않을 수 없는 것이나, 이제부터는 약재·서책은 예부에 咨文을 보내어 공식으로 무역함이 옳을 것이니 이것도 아울러 의논하여 아뢰라.58)

그런데 세조 말년을 전후하여 서적 수입은 공무역에서조차 제대로

---

54)『世宗實錄』卷71, 18年 正月 乙酉.
55)『成宗實錄』卷136, 12年 12月 戊辰.
56)『端宗實錄』卷9, 元年 11月 乙亥.
57)『太宗實錄』卷12, 6年 12月 丁未.
58)『世宗實錄』卷58, 14年 10月 己丑.

행해지지 않은 듯하다. 1470년(성종 1)에 院相 申叔舟가 매년 부경사신을 통하여 무입되던 서적이 중단되어 불편하다면서 공식적인 교역을 허용해 주도록 청하고 있기 때문이다.

> 이전에는 중국에 가는 서장관으로 하여금 우리 나라에 없는 서적을 사 오도록 하였는데, 근년에는 停廢되었으니 매우 未便합니다. 또 중국에는 반드시 새로 선발된 서적으로 세상에 발행된 것이 있을 것이니 청컨대 正朝使의 행차에 명령하여 서장관이 사 오게 하고 홍문관·예문관의 서적으로 권수가 갖추어지지 못한 것도 또한 사 오도록 하는 것이 어떻겠습니까?59)

이 때 신숙주는 중국에서 새로 간행되거나 홍문관·예문관 등에 소장된 책 가운데 완질이 안 되는 것을 사 오자고 요청하였다. 이로 볼 때 선초에 있어서 정책적으로 구입하거나 구입하려고 노력한 서적의 내용은 ① 중국에서 새로 간행된 것, ② 홍문관·예문관 등의 소장 책 중에서 완질이 안 되거나 없는 것,60) ③ 집현전 등에서 정책활용이나 연구 또는 편찬에 참고하기 위한 것,61) ④ 경연과 같은 중요한 기관에 1, 2부가 소장되어 있더라도 주자로 인쇄하기 어려운 것이나 판본이 없는 것,62) ⑤ 그 외에 구독이 절실히 필요한 것 등이 된다.63) 그리고 서적을 구입하는 기관은 집현전·예조 등이 중심이 되었다.

정부의 서적 구입은 세종대의 『賫去事目』이나, 문종대와 성종대의 貿書目錄에서 보는 바와 같이 계획성 있게 진행되었다.64) 1435년(세종 17)에는 중국으로부터 서적을 구입하기 위해 특별히 『재거사목』을 작

---

59) 『成宗實錄』 卷8, 元年 10月 丙午.
60) 『成宗實錄』 卷8, 元年 10月 丙午 ; 『世祖實錄』 卷10, 3年 11月 庚午.
61) 『文宗實錄』 卷8, 元年 7月 庚申.
62) 『文宗實錄』 卷8, 元年 6月 己卯 ; 『端宗實錄』 卷14, 3年 4月 己卯.
63) 『世宗實錄』 卷69, 17年 8月 癸亥 ; 『文宗實錄』 卷8, 元年 7月 庚申.
64) 『文宗實錄』 卷8, 元年 7月 庚申 ; 『成宗實錄』 卷136, 12年 12月 壬戌.

성하였다.65) 그 내용인즉, 국내에 없거나 구하기 어려운 理學·史書를 중심으로 사신 편에 구입하게 하되 가능하면 기증을 받도록 하는 것이다. 구입할 때는 복본을 준비하되, 책판이 있는 경우는 종이와 먹을 준비하여 간행해 올 수 있는지의 여부를 알아보게 하였다. 그리고 신간서의 출판 여부와 板의 최신성 및 비용 등도 배려하였다. 그 후 성절사 통사인 金漢의 귀국보고를 보면, 당시 중국의 신간서에 대한 관심이 얼마나 컸는가를 알 수 있다.66) 이들 사신 일행은 중국 예부 관리에게 ① 새로 찬술한 史書 내지 기타 서적에 대한 정보 ②『영락대전』인출 상황과 그 刊本의 소재지 ③ 주자의 인출 방법 등에 대해 묻고 있다. 이에 대한 중국관리의 대답은 明 태종의 지시로 고금의 책들을 모아 찬술한『영락대전』이 목판으로 만들어져 남경에 보관되었는데, 그 분량은 御府에 10여 間이 찰 정도로 많아 미처 간행하지 못한 상태로 있다는 것이다. 마치 조선 후기에『사고전서』를 구입하려던 정조가 부경사신의 보고를 듣는 정황을 생각나게 한다. 또한 1481년(성종 12)에도 무서목록을 작성하였다. 이 때 성절사 韓致亨이 중국에서 돌아와 보고

---

65)『世宗實錄』卷69, 17年 8月 癸亥. 내용을 요약하면 다음과 같다.

  ① 중국에서 새로 편찬된『사서대전』『오경대전』등이 있다면 사 오도록 할 것.
  ② 理學 관계, 즉『오경대전』『사서대전』『성리대전』등은 물론이고, 史書도 국내에 없으면서 이전 것보다 나은 최근 것으로 유익한 것이면 매입할 것.
  ③ 書法『강목』『국어』등도 매입할 것.
  ④『胡三省音註資治通鑑』, 趙完璧의『源委』, 金履祥의『通鑑前編』, 陳桱의『歷代筆記』등은 수증이 가능하면 매입하지 말고, 요청할 때도 드러내 놓고는 하지 말 것.
  ⑤ 구입할 때는 반드시 탈락에 대비하여 2부씩 매입할 것.
  ⑥ 北京에 大全의 판본이 있다면 紙·墨을 마련하여 사사로이 인쇄할 수 있는지 여부를 물어 볼 것.
  ⑦『영락대전』의 간행 여부 및 그 내용을 자세히 알아 볼 것(이 항목에 대한 보고는 세종 17년 12월 경술조에 나타난다).
  ⑧ 중국 鑄字의 字體와 인출 방법을 자세히 알아 볼 것 등.
66)『世宗實錄』卷70, 17年 12月 庚戌.

하는 내용을 보면, 중국은 우리가 요청한 목록 중에서 중국의 宮內에 없는 것을 私處에서 사서 줄 정도로 적극적인 지원을 하기도 하였다.67)

그러나 중국으로부터의 서적 구입은 수월한 것이 아니었다. 明의 폐쇄적인 대외정책으로 말미암아 조선의 문화적 교류나 인적 내왕은 제한되었다. 그러므로 조선은 중국 정부의 금제를 피하면서 예부의 허가 절차를 거쳐야 했다. 때로는『호삼성음주자치통감』을 요청할 때와 같이 중국에 보내는 사절단의 성격에 맞추어 시기를 연기하거나 드러내 놓고 말하지 않도록 조심하였다. 그리고 중국까지의 먼 거리로 인한 불편이나 비용 문제도 있어 실제로는 몇 권의 책을 구입하는 데 만족하여야 했다. 서적의 구입은 대체로 사신들을 통해서 이루어지는데, 특히 역관들의 역할이 컸다.68) 그 대표적인 사람으로는 金時遇・李子瑛・宣存義 등을 들수 있다. 그 중 태종・세종대에 활약한 김시우는 1426년(세종 8)에 오경사서 및『성리대전』『통감강목』등을 중국으로부터 받아왔다. 서적을 구입하기 위해서는 책값과 함께 해당 전문가를 파견하기도 하여 세종대에는 장영실을 중국에 보냈다.

> (3년 신축에) "이들을 중국에 들여보낼 때에 예부에 공문을 보내서 曆算學과 각종 천문서책들을 무역하고 보루각・흠경각의 혼천의 圖式을 견양하여 가져오게 하라" 하고 은량과 물산을 많이 주었다."69)

이와 같이 서적 구입을 위한 구체적이고 지속적인 노력은 선초에 유례없이 많은 서적을 다양하게 구비하도록 하였다. 그리고 구입한 서적은 곧 바로 국내에서 간행으로 이어져 복간본으로 만들어지거나 주석

---

67)『成宗實錄』卷136, 12年 12月 壬戌.
68) 강신항,「조선시대 한학 관계 역학자들의 업적에 대하여」,『제5회 학술회의논문집Ⅰ』, 한국정신문화연구원, 1988.
69)『燃黎室記述』世宗 3年 辛丑.

·언해되어 인출되었다. 때로는 그것을 참고하여 새로운 서적을 편찬함으로써 활발한 편간사업으로 연결되었다. 그리고 편간사업은 곧 인쇄술의 발달을 초래하게 된다.

중국으로부터 서적을 무입한 기록은 태종대에 이르러 나타난다. 1409년(태종 9)에 『春秋穀梁傳』 11권,[70] 1417년(태종 17)에 의서·五行書·捻金冊[71] 등을 무입하도록 하였는데, 그 중 의서와 약재는 그 다음 해인 1418년(태종 18)에 사은사 延嗣宗이 들여왔다.[72] 의서는 서명이 문헌상으로 드러나지 않지만 1415년(태종 15)에 『동인도』가 수증된 이후에 들여온 것이 된다. 그리고 세종대에 편찬된 『의방유취』에는 명초의 의서까지 수록되어 있으므로, 이 시기에 의서가 많이 교류되었을 것으로 본다.

세종대에 무입하도록 한 책은 1425년(세종 7)에 『집성소학』 100부,[73] 1426년에 『祖訓條章』,[74] 1431년(세종 13)에 『地理大全』·『地理全書』·『地理新書』·『夫靈經』·『天一經』·『地珠林』 등의 지리서[75]와 『宋播芳』,[76] 1435년(세종 17)에 『오경대전』·『사서대전』·『성리대전』 및 사서류, 그리고 『胡三省音註資治通鑑』·『源委』(趙完璧)·『通鑑前編』(金履祥)·『歷代筆記』(陳桱)·『宋史』·『通鑑綱目』·『書法』·『國語』,[77] 1439년(세종 21)에 『어제효자록』·『稽古定制書』·『喪禮圖』,[78] 1440년(세종 22)에 『胡

---

70) 『太宗實錄』 卷18, 9年 11月 丙戌.

71) 『太宗實錄』 卷34, 17年 12月 乙未.

72) 『太宗實錄』 卷35, 18年 4月 乙未. 중국으로부터 들여온 약재는 1401년(태종 1) 9월에 말을 교역한 대가로 150냥, 1406년(태종 6) 12월에 銅佛을 보낸 대가로 18味, 1411년(태종 11) 8월에 明使가 가져온 29味 외에, 1450년(세종 32) 2월에 왕의 병치료를 위해 받은 것이 있다.

73) 『世宗實錄』 卷30, 7年 12月 戊子.

74) 『世宗實錄』 卷34, 8年 10月 乙酉.

75) 『世宗實錄』 卷51, 13年 正月 丁丑.

76) 『世宗實錄』 卷51, 13年 2月 癸卯.

77) 『世宗實錄』 卷69, 17年 8月 癸亥.

78) 『世宗實錄』 卷86, 21年 9月 戊申.

三省贏蟲錄』79)·『大明集禮』1부 등이다.80) 그러나 실제로 무입한 것으로 실록에 기록된 책은 1440년(세종 22)에 들여온『국어』·『音義』1책 뿐이다.81)

세종대에 구입하려는 책들은 이전보다 종류가 많고 다양해지고 있다. 그 가운데『소학』은 국내에 音訓註解本이 없다는 예조의 청으로 『집성소학』을 사 오도록 하였다.

4부학당은 오로지『소학』의 가르침만을 맡고 있어, 거기에 입학한 생도에게는 먼저『소학』을 가르치고 나서 다른 서적을 가르칩니다. 다만『소학』이란 서적은 경사자집의 요긴한 말을 모아 편집한 것이기 때문에 이해하기 어려운 곳이 많습니다. 우리 나라에서 출판한 소학은 音訓과 주해가 미비하고, 다만 중국『집성소학』은 음훈과 註疏와 名物圖象이 지극히 분명하게 갖추어져서, 아이들이 쉽게 알 수 있습니다. 청하건대 제용감의 저마포를 중국에 들어가는 사신에게 주어 『집성소학』100권을 사 오게 하소서.82)

이 책이 후에 중국으로부터 무입됐는지는 알 수 없다. 그러나 1464년(세조 10)에 許稠가 찬진한『집성소학』이 주자소에서 인출되는 것으로 보아 참고되었을 것으로 짐작된다.83)『계고정제서』·『상례도』등은 우리 나라가 중국의 예제를 따르고 있으므로 禮樂제도에 참고하기 위한 것이었다.

---

79)『世宗實錄』卷88, 22年 正月 丙午.
80)『世宗實錄』卷88, 22年 正月 辛亥, 2月 丁酉. 이상의 책들은 정치류『자치통감』, 법률류『대명집례』, 역사류로『강목』·『통감전편』·『송사』·『역대필기』·『국어』, 교화류『소학』·『어제효자록』, 의례류『계고정제서』·『상례도』, 풍수류『지리대전』·『지리전서』·『부영경』·『천일경』·『지주림』등이고, 기타『송파방』·『조훈조장』·『원위』·『호삼성영충록』등이 된다.
81)『世宗實錄』卷89, 22年 6月 丙申.
82)『世宗實錄』卷30, 7年 12月 戊子.
83)『世宗實錄』卷41, 10年 9月 丁巳.

180 실학사상연구 12

　지금 『家禮易覽』을 보니 『어제효자록』·『계고정제서』·『상례도』 등
여러 서적이 있으니 무릇 예악의 제도에 관한 여러 서적을 널리 구하
여 오라.84)

　『송파방』은 표전문 작성에 참고하기 위한 것으로, 이미 1424년(세종
6) 정월에 주자소에서 인출하여 문신에게 반사한 적이 있다.85) 표전문
문제로 인한 明과의 분규는 1396년(태조 5) 2월부터 1397년 12월 사이
에 모두 세 차례나 발생하였다. 이 때 조선은 명에 대해 강경책으로 맞
서 제작자의 소환을 거절하였고, 정도전은 反明 태도로 요동정벌을 위
한 군대 양성을 강화하기도 하였다. 그러므로 표전문 작성은 대명관계
에서 중요하게 된다. 또한 『지리대전』·『지리전서』·『지리신서』 등의 지
리서는 당시 서운관에 풍수지리학에 관한 문헌이 별로 없어 보완하도
록 한 것이다. 1431년(세종 13)에 行副司直 高仲安은 다음과 같이 그
필요성을 역설하였다.

　지리에 대한 서적이란 세상에 전하는 것이 희귀하고 다만 서운관
에 소장하고 있는 『지리전서』 몇 종과 『大全』 1부만이 있을 뿐입니
다. 오늘날 지리학을 한다는 사람들이 옛 법에 어두우면서 함부로 이
해를 말하는 것은 모든 서적을 널리 상고하지 못한 까닭입니다. 이러
한 까닭에 풍수학이 그 관직은 있으나 아무런 실상이 없으니 실로 가
탄할 일입니다. 만약 『지리대전』·『지리전서』·『지리신서』·『夫靈經』·
『天一經』·『地珠林』 등의 여러 서적을 세상에 간행하고 文士들로 하
여금 이를 연구 해명하여 새로 진작해 일으킨다면 풍수법이 세상에
밝게 되어 요사스런 말들이 행하지 못할 것입니다.86)

　당시 풍수설에 대한 견해들이 분분하므로 관련된 책들을 연구시켜

---

84) 『世宗實錄』 卷86, 21年 9月 戊申.
85) 『世宗實錄』 卷23, 6年 正月 戊子.
86) 『世宗實錄』 卷51, 13年 正月 丁丑.

邪說이 나오지 못하게 하려는 것이다. 정부는 풍수지리에 대한 이론이 대립되는 가운데 시비를 가리기 위한 필요에서, 이미 관련 책들을 헌납하도록 전국에 명한 적이 있었다.[87] 그러나 제대로 수집되지 못하자 북경에 가는 사신에게 구입하도록 한 것이다.

세종대에 무입한 책은 무입하려던 것이나 기증받은 것보다 훨씬 적다. 실록에는 『국어』와 『음의』만이 기록되어 있다. 이는 『재거사목』에 명시된대로 매입의 방법보다는 가능한 기증받도록 한 방침에 따른 것으로 보인다. 『국어』와 『음의』는 국내에 完本이 없어 중국과 일본으로부터 구입하도록 한 것이다. 이 가운데 『국어』는 1429년(세종 11) 각 도에 수집령을 내렸으나[88] 제대로 구하지 못하자, 1435년(세종 17) 중국으로부터 매입하도록 하여 이 때 들여온 것이다. 집현전에서는 이를 補正하고 주자소에서 인쇄하여 널리 보급하게 된다. 그러므로 『집성소학』·『국어』는 편간 활동과, 『계고정제서』·『상례도』·『송파방』 등은 제도의 정비와 관련되어 진행된 예가 된다.

문종대부터 세조대까지 무입하도록 한 책은 다음과 같다. 1451년(문종 1)에 특별히 작성한 貿書目錄에 따라 집현전에서 긴요한 東巖의 『周禮』·『儀禮』, 『經傳通解』·『續儀禮集傳』·『集註通志』·『中庸輯略』·『資治通鑑』·『總類通鑑本末』·『宋史』·『朱文公集』·『宋朝名臣五百家播芳大全』·『文粹』·『續文章正宗』·『備擧文言』·『宋朝名臣奏議』,[89] 1455년(단종 3)에 판본이 없는 의서인 『聖惠方』·『永類鈴方』·『得效方』·『和劑方』·『衍義本草』·『補註銅人經』·『纂圖脈經』,[90] 1457년(세조 3)에 예문관에 없는 서적과 의학·불서,[91] 1461년(세조 7)에 『홍무정운』,[92] 1465년(세

---

87) 『定宗實錄』 卷6, 2年 12月 壬子 ; 『太宗實錄』 卷34, 17年 11月 丙辰.
88) 『世宗實錄』 卷44, 11年 5月 甲戌.
89) 『文宗實錄』 卷8, 元年 7月 庚申.
90) 『端宗實錄』 卷14, 3年 4月 己卯.
91) 『世祖實錄』 卷10, 3年 11月 庚午.
92) 『世祖實錄』 卷24, 7年 4月 丙子 ; 『增補文獻備考』 卷242, 예문고 1 역대서적.

조 11)에 『지리대전』 등이다.93) 세조대에 무입한 것은 1460년(세조 6)에 『대명력』·『회회력』·『수시력』·『通軌』·『啓蒙揚輝全集』·『捷用九章』 등의 역서다.94) 이는 당시 역법이 밝지 못해 걱정하던 세종의 말을 상기하고 구해온 것이다.

집현전에서 구입하도록 한 『주례』·『의례』·『송조명신주의』 등은 제도 정비를 위한 정책 입안에, 『송조명신주의』·『송조명신오백가파방대전』은 공식문안 작성에, 『문장정종』은 시문의 원류로 사용하려 함일 것이다. 특히 의서인 『화제방』과 『득효방』은 과거시험 과목에, 『성혜방』과 『영류영방』 등은 1459년(세조 5)에 양성지가 하던 『의방유취』의 교정작업에 참고된다. 『연의본초』와 『동원습서』도 이후에 간행사업으로 연결된다.95) 그러므로 明의 의서는 단종대 이후 활발히 수입하게 되어 편간사업으로 이어지는 발전을 보인다.

성종대에 무입한 책은 1471년(성종 2)에 불경,96) 1475년(성종 6)에 金輔가 『新增綱目通鑑』,97) 1476년(성종 7)에 사신이 『朱子語類大全』 20권,98) 1478년(성종 9)에 『칠정력』,99) 1480년(성종 11)에 어세겸이

---

93) 『世祖實錄』 卷36, 11年 6月 己亥. 이상의 책들은 주자류 『주문공집』, 역사로 『송사』『자치총감』『총류통감본말』, 의례류 『주례』『의례』『속의례집전』, 경서류 『중용집략』, 그리고 의서류 『성혜방』『영류영방』『득효방』『화제방』『연의본초』『보주동인경』『찬도맥경』, 풍수류 『지리대전』 등이 된다.

94) 『世祖實錄』 卷20, 6年 6月 辛酉.

95) 萬曆 41년(1613, 광해군 5)판 『故事撮要』 卷下, 冊市准 항목에 보면 "本草衍義 紙五十八帖十二張價 綿布三匹米一斗," 崇禎 9년(1636, 인조 14)판에는 日紙數의 항목에 "本草衍義 紙二十九卷六張"이라 기록되어 있는 것으로 보아 간행되어 활용되었음을 알 수 있다.

96) 『成宗實錄』 卷9, 2年 正月 甲午.

97) 『成宗實錄』 卷56, 6年 6月 壬午. 이 때 좌의정 한명회는 『명신언행록』『新增本草』『遼史』『金史』『說苑』(劉向)『歐陽文忠公集』 각 1부 등을 私買하여 함께 진헌하였다. 개인이 수입한 것을 진헌하는 것으로는 1470년(성종 1)에 좌의정 金國光 등이 올린 사서오경도 있다.

98) 『成宗實錄』 卷67, 7年 5月 乙卯.

99) 『成宗實錄』 卷99, 9年 12月 甲寅.

『文翰類選』·『五倫書』·『律條疏議』·『國子通志』·『趙孟頫書簇』 4軸,[100] 1481년(성종 12)에 홍문관 교리 김흔이 『주자어류』 1부[101]와 성절사 한치형이 서명을 알 수 없는 서적,[102] 1482년(성종 13)에 한성부 右尹 이극기 등이 劉向의 『新語』·『說苑』, 『淸華集』·『주자어류』·『分類杜詩』·羊角書板,[103] 1486년(성종 17)에 성절사 질정관 이창신이 『蘇文忠公集』,[104] 1488년(성종 19)에 유자광이 『歷代名臣法帖』,[105] 동지중추부사 成健이 『東垣拾書』,[106] 1490년(성종 21)에 尹孝孫이 『活民大略』·『續資治通鑑綱目』·『趙孟頫書簇』 2쌍,[107] 1492년(성종 23)에 董越의 『朝鮮賦』,[108] 1494년(성종 25)에 동중추 安琛이 『大學衍義補』,[109] 河叔溥가 『輯註武經七書』·『陣書』 등을 들여왔다.[110]

주자류는 문종대에 들여오도록 한 『주문공집』에 이어, 성종대에 『주자어류』·『주자어류대전』 등을 들여오기 시작하였다(1476/성종 7, 1481/성종 12, 1482). 그리하여 그 동안 꾸준히 구입되던 『성리대전』·『사서오경대전』과 교체된다. 이는 여말선초부터 들어오기 시작한 성리학이 그 동안 『성리대전』을 중심으로 발달하다가 점차 심화되고 정착되어

---

100) 『成宗實錄』 卷116, 11年 4月 壬戌.
101) 『成宗實錄』 卷128, 12年 4月 己巳.
102) 『成宗實錄』 卷136, 12年 12月 壬戌.
103) 『成宗實錄』 卷139, 13年 3月 丙子.
104) 『成宗實錄』 卷198, 17年 12月 己亥.
105) 『成宗實錄』 卷212, 19年 閏正月 甲午.
106) 『成宗實錄』 卷221, 19年 10月 辛丑.
107) 『成宗實錄』 卷238, 21年 3月 丙辰.
108) 『成宗實錄』 卷266, 23年 6月 壬戌.
109) 『成宗實錄』 卷286, 25年 正月 丁酉 ; 『增補文獻備考』 卷242, 예문고 1, 역대 서적.
110) 『成宗實錄』 卷294, 25年 9月 辛丑. 이상의 책들은 주자류 『주자어류』·『주자어류대전』, 정치류 『대학연의보』, 법률류 『육조소의』, 역사류 『신증강목통감』·『요사』·『금사』·『속자치통감강목』, 역서류로 『칠정력』, 교화류 『오륜서』, 의서류 『동원습서』, 병서류 『집주무경칠서』·『진서』, 문집류 『문한유선』·『분류두시』·『소문충공집』·『조선부』, 서체류 『구양문충공집』·『조맹부서족』, 그리고 불경 등이 된다.

가는 과정으로 들어선 것을 의미한다. 『주자어류』·『주자대전』 등은 16세기에 들어서서 간행·보급되고 주자성리학에 대한 연구가 본격화된다. 그러므로 이 책들의 구입은 주자학 전성시대를 이루는 기반을 조성하게 된다.

『집주무경칠서』·『진서』와 『조맹부서족』·『역대명신법첩』·『구양문충공집』 등은 세조 때부터 관심을 두던 병서와 글씨본이다. 양반 사대부의 교양으로서 중시된 書道는 고려 후기 이래로 조맹부체(송설체)가 인기였다. 조맹부체는 매끈하고 세련된 서체여서111) 이미 교서관 소장본으로 인쇄하거나,112) 족자와 병풍을 수집하게 한바 있다.113) 『法帖』을 인쇄하기 위해 그의 眞筆 千字 등을 진헌하는 사람에게는 후히 상을 주었다.114) 安平大君의 手筆도 수집하였는데115) 그의 서체는 조맹부체에서 한 걸음 나아가 활달한 기풍을 보였다. 그래서 1450년(세종 32)에 주조한 경오자 서체의 본으로 사용된 바 있다. 두보의 시집인 『분류두시』는 조선의 國是와도 합치되는 작품이어서 당시 科題로도 빈번히 출제되었다.

중국으로부터 서적을 무입할 때는 주로 布가 지불 수단으로 사용된다. 포는 의복의 원료로서뿐 아니라 화폐의 대용으로, 그리고 대외무역시 지불 수단으로 이용되었다. 때로는 인삼과 白貼扇 등도 사용되지만, 공무역에서는 주로 마포가 사용되었다. 예를 들어 세종대에 『호삼성영충록』은 마포 15필,116) 『대명집례』는 마포 10필,117) 성종대에 불경은 포 50필로 구매하도록 하였다.118)

---

111) 金元龍·安輝濬 공저, 『한국미술사』, 서울대출판부, 1994, 321쪽.
112) 『世祖實錄』 卷2, 元年 10月 癸亥.
113) 『成宗實錄』 卷166, 15年 5月 己丑·丁酉.
114) 『世祖實錄』 卷16, 5年 5月 辛卯.
115) 『成宗實錄』 卷231, 20年 8月 戊子.
116) 『世宗實錄』 卷88, 22年 正月 丙午.
117) 『世宗實錄』 卷88, 22年 正月 辛亥.
118) 『成宗實錄』 卷9, 2年 正月 癸巳·甲午. 1437년(세종 19)에 있어서 租稅價를

  그리고 서적을 무입해 온 사람에게는 국가에서 시상을 하였다. 예를 들면 세종대에는 『성리대전』·『통감강목』에 대해 안장 갖춘 말,119) 『호삼성음주자치통감』에 대해 안장 갖춘 말과 옷 한 벌,120) 성종대에는 『문한유선』·『조맹부서족』 등에 대해 털로 된 말장식품,121) 『주자어류』에 대해 털로 된 말장식품,122) 『동원습서』에 대해 말 장식품 한 부를 주었다.123) 그리고 단종대에는 『송사』를 기증받게 되었다는 소식을 전한 역관에게 의복을 하사하였다.124) 그러므로 상급은 말·말장식품·의복 등 일상 생활품을 주는 소박함이 엿보여, 조선 후기에 있어서 관직이나 호피 등을 주던 것과 대조된다.

  또한 구입한 책들은 바로 간행하여 사용되기도 하였다. 성종대에 들여온 『동원습서』·『조선부』·『대학연의보』 등과 같이 소속 관청에 완질본이 없다거나,125) 우리 나라 사실이 자세히 기록되어 있다는 등의 이유에서 였다.126) 그러므로 세종대에 무입한 책들이 새로운 편찬사업에 많이 참고된 것과 달리, 성종대에는 그대로 복간되어 사용된 차이점을 갖는다.

  ## 3. 일본서적의 受贈

  보면 정포(마포) 1필이 米 5斗로 계산되므로(『世宗實錄』 卷76, 19年 3月 己酉) 『호삼성영충록』은 75두, 『대명집례』는 50두 정도의 값으로 짐작하면 될 것이다.
119) 『世宗實錄』 卷34, 8年 11月 癸丑. 1426년(세종 8)에 大馬 한 마리 가격이 면포 45필에 해당하므로(李正守, 「조선전기의 물가변동」, 『국사관논총』 68, 1996, 64쪽) 상급의 비중을 가늠해 볼 수 있다.
120) 『世宗實錄』 卷69, 17年 7月 庚午, 12月 戊午.
121) 『成宗實錄』 卷116, 11年 4月 癸亥.
122) 『成宗實錄』 卷128, 12年 4月 己巳.
123) 『成宗實錄』 卷221, 19年 10月 辛丑.
124) 『端宗實錄』 卷12, 2年 9月 戊午.
125) 『成宗實錄』 卷221, 19年 10月 辛丑.
126) 『成宗實錄』 卷266, 23年 6月 壬戌.

조선 건국시에 일본은 남북조의 통합을 이루고 足利義滿이 幕府통치를 행하였다. 여말 이래 연안 각지에 창궐했던 왜구는 조선 초기에 들어서도 그치지 않고 해적 행위를 계속하였다. 그리하여 조선은 왜구에 대해 교린과 강경책을 번갈아 쓰면서 대처하였다. 세종대에는 1419년(세종 1) 대마도를 정벌한 이후, 1423년(세종 5)에 삼포 개항, 1443년(세종 25)에 계해조약 체결 등에 이어 倭館의 설치, 書契·圖書·文引 등의 제도를 실시하였다. 그리고 일본에게 왜구의 禁壓과 그들에 의해 납치되어 간 俘虜의 송환을 요구하였다.

일본의 足利幕府는 조선과의 국교를 체결하고 통교관계가 비교적 안정되면서 많은 사절을 조선에 보냈다. 『실록』에 나와 있는 조선시대의 입국 倭使 기록만도 약 2,360회를 헤아리고,[127] 1424년(세종 6)의 경우 1년에 20회를 상회하였다.[128] 조선은 임란 전까지의 200년 간에 65회의 통신사를 일본에 파견하였고, 태종대만 하여도 24회나 되었다.[129] 이 같은 두 나라 간의 활발한 왕래로 조선은 일본으로부터 구리·유황·약재·향료 등을 가져오는 반면, 일본은 미곡·포·인삼·도자기 등의 공예품을 가져갔다. 또한 조선은 일본과의 기술 교류도 활발하여 水車이용법, 倭紙 제조법 등이 국내에 소개되었다.[130]

그리고 일본으로부터는 1423년(세종 5)에 일본국왕 사신 圭籌 등이 『經史類題』20권,[131] 1453년(단종 1)에 일본 승려 道安이 일본 및 琉球國 지도,[132] 그리고 1467년(세조 13)에 琉球國 王使가 서명을 알 수 없는 책과 함께[133] 『史纂錄』·『林間語錄』·『羅先生文集』 등을 가져왔

---

127) 有井智德, 「李朝實錄の日本關係史料の硏究」, 『靑丘學術論集』3, 1993, 324
    쪽. 실록에 의하면, 조선에 입국한 기록은 태조 연간에 8회, 정종 연간에 11
    회, 태종 연간에 263회, 세종 연간에 546회가 보인다.
128) 『世宗實錄』卷26, 6年 12月 戊午.
129) 하우봉, 「조선전기의 대일관계」, 『한일관계사』, 현음사, 1994, 288쪽.
130) 李鉉宗, 『조선전기 대일교섭사 연구』, 한국연구원, 1964, 325~329쪽.
131) 『世宗實錄』卷22, 5年 12月 壬申.
132) 『端宗實錄』卷7, 元年 7月 己未.

다.134)

4. 일본서적의 貿入

조선의 서적 구입에 대한 관심은 중국뿐 아니라 일본 및 琉球國에까지 미칠 정도로 지대하였다. 그래서 1462년(세조 8)에는 유구국 사신에게 필요한 서적에 대한 구입 목록을 건네주기에 이른다.

> 내가 지금 중국의 『尋訪書目』을 보내니, 돌아가면 국왕에게 보고하여 가지고 있는 서책이 있으면 보내는 것이 옳을 것이다. 중국에서도 책을 잃었는데 더욱이 해외의 나라에 반드시 있다고는 할 수 없지만, 그러나 다행히 1, 2본이라도 있으면 모름지기 보내는 것이 마땅할 것이다.135)

그리고 명에서 『日本國考略』이란 책이 출간되었을 때는 바로 수입하여 복각할 정도였다.136) 이러한 관심 속에서 일본에 관한 지식의 집대성이라 할 수 있는 『해동제국기』가 편찬되기에 이른다.

일본으로부터 무입하도록 한 책은 1428년(세종 10)에 『百篇尙書』와,137) 1459년(세조 5)에 통신사 宋處儉에게 紬 300필 백금 500냥을 보내면서 조선에 없는 서적을 구매하도록 한 것이 있다.138) 실제로 무입한 책은 1438년(세종 20)에 檢校參贊 朴敦之가 『일본지도』,139) 1440년

---

133) 『世祖實錄』 卷43, 13年 7月 丙子.
134) 『世祖實錄』 卷43, 13年 7月 辛巳 ; 『太虛亭文集』 卷2, 賀鸚鵡箋 ; 『四佳集』 卷14, 送琉球國使同照上人 ; 『佔畢齋集』 三鸚鵡.
135) 『世祖實錄』 卷27, 8年 正月 庚戌 ; 『國朝寶鑑』 卷12, 海東諸國記 琉球國紀 國王代序.
136) 하우봉, 「조선초기의 대외관계 - 일본과의 관계」, 『한국사』 22, 탐구당, 1995, 406쪽.
137) 『世宗實錄』 卷41, 10年 7月 辛亥.
138) 『世祖實錄』 卷17, 5年 8月 壬申.

(세종 22)에 『국어』와 『音義』 등이 있다.140) 『국어』와 『음의』는 세종대
에 교정본을 만들기 위한 참고용으로 상세한 것과 소략한 것 2본, 그리
고 補音 3권을 얻어 온 것이다. 일본지도는 이 때 예조에 명하여 사본
을 만들게 하였다. 그리고 그 후인 1453년(단종 1)에는 기증받은 일본
및 유구국 지도도 模寫하여 1부는 궁궐 안에, 나머지는 의정부·춘추
관·예조에 분장하였다. 이 지도들은 『해동제국기』에 수록된 일본지도
작성에, 그리고 일본과의 대외정책에 활용되었으리라 짐작된다.

IV. 맺음말

조선 초기에 있어서 중국으로부터 구입하거나 구입하려고 노력한
책들은 국가의 통치체제를 수립하는 데 필요한 것으로서, 경연 및 학
문 연구, 수험 교재, 제도 정비, 편간 활동 등에 사용되었다.141) 그리고
이 책들은 유교이념을 보급하기 위한 사서오경 등의 經書와 교훈서,
중국 역대사를 돌이켜보아 정치의 귀감을 삼기 위한 역사서, 정치와

---

139) 『世宗實錄』 卷80, 20年 2月 癸酉.
140) 『世宗實錄』 卷89, 22年 6月 丙申.
141) 이상의 서적을 내용별로 나누어 보면 다음과 같다.
　　① 경연 및 학문 연구용 : 『대학연의』·『성리대전』·『사서오경대전』·『집성소
　　　학』·『자치통감』·『통감강목』·『주자어류대전』·『주자성서』·『주문공집』·『동
　　　인도』
　　② 제도·정책 참고용 : 『자치통감』·『대통력』·『문헌통고』·『사문유취』·『제신
　　　주의』·『십팔사략』·『송사』·『원사』·『홍무정운』·『국어』·『통감전편』·『송파
　　　방』·『대명집례』·『어제효자록』·『계고정제서』·『상례도』·『주례』·『의례』·
　　　『문한유선』·『오륜서』·『대학연의보』·『집주무경칠서』·『지리대전』·『지리
　　　전서』·『지리신서』·『부영경』·『천일경』
　　③ 유교 교화용 : 『고금열녀전』·『효자황후전』·『권선서』·『오륜서』
　　④ 편간사업 참고용 : 『대통력』·『자치통감』·『통감강목』·『호삼성음주자치통
　　　감』·『대학연의』·『음의』·『홍무정운』·『성혜방』·『찬도맥경』·『조맹부서족』·
　　　『국어』
　　⑤ 수험 교재용 : 『화제방』·『득효방』·『분류두시』 등

형정에 참고하기 위한 정치제도·법률서 및 기타 목적에서 구입되는 의학·어학·군사·천문·역법·지리서 등이 된다.

한·중 교류가 활기를 띠게 되는 태종대에는 중국으로부터 다수의 책을 기증받았다. 그러나 세종대에 이르러서는 우리가 필요한 책들을 요청하여 기증받거나 무입하려고 노력하는 사례가 늘게 되었다. 그러므로 세종·문종·성종대에는 구입목록을 미리 작성하여 계획성 있게 서적정책을 추진하였다. 세종대에 마련된『재거사목』에는 구입할 책의 이름, 구입 요령, 비용 및 인쇄기술 문제 등이 자세하게 기입되었다. 그리하여 조선 후기 정조대에 만들어지는『내각방서록』의 밑거름이 된다. 세종대를 이어 세조대에는 조선에 없는 책을 구하기 위해 중국과 일본 외에도 유구국에까지 사신을 통해『심방서목』을 보내며 서적을 수집하려고 애썼다. '나라에서 가장 귀중히 여기는 것은 서적'이라고 한 세조의 말대로[142] 治國의 도구로서 사용하기 위해 서적 구입에 박차를 가한 것이다.

그러나 외국으로부터 서적을 구입하는 일은 용이한 일이 아니었다. 특히 明의 폐쇄적인 대외정책으로 말미암아 조선의 문화적 교류나 인적 내왕은 제한되었다. 그러므로 조선은 중국 정부의 금제를 피하면서 예부의 허가를 받아야 하였다. 또한 중국까지의 먼 거리로 인한 불편이나 비용 문제도 있어 실제로는 몇 권의 책을 구입하는 데 만족하여야 했다. 한편 일본과 교류한 서적은 적은 양에 불과하였으나, 그 곳으로부터 얻은 일본지도는 대일정책의 방안을 마련하는 데 도움이 되었다.

서적 수입을 위한 이 같은 계획적이고 지속적인 노력은 선초에 많은 서적을 다양하게 확보하도록 하였다. 그럼에도 불구하고 부족된 부분은 국내에서 수집하는 정책으로 보완하게 된다. 그리고 구입한 서적은 필요에 따라 곧 새로운 서적을 편찬하는 사업에 연결되었다. 또한 복

---

142)『世祖實錄』卷19, 6年 3月 辛卯.

간본으로 만들어지거나 주석·언해되어 인출되었다. 이러한 편간사업
은 자연히 인쇄술의 발달도 초래하게 된다.

朝鮮前期 奴婢從父法과 賤人의 身分上昇

李 弘 斗*

1. 머리말

국가의 지배대상인 公民을 지배계급이 어떻게 인식하고 있었는가를 기준으로 할 때 여말선초는 과도기로 평가할 수 있겠다. 왜냐하면 고려 말의 권문세족은 노비증식의 수단으로 良人의 私民化를 지향한 반면, 조선왕조를 건국한 신흥사대부 세력은 국가재정의 확보와 군액의 증대를 위해서 奴婢의 良人化를 실현코자 하였기 때문이다.

조선 전기의 경우 양인확대정책의 일환으로 실시된 從良政策은 다음 세 시기로 구분할 수 있겠다. 첫째, 조선 초기(태조~예종) 강력한 전제왕권의 바탕 위에서 從父法을 실시하여 公民의 숫자를 확대시킨 것이고, 둘째, 성종대 수렴청정과 院相制 실시에 따라 賤人의 신분상승이 크게 축소된 것이며, 셋째, 중종 10년 이후 반정공신인 훈구세력의 정치권력은 약화된 반면 사림세력의 정치권력이 강화됨으로써 천인의 신분상승이 또다시 확대된 시기이다.

본고의 주제와 관련하여 그 동안의 연구경향은 奴婢從良이라는 단일 주제의 논고[1]가 있는 반면, 다른 주제의 한 부분으로 연구된 경우[2]

---

* 弘益大 歷史敎育科 강사

도 있다. 그런데 단일 주제의 연구 경향은 그 대부분이 양반제에 한정하여 노비종량 문제를 언급하였기 때문에 천인의 신분상승은 실현되지 않았다고 평가할 수밖에 없었다. 따라서 본고에서는 선행 연구업적을 비판적으로 수용하되 중세 신분질서의 해체라는 시각에서 노비종량 문제를 고찰하려고 한다.

이와 같은 문제의식을 견지하면서 본고에서는 먼저 양인확대정책의 일환으로 실시된 조선 초기 奴婢從父法에 의한 천인의 신분상승을 살펴보고, 다음으로 성종대 이후『經國大典』補充隊條 '大小人員' 아래에 '及良人' 三字의 첨입에 의한 良人婢妾 소생의 신분상승을, 끝으로 중종대 '及良民'법의 확대 실시를 통한 良人婢妾 소생의 신분상승에 관해 고찰하려고 한다. 이러한 연구에서 조선 전기 신분제를 분석하는 기본적 틀은 조선 초기는 良賤制에 바탕을 두었고, 성종대 이후는 兩班制에 기초하였음을 밝혀 둔다. 奴婢從良 문제를 이처럼 세 시기로 나누어 연구하면 조선 전기에 실현된 천인의 신분상승 추이를 어느 정도 파악할 수 있을 것으로 전망된다.

---

1) 李相佰,「賤者隨母考 - 良賤交婚者의 身分歸屬問題 - 」,『진단학보』25·26 합, 1964 ; 文守弘,「朝鮮初期의 奴婢考 - 奴婢의 從夫·從母法을 중심으로 - 」, 성균관대 대학원 석사학위논문, 1967 ; 平木實,「17世紀에 있어서의 奴婢從良」,『한국사연구』3, 1968 ; 鄭鉉在,「朝鮮初期의 新良人」,『慶尙大 論文集(人文系編)』, 1984 ; 鄭鉉在,「朝鮮初期의 奴婢法制」,『慶尙史學』2, 1986 ; 池承鍾,「朝鮮前期의 免賤從良과 良賤間의 身分障壁」,『社會科學硏究』3, 경상대, 1985 ; 梁寧祚,「麗末鮮初 良賤交婚과 그 所生에 관한 연구」,『淸溪史學』3, 한국정신문화연구원, 1986 ; 李成茂,「朝鮮初期 奴婢의 從母法과 從父法」,『歷史學報』115, 1987 ; 李成茂,「朝鮮時代 奴婢의 身分的 地位」,『韓國史學』9, 한국정신문화연구원, 1987 ; 全炯澤,「公私奴婢 身分規制의 緩和」,『朝鮮後期 奴婢身分硏究』, 일조각, 1989 ; 金東仁,「朝鮮前期 良賤交婚에 나타난 良人分化 樣態」,『崇實史學』8, 1994.
2) 韓榮國,「朝鮮中葉의 奴婢結婚樣態」(상)·(하),『歷史學報』75·76합, 77집, 1977·1978 ; 崔炳云,「朝鮮太祖朝의 奴婢의 辨正에 관하여」,『全北史學』2, 1978 ; 全炯澤,「補充軍 立役規例를 통해 본 朝鮮初期의 身分構造」,『歷史敎育』30·31합, 1982.

2. 朝鮮初期 從父法을 통한 身分上昇

조선왕조의 건국 주체세력인 신흥사대부 계급은 성리학의 실천윤리적 측면에 바탕을 두고 문물제도를 정비한 결과 고려 말보다 한 단계 진전된 사회를 실현할 수 있었다. 조선왕조의 이 같은 발전은 정치·경제·사회·군사 등 각 분야에서 확인할 수 있지만 과전법이나 양인 확대정책과 관련되는 사회경제사 분야에서 특히 두드러진다.

그런데 당시 양인인구의 증가 원인이 식량의 증산 내지는 良賤相婚에 따른 신분제도의 개혁에 있었다고 볼 때, 고려왕조는 노비소유권을 결정하는 '賤者隨母法'과 신분귀속의 문제를 규정하는 '一賤則賤'의 법칙을 적용함으로써 良小賤多의 현상이 보편화되었고, 그 결과 왕조의 멸망을 초래하였다. 따라서 조선왕조는 노비제도 개혁에 따른 양인확대정책의 실시[3]에서 良賤相婚 소생의 신분귀속 문제를 중심으로 개혁을 할 수밖에 없었다. 이와 같은 양천상혼은 두 가지로 구분할 수 있다. 하나는 奴娶良女의 從母法이고, 다른 하나는 婢嫁良夫하는 從父法이다. 그런데 조선 초기의 경우 奴娶良女 소생은 종모법의 적용을 받지 않고 고려시대와 동일하게 父役을 좇아 노비신분이 되었다. 그러나 婢嫁良夫 소생은 補充軍[4]에 입속하거나 贖身 등을 통해서 新良人으로 편제되었다. 따라서 본 장에서는 종부법을 통한 노비종량 과정을 고찰하여 조선 초기 신분제의 개방적인 요인을 살펴보려고 한다. 따라서 이와 같은 작업의 전제조건은 양천제에 기초하고 있음도 아울러 밝혀둔다.

---

3) 梁寧祚, 앞의 글, 1986, 11쪽.

4) 補充軍에 관해서는 다음 논고를 참조할 것. 有井智德, 「李朝補充軍考」, 『朝鮮學報』 21·22合併特輯號, 1961 ; 李樹健, 「朝鮮太宗代에 있어서 對奴婢施策」, 『大邱史學』 1, 1967 ; 林英正, 「鮮初 補充軍 散稿」『南溪曺佐鎬博士華甲紀念論叢 現代史學의 諸問題』, 1977 ; 全炯澤, 앞의 글, 1982 ; 李弘斗, 「補充隊를 통한 賤人의 身分變動」, 『東國史學』 30, 1996/『조선시대 신분변동 연구』, 혜안, 1999에 재수록.

주지하듯이 조선 초기의 신분구조에 대해서는 양반제와 양천제로 상호 다르게 이해하고 있다. 특히 양반제를 주장하는 이성무는 婢嫁良夫 소생의 신분귀속 문제에서 당시 조선왕조가 "兩班婢妾 소생에 한해서 從父法을 적용하고, 良人婢妾 소생은 그 적용 대상에서 제외하였다"5)는 기록을 근거로 조선 초기 사회구조를 양반제 사회로 규정하였다.6) 여기서 '婢嫁良夫'라고 할 때 良夫의 범주는 양반과 평민을 포함한 것인데도 씨는 조선 초기 가운데 세종대에 집중적으로 실시된 양반 비첩 소생의 종량 사례를 양반신분의 특권으로 인정하여 조선 초기를 양반사회로 규정하였다. 그렇다면 이러한 견해는 과연 타당할까. 우리는 태조와 태종이 종부법을 실시하게 된 동기를 살펴봄으로써 이 문제의 해답에 접근할 수 있을 것이다.

1) 도평의사사에서 형조의 都官이 신청한 것으로써 의논하여 마련하기를, 비록 비첩 소생이라도 골육이니, 노비의 일례로 역사하게 함은 미편합니다. 財主가 현재 생존해 있다면 비첩 소생을 영구히 놓아 양민으로 만들도록 항식을 삼고 …… 그 나머지 미진한 일은 계속 심의하되, 申聞하여 시행하소서 하므로 임금이 말하기를, "良賤에 대한 일은 賤籍이 명백한 자는 賤人으로 하고, 良·賤籍이 不明한 자는 身良役賤으로 하여 관청의 使令으로 정하여 붙이라" 하고 나머지는 모두 윤허하였다.7)
2) ⓐ 의정부에서 各年에 受判한 것으로써 영구히 준수하는 奴婢決折의 조목을 만들어 올리니 윤허하였다. 대체로 양천의 문제로 송사가 되는 사건은 양인의 문건이 명백한 경우에 양인으로 처결하고,

---

5)『世宗實錄』卷55, 14年 3月 26日 乙酉.
6) 李成茂, 앞의 글, 1987, 341쪽.
7)『太祖實錄』卷12, 6年 7月 25日 甲戌, "都評議使司 以刑曹都官所申議得公私奴婢別立都監……雖婢妾所生 亦是骨肉 而奴婢一例 役使未便 財主現存 自己婢妾所生 永放爲良 以爲恒式……其餘未盡事理續議申聞施行 上曰 良賤事賤籍明白者 從賤 於良於賤文籍不明者 許令身良役賤 定屬官司使令 餘皆允之".

천인의 문건이 명백한 경우에 천인으로 처결할 것이다. 어느 쪽도 명
백하지 못한 경우에는 司宰監이나 水軍으로 보낼 것이다. ⓑ 祖父婢
妾 소생은 동기이고 골육인 만큼 오로지 천인인 노비와 마찬가지로
부려서는 안 될 것이다. 그 本主로써 문서를 만들어서 身役을 벗겨
주어야 할 것이다. 自己婢妾 소생은 영구히 身役을 벗겨서 양인으로
만드는 동시에 司宰監이나 水軍으로 보낼 것이다. ⓒ 노비로서 한때
공로를 세워 신역을 면제받았거나 몸값을 물고 身役에서 벗어난 자
들은 그 자손까지 영구히 身役을 지지 않고, 양인과 뒤섞일 수는 없
는 만큼 면제받은 이후의 소생은 本主의 자손이 도로 노비를 차지하
여 부리는 것을 허락할 것이며, 贖身한 이후의 소생은 관청에 소속시
킬 것이다. 身役을 회피하고자 하는 자는 本主의 자손이 신고하는 것
을 허락할 것이며, 신고한 자에게 절반을 떼어 줄 것이다.8)

　3) 형조에서 노비와 관련된 사항에 대하여 제의하기를 "사헌부에서
받은 지시를 보면 9월 초하루 이전에 公私奴婢로써 從良해 주도록
접수해 놓고, 아직 처결하지 못한 사건에 대해서는 모두 補充軍에 소
속시키도록 하였습니다. 그런데 그런 補充軍의 누이나 딸이 私奴에
게 시집가서 낳은 소생들에 대해서는 그 남자종의 本主들이 자기 종
의 자식이라고 해서 양인 아내의 소생까지도 차지하고, 부리려고 하
기 때문에 송사가 벌떼처럼 일어납니다. 이런 노비까지 양인에 소속
시킬 수는 없으니 일반 노비 문제에서와 같이 송사 중의 노비는 그
당시에 소유하고 있는 자가 차지하는 규례에 따라 이전부터 부려 오
던 本主를 움직이지 말 것입니다" 하니 임금이 그대로 따랐다.9)

---

8)『太宗實錄』卷10, 5年 9月 6日 戊戌, "'議政府上各年受判永爲遵守奴婢決折
　　條目 允之 一 凡良賤相訟者 賤籍明白從賤 良賤籍俱不明 充司宰監水軍 一
　　祖父婢妾所産 本是同氣骨肉 不宜以專賤奴婢例役使 財主成文防役 自己婢
　　妾所生永放爲良 充司宰監水軍 一 奴婢以一時功勞 防役及贖身 防役者不宜
　　子孫永放 混雜良人 防役奴婢後所生 許本主子孫還執使用 贖身奴婢後所生
　　屬公 謀避閑役者 許本孫陳告 爲半分給".
9)『太宗實錄』卷34, 17年 10月 24日 丙午, "刑曹啓奴婢事目 啓曰 司憲府受敎
　　內 九月初一日以前接狀公私訴良未畢事 皆屬補充軍 然其補充軍之姉妹及
　　女子 嫁私奴之所生 奴之本主等 以吾奴子良妻幷産 皆欲執持使用 訴訟蜂起
　　如此奴婢 屬良無路 一般賤口 依相訟奴婢時執例 在前使用本主不動 從之".

위 사료 1)은 태조의 노비정책을 보여주는 것으로서 良夫의 自己婢妾 소생은 종량시키고, 賤籍이 명백한 자는 천인으로 삼으며, 良賤不明者는 身良役賤으로 편제한다는 내용이다. 태조의 노비정책은 여말의 것을 보완 정비한 것으로 공양왕의 決訟法을 대부분 답습하였다. 그러나 자기비첩 소생을 종량한 것이나 訴良奴婢 가운데 賤籍이 불명하고 전에 사역한 적이 없는 경우는 종량케 하였다.10) 따라서 자기비첩 소생의 종량은 곧 종부법과 그 성격이 동일하기 때문에 신분사적 관점에서 볼 때 진보적인 노비정책으로 평가할 수 있겠다. 사료 2)는 태종의 노비정책에 관한 것이다. 먼저 2) ⓐ는 良籍이 명백한 경우에 한해서만 양인으로 처결하되, 양천 불명자는 사재감이나 수군에 보낸다는 내용이고, 2) ⓑ는 祖父婢妾 소생과 자기비첩 소생은 모두 종량하되, 자기비첩 소생은 종량과 동시에 사재감이나 수군에 보낸다는 내용이며, 2) ⓒ는 국가에 공을 세운 노비와 속신한 노비는 모두 종량의 혜택을 받을 수 있지만 이들의 종량은 본인으로 한정되기 때문에 軍功을 대가로 종량된 노비의 후손은 本主가 차지하며, 贖身奴婢의 후손은 관청에 예속되도록 한다는 것이다. 사료 3)은 보충군의 누이나 딸이 私奴에게 시집가면 그 소생은 奴娶良女의 신분귀속 법칙에 따라 노비가 되고, 그 소생은 私奴의 본주가 소유하였다는 내용이다. 여기서 당시 보충군의 신분은 양인이었지만 조선 초기에는 從母法의 실시가 보편화되지 않았던 관계로 奴娶良女 소생은 노비의 신분을 벗어날 수 없었음을 알 수 있다.

따라서 위 사료 1)·2)·3)을 종합해 볼 때 천인들의 양인화를 큰 폭으로 상승시킨 태조·태종대 노비정책의 근간은 다음 두 가지로 요약할 수 있겠다. 하나는 良夫婢妾 소생을 종량시킨 종부법의 실시이고, 다른 하나는 양천 불명자를 身良役賤에 편제하거나 사재감, 수군, 보충군에 입역시켜 종량케 한 것이다. 고려시대의 노비제도는 '一賤則賤'과

---

10) 李樹健, 앞의 글, 1967.

'賤者隨母法'의 법칙을 적용하였기 때문에 良賤相婚의 자손은 모두 천인이 될 수밖에 없었다. 그러나 공양왕 4년(1392) 良賤相婚 소생을 종량시키는 법제개혁11)이 최초로 실시됨으로써 노비제도에 큰 변화를 초래하였다. 그러면 양천상혼 소생의 법제적 종량이 실현될 수 있었던 역사적 배경은 무엇일까. 그것은 당시 고려가 蒙古에 복속된 것에 기인하는데, 특히 다음 두 가지 사실과 관련이 있다. 첫째,『元史』刑法志에서는 唐律이나 高麗律과는 달리 처음부터 노비와 양인의 혼인을 인정하였고,12) 둘째, 고려 출신의 蒙古 宦官 등이 황실의 정치권력을 이용하여 자기 출신지역의 부곡을 郡縣으로 승격시킴으로써 부곡인의 신분상승이 집단적으로 실현되었다는 사실13)이다. 또한 공민왕대부터 빈번해진 홍건적과 왜구의 침범으로 호적이 소실되어 양천의 신분 구별에 혼동이 생기게 되었고, 이를 틈타 많은 천인이 양인으로의 신분 변화를 꾀한 것과도 관련이 있겠다.14)

　한편 軍功을 통해 종량된 노비는 본인 당대에 한해서만 면천이 허용되었는데, 보충군에 입역한 경우도 당사자에 한해서 新良人의 자격이 주어졌을 뿐 그 가족은 보충군을 去官한 이후에야 자손의 신분상승이 가능하였다. "보충군의 누이나 딸이 私奴에게 시집가서 낳은 소생들에 관해서는 남자종의 本主들이 소유한다"는 내용이 곧 보충군의 입속을 통한 종량은 후손의 종량까지 보장받는 요인이 될 수 없음을 반영한 경우가 되겠다. 그러면 태종이 1417년(태종 17) 10월 訴良者 중 양천 불명자 1만여 명을 모두 보충군에 입속시켜 양인으로 편제하였는데15) 그들의 사회적 지위는 어떠하였을까. 결론적으로 말해서 당시 보충군

---

11)『高麗史』卷85, 志39 刑法2 奴婢.

12) 李成茂,「朝鮮時代의 奴婢의 身分的 地位」,『韓國史學』9, 한국정신문화연구원, 1987, 200~205쪽.

13) 李弘斗,「高麗 部曲의 郡縣昇格과 賤人의 身分上昇」,『實學思想研究』10·11합, 1999.

14) 朴昌熙,「高麗後期의 身分制 動搖」,『國史館論叢』4, 1989.

15) 李弘斗,「補充隊를 통한 賤人의 身分變動」,『東國史學』30, 1996, 185쪽.

의 신분은 대부분이 身良役賤이었을 것으로 판단된다. 그것은 보충군 설치목적이 고려 말 권문세족에 의해서 壓良爲賤된 자들을 다시 양인으로 만들어 公民의 숫자를 증가시키는 양인확대정책에 있었기 때문이다. 한편 이성무는 당시 보충군 입역 대상자는 士族婢妾 소생이 대부분을 차지한다는 사실을 전제로 조선 초기의 사회성격을 사족의 특권이 보장된 양반제 사회로 규정하였다. 이 문제에 대해 씨는 다음과 같이 설명하고 있다.

> 노비종부법의 일차적인 대상은 大小員人, 즉 양반의 婢妾産들이었다. 이들은 보충군에 소속되어 일정한 기간을 근무하면 양인으로 편입되었다. 이 특혜는 성종조에 양인의 婢妾産에게까지도 일시 확대되었으나 곧 삭제되고 말았다. 良父의 婢妾産의 경우는 자기비첩과 타인비첩이 있었는데 타인비첩은 年歲相當者로 대치하여 贖身하게 되어 있었다. 양반의 婢妾産 이외에 보충대에 소속될 수 있는 사람들은 身良水軍者, 稱干稱尺者, 勿問是非者들이었다. 이들은 양천 불명하거나 양인이지만 賤役을 맡고 있는 자들로서 보충군에 永屬되어 身良役賤으로서의 대우를 받았다. 이들은 과거도 볼 수 없고 벼슬도 할 수 없었다.16)

여기서 씨는 보충대 입역대상자를 大小人員의 兩班婢妾 소생과 身良水軍者·稱干稱尺者·勿問是非者로 크게 나눈 다음 후자의 신분적 특성을 良賤不明者 내지는 身良役賤者로 규정하였다. 이 가운데 전자의 양반비첩 소생만이 보충대를 거관하여 양인이 될 수 있었고, 후자 계층은 모두 去官이 불가능한 영속 보충군이었기 때문에 그들의 신분은 천인일 수밖에 없었다는 것이다. 그러나 보충군은 도피할 경우만 신분이 천인으로 강등되고, 보충군에 편제된 순간부터 그들의 신분은 이미 양인이었으므로 후자의 신분을 천인으로 규정한 것은 사실과 다

---

16) 李成茂, 「兩班과 良賤制」, 『韓國史硏究入門』, 지식산업사, 1987, 256쪽.

르다고 하겠다. 이성무의 이러한 주장에는 大小人員을 양반신분과 동일시하여 조선 초기 사회를 양반제 사회로 보려는 견해가 내재해 있는 것으로 보인다. 그런데 보충군의 설치는 大小人員婢妾 소생을 양인으로 편제하려는 목적도 있었지만, 한편으로 양인확대정책의 성격도 동시에 갖고 있었다[17]는 점에 유의할 필요가 있다. 이 때 어느 경우가 더 지배적인가에 따라 보충군의 성격이 규정된다. 필자는 당시 보충군의 설치는 양인확대정책에 더 큰 목적이 있지 않았을까 한다. 또한 朝官과 有蔭子孫婢妾 소생 이외에는 보충대 거관이 허용되지 않았던 것은 성종대 『舊大典』에서만 한시적으로 적용되었을 뿐, 새로운 『大典』에서는 영구히 보충군에 소속시킨다는 규정이 없었다.[18]

그러면 세종·세조대에 있어서 노비종부법을 통한 신분정책은 어떠하였을까. 먼저 세종 때는 노비종량이라는 관점에서 본다면 태종 때보다 더 보수적인 시기로 평가할 수 있겠다. 세종 2년 9월에 보충군의 還賤法이 법제화되었던 사실,[19] 세종 14년 3월부터 公私婢가 良夫에게 시집가는 것을 금지함으로써 종부법 시행이 제도적으로 금지되었던 사실[20] 등에서 이러한 것을 확인할 수 있다. 한편 세조대는 양인확대정책의 일환인 보충군 제도가 보편적으로 실시된 시기였다. 다시 말해서 訴良者의 文籍이 분명하지 않더라도 보충군에 편제한 다음 여러 站에 예속시켰다가 기한이 차면 去官케 하였다. 그런데 당시 도망한 공

---

17) 『世宗實錄』卷9, 2年 9月 1日 丙寅.

18) 『成宗實錄』卷189, 17年 3月 23日 戊辰, "盧思愼議 永續補充隊之人 皆良賤 不明 故立一時權宜之制 勿令去官 非常行可久之法也 我國人物 非良則賤 只有二途耳 今於良賤之中 別作一種人物 雖至子孫永無去官之理 其於情法 恐未穩當 舊大典內 朝官及有蔭子孫 妾子外不許 屬補充隊去官 故此永續者 雖不去官可也 今大典內 勿論職之高下 蔭之有無 若非公私之賤 則其賤妾者 皆屬補充隊去官 以此觀之 則永續者例當去官 況大典無永屬之法乎".

19) 주 17)과 같음.

20) 『世宗實錄』卷55, 14年 3月 26日 乙酉. 세종대 從父法의 전개에 관해서는 梁寧祚, 앞의 글, 1986, 19~21쪽을 참조할 것.

사노비가 訴良한 流移民의 대부분을 차지한다는 함길도 관찰사의 啓本에 의거하여21) 보충군을 혁파하고 종부법을 실시하게 되었다.22) 따라서 종부법의 실시로 양인의 숫자가 확대됨으로써 군액을 확충하는 데 큰 효과를 거둘 수 있었다. 종부법의 실시는 당시 지배계급이 보충군을 폐지하려는 계속된 의지가 작용한 결과이지만 한편으로 민본사상에 바탕을 둔 세조의 민생안정책의 일환이기도 하였다. 또한 당시 성리학이 수용되는 과정에서 하늘과 땅, 음양의 이치에 바탕을 둔 重父思想이 강조됨으로써 천인들 역시 父의 신분을 따르려는 의식이 증대된 결과라 하겠다. 그러나 종부법을 실시하면서부터 公私賤의 숫자가 감소했을 뿐 아니라 지배계급의 노비 소유를 감소시켜 생산활동을 크게 위축시키는 폐단이 있었다. 그러자 지배계급은 또다시 종부법을 혁파하고 從母法의 실시를 주장하였다. 이에 세조는 "처음에 종부법을 실시한 목적은 양인을 확보하여 군액을 늘리기 위한 것이었는데 만약 종모법을 따른다면 양인신분이 되는 길이 막힐 것이 아닌가"라고 하였다. 그러나 여러 재상들이 "贖身하는 법이 곧 양인이 되는 길이다"고 하자 세조는 마침내 모든 천인에게 어미의 신분을 따르게 하는 從母法의 실시를 허용하였다.23) 다만 종부법을 실시하면서 보충군을 폐지하였기 때문에 종모법의 실시와 동시에 보충군을 복설하였는데 그 명칭을 補充隊라고 하였다.24) 따라서 종부법이 폐지되었다고 하더라도 보충대가 종부법의 기능을 담당하였으므로 양인확대정책에는 크게 변동이 없었다고 하겠다. 그러면 金宗直 등 신진사류가 중앙정계에 등장한 성종대 이후 노비종부법은 어떻게 변동하였을까. 이 문제는 다음 장에서 그 전개 양상을 살펴보도록 하겠다.

---

21) 『世祖實錄』卷34, 10年 11月 20日 己巳.
22) 『睿宗實錄』卷5, 元年 4月 16日 己巳.
23) 『世祖實錄』卷46, 14年 6月 14日 壬寅.
24) 『睿宗實錄』卷5, 元年 4月 16日 己巳.

3. 成宗代 良人婢妾 소생의 身分上昇

주지하듯이 성종대는 세조대 공신인 훈구세력과 성리학적 소양을 갖춘 金宗直 문인의 사림세력이 중앙정계에 진출하여 양반관료의 특권을 형성하여 갔다. 특히 훈구세력은 院相制 하의 신권우위적 정치체제를 바탕으로 농장을 확대하고 양인을 私民化함으로써 양반신분의 특권을 실현한 반면 사림세력은 성리학적 修身論을 통해서 양반의 특권의식을 확대시켜 나갔다. 그러면 성종대에 실시된 양반관료지배체제의 성립과 노비종부법의 실시와는 어떤 관계가 있을까. 그것은 양반관료집단의 특권 유지와 성리학적 重父思想이 반영되는25) 형태로 나타났다. 즉 성종대부터 양인비첩 소생은 보충대 입역이 금지되고, 양반관료인 大小人員婢妾 소생만이 보충대에 입속할 수 있었다. 따라서 성종대부터 양반과 평민 간의 계급차별이 확대되는 한편으로 양천간 신분이동의 폭은 축소될 수밖에 없었다. 그러므로 여기서는 성종대부터 발달하기 시작한 성리학이 노비종부법 실시에 어떻게 작용하였는가를 중심으로 살펴보려고 한다. 먼저 성종대에 이르러 보충대 입속대상자의 신분적 상향 현상이 급속히 전개되는데 다음 사료를 통해서 그것을 확인할 수 있겠다.

> 掌隷院에 傳旨하기를, …… "『大典』 가운데 大小人員婢妾 소생은 그 아비가 장예원에 고하면 사실을 조사하여 案에 기록하고, 병조에 移文하여 補充隊에 소속시키며, 나이 16세가 되어도 고하지 않는 자와 案에 붙인 뒤에 立役하지 않는 자는 타인이 陳告하면 다시 천인으로 만들기를 허락한다"고 하였다. 그런데 註에 이르기를, 文科, 武科, 生員, 進士, 錄事, 有蔭子孫, 無嫡子孫婢妾 소생으로서 承重한 자는 아비가 없으면 嫡母가, 嫡母가 없으면 동생이, 동생이 없으면 祖父母가 고한다고 하였다.……

---

25) 李成茂, 앞의 글, 1987, 351쪽.

『大典續錄』 가운데 鄕吏, 驛吏, 鹽干, 牧子婢妾 소생은 아비가 복역하는 곳에 役을 정한다고 한 것은 지극히 천한 자라 하더라도 자손으로 하여금 골육을 서로 해치지 못하게 하기 위함이다. 그러면 大小人員의 자기비첩 소생 가운데 누락된 자를 그 자손으로 하여금 陳告하게 하여 천인이 되게 하는 문을 열게 되어서 期功親을 노비로 만들 수 있으니, 매우 적당하지 못하다. 또 蔭職을 받을 수 없는 인원의 婢妾所生은 자신이 本主의 노비가 되어서 향리, 역리, 염간, 목자 등 신분이 천한 자의 소생보다 못하니 매우 적당하지 못하다.

일체 신분이 양인으로서 자기비첩이나 妻婢妾 소생은 비록 嫡母·嫡同生이 아니더라도 스스로 고하기를 허락하여 법에 의해 사실을 조사하여 모두 보충대에 속하게 하였다. 그런데 이제 자세히 살펴보니 스스로 고하는 법은 『大典』의 "그 아비·적모·적동생·조부모가 장예원에 고하여 사실을 조사해서 案에 기록한다"는 뜻과 서로 어긋난다. 또한 신분이 양인으로서 自己婢妾이나 妻婢妾 소생을 補充隊에 속하게 하는 법은 『大典』의 "文官·武官·生員·進士·錄事·有蔭子孫·無敵子孫으로서 承重하는 자는 보충대에 속한다"는 뜻과 서로 어긋난다.[26]

위 사료는 大小人員婢妾 소생의 보충대 입역조건이 성종 8년에 이

---

26) 『成宗實錄』 卷95, 9年 8月 7日 丙申, "傳旨掌隸院……大典內大小人員 娶公私奴婢 爲妻妾者之子女 其夫告掌隸院 覈實錄案 移文兵曹 屬補充軍 年滿十六不告者 付案後 不入役者 許人陳告 還賤 註云 文武科生員進士錄事 有蔭子孫 無嫡子孫者之賤妾子孫 承重者 無父則嫡母 無母則同生 無同生則祖父母告……大典續錄內 鄕吏驛吏鹽干牧子嫁自己婢所生 於父役處 定役云者 無他 雖至賤者 使子孫不得殘傷骨肉也 然則大小人員 自己婢妾子女漏落者 使其子孫陳告 以開從賤之門 期功之親 得爲奴婢 甚未便 且無蔭人員 婢妾所生 身爲本孫奴婢 反不如鄕吏驛吏鹽干牧子身賤者之所生 亦甚未便 一應身良人 自己婢及妻婢作妾所生 雖非嫡母嫡同生 許令自告 依法覈實 皆屬補充隊 今詳之則自告之法 與大典內 其父及嫡母嫡同生 祖父母告掌隸院 覈實錄案之意 相違 一應身分良人 自己婢妻婢 作妾所生 皆屬補充隊之法 與大典內 文武官生員進士錄事有蔭子孫 無嫡子孫者 妾子孫承重者 屬補充隊之意 相違".

르러 그 이전의 시기와 달라진 것을 설명한 내용이다. 먼저 당시 보충대의 특성을 살펴보면 다음 두 가지 사실이 주목된다. 하나는 보충대는 반드시 16세가 되기 이전에 그 아비가 장예원에 신고해야 된다는 것이고, 또하나는 보충대에 입역할 수 있는 자격에 관한 문제인데, 반드시 大小人員婢妾 소생이어야 한다는 것이다. 그러면 이 두 문제와 연관하여 성종대 보충대는 노비종부법과 어떤 상관성이 있을까. 먼저 성종대 전반에 이르러 大小人員婢妾 소생들만이 보충대에 입역할 수 있게 되기까지는 종부법이 여러 번 변동한 결과였다. 즉, 양인비첩 소생이 법제를 통해서 新良人으로 편제된 것은 태조·태종대가 처음이며 그것은 양인확대정책의 일환이었다. 그런데 태종 15년 보충군의 설치와 동시에 양인비첩 소생이 보충군 입역 대상자가 됨으로써 보충군이 종부법의 기능을 대행하게 되었다. 이에 따라 1만여 명의 양천 불명자가 新良人으로 편제되었다.27) 세종대에는 양인비첩 소생이 贖身하고 종량하는 일이 없었지만 세조대에는 종부법이 법제를 통해서 더욱 확대실시되었다.28) 그러나 성종의 즉위와 함께 양반지배체제가 확립되자 양인의 사민화 현상은 증대되었으며, 그 결과 보충대 입역조건은 '良人'에서 '大小人員'으로 한정되어 천인의 신분상승은 크게 억제될 수밖에 없었다. 당시 보충대가 16세를 넘겼는데도 불구하고 嫡母·嫡同生이 장예원에 신고하기를 회피함으로써 大小人員婢妾 소생을 환천시켜 노비로 역사시킨 사례도 당시 양반지배체제의 확립과 무관하지 않다고 하겠다. 장예원에 신고하는 절차 또한 성종대 이전의 경우는 양인비첩 소생 본인이 직접 신고할 수 있었으나 성종대에 이르러 본인의 자주적 신고권이 위축되었다.

　良賤相婚에 따른 조선 전기 신분정책은 종부법과 종모법 두 가지가 있는데 조선 초기는 많은 양인인구를 확보할 목적으로 婢嫁良夫 소생

---

27) 李弘斗, 『朝鮮時代 身分變動 硏究』, 혜안, 1999, 48쪽.
28) 『成宗實錄』 卷168, 15年 7月 4日 戊子.

을 양인으로 편제하는 정책을 실시하였다. 그러나 종부법의 실시는 사대부의 노비증식과 배치되는 정책이었다. 따라서 종부법의 폐지를 적극 주장하게 되었고, 마침내 세조 14년 종부법은 폐지되고 종모법이 실시되었다. 그러나 이 때의 종모법은 奴娶良女의 경우는 제외되고, 婢嫁良夫만을 제한적으로 적용하는 특수법이었다. 세조가 종부법을 폐지하고 종모법을 실시한 것만을 두고 볼 때, 그것은 양인확대정책을 폐지한 것이나 다를 바 없다. 그러나 세조는 보충군을 복설하여 종부법의 기능을 대행케 하였다. 한편 성종은 동왕 6년부터 보충대 입역대상자를 대소인원비첩 소생만으로 제한함으로써 양인비첩 소생은 모두 천인이 될 수밖에 없었다. 즉, 양인의 자기비첩 소생은 종량의 길이 막히게 되었지만29) 大小人員婢妾 소생은 보충대에 입역시킨다는 예외규정을 두었다. 이러한 현상은 신권이 왕권보다 우세하였기 때문에 나타난 현상이다. 위 사료의 "文官 · 武官 · 生員 · 進士 · 錄事 · 有蔭子孫 · 無敵子孫으로 承重한 자만을 보충대에 소속시킨다"라고 한 사실이 이를 반영한다. 그러나 성종은 동왕 17년을 기점으로 독자적인 왕권강화책을 모색하였고, 그것은 公民의 숫자를 확대하는 것으로부터 시작되었다. 먼저 보충대 입역을 '大小人員婢妾'에서 '良人婢妾'으로 그 범위를 넓혀야 한다는 주장이 제기되었다. 다음의 사료에서 이러한 사실을 확인할 수 있다.

> 먼저 『大典』에 양인비첩 소생을 보충대에 소속시키는 일과, 보충대가 천인이었을 때 그 소생도 함께 보충대에 소속시킬지의 여부를 의논토록 명하였는데, …… 김흔, 정성근, 이창신, 신종호, 민사건, 이승건, 민상안, 민보익, 박증영, 허집, 성희안 등이 의논하기를, "『舊大典』에 이르기를, 大小人員婢妾 소생은 보충대에 소속시킨다"라고 하였는데, 良人을 참여시키지 않은 이유는 尊卑의 등급을 밝히고, 良賤의

---

29)『成宗實錄』卷167, 15年 6月 3日 戊午.

분별을 엄격히 하기 위해서입니다. 새로운『大典』에는 "良人婢妾 소
생을 아울러 보충대에 소속시킨다"라고 하였는데, 보충대가 천인이었
을 때의 소생도 소속시키도록 허락하였습니다. 이와 같이 하면 존비
가 구별이 없을 뿐만 아니라 免賤의 길이 너무 넓어져서 귀한 것을
방해하는 풍조가 점점 자라게 될 것입니다. 신의 생각으로는『舊大
典』대로 하는 것이 좋겠습니다 하고, 허황·황린은 "『舊大典』에는 大
小人員이라고만 말하고, 양인은 언급하지 않았기 때문에 士族으로서
無蔭, 無職婢妾 소생은 보충대에 소속될 수 없습니다"라고 의논하였
다. 새로운『大典』에는 良人婢妾 소생도 아울러 보충대에 소속시키
도록 허락하였으니, 이 법은 국가에 유익한 것입니다. 하물며 그 법이
이미 만들어졌는데 또 고치는 것은 옳지 못합니다. 大小人員婢妾이
나 양인비첩 소생을 보충대에 소속시키는 것이 마땅하다면 보충대가
천인이었을 때의 소생 역시 보충대에 소속시키도록 허락하여 從良하
는 것이 무방합니다" 하므로 임금이 전교하기를, "從良하는 길을 넓
히면 과연 분별이 없어질 것이다. 그러나 겨우 입법하였는데 갑자기
고치는 것이 옳겠는가? 그것을 다시 고치려고 하는 재상에게 의논토
록 하라"고 하였다.[30]

　위 사료의 내용은 두 가지로 요약된다. 하나는 보충대 입역 대상자
를 大小人員婢妾 소생에서 양인비첩 소생으로까지 확대할 것인가의

---

30)『成宗實錄』卷191, 17年 5月 28日 壬申, "先是 命議大典良人娶公私婢爲妻
　　妾所生屬補充隊事　及補充隊爲賤時所生亦補充隊事削去當否……金訢鄭誠
　　謹李昌臣申從濩閔師騫李承健閔祥安閔輔翼朴增榮許輯成希顔議 舊典云 大
　　小人員娶公私婢爲妾者之子女 屬補充隊 而良人不與焉 所以明尊卑之等 嚴
　　良賤之分也 新典 良人娶公私婢爲妻妾者之子女 幷屬補充隊 而補充隊爲賤
　　時所生 亦許屬焉 如此則非惟尊卑無別 而免賤之路太廣 妨貴之風漸長矣 臣
　　等以爲 仍舊典爲便 許篖黃璘議舊大典只稱大小人員 而不及良人 故士族無
　　蔭無職者之賤妾子女 不得屬補充隊 新典則並良人娶公私婢所生 許屬補充
　　隊 此法有益於國家 況旣立其法 又從而紛更之未可也 且大小人員及良人賤
　　妻妾子女 法當屬于補充隊 則其補充隊之爲賤時所生 亦許屬補充隊從良 無
　　妨 傳曰 從良路廣 則尊卑果無別也 然纔立法而逐改可乎 其更議于欲改宰
　　相".

문제이고, 다른 하나는 보충대가 천인이었을 때의 소생도 보충대에 소속시킬지의 여부에 관한 것인데, 그 법적 근거를 반대론자들은 『舊大典』에, 찬성론자들은 새로운 『大典』에 두고 있다. 당시 비첩 소생의 從良을 형이상학의 토대와 관련하여 본다면 반대론자들은 그 이론적 기초를 성리학의 이기론에 두고 있었다. 즉, 사회신분을 '尊과 卑' '良과 賤' 등 이분법적 상하관계로 구분한 다음, 세습신분의 천민은 혈통적으로 존귀한 양반의 지배를 거역할 수 없다는 명분론에 기초를 두고 있다.31) 그러나 이들의 실제 목적은 양인비첩 소생을 노비신분으로 귀속시켜 노비소유에 따른 재산증식뿐만 아니라 노동력 확보에 그 목적이 있었다. 한편 大小人員과 같은 사족 신분이면서 無蔭·無職이라는 이유 때문에 士族婢妾 소생은 보충대 입속이 허용되지 않았다. 따라서 그들의 불만은 대단히 컸을 것으로 짐작되며, 이들에 의해서도 양인비첩 소생의 보충대 입속은 강력하게 주장되었을 것이다. 여기서 우리는 성종대 無蔭·無職者인 사족은 양반의 범주에서 제외되고 현직관리인 大小人員들만이 그들의 특권을 배타적으로 세습시켜 갔음을 알 수 있겠다. 이와 반대로 漢唐儒學의 민본사상에 이론적 바탕을 둔 찬성론자들은 公民을 확보하여 부국강병을 실현하는 데 더 큰 관심이 있지 않았을까 한다. 이러한 현상은 훈구세력의 신권파와 성종 중심의 왕권파가 벌인 정치세력 간의 상호대립으로 해석할 수도 있다. 결국 이 양자

---

31) 조선전기의 역사인식에 대한 견해는 성리학을 어떻게 볼 것인가를 둘러싸고 두 견해로 구분된다. 주자성리학을 긍정적으로 보는 연구자는 한영우와 이태진이 대표적이고, 부정적으로 보는 연구자는 이성무·이경식·김태영 등 사회경제사사관에 입각한 연구자들이다. 따라서 한영우는 조선 초기의 역성혁명파의 주자성리학을 긍정적으로 보아 조선사회를 근대사회로 보았고, 이태진은 사림파의 개혁론에 바탕을 둔 붕당정치론을 주장하게 되었다. 이에 반하여 이성무 등은 주자성리학을 중세 봉건이념으로 부정적으로 보면서 양반 연구와 토지제도 연구를 진행하였다(지두환, 「고려말~조선시대 유학사상 연구동향」, 『한국사론』 28, 국사편찬위원회, 1998). 한편 필자 역시 주자성리학의 역할에 대해서는 전후기를 통해서 볼 때 부정적 측면이 더 지배적이었다고 생각된다.

간의 논의에서 성종은 어쩔 수 없이 반대론자인 훈구세력의 주장을 받아들임으로써 양인비첩 소생의 보충대 입속과 보충대가 천인이었을 때의 소생은 보충대에 입속할 수 없게 되었다.

그렇다면 양인비첩 소생과 보충대가 천인이었을 때 소생의 보충대 입속을 금지시킨 기간은 얼마나 될까. 성종의 재위기간 25년 가운데 20여 년이 여기에 해당된다. 성종 5년부터 성종 22년 11월까지의 약 18년과 24년부터 25년까지의 2년이 그것이다. 이 기간 중 노비종모법을 적용한 결과, 양인비첩 소생 또한 모두 노비신분이 되었으므로 양인인구의 감소와 함께 군액의 숫자도 크게 부족하였다. 당시 전체 인구 가운데 천인이 차지하는 비율은 30% 이상이었다는 점에서 당시 양인인구의 부족 현상을 간취할 수 있겠다. 이에 따라 성종 17년부터 ‘及良人’ 三字를 첨입하자는 논의가 조정에서 적극적으로 주장되었다.32) 마침내 ‘及良人’ 三字는 성종 22년 11월에 입법화되어 동왕 23년 11월까지 1년 동안 시행되었으며, 성종 23년 간행된『大典續錄』刑典 賤妾子女條33) 에 그 내용이 구체적으로 첨입되었다. 따라서 이 때 많은 수의 良人婢妾 소생이 종량의 혜택을 받았을 것으로 생각된다. 다음의 사료에서 ‘及良人’ 三字의 첨입 여부에 대한 저간의 논란 과정을 살펴볼 수 있겠다.

특진관 成建이 아뢰기를, “지금『大典』의 ‘大小人員이 公賤에게 장가들어 낳은 소생은 보충대에 소속시킨다’라는 조항에 ‘及良人’ 三字를 더 보태어 넣도록 명하셨으니, 대개 종량의 길을 넓히려는 것입니다. 그러나 보충대를 설치한 뜻은 사족의 자손으로 하여금 賤口가 되지 않도록 하는 것이었습니다. 만약 ‘及良人’ 三字를 더 넣으면 경외의 公賤이 누군들 자식을 양인으로 삼고 싶지 않겠습니까. …… 參贊

---

32)『成宗實錄』卷258, 22年 10月 29日 壬申.
33) “辛亥十一月初一日以後壬子十一月初八日以前 良人娶公私婢爲妻妾子之子女 已接狀者 許屬補充隊(弘治五年十一月二十一日承傳)”.

官 曹偉가 아뢰기를, "乙巳年(성종 16, 1485)의 『대전』에도 역시 '及良人' 三字가 있었습니다. 그 입법한 뜻은 세조조의 신사년(세조 7, 1461) 『大典』에 근본을 둔 것입니다. 또 근일에 세운 법을 지금 갑자기 고치는 것은 불가하지 않겠습니까" 하니 임금이 말하기를, "지금 천인은 많고, 양인은 적기 때문에 從良의 길을 넓히게 한 것이다" 하였다. 試讀官 李達善이 아뢰기를, "'及良人' 三字를 더 보태어 넣을 때에 신도 역시 의논에 참여했습니다. 우리 나라는 사면에서 적과 대치하고 있으니 군액을 확보하지 않을 수 없는데, 노비와 같은 것이 비록 적다 하더라도 무엇이 해롭겠습니까" 하니, 임금이 "그렇다"고 하였다.[34]

위 사료는 성종 22년 11월 이후 大小人員婢妾 소생과 함께 양인비첩 소생도 보충대 입역이 허용되었음을 보여주는 기사이다. 그런데 이 기간 중에도 '及良人' 三字가 『大典』에 첨입된 사실은 부당하다는 주장이 반대론자에 의해서 끊임없이 제기되고 있음을 확인할 수 있다. 한편으로 성종 16년의 乙巳年 『大典』에도 '及良人' 三字가 있었는데[35] 그것은 세조 7년 신사년 『大典』의 뜻을 계승하였다는 점에서 성종이 추구하는 일련의 종량정책은 그 바탕을 세조의 양인확대정책에 두고 있음을 알 수 있다. 그러나 종부법의 시행과 동일한 효력을 갖는 성종의 양인확

---

34) 『成宗實錄』 卷264, 23年 4月 3日 癸卯, "特進官成健啓曰 今於大典 大小人員娶公賤所生 屬補充隊條 命添入及良人三字蓋欲廣從良之路也 然設補充隊之意 欲使士族之出 不爲賤口也 若添入及良人三字 則京外公賤 誰不欲良其子乎……參贊官曹偉啓曰 乙巳年大典 亦有及良人三字 其立法之意 源於世祖朝辛巳年大典 且近日所立之法 今輒改之 無乃不可乎 上曰當 今賤人多而良民小 故爲此法 以廣從良之路也 試讀官李達善曰 及良人三字添入時 臣亦與議 我國四面受敵 軍額不可不敕 若奴婢 雖少何害 上曰然".

35) 성종대에 良人婢妾 소생이 보충대에 입속할 수 있었던 시기는 성종 9년 10월, 16년, 22년 등 세 번이 있었다. 그러나 성종 9년의 경우 양인의 自己婢妾 소생과 妻婢妾 소생은 아비·조부모·嫡母·嫡同生이 장례원에 신고함으로써 보충군에 소속될 수 있었다. 따라서 성종이 왕권강화 차원에서 실시한 良人婢妾 소생의 보충대 입속은 동왕 16년과 22년의 것이 처음이 아닌가 한다.

대정책은 상하의 분별을 문란케 할 뿐 아니라 公私賤의 숫자가 부족하면 여러 고을이 쇠잔해질 수밖에 없다는 훈구세력의 반대로 인하여 성종은 당초 軍額을 확보하려고 했던 뜻을 버리고, '及良人' 三字를 첨록하지 말도록 조처함으로써[36] 논란은 끝나고, 또다시 천인 종량을 억제하는 종모법이 실시되었다.

4. 中宗代 良人婢妾 소생의 身分上昇

성종대부터 확대 실시된 노비종모법은 조선 전기의 경우 다음 두 가지 사실과 관련이 있다. 하나는 양인인구의 축소이고, 다른 하나는 良賤相婚 현상의 증대이다. 특히 중종대에 이르러 公民의 수적 감소는 租稅와 軍役의 감소로 이어져 국가재정 결핍과 군사력의 약화를 초래하였다.

한편 중종대에 있어서도 훈구세력 중심의 신권우위 정치체제는 더욱 확고해졌다. 훈구세력이 반정을 통해서 정권을 장악하였기 때문에 그들의 권익이 반영될 수밖에 없었던 것이다. 당시 과전법 붕괴에 따른 농장의 확대,[37] 양인의 사민화에 따른 압량위천의 증대도 같은 맥락에서 해석할 수 있겠다. 특히 중종대에 이르러 放軍收布法이 법제화됨에 따라 양인 농민의 군역부담은 더욱 많아졌는데 이 때 양인들은 군역을 회피하는 수단으로서 천인과 혼인하는 방법을 선택하게 되었다. 따라서 본 장에서는 양인의 私民化가 점차 증대되는 중종대에 있어서 노비종부법은 어떤 기능을 하였는가를 중심으로 살펴보려고 한다.

먼저 일반 자영농민층이 분화되어 노비가 되거나 노비화한 사례는

---

36) 『成宗實錄』 卷271, 23年 11月 8日 乙亥.
37) 李泰永, 『朝鮮前期土地制度史研究』, 지식산업사, 1983 ; 李載龑, 「朝鮮初期의 農莊」, 『國史館論叢』, 국사편찬위원회, 1989.

성종대 徭役에서부터 두드러지게 나타난다. 즉, 중앙의 권세가와 각 지방의 토호 품관 및 그들의 노비에 이르기까지 요역이 면제되어 이것이 대부분의 貧戶에게 전가되었다. 따라서 잡역의 번다함이 군역의 10배나 되어 그것을 지탱하지 못했을 뿐만 아니라 모두 도산하여 私賤이나 傭作人이 되기도 하고, 한편으로 代立을 시켰다가 代立價의 부담 때문에 流亡하기도 하였다.[38] 이와 같이 당시 토지로부터 이탈한 無土地農民들은 대부분 토호에게 경제적으로 예속되어 壓良爲賤되는 경우가 많았다. 이러한 사실은 성종대 전라도 고부군의 土豪 宋益孫이 1천여 명의 양인을 壓良爲賤하였다[39]는 사례를 통해서도 확인된다. 양인의 신분적 지위하락은 결과적으로 신분의 양극화를 초래하여 奴娶良女 현상은 더욱 확대될 수밖에 없었다. 한편 이와 같은 시대분위기에 편승하여 당시 奴主들은 노비증식을 위해 奴를 강제로 양녀와 혼인토록 함으로써 천인은 늘고 양인은 줄어들게 되었다. 따라서 양인인구의 급속한 감소는 군사력 확보를 어렵게 하는 상황으로까지 몰고 감으로써 종부법의 실시를 여의치 않게 하였다. 다음의 사료를 통해서 이러한 사실을 알 수 있다.

1) 공조 좌랑 崔靜이 아뢰기를, "……祖宗朝에서는 보충대와 양인 비첩 소생은 종량되는 길이 많았기 때문에 양민이 많아 군액 또한 많았는데, 지금은 군액의 수는 예전보다 배나 되지만 종량하는 길은 매우 좁으니 비록 군적을 정밀하고 많게 하려고 하여도 할 수가 없습니다. 『大典』에 鄕吏・驛吏・鹽干・牧子干 등의 자기비첩 소생은 각각 자기 아비의 役處에 정역한다고 하였는데 그 본 뜻은 期服과 功服의 친족이 노비가 됨은 인륜을 손상하기 때문에 마련한 것이니 진실로 좋은 법입니다. 지금 사족비첩 소생은 蔭職이 없으면 양인이 될

---

38) 金東仁, 「朝鮮前期 良賤交婚에 나타난 良人分化 樣態」, 『崇實史學』 8, 1994, 15쪽.
39) 『成宗實錄』 卷40, 5年 3月 19日 甲辰, 3月 25日 庚戌.

수 없어 기복·공복의 가까운 친족이 종이 되어 役事를 하게 되니 常
道를 무너뜨리고 풍속을 혼란시켜 士族으로서 의관을 갖춘 사람이
도리어 鄕吏나 驛吏들의 자손만도 못하니 진실로 사체에 어그러집니
다. 신의 생각에는 自己婢妾 소생이면 비록 蔭職이 없더라도 향리 등
의 예에 의거하여 모두 보충대에 속하도록 함으로써 종량의 길이 열
리게 된다면, 군액도 많아지고 保人의 숫자도 넉넉해질 것입니다" 하
니 병조에 명하여 의계토록 하였다.[40]

　2) 상이 이르기를, "양민은 적고 천구만 많다. 마침내는 반드시 양
민이 없어지게 될 것이니 이는 작은 일이 아니다" 하므로 영사 申用
漑가 아뢰기를, "지금 법령에서는 賤口는 종모법을 따르게 되어 있습
니다. 奴娶良女의 경우는 적고, 婢嫁良夫의 경우는 많으므로 천구가
되는 길은 많고 양민이 되는 길은 적습니다. 그러므로 군액이 날로
감소됩니다. 전일에 신이 이미 논계하였으나 대신들이 정의에서 모두
어렵게 여겼는데 이제는 양민에게 시집가지 못하도록 하는 법을 정해
야 합니다. …… 정광필 등이 의논 드리기를, 『大典』補充隊條의 '大
小人員' 아래 '及良人' 三字를 삭제하였기 때문에 양민이 되는 길이
넓지 못하니, 이 뒤로는 첨입함이 어떠하리까" 하니 그대로 따랐다.[41]

　위 사료 1)은 從母法의 실시가 한편으로 양인비첩 소생의 보충대 입

---

40) 『中宗實錄』 卷9, 4年 閏9月 1日 庚申, "工曹佐郎崔瀞啓曰……祖宗朝若補充
　　隊若嫁良夫所生 從良多門 故良民居多 軍額亦優 今者軍額培數於古 而從良
　　之路甚狹 雖欲使軍籍精多 末由也已 大典鄕吏驛吏鹽干牧子干等嫁自己婢
　　所生各其夫役處定役本意 專爲期功親得爲奴婢 傷敗彝倫而設也 實是良法
　　美意 今士族之人 娶自己婢所生 父非有蔭人員 則勿令屬良 期功切親 爲奴
　　服役 敗常亂俗 士族衣冠子孫 反不與鄕吏驛吏等子孫 實乖事體 臣意以謂若
　　自己婢所生 雖無蔭 鄕吏等例 幷屬補充隊 以闢從良之路 則軍額精 而保數
　　不患其不敷 命兵曹議啓".

41) 『中宗實錄』 卷27, 11年 12月 8日 甲寅, "上曰 良民少 而賤口多 終必至於無
　　良民 此非細故 領事申用漑曰 今之制令 賤口從母 故奴娶養女 婢嫁良夫 從
　　賤之路多 而爲良之路少 故軍額日減 臣前已論啓 而大臣廷議 皆以爲難 今
　　須定勿嫁良人之法……鄭光弼等議曰 大典內補充隊條 大小人員之下 及良
　　民三字削去 故爲良之路 不廣 今後添入 何如 從之".

속을 금지시켰을 뿐만 아니라 군액의 확보 또한 어렵게 만들었기 때문에 종부법으로 전환해야 된다는 내용이고, 2)는 良賤相婚은 奴娶良女와 婢嫁良夫의 경우가 있는데 중종대는 婢嫁良夫가 대부분이었으므로 양인의 숫자가 감소할 수밖에 없다는 내용이다. 사료 1)·2)는 모두 종모법을 실시한 결과 천인의 숫자가 많아져서 기본적인 군액의 확보가 어려웠을 뿐만 아니라 職이 없는 士族婢妾 소생이 奴婢가 됨으로써 鄕吏·驛吏婢妾 소생보다 신분적 지위가 열등한 결과를 초래하였다고 하겠다. 여기서 "자기비첩 소생이면 비록 蔭職이 없더라도 모두 보충대에 입속시켜 從良케 하자"는 것은 從父法을 전면적으로 실시하자는 것이다. 따라서 종부법을 실시하게 되면 그 동안 노비증식의 중요한 수단이었던 婢嫁良夫 소생들이 모두 양인신분이 됨으로써 군액과 保人의 숫자 또한 크게 증가할 수 있었다. 그런데 중종대에 있어서는 士族이지만 職이 없으면 그 소생은 奴婢가 될 수밖에 없었다. 이러한 사실은 당시 사족이 양인에 비하여 신분적 특권이 보장되지 않았음을 반영한 경우이다. 이는 사족이 양인의 범주에 포함되는 사례로서 중종대의 시대 성격 역시 양천제 사회로 규정할 수밖에 없는 근거가 된다는 점에서 주목된다.

그러면 사족비첩 소생은 왜 보충대 입속에서 제외되었을까. 그것은 성종대부터 나타난 사족집단 내부에서의 신분등급 강등 현상 때문이다. 다시 말해서 사족비첩 소생의 보충대 입속은 양반의 자연증가를 가져왔으나, 관직과 토지는 한정되어 있었기 때문에 大小人員婢妾 소생만이 양인이 되는 배타적 신분정책을 고수할 수밖에 없었다. 결국 사족비첩 소생의 신분상승 제약에 대한 불만이 제기되었고, 그것은 당시 조광조를 중심으로 한 신진 사림세력의 至治主義와 연계되어 양인비첩 소생의 보충대 입속을 실현할 수 있었다. 이는 중종대 초반 막강하였던 반정공신 세력이 이 때에 이르러 점차 그 세력이 약화됨에 따라 나타난 현상으로 보인다. 비록 품계는 낮았지만 三司를 중심으로 한 言官職에 신진사류를 충원한 것도 당시 양인비첩 소생이 보충대에 입속할 수 있게 된 중대한 계기가 되었다.[42] 중종은 마침내 동왕 11년 12월 8일『大典』補充隊條 '大小人員' 아래에 '及良民' 三字를 첨입하는 데 동의함으로써 私賤이 증가하고 양민이 감소되는 폐단을 개혁할 수 있었다.

한편 양인비첩 소생이 보충대에 입속하여 종량한 경우와 함께 보충대가 양인이 되기 이전의 소생까지 종량한 사실이나,[43] 양인을 거짓아비로 삼아 종량한 사실 등 일련의 종량정책을 확대 실시한 결과 천민의 숫자가 큰 폭으로 감소하였다. 실제로 이 시기에는 '及良民'의 법이 있었기 때문에 散級의 牒紙 한 장만 있으면 천인 소생이라도 모두 종량될 수 있었다. 양계지역의 軍官·土官·守令·僉使·萬戶 등도 娼妓와 官婢를 첩으로 삼아 그들의 소생까지 종량시키는 사례가 많았다. 만약 창기와 관비의 종량이 허용되면 온 집안 사람의 官役이 면제되었을 뿐 아니라 수십 명이 한가롭게 지낼 수 있었기 때문에 모두가 종량을 열망하였다.[44] 또한 贖身할 때는 반드시 代役을 하였는데 이들이 모두 도망치는 경우도 많았다. 따라서 종모법을 실시할 때는 婢主가 婢稼良夫 소생을 모두 소유할 수 있었으나 종부법의 실시로 말미암아 婢嫁良夫 소생이 모두 종량됨으로써 노비증식은 원천적으로 봉쇄되었다. 이에 따라 奴主인 관료지주들은 양계지역의 인구증대를 명분으로 奴婢刷還法을 만들어 '及良民' 三字를 삭제토록 주장하였으며,[45] 중종

---

42) 三司 중심의 士林政治 권력구조에 관해서는 다음 논고를 참조할 것. 宋贊植, 「朝鮮朝 士林政治의 權力構造 - 銓郎과 三司를 中心으로 - 」,『經濟史學』2, 經濟史學會, 1978.

43) 從父法 아래서는 婢嫁良夫 소생이 보충대를 거관하면 양인이 되기 이전의 모든 보충대 소생도 함께 종량되었다. 한편으로 종부법의 실시는 노비증식을 감소시켰기 때문에 양반관료들은 從母法을 실시코자 하였다. 마침내 명종 3년 양인이 되기 이전의 보충대 소생은 종량이 금지되었다.『明宗實錄』卷8, 3年 12月 30日 辛未.

44)『中宗實錄』卷58, 21年 12月 18日 丙寅.

"公賤의 숫자가 점차 줄고 있다"는 사실의 타당성을 인정하여 '及良民' 三字의 삭제를 명하였다.[46] 이로써 10년 간 지속되었던 종부법은 중종 21년 12월 또다시 종모법으로 환원될 수밖에 없었다.

그러나 北虜南倭로 인한 군사력의 증강에 따라 군액의 확충이 요구되었으며, 한편으로 천역보다 양역이 무거운 데 따른 良賤相婚 현상이 급증하자 또다시 『大典』에 '及良民'을 첨입하여 종부법을 실시하지 않을 수 없는 상황이 되었다. 다음의 사료가 그와 같은 상황을 설명하고 있다.

1) 정원에 전교하였다. …… 軍額이 날로 줄어드는 것은 양민이 줄어들기 때문이다. 내 생각에는 公私賤은 役事가 수월하고 양인들은 역사가 고생스러우므로 그 고생을 싫어하여 수월한 데로 가려고 하기 때문에 날로 줄어든다고 여겨진다. 그러므로 법을 세워 천인과의 혼인을 금지하였는데 이 법은 거행하기가 더욱 어려워 이전과 다름이 없다. '及良民'의 법을 시행하는 것이 어떻겠는가. 비록 시행하더라도 너무 외람되게 해서는 안 되니 대가를 바쳐 속신하게 하고 속신한 자들로 하여금 公家의 역사를 하게 한다면 양민이나 천민 모두가 좋고 또한 방해로움이 없게 될 것이다.[47]

2) 을미년(중종 30, 1535) 11월에 영의정 金謹思, 좌의정 金安老, 우의정 유보가 의논드린 단자의 내용은 다음과 같다. "原州·宜寧은 토호가 굳세고 사나워서 吏屬을 탐학하고 심한 매를 치므로 이속이 견디기 어려워서 土豪의 종의 지아비가 되기로 약속하여 눈앞의 괴로움을 늦추고 제 자손이 환난을 면할 수 있기를 바랍니다. 이렇게 세

---

45) 『中宗實錄』 卷58, 21年 12月 19日 丁卯.
46) 『中宗實錄』 卷58, 21年 12月 24日 壬申.
47) 『中宗實錄』 卷97, 36年 12月 2日 癸丑, "傳于政院曰 軍額日減者 以其無良民故耳 予意公私賤役歇 良民役苦 壓害而投歇 此良民所以日縮也 是以立法 使私賤良民 不得相嫁娶 雖立此法 禁斷爲難 而更無他策 大典及良民之法 擧行何如 雖擧行 太濫則不可也 使之代納贖身 其贖身者 爲公家之所役 則於公私兩全 良民庶幾有補 而其役稍歇矣".

월이 쌓여 官屬의 후손은 모두 토호의 노비가 되었으므로 오늘날에
는 고을이 비어서 스스로 보존하지 못합니다. …… 각 고을의 品官도
鄕吏·書員 등 用事하는 자를 종의 지아비로 삼아서 짜고 공모해서
자기에게 배정된 잡역을 촌백성에게 나누어 지우며, 官家를 속이고
약한 자를 깔보아 온갖 해를 끼칩니다. 이 폐단도 고질이 되었으니
징계하지 않을 수 없습니다. 이 뒤로는 鄕吏·書員·官奴가 토박이
품관의 종에게 장가들어 얻은 소생은 해당 고을의 노비로 영속시키는
것이 마땅합니다."48)

위 사료 1)은 종부법이 폐지된 중종 21년 이후 良役은 무겁고, 賤役
은 수월하여 良賤相婚이 점차 증대함에 따라 양민의 숫자가 크게 줄었
다는 내용이다. 2)는 原州·宜寧의 토호와 품관이 自己婢를 吏屬인 鄕
吏·書員 등에게 혼인시킨 다음 그 소생을 종모법에 따라 모두 소유함
으로써 각 고을의 관아가 황폐해졌다는 내용이다. 1)·2)를 통해서 볼
때 종모법을 실시하면 婢嫁良夫의 소생이 모두 천인신분이 되어 公民
의 숫자는 그만큼 줄어들 수밖에 없다는 것이다. 국가는 양인인구의
확대방안으로 양인과 천인의 혼인금지법을 만들었으나 국가가 실제로
이를 감독할 수 없었다. 따라서 중종은 『大典』에 '及良民' 三字를 첨입
하되 종량의 대상인 良人婢妾 소생 모두에게 그 대가를 받고 贖身케
하자고 하였다. 이와 같이 한다면 당시 지방의 토호와 품관이 自己婢
를 吏屬과 혼인시켜 노비증식의 수단으로 이용함으로써 고을의 관아
를 황폐화시키는 종모법의 폐단을 고칠 수 있을 것으로 생각하였다.
중종은 마침내 동왕 38년 '及良民' 三字를 법조에 덧붙여 넣으라고 전
교함으로써49) 私賤이 증가하고 양민이 줄어드는 폐단을 개혁할 수 있
었다. 이러한 사실은 『大典後續錄』 刑典 賤妾子女條에 실려 법제화되
었다.50)

---

48) 『中宗實錄』 卷101, 38年 7月 8日 辛亥.
49) 『中宗實錄』 卷101, 38年 7月 14日 丁巳.

그러면 조선 전기에 노비종부법을 통해서 신분상승한 숫자는 실제로 얼마나 될까. 이 문제는 먼저 보충대 입역이 허용된 婢嫁良夫 소생의 전체 숫자를 파악한 다음 보충대 입역이 양인비첩 소생까지 적용되었던 시기와 大小人員婢妾 소생에게만 한정해서 적용된 시기로 구분하여 고찰하면 그 대략을 알 수 있겠다. 다시 말해서 태종 17년부터 예종대까지는 단종대를 제외하고 대부분이 종부법을 실시하였기 때문에 보충대의 입역은 大小人員婢妾 소생과 良人婢妾 소생 모두에게 개방되었던 셈이며, 성종 21년 11월부터 22년 11월까지의 1년 간, 중종 11년부터 21년까지의 10년 간, 중종 38년 이후부터 임진왜란 이전까지의 기간에도 역시 종부법을 실시를 감안할 때 실제로 종부법을 통해 신분상승한 숫자는 상당한 인원에 이를 것으로 짐작된다.

5. 맺음말

이상에서 본고는 조선 전기 노비종부법을 통한 천인의 신분변동 과정을 왕권과 신권, 양반과 천민 간의 대립·갈등론적 입장에서 고찰하였다. 지금까지 노비종부법에 의한 종량은 조선 초기의 경우 '大小人員'으로 지칭되는 양반들의 특권을 보장하기 위한 수단에 불과하였으며, 성종대 이후는 良賤相婚이 지배적 현상이었기 때문에 양인인구가 감소될 수밖에 없었다고 인식하였다. 그러나 지금까지의 연구를 통해서 조선 초기에 실시된 노비종부법은 양반의 특권을 보장하기 위한 요인보다는 양인확대정책의 성격이 더 지배적이었으며, 성종·중종 양대에 실시한 종량 또한 『經國大典』補充隊條 '大小人員' 다음에 '及良人' 三字 첨입의 법제화를 통해 많은 양인비첩 소생이 양인으로 신분상승하였음을 확인하였다. 이제 세 시기로 나누어 검토한 내용을 요약함으

---

50) "大典 賤妾子女條 大小員人之下 及良人三字 添入行用".

로써 결론에 대신하고자 한다.

첫째, 조선 초기에 천인이 노비종부법을 통해서 종량하는 문제이다. 조선 초기 婢嫁良夫 소생의 신분귀속은 종부법에 따라 모두 양인신분이 될 수 있었다. 그런데 여기서 良夫의 범주를 놓고 양천제론자와 양반제론자가 상호 다르게 인식하였다. 즉, 양천제론자는 양인의 범주에 양반까지를 포함시켰기 때문에 新良人이 크게 증가하였다고 인식한 반면, 양반제론자는 大小人員婢妾 소생만이 보충대 입속이 허용되어 종량되었을 뿐이라고 생각하였다. 태조는 양부의 자기비첩 소생과 訴良한 노비 가운데 賤籍이 불명하고 전에 使役한 적이 없는 경우는 종량하였으며, 태종도 역시 祖父婢妾 소생과 자기비첩 소생은 모두 종량하되, 자기비첩 소생은 사재감이나 수군에 편제하였다. 다만 奴娶良女 소생은 一賤則賤의 신분귀속 원칙에 따라 모두 노비가 될 수밖에 없었다. 한편 태종은 동왕 15년 보충군을 창설한 다음 당시 訴良者 가운데 양천 불명자 1만여 명을 양인비첩 소생과 함께 보충군에 입속케 하여 일정 기간을 근무하면 종량시켜 주었다. 태종의 이와 같은 일련의 종량정책은 양인확대정책의 일환이었다는 점에서 신분사적 의의가 크다고 하겠다.

한편 李成茂는, 당시 보충군의 1차 입역대상자의 대부분이 大小人員婢妾 소생이라는 점을 전제로 조선 초기 사회성격을 士族의 특권이 보장된 양반제 사회로 규정하였다. 그러나 성종대에 無蔭·無職의 사족비첩 소생은 양인비첩 소생과 마찬가지로 보충대 입역이 금지됨으로써 양반 범주에서 제외되고, 현직관리인 大小人員들만이 그들의 특권을 배타적으로 세습시켜 갔다. 이러한 관점에서 볼 때 조선 초기는 양천제 사회로 규정함이 타당하다고 하겠다. 세종대는 태종대보다 노비종량이 축소된 시기로 이해된다. 그렇지만 세조대는 보충군을 폐지한 대신 종부법을 확대실시함으로써 양인인구가 크게 증가하였다. 따라서 군액이 확충되었을 뿐만 아니라 국가재정도 증대되는 효과가 있었다.

한편 종부법의 실시는 노비증식에 장애가 되었기 때문에 양반들은 종모법 실시를 적극적으로 주장하여 이를 관철시켰다. 세조는 종모법의 실시와 동시에 보충군을 복설하였는데 그 명칭을 보충대라고 하였다.

둘째, 성종대 노비종부법 실시의 변동 추이에 관한 문제이다. 성종대는 훈구세력과 사림세력이 중앙정계에서 양반관료의 특권을 형성하여 갔다. 양반관료의 이러한 특권의식은 노비종부법에 반영되었다. 양인 비첩 소생에 대해서는 보충대 입역을 금지시킨 반면 大小人員婢妾 소생은 보충대 입속을 허용한 것이 그것이다. 이러한 현상은 세조의 공신인 훈구세력의 사회·경제적 특권의식과 성리학적 重父思想이 반영되어 나타났다. 그 결과 사족을 포함한 양인비첩 소생의 종량의 통로가 막히게 되었다. 그러나 성종은 동왕 17년부터 왕권강화와 양인인구 확대책의 일환으로『經國大典』補充隊條 '大小人員' 아래에 '及良人' 三字를 첨입하자고 적극적으로 주장하였다. 마침내 '及良人' 三字의 첨입은 성종 22년 11월에 입법화되어 동왕 23년 11월까지 1년 간 시행되었고, 성종 23년 간행된『大典續錄』刑典 賤妾子女條에 그 내용이 삽입되었다. 그러나 이 법을 시행한 기간은 1년 정도에 불과하였으므로 良人婢妾 소생이 이 기간 중에 종량하는 데는 한계가 있을 수밖에 없었다. 성종의 이 같은 양인확대정책은 중세 신분질서를 동요케 할 뿐만 아니라 양반들의 노비증식을 방해한다고 인식되어 동왕 23년 11월 이후부터 종모법이 실시되었다.

셋째, 중종대에 있어서 노비종부법 실시의 변동에 관한 문제이다. 중종은 반정을 통해서 정권을 장악하였기 때문에 즉위 초부터 모든 정책에 훈구세력의 이해가 반영될 수밖에 없었다. 농장의 확대, 압량위천의 증대, 放軍收布의 법제화, 無蔭·無職의 사족비첩 소생의 보충대 입속 금지 등 일련의 정책이 그것이다. 이와 같은 양인농민의 신분적 지위 하락은 결과적으로 신분의 양극화를 초래하였다. 良賤相婚은 奴娶良女와 婢嫁良夫의 경우가 있는데 중종대에는 婢嫁良夫 현상이 대부분이었다. 따라서 절대적으로 부족한 양인의 숫자를 증대시키는 방법은 노비종부법의 시행뿐이었다. 마침내 중종 11년 11월 鄭光弼의 주장에 따라『大典』補充隊條 '大小人員' 아래 '及良人' 三字를 첨입함으로써 이후 10년 간 종부법을 실시하게 되었다. 이에 따라 婢嫁良夫 소생이 모두 종량됨으로써 군액과 보인의 숫자가 크게 증가하였다. 그런데 중종대에는 無蔭·無職의 士族婢妾 소생은 양인이 될 수 없었다. 이는 양인에 비해 사족의 신분적 특권이 보장되지 않았음을 입증한 예로서 조선 전기를 양천제 사회로 보는 근거가 되겠다. 한편 사족비첩 소생을 보충대 입속에서 제외시킨 이유는 大小人員을 중심으로 한 소수 양반관료의 배타적인 신분정책 때문이었다. 그러나 중종 10년을 전후하여 반정공신 세력이 약화됨과 동시에 조광조 중심의 사림세력이 중앙정계에 진출함으로써『大典』에 '及良民' 三字를 첨입하게 되었다. 이후 양인비첩 소생의 보충대 입속과 함께 보충대가 천인이었을 때의 소생까지 종량하거나, 양인을 거짓아비로 삼아 종량하는 등 여러 가지 종량정책의 결과 노비의 숫자가 큰 폭으로 감소하였다. 이에 따라 양반들은『大典』에서 '及良民' 三字를 또다시 삭제할 것을 주장하였고, 중종도 그 타당성을 인정하여 삭제를 명하였다. 그렇다면 노비종부법을 실시한 조선 전기에는 실제로 얼마 만큼의 천인이 신분상승하였을까. 婢嫁良夫 소생 가운데 大小人員婢妾 소생과 양인비첩 소생이 성종대 이전까지의 대부분 기간 동안 종량된 숫자와, 兩者가 성종대부터 임진왜란 이전까지 선택적으로 종량된 숫자를 합한다면 그 대략적인 인원이 밝혀질 것으로 생각된다. 그러나 현재는 이 질문에 답할 수 있는 구체적인 숫자를 제시할 수가 없다. 다만 이 시기에 상당한 숫자가 양인으로 신분상승하였을 것이다.

『東國輿地勝覽』의 編纂體裁와 特徵에 대한 一考察

徐 仁 源*

Ⅰ. 머리말

　朝鮮前期에는 지리지로서 세종조에 완성된 『世宗實錄』 地理志(八道地理志)에 이어 세조조부터 시작되어 성종조에 완성된 『東國輿地勝覽』이 편찬되었다. 국가가 필요로 하는 행정·경제·사회적 지리지로서의 성격이 정비된 『세종실록』 지리지가 있음에도 불구하고 이를 개찬하지 않고 새롭게 편찬한 것은 단순히 지리상의 변화를 기록하는 것 이상의 목적을 갖고 있었기 때문이라고 할 수 있다. 그것은 조선 전기에 발생한 여러 가지 정치적 상황과 더불어 성종조의 국가체제의 완성이라는 측면이 강하게 반영된 결과였다. 이미 필자는 『동국여지승람』 편찬 목적을 정치적 상황과 연관하여 살펴 본 바가 있다.[1] 그렇다면

---

* 동국대 강사

이 책의 體裁 역시도 이러한 편찬 목적이 강하게 드러날 수 밖에 없다. 따라서 本稿에서는 編纂體裁 및 그 특징을 살펴봄으로써,『東國輿地勝覽』의 編纂目的이 編纂體裁에 어떻게 반영되고 있는가를『世宗實錄』地理志와 비교하면서 살펴보도록 하겠다.

Ⅱ.『東國輿地勝覽』의 現存狀況

1. 木版本의 現存狀況

『동국여지승람』은 총 3차에 걸쳐 印刊되었다. 성종 12년(1481)에 편찬이 완성된 初稿本은 기록만 되어 있을 뿐, 간행이 되었다는 기록은 없다. 또한 稿本의 實物도 전혀 전해지지 않으므로 간행이 되지 않았을 것으로 보인다. 그렇다면 성종 17년(1486)에 편찬되어 다음 해(1487) 2월에 乙亥字版으로 간행된 것이 初刊本이 된다. 여기에서 왜 초고본이 간행되지 못했는지에 대한 의문이 생긴다. 직접적인 사료는 없지만, 成宗朝에 편찬되었던 다른 역사서의 편찬 과정을 살펴보면 그 추론이 가능할 것 같다. 성종조 대부분의 편찬물은 世祖朝부터 시작되었다.『東國通鑑』과『東國輿地勝覽』 등을 그 예로 들 수 있다.

세조는 세종보다도 더 철저한 富國強兵主義者였고 專制主義的인 면이 강한 王權主義者였다. 더군다나 집권 과정에서 지게 된 도덕적 부담감은 그로 하여금 유교적 이상정치를 시행할 수 없도록 만들었다. 그러므로 세조 스스로 세자에게 자신의 정치형태를 본받지 말 것을 훈계한 적도 있다.

나의 行事는 능히 일체로 軌範을 준수하지 못하였다. 나 같은 경우

---

1) 拙稿,「東國輿地勝覽의 編纂 經緯와 政治的 狀況」,『實學思想研究』10·11 合輯, 毋岳實學會, 1999. 3, 379쪽～428쪽.

는 족히 본받을 것이 못 된다. 너는 世宗의 일을 법으로 삼아야 할 것
이다.[2]

　전제주의적 왕권을 휘둘렀던 세조도 宗親 勳戚들이 모인 자리에서
세자에게 이러한 말을 피력할 만큼 그는 世宗의 정치형태를 귀감으로
삼고는 있었다.[3] 그러나 세종의 왕도정치 형태를 구현할 수 없었던 세
조는 자신의 전제주의적 왕권의 실현을 위해 자기의 우익인 勳戚 위주
의 계급정치를 실행할 수 밖에 없었다.[4] 또한 이러한 정치적 입장은
학술진흥의 측면에서도 그대로 반영되었다. 그는 학술정책도 覇道的
王政의 한 부분으로서 왕의 통치와 학문을 분리하지 않았다. 그러나
이 시기는 사대부 사이에 性理學的 王道政治의 이론이 지배화되어 가
고 있는 시기로서, 臣僚와의 사이에 많은 갈등을 일으킬 수밖에 없는
상황이었다.

　이러한 시대적 상황 속에서 세조는 태종과 같이 綱常의 명분을 내세
워 왕권강화의 이론적 기반을 찾을 수 없었고, 세종처럼 王道의 聖君
으로 분장할 수도 없었다.[5] 그래서 그는 事大的·性理學的 名分論을
좋아하지 않았고, 王道보다는 차라리 覇道를 숭상하면서 古記類에서
神話를 중시하였다.[6] 이러한 그의 정치이념은 새로운 通史인『東國通
鑑』과 새로운 地理志의 편찬으로 나타나게 되었다.

　세조는『동국통감』을 檀君朝鮮 중심의 민족주의적 색채가 강한 역
사서로 찬술하려 하였다. 그러나 儒臣들은 세조의 정치이념과 편찬방

---

2)『世祖實錄』卷20, 6年 5月 丙戌.

3) 세종의 정치 형태는 계급지배의 본질을 벗어나지는 않았지만, 세조와 비교할
　때 더 보편적인 王道政治를 추구하였다고 할 수 있다(金泰永,「朝鮮初期 世
　祖王權의 專制性에 대한 一考察」,『韓國史研究』87, 한국사연구회, 1994,
　145쪽).

4) 金泰永, 위의 글, 145쪽.

5) 韓永愚,『朝鮮前期史學史研究』, 서울대출판부, 1995, 81쪽.

6) 韓永愚, 위의 책, 81쪽.

향에 대해서는 동조하였지만, 기본적으로는 무조건적인 전제주의적 역사 서술에 대해서는 찬성하지 않았다. 그들은 王權과 臣權, 事大와 自主, 性理學과 異端, 王道와 覇道, 神話와 理性을 보다 탄력성 있게 조화시키려는 입장을 지니고 있었기 때문에 세조의 입장과는 일정하게 거리가 있을 수밖에 없었던 것이다.[7]

그 대표적인 예가 성종 7년(1476)에 완성된 『三國史節要』이다. 『삼국사절요』는 신화와 전설을 많이 수록하기는 하였으나 檀君神話를 삭제하였기 때문이다. 결국 『삼국사절요』와 『고려사』보다 신권적 입장이 강조된 『高麗史節要』[문종 2년(1452) 2월 완성]가 합쳐져서, 성종 15년(1484)에 『東國通鑑』이 완성되었다. 여기에는 사림파 修史官들의 史論이 대폭 첨가되었기 때문에, 골격은 훈구파가 세우고 비평은 사림파가 맡은 이중적 성격의 역사서가 탄생하게 된 것이다.

『東國通鑑』을 다시 정리해 보자면, 세조조에서 편찬이 시작되어 성종조에 완성되었다. 세조조에도 왕권과 신권의 입장이라는 편찬의 이중성이 있었고, 성종조의 완성 과정에서도 훈구파와 사림파의 역사 인식의 차이로 인하여 이중적 성격을 띠게 되었다. 특히 성종조의 훈구파와 사림파의 경우, 정치적 성격은 다같이 신권을 존중한다는 점에서 공통적이었지만 사대적 명분론과 왕도정치의 입장은 사림파가 훨씬 강하였다. 즉 『東國通鑑』은 훈구파가 편찬한 마지막 관찬사서이자, 사림파의 역사인식이 처음 나타나는 특징을 가지고 있었다.

『東國輿地勝覽』도 마찬가지 입장에서 파악할 수 있다. 세조가 새로운 지리지를 편찬하려 한 것은 『東國通鑑』과 마찬가지로 지리지에서도 패도적인 왕권강화의 입장에서 시작되었다. 양성지의 『팔도지리지』를 거쳐 『東國輿地勝覽』이 완성된 것은 성종조에 들어와서야였는데, 이는 왕권과 신권의 심각한 갈등 때문이라기보다는 양성지가 지도 제작에 바빴기 때문이다.[8] 그러나 『東國輿地勝覽』 역시 훈구파의 주도로

---

7) 韓永愚, 위의 책, 81~82쪽.

편찬되었다는 점 때문에 간행을 못하게 된 것으로 생각된다. 즉, 사림파는 覇道 및 異端에 대한 배척과 事大的 名分에서 훈구파보다 강렬했으며, 부국강병을 지향하는 漢唐流의 정치를 극렬히 비난하고 三代를 이상으로 하는 왕도정치를 지지하였다.9) 그러므로 사림파는『동국여지승람』에 나타나는 훈구파적 입장을 받아들일 수 없었고, 성종 10년 이후의 편찬 과정에서는 사림파의 입장이 강하게 반영되면서 간행되지 못한 것이 아닌가 생각된다. 결국『동국여지승람』은 사림파의 대표적 인물인 김종직에 의해 개찬된 후 성종 18년(1487) 2월에 간행되었다. 이 初刊本은 完秩로 남아 있는 것이 없으며, 乙亥字版으로는 국립도서관 一山文庫에 殘本 1책(卷37·38)과 고려대학교도서관 華山文庫에 殘本 2책(卷1·2)이 소장되어 있다.10) 또한 평양에 소재했던 李仁榮의 書室인 淸芬室에도 2권 1책(卷22·23)이 소장되어 있었으나, 지금은 해제목록인「淸芬室書目」에만 전할 뿐이고 행방은 묘연하다. 그리고 乙亥字混入補字版으로 李謙魯의 藏書인 山氣文庫에 殘本 1책(卷3)이 전해지고 있다.

　연산군 5년(1499)에 癸丑字版으로 간행된 판본은 국내에 두 본과 국외에 한 본이 현존하고 있다. 국내의 두 본은 서울대학교 가람문고에 잔본 1책(卷11~13)과 趙炳舜 私設의 誠庵古書博物館에 잔본 1책(卷44·45)이 각각 보존되어 있다. 국외에는 일본 京都大學圖書館 河合文庫에 55권 중 28권 10책(卷1~10, 14~23, 27~30, 36~37, 51~52)이 소장되어 있다고 한다.11) 또한「청분실서목」에 계축자판 잔본 9책(卷44

---

8) 拙稿, 앞의 글, 381쪽.

9) 韓永愚, 앞의 책, 82쪽.

10)『동국여지승람』의 현존 판본에 관해서는 丁義聲,『東國輿地勝覽의 書誌的 研究 - 初刊本에서 新增本까지 - 』, 연세대학교 문헌정보학과 박사학위논문, 1996, 74~90쪽을 참조하였다. 이하의 주는 생략.

11) 이병도 박사는『국역 신증동국여지승람』해설에서 국내에서는 한 책도 찾아볼 수 없다고 하였으나, 잔본 2책이 남아 있다(李丙燾,「신증동국여지승람해설」,『국역 신증동국여지승람』권1, 민족문화추진회, 1986년 중판, 3쪽 ; 丁義

~47, 51~55)이 수록되어 있을 뿐 존재 여부는 불투명하다. 그러므로 연산군조의 계축자판은 전 55권 중 12권을 결한 33권이 존재해 있다고 할 수 있다. 연산군조의 刊印은 戊午士禍(연산군 4, 1498) 이후 훈구파들이 자신들의 행위를 합리화하기 위하여 『東國輿地勝覽』을 개찬하고 서둘러 간행한 것으로 보인다.

중종 26년(1531)에는 『신증동국여지승람』이 계축자판으로 간행되었다. 이 계축자판으로 간행된 것으로 현존하고 있는 것은 <표 1>과 같다.

<표 1> 『新增東國輿地勝覽』 癸丑字版의 현존 상황

所藏處	殘存形態
內閣文庫(日本)	51권 20책(卷1~43, 48~55, 卷44~47은 缺本)
高麗大學校 晩松文庫	7권 4책(卷2~3, 10~11, 30~34, 44~45)
忠南大學校	3권 1책(卷10~13)
韓國精神文化硏究院	4책
淸州古印刷博物館	1권 1책(卷7)
嶺南大學校	1책
國立中央圖書館 一山文庫	39장
誠庵文庫	4권 2책
延世大學校 柳時浣文庫	2권 1책(卷23~24)
溫陽民俗博物館	1권 1책(卷38)
高麗大學校 華山文庫	2권 2책(卷1·54)

중종 26년에 간행된 계축자판은 일본에 소장되어 있는 판본을 포함하면 전 55권 중 권46·47이 결본된 53권이 현존하고 있다. 그렇다면 목판본의 현존 상태가 왜 이렇게 불량할까? 그것은 지리지가 국가의 기밀 사항이 수록된 秘密書籍이었기 때문이다. 즉 조선 전기의 지도와 지리지는 국가기밀에 속하는 것이었기 때문에 개인이 私藏할 수가 없었다.12) 그러므로 『동국여지승람』은 잘 보관되지 못하고 遺失이 심하

聲, 앞의 학위논문, 75쪽).

12) 『신증동국여지승람』의 서문에는 "연산군조 말년에 이르러 사장을 금하여 이

였던 것이다. 더군다나 兩亂의 전쟁을 거치면서 더욱 희귀해졌다.

현존하고 있는 목판본은 대다수 광해군 3년(1611) 이후에 신증본을 그대로 復刊한 것이거나 구한말이나 일제시대에 간행된 것으로 보인다.13) 현존하는 목판본으로 完帙本은 國立中央圖書館所藏本, 延世大學校所藏本, 奎章閣所藏本, 國史編纂委員會所藏本 등이 있다.14)

2. 筆寫本의 現存狀況

筆寫本의 경우, 성종조나 연산군조의『東國輿地勝覽』을 臺本으로 한 것은 보이지 않는다. 중종조의『新增東國輿地勝覽』癸丑字版을 覆刻하였거나, 이를 臺本으로 삼아 板刻한 목판본을 다시 精寫한 것으로 보인다. 현존하는 필사본으로서는 韓國精神文化硏究院所藏本 7권 3책(卷 23~25, 44~45, 51~52), 忠南大學校所藏本 55권 25책, 프랑스 東洋語學校所藏本 18책, 國史編纂委員會 3책, 日本 今西春秋所藏本 55권 20책 등이 있는데, 대개 1883년 이후 필사되었다.

필사본의 경우에는 파본이 생겼을 경우 채워 넣기 위한 관찬적 편찬도 있었지만, 완질의 경우에는 개인의 필요성에 따라 편찬되었다고도 할 수 있다. 현존하는 필사본은 대개 1883년 이후 편찬된 것으로, 구한말 이후 外勢의 침략에 대해 우리것을 지키려는 國學的 움직임도 편찬에 한 몫을 담당하였을 것이다. 성종조에서 중종조 이전까지 편찬되었던『東國輿地勝覽』은 완질로 현존하는 것이 없어서 연구의 대상이 되지 못하였고, 현재는 규장각소장본과 기타 본에 의한『新增東國輿地勝覽』을 중심으로 연구가 이루어지고 있는 실정이다. 따라서 본고도『新增東國輿地勝覽』을 중심으로 구성과 체재 및 특징 등을 연구하였다.

책이 민간에 있는 것이 얼마 되지 않았다"라는 기록이 있다.
13) 李丙燾, 앞의 글, 4쪽.
14) 1531년에 刊印된『新增東國輿地勝覽』목판본의 소장처에 대해서는 丁義聲, 앞의 학위논문, 82~83쪽.

Ⅲ. 『新增東國輿地勝覽』의 構成形態

1. 構成에 대한 檢討

『新增東國輿地勝覽』은 크게 卷首, 本文 內容 55卷, 卷末로 이루어져 있다. 먼저 卷首에는 李荇 등이 작성한 『新增東國輿地勝覽』의 進箋文, 序文 및 撰修官員 職名과 姓名이 수록되어 있다. 그 다음에는 盧思愼 등의 『東國輿地勝覽』 進箋文과 徐居正의 『東國輿地勝覽』 序文 및 撰修官員의 職名과 姓名이 기재되어 있다. 뒤를 이어 55권의 目次가 기재되어 있으며, 마지막으로 八道總圖가 수록되었다.

本文에는 京都·漢城府·開城府를 필두로 8道가 京畿道·忠淸道·慶尙道·全羅道·黃海道·江原道·咸鏡道·平安道 순서로 기록되어 있는데, 각 도의 앞에는 해당 도의 全圖를 삽입하였다.

권말에는 改撰을 담당한 洪彦弼·任士洪·金宗直 세 사람의 跋文이 각각 실려 있다. 이상의 내용을 정리하면 앞의 <표 2>와 같다.

<표 2> 『新增東國輿地勝覽』의 編次 및 地域別 郡縣의 數

卷 數	內 容
卷首	進新增東國輿地勝覽箋, 新增東國輿地勝覽序, 進東國輿地勝覽箋, 東國輿地勝覽序, 新增東國輿地勝覽目錄, 八道總圖
卷1~2	京都上下
卷3	漢城府
卷4~5	開城府上下
卷6~13	京畿全圖, 京畿道(廣州牧 등 37개 郡縣)
卷14~20	忠淸全圖, 忠淸道(忠州牧 등 54개 郡縣)
卷21~32	慶尙全圖, 慶尙道(慶州府 등 66개 郡縣)
卷33~40	全羅全圖, 全羅道(全州府 등 56개 郡縣)
卷41~43	黃海全圖, 黃海道(黃州牧 등 24개 郡縣)
卷44~47	江原全圖, 江原道(江陵大都護府 등 26개 郡縣)
卷48~50	咸鏡全圖, 咸鏡道(咸興府 등 22개 郡縣)
卷51~55	平安全圖, 平安道(平壤府 등 42개 郡縣)
卷末	跋文 3편(洪彦弼·任士洪·金宗直)

(1) 東覽圖(八道總圖 및 各 道圖)의 收錄

『新增東國輿地勝覽』이 구성상『세종실록』지리지와 가장 큰 차이를 보이는 것은 卷首에 朝鮮全圖인 八道總圖를 수록한 점이며, 각 道마다 該當 道의 全圖인 道圖를 삽입하고 있어서 梁誠之의『八道地理志』를 그대로 수록한 것으로 보인다.15) 팔도총도는 東覽圖라는 명칭으로 수록되어 있다. 이 지도는 현존하는 우리 나라 古地圖 가운데 연대가 확실하고 가장 오래 된 지도 중 하나로서 우리 나라 사람들이 가지고 있던 한반도의 형태, 크기, 방위, 지표 현상에 대한 관심을 잘 나타내고 있다.16) 그러나 道界 구분 없이 단순하게 八道名과 京都만이 기재되어 있고, 府牧郡縣의 지명은 표기되지 않았다. 수록된 내용은 주로 山·江·島嶼로서 기재되어 있는 내용은 다음 <표 3>과 같다.

이와 같은 팔도총도동람도의 특징은 다음과 같이 정리될 수 있다.17)

첫째, 동람도는 山川祝典制에 의한 中祀處와 小祀處를 표기하기 위해 제작되었다. 팔도총도에 기재된 내용은 이러한 제사처를 제외하고 표기된 곳이 없다.18) 단지 백두산만은 예외였다. 이는 풍수지리적 측

---

15) 李燦,「韓國地理學史」,『韓國文化史大系 6』, 高大 民族文化研究所, 1982, 703쪽.

16) 李燦,「東覽圖의 特性과 地圖發達史에서의 位置」,『震檀學報』 46·47합집, 진단학회, 1979, 244쪽.

17) 李相泰,『朝鮮時代 地圖研究』, 동국대 박사학위논문, 1991, 15~16쪽.

18) 태종 13년(1413)에 諸祀制가 구분되어 社稷, 宗廟 등은 大祀를 드리고 先農壇과 文宣王 등은 中祀를 드렸는데 風師神은 雲師神과 함께 州縣의 城隍神도 中祀를 드리도록 승격시켰다(『太宗實錄』卷25, 13年 4月 辛酉). 또한 태종 14년(1414) 8월에는 山川祝典制가 唐의 禮樂志와 文獻備考 등을 참조하여 제사 등급을 나누어 확정되었다(『太宗實錄』卷28, 14年 8月 辛酉). 그러나, 양성지는 古今에 걸쳐 致祭하는 곳이 34곳인데 예전대로 17곳은 남겨 두고 13곳은 폐지시키며, 13곳은 중요도에 따라 새로 추가하고 4곳은 제사처를 옮기자고 하여 상당히 합리적이며 국토의 균형있는 파악을 하였다(『世祖實錄』卷3, 2年 3月 丁酉). 그러나 이 건의는 받아들여지지 않았고, 결국 양성지가 제작한 동람도에는 태종 14년(1414)에 확정된 산천축전제가 반영되어 그려짐으로서 행정구획이 아닌 諸祀處가 기록되어 있는 지도가 되었다.

<표 3> 八道總道(東覽圖)에 기재되어 있는 山·江·島嶼 등 自然環境

區分(갯수)	內容
山(16)	白頭山, 鼻白山, 五冠山, 松岳山, 牛耳山, 紺岳山, 三角山, 白岳山, 木覓山, 義舘山, 稚岳山. 主屹山, 亐弗山, 智異山, 雞龍山, 錦城山
江·水(7)	豆滿江, 鴨綠江, 淸川江, 平壤江, 漢江, 九津溺水, 沸流水
島嶼(11)	喬桐, 江華, 群山島, 黑山島, 珎島, 濟州, 南海, 巨濟, 對馬島, 于山島, 鬱陵島
津(7)	阿斯津, 德津, 楊津, 熊津, 北德津, 楊津, 伽耶津
海(3)	東海, 西海, 南海
嶺(1)	竹嶺
串(1)	長山串

면에서 백두산을 우리 나라의 祖山으로 보았기 때문이다. 그러므로 우리 나라 고지도에서는 백두산이 이유를 불문하고 반드시 그려져 있다.

둘째, 濟州道가 順天 밑에 판각되어 있다. 이는 판각의 공간이 없어서 우측으로 옮겨졌기 때문이다.

셋째, 于山島가 鬱陵島의 안쪽으로 표기되어 있다. 于山島는 獨島를 뜻하는 것으로, 독도가 삼국시대 이래 우리의 영토임을 증명해 주는 자료이다.

넷째, 바다를 파도무늬로 판각하고 있다. 이는 조선 초기 古地圖의 독특한 표현양식이다.

다섯째, 두만강이 압록강보다 위도상 낮게 표기되어 있는데, '팔도총도'라는 제목의 판각 때문이다.

여섯째, 對馬島가 반드시 명기되어 있다. 이는 대마도에 대한 영토의식의 발로라고 할 수 있다.19)

---

19) 對馬島에 관해서는 卷23 東萊縣 山川項에 소상히 설명하고 있다. 日本의 對馬州라고 하면서도, 옛날엔 우리 신라에 예속되었는데 어느 때부터인가 일본 사람들이 살게 되었는지는 모르겠다고 하면서 몹시 아쉬워하였다. 섬이 우리 나라에 가장 가깝고 가난이 극심하여 매년 쌀을 차등 있게 주었다고 하면서, 우리 나라의 관할이라는 점을 강조하고 있다. 이는 세종조의 대마도 정벌을 정복의 관점에서 본 것이라고 할 수 있다. 김종직은 跋文에서 對馬島가 連境之地이기 때문에 표시한 것이라고 하였다.

일곱째, 팔도총도가 혼일강리역대국도지도의 조선도나 조선방역도보다 매우 엉성하게 그려져 있다.[20] 강은 표시되어 있으나 江名은 생략되어 있는 등 조선 초기의 지도제작 수준에 비하면 상당히 조잡하게 되어 있는데, 이는 국가기밀의 유지를 위한 것이라고 생각할 수 있다.

팔도총도와 더불어 수록된 각 道圖 역시 자연환경을 중심으로 행정 및 군사구역이 표시되어 있다.

<표 4> 各 道圖의 地名分類[21]

分類 道名	山	江	京府牧郡縣	嶺·峴	島	兵營	水營	其他
京 畿	62	1	40	2	3			
忠 淸	71		54			1	1	
慶 尙	73		66	4	2	2	2	1
全 羅	65		56	1	4	1	2	
黃 海	33		24	2				1
江 原	44		26	4	2			2
咸 鏡	22		22	11	2			1
平 安	80		42	8				
計	480	1	340	32	13	4	5	5

각 도도에는 자연환경의 지명이 약 60%를 차지하고 있으며, 행정구역·병영·수영의 지명이 약 40%를 차지하고 있다. 팔도총도에는 없는 행정구역이 각 도도에 표시된 것은, 행정구역 간의 경계 표시가 필요하였기 때문으로 보인다. 嶺과 峴이 총도에 비해서 비교적 자세하게 표시된 것은 교통로를 표시하기 위한 것이고, 島嶼가 총도에 비해 크게 늘어나지 않은 것은 중요 도서에 대해서만 간략하게 표시하였기 때

---

20) 양성지는 상소문에서, 예로부터 지도는 국가 기밀에 관한 내용이 적혀 있고, 이를 한 눈에 파악할 수 있기 때문에 민간인의 所藏을 금하고 春秋館 史庫에 비장하여 유출되지 못하도록 해야 한다고 주장하고 있다(『成宗實錄』卷 138, 13年 2月 壬子).

21) 李燦, 앞의 글, 250쪽 표 재인용.

문이다.

그러므로 동람도가 『新增東國輿地勝覽』에 수록된 것은 인문지리를 이해하기 위한 필요 때문이지, 지도 그 자체적 기능 때문은 아니었다.

(2) 編次의 特徵分析

卷首에서 지도를 제외한 인문지리적 내용은 『新增東國輿地勝覽』 進箋文,[22] 『新增東國輿地勝覽』 序文, 『東國輿地勝覽』 進箋文, 『東國輿地勝覽』 序文으로 구성되어 있다.

『신증동국여지승람』의 진전문과 序文은 增補를 담당한 李荇이 지었고, 서문에 이어서 편수한 관원의 직명과 성명을 기재하였다. 『동국여지승람』의 진전문은 盧思愼이, 서문은 徐居正이 지었고, 이어서 『동국여지승람』을 편찬한 관원의 직명과 서명이 기재되어 있다.

卷1부터 卷5까지는 中國의 地理志와 같은 형식으로 맨 먼저 王都에 대한 서술로 시작된다. 卷1과 卷2는 京都편으로 한양을 도읍으로 비정한 이유부터 서술하고 있다. 즉, 卷1에서는 태조가 풍수지리설에 입각하여 도읍을 정하게 된 배경과 지세의 위용에 대해 서술하고 있다.[23]

---

22) 進箋文이란 국가의 慶事가 있을 때 바치는 祝賀文이다.

23) 한양 천도에 관해서는 논란이 분분했다. 많은 피를 흘리고 건국한 조선의 태조 입장에서는 피비린내나는 개성을 벗어나 새로운 도읍의 건설이 필요했다. 그리하여 태조는 민심을 수습하는 차원에서 풍수지리설을 이용하여 한양 천도를 결정한 것이다. 이태진 씨의 경우에는 한양 천도 당시 종래의 풍수설·풍수도참설이 사회적으로나 정치적으로 아직도 적지 않은 영향을 미치고 있었던 점은 부정할 수 없으나, 근본적으로 전래의 풍수지리설을 담당하는 서운관의 지관들은 定都의 大事를 감당할 수 없는 한계를 보였다고 보았다. 대신 도읍으로서의 타당성을 논하는 기준을 제시하는 데에 사대부들이 훨씬 논리적이었고 이 때문에 한양 정도는 유가적 인식 아래 이루어졌다고 보았다. 따라서 『新增東國輿地勝覽』의 경도에 대한 지세론만 보더라도 음양술수적 요소는 전혀 보이지 않는다고 하였다. 예컨대 지세에 대한 설명을 보면, "북에 華山이 鎭하여 龍盤虎踞(용이 서리고 범이 쭈그리고 앉는 형세)의 기세를 이루고, 남쪽은 한강으로 襟帶로 삼았으며, 왼쪽으로는 (대)관령을 당기고 오른쪽에는 渤海를 둘렀으니, 그 형세의 훌륭하기는 東方의 으뜸으로서 진실

이어 城郭·宮室·祠廟 내용을 열거하고 있으며, 卷2에서는 文班公署에서 宗親府 등 77개 기관과 武班公署로 中樞府 등 12개 기관의 業務·定員·品階 등을 기록하였다. 이러한 京都府를 『대명일통지』의 편목과 비교해 보면 다음 <표 5>와 같다.

<표 5> 『東國輿地勝覽』의 京都府와 『大明一統志』의 京師府의 편목 비교

地理志＼編目	沿革	城郭	城池	宮闕	壇廟	苑囿	山陵	文職公署	武職公署
東國輿地勝覽 京都府	○	○		○	○	○	○	○	○
大明一統志 京師府	○		○	○	○			○	○

　대개 우리 나라에서 궁궐을 꾸밀 경우에는 중국의 수도 형태를 그대로 답습하므로 성지와 산릉이 없는 대신 성곽이 있는 외에는 대동소이하다. 그리고 『대명일통지』에서 경사와 순천부를 분리해서 기재하였듯이 『동국여지승람에서』도 경도와 한성부를 분리하여 기재하였다.24)

　　로 山河이니 百二(진나라 서울로 들어가는 함곡관이 두 사람만으로 백 명의 군사를 지킨다는 뜻)의 땅이다"라는 정도였다고 하였다. 그러므로 무학대사와 관련된 풍수지리 내용은 대부분 임란 이후의 시대적 위기 상황 속에서 만들어진 전설이라고 결론짓고 있다(李泰進, 「한양 천도와 풍수설의 패퇴」, 『韓國史市民講座』14, 一潮閣, 1994, 68~69쪽). 그러나 음양술수적 요소가 적어진 것은 사실이지만, 경복궁 앞의 해태상 건축이나 남대문 현판의 세로걸이 등으로 보건대 풍수지리설 자체는 한양 정도에 큰 영향을 끼치고 있었다. 그러므로 『新增東國輿地勝覽』을 편찬한 것도 유학자들이니만치 풍수지리설에 대한 내용을 기술하지 않은 데 불과하다고 보아야 할 것이다. 사실 위에서 인용한 내용만으로도 풍수지리적 요소는 강하게 나타난다고 할 수 있다. 太祖와 太宗의 입장에서는 卿·大夫·士뿐만이 아니라 서민들까지도 반대하던 한양 천도를 이루기 위해서는 신라 말기부터 모든 계층의 의식에 깊숙히 침투되어 있던 풍수지리설을 이용하는 것만이 천도에 타당성을 부여할 수 있는 방법이었을 것이다.
24) 정두희 씨는 『동국여지승람』이 『대명일통지』의 체제를 답습했으므로 편목이 거의 일치하였다고 보았으나, 편목이 비슷한 것은 어차피 궁궐의 설치 형태

卷3에서는 漢城府, 卷4와 卷5에서는 開城府의 建置沿革을 비롯하여 郡名·姓氏·形勝·風俗 山川 등 20여 개 항목이 기재되어 있다.

팔도에 관한 기록은 卷6의 京畿道를 시작으로 하여 忠淸道·慶尙道·全羅道·黃海道·江原道·咸鏡道·平安道 순으로 되어 있다.25) 각 도의 수록 내용은 거의 대동소이하다. 體裁를 살펴보기 위하여 경기도의 경우를 들어 살펴보면, 제일 먼저 道지역에 대한 沿革과 官員이 기재되었다.

옛날 馬韓의 지역이다. 高句麗와 百濟가 그 지역을 나누어 점거하였다가, 뒤에 모두 新羅에 병합되었다. 高麗 成宗 14년에 皇都를 開城府로 고치고, 赤縣 여섯과 畿縣 일곱을 관장하였고 …… 직접 尙書都省에 예속시켜 京畿라고 했다. …… 忠肅王 元年에 楊廣道라 하였다. 恭讓王 2년에 처음으로 경기를 左·右 道로 나누었다. …… 각각 觀察黜陟使를 두고, 首領官으로 하여금 돕게 하였다(수령관은 4품은 經歷이 되고, 5품 이하는 都事가 된다). …… (태종) 13년 癸巳에 …… 좌우도를 합하여 경기관찰사라고만 부르다가, 都觀察黜陟使라 고치다. …… 세조 12년에 도관찰출척사를 관찰사로 개칭하고, 經歷을 덜고 都事만 두었다. 牧 4, 都護府 7, 郡 7, 縣 19를 영솔케 하였다.26)

연혁에는 고대로부터 명칭과 관할구역의 변화 과정이 자세하게 서술되어 있다. 또한 이를 관할하는 관찰사 명칭의 변화 과정까지 자세하게 기재되어, 조선 전기의 지방행정구역 정비 과정까지도 상세하게 알 수 있게 되어 있다. 이어서 나오는 官員項 역시 경기도의 행정·군사적인 면을 파악할 수 있게 해 준다. 나머지 7개 도의 도 기재 사항 역시 이와 큰 차이 없이 기록되어 있다. 단지 군사적 측면에서는 경기

와 문무반 관직이 중국제도를 답습한 경우가 많았기 때문이지 『대명일통지』를 무조건 따랐기 때문이라고는 볼 수 없다.
25) 각 도의 권수는 <표 2> 참조.
26) 『新增東國輿地勝覽』 卷6, 京畿.

의 경우 관찰사가 병마절도사와 수군절도사를 겸하고 있으나, 타도의 경우에는 외적의 침입 상황에 따라 兵馬節度使와 水軍節度使의 배치 과정에 차이가 크다.

이어서 목·도호부·군·현에 대한 기록이 기재되어 있다. 경기도에 제일 먼저 기록되어 있는 廣州牧의 경우, 기재된 體裁를 서문의 편목과 비교하면 다음 <표 6>과 같다.

<표 6> 『東國輿地勝覽』序文과 廣州牧의 편목 비교

項目	序文의 편목(26항목)	廣州牧의 편목(24항목)
內容	沿革 風俗 形勝 名山 大川 高城 大岾 廟社 宮室 五部 諸司 陵寢 祠壇 學校 旌門 寺刹 祠墓 土産 倉庫 樓臺 院宇 關防 站驛 人物 名宦 題詠	建置沿革 鎭管 官員 郡名 姓氏 風俗 形勝 山川 土産 烽燧 樓亭 學校 驛院 佛宇 祠廟 陵墓 古跡 名宦 人物 寓居 孝子 烈女 題詠 辨誤

서문과 광주목의 편목을 비교해 보면, 서문에 있는 高城·大岾·宮室·五部·祀壇·倉庫·關防 등이 광주목에서는 빠져 있다. 반면 광주목에는 鎭管·郡名·姓氏·古跡·寓居·辨誤 등이 첨가되어 있는데, 이는 서문과 본문 사이의 근본적인 차이로 볼 수는 없다. 기재지역의 상황에 따라 약간의 加減이 있는 것으로 보아야 하며, 다른 지역도 근본적인 틀에서 크게 벗어나 있지 있다. 그러나 辨誤라는 부분은 편찬 내용에 착오가 있을 경우 본문에 손대지 않고 고친 내용이다. 예를 들어 광주목의 변오는 李集에 관한 내용이다.

　李集 : 李唐은 本州의 衙前이다. 조심하여 어진 행실이 있었다. 다섯 아들이 모두 과거에 급제하였는데, 이집은 그 셋째 아들이다. …… 그의 사적의 顚末이 여러 문집에 갖추어 실려 있었으나, 역사를 편찬함에 미치어 任士洪 父子가 李克堪 兄弟를 매우 질투하여, 이에 이집이 이조에 들어와 벼슬한 것으로 하여 마침내 본조 인물 밑에 그릇 기록하기에 이르렀다. 이어서 詩林을 주석한 자도 또한 그 그릇된 기

록을 따랐다. 宣宗(宣祖)朝에 經延官 洪迪이 고치기를 청하니 선종이 인출할 때를 기다리라 명하였다. 今上(光海君) 3년에 비로소 이 책을 간행하여 세상에 공포하였다. 8대손 영의정 李德馨이 상서하여 遺敎를 따라 바로할 것을 청하니 今上이 儒臣에게 명하여 다시 편찬토록 하였다. 거짓을 고쳐 실지로 삼으니 出處의 큰 大節이 명백하여져 유감 없이 되었다.[27]

이와 같이 제3차 편찬 과정에서 생긴 문제점을 수정하기 위하여, 光

<표 7-1> 『世宗實錄』地理志와 『東國輿地勝覽』의 편목 비교(行政)

編 目 ＼ 地理志	世宗實錄地理志		慶尙道續撰地理志	東國輿地勝覽	
	總 論	一般郡縣		序 文	一般郡縣
沿 革	○	○	○	○	
建置沿革					○
屬 縣					○
鄕·所·部曲		○	○		
鎭 管					○
所 領	○	○	○		
官 員		○	○		○
土 官					○
郡 名					○
院 宇			○	○	
橋 梁			○		○
有名嶺峴			○		
渡 津			○		
程 途			○		
海 島		○	○		
四 境	○	○	○		
越 境 處		○			
宮 室				○	
五 部				○	
諸 司				○	

---

27) 『新增東國輿地勝覽』 卷6, 廣州牧 辨誤 ; 『光海君日記』 卷39, 3年 3月 丙寅.

海君朝에 수정하여 인출한 내용을 실은 것이 바로 변오였던 것이다. 이렇듯 새로이 추가된 내용을 제외하고는 명칭의 차이는 있더라도『東國輿地勝覽』편찬 편목에 크게 벗어나는 것은 없다.『동국여지승람』의 편목을『세종실록』지리지와 비교해 보면 <표 7-1~5>와 같다.

　다른 두 지리서와 비교하여,『동국여지승람』의 행정적인 특징은 宮室・五部・諸司 등의 부분을 서문에서 강조한 데서 볼 수 있다. 이는 왕권의 안정이라는 측면을 강조하기 위한 것이라고 할 수 있다. 태종과 정도전, 세조와 김종서 등의 사이에 있었던 왕권과 신권의 갈등이 해소된 후 등극한 성종의 입장에서는 왕실의 위엄과 무거움을 보이기

<표 7-2>『世宗實錄』地理志와『東國輿地勝覽』의 편목 비교(經濟)

編目 ＼ 地理志	世宗實錄地理志		慶尙道續撰地理志	東國輿地勝覽	
	總論	一般郡縣		序文	一般郡縣
土産		○		○	
倉庫				○	
貢稅		○	○		
堤堰		○	○		
監盆			○		
種養藥材	○	○	○		
漁梁		○	○		
陶器所		○	○		
磁器所		○	○		
歲貢			○		
賦稅	○				
貢物	○				
藥材	○	○			
土宜		○			
鹽所		○			
鹽盆			○		
墾田	○	○			
戶	○	○			
口	○	○			
灌漑田結			○		

위하여 宮室項을 강조하였던 것이다. 또한 五部項이나 諸司項의 경우
는, 중앙집권제가 완성된 모습을 보이기 위한 것이라고 할 수 있다. 즉,
조선의 정비된 관제를 정리하는 입장이라고 할 수 있을 것이다. 또한
『동국여지승람』의 편목에는 없는 鄕·所·部曲과 屬縣이 古跡項에 直
村으로 된 것이 조사되어 있다. 성종조에는 『經國大典』이 완성됨으로
써 보통 중앙집권제가 완성된 시기라고 일컬어진다. 이러한 입장은
『經國大典』뿐만이 아니라『동국여지승람』의 행정항 편목을 통해서도

<표 7-3> 『世宗實錄』 地理志와 『東國輿地勝覽』의 편목 비교(軍事)

地理志 / 編目		世宗實錄地理志 總論	世宗實錄地理志 一般郡縣	慶尙道續撰地理志	東國輿地勝覽 序文	東國輿地勝覽 一般郡縣
城 郭			○	○		○
關 防					○	
烽 燧						○
烽 火			○	○		
驛(院)			○	○	○	○
主 鎭				○		
講 武 場				○		
牧 場			○	○		
鎭	軍 官	○				
	守城軍	○				
	騎 兵			○		
	步 兵			○		
水營	兵 船	○		○		
	船 軍	○		○		
木 柵			○	○		
險阻要害			○	○		
緊 關				○		
野人所居				○		
兩界本營				○		
軍 丁		○				
高 城					○	
大 砦					○	

볼 수 있는 것이다.

다른 지리지와 비교하여『동국여지승람』의 가장 두드러진 특징 가운데 하나가 경제편이다.『동국여지승람』은 土産項과 倉庫項을 제외하고 경제의 그 어떤 부분도 거론하지 않았다. 이는 두 가지 입장에서 파악될 수 있다. 그 하나는 중앙집권화의 완성으로 굳이『동국여지승람』이 아니더라도 경제적인 부분을 파악할 수 있게 되었기 때문이고, 또 하나는『동국여지승람』의 주요 편찬목적이 경제적 측면의 파악에 있

<표 7-4>『世宗實錄』地理志와『東國輿地勝覽』의 편목 비교(社會·禮俗)

編目 ＼ 地理志	世宗實錄地理志		慶尙道續撰地理志	東國輿地勝覽	
	總論	一般郡縣		序文	一般郡縣
姓氏		○			○
風俗				○	○
民俗		○			
樓亭					○
樓台(臺)			○	○	
學校				○	○
佛宇					○
僧寺(寺刹)		○	○	○	
祠廟(祠墓, 廟社)		○	○	○	○
陵墓(寢)		○	○	○	○
古跡					○
守令名賢			○		
名宦				○	○
人物		○		○	○
土城名賢			○		
寓居					○
孝子					○
烈女					○
旌表問閭			○	○	
題詠			○	○	○
行祭所		○			
靈異		○			
祠壇				○	

지 않았음을 보여주는 것이라고 할 수 있다.

군사 관계에서도 많이 정리된 모습을 보이고 있다. 『동국여지승람』에는 성곽·관방·봉수·역·고성·대채의 여섯 가지 항목만 조사되어 있을 뿐, 『세종실록』 지리지나 『경상도 속찬지리지』만큼 자세한 조사는 되어 있지 않다. 이는 여진족이나 왜구의 침략도 어느 정도 정리되면서, 군사제도 역시 세조조에 확정된 제도를 굳이 변경할 필요가 없었으므로 큰 변화가 나타나지 않았기 때문으로 보아야 할 것이다.

『동국여지승람』의 특징을 가장 잘 보여주는 편목이 바로 이 예속 부분이라고 할 수 있다. 다른 지리지는 8개 항목의 조사에 그치고 있으나, 『동국여지승람』은 18개 항목으로 자세하게 나누어 치밀한 조사를 하였다. 이는 『동국여지승람』의 편찬 목적이 문화 부분에 치중해 있었음을 보여준다. 그러나, 문화 부분에 중점을 두었다고 하더라도 문화 자체에 대한 파악으로만 끝난 것은 아니었다. 즉 행정·경제 등 국가의 통치체제가 갖추어졌음을 강조하면서, 성리학적 사회의 건설이라는 의도를 드러내 보이고 있는 것이다.

예를 들어, 성씨·풍속·고적은 지방관이 그 지역을 통치하기 위해 파악해야 하는 기본 항목이다. 효자 열녀는 성리학을 기본으로 한 조선사회의 사회 관념을 정착시키기 위한 것이었으며, 불우·사묘·능묘 등은 그 지역의 역사적 내용을 파악하기 위한 것이라고 할 수 있다. 또한 『동국여지승람』이 지리지로서 비판 대상이 되었던 항목중 제영항의 경우에도 단순히 시를 첨가한 것이 아니라, 그 지역과 관련된 역사성을 강조하기 위한 것이었다.

자연환경에 관해 『동국여지승람』은 『세종실록』 지리지에 비한다면 자세한 항목이 설정되어 있지는 않지만, 자연환경이 한 항목도 설정되지 않은 『경상도 속찬지리지』에 비하면 지리지 구성에 필요한 최소한의 항목 설정은 한 것으로 보인다.

<표 7-5> 『世宗實錄』 地理志와 『東國輿地勝覽』의 편목 비교(自然環境)

編目＼地理志	世宗實錄地理志		慶尙道續撰地理志	東國輿地勝覽	
	總　論	一般郡縣		序　文	一般郡縣
山　川					○
形　勝				○	○
名　山	○	○		○	
大　川	○	○		○	
溫　泉	○	○			
氷　穴	○	○			
風　穴		○			
土　質		○			

⑶ 跋文의 分析

발문은 총 세 편으로, 첫 번째는 成宗 17년(1486) 12월에 수정된 제2차본을 주도한 金宗直에 의해 쓰여졌고, 두 번째는 燕山君 5년(1499)에 수정된 제3차본을 주도한 任士洪에 의해 쓰여졌다. 마지막 세 번째 발문은 中宗 26년(1531) 6월 초7일에 洪彦弼에 의해 쓰여졌다.[28]

먼저 김종직의 발문에서는 개찬 이유가 실려 있다. 즉 '산천과 옛적 사실에 더러 빠진 것이 있고, 여러 사람이 지은 시문에는 지저분하고 혼잡스런 것이 자못 있을까 염려되어' 교열하고 수정하라는 성종의 명을 받아 개찬한 것으로 되어 있다. 이것은 산천과 연혁의 문제도 있었지만, 여러 사람이 지은 시문에 지저분하고 혼잡스런 것이 있다는 내용으로 미루어 정치적 의도가 개재되어 있음을 보여준다고 하겠다.

이어서 개찬 과정과 개찬에 참여한 인사들이 다음과 같이 명시되어 있다.

마침내 景福宮의 弘文館에 局을 개설하고 지금 典翰인 臣 李昌臣, 副正인 臣 申從濩와 正郎인 臣 金孟性과 더불어 삼가 원고를 열람

---

28) 『新增東國輿地勝覽』은 中宗 25년(1530) 8월에 완성되었으나, 跋文은 1년 후인 中宗 26년(1531) 6월에 쓰여졌다.

하여 삭제도 하고 수집도 하다가 얼마 안 가서 旱災로 凶年이 들어 중지되었더니, 이듬해 丙午年(成宗 17, 1486) 2월 일에 다시 臣 종직, 臣 창신, 臣 종호로 하여금 그 일을 마치게 명하셨는데 校理 臣 李宜茂, 副校理 臣 兪好仁, 修撰 臣 崔溥가 서로 잇따라 일을 함께 하였습니다.29)

개찬은 홍문관에서 주도하였으며, 참여 인사 역시 주로 홍문관의 관리들로 구성되었다. 홍문관은 성종조에 들어 그 학문적 기틀이 잡히기 시작하여, 주로 학술과 정책 연구를 담당한 기관으로 발전하였다. 이 시기가 홍문관에 사림파 인사가 대거 진출한 때라는 점에서, 이들이 주도한 개찬 방향이 정치적이었음을 짐작할 수 있다.

세 번째로는 개찬 방법에 대해 자세하게 설명하였다.

山川·城郭·樓臺·祠廟·寺刹은 計吏와 邸主에게 물었고, 建置·風俗·人物·古跡은 모든 史書·子書·文集을 대조하여 그릇된 것은 바루고 빠진 것은 기재하였으며, 序·記·詩·銘 중에 沿革과 創修·風土·景致에 관계가 있는 것은 혹은 전대로 하기도 하고 혹은 첨가도 하고 별로 관계된 바가 없는 것은 모두 삭제하였습니다.30)

이 때에는 개찬을 위해 통계를 내는 관리와 경저리에게 물어보거나, 모든 문헌을 상고하거나, 여타의 기록을 참고하는 등 치밀한 고증방법을 사용하였다. 서문에 빠져 있는 내용들이 본문에 첨가된 것도 이 때였다. 州郡의 姓氏의 경우에는 사림이 중앙으로 진출하면서 이로 인한 향촌사회의 변화 과정을 파악하기 위해서 필요했을 것이며, 烽燧는 변방의 방비에 중요한 내용이었기 때문에 첨가하였을 것이다. 天文 分野에 관해서도 평양조에 첨가하고, 古跡(蹟)項에 각 읍의 屬縣·鄕·所

---

29) 『新增東國輿地勝覽』跋文(金宗直).
30) 『新增東國輿地勝覽』跋文(金宗直).

·部曲 중에 直村이 된 내용을 부가하여 군현의 변동 상황을 파악하고
자 하였다.

領土에 대한 관념도 점차 증가하여, 兩界의 국경지대 및 바다와 對
馬島 등의 섬도 우리 영토로 파악하려는 노력이 있었음을 명기하였다.
이 밖에 동람도에 관한 내용을 명기하고, 제1차본 이후 개찬시까지 죽
은 인물들을 추가하였음을 밝혔다.

마지막으로『동국여지승람』을, 중국의 地志 가운데『大明一統志』와
는 비교할 수 없으나『방여승람』에 비교해서는 부끄럽지 않을 정도라
는 自讚으로 끝을 맺고 있다.

두 번째 跋文을 작성한 任士洪은, 먼저『동국여지승람』의 제1차 개
찬 이후 미진한 점이 있을까『대명일통지』의 체제를 모방하여 개정하
였음을 밝혔다. 또한 이 책이 반포된 이래 碑閣에서 私家의 藏書에 이
르기까지 보관되어 동방의 좋은 볼거리가 되었지만, 그럼에도 불구하
고 또다시 개찬을 하게 된 것은 다음과 같은 연산군의 下命에 따른 것
이라고 하고 있다.

> 무릇 산천과 사적의 빠진 것을 보충하고 題詠과 篇章의 지리한 것
> 은 삭제하여 정하고 적당하게 하라.31)

하명을 받은 임사홍은 成俔·李德崇 등과 함께 景福宮의 校書館에
局을 개설하고 2년 후 개찬을 완성하게 되었다.

개찬 방법은 제1차 개찬과 크게 다르지 않았다. 서울에서는 모든 관
서에서 상고하고, 古家의 문헌을 참고하였다. 또한 지방에서는 監司에
서 計吏·邸主에게까지 확인하였으며, 史·子·集을 참조하였다.

마지막으로는 蕭何가 秦의 圖籍을 통해 천하를 파악하였듯이,『동국
여지승람』의 용도에 대해서 후세의 모범이 될 것임을 강조하였다.

---

31)『新增東國輿地勝覽』跋文(任士洪).

　　그런데 이 발문은 임사홍의 정치적 행적과 맞물려 다른 두 발문에 비해 군주에 대한 아부가 상당히 심한 특징을 가지고 있다. 예컨대,

　　　우리 전하께서 政務의 餘暇에 때때로 보시다가, 路程의 里數에 그 실제가 아님이 많고, 題目과 사적의 묘긴한 데 있어서도 또한 혹 틀린 것이 있으므로 …… 다시 교정케 명하시기를,……[32]

라는 식으로 연산군이 여가에 한가로이 보다가 잘못된 점을 발견하여 시정케 한 것처럼 표현하거나,

　　　이것은 비록 신 등의 筆墨으로 이룬 것이나 그 삭제할 것은 삭제하고 보텔 것은 보태는 규모는 실로 전하의 재단을 받자온 것입니다.[33]

라고 하여, 개찬 규모를 전부 연산군이 정해준 것처럼 표현한 부분 등은 상당히 문제가 있다고 보인다.

　　洪彦弼에 의해 작성된 마지막 발문은, 서두에 增補라는 입장을 분명하게 밝히고 있다. 즉 시간의 흐름에 따라 변화의 내용을 추가해야 한다는 입장을 밝힌 것이다.

　　　도지가 생긴 유래는 오래 되었습니다. 그러나, 먼저 만들어진 것은 반드시 나중에 만들어진 것에 의해서 자상해지고, 새로 만들어진 것은 반드시 전에 만들어진 것에 따라 증보되는 것입니다.[34]

　　中宗의 下命 역시 연산군조의 官制更新과 郡縣의 移動·分割을 개정하지 못한 부분과 그 동안 생긴 孝子·烈女 들의 行實 및 아름다운

---

32) 『新增東國輿地勝覽』 跋文(任士洪).
33) 『新增東國輿地勝覽』 跋文(任士洪).
34) 『新增東國輿地勝覽』 跋文(洪彦弼).

詩文을 증보하라고 하였던 것이다. 이에 따라 李荇과 洪彦弼 등은 外
校書館에 局을 설치하고 증보작업에 들어갔으나, 旱災로 인하여 두 번
이나 중지되었다가 중종 25년(1530)에야 완성된 과정을 기록하였다.

마지막으로 증보하는 방법에서 전의 것을 좇아 계승하여 증보하되
한 시대에 나온 것처럼 體裁를 허물지 않고 증보하였음을 강조하였다.

이상의 세 발문의 내용을 통해 개찬 과정을 비교해서 정리해 보면
다음과 같다.

<표 8> 『東國輿地勝覽』 발문 내용의 비교

내용 ＼ 차수	1차 개찬	2차 개찬	3차 개찬
주도 인물	채수·김종직	성현·이덕숭·임사홍	이행·홍언필
주도 관청	홍문관	교서관	외교서관
개찬 이유	누락 사실의 보충과 체재 혼잡의 정리	누락 사실의 보충과 지리한 것의 삭제	이후 기록의 보충
개찬 방식	부분개정 및 보충	부분개정	증보

(2) 項目의 設定理由

『동국여지승람』이 편찬된 표면적인 이유는 徐居正의 다음 서문에
잘 나타나 있다.

沿革을 먼저 쓴 것은 한 고을의 興하고 廢하는 것을 먼저 알지 않
아서는 안 되기 때문이며, 風俗·形勝을 모두 다음에 쓴 것은 풍속이
한 고을을 유지하는 까닭이며, 形勝은 四境을 控帶하는 바이므로 名
山大川으로 經緯를 삼고, 높은 성과 큰 보루로 襟抱를 삼았읍니다.
廟社를 먼저 기재한 것은 祖宗을 높이고 神祇를 공경하는 까닭이며,
다음에 宮室을 쓴 것은 上下의 구분을 엄하게 하며, 위엄과 무거움을
보이는 것입니다. 五部를 정한 것은 坊里를 구별한 것이며, 諸司(여
러 관청)를 설치한 것은 모든 사무를 보는 것입니다. 陵寢은 祖宗을
길이 편안하게 하는 땅이며, 祠와 壇은 또 국가의 폐하지 못하는 典

禮입니다. 學校를 일으켜 一國의 人才를 교육하고 旌門으로 三綱의 근본을 표창한 것입니다. 寺刹은 거기서 역대로 복을 빌었고, 祠墓는 先賢을 追崇한 것입니다. 土産은 貢賦가 나오는 바요, 倉庫는 貢賦를 저장하는 곳입니다. 樓臺는 때 따라 놀며 使臣을 접대하는 곳이요, 院宇는 行旅를 쉬게 하고 도적을 금하는 것입니다. 關防을 웅장하게 한 것은 暴客을 방비하는 것이요, 站驛을 벌여 놓은 것은 使命을 전달하는 것입니다. 人物은 과거의 어진이를 기록한 것이요, 名臣은 장래에 잘하기를 권한 것입니다. 또 題詠을 마지막으로 한 것은 物像을 읊조리며 王化를 노래하며 칭송함이 실로 詩와 文밖에는 없기 때문입니다.35)

『동국여지승람』의 서문에 나타나는 편목의 설정은 대체적으로 국가와 왕조의 위엄을 과시하고, 유교문화가 발전·정착되어 가는 과정에서의 문화의식을 강조하는 입장이 반영되고 있다. 즉 編纂者들은 당시의 정치적·사회적·문화적 상황에 입각한 역사의식 하에 항목을 설정하여 내용을 편찬하였던 것이다.『신증동국여지승람』에도 편찬 항목의 설정과 그 이유가 간략하게 기재되어 있다.

머리로는 京都에서부터 아래로는 各道에 이르기까지 沿革에 다름이 있는 것과 풍속의 같지 않음이며, 높은 것으로는 廟社·陵寢과 엄한 것으로는 궁궐과 관청이요, 학교는 교양하는 곳이요, 土産은 衣食의 근원이요, 人物을 논하는 데는 孝子·烈女를 으뜸으로 삼았고, 形勝을 말하는 데는 城郭·山川을 요긴한 것으로 삼았고, 樓·亭·寺·社·驛·院·橋梁이며, 名賢의 事蹟과 문인의 題詠에 이르기까지 섬세하고 隱微한 것도 갖추어 기록되지 않은 것이 없어서……36)

『신증동국여지승람』에 거론된 편목은 沿革, 風俗, 廟社, 陵寢, 宮闕,

---

35)『東國輿地勝覽』序文.
36)『新增東國輿地勝覽』序文.

官府, 學校, 土産, 人物(孝子·烈女), 形勝(城郭·山川), 樓亭, 寺社, 驛院, 橋梁, 名賢事蹟, 題詠이다.『동국여지승람』과 비교하면 高城, 大岾, 五部, 祀壇, 倉庫, 關防, 名宦 등이 제외되어 있다. 여하튼 두 序文에 나

<표 9>『東國輿地勝覽』의 項目 設定 理由[37]

項　目	設　定　理　由	
	東國輿地勝覽 序文	新增東國輿地勝覽 序文
沿　革	一邑興廢 不可不先知	自京都下 及諸道 沿革之有異
風　俗	維持一縣	〃　　　風俗之不同
形　勝	拱帶四境	城郭山川爲其要
名山大川(山川)	爲之經緯	
高城大岾(城郭)	爲之襟抱	
廟　社	尊祖宗 敬神祇	尊廟社
宮　室	所以嚴上下 示威重	嚴宮闕
五　部	辨坊里	
諸　司	治庶務	嚴官部
陵　寢	祖宗永安之地	尊陵寢
祠　壇	國家不刊之典	
學　校	育一國之才	是敎養之地
旌　門	表三綱之本	
寺刹(佛宇)	歷代以之祝釐	
祠　墓	前賢以之追崇	
土　産	貢賦之所自出	衣食之原
倉　庫	貢賦之所以貯	
樓帶(亭)	時遊觀 待使臣	
院　宇	接行旅 禁盜賊	
關　防	待暴客	
站　驛	傳使命	
人　物	記已往之賢	孝子烈女爲之綱
名　宦	勸將來之善	
題　詠	吟詠物像歌頌	

---

37) <표 9>는 정두희,「朝鮮初期 地理志의 編纂」,『歷史學報』70, 歷史學會, 1976, 120쪽 <표 38>을 기초로 누락된 것과『신증동국여지승람』의 서문 내용을 보강한 것이다.

와 있는 항목들의 설정 이유를 정리해 보면 다음과 같다.

이 밖에 서문에서는 언급되지 않았지만 본문에 들어가 기재된 항목으로 郡名·姓氏·烽燧·橋梁·古跡 등이 있다.

郡名項은, 삼국시대 이후 변경되어 온 地名을 기재하여 異名 등 지명변천사를 파악할 수 있게 하여 건치연혁 항목에서 빠진 내용을 보완해 주고 있다.

姓氏項은 조선 봉건사회의 특성을 보여주는 대표적인 항목이다. 동양사회에서 氏族의 중요성은 큰 의미를 갖는다. 중국이나 일본에서도 氏族의 중요성은 강조되고 있으나, 地志에서는 크게 중요시되지 않고 있다.38) 그러나 우리 나라에서는 씨족이 『世宗實錄』 地理志에서부터 강조되어 『동국여지승람』에서도 기재되고 있다. 이는 지역 구성계층의 姓種과 本貫을 파악함으로써 지배상의 편익을 도모하고, 일정한 시점을 기준으로 하여 인구의 流轉現狀을 참고할 수 있는 자료가 되기 때문이다.39) 즉 새로운 국가를 건설하여 중앙집권화하는 과정에서 지방에 대한 중앙정부의 장악력을 강화하기 위한 최선의 방법이었던 것이다. 『동국여지승람』의 성씨항은 『세종실록』 지리지의 성씨항보다는 간략하게, 다른 곳에서 온 姓과 土着姓을 중심으로 기재되었다. 이는 『세종실록』 지리지가 편찬될 당시보다 향촌사회와 인구이동이 안정된 시기로 접어들었기 때문이다.

烽燧項은 그 지역에 있는 봉수의 명칭과 위치를 자세히 명기한 것이다. 그 기재 예를 경상도의 장기현을 중심으로 살펴보면 다음과 같다.

烽燧

---

38) 丁義聲, 앞의 학위논문, 67쪽.
39) 김동수, 『세종실록지리지의 연구』, 서강대학교 박사학위논문, 1991, 31쪽. 노도양 씨의 경우에도 조선 봉건사회가 국가유지를 위해 씨족을 얼마나 중요시하게 생각했는가를 짐작할 수 있는 자료라고 주장하였다(노도양, 「新增東國輿地勝覽解題」, 『韓國의 名著』, 玄岩社, 1970, 357쪽).

磊城山 烽燧 : 서쪽으로는 迎日縣의 沙火郎山에 응하고, 북으로는 大
　串에, 남으로는 卜吉에 응한다.
大串 烽燧 : 縣의 북쪽 48리에 있으며, 남쪽은 磊城山에 응하고, 북쪽
　은 沙只에 응한다.
獐谷 烽燧 : 현의 북쪽 34리에 있으며, 남으로는 沙只에 응하고, 서쪽
　으로는 迎日縣 冬乙背串에 응한다.
沙只 烽燧 : 현의 북쪽 55리에 있으며, 남으로는 大串에 응하고, 북으
　로는 獐谷에 응한다.
卜吉 烽燧 : 현의 남쪽 18리에 있으며, 남으로는 慶州 禿山에 응하고,
　북으로는 磊城山에 응한다.40)

　조선은 개국시부터 교통·통신 시설을 완비하여 중앙집권화를 이루
고자 驛院制·漕運制·烽燧制를 정비하는 데 역점을 두었다. 특히 봉
수는 급보나 전쟁시 적의 상황을 알리는 통신수단으로 가장 신속한 방
법으로,『세종실록』지리지와 비교해 보면, 咸鏡道와 平安道의 봉수 수
가 크게 증가되어 있다. 이는 중앙집권화와 외적의 침입에 대비하여
통신수단인 봉수제의 정비를 강조한 때문으로, 개찬시 추가하지 않을
수 없었던 것이다.
　橋梁은 교통에서 매우 중요한 수단이었다. 橋梁項은 대부분 간략히
명칭만 서술되어 있는 경우가 많으나, 주요 교량의 경우에는 명칭과
위치뿐만 아니라 그 교량에 얽힌 시 등을 풀이하여 운취를 더하였다.
黃海道 瑞興都護府의 교량항을 보면 다음과 같이 기재되어 있다.

　鶴橋 : 府의 남쪽 4리에 있다. ○ 徐省의 시에, "모래와 물이 밝고
맑아 半畝쯤 평평한데, 바위 소나무 시내에 임하니 낮그늘이 서늘하
네. 분주하게 다닌 6년간에 이 다리 지나기 익숙하지만, 한 번도 갓
끈 씻지 못한 것 부끄럽네" 하였다.41)

---

40)『新增東國輿地勝覽』卷23, 慶尙道 長鬐縣.
41)『新增東國輿地勝覽』卷41, 黃海道 瑞興都護府.

문화적 측면을 강조한 『동국여지승람』의 특징이 이 교량항에서도 잘 나타나고 있다. 즉 다른 지리서와는 달리 문화적 입장에서 교량을 설명해 줌으로써, 그 교량이 가지고 있는 운취와 더불어 기능의 중요성을 강조한 것이다.

古跡項은 城郭 등의 유적뿐만이 아니라 直村이 된 屬縣 및 鄕·所·部曲 등을 조사하여, 군현 상태의 변화 등을 파악할 수 있는 내용으로 구성되었다. 그 밖에 역사적인 사실과 연루되어 있는 것들을 기록하여 역사적인 교훈이나 鑑械를 삼게 하였다.[42]

이렇듯, 『동국여지승람』은 『세종실록』 지리지에 비하여 戶口와 土地田結의 파악에서는 미흡하였지만, 人文地理的 요소는 거의 파악하였다. 특히 각 항목의 설정으로 보아, 문화국가로서의 위상을 세우기 위한 기초자료를 총체적으로 수집한 것이 특징이라고 할 수 있다.

IV. 項目 編纂 原則

1. 體裁의 一貫性 維持

조선 전기의 지리지는 官撰인 만큼 중앙에서 파악하고자 하는 일정한 편찬 규식에 따라 작성되었다. 『세종실록』 지리지의 경우 『慶尙道新撰地理志』 작성부터 일정한 편찬 규식을 하달하였고, 지방에서는 이것에 근거하여 조사·보고를 하였다.[43] 『동국여지승람』 역시 중앙에서 편찬한 지리지인 만큼 일정한 체재에 따라 작성되었을 것이다. 특히 『대명일통지』의 항목 체재를 본받음으로써 구성의 일관성을 유지하고자 하였는데, 이는 중앙정부의 입장에서 열람의 편의성과 의례의 정연함을 갖추기 위한 官撰地理志의 특성이라고 할 수 있다.

---

42) 崔昌祚, 「新增東國輿地勝覽解題」, 『土地硏究』 1권 3호, 1990, 160~163쪽.
43) 정두희, 「조선초기 지리지의 편찬」, 『역사학보』 69, 1976, 72~73쪽.

그러나 서문에서 제시한 항목 및 서술 순서는 각 지역의 특성이 반영되어 중앙에서 요구한 대로 일정한 규식을 만족시킬 수 없었다. 먼저 『세종실록』 지리지와 『동국여지승람』의 서문 및 본문 항목(『신증동국여지승람』 순서라고 할 수 있다) 및 서술 순서를 비교해 보면 다음 <표 9>와 같다.

<표 9> 『世宗實錄』 地理志 및 『東國輿地勝覽』의 편찬 항목 및 순서 비교

서명	세종실록지리지	동국여지승람(서문)	신증동국여지승람(본문)
항목 순서	官員, 沿革, 別號, 山川, 四境, 陵廟, 戶口, 軍丁, 姓氏, 闕土, 墾田, 土宜, 土貢, 藥材, 土産, 鹽所, 磁器所, 陶器所, 山城, 驛, 牧場, 烽火, 所領	沿革, 風俗, 形勝, 名山, 大川, 高城, 大岾, 廟社, 宮室, 五部, 諸司, 陵寢, 祠壇, 學校, 旌門, 寺刹, 祠墓, 土産, 倉庫, 樓臺, 院宇, 關防, 站驛, 人物, 名宦, 題詠	沿革, 屬縣, 鎭管, 官員, 郡名, 姓氏, 風俗, 形勝, 山川, 土産, 城郭, 關防, 烽燧, 宮室, 樓亭, 學校, 驛院, 倉庫, 橋梁, 佛宇, 祠廟, 塚墓, 古跡, 名宦, 人物, 題詠

* 『世宗實錄』 地理志의 경우에는 서문의 항목이 없으므로, 본문 중 廣州牧의 경우를 정리한 것이다.

먼저 『세종실록』 지리지와 『동국여지승람』은 내용상의 차이점이 크기 때문에, 비교에 어려움이 따른다. 단지 지리지의 공통적인 목적인 그 지역의 변천 과정을 알 수 있는 연혁이 앞 부분에 설정되어 있다는 정도를 공통점으로 찾을 수 있을 뿐이다. 또한 『동국여지승람』의 서문과 『신증동국여지승람』이라고 할 수 있는 본문을 비교해 보면, 역시 큰 차이를 보이고 있다. 항목 내용에서 큰 차이가 없음에도 불구하고, 순서상 연혁이 맨 앞에 설정되어 있고 명환·인물·제영 등이 후미에 설정된 것을 제외하면 일치하는 점이 드물다. 이는 개찬 등 변천 과정에서 파악하고자 하는 내용이 변화되면서 순서도 재배열된 데 따른 것이다. 그러나 수록 순서가 그 항목의 중요도를 가름하는 것은 아니며, 인물이나 제영 등의 경우 내용이 긴 것이 많아 후미에 수록하는 쪽이 편리했으리라는 것은 추론할 수 있다. 수록 순서나 수록 내용을 비교해 보면, 『세종실록』 지리지는 경제적인 면에 중점을 둔 반면, 『동국여지승람』은 문화적 측면이 강한 것을 알 수 있다.

본문은 그 지역의 특징에 따라 항목의 가감이 있으나, 대체적으로 수록 순서가 일정하다. 그것은 중앙에서 일관된 편찬규식에 따라 편찬하였기 때문이다. 즉 전체 지리지의 편찬체제의 일관성을 유지하여, 국가정책의 수행에 필요한 기초자료의 파악을 원활히 하였다.

2. 本文 각 項目의 編纂方法

본문은 먼저 각 지역의 항목을 밝히기 전에 작은 글자로 四境과 서울까지의 거리를 표시하였다. 광주목의 경우를 보면,

광주목 : 東은 楊根郡 경계까지 25리, 여주 경계까지 75리, 南은 利川府 경계까지 74리, 양지현 경계까지 85리, 용인현 경계까지 43리, 西는 과천현 경계 양재역까지 27리, 안산군 경계까지 76리, 北은 양주 경계에 이르기까지 10리, 서울에서의 거리는 41리다.[44]

四境이 『세종실록』 지리지와 비교해도 정확히 제시되고 있음을 볼 수 있는데, 이는 『동국여지승람』 서문에도 항목으로 파악되지 않았을 뿐만 아니라 본문에서도 작은 글자로 표시하여 하나의 항목으로 처리되지 않았다. 하지만 이 四境은 실질적으로는 본문 항목으로서 역시 포함되어야 할 것이다. 따로 항목의 제목이 붙어 있지는 않으나, 『세종실록』 지리지의 四境項과 비교하면 그 내용은 오히려 더 자세하여 하나의 항목으로 처리하는 것이 좋을 듯하다.

첫째 항목인 建置沿革은 대부분 삼국시대 이후의 유래를 기록하고 있다. 단 평양부에서는 단군으로부터 국가가 발생한 내용을 담고 있어

---

44) 『新增東國輿地勝覽』 卷6, 廣州牧.

민족주의적 성격을 강하게 보여주고 있다. 그러나 여타 지역은 단군과
의 연관이 크게 없으므로, 대부분 삼국시대부터 형성된 행정구역의 개
편 과정이 자세하게 실려 있다.

　屬縣은 따로 항목으로 설정되어 있지는 않으나, 있는 지역에 한해서
건치연혁에 붙여 기록되어 있다. 내용은 縣名과 설명으로 位置·沿革
·別號를 기록하였다. 星州牧에 기재되어 있는 예를 보면 다음과 같다.

　　加利縣 : 주 남쪽 59리에 있다. 본래 신라 一利縣인데, 경덕왕이 星
　　山郡으로 이름을 고쳤다. 고려 초년에는 지금 이름으로 고쳤고, 현종
　　때 來屬되었다. 별호는 歧城이다.……45)

　鎭管이란『세종실록』지리지의 所領과 같은 것으로, 관할 행정구역
을 의미한다. 도호부와 군·현의 수와 지명을 표기하였다. 前志에서는
수록순서가 제일 마지막이었으나, 본서에서는 연혁 다음에 파악되었
다.

　官員은 행정관과 더불어『세종실록』지리지와는 달리 군사를 담당
한 관리에 대해서도 파악하여 겸직 여부를 기술하였다. 이는 지방군의
편제 및 진관체제가 세조대에 정비됨에 따라, 前志와는 달리 실리게
된 것이다.

　郡名은 그 지역의 변천된 군명을 연혁의 순서대로 한눈에 알아보기
쉽도록 기재하였다. 예를 들면 광주목의 경우, 남한산, 한산주, 한주,
회안, 봉국군의 순서로 기재하고 있다. 이는 광주목의 건치연혁에 기록
되어 있는 차례를 그대로 따른 것이다.

　姓氏는 前志와는 달리 간략히 기재되었다.『세종실록』지리지에서
는, 지역에 따라 성씨를 구분한 후 다시 이를 지역별로 土姓·天降姓
·賜姓·來姓 등으로 복잡하게 구분하였다. 그러나, 본서에서는 단지

---

45)『新增東國輿地勝覽』卷28, 星州牧.

지역에 따른 구분과 더불어 投化姓(唐來姓·日來姓)·屬姓·來姓 등의 기초적인 성의 분류만을 하고 있을 뿐이다. 이는『세종실록』지리지가 편찬될 당시와는 달리 향촌사회가 어느 정도 안정되었기 때문이다. 즉 성종대에 이르면 鄕·所·部曲·屬縣 등이 거의 直村化되어 굳이 姓氏를 구분할 필요가 없어지게 되었으리라 생각된다.

風俗은『세종실록』지리지와 비교하여 가장 큰 변화를 보이는 항목 가운데 하나라고 할 수 있다. 즉 이는 前志에서는 찾아볼 수 없는 항목으로서, 비교할 만한 항목도 없다. 풍속항은 중국이나 우리 나라의 고서 가운데 그 지역과 관계 있는 부분이나 문장을 소개하는 방법으로 풍속을 소개하였다. 따라서 모든 군현에 풍속항이 있을 수 있는 것은 아니었다. 오히려 풍속항이 없는 군현이 더 많았다. 기재 방식은 그 지역과 연관되는 고서 속에서 한 문장을 제시한 후, 풍속의 내용을 자세히 설명하였다. 즉 막연히 "들은 바에 의하면"이라든가 "옛 말에 의하면" 식의 서술이 아니라 古書의 근거를 바탕으로 그 지역의 풍속을 소개하는 것이다. 다음은 全羅道의 鎭安縣의 풍속을 소개하는 내용인데, 여기에는 이규보의 글에 따른 것임이 분명하게 명시되어 있다.

> 백성이 소박[質野]하다 : 李奎報의 기문에, "馬靈과 鎭安·山谷 사이의 고을이다. 백성은 소박하고 얼굴은 큰 원숭이 같고, 음식은 날 것을 먹는 야만인의 풍이 있다. 꾸짖고 나무라면 모양이 놀란 사슴같아 달아나 버린다"라고 하였다.[46]

形勝은 사경이나 산천 가운데 중요한 내용을 기재한 것인데, 형승 역시 근거가 되는 고서를 전재한 후 기록하였다. 본문에서는 풍수지리적인 요소까지도 부정하지 않고 기록하고 있다. 예를 들어 충주목의 경우에는,

---

46)『新增東國輿地勝覽』卷39, 全羅道 鎭安縣.

> 남쪽 방면의 咽喉에 자리잡고 있는 땅이다 : 鄭麟趾의 記에 있
> 다.47)

라고 하여 정인지가 충주를 남쪽의 인후 부분으로 파악하였음을 것을
기재하고 있다. 이 내용은 국가를 운영하고 있는 유교적인 관료의 입
장에 선 지리인식이라고도 할 수 있겠지만, 전체 국토를 파악하는 데
있어서 충주지역을 지형상 인후라고 본 풍수지리적 입장을 보여준 것
이라고도 할 수 있다. 즉 조선 초기에도 풍수지리적 요소는 전면적으
로 부정될 수 있는 상황은 아니었다.48) 그러므로 형승은 풍수지리를
포함한 국토 운영적 측면을 다양한 방법으로 파악한 예라고 하겠다.

山川은 山·嶺·峰·浦·坪·川·灘·津·渡·島 등의 지형 특색을
위치와 古事를 인용하여 자세히 설명하고 있다. 예컨대 광주목의 산천
항에서는 "望月峰은 주 서쪽 10리 夢村에 있다"라고 위치를 기재한 후,
서거정의 시를 인용하여 망월봉의 특징을 묘사하고 있다. 이것은『세
종실록』지리지의 산천항이 단순히 위치만 파악한 데 비하여, 인문지
리적 요소 및 역사지리적 요소를 더욱 강화한 것이라고 할 수 있다. 그
러므로 前志에 비하여 이 부분의 내용은 상당히 늘어나 있다. 특히, 섬
의 경우에는『세종실록』지리지에 비하여 훨씬 자세하게 조사하였다.

---

47)『新增東國輿地勝覽』卷14, 忠淸道 忠州牧.

48) 이태진 씨의 경우에는 풍수도참설 내지 그것에 근거를 둔 일체의 지리론은
사실상 여말선초의 신유학 도입 단계에서 이미 극복되었다고 보았다. 그러므
로 한양 천도에서도 태조대에는 풍수리지설에 영향을 받았을지 몰라도 태종
의 한양 재천도는 유교적 지리론에 입각한 것이라고 주장하였다(李泰進, 앞
의 글, 69쪽). 물론 한양 천도 문제가 단순히 풍수지리설에 입각하여 결정되
지는 않았으리라는 것은 당연하다. 그러나 이 문제만을 가지고 당시의 유학
자들이 풍수지리설을 극복하였다고 보는 것은 무리라고 생각되며, 17세기에
는 산송 문제가 발생하는 등 오히려 시간의 경과에 따라 풍수지리설에서 과
학적 인식보다는 미신적 요소가 더욱 강해지는 경향도 있다. 또한 풍수지리
설을 단순히 미신이나 민심 전환용으로만 생각하는 것은 풍수지리가 가지고
있는 인문과학적 요소를 너무 가볍게 여기는 것으로 생각된다.

土産은 그 지방의 특산물을 파악하는 것으로, 공납의 기초를 위해서라기보다는 그 지역의 특색있는 대표적 생산물을 밝히고자 기재한 것으로 볼 수 있다. 그러므로『동국여지승람』은 인문·역사지리적 입장에서『세종실록』지리지에 있는 墾田·土宜·土貢·藥材 등의 경제적 조항은 파악하지 않았으나, 최소한 토산물 파악은 한 것이다. 광주목의 경우, 前志에서는 銀口魚만 파악되었던 데 비하여『동국여지승람』에서는 그 밖에 絲·麻·磁器·陶器·訥魚·金鱗魚·蟹 등의 항목이 모두 자세히 파악되어 있다. 즉 경제적인 측면의 조사는 전체적으로 약화되었으나, 그 지역의 특색을 알 수 있도록 대상물에 대해서는 더욱 자세한 파악이 이루어졌다고 할 수 있다.[49]

城郭은 있는 지역에 한해서 파악되고 있다. 城郭名과 位置, 築城材料, 크기(둘레와 높이 등) 및 軍倉의 有無 등을 밝히고 있다. 성곽 안에 우물이나 못 등의 주요 시설도 역시 파악되고 있다.

關防은 외적의 침입을 방비하기 위한 군대를 파악한 것으로, 營·鎭을 중심으로 기재하고 그 영진의 관할구역 및 지키는 무관에 대해 적었다. 또한 그 영이나 진과 관계된 古事를 실어 그 지역에 대한 이해를 돕고 있다. 예를 들어 경기도 남양도호부의 관방 기록은 다음과 같다.

花梁鎭 : 부 서쪽 30리 되는 곳에 있다. 左道水軍 草芝梁 僉節制使 營이 있는데 관할하는 곳은 永宗浦·草芝梁·濟物梁이다. ○ 僉節

---

49) 정두희 씨는 토산항은 창고항과 더불어 국가가 전국의 생산물을 지배하고 이를 국가경제의 기반으로 삼는다는 상징적인 의미가 표현된 것으로 보았다. 왜냐하면, 국가경제의 실태 파악을 위해 필요한 戶口라든가 田結數에 대한 조사가 무엇보다 중요했던 시기에 두 항목만 갖고 국가경제의 전모를 알려고 하지는 않았을 것으로 보았기 때문이다(정두희, 앞의 글, 113쪽). 물론 그런 입장으로 받아들일 수도 있겠지만, 이는『동국여지승람』이 가지는 인문지리적 요소에서 기인한 것으로 보아도 좋을 것 같다. 그 지역을 대표할 수 있는 생산물을 밝힘으로써 독자로 하여금 그 지역의 특색을 파악할 수 있도록 하는 의미로도 볼 수 있기 때문이다.

制使 한 사람이 있는데 從三品이며, 여러 鎭이 같다. ○ 鎭이 예전에
는 水軍節度使 本營이 있었는데 성종 16년에 혁파하였다. ○ 崔淑精
의 詩에, "아침에 唐城을 떠나 서쪽으로 다시 서쪽으로 가니, 연파가
아득하여 끝이 없네. 원하건대 萬斛이나 드는 용처럼 꿈틀거리는 배
를 멍에하여, 바다를 지나 고래를 베려 하노라" 하였다.

　永宗浦營 : 부 남쪽 20리 되는 곳에 있다. ○ 水軍萬戶 한 사람이
있는데 從四品이다. 여러 浦와 堡도 같다.50)

　진은 종3품인 첨절제사가 관할하고, 영은 만호가 관장을 하고 있음
을 알 수 있으며, 화량진에 관계된 최숙정의 시를 기재하여 화량진의
상황을 잘 묘사해 주고 있다.

　烽燧는 통신기관으로서, 먼 거리의 급한 소식을 가장 빠르게 전달할
수 있는 방법이었다. 그러므로 군사적 입장에서는 성곽·관방과 더불
어 꼭 파악해야 할 것이었다. 봉수는 烽燧名과 위치를 정확히 기재하
였다. 이는 『세종실록』 지리지의 기술방법과 동일하다.

　宮室은 왕실과 관련 있는 건물이나, 객관 등과 같이 그 지역의 관리
가 머무는 건물 등을 파악한 것이다. 그 밖에도 公事와 관련 있는 건물
들을 파악하였다. 왕실과 관련있는 건물 이외에 국가사와 관련된 건물
들을 모두 파악하고 있는 것이다. 이러한 건물들에 대해서는 위치 파
악뿐만 아니라 古書에서 관계된 내용을 인용하여 건립의 배경이나 연
혁 등을 함께 기재하였다.

　樓亭은 유명한 亭子 등을 파악하는 내용으로 위치를 기재하였다. 이
누정들은 대부분 경치가 뛰어난 곳에 위치하고 있으므로, 인문지리서
답게 이에 관련된 詩들을 소개하는 방식을 취하고 있다. 그러므로 詩
를 통해 그 누정들의 상황 및 역사적 과정을 파악할 수 있는 점이 강
조되었다.

　學校는 각 지역의 향교 등 국가에서 세운 학교를 파악하면서 그 위

---

50) 『新增東國輿地勝覽』 卷9, 京畿道 南陽都護府.

치를 기재하였다. 『세종실록』 지리지에서는 파악되지 않았으나, 성종조에 들어 성리학의 학문적 토대가 완성되어 성리학 교육에 대한 관심도가 높아지게 되면서 지리지에 포함된 것이다.

驛院은 교통기관으로서 통신의 중요 수단이었다. 각 지역의 驛과 院을 파악하고 각각 위치를 명기하여 한눈에 파악할 수 있게 하였다. 『세종실록』 지리지가 역의 명칭만 기록한 것에 비하면 보다 자세해진 것이다.

倉庫는 貢賦를 貯藏하는 곳을 기재한 것으로, 邑倉을 비롯하여 그 지역 창고들의 명칭과 각각의 위치를 상세히 설명하였다.

橋梁은 교통상의 중요한 수단으로 역시 명칭과 그 위치를 자세히 기재하였다.

佛宇는 사찰로서 사찰명과 위치를 기재한 후 사찰의 연혁을 기록하고 사찰이 인용된 시 등을 소개하였다.

祠廟는 社稷壇이나 鄕校의 文廟, 城隍祠, 厲壇 등의 위치를 파악한 것이다. 즉 하늘이나 유학자, 마을 등에 대해서 제사를 지내는 곳을 기재하고 있다.

塚墓는 그 지역에 있는 역사적 인물들의 무덤 소재를 밝힌 것이다.

古跡은 옛 성곽 등의 유적만이 아니라 直村이 된 屬縣·鄕·所·部曲 등의 흔적을 함께 밝히고 있다. 그러므로 『세종실록』 지리지에서부터 『신증동국여지승람』까지 살펴보면 조선 초기의 군현 변동을 알아볼 수가 있다.

名宦은 高位官僚로서 장래에도 권하고 싶은 인물들에 대해 기록한 것이고, 人物은 그 이외의 기록할 만한 사람을 烈女·孝子·寓居·流寓 등으로 나누어 기록하였다.

題詠은 『동국여지승람』의 특징을 보여주는 가장 대표적인 항목으로, 그 지역과 관련된 시를 소개하는 방식을 취하고 있다.

이상의 항목을 편찬하는데 있어서 제영항 이외의 모든 항목에 詩文

이 첨가되어 있다. 이는 단순하게 문화적인 측면을 강조한 것이 아니라, 역사적 과정을 파악하기 위한 것으로 볼 수 있다. 즉,『세종실록』지리지에서『동국여지승람』으로의 전환은 단순한 지리지에서 역사지리지로의 변환을 의미하는 것이다.

V. 맺음말

이상에서 현존하고 있는『新增東國輿地勝覽』을 중심으로 構成·偏次의 특성과 項目의 編纂 原則을『世宗實錄』地理志 및『慶尙道續撰地理志』와 비교해서 살펴보았다.

세조조에서 시작된『동국여지승람』은 중종조의『新增東國輿地勝覽』으로 편찬되기까지 오랜 기간에 걸쳐 구성과 내용상 보완을 거쳤다. 이것은 이 책이 단순히 지리상의 변화만을 정리하기 위한 것이 아니라, 편찬 과정에서 많은 정치적 동기로 인하여 영향을 받았기 때문이다. 이러한 상황은 編纂體裁에도 큰 영향을 미쳐『신증동국여지승람』은『世宗實錄』地理志와는 성격을 전혀 달리하는 지리지가 되었다.

構成과 編次의 특성을『세종실록』지리지와 비교해 보면 다음과 같다.

첫째, 東覽圖를 수록하여 지리상의 이해를 돕고 있다. 八道總圖와 各道마다 지도를 삽입함으로써 지리적 이해를 쉽게 하도록 하였다. 내용에서는 對馬島를 기재하여 우리의 영토로 인식하는 모습을 보여주고 있다.

둘째, 編纂體裁 내용으로 보면, 행정적인 면에서는 왕권의 안정이라는 측면을 강조하고 있다.『世宗實錄』地理志가 국가 행정면에서의 정리라는 측면을 강조했다면, 宮室·五部·諸司項을 통해 안정된 왕권의 모습을 강조하였다. 경제적인 면에서는 土産項과 倉庫項을 제외하면 거론된 항목이 없다. 이는『東國輿地勝覽』에서 국가체제의 실제적 부분을 정리한다는 의미가 많이 축소되어 있음을 보여준다. 군사적인 면 역시 국가 초기의 國境問題와 倭寇征伐을 통해 대외적인 위협 요소가 줄어들고 세조조의 軍制 정비가 완료되면서 큰 변화를 보이지 않게 되었다. 사회적인 면은 그 항목수가 줄어든 데서 알 수 있듯이 비중이 약화되어 있지만, 특별히 禮俗과 관계된 측면은 강조되고 있다. 이러한 편찬 체재는『동국여지승람』의 편찬 목적을 반영한 것이라고 할 수 있다. 즉 조선의 국가통치체계가 王權을 중심으로 안정되었음을 강조함과 동시에, 臣權을 대변하는 性理學的 사회의 건설이라는 의도를 문화적 측면의 강조를 통해 나타낸 것이다.

셋째, 내용상에 있어서 詩文을 강조한 것은 단순히『方輿勝覽』을 모방하기 위한 것이 아니었다. 각 항목에 알맞은 詩文을 첨입함으로써, 그 지역이 가지고 있는 역사성을 파악하기 위한 것이었다. 즉, 중국의 지리지의 모방에서 벗어나, 우리 나라의 지리를 독자적으로 파악하기 위한 방법에서『세종실록』지리지와는 달리 詩文을 첨입한 것으로 보아야 할 것이다.

그러므로『동국여지승람』의 편찬 체재와 특징에는 同時代에 편찬된『經國大典』과『東國通鑑』등과 같이 왕권강화적 입장을 바탕으로 국가체계를 완성시킴과 동시에 새롭게 등장하는 사림을 중심으로 하는 성리학적 사회의 건설이라는 의도가 반영되었다. 또한,『세종실록』지리지가 행정을 위한 성격이라면,『동국여지승람』은 역사지리적인 성격으로 전환되어 간 것이라고 할 수 있다.

16~17世紀 金藎國의 社會經濟政策 研究

車 恩 珠[*]

Ⅰ. 序論

　金藎國(1572~1657)은 士林이 정치세력으로 부상하면서 性理學이 주도이념으로 정착되고, 그에 기반하여 사회질서가 변화되어 가는 시대적 상황을 경험하였다. 사회경제적으로는 量入爲出에 의한 국가재정 운영이 무너지고 농업생산력과 鑛·手工業 기술이 발전하면서 상품유통경제의 활성화에 의한 계층분화가 진행되고 있었다. 대외적인 측면에서는 兩亂 발생을 전후로 하여 중국과 일본의 정치세력이 재편성되었다. 이와 같은 일련의 변화는 그 대응책을 모색하는 과정에서 性理學에 대한 이해를 심화시켜 그 실천규범인 禮學의 발달을 가져오고 정치계의 동향에 영향을 주었다.

　金藎國은 이 같은 정황 속에서 국가 방어정책의 확립과 사회경제문제의 해결을 적극적으로 모색한 小北系의 대표적인 인물이다. 그는 壬辰倭亂과 丙子胡亂의 극복 과정에서 각각 의병장과 主和論者로서 당시의 국제정세 변화에 따른 상이한 대응자세를 보여 주었다. 특히 主

---

[*] 동국대학교 대학원 사학과 졸업(석사)

和論은 당시의 崇明反淸的 정치상황에 위배되는 것으로서, 그의 사상적 경향을 파악할 수 있는 중요한 단서로 보인다. 또한 金藎國은 17세기 정치계의 중요한 쟁점인 禮論에서 벗어나 經世濟民에 입각하여 商品流通經濟의 활성화에 기반하는 경제정책 확립에 주력하였다. 燕山君代의 사치와 전란으로 인한 국가 재정난을 극복하기 위하여 銀 確保와 銅錢의 鑄造流通, 收取制度 改善 등을 시도하였던 것이다.

그러나 金藎國에 대한 연구는 北人이라는 붕당적 특성에 의하여 비교적 초보적인 단계에 머물러 있다.[1] 그 동안 학계에서는 光海君代의 정국운영을 주도한 北人勢力이 仁祖反正으로 대부분 숙청되어 소멸된 것으로 인식하여 反正 이후에 활약한 소수의 北人에 대한 연구를 도외시하였다.[2] 아울러 이들에 관한 사료의 많은 부분이 소멸되거나 왜곡

---

1) 申炳周와 元裕漢이 金藎國에 대한 대표적인 연구자다. 申炳周는 金藎國·南以恭 등을 중심으로 北人과 西人, 南人의 연결관계를 파악하고 실리적인 정국운영 방안에 대해 논하였다. 그러나 이 연구에서는 北人의 학문적 특성과 정국운영 방안을 고찰하여 그들에 대한 인식의 전환을 파악하는 데 목적을 두었기 때문에 金藎國 개인에 대한 심층적 고찰은 이루어지지 못하였다(「17世紀 前半 北人官僚의 思想」, 『歷史와 現實』 8, 1992). 元裕漢은 金藎國이 조선 후기 최초의 鑄錢을 이루어 孝宗·肅宗代의 화폐정책에 영향을 주었다는 사실을 밝혀 냈다. 조선 후기의 화폐정책이 金藎國에게서 시작되어 肅宗代에 常平通寶로 상용화되었던 과정을 구조적으로 파악한 것이다. 그러나 이 연구는 鑄錢論에 국한되어 당시 정치현실과의 연계를 통한 그의 사상에 대한 전반적인 고찰에는 미치지 못하였다(「官僚學者 金藎國의 貨幣經濟論」, 『朝鮮時代史研究』, 1989).

2) 北人에 대한 정치사 연구는 크게 宣祖代 후반의 정국과 光海君代의 정치운영과 정치세력에 대한 연구로 나눌 수 있다. 인물에 대한 연구성과는 曺植과 鄭仁弘을 제외한 대부분의 경우 거의 이루어지지 못한 상황이다. 具德會, 「宣祖代 後半 政治體制의 再編과 政局의 動向」, 『韓國史論』 20, 1988 ; 남달우, 「宣祖 前半期의 國王과 分黨」, 『仁荷史學』 4, 1996 ; 高錫珪, 「광해조 유소운동과 大北政權의 社會的 基盤」, 『朝鮮史研究』 2, 1993 ; 申明鎬, 「宣祖 末 光海君初의 政局과 外戚」, 『淸溪史學』 10, 1993 ; 申炳周, 「17世紀 前半 北人官僚의 思想」, 『歷史와 現實』 8, 1992 ; 吳洙影, 「仁祖代 政治勢力의 動向」, 『韓國史論』 13, 1985 ; 이기남, 「光海朝 政治勢力의 構造와 變動」, 『北岳史論』 2, 1990 ; 李泰鎭, 「壬辰倭亂 克服의 社會的 動力」, 『韓國史學』 5,

되어 후대에 전해진 상황도 연구가 미비해진 하나의 요인이 되었다.[3]

　그리하여 필자는 기존 연구의 도움을 받아 다음 몇 가지 사항에 주목하면서 金藎國이 추진한 社會經濟政策에 대하여 살펴보고자 한다. 먼저 姻戚關係를 분석하고 小北으로서의 붕당활동을 구조화하고, 이를 바탕으로 그의 정치사상을 추론하여 보겠다. 아울러 그의 정치사상이 仁祖反正 이후의 활동에 어떠한 영향을 주었는지에 대해 살펴봄으로써 그가 추진한 사회경제정책의 본질을 분석해 보고자 한다. 이 과정은 申叔舟(1417~1475)에서 실학으로 연결되는 사상계의 흐름을 구조화시키고, 조선사회의 변화 과정에서 16~17세기가 지니는 역사적 의미를 부여해 줄 것으로 보인다.

Ⅱ. 家系와 政治的 生涯

　金藎國(1572~1657)[4]이 생존하였던 시기는 15세기 이후의 사회경제

1983 ; 鄭萬祚, 「17世紀 政治史의 理解方向」, 『韓國의 哲學』 22, 1994 ; 鄭弘俊, 「北人政權의 成立과 對民政策의 性格」, 고려대 석사학위논문, 1986 ; 韓明基, 「光海君代의 大北勢力과 政局의 動向」, 『韓國史論』 20, 1988 ; 高錫珪, 「鄭仁弘의 義兵活動과 山林基盤」, 『韓國學報』 51, 1988 ; 김윤재, 「남명 조식의 학문과 출사관」, 『韓國史論』 24, 1991 ; 申炳周, 「南冥 曺植의 學問傾向과 現實認識」, 『韓國學報』 58, 1990 ; 우현구, 「내암 정인홍과 광해조 정국 주도세력」, 『교남사학』 4, 1989 ; 이이화, 「鄭仁弘의 政治思想과 現實認識」, 『朝鮮後期의 政治思想과 社會變動』, 한길사, 1994.

3) 金藎國의 문집으로 전해지는 『後瘳集』은 후세에 전해지면서 시대적 상황에 의하여 加減됨으로써 사료로서의 가치를 상당 부분 소실하였다. 또한 『宣祖實錄』과 『宣祖修正實錄』도 정계 동향에 영향받아 비판적인 사료 해석이 요구된다(具德會, 「宣祖代 後半 政治體制의 再編과 政局의 動向」, 『韓國史論』 20, 1988, 204쪽 ; 申炳周, 「17世紀 前半 北人官僚의 思想」, 『歷史와 現實』 8, 1992, 133쪽).

4) 本貫은 淸風, 字는 景進, 號는 後瘳다. 그의 집안은 中宗代에 己卯名賢으로 이름을 날린 金湜 이후부터 두각을 나타내기 시작하여 相臣 8명, 大提學 3명, 왕비 2명 등을 배출한 조선 후기의 명문가로 일컬어진다. 『萬姓大同譜』

적 모순을 해결하지 못한 상황에서 두 차례의 戰亂을 경험하여, 정치
계의 동향이 사회변화와 밀접한 관련을 맺고 있었다. 비변사의 최고
권력기구화, 西·南人의 정국 주도권 상실과 北人의 집권과 같은 정치
체제 재편이 16~17세기 정치계의 동향과 사회경제적 문제와의 관련
속에서 발생한 것이다. 그리하여 金盡國이 추진한 사회경제정책이 지
니는 本質을 파악하기 위해서는 그의 정치활동에 대한 분석이 선행되
어야 한다. 그러나 이것은 金盡國을 비롯한 北人系 인물들에 대한 사
료가 극히 불완전하고 단편적이므로 붕당활동을 통해 그의 정치사상
을 추론하여 볼 수밖에 없는 실정이다.

그리하여 본 절에서는 비교적 확연하게 정치성향을 나타낸 光海君
代까지의 시기와 仁祖代 이후의 시기로 그의 생애를 구분하여 정치사
상을 분석해 보고자 한다.

제1기는 壬辰倭亂에서의 戰功을 바탕으로 정계에서 입지를 확립하
고, 小北의 영수로서 비교적 분명한 정치성향을 나타낸 光海君代까지
의 시기다. 우선 그의 정치성향을 이해하기 위하여 姻戚關係[5]를 구조
화하고 그와 관련된 인물들에 대해 살펴보겠다.

尹敬立은 金盡國의 장인으로서 壬亂 初 宣祖에게 '正倫立極盛德洪
烈'이라는 존호를 버리라고 요구한 尹國馨(1543~1611)의 아들이다. 南
以恭(1565~1640)은 金盡國과 함께 小北의 핵심 인물로서 仁祖代까지
大司憲, 吏曹判書 등을 역임하며 才局을 인정받았다. 朴承宗(1562~
1623)은 宣祖 後期에 柳黨에 참여하여 광해군 즉위 후 파직되었으

淸風 金氏.

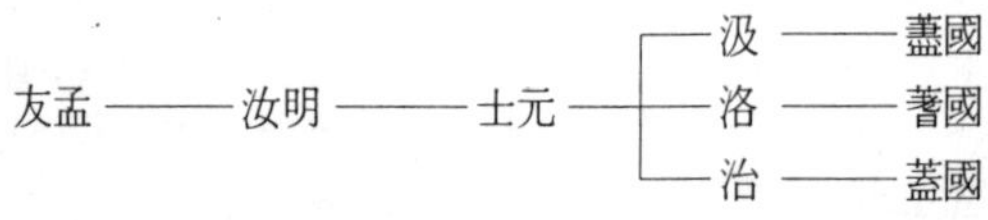

5) 金盡國과 관련된 인물들에 대한 系譜化는 다음의 논문을 참조하였다. 申明
   鎬, 「宣祖末·光海君初의 政局과 外戚」, 『淸溪史學』 10, 1993, 83~86쪽 ; 申
   炳周, 「17世紀 前半 北人官僚의 思想」, 『歷史와 現實』 8, 1992, 134~138쪽.

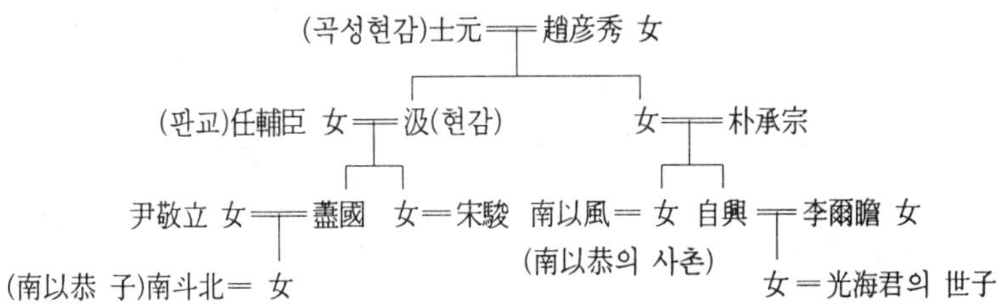

나, 柳希奮과 협력하며 李爾瞻(1560~1623), 光海君과 인척관계를 맺어 정치적으로 재기에 성공한 小北系 인물이다. 宋駿의 형 宋駬은 柳永慶의 6촌 형제인 柳永惺의 壻로서, 金盡國이 洪汝諄과 대립하여 파직되는 과정에서 그와 의견을 같이하였다. 이를 통하여 金盡國이 철저하게 北人, 그 중에서도 小北系 인물들과 밀접한 인척관계를 유지하였음을 알게 된다. 아울러 金盡國은 학문적으로도 北人의 범주에 포함된다. 그는 異姓尊姑夫인 李山海(1538~1609)에게 수학하였으며, 그의 아들인 慶全과 교류하였다.6) 또한 曺植(1501~1572)의 절행을 높이 평가하였다.7) 李山海는 北人의 영수로서 徐敬德(1489~1546)의 문하인 숙부 李之函(1517~1578)에게서 학문적 영향을 받았는데,8) 徐敬德과 曺植은 北人의 학문적 스승으로 알려진 인물들이다. 즉 金盡國은 인척관계를 비롯하여 학문적 사승관계를 통해서도 徐敬德·曺植의 영향을 받아 敬義之學에 의하여 실천을 중요시한 北人, 그 중에서도 小北系 인물로 평가된다.

金盡國은 이 같은 家系와 학문적 영향 속에서 광해군대까지 비교적 극심한 정치적 부침을 경험하였다. 광해군은 임진왜란을 극복하기 위하여 세자에 책봉된 후 分朝를 기반으로 한 항전활동을 통해 지지세력을 확대해 나갔다. 이에 비하여 宣祖는 거듭된 패전과 요동망명 시도

---

6) 『燃藜室記述』 卷17, 선조조 고사본말.
7) 『後瘳集』 김신국행장.
8) 申炳周, 「17世紀 前半 北人官僚의 思想」, 『歷史와 現實』 8, 1992, 131쪽.

로 왕으로서의 권위를 잃고 전위를 요구받음으로써 광해군과 정치적
으로 갈등하게 되었다. 이 때 金盡國과 血緣, 親分的으로 밀접한 관계
에 놓인 인물의 상당수가 分朝活動을 수행하며 광해군을 적극적으로
지지하였다. 南以恭, 南以信, 宋馹, 李尙毅(1560~1624),[9] 尹敬立, 柳希
奮, 崔有源, 朴彝敍, 李德泂 등이 분조활동시 광해군을 지지하며 金盡
國과 정치적으로 밀접한 관계를 유지한 대표적인 인물들이다.[10] 이를
통하여, 金盡國이 임진왜란시 강력한 主戰論을 전개하며 의병활동에
적극적으로 참여하여 정계에서 두각을 나타낼 수 있었던 배경을 이해
하게 된다.[11] 임진왜란은 백성들의 의식을 변화시켜 여론수렴을 중요
시하는 정치논리에 의하여 南人의 몰락과 北人의 집권이라는 정치세
력의 변동을 초래하였다. 金盡國은 이와 같은 정치계의 동향 속에서
戰功을 인정받아 戰亂 末期에 銓郎을 거쳐 新進名士로 지목되며 北人
으로서의 정치적 지지기반을 확대해 나갔던 것이다. 또한 金盡國은 南
以恭 등 광해군 지지세력과 함께 청의를 표방하며 기성세력의 비리·
탈법 행위를 비판하고, 南人과의 同寅協恭을 통한 정국안정을 도모하
였다. 그리하여 이들은 異論의 존재를 인정하지 않으며 획일적인 통치
체제를 지향하는 北人 내부의 기성세력과 갈등하여 大·小北으로 분
기하게 되었으며, 그 결과 大北에 의해 정국운영에서 소외되었다.
   이와 같은 大·小北의 갈등은 선조와 광해군의 정치적 갈등과 밀접
하게 연결되어 이후의 정계 동향을 파악하는 중요한 단서를 제공한다.

---

 9) 李尙毅는 金盡國의 사돈으로서 광해군의 妻家인 南人 柳希聃의 同壻고, 星
    湖 李瀷의 曾祖父다. 그는 북인으로서 金盡國 등과 함께 仁祖反正 이후 국
    왕의 정치적 배려를 통해 직접적인 禍를 입지 않은 인물 가운데 한 사람이다
    (원재린, 「星湖 李瀷의 人間觀과 政治 改革論」, 연세대 석사학위논문, 1995,
    5쪽).
10) 申明鎬, 「宣祖末 光海君初의 政局과 外戚」, 『淸溪史學』10, 1993, 62~67쪽.
11) 『宣祖實錄』권32, 25년 11월 壬申 ; 『大東奇聞』권3, 仁祖朝 ; 李泰鎭, 「壬辰
    倭亂 克服의 社會的 動力」, 『韓國史學』5, 1983 ; 高錫珪, 「鄭仁弘의 義兵活
    動과 山林基盤」, 『韓國學報』51, 1988.

金蓋國의 정치활동은 상황에 따라 多岐한 성향을 보인다. 그는 北人 → 小北 → 柳黨 → 柳黨 제거에 앞장서는 정치과정을 보여 그의 정치사상에 대한 평가를 어렵게 하기 때문이다. 그러나 大・小北의 분기과정에서 보여 준 그의 정치적 행동은 仁祖反正 이후에도 小北으로서의 黨色을 유지하며 고위직을 역임할 수 있었던 이유를 추론케 한다. 즉 宣祖는 大・小北의 갈등 속에서 小北에 대한 부정적인 태도를 확연하게 나타낸다.12) 이와 같은 현상은 小北이 광해군 추종세력을 중심으로 결집된 세력이며, 임진왜란에서의 활약으로 인하여 선조와 광해군이 갈등하고 있던 상황에서 불가피하였을 것으로 보인다. 더군다나 선조는 갈등상황을 극복하고 왕권을 강화하기 위하여 北人과 西人을 번갈아 집권시키며 신료들 사이의 相爭을 획책하였고, 이 과정에서 柳永慶이 집권하게 되었다. 이와 같은 政況 속에서 柳希奮을 중심으로 한 광해군 추종세력과 권력 핵심에서 소외된 李山海, 李爾瞻, 鄭仁弘(1535~1623) 등의 大北勢力은 협력관계를 형성하여 광해군의 즉위를 통한 정권장악을 모색하였다.13) 일부의 大・小北系 인사들이 선조와 광해군의 갈등을 역이용하여 집권을 도모한 것이다.

이 때 金蓋國은 宋駿・宋應洞・朴承宗 등의 小北系 인물들과 함께 柳永慶이 이끄는 柳黨에 속함으로서 정계에 재기용되었다. 여기에서 우리가 金蓋國의 정치사상을 이해하기 위해 분명하게 인식해야 할 것은 柳黨과 南黨의 관계다. 柳黨은 柳永慶을 중심으로 宣祖의 신임에 의해 집권하여 광해군의 즉위와 함께 몰락한 세력이다. 이에 반대되는 南黨은 南以恭 등 광해군의 分朝活動과 世子侍講院을 매개로 형성된 광해군 지지세력을 중심으로 구성되었다. 이 때 金蓋國은 광해군 지지세력과 정치성향을 같이하였음에도 柳黨의 인물로서 광해군 즉위 초

---

12) 具德會, 「宣祖代 後半 政治體制의 再編과 政局의 動向」, 『韓國史論』 20, 1988, 248~250쪽.
13) 申明鎬, 앞의 논문, 68쪽 참조.

기에 파직되는 모습을 보인다.14) 이와 같은 상황은 柳永慶을 중심으로 宋駿·朴承宗 등과 金藎國의 인척관계, 南以恭과 柳希奮 등의 인척관계를 통하여 추론해 보았다. 즉 金藎國은 柳黨系 인물들과의 관계 속에서 정계에 복귀할 수 있었지만, 柳黨과 광해군 지지세력과의 대립은 그의 정치적 입장을 전환시켰던 것이다. 그리하여 金藎國이 선조와 밀착하고 광해군의 즉위를 억제하며 집권 유지를 시도한 柳永慶 제거에 앞장섰던 과정을 파악할 수 있게 된다. 그가 광해군의 왕권확립을 위하여 취해진 임해군 제거과정에서의 공로를 인정받아 翼社功臣이 되어 淸陵君에 봉해진 사실도 같은 맥락에서 이해된다. 이후 金藎國은 柳希奮·南以恭 등과 함께 小北의 핵심적 인물로서 광해군대까지의 정국운영을 주도하였다.

제2기인 仁祖代 이후는 정치논쟁에서 벗어나 당시의 사회경제적 문제 해결에 주력한 시기로 규정지을 수 있다. 반정 이후 北人은 인조가 광해군대의 廢母殺弟와 對外政策을 명분으로 즉위할 수 있었기 때문에 정치적 입지가 극도로 위축되었다. 北人은 반정 이후의 정국운영에 불과 9%(8명)에 해당하는 인물밖에 참여할 수 없었으며, 그들의 대부분이 한직에 머물렀던 것이다.15) 그러므로 金藎國이 반정 이후에 戶曹判書 등의 직임을 역임할 수 있었던 것은 그의 정치적 위치 파악에 중요한 단서를 제공하여 주는 것이다. 이처럼 대부분의 北人세력이 숙청되는 상황에서 그가 반정 이후까지 淸要職을 역임할 수 있었던 원인을 크게 두 가지 방향에서 생각해 보았다.

첫 번째로 그의 능력과 함께 정치적 역학관계에서 그 원인을 찾아보았다. 仁祖代의 정국운영은 국왕과 관료들 간의 역학관계가 맞물려 黨色을 초월한 협력관계가 성립되고 있었다. 仁祖는 일당 전제화에 의한 정국의 파행적 운영을 염려하여 반정을 주도한 西人勢力을 견제하였

---

14) 申明鎬, 「宣祖末 光海君初의 政局과 外戚」, 『淸溪史學』 10, 1993, 78쪽 참조.
15) 吳洙影, 「仁祖代 政治勢力의 動向」, 『韓國史論』 13, 1985, 63~66쪽.

다. 인조는 광해군대의 실정이 붕당의 파행적 운영에서 초래된 것으로
파악하고 붕당 간의 세력균형을 획책하였던 것이다. 아울러 西人 功臣
勢力인 金瑬(1571~1648)와 崔鳴吉(1586~1647)은 西人 내부 신진관료
들과의 갈등 과정에서 金藎國 등을 지지세력으로 흡수하며 집권 유지
를 도모하였다.[16] 金藎國・南以恭과 같은 비주류의 정치세력을 등용함
으로써 西人 내부의 신진관료에 대한 견제를 시도한 것이다.

두 번째로 조선정부의 행정제도적 특성에서 그 원인을 추측해 보았
다. 조선시대에는 행정적 성격이 강한 부서에 대한 인사이동이 비교적
적었다.[17] 더군다나 인조대는 사회경제 문제의 해결을 통하여 反正 이
후의 민심수습을 도모한 시기다. 이와 같은 상황은 金藎國의 중용을
가능하게 하였다.[18] 그는 광해군대에 戶曹判書와 平安道觀察使 등의
職任을 역임하며 재정확충과 국방정책을 효과적으로 추진한 인물로
평가되었기 때문이다. 金藎國이 반정 7일 후에 國防의 要職인 平安道
觀察使에 제수되고,[19] 호조판서로서 재정확충 방안을 모색하여 조선
후기 최초로 銅錢通用을 실현시킨 것이 이와 같은 논리를 입증해 준
다. 즉 金藎國은 행정 실무능력을 인정받아 인조대 이후까지 지속적으
로 중용되었던 것으로 보인다.

한편으로 金藎國이 여론을 수렴하여 정치세력을 만회하기 위한 하
나의 방편으로서 利用厚生 정신에 의한 사회경제문제 해결에 주력하
였을 가능성을 생각해 볼 수 있다. 西人이 北人 주도의 광해군 정권에
서 정치적 쟁점을 거론하는 것이 그들의 명분상 무리였기에 사회경제
문제 해결에 주력하였던 것[20]과 유사하기 때문이다. 그러므로 金藎國

---

16) 吳洙影, 위의 논문, 88~91쪽.
17) 姜光植, 「朝鮮朝 黨爭의 政治文化的 背景」, 『朝鮮後期 黨爭의 綜合的 檢
    討』, 韓國精神文化研究院, 1992.
18) 『仁祖實錄』 권10, 3년 10월 丁亥.
19) 『仁祖實錄』 권1, 원년 4월 辛酉.
20) 具德會, 「宣祖代 後半 政治體制의 再編과 政局의 動向」, 『韓國史論』 20,
    1988, 254~255쪽.

의 사상과 그에 기반한 정치활동은 조선 후기 정치체제의 운영 방향과
사회경제적 변화를 반영하는 것으로 이해된다.

Ⅲ. 經濟思想

1. 對外認識과 國防政策論

北人은 曹植의 敬義之學을 학문적 연원으로 삼아 실천을 중요시하
였기에 임진왜란시 강력한 主戰論을 전개하면서 의병과 分朝活動을
통하여 戰功을 수립하였다.[21] 그리하여 이들은 終戰後 戰亂에 소극적
으로 대처하며 和議를 주장한 南人을 대신하여 정국을 주도할 수 있었
다. 金藎國은 의병장으로서 혁혁한 공을 세워 정계에서의 입지를 강화
한 北人系의 대표적인 인물이다. 그가 군사적인 측면에서 능력을 인정
받았다는 사실은 權慄(1537~1599)과 李德馨(1561~1613), 柳成龍(1542
~1607) 등의 평가에서 입증된다.[22] 더군다나 金藎國은 군사적인 측면
에서의 실무능력을 인정받아 仁祖反正으로 대부분의 北人勢力이 숙청
·소멸된 상황에서 平安道觀察使에 제수되어 정국운영에 참여할 수
있었다.[23]

이와 같은 인식을 바탕으로 그의 국방정책을 살펴보면 다음과 같다.
金藎國은 兩亂을 전후로 하여 중국의 明·淸에 의한 왕조교체와 일
본의 德川幕府體制의 확립과 같은 국제정세 변화에 대한 적절한 대응
이 국가존립과 직결되는 시대적 상황을 경험하였다. 그리하여 金藎國
은 방어의 도는 큰 것에 있지 않고 착실히 經遠之道를 강구하여 병법
의 "以主待客 以逸待勞"를 따르는 것이라고 인식하고,[24] 민심안정이

---

21) 『大東奇聞』 권3, 인조조.
22) 『燃藜室記述』 권29, 인조조 고사본말.
23) 주 19) 참조.
24) 『國朝人物考』 金藎國.

國家防禦策의 근본임을 역설하였다. 당시는 國役體系가 점차 와해되면서 백성들이 국가의 방어능력에 확신을 갖지 못해 민심이 동요되고 있었기 때문이다.

요사이 서울의 인심이 동요되어 봇짐을 싸 놓고 경보를 기다려, 만약 오랑캐 기병 수백 명이 변경을 범하면 邊城이 함락되기 전에 國都가 먼저 무너질 것이니, 어찌 통탄하지 않겠습니까. …… 재물을 허비하고 백성을 해롭게 하는 일은 모두 폐지하고 개혁하며, 백성을 착취하고 원망을 사는 신하들을 모두 파면하며 병기를 수선하고, 시졸과 군마를 愛養하며, 인재를 뽑아서 내외 관직에 배치해 둘 것입니다. 이렇게 하면 오랑캐 군사가 침략할지라도 근심될 것이 없습니다.25)

그는 양인의 몰락이 國防體系를 와해시키는 요인이 될 수 있다고 생각하였다. 조선은 16~17세기에 반상제가 정착되어 감에 따라 軍役의 대부분을 양인에게 전가시켰다. 양반들은 자신들의 軍役負擔이 신분질서를 와해시킬 수 있다고 주장하며 강력하게 거부하고 있었기 때문이다. 그리하여 金藎國은 실질적인 군역 부담자인 양인을 안정시켜야 國家防禦策이 확고해질 수 있다고 생각한 것이다.

그의 국가방어책은 중국대륙의 정세변화로 방어대책 수립이 절실한 상황에서 平安道觀察使에 임명되면서 현실화되었다. 그는 淸나라의 침략을 예견하고 七事의 방안을 제시하였으며, 步兵이 조선의 主力軍인 점을 감안하여 木柵을 이용한 방어책을 제시하였다.26) 金藎國은 이 시기에 습득한 경험을 바탕으로 1621년(光海君 13)에 발생한 明·淸 간의 갈등 과정에서 효과적인 대처방안을 제시하였다.

신이 일찍이 서쪽변경에 있을 때 오랑캐 군사의 多少를 정탐하니

---

25) 『燃藜室記述』 권21, 폐주광해군 고사본말.
26) 申炳周, 「17世紀 前半 北人官僚의 思想」, 『歷史와 現實』 8, 1992. 141쪽.

기병과 보병이 약 56만 명인데 방금 釁端을 열고 반란을 일으켜 혹은 遼廣을 침입하고 혹은 저의 소굴을 지키니, 만약 군사를 다 출동하고자 하면 본거지가 위태할 것이므로 반드시 일부의 군사만 보내어 우리 국경을 요란시킬 뿐이고, 우리가 넓게 펴서 防戍하면 병력이 부족할 듯하오니 마땅히 철수하여 淸野戰術을 쓰고, 군사를 나누어서 要塞地에 주둔하며, 그 방수할 만한 지역으로는 江界의 狄踰, 理山의 牛場, 昌城의 時梗, 朔州의 延丘 등과 같은 곳입니다. …… 우리 군사가 본래 약하여 들판에서는 적과 겨룰 수 없으니 要險한 곳을 방수하여 그들의 침입을 막고 그 군사가 피로한 때를 기다려 奇兵을 내어서 요격하면……27)

즉 金藎國은 敬義之學에 의한 실천성을 바탕으로 지리적 특성을 살린 효율적인 방어책을 제시함으로써 국가방어와 민심안정을 동시에 모색하였던 것이다. 더군다나 이 대책은 淸에 대한 방어적인 입장에서 제시된 것으로 그의 主和論이 국방정책 수립 과정에서 불가피하게 나왔음을 이해할 수 있는 중요한 단서로 여겨진다. 이 논의는 정책에 반영되지 못하였지만, 國防에 대한 실무능력을 인정받아 仁祖反正 7일 후에 平安道觀察使에 제수되어 국방요충지를 담당하는 계기가 되었다.28)

이후에 그는 山城中心의 防禦策을 비판하며 平壤을 중심으로 한 국가방어를 모색하였다. 산성중심 방어책은 柳成龍, 金瑬, 金自點(?~1651) 등이 주장하였으나 현실적으로 많은 보완이 필요하였다. 山城은 요충지에 축성되었을 때 군사적 단점을 무마시켜 주는 효과적인 방어책이 될 수 있다. 그러나 조선의 산성중심 방어책은 취약한 기술력 등 제반 여건이 충족되지 못하여 戰時에 혼란을 가중시키는 문제점을 지니고 있었다.29) 이와 같은 상황인식에 의하여 金藎國은 근본적인 수정

---

27) 『燃藜室記述』 권21, 폐주광해군 고사본말.
28) 주 19) 참조.

이 필요한 산성중심 방어책보다, 천혜의 요새라고 평가한 江華島와 일로의 근본이라고 인식한 平壤을 기반으로 하는 방어책을 수립하였다. 그는 평양을 지키지 못하면 關西·關北 지방이 모두 훼손된다는 인식 하에 평양성의 수축과 군량 확보에 주력하였던 것이다. 1638년에는 판중추부사로 仁祖의 명을 받아 강화도의 형세를 보고한 후 江華留守를 제수받아 국방정책을 주도하였다.30)

한편으로 그의 국방정책은 정치계의 동향과 연관지어 다른 시각에서 평가할 수 있다. 金藎國이 반정 이후의 정치적 열세를 극복하기 위하여 산성중심 방어책에 대한 비판과 그 대안 제시, 主和論과 斥和論의 대립·갈등을 역이용하였던 것으로 보이기 때문이다.

主和論은 仁祖反正으로 名分論이 강화된 상황에서 제기되며 조정에서 극심한 논란을 유발하였다. 仁祖는 광해군의 親後金 정책과 廢母殺弟로 禮儀綱常을 저해되었다는 명분에 의해 즉위할 수 있었으며, 이에 의한 국내정치에서의 性理學的 名分論 강화는 대외관계에 그대로 반영되었다. 조선정부는 反正의 명분을 유지하여 왕권을 안정시키기 위해서 淸나라에 대한 강경책을 유지할 수밖에 없었던 것이다. 그러나 중국의 정세변화는 名分과 實利 간의 갈등을 초래하여 현실에 대한 대응 차이로 主和·斥和論이 제기되었다. 이로 인하여 主和論者와 斥和論者 모두 상대방의 주장이 불가피함을 인정하였다. 그리하여 斥和論者들도 明나라를 맹목적으로 事大하지 않고 비판적인 인식을 견지하고 있었다.31) 金長生(1548~1631)이 西人山林의 대표적인 인물로서 對明 事大義理를 강력하게 주장했음에도 불구하고 淸나라와의 講和가 부득이한 데서 나왔음을 인정하였던 것이 그 예다.32) 崔鳴吉과 金尙憲

---

29) 趙楨基,『西厓 柳成龍의 國防政策 研究』, 단국대 박사학위논문, 1990.
30) 申炳周,「17世紀 前半 北人官僚의 思想」,『歷史와 現實』8, 1992, 141~142쪽.
31) 오항녕,「17世紀 前半 西人山林의 思想」,『歷史와 現實』8, 1992, 48~53쪽.
32)『仁祖實錄』권15, 5년 3월 庚辰.

(1570~1652)이 주고받은 서신은 主和·斥和論에 대한 당시 士類들의 입장을 분명하게 밝혀 준다.33) 즉 主和·斥和論者들은 모두 척화론이 經, 즉 원칙임을 인정하고 정당한 것으로 평가하고 있었음을 알게 된다.34) 다만 主和論者들은 현실적으로 대응할 힘이 부족함을 인정하고 淸과 타협함으로써 국가체제의 보존을 도모하였던 것이다.35)

金藎國은 이러한 對外觀의 갈등 속에서 主和論的 입장을 견지하였다. 그는 明·淸의 교체라는 국제정세의 변화 속에서 實利를 선택하여 국가안위를 보존하기 위해 主和論을 주장하였던 것이다. 아울러 金藎國은 정치세력을 유지하기 위한 하나의 수단으로서 主和論을 주장했던 것으로 보인다. 主和·斥和論은 仁祖代 反正功臣勢力과 非功臣勢力들 간의 정치적 대립 과정 속에서 중요한 논쟁으로 작용하였다. 性理學的 名分論에 의한 斥和論과 그에 반하는 主和論 간의 논쟁은 丁卯·丙子胡亂까지 이어졌으며, 이후의 反淸論이 정치의 일부였다는 사실을 생각할 때 그것이 지니는 정치적 의미를 무시할 수 없다.36) 더군다나 金藎國은 反正名分의 강화 차원에서 대부분의 北人이 숙청·소멸된 상황에서 崔鳴吉 등의 정치적 지지세력으로서 判書와 같은 고위직을 역임할 수 있었다. 즉 그의 主和論은 현실적인 대응자세와 함께, 北人의 열세 속에서 정치적 위상을 정립해 나가는 하나의 과정으로도 이해할 수 있는 것이다. 金藎國이 反正功臣勢力으로서 主和論을 주장한 金瑬와 崔鳴吉에 의하여 平安監司와 戶曹判書 등의 要職에 등용되는 것이 이를 입증한다. 그의 江華島 중심 방어책도 같은 맥락에서 이해할 수 있다.

이와 같은 입장 속에서 그는 다음과 같은 兵農一致的 軍制改革을 제시하였다.

---

33) 주 31) 참조.
34) 위와 같음.
35) 『燃藜室記述』 권25, 丁卯胡亂.
36) 吳洙影, 「仁祖代 政治勢力의 動向」, 『韓國史論』 13, 1985, 96~98쪽.

대장 1인을 海西에 주둔시키고 수초가 풍요하고 깨끗하며 토지가 비옥한 곳을 선택하여 편안함을 따라 주둔하고 왕래하며 築城할 필요 없이 城柵을 설치합니다. 諸路의 병 5만~6만을 나누어 10번으로 하고 항상 5천~6천으로 3개월마다 성에 들어가게 되면 30개월이 일주기가 됩니다. 2월부터 7월까지는 더하여 2천~3천 명으로 농경의 보조로 삼습니다. 무릇 농가 1인이 농사 지으면 족히 2~3인의 식량이 됩니다. 만약 7천~8천 명으로 비옥한 토양에서 밭을 갈면 2만 인의 식량이 가히 판별됩니다. 봄에 밭갈고 한가할 때 전투를 가르치고 5천~6천 인을 장기간 주둔하게 하여 오직 무기를 연습하고 계기를 수선하는 것을 임무로 삼아 다시 번갈아 훈련하면 3년에 5만~6만 인이 모두 쓸모 있는 병사가 됩니다.[37]

이것은 토지제도의 정비에 따른 엄정한 保人制의 실시를 제시한 柳馨遠의 兵農一致論과 유사성을 보인다.[38] 그런데 金藎國의 兵農一致論은 戰時를 감안하여 토지로 인해 制勝하려는 군사적 성격을 강하게 지니고 있다. 반면 柳馨遠의 그것은 사회경제적 모순을 토지제도의 광범한 개혁을 통해 극복하고 이를 바탕으로 군사력 강화를 도모하였다는 차이점을 지닌다. 그러나 柳馨遠 사상과의 연관성은 곧 金藎國과 實學思想을 연결시킬 수 있는 가능성을 의미한다. 또한 金藎國의 兵農一致的 軍制改革論은 그의 실리적이고 이용후생적인 사상을 대변한다고도 볼 수 있다. 임진왜란 이후 조선의 군제개혁 방안은 크게 兵農一致論과 兵農分離論으로 구분되어 이루어졌다. 이 때 兵農分離論은 주로 집권층인 西人에 의해서 주도되었다. 兵農一致論은 철저한 토지개혁을 수반해야 이루어질 수 있었기 때문이다. 이유태가 '兵農合而民困'의 인식에 의하여 兵農分離論을 제시한 것이 그 좋은 예다.[39] 즉 金藎國의

---

37) 『恬軒集』 김신국행장.
38) 申炳周, 앞의 논문, 144~145쪽.
39) 김종수, 「17世紀 軍役制의 추이와 개혁론」, 『韓國史論』 22, 1990 ; 고영진, 「17世紀 前半 南人學者의 思想」, 『歷史와 現實』 8, 1992, 114~115쪽.

병농일치적 군제개혁론은 집권층의 이해관계와 명분의식에서 벗어나 민생안정을 통해 부국강병을 도모한 이용후생 사상의 표현으로 이해할 수 있는 것이다.

2. 收取制度改善論

조선정부는 농업생산력과 鑛·手工業 기술의 발전으로 상품유통경제가 활성화되자 경직된 重農抑商觀에서 벗어날 필요성을 자각하였다. 16~17세기의 국가재정은 연산군대의 사치로 악화된 이후에 회복되지 못한 상태였다. 임진왜란은 量案과 軍籍 등의 對民 收取根據를 소실시켜 국가재정을 더욱 악화시켰다. 또한 광해군과 인조대에는 막대한 양의 銀을 중국 사신에게 지급하여 부족한 중앙재정의 확보가 절실한 상황이었다.40) 아울러 조선은 經世濟民의 理念41)을 추구하기 위해서라도 농민의 계층분화와 신분질서의 와해 과정 속에서 民의 기초적인 경제생활 안정을 확보해야 하였다. 조선정부는 백성의 생활안정과 농업생산에 의존하는 국가재정 손실을 보완하기 위한 경제정책 수립을 요구받았던 것이다. 金藎國이 "지금 나라의 저축이 탕갈되었는데 經用은 제한이 없어 各司는 하루의 경비를 공급하기에도 어려운 형편이고 큰 창고에는 몇 달의 수요도 저축되어 있지 않습니다42)"라고 한 것은 당시의 절박한 경제상황을 가늠케 한다.

그리하여 金藎國은 우선적으로 國用節制를 통한 국가재정 확충과 백성들의 경제적 안정을 모색하였다. 그는 연산군대 이후 量入爲出에

---

40) 이에 대해서는 銀鑛開發論에서 詳述하겠다.
41) 중국과 우리 나라의 전근대에 사용된 경제, 곧 經世濟民이라는 말은 물질적인 측면과 함께 정치적·정신적인 면을 포함하여 통치자가 국가를 다스리고 백성을 구제하는 정책적인 차원에서 이해하였다. 그리하여 조선 후기 지배층의 경제사상은 경제생활의 안정을 통한 民本·保民論을 근본으로 삼았다.
42) 『仁祖實錄』 권10, 3년 10월 壬寅.

의한 재정운영이 무너져 파탄에 직면하게 된 국가재정을 확충하기 위하여 관아의 잘못된 재정 낭비를 지적한 것이다.

작년 재생청의 사목을 보건대 위로 祭享과 御供에서부터 아래로 백사의 소용에 이르기까지 모두 겨우겨우 충당해 나가고 있을 뿐 여분이 없으니 한때의 정제라고 할 만합니다. …… 종이, 초, 붓, 먹 등은 하찮은 물건이지만 광범하게 사용합니다. 그러므로 비용이 헤아릴 수 없이 많은데 반시간 동안의 촛불과 한 줄의 글씨를 씀에 있어 초는 밑 부분까지 다 타지 않고 붓은 털 끝도 적시지 않은 채 마침내 하리의 사용으로 돌아가게 하고 있습니다. 조종조에서 사용한 뒤에 도로 내려보내던 법을 지금은 다시 행할 수 없겠습니까.[43]

당시는 제정되어 있지 않은 規例 밖의 비용이 經常費의 몇 배에 이를 정도로 재정운영이 불합리하게 이루어지고 있었다. 아울러 정부는 관행에 의한 물자 낭비를 초래하여 재정 상태를 더욱 열악하게 만들고 있었다. 그리하여 金蓋國은 관리들이 일상용품을 한 번밖에 사용하지 않음으로써 불필요한 경비를 지출하게 되는 폐단을 지적하였던 것이다. 이 제안은 관행적인 일상용품 사용의 폐단을 고치고 實利를 추구한 그의 經濟思想을 엿보게 한다.

또한 金蓋國은 관리들의 부정부패 척결을 중요시하였다. 그는 胥吏들의 이익추구 방지가 國用節制의 기본임을 인식하고 관리들의 비행 방지 대책을 지속적으로 상정하였던 것이다.

漕運船이 강가에 도착하면 下吏들의 침색과 무뢰배들의 강탈이 끝이 없습니다. 逋欠이 많은 것도 대개 다 이 때문입니다. 또 근일 漕運이 정박한 뒤로 창고의 관원이 제때에 받아들이지 않고 강가에 쌓아두게 하여 시일을 지연시키기 때문에 많은 손실을 보므로 漕卒의 원

---

43) 『仁祖實錄』 권33, 14년 7월 戊辰.

망이 가중되고 있으니, 지극히 잘못되었습니다.[44]

국가재정의 궁핍은 지방관청의 재정 상황을 더욱 악화시켰다. 게다가 임진왜란 때 설치된 임시기구의 상설화는 재정지출을 심화시켜 國庫가 더욱 고갈되어 갔다. 아울러 만성적인 재정악화는 관리들의 부정부패 가능성을 확대시켰다. 국가는 재정을 확보하기 위해 稅收入 증대를 모색하였으나, 국가 통제력이 약화된 상태에서는 중간 관료층에 의한 脫漏 현상을 막을 수 없었던 것이다.[45] 그리하여 金盡國은 국가재정을 확충하기 위하여, 이를 실질적으로 담당할 하급관리들에 대한 국가의 철저한 통제가 필요하다고 인식하고 그 대책을 제시한 것으로 보인다. 이와 같은 인식은 曺植에게서도 발견되고 있다.[46]

金盡國은 이와 같은 國用節制를 바탕으로 다음의 세 가지 방향에서 국가 수취제도를 개선하여 재정을 확충하려고 하였다.

첫 번째로, 그는 삼면이 바다로 둘러싸여 魚箭과 鹽場이 풍부한 지리적 이점을 살려 海利收取의 제도화를 모색하였다.

모든 선척과 염장 가운데 여러 宮家와 衙門에 소속된 것은 소재 지방에서 사사로이 稅를 받지 않는 곳이 없는데 해조에서는 손을 쓰지 못하고 있는 형편입니다. 지금 반드시 해조에서 표를 받게 하고 지방에서 사사로이 세금을 거두는 것을 통렬히 금한다면 이중으로 징수하는 폐단이 없어질 것입니다. 지금 海利를 말하는 사람은 반드시 鹽藏을 크게 열어서 곡식과 교환하게 해야 한다고들 하는데, 신은 염장을 크게 열면 백성이 수고롭게 되고, 곡식과 교환하면 수송하는 변통이 있을 것이라고 생각합니다. 있는 대로 놔두고 10분의 1을 收稅하소서. 와서 사가는 것을 허락하고 멀리 가서 팔지 못하게 한다면 부족

---

44)『宣祖實錄』권87, 30년 4월 乙酉.
45) 高永津,「16世紀 國家財政의 危機와 身分制 變化」,『歷史와 現實』16, 1995, 166~173쪽.
46)『南冥集』권2, 戊辰封事.

한 경비를 보충할 수 있을 것으로 여깁니다.[47]

조선정부는 전기에 鹽의 전매제를 폐지하고 官鹽 또는 貢鹽의 확보와 유통문제를 통하여 국가재정 확충과 民의 경제적 안정을 도모하였다. 이를 위하여 왕실이나 양반 사대부 등의 私鹽 소유를 늘려 염의 교역이 확대됨으로써 상품유통경제의 발전이 촉진되었다. 그러나 백성들은 국가와 私鹽主의 이중적인 수취로 더욱 어려움을 겪었다.[48] 그리하여 金盡國은 生必品으로서 稅源이 풍부한 魚鹽稅의 국가수취를 통하여 재정확충과 민생안정을 동시에 모색하였던 것이다. 이와 같은 金盡國의 海利收取論은 이지함[49]과 李貴[50] 등에 의해서도 거론되었다.

두 번째는 田稅收入에 관한 개선책이다. 16~17세기는 小氷期로서 정상적인 농작물 수확이 이루어지기 어려운 상황이었다. 계속된 가뭄과 이상기후는 인구와 농업생산력에 영향을 주어 재정악화에 지대한 영향을 주었던 것이다.[51] 그리하여 金盡國은 농업생산력 감소를 감안한 수취제도 개선안을 제시하여 농민의 유리도산에 의한 稅收減少를 극소화하기 위해 노력하였다.

만약 年分을 覆審하지 않는다면 조세를 거두는 중대사가 장차 모양을 이루지 못할 것입니다. 간혹 覆審을 행하지 않는 해가 있으면 해조가 반드시 정해진 세입의 수에 의거하여 전년보다 감함이 없게 할 것입니다. 이것은 영리를 취하는 정치니 어찌 크게 미안하지 않겠습니까.[52]

---

47) 『仁祖實錄』 권33, 14년 7월 戊辰.
48) 朴平植, 『朝鮮前期의 商業과 商業政策』, 연세대 박사학위논문, 1997, 186~233쪽.
49) 『土亭遺稿』 권上.
50) 『仁祖實錄』 권9, 3년 5월 癸丑.
51) 오종록, 「16世紀 朝鮮社會의 歷史的 位置」, 『歷史와 現實』 16, 1995, 126쪽.
52) 『仁祖實錄』 권33, 14년 7월 戊辰.

국가재정을 확충하기 위해서는 稅源의 안정이 필수적이지만, 임진왜란 이후 量案이 회복되지 못하고 농민의 유리도산이 가속화되면서 稅源이 더욱 감소되었다. 그리하여 金藎國은 年分을 覆審하여 현실적으로 가능한 수세액의 산정을 모색하였던 것이다.

金藎國의 이와 같은 경향은 다음 기록을 통해서 더욱 분명해진다.

지금 이 해안의 각 고을에서 납부해야 할 쌀·콩·벼가 2만 석 이상이고 노비신공 명주를 作米한 것도 1만 2천여 석이며 繕修廳 作米도 1만여 석이나 되는데, 해안 고을의 田案은 4만여 결에 불과합니다. 4만여 결의 땅에서 크게 흉년이 든 해에 5만 석의 엄청난 곡식을 마련해 내자면, 그 지역의 소출을 다 긁어 내더라도 결코 징수해야 할 수를 다 채울 수 없습니다.[53]

아울러 金藎國은 시장가격과 수세액의 차이에서 오는 백성들의 과중한 부담을 경감시키기 위해 노력하였다. 그는 관리들이 수취 과정에서 한 필에 5, 6斗인 삼값으로 15두를 요구하고, 15두에 불과한 노비신공의 명주도 30두를 거두는 폐단을 시정하려 한 것이다.[54] 즉 그의 田稅收入 改善策은 현실적으로 가능한 수세액을 산정하여 稅源의 안정적인 확보와 그로 인한 국가재정의 확충을 위하여 모색되었음을 알 수 있다.

세 번째는 貢物收取 개선 방안이다.

大同法이 폐지되었으니 공물의 수효도 의당 경상도와 함경도와 같이 견감하여 바치도록 하는데도 甲辰年 貢案의 원래 수효를 그대로 바치도록 하고 있으니, 이는 고르지 못한 처사인 듯합니다. 대체로 祭享이나 御供 및 기타 각처에서 사용하는 橫看이 定式 이외에도 別例

---

53) 위와 같음.
54) 『光海君日記』 권98, 7년 12월 乙巳.

가 많은데, 지금 사용하고 있는 것이 甲辰年의 공안인데다 甲辰年의 공안에서도 兩道에 견감해 준 공물이 있으므로, 1년에 들어올 수효와 1년에 나가야 할 수효를 비교해 보면 정식의 횡간도 부족할 염려가 있는데, 別例로 인한 뜻밖의 수요는 어디서 마련해 내겠습니까.[55]

貢案은 對民收取를 위한 근거자료의 하나로서 국가재정 확충과 밀접한 관계를 지니고 있다. 정부가 부족한 재원을 확보하기 위해 공물의 引納이나 貿納을 실시할 때, 한 번 상정된 공물과 진상은 그 지방의 공물 세액으로 남아 常貢으로 전환되었기 때문이다.[56] 이와 같은 상황에서 金盡國은 貢案에 상정된 공물을 감하여 收取 가능한 수세액을 산정함으로써 궁극적인 측면에서의 재원확충을 모색하였던 것이다.

이상에서 살펴본 정책들의 일관된 특징은 백성들의 납세부담을 경감시키는 방향으로 추진되었다는 점이다. 金盡國은 백성의 상황을 감안하지 않은 조세정책은 오히려 백성들의 遊離倒産을 유도하여 국가재정을 악화시킨다고 인식하였던 것으로 보인다. 백성들이 과중한 조세부담으로 유리도산할 경우, 국가재정은 세원감소로 인하여 더욱 악화될 것이기 때문이다. 따라서 그의 수취제도 개선안은 백성들의 상황을 감안하여 민생안정과 국가재정의 확충이라는 이중의 효과를 노린 것으로 평가할 수 있겠다.

3. 銀鑛開發論

조선은 壬亂 後 明나라에 대한 報恩의 의미와 왕권강화를 통한 국가질서의 안정을 위하여 銀에 대한 정책을 변화시켰다. 明나라는 16세기 말부터 일조편법을 시행하여 銀 수요가 절대적이었다. 그러나 그들은

---

55) 『仁祖實錄』 권14, 4년 10월 辛酉.
56) 高永津, 「16世紀 國家財政의 危機와 身分制 變化」, 『歷史와 現實』 16, 1995, 164~165쪽.

임진왜란시 朝鮮에서 막대한 양의 銀을 사용하여 초과수요에 의한 銀價 등귀현상이 초래되었다. 더군다나 明나라는 가장 큰 공급원이었던 멕시코 銀이 제대로 공급되지 않아 국가재정이 불안한 상황에 놓이게 되었다. 이에 명나라는 銀 수급량을 충족시키기 위하여 조선과 일본에 대한 조공무역체제를 강화해 나갔다.57) 이와 같은 상황은 광해군대 이후의 정치적 상황에 의하여 절정에 달한다. 광해군은 妾의 次子로서 임란 극복을 위하여 왕세자에 책봉된 후, 명나라의 공인을 얻지 못한 상황에서 宣祖의 갑작스러운 승하로 즉위하였다. 仁祖는 반정을 통해 즉위함으로써 性理學의 근본을 저해하여 정통성을 인정받을 수 없었다. 그리하여 광해군과 인조는 모두 明의 책봉과 그 후의 신임을 통한 왕권강화를 모색함으로써 중국의 銀 징색을 거부하기 어려운 상황이었다.58)

더욱이 광해군대에는 왕권강화를 위해 각종 토목공사를 추진하여 재정수요가 증대되었으며, 관료들의 인사청탁, 贖罪金, 逆謀資金 등으로 銀이 활용되었다. 특히 관료나 수령들은 銀을 확보하는 과정에서 銀商들과 결탁하여 사회불안을 초래하기도 하였다. 당시 銀은 蔘과 함께 가장 확실한 경제적 가치를 인정받고 있었기 때문에 銀의 확보가 정치·경제적 지위의 강화를 의미하는 것으로 생각되었기 때문이다.

金盡國은 이러한 상황 속에서 다음과 같은 방법으로 은을 확보하려 하였다.

일본은 16세기 중엽부터 조선에서 발견한 銀 분리·습득 기술을 도입하여 규슈 지방에서 많은 은광을 개발하여 생산량을 증대시켰다. 이렇게 다량으로 채굴된 日本銀은 해금무역 과정에서 상당 부분이 조선에 유입되었다. 광해군 초반에는 일본과의 開市를 공식적으로 재개한 이후 막대한 양의 銀이 유입되어 중국과의 仲介貿易 자금이나 국내 수

---

57) 韓明基, 「17세기초 은의 유통과 그 영향」, 『규장각』 15, 1992.
58) 『仁祖實錄』 권11, 4년 2월 丁酉.

요에 충당되었다. 중국의 緋緞, 조선의 人蔘, 일본의 銀이 결합된 중개무역은 18세기 중반까지 지속되어 많은 이득을 가져왔다. 중국이 자국에서 필요한 은을 조선에서 유입하였다면, 조선은 일본에서 그러한 필요를 충당하였던 것이다. 그러나 조선은 은의 유통을 엄격하게 금지하고 있었기 때문에 조선에 유입된 은의 대부분은 명나라에 밀수출되었다.[59] 이로 인하여 金蓋國은 일본은의 유입이 가져올 효과에 대해 부정적인 입장이었다.[60] 이것은 일본에서 유입된 은이 거래를 통하여 명나라로 유입되는 과정에서 조선은까지 유출시켰기 때문으로 보인다.

金蓋國은 일본은의 유입이 아닌, 자체의 광산개발을 통한 銀 확보를 제안하였다.

銀을 채굴하는 일은 백성들에게 조금도 해가 없을 뿐더러 백성들과 이익을 다투는 魚鹽의 類와는 다릅니다. 국내에 은을 채굴할 수 있는 곳으로는 端川만한 곳이 없습니다. 그러나 본군의 수령이 연례로 봉진하는 이외에 아무리 여분이 있어도 감히 올려보내지 못하는 것은 혹시 이로 인해 상을 받게 되는 것을 혐의쩍게 여기기 때문입니다. 은을 채굴할 때에는 차관을 두어야 하는데 만약 적합한 인물을 구할 수 없다면, 그 지방의 수령으로 하여금 전담하여 효과를 거두게 하는 것보다 좋은 것이 없으니 옛 투식을 따르거나 작은 혐의를 피하지 말게 하여 국가의 경비에 도움이 되도록 하는 것이 마땅하겠습니다.[61]

端川은 조선의 최대 銀 생산지였으나 그 수익을 국가에서 확보하는 데에 어려움을 겪고 있었다.[62] 그리하여 南以恭은 端川銀鑛에 대한 백성들의 私採를 허락하여 端川銀 생산의 활성화를 모색하였다.[63] 이에

---

59) 주 57) 참조.
60) 『光海君日記』 권176, 14년 4월 辛巳.
61) 『仁祖實錄』 권16, 5년 5월 庚午.
62) 柳承宙, 「17世紀 端川 貢銀考」, 『정재각박사동양학논총』, 고려원, 1984, 295쪽.

비하여 金盡國은 朝官을 파견해 貢銀뿐만 아니라 더 많은 은을 採納할 수 있는 방안을 제안하였다.64) 그러나 이 제안은 端川民보다 국가의 입장을 우선시하여 거듭된 논의 끝에 端川郡守의 노력으로 貢納額보다 많이 採納하도록 권고하는 방향으로 추진되었다. 端川銀鑛은 계속된 채굴로 더욱 깊은 곳으로 들어가야 하는 위험부담이 있었으나, 그에 대한 보상책이 미비하여 별다른 호응을 얻지 못하였기 때문이다. 한편으로 이것은 金盡國의 이용후생적 정책 추진방향에 위배되는 것으로서 당시 절박했던 국가재정난을 반증하는 것으로 이해할 수 있겠다.

이와 같은 은광개발론은 柳夢寅(1559~1623)을 비롯한 여려 인물들에 의해 제시되었다.65) 銀鑛開發論은 임진왜란 이후 국가재정 확충과 조선에 오는 중국 사신들의 銀 욕구를 충족시키기 위해 지속적으로 제기되었던 것이다.

그가 은광개발론 이외에 제안한 銀 확보 방안은 空名帖과 속은제도의 실시였다.

譯官, 雜織, 老職의 당상관인 사람에게 실직처럼 관대를 갖추고 사은 숙배하게 하고 한 번 봉록을 준다면 납입하기를 원하는 자가 많은 것 같습니다. 이 때에 國家財用이 고갈되어 구차한 일을 하지 않는 게 없으며 승려와 노복들도 주부의 반열에 끼어 있는데, 유독 銀子를 바치는 사람에게만 官爵을 아낄 것이 있습니까. 주부의 원래 정원은 국가의 시종과 재신의 자리이므로 혼잡하게 주어서는 안 되니 銀子나 木棉을 바치기를 원하는 사람에게 동지나 첨지를 주어서 관대를 착용하고 사은하게 한 다음 한 차례 자급에 준하여 품록을 주고 부모에게 관작을 봉하고 자손에게 음직을 받게 하는 등의 일을 일체 實職

---

63) 柳承宙, 위의 논문, 304쪽.
64) 柳承宙, 위의 논문, 305쪽 ;『承政院日記』권15, 仁祖 4년 9월 20일.
65) 韓明基,「柳夢寅의 經世論 研究」,『韓國學報』67, 1992, 143~144쪽.

의 예에 의거하여 시행하되 정원에 한정을 두지 말고 바치기를 원하
는 사람을 널리 구하면 응하는 사람이 반드시 많을 것입니다.66)

　納粟·空名帖은 명분과 실리적 입장에 의한 관료들 간의 의견대립
과 사회적 관습으로 인하여 시행에 어려움을 겪고 있었다. 司憲府는
壬辰倭亂時 납속제도에 의한 實職除授를 반대하여 양반신분의 특권을
유지하기 위해 노력하였다. 그러나 戶曹 등의 실무자들은 납속을 긍정
적으로 보고 이를 확대해 나가는 데 찬성하면서 납속자의 등용도 대체
적으로 지지하였다. 이와 같은 성향은 명분과 실리적인 입장 간의 대
립·갈등으로 평가할 수 있겠다. 게다가 당시의 納粟制度는 신분상승
을 염원하는 납속자의 요구에 부응하지 못하여 시행에 어려움을 겪고
있었다. 조선사회에서는 納粟에 의해 명목적으로 양반신분을 획득하여
도 경제적 능력과 함께 사회적 신망과 학식, 교양이 갖추어져야 양반
행세가 가능하였기 때문이다. 그리하여 金藎國은 절충적인 방안을 마
련하여 명목상의 신분상승 기회를 제공함으로써 보다 많은 사람들의
관심을 유도하여 정책의 실현 가능성을 확대시켰다.67)
　이상에서 살펴본 金藎國의 銀 확보책은 다음과 같은 관점에서 정치
적 문제와 연관을 지닌다. 왜란 직후 17세기 초까지의 銀을 둘러싼 사
회경제적 변화는 정치적으로도 중요한 의미를 지닌다. 仁祖反正의 주
체들은 광해군대의 失政을 공격하여 자신들의 명분을 세우는 중요한
근거로 銀問題를 거론하였다.68) 더군다나 광해군대에는 관직의 등급에

---

66)『光海君日記』권141, 11년 6월 甲子.
67) 田炳喆,「임진왜란기 납속정책」,『한국사의 이해 - 조선시대(1) - 』, 신서원,
　　1991.
68) 광해군대에 이루어진 은 확보 노력은 토목사업의 성행, 뇌물의 확산, 모역 탐
　　학사건의 빈번한 발생과 밀접한 관계를 갖는 것으로, 당시의 시대적 분위기
　　를 부정적으로 인식하게 하였다. 또한 정부가 銀을 확보하기 위해 民結에서
　　布를 거둔 것은 농민들에게 큰 부담을 준 것으로서 조선의 경제관, 즉 經世
　　濟民에 위배되는 것이었다(吳洙影,「仁祖代 政治勢力의 動向」,『韓國史論』

따라 銀을 납부하는 것이 기정사실로 인식되고 있었다.[69] 그리하여 임진왜란 이후 17세기 초반까지의 정치사 고찰은 銀의 유통을 포함한 사회경제적 변화에 대한 고려가 선행되어야 할 것으로 보인다.

아울러 金盡國의 銀 확보책은 그의 사상적 경향을 추론할 수 있는 단서를 제공하여 준다. 銀은 16세기 이후 대외무역에서의 결제 수단으로 정착되어 국가재정에서 차지하는 비중이 확대되었다. 그리하여 조선에는 임진왜란 이후 피폐한 민생과 국가경제를 재건하려는 의도에서 銀鑛開發에 관심을 갖는 다수의 지식인들이 존재하였다. 鄭仁弘, 李山海, 李德馨, 柳夢寅 등이 대표적이다. 이들의 경제사상은 시대변화에 능동적으로 대처할 수 있는 탄력성을 지닌 것으로 仁祖反正 이후에도 金堉 등에게 계승되었다. 그런데 李晬光(1563~1628)은 金盡國과 비슷한 시대적 상황을 경험하면서 현실적인 사회경제적 대안들을 제시하였음에도 유독 銀 문제에 대해서만은 보수적인 입장[70]을 보여 金盡國과 대조를 보인다. 李晬光은 성리학의 입장에서는 異端이 되어야 하고, 中華思想의 시각에서는 夷狄으로 간주되어야 할 佛敎 및 回回敎 국가들에 대해 긍정적으로 평가하였다. 이것은 그의 대외인식이 그만큼 유연하고 객관적이며 엄격한 名分論에서 벗어나 있음을 의미한다.[71] 그러나 그 같은 사상적 유연성에도 불구하고 신분질서 유지를 위하여 納銀에 대해서는 부정적으로 인식하고 있었다. 이것은 金盡國의 사회경제사상이 명분론에서 벗어나 이용후생에 입각하여 현실문제 해결에

13, 1985).

69) 『光海君日記』 권136, 11년 1월 庚寅.

70) ① 공·상인의 아들과 牟利하는 자가 사소한 納銀으로 免役除職하여 通政大夫·嘉善大夫 등의 散職을 받는 자가 많은데, 이는 名分을 무너뜨리는 일이다. ② 노비법이 있음에도 불구하고 왜란 후 軍功·납속 등에 의하여 면천되는 자가 많고 심지어 登科者도 적지 않아서 이들이 士族을 멸시하고 반역까지 일으키고 있는 것이 개탄스럽다(韓永愚, 「李晬光의 學問과 思想」, 『韓國文化』 13, 1993, 400쪽 ; 『芝峰類說』 권3, 君道部 法禁).

71) 韓永愚, 위의 논문, 426쪽.

주력하였음을 보여 주는 것으로 이해된다.

4. 銅錢鑄造流通論

金盡國은 조선 후기의 화폐정책을 실현시킨 최초의 인물로 평가된다. 그는 戶曹判書로서 국가재정을 확충하고 상품화폐경제의 활성화를 촉진하기 위하여 銅錢의 鑄造流通을 모색하였던 것이다.

조선정부는 파탄에 직면한 재정을 보완하기 위한 방법으로 은의 확보와 함께 銅錢의 鑄造流通普及論을 거론하였다. 정책 입안자들은 銅錢의 주조유통을 비교적 가장 짧은 시일 내에 최대한의 재화를 마련할 수 있는 방법으로 고안한 것이다. 임진왜란시 원군으로 파견되어 온 明軍의 經理 楊鎬[72]와 영의정 李德馨(1561~1613),[73] 戶曹判書 李曙(1580~1637)[74] 등이 대표적인 인물들이다. 그리하여 조선정부는 1623년 7월 戶曹의 건의에 따라 諸衙門과 各司의 수수료와 벌금 등을 규정에 따라 銅錢으로 수납하고, 이를 어기는 관리를 처벌하며 동전유통을 시도하였다.[75] 그러나 이 시도는 조선의 상품유통경제 수준과 양반층의 반발로 실현될 수 없었다. 당시 조선사회는 開城 등 상업이 활성화된 소수의 지역을 제외한 대부분의 지방에서 화폐가 지닌 명목가치를 인식하지 못하는 상황이었다. 이로 인하여 조선정부는 일본에서 수입

---

72) 임진왜란 후 고갈된 국가재정의 보완을 위해 명나라 萬曆通寶의 사용을 건의하였다(元裕漢, 「李朝 肅宗時代의 鑄錢에 대하여」, 『史學研究』 18, 1964).
73) 1603년(선조 36) 6월에 제기하였다. 그는 米와 布 등 물품화폐만이 통용되는 상황은 농업마저 퇴보시켜 국가재정의 궁핍을 초래한다고 지적하였다. 즉 銅錢의 鑄造流通은 目前의 궁핍한 경비와 의외의 재정수요에 효과적으로 대응할 수 있게 만든다는 것이다(元裕漢, 위의 논문).
74) 조선정부는 1623년(인조 1) 5월 戶曹判書 李曙(1580~1637)의 건의에 의하여 이전에 주조하여 호조에 보관 중인 一銖錢 4천 냥을 풀어서 用刑衙門의 벌금 및 米糧, 各司의 手數料로 試用하게 하였다(『仁祖實錄』 권2, 원년 5월 丙申).
75) 『仁祖實錄』 권2, 원년 7월 庚子.

한 원료로 鑄造한 銅錢을 거의 사장시키고 있었다. 또한 사회적 기득권을 지닌 계층의 반발도 무시할 수 없는 銅錢鑄造流通의 저해 요인이 되었다. 이와 같은 어려움은 동전의 주조유통 정책이 어느 정도 추진된 1634년(仁祖 12)에도 제기되고 있었다.[76] 원활한 동전통용은 물화유통을 활성화시켜 상공업 발달을 촉진시킨다. 이러한 변화는 양인층의 財富蓄積을 가능하게 하여 반전통적 사회변화를 초래한다. 조선 후기 신분제의 변화가 상품유통경제의 발전과 무관하지 않았던 것이다. 그리하여 동전주조유통은 현실적 필요에도 불구하고 동전유통으로 인한 상품경제의 활성화와 그로 인한 양반의 사회적 기득권 손실을 예상한 집권층에 의하여 거부되었던 것으로 보인다.[77]

결국 조선 후기의 화폐정책은 1625년(仁祖 3) 10월 戶曹判書 金藎國의 건의에 의해 실현되었다. 조선정부가 金藎國의 건의에 의하여 그 해 11월 조선 후기 최초로 仁慶宮에 鑄錢廳을 설치하고 銅錢 주조 사업에 착수한 것이다.[78]

그는 銅錢 사용의 필요성을 다음과 같이 인식하였다.

> 利用厚生에 있어 옛 제도를 상고하고 선왕의 뜻을 준행하여 일국에 통용할 화폐를 만들어서 백성의 재산을 부유하게 하고 후세를 행복하게 만드는 것은 지금이 바로 그 때입니다.[79]

즉 金藎國은 이용후생을 실천하는 방법으로 동전의 주조유통을 제시하여 국민경제의 안정을 모색하고, 궁극적으로는 국가의 부국강병을 도모하였던 것이다. 그는 이와 같은 인식을 바탕으로 백성들이 국가의 銅錢鑄造流通 정책에 대해 확신할 수 있는 방안을 제시하였다.

---

76) 『仁祖實錄』 권30, 12년 10월 癸巳.
77) 元裕漢, 「李朝 肅宗時代의 鑄錢에 대하여」, 『史學研究』 18, 1964.
78) 『仁祖實錄』 권10, 3년 11월 壬戌.
79) 『仁祖實錄』 권10, 3년 10월 壬申.

대개 백성들이 국법을 불신하여 많이 사려고 하지 않기 때문에 주전이 소중하게 취급되지 않고 있습니다. 이 때문에 사용하기가 어렵습니다.[80]

동전유통은 국가가 일방적으로 동전을 분급하고 상호교환을 통하여 銅錢通用의 경제적 가치를 인식시키는 것만으로 충분하지 않다. 국가는 동전에 法的 通用力과 經濟的 信用을 부여하여 백성들이 상품유통 과정에서 동전을 法貨로 확신할 수 있는 행정적 조치를 취해야 한다. 조선 전기의 화폐정책 실패에는 화폐의 유용성을 인식하지 못한 백성들의 태도가 크게 작용하였던 것이다.[81] 그리하여 金藎國은 명목가치를 인식시켜 동전통용을 이룰 수 있는 사회적 풍토를 조성하려고 하였다.

우리 나라에서 錢貨의 사용을 폐지한 지가 2백여 년이나 되었기 때문에 백성들은 돈이 뭐하는 물건이며 어떻게 사용하는지를 모르니 입지도 먹지도 못하는 물건으로 여겨 가까이 하려는 마음이 없는 상태입니다. …… 돈으로 술이나 음식을 먹을 수 있는 법을 제정하여 주리고 목마른 자가 1錢만 가지고 시장에 들어가면 곧바로 취하고 배부를 수 있게 되는 이익을 알도록 해야 합니다. 그런 뒤에야 사람들이 모두 즐겨 따르면서 돈을 사용하는 妙理를 비로소 알게 될 것입니다.[82]

그는 租稅收取와 商品流通過程에서 계속된 가뭄으로 부족해진 식량이 이용되며 소실되는 폐단을 극복하고 식량수급의 안정과 원활한 물화유통을 위하여 동전통용을 모색하였던 것이다. 이를 위하여 그는 다음과 같은 구체적인 방안을 제시하였다.

---

80) 『仁祖實錄』 권14, 4년 9월 己丑.
81) 권인혁, 「16世紀의 楮貨 流通論과 그 背景」, 『建大史學』 8, 1993, 114쪽.
82) 『仁祖實錄』 권13, 4년 윤6월 戊午.

1. 경복궁 앞길의 좌우 行廊에 사람을 모집하여 점포를 열게 하고 酒食에 소요되는 양을 관아에 습하여 그들에게 음식점을 배설하여 장사하게 한다.
2. 料布를 받아야 할 자에게 錢文을 나누어 주어, 그 돈으로 바꿔 먹게 하여 정가가 얼마인 것을 알게 하는 동시에 점포 주인에게 다른 物貨는 받지 말고 오직 돈으로만 交易하도록 한다.
3. 本錢은 도로 官府에 바치고 남은 이익을 먹게 한다.83)

그러나 金藎國의 동전주조유통책은 결과적으로 성과를 거두지 못하였다. 조선사회는 동전유통이 효과적으로 이루어질 수 있을 정도의 여건이 성숙되어 있지 못했기 때문이다. 정부는 동전주조 기술이 미비하여 鑄錢廳을 설치하고 8개월이 지날 때까지 銅錢 기술자를 동원하기 어려운 상황이었다. 아울러 국가적으로는 禮葬 및 중국사신 迎送 등의 상황으로 인하여 銅錢 주조사업을 수개월 만에 중단할 수밖에 없었다. 그리하여 金藎國의 화폐정책은 기술적인 어려움과 사회적 제반 여건의 혼란으로 겨우 6천 냥 정도의 동전을 주조하는 데 그칠 정도로 부진한 상황이었다.84) 결국 그의 동전 주조사업은 1627년(仁祖 5) 1월에 일어난 丁卯胡亂으로 중단되었다.85)

한편, 金藎國은 당시까지 이루어진 貨幣鑄造流通 歷史에 대하여 부분적으로 잘못 인식하고 있었다. 그는 고려시대에 宋나라 會子를 모방하여 楮貨를 만들어 쓰려고 시도한 인물은 恭讓王이며, 조선시대에 世宗이 銅錢을 적극적으로 주조유통시키려 했던 사실을 간과하였다.86)

그러나 金藎國은 동전통용의 경제적 효과에 대해 확신을 가지고 지속적으로 이를 추진하여 조선 후기 화폐정책의 방향을 제시한 인물로

---

83) 『仁祖實錄』 권13, 4년 윤6월 戊午.
84) 元裕漢, 「17세기 官僚學者 許積의 貨幣經濟論」, 『東國史學』 32, 1998.
85) 『仁祖實錄』 권28, 11년 10월 甲戌.
86) 元裕漢, 「官僚學者 金藎國의 貨幣經濟論」, 『朝鮮時代史研究』, 1989.

평가된다.

첫째, 金藎國은 당시의 사회경제적 발전 과정 속에서 동전유통의 필요성을 인식하고, 백성들에게 동전의 명목가치를 인식시켜 실생활에서 화폐가 원활하게 유통될 수 있는 구체적인 실현 방향을 제시하였다. 조선사회는 당시의 경제변화를 수용할 수 있는 동전통용이 불가피한 상황이었으며, 金藎國은 그 같은 국가적 필요를 실현시킬 수 있는 방안을 제시해 주었던 것이다. 물론 이러한 제안은 이전에도 거론된 예가 있었다. 그러나 金藎國은 보다 구체적이고 실현 가능한 방법을 제시하여 당시의 시대적 상황에 부흥하며 동전통용의 활성화를 유도하였다. 그리하여 그의 銅錢鑄造流通論은 정책적 실패에도 불구하고 金堉 등 후세의 鑄錢論者들에게 하나의 이정표를 제시하여 肅宗代에 화폐제도가 정착할 수 있는 기반이 되었다. 즉 金藎國은 金起宗(1585~1635)-金堉(1580~1658)-許積(1610~1680)으로 이어지는 조선 후기 화폐정책 추진자들의 지표가 되었던 것이다.

둘째, 金藎國의 동전주조유통론은 명분을 벗어난 實利性으로 인하여 가치를 지닌다. 조선사회는 15세기 이후 농업생산력과 鑛·手工業 기술이 발전하면서 점차적으로 상품유통이 촉진되어 갔다. 이러한 현상은 상업과 경영형 농업생산 등으로 富를 축적한 양인들의 사회적 지위를 향상시켰다. 상품유통경제의 활성화가 기존의 신분질서, 즉 국가의 지배질서를 와해시킬 수 있는 가능성을 내포한 것이다. 이것은 국가의 재정적 필요성에도 불구하고 동전주조유통 정책을 번번이 좌절시킨 하나의 요인이 되었다. 그러므로 金藎國이 이용후생의 차원에서 동전의 주조유통을 추진한 것은 당시의 주도적인 명분의식에서 벗어나 실리를 추구한 것으로 평가할 수 있겠다.

셋째, 그의 銅錢鑄造流通 정책은 실학과의 연계성으로 인하여 가치를 지닌다. 金藎國은 이용후생의 실천방법으로서 동전의 주조유통을 거론하였다. 물론 李睟光·金堉·柳馨遠 등도 당시의 경제적 변화 속

에서 이용후생의 실천방법으로서 동전의 주조유통을 주장하였다. 그러
나 이들의 鑄錢論은 이용후생적 측면에 대한 확실한 史料가 발견되지
않고 있어 金藎國의 銅錢鑄造流通論에 대한 가치를 높여 준다.[87] 물론
그의 銅錢通用 가능성에 대한 확신은 李睟光・金堉・柳馨遠 등과 비
슷한 양상을 지닌다.[88] 단지 金藎國은 관료로서 부족한 국가의 재정수
요를 충당하기 위하여 銅錢流通을 시도하였고, 李睟光 등은 상품화폐
경제 발전을 통하여 경제발전을 도모한 것이 다를 뿐이다. 그러나 이
러한 차이점이 貨幣觀에 대한 근본적인 인식의 차이를 의미하는 것은
아니다. 바로 이러한 점에서 金藎國의 사상은 조선 후기 실학의 한 뿌
리를 형성하고 조선이 근대사회로 넘어가는 과정에서 중추적인 역할
을 수행하였던 것으로 평가할 수 있는 것이다.

IV. 結論

지금까지 金藎國의 정치사상과 국방・경제정책을 통해 16~17세기
조선의 사회경제적 변화 양상을 살펴보았다.

16~17세기는 士林이 중앙 정계에서 우위를 확보하여 性理學的 정
치문화가 확립됨으로써 붕당을 매개로 한 공론정치가 성숙되어 간 시
기다. 이에 반하여 北人은 宣祖 후반에서 光海君代까지의 정국을 주도
하면서 성리학적 명분론에 의한 정국운영에서 벗어나 현실적인 사회
경제 문제 해결에 주력하였다. 이와 같은 특성은 北人이 反正 名分을
강화하기 위한 정치적 목적에 의해 대규모로 숙청되는 과정에서, 소수
의 인물들이 政治理念 논쟁에서 벗어나 당시의 사회경제적 요구에 부

---

87) 元裕漢, 「芝峰 李睟光의 國富論」, 『월간 화폐계』 7 - 9・10, 1979 ; 「潛谷 金
　　堉의 貨幣經濟思想」, 『弘大論叢』 11, 1979 ; 「實學者의 貨幣經濟論」, 『東方
　　學誌』 26, 1981.
88) 위와 같음.

합되는 정책을 추진하며 붕당의 명맥을 유지해 나갈 수 있는 기반이 되었다. 아울러 北人은 仁祖와 西人官僚들의 정치적 견제수단으로 이용됨으로써 정국운영에 참여할 수 있었다. 또한 이들은 당시의 급박한 사회경제 문제 해결에 필요한 능력을 인정받아 정계에 기용될 수 있었다. 즉 金藎國은 北人으로서 反正 이후에 정치적 입지가 극도로 위축되었지만, 당시의 사회경제적 필요와 함께 정치적 견제세력으로서의 역할로 인하여 정국운영에 참여할 수 있었던 것이다.

이와 같은 金藎國의 사회경제정책이 지니는 성격·특성을 정리하면 다음과 같다.

첫 번째로 實利的·折衷的인 경향을 들 수 있다.

16~17세기에는 성리학적 名分意識의 강화로 禮論이 중요한 정치 현안으로 부각되었다. 광해군대의 실리적인 성향이 反正으로 무너지고 義理·名分論이 사회의 주된 사상으로 자리하게 되었던 것이다. 그러나 당시는 농업생산력 등의 발전에 수반된 상품유통경제의 활성화와 戰亂·饑饉 등으로 인한 국가재정의 악화로 기존의 사회질서에 대한 변혁이 필요한 시기였다. 이 때 대부분의 士類들은 성리학적 명분론을 내세우며 당시의 사회변화에 적합한 대책 마련에 소홀하였지만, 金藎國과 같은 소수의 인물들은 折衷的·實利的인 思考를 지니고 당시의 사회변혁을 국가체제 속에 융화시키려 한 것이다.

한편으로 이와 같은 실리적인 성향은 그의 정치적 입장과도 밀접한 관계를 지니고 있다. 仁祖代 이후의 정치상황은 西人이 주도한 상황 속에서 南人과 小北 세력 일부가 기용되는 양상으로 전개되고 있었다. 金藎國은 이와 같은 상황 속에서 당시의 주요한 정치 현안이었던 禮論에서 벗어나 현실적인 사회경제정책 추진에 주력함으로써 미약한 정치적 입지를 극복할 수 있었던 것으로 보인다. 金藎國은 反正으로 北人의 정치적 명분이 소멸된 상황에서 사회경제 문제 해결에 주력하여 정치력 유지를 도모한 것으로 추론될 수 있는 것이다. 이와 같은 동향

은 朋黨으로서의 학연성을 확고히 하여 조선 후기까지 명맥을 유지하
였으나, 사회경제적 현안보다 명분론적 이념논쟁에 몰두함으로써 집권
에 실패한 南人과 대비된다. 즉 金盡國은 16~17세기의 정치문화 속에
서 實事求是에 의한 가치 성향과 包容的이고 折衷的인 의식의 점진적
인 대두를 입증하는 인물로 설명할 수 있겠다. 아울러 그는 철저하게
北人에 한정된 통혼관계를 유지하였지만, 李德馨·申欽·金鎏 등 黨色
을 초월한 인물들과 유대관계를 지속하였다. 그의 이와 같은 성향은
反正 이후까지 중요 관직을 역임하며 정국운영에 유연하게 대응할 수
있는 기반이 되었던 것으로 보인다.

　두 번째로 爲民意識을 들 수 있다.

　그는 백성을 국가의 근본으로 파악하고, 모든 정책들의 추진 방향을
民生安定을 통한 국가질서의 확립으로 선정하였다. 당시는 班常制가
확립되어 그 어느 때보다 양반층의 특권의식이 부각된 시기로 이해된
다.89) 이와 같은 경향은 양반들이 國役負擔을 거부한 것90)과 동전유통
에 대한 부정적인 인식을 나타낸 것91)에서 찾을 수 있다. 그러나 金盡
國은 국가질서를 확립하기 위하여 지배층의 특권 확립보다 백성들의
생활안정을 중요시하고, 그에 따라 정책을 추진한 것이다.

　마지막으로 實學과의 聯關性을 생각해 볼 수 있다.

　金盡國의 사회경제정책은 利用厚生 정신에 입각하여 명분이 아닌
현실대응에 초점을 맞추어 추진되었다. 그가 실리적 입장에서 爲民意
識을 바탕으로 정책을 추진함으로써 經世致用과 利用厚生 정신에 입
각한 실학과의 연관성이 보다 긴밀해지는 것이다. 그리하여 金盡國의
社會經濟政策과 그 思想은 申叔舟로부터 柳馨遠, 許積 등으로 이어지
는 실학사상의 계보를 완성시키는 것으로 평가할 수 있겠다. 즉 金盡

---

89) 高永津, 「16世紀 國家財政의 危機와 身分制 變化」, 『歷史와 現實』16, 1995,
　　182~184쪽.
90) 高永津, 위의 논문.
91) 주 76) 참조.

國은 金堉(1580~1658), 柳馨遠(1622~1673) 등을 통하여 實學思想의 형성에 깊은 영향을 주었던 것으로 보인다. 申叔舟가 무본억말에 입각하여 경제안정을 위해 농업의 보조수단으로 상업을 진흥시키려 한 것은 金藎國을 통해 許積 등에 연결되고 있기 때문이다.[92] 더군다나 北人의 대표적 인물로서 金藎國과 긴밀한 관계를 유지한 金世濂(1593~1646)이 柳馨遠과 인척관계를 유지하고, 金藎國과 柳馨遠의 사회경제정책 중에 많은 부분이 유사하다는 점에서 金藎國과 實學思想과의 연관성은 더욱 긴밀해지는 것이다.

그러나 본 연구는 사료의 부족에 의하여 金藎國의 사회경제정책이 16~17世紀史에서 지니는 위치를 명확하게 구명해 내지 못한 아쉬움을 남긴다. 또한 당시 인물들과의 비교가 부족하여 인조대 이후 북인의 입장을 대변하는 그의 역할을 충분히 설명하지 못한 아쉬움이 남는다. 그의 정책이 西人과 南人 등과 유사점을 지니고 있으며, 이것은 당시의 政治史 분석에 중요한 연결고리를 제공하고 있기 때문이다. 또한 조선 후기 실학이 經世致用과 利用厚生을 바탕으로 피폐해진 민생의 안정과 국가질서의 회복을 추구하였다고 보았을 때, 앞으로 金藎國의 사상과 실학의 연관성에 대하여 보다 심도 있는 비교 연구도 필수적이라 생각한다. 그리하여 金藎國의 思想이 당시의 집권층인 西人·南人 등의 그것과 연결되는 과정을 살펴봄으로써 北人에 대한 인식의 전환을 통하여 16~17世紀史에 대한 異論을 논증적으로 고찰해 보려 한다.

---

92) 元裕漢, 「17세기 官僚學者 許積의 貨幣經濟論」, 『東國史學』 32, 1998, 49쪽.

實學思想 位置의 擴大認識

원 유 한[*]

1

대체로 조선 후기 실학사상은 民族主義와 近代指向的 성격을 띤 사회개혁사상으로 인식하고 있다. 이 같은 인식을 기반으로 광복 이후, 특히 1950년데 이후 활발히 연구되어 韓國學 여러 분야에서 많은 업적을 내고 있는 것으로 알려졌다. 실학사상을 연구하고자 할 때, 대개 두 시각에서 문제에 접근하게 된다. 그 하나는 실학사상을 재주가 뛰어난 몇몇 수재들의 독창적 산물로 보는 시각이고, 다른 하나는 실학자들 각자가 활약한 시대의 역사적 산물이라고 보는 시각이다. 그런데, 지금까지 학계의 실학사상 연구 경향을 보면, 대체로 실학사상을 역사적 산물로 보는 시각에서 접근하려 하기보다는 재주가 뛰어난 몇몇 수재들의 독창적 산물로 보는 시각에 치우쳐서 문제에 접근하고 있기 때문에, 실학사상의 역사적 위치가 축소 평가되고 있다는 생각을 하게 된다. 그러니까, 몇몇 수재들의 독창적 산물로서의 실학사상이 고급관료 등 보수적인 당로자들의 반대로 국가정책에 수용되지 못했기 때문에, 실학사상은 그 당시 사회사조의 부수적 존재로 머물러 있을 수밖에 없었다는 것이다.

---

* 동국대학교 교수

2

필자는 조선 후기 실학자들의 사회경제사상 발전에 관심을 가지고 화폐경제론의 연구를 계속하여 왔다. 그 과정에서 실학사상은 조선 후기 사회사조의 부수적 존재가 아니고, 그 시대의 역사적 산물로서 보다 널리 보편화되어 있는 사회사조였을 것 같다는 생각을 하였다. 실학사상을 역사적 산물로서 보는 시각에서 그 역사적 위치를 확대 인식하기 위해서는, 우선 실학자들의 화폐경제론을 그들과 상대적 입장에 있다고 보는 君王·高級官僚 등 當路者들의 그것과의 비교 고찰이 필요할 것 같다고 생각하였다. 실학자들과 당로자들의 화폐경제론이 본질적으로 서로 공통된다고 하면, 그 사실은 역사적 산물로서의 실학사상이 점하는 역사적 위치를 보다 확대 인식하는 데 논리적 근거가 될 수 있다고 생각했기 때문이다. 실학자나 당로자 등 지식계층의 화폐경제론이라고 하는 극히 좁은 부분에 나타난 특징을 그들 사상의 전반적 현상으로 확대·인식하는 데는 다소 무리가 있다고 생각할 수도 있다. 그러나 실학자와 고급관료 등 각계 지식계층은 화폐 문제를 農業·商工業·鑛業·租稅制度·國家財政 및 農民生活 등 경제 문제는 물론, 政治·社會·文化와 對外關係 등과 연관시켜 포괄적으로 평가 인식하고, 그 같은 인식을 기반으로 그들 나름의 현실개혁론을 구상 제시하고 있다는 점을 유의해야 할 것이다.[1]

필자는 실학자 李晬光(1563~1629)·金堉(1580~1658)·柳馨遠(1622~1673) 등의 화폐경제론을 비슷한 시기의 고급관료 金藎國(1572~1657)·許積(1610~1680) 등의 화폐경제론과, 鄭尙驥(1678~1752)·李瀷(1681~1763) 등의 화폐경제론을 영조 및 농촌지식인 李日章(?~?) 등의 그것과, 실학자 柳壽垣(1694~1754)·朴趾源(1737~1805) 등의

---

1) 元裕漢, 「實學者의 貨幣經濟論」, 『東方學志』 26, 1981 ; 「星湖 李瀷의 商業制限論」, 『人文科學』 59, 1988.

화폐경제론을 고급관료 朴文秀(1691~1756) 등의 그것과, 그리고 실학자 丁若鏞(1762~1836)의 화폐경제론을 고급관료 徐榮輔(1750~1816) 등과, 다음과 같이 간단히 비교 고찰해 보았다.

(1) 柳馨遠의 貨幣(銅錢) 流通普及論 :

유형원(1622~1673)은 "화폐(동전)는 토지와 함께 民生의 근본이 된다"고 하였다. 그리고 쌀·베[布] 등 물품화폐 및 秤量銀貨(地銀) 유통체제를 극복하고 전근대적 名目貨幣인 銅錢(葉錢)을 法貨로 주조·유통할 것을 주장하였다. 이와 동시에 농업에 폐해를 주지 않는 범위 내에서 상업을 진흥시킬 것과 화폐의 유통보급 방안으로 租稅의 부분적 금납화를 주장하였다. 이러한 유형원의 화폐경제론은 거의 같은 시기에 활약한 실학자 金堉(1580~1658)은 물론, 고급관료 金藎國(1572~1657), 許積(1610~1680) 등의 화폐경제론과 본질적으로 공통되는 것이다. 이들 실학자와 고급관료 등의 화폐경제론은 조선 후기 화폐경제사 발달 과정에서 볼 때, '貨幣(銅錢) 流通普及期(1600년대 초~90년대 말)'의 前半(1600년대 초~50년대 말)을 배경으로 하여 구상 제시된 것이라 할 수 있다. 그리고 그것은 兩亂 이후 봉건 조선왕조의『經國大典』적 제반 사회질서에 본질적 변화가 일어나고, 밖으로 明·淸이 교체되는 전환기의 역사적 상황에서 형성된 것이다.

요컨대, 유형원의 화폐경제론은 봉건 조선왕조의 성리학 중심 가치체계와 농업 중심 생산양식의 본질적 변화에 대응해 구상 제시된 北學 指向的 현실개혁론이라 할 수도 있다. 이처럼 진보지향적 성격을 띤 그의 화폐경제론은 후배 실학자들의 화폐경제론에 영향을 주었음은 물론, 당로자들의 관심 대상이 되어 종종 국가 화폐정책론의 立案과 시행 과정에 참고되었던 것으로 보인다.[2]

---

2) 元裕漢,「官僚學者 金藎國의 貨幣經濟論」,『龍巖車文燮敎授華甲記念論叢 朝鮮時代史研究』, 989 ;「潛谷 金堉의 貨幣經濟思想」,『弘大論叢』11, 1980

(2) 李瀷의 貨幣 流通禁止論 :

이익(1681~1763)은 "銅錢(常平通寶)은 百害無一益한 것이라"고 하였다. 동전유통은 상업발전을 조장하고, 상업 발전은 농업을 해롭게 하며, 동전 유통방법으로 시행한 租稅의 부분적 금납화 조치는 농민을 궁핍하게 한다고 생각하였다. 그는 商業制限論 및 租稅金納化 中止論과 함께 동전유통을 금지하고 종래의 물품화폐 유통단계로 복귀할 것을 주장하였다. 이익의 화폐경제론은 선배 실학자 鄭尙驥(1678~1752), 농촌지식인 李日章(?~?) 및 英祖(1694~1776) 등의 그것과 본질적으로 공통되는 것으로 볼 수 있다. 이들 실학자와 당로자 등의 화폐경제론은 조선 후기 화폐경제사 발전 과정에서 볼 때, '貨幣流通에 대한 反動期(1700년대 초~40년대)를 배경으로하여 구상·제시된 것으로 보인다.

요컨대 李瀷의 화폐경제론은 화폐경제 확대발전으로 중세적 가치체계와 생산양식 등, 봉건 조선왕조의 『경국대전』적 사회질서의 해체가 촉진되자, 그에 대한 반동으로 구상·제시된 보수지향적 현실대응론이라 할 수 있을 것이다. 이처럼 보수지향적인 그의 화폐경제론은 화폐경제가 지속적으로 확대 발전되고 있는 역사적 상황 하에서 후배 실학자들이나 고급관료 등 지식계층의 화폐경제론에 이렇다 할 영향을 주지 못했던 것으로 보인다.[3]

;「實學者의 貨幣經濟論」,『東方學志』26, 1981 ;「17世紀 高級官僚 許積의 貨幣經濟論 - 實學者의 화폐경제론과 比較 檢討」,『東國史學』32, 1998 ;「磻溪 柳馨遠의 商業振興論」,『弘大論叢』15, 1983.

3) 원유한,「實學者의 貨幣經濟論」,『東方學志』26, 1981 ;「農圃子 鄭尙驥의 貨幣政策論」,『編史』2, 1969 ;「封建 朝鮮社會의 貨幣流通에 대한 反動의 限界性」,『弘大論叢』12, 1980 ;「18世紀前半期 農村儒生 李日章의 貨幣思想」,『韓國學報』4, 1976 ;「星湖 李瀷의 否定的 貨幣論 - 李朝社會 解體過程의 一側面的 考察」,『歷史學報』48, 1970 ;「星湖 李瀷의 商業制限論」,『人文科學』59, 1988.

(3) 朴趾源의 銅錢 및 秤量銀貨 倂用論 :

박지원은(1737~1805)은 "무릇 교역은 銅錢(常平通寶)이 아니면 불가능하다"고 하였다. 그는 李瀷 단계의 동전 유통금지론을 극복하고 체재와 품질을 규격화한 칭량은화를 주조하여 銅錢(當一·當二錢)과 함께 法貨로 사용할 것을 주장하는 등, 화폐제도 개혁 및 유통구조 개선론을 구상·제시하였다. 국내의 상업거래를 활성화시키고 이득을 취할 수 있는 對日交易의 중요성을 인식하였다. 그의 화폐경제론은 실학자 柳壽垣(1694~1754)·洪良浩(1724~1802) 및 고급관료 朴文秀(1691~1756) 등의 화폐경제론과 본질적으로 공통되는 것으로 보인다. 이들 실학자와 당로자 등의 화폐경제론은 조선 후기 화폐경제사 발달 과정에서 볼 때, '貨幣經濟 擴大發展期(1740년대~1860년대)'의 前半(1740년대~1810년대)을 배경으로 하여 구상 제시된 것이라 할 것이다.

요컨대, 박지원의 화폐경제론은 兩亂 이후 봉건 조선왕조의『경국대전』적 제반 사회질서가 해체되는 과정에서 성장 발전한 진보적 추세를 부정할 수 없는 역사적 현실로 인식하고, 그에 대응하여 구상한 北學論的 현실개혁론이라 할 수 있을 것이다. 이 같은 그의 진보적 화폐경제론은 李瀷 단계의 보수지향적 화폐경제론의 한계를 극복한 것으로서, 丁若鏞의 화폐경제론으로 계승 발전되었다 할 것이다.[4]

(4) 丁若鏞의 金·銀·銅錢 流通論 :

丁若鏞(1762~1836)은 "화폐는 나라의 큰 보배로서 긴요한 것이라"고 하였다. 그는 銅錢(常平通寶)만을 法貨로 사용하는 화폐제도의 한

---

4) 元裕漢,「燕巖 朴趾源의 社會經濟思想에 대한 考察 - 그의 貨幣思想을 中心으로」,『弘大論叢』10, 1978 ;「朝鮮後期 貨幣流通構造改善論의 一面 - 柳壽垣의 現實的 貨幣論을 中心으로」,『歷史學報』56, 1972 ;「耳溪 洪良浩의 貨幣經濟論」,『弘大論叢』16, 1684 ;「耈隱 朴文秀의 貨幣經濟論」,『實學思想研究』7, 1955 ;「實學者 禹禎圭의 貨幣經濟論」,『弘益史學』2, 1985 ;「醉石室 禹夏永의 貨幣經濟論」,『崔永禧先生華甲記念 韓國史學論叢』, 1987.

계를 인식하고, 金·銀·銅錢을 각기 大·中·小錢으로 구분하여 額面
價値가 서로 다른 아홉 종류의 화폐를 주조 유통할 것을 주장하였다.
마치 근대 금본위제도를 연상케 하는 진보적인 화폐제도 개혁론을 구
상 제시하였던 것이다. 租稅 金納化는 객관·합리적이고 편리한 제도
라는 점을 강조하고, 농업과 상업은 상호 보완관계라는 인식을 바탕으
로 農主商從的 農商兩立論을 주장하였다. 또한 淸·日 등 동양권을 벗
어난 對外通商論과 그에 상응한 화폐제도 개혁론을 구상 제시하였다.
정약용의 화폐경제론은 交鈔(紙幣의 일종) 사용론을 제시한 고급관료
徐榮輔(1750~1816)의 그것과 본질적으로 공통되는 것으로서, 조선후
기 화폐경제사 발전 과정에서 볼 때 '貨幣經濟 擴大發展期(1740년대~
1860년대)'의 後半(1810년대~1860년대)을 배경으로 하여 구상·제시
된 것이라 할 수 있다.

요컨대 丁若鏞의 화폐경제론은 양란 이후 『경국대전』적 봉건 사회
질서가 해체되는 과정에서 성장 발전한 진보적 추세를 北學論과 西學
論을 절충 보완하는 입장에서 수용하여 구상·제시한 西學指向的 현
실개혁론이라 할 수 있을 것이다. 이 같은 그의 화폐경제론은 개화사
상가들에 의해 계승 발전되어, 개항 이후 적극 추진된 화폐제도 근대
화정책의 立案과 施行 과정에 반영되었다.

위와 같은 고찰을 통해 실학자들의 화폐경제론을 흔히 그들과 상대
적 입장에 있다고 보는 고급관료 등 당로자들의 화폐경제론과 비교 고
찰하는 과정에서 그 성격이 본질적으로 공통되고 있다는 사실을 알게
되었다. 사실상, 실학자로 거론되는 인물 중 대다수는 前·現職 관료이
거나 관료 후보였고, 또한 그들은 時政을 개선·개혁해 보겠다는 관료
적 발상에서 사회개혁론을 구상 체계화하였던 것이다. 한편, 조선시대
의 고급관료를 비롯한 각계 지식계층은 대체로 실학자들과 같은 내용
의 교육을 받고 학문을 탐구한 경험이 있기 때문에, 그들 대다수는 기

본적으로 상당 수준의 학구적 자질을 지니고 있다는 점을 간과해서는 안 될 것이다. 또한, 대체로 관료들은 관료적 입장을 떠난 지식인으로서 역사적 현실을 객관적으로 평가 인식하고, 그에 대응한 합리적 현실개혁론을 구상 체계화할 수 있는 자질도 지니고 있었을 것이다. 그리고 흔히 실학자들의 사상과 비교 평가되고 있는 관료들의 현실개혁론이라고 하는 것은, 체제 유지와 사회 안정에 우선순위를 두고 있는 국가정책에 수용된 부분을 말하게 되는 것 같다. 고급관료들의 현실개혁론 중에서 비현실적으로 진보적이거나 보수적이기 때문에 국가정책에 수용되지 못한 부분을 포함한, 그들 현실개혁론의 전부를 말하는 것이 아니라는 점도 유의해야 할 것이다. 설사 고급관료들이 객관적으로 현실을 인식하고, 그에 대응한 變化受容的 내지 進步的 現實改革論을 구상 체계화할 수 있다 할지라도, 그것을 정책 방안으로 제의하는 일이 쉽지 않았을 것으로 생각된다. 永世不變을 이상으로 하는『경국대전』이 본질적 변동 없이 조선왕조 전 시기에 걸쳐 준용되었고, 또한 "祖宗의 法을 함부로 바꿀 수 없다"는 주장이 공론화되어 있는 것이, 그 당시의 보수지향적 역사적인 현실이었기 때문이다.

3

그러나, 그처럼 경직된 정계 분위기 내지 보수지향적인 역사적 상황 하에서도, 소신 있는 고급관료, 정국을 주도하는 원로대신 및 국왕의 두터운 신임을 받는 고급관료들 중에는 객관적인 현실 인식을 토대로 구상한 자신의 변화수용적인 진보적 현실개혁론을 정부에 건의하거나, 그것의 시행을 적극 시도한 역사적 사례들을 흔이 찾아볼 수 있다. 그 몇 가지 대표적 사례를 들어보기로 한다.

世宗 때 소신 있는 고급관료 朴瑞生(?~?)은 通信使로 일본에 다녀와서 1429년(세종 11)에 일본과의 수호에 대비해서 불경을 정리·비축

해 둘 것을 건의하는 한편, 灌漑를 위해 일본 水車制를 도입하고, 鑛山
開發 · 商業經營 및 貨幣流通方法을 배워 오자고 하는 등, 日學論(?)을
정부에 건의하여 일부 내용이 채택 시행된 일이 있다.5) 또한, 1472년
(성종 1)에 소신 있는 羅州牧使 李永肩(1403~1482)은 務農抑末策이
주요 경제정책으로 적극 추진되고 있던 당시에 인근지역 수령들과 함
께 凶荒을 구제하기 위한 방안으로서 地方場市의 개설을 조정에 건의
하였다. 그는 왕조 당국이 자신의 건의를 수용하지 않고 거부하는데도
거듭 지방장시의 개설을 주장하다가 마침내 견책을 당하기까지 하였
다.6) 그리고, 成宗의 두터운 신임을 받고 있던 元老大臣 申叔舟(1415~
1475)는 1474년(성종 3)에 그 당시 法貨로 채택되었으나 유통이 부진
한 楮貨(紙幣)의 유통보급 방안으로서 서울처럼 지방에도 장시를 개설
할 것을 제의하였다. 이 때 그는 2년 전 李永肩 등이 제의한 지방장시
의 개설 문제가 채택 · 실시되지 못한 것은 천추에 한이 될 일이라고
안타까워하였다.7)

　　조선 전기에 있었던 위 세 가지 사례를 통해, 소신이 있거나 정국을
주도하는 입장에 있던 고급관료들은 그 당시 일반적인 정치적 관행을
무릅쓰고 객관적 현실인식을 기반으로 하여 실질적이고 진보적인 현
실개혁론을 구상 제시하였다는 사실을 알 수 있다. 먼저, 朴瑞生의 경
우를 통해서는, 전통적으로 일본 내지 일본문화를 비하했던 그 당시의
일반적 사회풍조를 개의치 않고 실제적 내지 실질적 가치를 추구하여
역사적 현실에 적극 대응하는, 소신 있는 고급관료의 존재를 확인할
수 있을 것이다. 또한, 李永肩과 申叔舟 등은 왕조 당국이 務本抑末策
을 적극 추진했던 그 당시의 역사적 상황 하에서 말업인 商業을 진흥
시킴으로써 농업생산의 한계로 말미암은 凶荒을 극복할 것을 주장하

---

5)『世宗實錄』卷46, 世宗 11年 12月 乙亥.

6)『成宗實錄』卷17, 成宗 2年 6月 戊午 ;『成宗實錄』卷27, 成宗 4年 11月 壬
申.

7)『成宗實錄』卷27, 成宗 4年 11月 壬申.

였다. 두 사람은 名分과 慣行 및 職務로 볼 때, 務本抑末策의 운용에
힘써야 할 고급관료였음에도 불구하고 '以末補本'的 상업진흥론을 구
상 제시하고 있는 것이다. 역사적으로 볼 때, '以末補本'적 상업진흥론
은 그로부터 거의 2세기 가까운 세월이 지나서, 金堉(1580~1658)과 柳
馨遠(1622~1673) 등이 활약한 1600년대 중반에 비교적 활발히 제기
논의되고 있다. 이 같은 사실을 미루어, 羅州牧使 李永肩과 領議政 申
叔舟 등이 제시한 '以末補本'的 상업진흥론이 가지는 역사적 의미의 중
요성을 짐작할 수 있을 것이다.8)

　흔히, 실학사상의 생성 발전기로 보는 조선 후기에 들어와서는, 우선
실학사상과 관련해서 고급관료 金藎國(1572~1657)의 사회경제사상을
주목하게 된다. 그는 호조판서로서 1623년(인조 1)에 응급한 국가재정
조달책으로　財用節制論・銀鑛開發論・製鹽論・貨幣(銅錢)鑄造流通論
등과 함께 貨幣流通普及方案으로 서울에 店鋪를 설치 운영할 것을 건
의하여 마침내 채택, 실시되었다. 그는 호조판서를 여섯 차례 역임한
경제전문 관료로서 貨幣정책 운용을 주도하면서, 화폐의 주조유통이
이용후생책의 한 실천방법이라는 점을 강조하였다.9)

　또한, 초기 실학자인 고급관료 金堉은 벼슬이 영의정에 이르렀던 그
의 관직 경력과 진보적 사상을 실학사상과 관련하여 생각해 볼 필요가
있을 것 같다. 金堉 역시 조선시대 대다수 관료들과 비슷한 경력을 거
치면서 관료적 입장에서 현실을 평가 인식하고, 또한 관료적 발상에서
현실개혁론을 구상 제시하였다. 고급관료로서의 그의 생애 말년, 특히
孝宗 때는 국왕의 두터운 신임을 받으며 주요 국가정책의 운용을 주도
하는 과정에서 大同法 실시, 화폐 유통, 時憲曆 채용 및 水車制 도입을
포함한 일련의 진보적 현실개혁론을 구상 제시하고, 그 시행을 적극
시도하였다. 이처럼 관료적 입장 내지 발상에서 구상 제시된 진보적

---

8) 원유한, 앞의 「반계 유형원의 상업진흥론」 ; 「잠곡 김육의 화제사상」.
9) 원유한, 앞의 「관료학자 김신국의 화폐경제론」.

현실개혁론이 평가되어, 김육은 局外者라는 점을 주요 구성요건으로 하는 실학자의 범주 내에 들어 갈 수 있었던 것으로 안다. 김육이 관료생활 말년에 실학자와 공통되는 진보적 현실개혁론을 구상 제시하여 국가정책 운용에 반영시킬 수 있었던 것은 뛰어난 자질, 즉 秀才性과 남달리 강한 업무 추진력이 원인이 되었을 것이다. 그러나 김육이 만약 국왕의 신임을 받는 원로대신으로서 주요 국가정책을 주도할 수 있는 입장에 있지 않았다면, 그의 진보적 현실개혁론이 국가정책 운용에 수용될 수 없었을 것이며, 실학자의 범주 내에 들어갈 기회도 주어지지 않았을 것이 아닌가? 이 같은 立論이 어느 정도의 타당성을 가질 수 있다면, 金堉의 진보적 현실개혁론을 정책으로 채택·실시할 기회를 준 국왕과 정책 운용에 직접·간접적으로 참여한 그 당시의 대다수 관료들의 현실인식과 개혁론도 김육의 그것과 본질적으로 공통되는 것이었다고 볼 수 있지 않을까? 흔히 黨利黨略으로 말미암아 중요한 정책 현안에 대해 찬반 양론이 갈리게 되는 것으로 이해되고 있다. 그러나 西人 金堉이 주도한 孝宗朝의 화폐정책 운용 과정에 南人 官僚 許積이 적극 참여하고 있으며,10) 또한 이 같은 현상은 그 이후 조선 후기 화폐정책 운용 면에서 흔히 찾아볼 수 있다. 한편, 당색을 같이하면서도 동일한 정책 현안에 대해 찬반 양론이 갈리는 사례를 적지않게 찾아볼 수 있는 것이다.

실학사상과 관련해서 金堉의 위치와 본질적으로 공통된다고 생각되는 고급관료 몇몇 사람의 사례를 들어 보기로 하자. 우선, 金堉이 주도한 孝宗朝의 화폐정책 운용에 적극 참여했던 영의정 許積(1610~1680)의 경우를 들 수 있을 것이다. 그는 1678년(숙종 4)에 常平通寶의 주조유통을 주도하여 조선 후기, 아니 한국 貨幣史上 중요한 전환기를 마련한 원로대신이다. 상평통보의 주조유통은 한국 역사상 최초로 동전

---

10) 원유한, 「金堉과 銅錢」, 『史學會誌』 8, 1965 ; 앞의 「잠곡 김육의 화폐경제사상」.

이 법화로서 계속 통용되기 시작하는 계기가 되었으며, 그 이후 확대 발전된 화폐경제는 봉건 조선사회의 해체 내지 근대 지향을 촉진한 중요한 역사적 요인이 되었던 것이다. 이로써 許積의 진보지향적 내지 실학사상 지향적인 역사적 역할은 높이 평가되어야 할 것이다.11) 朴文秀(1691~1756)는 英祖朝의 蕩平政局 하에서 국왕의 두터운 신임을 받으며 제반 국가정책 운용 과정에서 중요한 역할을 담당한 고급관료였다. 그가 구상 제시한 화폐제도 개혁론 내지 유통구조 개선론은 朴趾源(1737~1805)의 그것과 본질적으로 공통되고 있다. 또한 正祖 및 純祖 때에 주요 정책운용에 활발히 참여했던 고급관료 徐榮輔(1759~1816)가 구상 제시한 交鈔(紙幣) 通用論은 丁若鏞(1762~1836)의 金·銀·銅錢 유통론과 본질적으로 공통되고 있다는 사실을 주목해야 할 것이다.12)

한편 실학자들 가운데 자신이 경험한 시기의 過去復歸的 내지 保守的인 역사적 상황에 영향을 받아 후배 실학자와 비교해서는 물론, 선배 실학자보다도 보수지향적인 현실대응론을 구상 제시한 사례를 찾아볼 수 있다. 그 대표적 실학자가 李瀷(1681~1763)이다. 이익의 현실 개혁론의 보수지향적 성격은, 그가 구상 제시한 商業制限論, 貨幣(銅錢)流通禁止論 및 租稅金納化 反對論 등 사회경제사상에서 찾아볼 수 있다. 특히 화폐유통을 부정 내지 비판적으로 평가하는 경향은 정도의 차이가 있을 뿐, 같은 시기의 실학자 鄭尙驥(1678~1752)와 농촌지식인 李日章(?~?) 및 국왕 영조의 화폐정책론에서도 공통적으로 나타나고 있다. 그리하여, 그 당시 영조를 비롯한 당로자들은 화폐유통으로 촉진된 상업발달은 본업인 농업을 해친다는 이유를 들어 동전 주조사업을 통제하고, 부분적으로 실시하던 조세금납화 조치를 중단하는 등

---

11) 원유한, 앞의 「17세기 고급관료 허적의 화폐경제론 - 실학자의 화폐경제론과 비교 검토」.
12) 원유한, 앞의 「실학자의 화폐경제론」 ; 「관료학자 서영보의 화폐경제론」 ; 「연암 박지원의 사회경제사상에 대한 고찰 - 그의 화폐사상을 중심으로」.

화폐유통 금지를 위한 일련의 조치를 취하고 있었다.13)

4

위에서 실학자들의 화폐경제론을 같은 시기의 국왕 및 고급관료 등 당로자들의 화폐경제론과 비교 고찰해 보았다. 그 결과 실학자들의 화폐경제론은 흔히 실학자들과 상대적 입장에 있다고 보는 고급관료 등 당로자들의 화폐경제론은 본질적으로 그 내용과 성격이 공통되고 있다는 사실을 알게 되었다. 차이가 있다면, 대체로 실학자들의 화폐경제론은 그 내용이 구체적이고 종합적으로 논리 체계화되어 있는 데 비해, 당로자들의 화폐경제론은 주로 정책 논의, 결정 과정에서 자기 견해의 요점만을 제시하거나 건의하는 것이었기 때문에, 그 내용이 간략히 요약 정리되어 있다는 점이다. 실학자들이나 당로자들의 화폐경제론이 본질적으로 공통되고 있다는 사실을 통해, 진보성을 주요 특징으로 하는 실학사상의 성격 내지 그 역사적 위치는, 실학자들 각 개인의 자질[秀才性]과 학통[實學派]에 의해 규정되기도 하겠지만, 그에 못지않게 실학자들이 경험한 시기의 역사적 상황, 즉 사회사조 및 사회경제적 여건에 의해 규정되고 있다는 사실을 짐작할 수 있을 것이다. 이로써 조선 후기 실학사상을 보다 객관적이며 포괄적이고 깊이 이해하기 위해서는 실학사상을 재주가 뛰어난 몇몇 수재들의 독창적 산물이라고 보는 이해시각 못지않게, 그들이 발붙이고 살았던 시기의 역사적 산물로 보는 이해시각에서 접근하는 연구가 더욱 활발히 이루어져야 할 것이다. 이처럼 실학사상의 생성 발전과 성격 및 그 역사적 위치를 재주가 뛰어난 소수 인물을 중심으로 이해하려는 시각, 즉 영웅주의적

---

13) 원유한, 앞의 「성호 이익의 상업제한론」; 앞의 「실학자의 화폐경제론」; 「朝鮮後期의 貨幣經濟發達과 그 影響」, 『朝鮮後期 社會經濟史研究入門』, 民族文化社, 1990.

인식논리(?)에 치우치지 않고 역사적 상황을 중시하는 이해시각, 즉 역
사적 상황 중심의 인식논리로 이해하려고 할 때, 거듭 지적했듯이 조
선 후기 실학사상의 역사적 위치는 흔히 말하는 것처럼 그 당시 사회
사조의 부수적 존재가 아니고, 보다 널리 보편화된 사회사조로서 그
역사적 위치가 확대 인식될 수 있을 것이다. 고려왕조의 수도 개성지
방을 조선 후기 실학사상의 요람으로 보는 필자의 견해도 몇몇 실학자
들 중심, 즉 인물 중심으로 이루어지는 실학사상 연구의 방향이 역사
적 상황 중심의 연구로 전환되어야 할 필요가 있다는 발상에서 제시된
것이다.14)

---

14) 元裕漢, 「開城, 朝鮮後期 實學思想의 搖籃」, 『東國役思敎育』 4, 1986.

朝鮮開港前後 中人의 政治外交
－譯官 卞元圭 등의 東北亞 및 美國과의 활동을 중심으로－

김 양 수[*]

Ⅰ. 머리말

 본고는 조선 개항기에 외교와 정치 실무에 종사하였던 中人들의 활약을 규명하고, 한국외교의 역사가 한 세기에 이른 현재 시점에서 그 득실을 평가하여 앞으로 한국외교의 지표로 삼고자 하는 데 목적이 있다. 근래 한국에서는 남북통일 방안의 한 가지로 중국·미국·남한·북한의 四者會談을 제시하여 러시아의 반발을 산 바 있다. 그러나 이런 회담에 앞서서 이해 당사국과의 외교관계에 대한 충분한 역사적 검토를 축적하는 것이 절대 필요하다. 이런 문제에는 한말에 열강의 침략을 받아 복잡했던 국제관계와 이것의 해결을 위하여 활약했던 실무 외교진인 中人들의 활동 경험과 해결 방안에 대한 철저한 검토가 큰 도움이 될 것이다.

---

[*] 청주대학교 사학과 교수

일본은 1850년대에 미국에 개항되었지만, 벌써 1820년대부터 상공업이 발달하여 외국과 개항한 이후에도 이에 대처할 만한 지식을 갖고 처방할 수가 있었다. 1860년대에 明治維新 때는 일본은 미국의 협조 제의를 거부하고 자력으로 개혁을 성취하여, 그 후로도 계속적인 정치 개혁 일정에 성공할 수가 있었다. 일본보다 약 20년 후 개항한 한국에서는 대체로 해외에 견문이 있던 中人들의 의견이 참작되어 개항하게 되었다. 당시 그들은 세계 정세에 대한 어떤 판단을 갖고 대처하는 방안을 제시하였으며, 지금에 와서 각 방안에 대한 객관적인 평가가 어떻게 내려질 수 있는가는 현재의 외교를 담당하는 부처에서도 큰 문제임에 틀림없다. 개항후 한 세기가 흐른 지금 한반도 주변의 정세는 많이 변하였지만, 한반도가 소위 해양세력과 대륙세력이 부딪히는 세계의 요충으로서 그 지정학상 위치는 변함이 없다. 통일이라는 至上課題를 안고, 주변 강대국과의 현안 문제를 풀어 가는 데는 19세기 중인들의 경험과 주장이 큰 他山之石이 될 것이다. 그런데 19세기 개항시기에 혁신의 기상을 갖고 활동한 중인들이 많았지만 여기에 대한 종합적인 연구는 나오지 못하여 앞으로의 참고를 위하여 본고를 추진하게 되었다.

朴齊家의 北學思想을 家學으로 하던 譯官 吳慶錫(1831~1879)은 1853~74년 사이 청국에 13회나 사신 왕래를 하였다. 1866년 丙寅洋擾 직전 북경에 역관으로 파견되었을 때는 몇 십 명의 중국 명사를 상대로 프랑스군에 대비책을 마련, 본국에 보고하였다. 그는 조선의 정치 혁신을 기하기 위해서는 양반을 통해서 젊은 양반 자제들에게 새로운 사상을 전달해야 할 필요를 통감했다. 1871년 미국이 수교를 요청했을 때는 興宣大院君에게 개항을 건의하였으나, 그 후로 그는 開港家로 지목 받아 그의 모든 건의는 채택되지 못하였다. 그는 1872년 북경사행 때에 정사로 갔던 朴珪壽를 설득하고, 그의 사랑방에 인재를 모아 의관 출신 동지 劉大致와 함께 감화를 주었다. 1876년 일본이 강화도사건을 일으키자 오경석은 전쟁을 겪지 않고 조약을 맺고 수습하는 데에 전력을 다하였다. 과로와 홍선대원군의 압력으로 병을 얻어 3년 후에 별세하였다. 그 무렵 조선에서는 유대치의 지도로 소위 개화당이 형성되기 시작하였는데 거기에는 김옥균을 비롯하여 역관 白春培 등이 중요한 당원으로 뭉쳐서 갑신정변 때까지 활약하였다. 근래 필자는 족보에서 그의 러사아 사절을 통한 사태 파악과 러시아에 대한 경계를 고종에게 상소한 내용을 포착하고 이를 소개하려고 한다.

李鴻章은 조선이 일본에 의해 개항되고 그 세력이 일방적으로 한반도에 유입되는 것을 우려하여 대비책을 강구하게 되었다. 이 때에 미국의 Schfeldt 제독이 일본 長崎에 와서 조선과 조약을 추진하려 한다는 소식에 접하고 그를 天津으로 초청, 한미조약을 주선하였다. 1880년 8월 Schfeldt 제독은 이홍장과의 회담에서 "러시아가 영흥만을 점령하려 한다"고 러시아에 대한 공포를 심어 주고, 駐淸 英國公使 Wade는 "조선은 교역 면에서 별반 기대할 것이 없지만, 이의 상실은 청국에게 중대한 타격이 될 것"이라고 恐露意識을 고취시켰다.

이러한 상황에서 개항 후 일본에 대비하여 武備講究를 위해 청국에 파견된 역관이 卞元圭로서, 한미 수호통상조약을 이루는 계기를 만든 인물이었다. 그의 활동상을 아는 데는 卞元圭의 후손이 소장하고 있는 吳慶長·周馥 등 청국 명사들과 왕래한 편지를 모은 『北雁尺一』 등이 큰 참고자료가 된다. 표지에는 葦滄 吳世昌의 서명이 씌어 있어 자료의 가치를 증명한다.

서구의 제국주의 물결이 거세던 당시에 조선은 국제무대에 갓 출범한 동양의 작은 나라였다. 以夷制夷策으로 서구 열강을 끌어들인 것이 열강의 각축장이 되었다. 강대국의 힘에 의존하는 외교는 오래 갈 수가 없었을 것이다. 당시 초강대국이던 영국이 'Weak Asia' 정책을 쓰고, 당시 미국이 본국에 동아시아에 대한 전문가와 기관을 제대로 양성하지 못한 상황에서 조선에 대하여 非干涉 政策(Non-Intervention

Policy)을 썼던 점 등, 다각적으로 국제정세가 검토되어야 하겠다. 또한 개항 이후 청·일 세력이 한반도에 직접 관여되던 시기에서 갑신정변 후 1885년 이후에는 러·영·프 등이 관계되는 시기에 이르러 양반후예 출신의 한국 최초의 미국유학생 兪吉濬은 독일의 Budler 이후 조선의 中立化案을 내놓게 되었다. 당시 그의 방안이 실현성이 있었던 것인지 검토해 보려고 한다.

조선 개항시기의 中人들의 활동에 대해서는 일찍부터 여러 학자들이 주목하여 논저를 발표하였으나, 특별히 그들의 정치 외교 분야를 종합 발표한 것은 아직 없다. 필자는 가능한 한 당시 중인들의 1차 자료를 더욱 수집하고, 年代記 기사를 史料로 하여 당시 정치 외교에서의 중인들의 활약상을 규명하고, 국제정세에 비추어 올바른 평가를 내려보고자 한다.

II. 譯官 白春培의 러시아 경계론

개항기에는 吳慶錫, 劉大致, 卞元圭, 李東仁, 尹致昊 등 중인층으로 지목받을 만한 인물들이 다수 활약하여 정세를 일변시키고, 국제관계를 열었다.

여기에 중심 인물이었던 오경석·박규수·유대치의 정치혁신사상의 형성 및 전파를 일별하여 대강 도해해 보면 다음과 같다.1) 그 중에서 역관 출신 白春培(1844~1887)는 갑신정변에서 중요한 역할을 한 것으로 알려지고 있으나, 현재까지 남은 자료가 없어 그의 활동은 안개 속에 가리워져 있었다. 근래에 필자는 마침 그의 족보인 『林川白氏家乘』을 구하여 그가 러시아 사절로 다녀온 후 고종에게 상소한 자료를 입수하였다. 이 내용은 『고종순종실록』 등에는 기재되지 않은 것이다.

---

1) 이광린 교수의 개화사상계보를 인용하였다.

<도 1> 한국 개화사상 계보

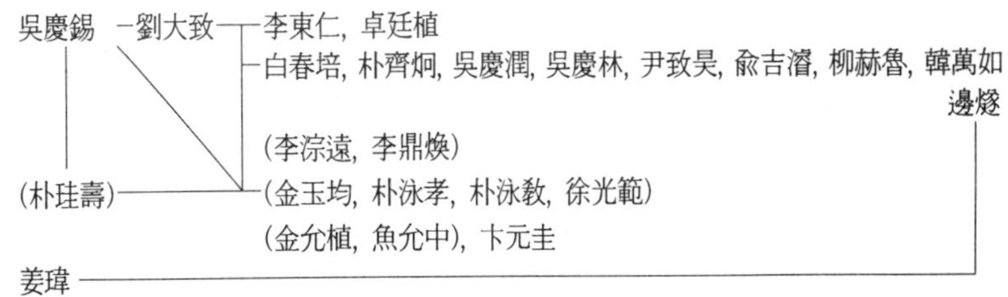

『林川白氏家乘』에는 다음과 같은 기록과 상소가 전한다.2)

2) 白潤珪,『林川白氏家乘』人, 十五版a~二十三版 a, 1934. 8..
　　春培　初名淵培　字聖三　號小香　憲宗十年　甲辰二月二十一日生　官譯判官　贈正三品　高宗帝二十四年　丁亥四月二十四日　甲申事變之致獄中卒　享年四十四　葬于先塋　祔右配贈淑夫人韓山趙氏　知樞琦煥女　祖應杓　曾祖敎授憲澤　外祖僉樞江陰李廷柱　憲宗七年　辛丑二月二十日生　高宗帝十六年　己卯九月十八日卒　享年三十九　墓在先塋　生一男　曰天鏞　公平生有至行事父母盡孝　考同樞公易簀時　斷指取血　遂得幾日回甦　少負奇氣　善文章　所著甚多　而佚於滄桑中　多不傳是可惜也.
　　嘗言我國少武備　自露國還後　疏陳時勢不合時宜竟死匪命　臨終時辭氣不變　整衣起立　北向四拜　而終世皆嗟惜旋伸寃　贈正三品階　卒後其平日所從遊者　皆以詩追悼爲三十餘人　今其詩集在其從侄斗鏞家云云. 公卒于惠政橋右捕廳　今光化門郵便所　其時捕將韓圭卨也.
　　公自露回還上疏文如左　魯西回使白春培　一名之珩上疏　臣愚伏以中俄改定條約觀之　雖無時日之患　然揆以見聞論之　今俄之議和誠也　何以言之　昨年夏秋間　自羅洞(豆滿江船稅處)　北至蝦蟆塘七百里之間　募發丁役四五千人　塹山堙谷　伐木治道　而廣有三軌　上布沙石　免其泥濘之患　今年又復修理　而明年從設鐵道　以便火車云　無他焉　卽有事之日　便其輸運之計也. 且南之烟翠營禑湖隈北之雙城子海蔘營等處　兵丁也, 粮食也　年增而歲加營房也. 鎗炮也日新而月異　軍粮之三年　運未者至有六千八萬布袋(一布袋爲一軍月爲食) 每年推牛五六千餘雙　而此皆賴我國潛商而用者也.(每軍每日一斤半式) 石炭自崎貿來而峙如邱陵者四五屯　海門左右之炮坮　共有五百餘所　而窟而隱之中有特大者六焉. 幷坮而露之其長可三丈三尺　圍有三丈　而其彈能及六十里之遠　又其三座直長廣少遜於右炮　而亦甚雄偉外　他車炮千有五百餘身矣　是豈輕視而不慮哉.
　　且夫海蔘威揔兵營招致通事高俊輔　而問我六鎭等地　山川道路之形便　俊輔恠問其由則曰　我將有事於瀋陽　欲假高麗　潛師而出其不意　豈非計之得者乎. 俊輔曰　爾雖欲假道然高麗　旣爲支郡之藩屛則　豈肯置之不問乎. 答曰　以若

六鎭抗我一旅譬如鳥卵之壓於千斤 則有何難哉. 且金鶴羽能日語者也. 客冬
偶至日本學徒所則諸生謂鶴羽曰 日前俄之摠兵來我領事館論及天下事曰 高
麗地方交在溫帶 氣候調適 田土膏腴 無火山地震海溢等災 而五穀百貨無非
土宜者 久爲天下所棳聞則 貴國何爲不取而幷有也. 領事答以高麗與敝邦交
隣已三百年 篤如兄弟 又爲支那之屬國則 於義於勢莫可議者也.

俄官曰 貴國攻高麗之日 恐有支那之來援 然俄躡其後則 支那必急於自謀之
不暇矣 然則高麗一鼓可定矣 其成功之日 高麗之七省盡歸貴國 咸鏡一省 與
我管轄 而重盟約永相敦睦 分享其利則 豈非爾國之福耶.

領事答曰 貴國何其只欲咸鏡一省乎. 俄官曰 理勢也 金銀銅鐵鉛 煤林木皮
物萃於其地 而境又偏近則 因其舟車之利通 廣設各樣收得其利 充我軍國之
費 欲爲人臣之勳業者也. 豈不懿歟 夫 俄官之語鄙淺莫甚 而非無其理也 且
海蔘埠頭 不過彈丸一小港 而軍政之張大 塗路之修治動費千萬金 而如恐不
及 可謂心力之動且遠也.

嘗考俄國疆域記則 如西曆一千五百五年 至一千八百七十八年間 西域回部
與日本被俄佔據地爲八百零七萬八千五百七十一方里 瑞典國約三百零七萬
七千六百二方里 被俄佔據一半 荷蘭爲二百十六萬八千四百八十七方里 土
耳其東西境被俄佔據地 爲一百九十萬零八千八百十九方里 波斯爲五千二萬
四千八百八十方里 意太利爲一百零二萬八千六百六十四方里 日國爲一百六
十四萬五千一百二十二方里則 俄之侵佔 何特於泰西而不必於東洋之兩邦
其誰知之乎 或曰俄若圖我俗己久矣 何至今日 而不動乎 此坐幷之觀 何足道
哉 臣愚窃 以爲俄之圖我之端 有十焉.

俄於土耳其役 被英法之維持機窪之役 被回部之制碑新疆之役 又被支那之
持難 數次楊塵非不威振區宇 而終不能逞肆然逞虐者 爲有六國合從而制秦
也. 豈不欲向最虛弱之朝鮮暗地窺之卒然襲之乎 彼之圖我之端一也. 俄年年
動兵自西而東 歷土耳其機窪至於新疆 其勢豈不次及於朝鮮乎 彼之圖我之
端二也. 俄雖地廣兵精至於通商港口 不過婆羅的海蔘威數處而已 豈不欲貪
港又之四通八達之利乎 彼之圖我之端三也. 俄之水師艦長之言曰 海蔘威之
港 雖云妙絶 非用武之地 其故何也 每當冬寒 大小船舶 慮其水迫 出寄長崎
而春盡方還則 半年虛耗之費 爲數十萬兩 脫有不呑坐見危亡 不能救復則 是
有舟而無舟者也. 豈不欲得不氷之一港 省其虛耗之費 免其危亡之懼乎 彼之
圖我之端四也. 且以俄之摠兵與日本領事所 論究厥陰謀譎詭計 有如虎視鯨
呑之勢 可不畏哉 彼之圖我之端五也. 我之建邦濱於婆羅的海隅 程道荒漠
難於運涉 而且致力乎 西方無暇東顧 故我國福保于今也. 俄今旣據海蔘威
距我境不過三百里則 海陸與我共有矣 有何運涉之足(是?)慮乎 彼之圖我之
端六也. 彼居荒寒 我居溫和 彼地鹵瘠我地膏腴 豈不欲取成周之禾乎 彼地
圖我地端七也. 我國邊民犯越者甚多則 我國之虛實形便 彼蓋亦詳知矣 雖我
大彼小 我强彼弱之懸 其虞而況大小强弱之懸殊乎 彼之圖我之端八也. 俄之
用心貪而且虐 雖通商結約之國尙且構釁 只事爭奪 何獨厚於不曾講和之朝

白春培의 처음 이름은 淵培, 字는 聖三, 號는 小香이었다. 헌종 10년(甲辰) 2월 21일생으로 역관으로서 判官을 지냈고, 贈職으로 3품을 받았다. 고종 24년(丁亥) 4월 24일 갑신사변으로 투옥되어 옥중에서 죽었다. 향년 44세로 선영에 장례 하였다. 증 淑夫人 韓山 趙氏는 知樞 琦煥의 딸로 바른쪽 산소에 모셨다. 할아버지는 應杓였고, 증조는 敎授 憲澤이었다. 외할아버지는 僉樞 江陰 李氏 廷柱였다. 헌종 7년(신축) 2월 20일 출생하여 고종 16년(기묘) 9월 18일에 죽으니 향년 39세였다. 묘는 선영에 있다. 아들 하나를 두어 天鏞이라 하였다. 公은 평생 부모님께 효도를 다하였다. 선친 同樞公이 易簀 때에 손가락을 잘라 피를 드려 며칠을 회생하였다. 이상한 기질이 적고 문장을 잘하여 저술이 심히 많았다. 滄桑중에 유실되어 전하지 못하는 것이 애석하다.

일찍이 조선에 武備가 적은 것을 말하더니 러시아에서 귀환하여 상소를 개진할 때에 時宜에 맞지 못하여 비명에 죽게 되었다. 임종할 때에 말씨가 변치 않고 옷깃을 가다듬고, 북쪽으로 네 번 절하고 세상을 하직하였다. 모두가 차탄하고 애석히 여겨 伸寃을 주선하여 증

鮮 永久不侵 彼之圖我之端九也. 支那朝鮮日本之合爲唇齒 乃俄之所惡也. 豈不欲侵於朝鮮 富強之先乎. 若得朝鮮則 西可以寒支那之喉矣 東可以折日本之臂 近可以權利於南洋群島 遠可以立威於歐米各國 使天下之人良平無謀憤育失勇矣 俄見如此大利 豈不繕兵袜馬 日就南征之謀乎 彼之圖我之端十也.

由此觀之 林樂知所謂朝鮮俄國之用者 良有以也 夫居天下必爭之地 未有陰雨之備 其何能禦侮乎. 所謂禦侮者 在於自強 強者在於內修外交 而盡我忠信之道 以樹聲援 一如黃遵憲策與李伯相之書 庶圖無事 然外交之道 固多端焉 公法也 交際也 稅則也 如非其人國家之禍速至矣 可不慮且懼哉 亟選文武才德兼備者一人 任之以仁川重地 如北洋摠督主管各國事務則 恐合事宜也 內修之道在於聖上 正心而已 君心正則 朝廷正 朝廷正則百官正 百官正則萬民正 萬民正 然後千事無不畢擧矣 伏惟裁察焉.
「修信使日記」, 『修信使記錄』(한국사료총서 9), 국사편찬위원회, 1971, 191∼194쪽. 여기에도 『林川白氏家乘』과 비슷한 내용의 白春培 書啓가 실려 있다. 李光麟, 「舊韓末 露領 移住民의 한국정계 진출에 대하여」 ; 「金玉筠의 東南諸島開拓使 兼 管捕鯨使任命에 대하여」, 『韓國開化史의 諸問題』, 일조각, 1986 참조 및 인용.

직으로 3품을 받았다. 그가 죽은 후 평소 그를 따르던 30여 명이 시로써 추도하였다. 지금 그 시집이 사촌조카 斗鏞의 집에 있다고 한다. 그는 지금 광화문 우편소가 있는 惠政橋 右捕廳에서 죽었다. 그때 捕盜廳將은 韓圭卨이었다.

그가 러시아에서 돌아와 바친 상소문은 다음과 같다.

러시아 귀환 사절, 白春培 일명 之珩 상소. 신이 엎드려 청국과 러시아가 개정한 조약을 보면, 비록 지금은 우환이 없고, 견문한 바로는 러시아가 성의로써 화친한 것입니다. 작년 여름에서 가을 사이 두만강 선세를 받는 羅洞에서 북으로 蝦蟆塘까지 700리 사이에 4천~5천 명이 산을 파고 계곡을 메워 벌목하여 도로를 내었습니다. 넓게 세 길이 있는데 진흙이 덮이는 것을 막으려고 위에는 모래와 돌을 폈습니다. 올해는 다시 수리를 하고, 내년에는 철도를 가설하여 火車에 편하게 하는 것입니다. 이것은 다름이 아니라, 사변이 나면 운수가 편하게 하는 계책입니다. 또한 남으로 烟翠營과 楊湖로부터 북쪽 모퉁이 雙城子와 海蔘營 등에 병정과 식량을 두어 해마다 군영을 증설하고 있습니다. 총포는 날마다 달마다 다르고, 군량은 3년치로 운반해 온 것이 6,800포대입니다(한 포대로 1명 군인의 1개월 양식이 됩니다). 해마다 추계하여 소 5천~6천여 쌍을 조선 밀무역 상인을 통하여 들여옵니다(군인 1명이 매일 1근 반씩입니다). 석탄은 長崎에서 들여온 것이 구릉과 같이 쌓인 것이 5개 처입니다. 항구의 좌우 炮坮는 모두 500여 곳으로 굴 속에 특히 큰 것이 6곳입니다. 포대는 노출된 부분이 3丈 3尺, 둘레가 3丈으로 그 포탄은 60리 거리까지 미친다고 합니다. 바른쪽 포보다 못한 3좌가 심히 雄偉하고 기타 車炮가 1,500여 문이라 하니 어찌 가벼이 보고 우려하지 않겠습니까?

또한 블라디보스토크 총병은 조선통사 高俊輔를 불러 조선의 6鎭 등과 산천 도로 형편을 물었습니다. 俊輔가 그 이유를 물으니, "러시아는 장차 瀋陽에 일이 있으면 조선을 빌리려 한다. 불의에 나가면 계책이 되지 않겠는가?" 하였습니다. 俊輔가 말하기를 "러시아가 길을 빌리려 하나, 조선이 이미 중국의 藩屏이니 어찌 가만히 있겠는가?" 하니, 러시아 총병이 답하기를 "6진이 저항하면, 천근으로 새알을 누르는 것과 같아 무슨 어려움이 되겠는가?" 하였습니다. 또한 金鶴羽는 日語에 능하였는데 지난 겨울 일본 유학생들 앞에 이르렀습니다. 일전에 러시아 총병이 일본영사관에 와서 세계 일에 논급하기를 "고려지방은 온대지방에 있어 농업에 적합하고 화산이나 지진, 해일 등 재해가 없다. 五穀百貨가 적합치 않은 것이 없어 소문이 났은즉, 귀국은 어찌 합병하지 않는가?"고 말하였습니다. 일본영사가 말하기를 "조선과 일본은 交隣하기를 이미 300년으로 형제와 같이 지냈고 또한 청국에 속한즉 어찌 세력을 함부로 논하겠는가?" 하였습니다.

러시아 관리가 말하기를 "일본은 한국에 중국이 내원하는 것을 무서워하였다. 그러나 러시아가 그 배후에 있으니 청국은 스스로를 도모할 겨를도 없다. 그런즉 한국을 일격으로 판가름할 수 있다. 성공하는 날, 한국의 7省은 모두 일본에 돌아가고, 함경 1성은 러시아와 관할하고 서로 맹약을 맺어 영원히 화목하고, 그 이득을 서로 누리면, 어찌 일본의 복이 아니겠는가?" 하였습니다.

일본 영사는 답하기를 "러시아는 어찌하여 함경 1省에 욕심을 갖는가?" 하니, 러시아 관리가 이르기를 "형편이 그러하다. 금, 은, 구리, 철, 납과 목재, 가죽이 거기에 모여 있다. 또한 국경과 인접하여 육상과 해상 운송에 이점이 있어 각종 설비를 할 수 있다. 러시아의 군비에 충당할 수 있다. 그러니 러시아 관리의 말이 천박한 데 이른 것도 이유가 있다. 또한 블라디보스토크 부두는 탄환 같은 작은 항구이다. 軍政의 막대함이나 도로의 정비에 거의 千萬金이 드니 인심과 멀어진다. 러시아의 영역은 서기 1505년부터 1878년 간 西城 回部로부터 일본에 이르기까지 점거한 것이 8,078,571方里이다. 스웨덴과 조약에 따라서는 3,077,602方里를 서로 반씩 접하고 있다. 荷蘭과는 2,168,487方里, 터키와 동서 국경 점거지는 1,908,819方里, 페르시아와는 50,024,880方里, 이탈리아와는 1,028,664方里, 일본과는 1,645,122方里이다. 그러하니 러시아가 특히 서양으로 침략하고 동양을 필요로 하지 않겠는가? 누가 알겠는가?" 하였습니다. 혹자는 러시아가 조선을 침략하여 크게 되려고 한다면 오늘날 왜 동병하지 않는가? 이렇게 본 다면 어찌 만족이 있겠는가" 합니다.

臣은 러시아가 조선을 도모할 이유 열 가지를 들겠습니다.

1. 러시아는 터키와의 전쟁에서 영국과 프랑스가 참전하여 그쳤고, 回族의 新疆에서는 청국이 유지가 어려웠으나 러시아가 크게 떨치지는 못하였습니다. 종내 침학하지 못한 것은 춘추전국시대에 6국이 합종하여 秦을 제약한 것과 같습니다. 어찌 가장 허약한 조선 땅으로 갑자기 습격하지 않겠습니까?
2. 러시아는 해마다 서쪽으로부터 동쪽에까지 터키에서부터 新疆까지 인데 어찌 그 세력이 다음으로 조선에 미치지 않겠습니까?
3. 러시아는 지역이 넓고 병졸이 우수하다지만 블라디보스토크 몇 곳에 불과합니다. 어찌 좋은 항구와 사방으로 통달하는 이익을 탐하지 않겠습니까?
4. 러시아 수군 함장의 애기로는 블라디보스토크 항구가 절묘하지만 군사상 쓸 수 없는 곳이라 합니다. 그 까닭은 매년 겨울 추위를 당하여 모든 선박은 물이 달리는 것을 우려하여 長崎에 기항했다가 봄이 다하여 귀항하니 반년 허비하는 경비가 수십만 냥이라 합니다. 이것을 면하지 않으면 배가 있되 없는 것이나 같습니다. 어찌 얼지 않는 한 항구를 얻어 虛耗하는 경비를 줄이고 위험하고 망하는 것을 면하려 하지 않겠습니까?
5. 또한 러시아 총병이 일본영사관에서 논구한 위계같이 호시탐탐하고 있으니 조선을 도모할 다 섯번째 이유입니다.
6. 러시아가 연해주 한 구석에 있어 거리가 멀고, 운항이 어려워 진력하고 있습니다. 서방은 동양을 돌아볼 겨를이 없어 조선이 유지되어 왔습니다. 러시아가 이미 블라디보스토크에 근거하여 조선국경과 300리 거리로 바다와 육지를 맞대고 있습니다. 건너오는 데 무슨 어려움이 있겠습니까?
7. 러시아는 황막하고 춥고, 조선은 온화하고, 러시아는 척박하지만 조

선은 기름집니다. 어찌 옥토를 취하려 하지 않겠습니까?

8. 우리 변경 백성이 국경을 넘어간 자가 많은즉, 조선의 허실과 형편은 러시아가 자세히 알고 있습니다. 비록 조선이 크고 러시아가 작고, 우리가 강하고 상대가 약한 지경이라도 걱정인데 하물며 大小와 강약이 현저히 다른 데는 말할 필요가 있겠습니까?

9. 러시아는 탐학하고 통상조약을 맺은 나라일지라도 쟁탈합니다. 어찌 아직까지 강화조약이 없는 조선을 영구히 침략하지 하지 않고 홀로 후하겠습니까?

10. 청국과 한국과 일본이 연합하여 脣齒가 되는 것은 러시아가 싫어하는 바입니다. 어찌 조선을 침입하여 先手를 잡지 않겠습니까? 만일 조선을 얻으면 서쪽으로 청국의 咽喉를 시리게 하고, 동쪽으로 일본의 팔을 꺾습니다. 가까이는 남양군도에 권리를 가지고, 멀리는 구미 각국에 권위를 세워 세계인으로 하여금 용기를 뽑낼 수 있습니다. 러시아가 이런 큰 이익을 두고, 어찌 兵馬를 갖추어 남쪽 정복을 꾀하지 않겠습니까? 이것이 러시아가 조선을 도모할 열번째 이유입니다.

이렇게 보면 러시아가 조선을 꾀한 지는 오래 된 것입니다. 무릇 세계열강이 각축하는 지역에 살며 국방을 준비하지 못하면 어찌 방어를 할 수 있겠습니까? 소위 방어하는 것은 自强에 있고, 강해지려면 內修外交를 해야 합니다. 忠信의 도리로 聲援하여야 합니다. 黃遵憲과 李鴻章의 편지는 곧 외교책입니다. 公法·交際·稅則 등 다양하지만 국가의 화가 닥쳐와 우려하지 않을 수 없습니다. 文武의 재능을 함께 갖춘 한 사람을 뽑아 인천 같은 요지에 임명하고, 청국에서 北洋總督이 각국 사무를 주관하는 것과 같이 한다면 사무에 적합할 것입니다.

內修의 도리는 聖上이 마음을 바로하는 데에 있습니다. 국왕의 마음이 바른즉 朝廷이 바로 되고, 조정이 바른즉 百官들이 바로 되고, 백관이 바른즉 백성이 바르게 되고, 백성이 바르게 되면 그 후 만사는 살필 필요가 없게 될 것입니다.

위의 상소 내용 가운데 블라디보스토크에 군비가 강화되고 있는 것을 보면 역관 白春培가 그 곳에 사절로 갔던 것은 적어도 1877~79년 이후 러시아가 군비를 강화한 이후가 될 것이고, 마지막에 駐日 淸國公使館 黃遵憲의 편지를 논하고 있는 것을 보면 김홍집이 제2차 수신사로 일본을 방문했던 1880년 여름 이후임을 알 수가 있다.

이광린 교수가 지은『韓國開化史의 諸問題』에 의하면 김홍집이 귀국할 때 얻어온 黃遵憲의『朝鮮策略』의 내용이 알려지면서 조선정부에서는 러시아에 대한 경각심, 혹은 위기의식을 갖게 되었다. 그리하여 비밀리에 사람을 보내 露領의 실정을 탐지 보고시켰던 것 같다. 그 두드러진 예가 白春培의 경우였다. 그는 노령에 파견되어 정세를 살핀 뒤에 국왕에게 보고서를 바쳤는데, 그것이 이른바「俄羅斯探探使白春培書啓(壬午 臘月)」였다. 하여간 개화당에 속하였던 白春培가 위의 서계를 써서 고종에게 바친 것이 임오년 납월 곧 1882년 음력으로 12월이었으니까 러시아에 파견된 것은 그 이전이었을 것이다. 여기에는 러시아가 반드시 조선을 침략하리라는 이유 열가지를 들어 설명하였다. 다음에 러시아의 블라디보스톡(海蔘威) 摠兵官이 일본영사관을 방문하여 영사와 세계정세를 논한 것을 전재하였다. 러시아총병관이 한국은 기후가 좋고 땅이 기름져 五穀百貨가 생산되며 화산, 지진, 해일 등이 없는 나라인데 어찌하여 일본이 침탈하지 않는가, 그리고 일본이 한국을 침탈할 경우 중국이 한국을 원조하면 러시아는 일본을 돕겠는데, 요는 일본이 한국을 침탈할 경우 8도중 7도만 차지하고, 나머지 1도, 곧 함경도는 러시아가 차지할 수 있도록 하여 露・日間의 우의를 돈독히 하면 좋겠다고 하였다. 일본 영사는 이에 대해 일본이 조선을 침탈할 처지에 있지 못하다고 답변하였다는 것이다. 이 내용은 분명히 金鶴羽로부터 들은 이야기를 옮겨 적은 것이었다. 위의 기록들을 통해서 우리는 러시아영토와 맞닿아 조선의 관리나 국민들이 절박한 위기를 느끼던 당시 상황을 일부나마 파악할 수 있다.

위에서 白春培는 文武의 재능을 겸비한 인재를 뽑아서 인천 같은 요지에 두고, 청국의 北洋提督이 각국 사무를 주관한 것을 본받으면 적합하다고 제안한 것이 주목된다.『承政院日記』고종 19년(1882년) 9월 6일조에는 幼學 高穎聞이 인천은 三南 漕運의 요충이고, 서울의 關門이니 특별히 중요한 海軍鎭으로 방위해야 할 것을 상소한 사실이 있어 서로 관련이 있음직하다. 이광린 교수는『개정판 한국개화사연구』에 고영문의 상소를 인용하였다.

개항기에 조선에서는 관제를 개혁할 때는 청국의 제도를 채용하고, 군제를 개혁하는 데는 일본의 제도를 많이 채용한 사실에서 보면, 조정에서 혜안을 가졌다면 이러한 관제의 습용도 충분히 가능한 사실이었을 것이다.

임오군란이 진압된 1882년 무렵, 나라 안에서는 혁신정치를 단행해야 된다는 분위기가 조성되고 있었다.『承政院日記』에 국왕은 9월 4일 (음력 7월 22일) 인재 등용에 관한 교서를 공포하였다. 곧 지금까지 차별대우를 받았던 西北, 松都, 庶孼, 醫譯, 胥吏, 軍伍도 능력본위로 顯職에 등용한다고 하였다. 능력은 갖추었지만 함경도인으로 등용되지 못하였던 張博, 露領으로 이주하였던 金鶴羽 같은 사람들은 이 범주에 들어 당장 부름을 받고 서울에 올라왔다. 그러나 갑자기 중앙의 아첨배의 저지로 등용이 되지 못하였다고 한다. 이들은 실망하여 고향에 돌아가지 않고, 서울에 머물다가 1883년 1월 전후하여 일본유학에서 돌아온 兪吉濬을 여관에서 만났다고 한다.

조선후기에 전문직 중인들은 17세기에 시단을 주도한 六家詩社에서 1870년대 말에는 秋琴 姜瑋를 중심으로 六橋詩社의 활동까지 위항 문학운동에 공헌하였다. 六橋詩社 동인 가운데 白春培(1844~1887)는 역과를 통하지 않은 중인 집안의 세습 역관이었다. 그는 개화당에 가입하여 1883년 金玉均이 東南諸島開拓使 및 捕鯨使로 일본에 파견될 때 從事官으로 활약하였다.

兪東濬이 지은 『兪吉濬傳』(1990, 일조각 간) 114쪽에는 金玉均이 갑신정변에 실패한 후 일본으로 망명하였다가 박영효 등은 1885년 4월 미국으로 떠나고, 김옥균만이 白春培 등 몇 명의 수행원과 같이 권토중래의 기회를 엿보고 있었다고 한다. 그러다가 정변에 대한 未練, 고국 소식에 참지 못하고 김옥균은 白春培를 정보 수집차 국내에 들여보냈다가 체포당했다. 1885년 11월에는 大井憲太郎 등 일본 정객들이 김옥균과 결탁, 몇천 명의 浪人과 한국을 침공, 조선정부를 전복하려던 음모가 발각, 조선에서 대단한 경계를 폈다. 그런데 1885년 이후 조선정부가 일본에 있던 유학생의 소환을 요구하는 金允植의 편지에 유학생이라 볼 수 없는 白春培 등의 명단도 들어 있어 그가 갑신정변후 귀국한 顚末을 규명하는 데는 앞으로 더욱 노력이 필요하겠다.3) 1886년 5월 28일(음력 4월 23일)에 쇄환된 兪亨濬, 李樹廷 등 6명은 처형된 것으로 보아 결국 이들이 정부의 속임수에 빠져 귀국한 것인지 이광린 교수는 의문을 제기하였다. 이런 상황에서 김옥균을 일본에서 만난 후 귀국한 兪吉濬이 목숨을 건질 수 있었던 것은 그의 양반집안 배경과 비호세력 덕분이었다.

Ⅲ. 러시아의 南下와 恐露意識

1. 露日和親條約의 체결

러시아는 일본과의 국교를 염원하였는데, 1852년 3월 미국이 일본에 통상과 조난선원 보호를 위하여 페리 제독을 파견하는 것이 신문으로 알려졌다. 같은 해 여름 러시아 황제 니콜라이 1세는 侍從武官이었던 해군중장 푸챠친을 東亞艦隊司令官 겸 派日大使로 임명하여 군함 4척

---

3) 『舊韓國外交文書』, 「日案」 1, 문서번호 532 및 539 ; 이광린 1986 「개화초기 한국인의 일본유학」, 『한국개화사의 제문제』, 일조각, 1986, 60쪽.

을 갖고 長崎에 입항하였다.[4)]

그러나 두 나라의 주장에 상당한 거리가 있어, 일본은 페리 제독에 의해 1853년 먼저 개국을 보았다. 러일화친조약은 1855년 2월에 의정되었는데 조약 9개 조와 부록 4개 조로 되었다. 중요 사항에는 사할린(Sakhalin)은 분계하지 않고 종전대로 두며, 일본은 箱館·下田·長崎 3개 항을 개항하였다. 最惠國條款을 인정시켰고, 범법자는 본국법으로 한다고 서로 領事裁判權을 인정하였다. 1857년에는 러일추가조약이 조인되어 무역의 자유 범위가 약간 확장되었다. 러일수호통상조약은 1858년 8월 19일 永定 등 幕府全權과 푸챠친 사이에 江戶에서 조인되었다. 제14조에 일본인이 有罪일 때는 日本官所에서 처벌하고, 러시아인은 러시아 영사가 이를 처벌하기로 被告國籍主義를 명확히 규정하였다. 제16조에는 서로 最惠國條款을 규정하였는데, 이것은 다른 나라와 다른 점이었다. 러시아는 다른 나라와 달리 그 영토 안에 일본인이 적지 않아 상호규정의 삽입을 인정한 것으로 보인다.[5)]

日本幕府는 칙허 없이 美日條約을 조인하고, 잇따라 영국, 러시아, 화란, 프랑스와 수호조약과 무역장정을 체결하였다. 이들 5개 국과의 조약으로 1859년 7월 1일부터 神奈川·箱館·長崎 상관이 무역항으로 개방되고, 각국은 외교관을 江戶에 파견하였다.

일본이 歐美人에게 문호를 개방한 결과 먼저 나타난 것은 외국인에 대한 일반 민중의 배외운동이었고, 그것은 조정에 의해서 배양된 攘夷運動과 같은 것이었다. 국내에서 金貨는 급속히 고갈되고 물가는 앙등하여 서민의 생활에 불안을 가져왔다. 특히 외국인 대부분이 淸國으로부터 건너왔기 때문에 그들의 거동은 증오와 물의를 일으켰고, 상인의 불평도 대단하였다. 이것이 쌓인 결과 외국인에 대한 습격사건이 자주 일어나 외국 대표자는 물론, 幕府로서도 큰 위험을 느끼게 되었다.

---

4) 유동준, 『유길준전』, 일조각, 1990.
5) 鹿島守之助, 위의 책, 43쪽.

1859년 8월 말 러시아 士官 1명과 水兵 2명이 神奈川 대신 개항된 橫濱에서 살해된 이래6) 1861년까지 각국인이 피해를 입었다. 1862년 2월에는 조약을 체결하였던 각국에 개항 연기의 교섭을 위한 사절단을 보내기도 하였다.

한편 京都에서는 1863년 4월에 諸侯會議에서 6월 25일부터 외국인 등 모든 침입자를 국내에서 구축하는 날로 결정하였으나 幕府閣議에서는 將軍의 입장을 양해하여 攘夷期間을 외국인 철퇴 교섭을 개시하는 기일로 해석하기도 하며 열강에 막대한 배상을 제의하기도 하였다. 幕府의 태도와는 달리 攘夷의 勅旨를 받은 長州蕃에서는 미국 상선 등을 공격하였고, 이후 영국, 화란, 프랑스, 미국으로 구성된 4국 연합함대가 下關 등을 공격하였다. 長州蕃 대표는 연합함대 사령관과 담판하고, 해협통항 외국선박을 우대하고 재무장을 안할 것과 배상을 약속하였다. 下關 공격이 長州에 준 타격은 鹿兒島 포격이 薩摩에 준 것과 같은 타격을 주어 일본의 배외운동은 타파되고, 모두 洋式 육해군의 우세를 인정할 정도로 외국친선으로 轉化하였다. 1866년 6월 25일 幕府와 각국 공사는 12개 조로 된 조약에 조인하였다. 이것은 德川幕府가 외국과 맺은 최후의 조약이었다.7)

장군 德川家茂가 1866년 9월 大阪에서 죽고 慶喜가 조칙을 받들어 장군 자리를 이었다. 1867년에는 明治帝가 즉위하면서 내외형세는 변동을 재촉하여 維新의 대개혁을 보게 되었다. 兵庫 開港이 불가피한 이유를 上奏하여 6월에 칙허를 받고, 장군 慶喜가 11월 9일 大權을 明治政府에 반환함에 따라서 開市開港은 대권반환 이전에 시작되어 明治政府에 승계되었다.8)

---

6) 김경창, 앞의 책, 92쪽.

7) 鹿島守之助, 『日英外交史』 I , 33~34쪽. 그 중 ① 治外法權과 ② 低率關稅 조항은 모두 일본의 주권을 침해하여 明治外交의 암적인 존재가 되었다. 관세율은 일체의 식료품 등 無稅輸入, 연초·사탕·제조품은 5%, 보석·향수·포도주를 포함하는 사치품은 가격의 5% 수입세를 지불하기로 되었다.

2. 列强과의 修交와 恐露意識의 淵源

  아시아를 둘러싼 영국과 러시아의 대립은 일찍이 아편전쟁(1840년)을 기화로 시작되었다. 그러나 영·러의 본격적인 대결은 1857년 인도에서 일어난 세포이 반란을 틈타서 러시아가 아이훈 조약(1858년)과 러청 북경조약(1860년)을 성립시켜 방대한 沿海州를 획득함으로써 비로소 본격화되었다.[9] 두 나라는 대립이 지속되면서 서로 상대를 자극할 것을 염려하여 自重政策으로 일관하였고, 아시아에 진출이 늦었던 미국이 조선과 수교에 앞장설 수 있었던 것도 이 시기를 틈탄 현상이었다.

  한편 러시아가 청국으로부터 연해주라는 방대한 영토를 빼앗고, 한국 및 만주와 국경을 접하게 되자 아시아에는 이른바 恐露意識이 대두되었다. 그러나 당시의 러시아는 아시아 여러 나라에 대해서 청국과 한국이 두려워해야 할 만큼 그리 위협적인 존재는 못 되었다. 러시아의 지리적 조건이 불리하여 침략보다는 침략적 관심으로 그치게 되는 실정이었다. 연해주는 러시아의 중심에서 너무 멀리 떨어져 있어 한국해협이 차단되는 경우에는 블라디보스토크의 군사적 가치가 감소되는 형편이었다.

  연해주지역은 식량의 자급자족이 불가능하여 대부분 생활필수품마저 유럽에서 보급받아야 하는 형편이었다. 날씨가 추워서 육로의 유일한 幹線인 아무르 강의 항행 일수가 연평균 140일 정도에 불과하였고, 러시아 중심부에서 연해주까지 육로로는 2년이 걸렸다. 그들은 해운에 의존해야 했는데 1869년 수에즈 운하가 개통되면서는 오뎃사에서 블라디보스토크까지 불과 45일이면 항행이 가능하였다. 해운에의 의존도가 높아지면서 해군력의 증강이 긴요해졌고, 이를 위해서는 不凍港의 획득이 선행되어야 하였다.

---

8) 鹿島守之助, 앞의 책, 34쪽 ; 김경창, 앞의 책, 101쪽.
9) 崔文衡, 『제국주의시대의 列强과 韓國』, 민음사, 1990, 367쪽 이하 참조.

이런 상황에서 사할린 교환계획이나 대마도 점령과 같은 러시아의 부동항 획득기도는 외견상 침략성을 띠기는 하였으나, 러시아로서는 아시아령 방어와 유지를 위한 몸부림이었고 그 자체가 침략을 지향한 행동은 못 되었다. 혹한 속에 식량자급을 못하는 땅을 기지로 근소한 병력을 갖고 남침을 강행할 수는 결코 없었기 때문이다. 따라서 恐露意識은 영국이 의도적으로 청에 고취시킨 것이었고, 이 과장된 것을 청국은 다시 한국에 주입시켰던 것이다. 미국과 개국할 때 한국 외교의 주조를 이루었던 『朝鮮策略』의 노선도 러시아 견제를 위한 영국의 외교술수에서 비롯된 것이었다.

한미수호통상조약은 물론 한·영 및 한·독 수호통상조약이 모두 영국과 청국에 의해 고취된 恐露意識에서 비롯된 것이었다. 壬午軍亂(1882년 11월)이 일어나자 영국은 개화파를 회유하여 韓英新條約(1883년 11월)을 맺어 저율관세가 적용되었다. 최혜국조관에 따라 모든 나라에 저율관세의 혜택을 줌으로써 조선은 심각한 재정난을 겪게 되었다. 以夷制夷 외교에 실패한 청의 李鴻章은 묄렌도르프를 파견하고, 韓中通商條約을 맺어 한국에 대한 종주권을 강화하여 조선은 열강의 침략과 아울러 청의 압제까지 받는 형세가 되었다.

조선의 개화파는 난국타개를 위하여 영국과 미국의 힘을 빌려 청의 간섭을 배제하려 하였으나 소기의 성과를 거두지 못하였다. 조선은 청의 압제를 물리치기 위해서는 묄렌도르프의 권고에 따라 러시아를 끌어들여 수교를 맺게 되었다. 이것은 『朝鮮策略』的 외교노선의 청산이었다. 갑신정변이 끝나고 친일세력이 몰락한 후 조선은 묄렌도르프의 주선에 따라 韓露密約을 체결, 러시아에 영흥만을 허용하는 대가로 보호를 약속받았다. 러시아의 급속한 진출은 영국과 일본에 경각심을 주어 영국은 아프가니스탄에서의 Panjdeh 위기를 기화로 거문도를 점령하였다. 일본은 청과 현안문제 해결을 위해 天津條約을 성립시켰다.

친일정권이 몰락하자 한반도에서 청국의 우위는 공고해졌다. 이것은 영국이 거문도를 점령하여 러시아를 견제해 줌으로써 더욱 확고해졌다. 영국의 거문도 점령으로 태평양 진출이 여의치 못하게 된 러시아는 동아시아령 방위를 위하여 해군력이 아니라 육군력에 의존하게 하였다. 不凍港은 철도와 연결을 위해서만 필요하였고, 1886년부터는 군사적 목적을 위한 시베리아 철도 부설 논의가 일어났다. 철도의 완성 때까지 청과의 타협을 모색하여 조선과 청국 간의 기존의 종속관계를 인정하는 李鴻章·라디겐스키 협상(1886년 10월)이 맺어지고, 러시아 국내에서 조선침략 포기를 내정한 Korf-Zinoviev 회담(1888년)이 이루어진 것도 이 방침에 따른 것이었다.

시베리아 철도는 1886년부터 부설이 논의되었지만 1891년 동맹국 프랑스의 재정지원을 받아 착공되었다. 일본에서 1889년 집권한 山縣은 일본의 대륙진출을 위해서는 러시아와의 종국적인 대결이 불가피하다고 보고, 철도가 완공되기 전에 그 준비가 완료되어야 한다고 주장하였다. 이를 위해서는 그 序戰 격인 청국과의 대결을 서둘러 결말지어야 한다고 주창하였다.

따라서 청일전쟁은 시베리아 철도의 착공에 자극받은 일본이 도발한 것이었고, 東學亂이 원인은 아니었다. 영국은 러시아의 남침을 막기 위해 청국과 일본을 앞잡이로 이용하려 하였는데 전쟁을 막아야 할 필요에서 열강의 공동개입을 통한 청·일 양군의 조선에서의 철수를 제의하였다. 이에 대해 러시아는 영국을 위해 움직이려 하지 않았고, 미국도 불개입을 원칙으로 하였다.

전세는 일본에 유리하게 전개되었고, 강화 과정에서 러시아·독일·프랑스의 삼국간섭이 일어났다. 이후 俄館播遷 등 한국의 정세변화는 한반도에서 일시적으로 1898년 이전에 러시아의 우세를 초래하였다. 주한 미국외교관이던 씨일과 알렌은 본국의 의도에 반하여 한반도에서 러시아를 지원하였다. 그러나 한반도에서 먼저 러·일을 서로 견제시킴으로써 미국의 이익을 증진시켜야 한다는 알렌의 정책은 그들을 한반도 아닌 만주에서 서로 견제시켜야 한다는 미국대통령 데오도어 루즈벨트의 정책에 밀려 다시 일본 지원으로 돌아갔다.

러시아가 1898년 3월 旅順과 大連을 租借한 것은 미국과 열강의 정책방향을 돌려 놓는 결정적 계기가 되었다. 동맹국인 청과의 관계가 소원해지고, 일본과 영국에게 적의를 갖도록 만들었다. 영국과 일본의 접근 가능성이 짙어지자 러시아는 1898년 4월 25일 Rosen - 西협상을 성립시켜 한반도에서 일본의 상업 및 산업상 우위를 솔선하여 인정하게 되었다. 이후 러시아는 조선에서 군사 및 재정 고문을 자진 철수하고 한러은행도 해체하여 비록 정치적 견제력만은 유지하였으나 일본의 경제적 우위를 인정하게 되었다. Rosen - 西협상 후 조선에서 일본의 우위가 확립된 상황 아래 미국의 불간섭정책은 결과적으로 일본을 지원하게 되었다. 위에서 시베리아 철도의 착공이 청일전쟁을 촉진시켰다면, 그 완공의 임박은 러일개전을 예비하였는데 이후의 전개는 1898년 이후의 열강의 대결이 전제가 되었다.

3. 韓露密約과 淸의 對應

조선이 개국한 1876년 이후 1894년 청일전쟁이 일어난 시기까지 조선에 대한 청국의 정책수립자는 李鴻章이었다. 조선의 안보문제는 청의 안보와 직결되므로 以夷制夷 정책으로 구미 여러 나라와 조선을 修好通商시킴으로써 세력균형을 형성하여 조선에 대한 일본과 러시아의 세력팽창을 배제하고, 宗主國으로서 淸의 우위권을 유지하려 하였다.

제1차 韓露密約事件은 고종과 廷臣들이 청의 내정간섭을 배제하기 위하여 러시아의 보호를 구하였으나 러시아 사절의 부주의와 親淸官僚인 金允植의 조치로 실패한 사건이었다. 이 사건은 甲申政變 직후 영·러의 대립으로 영국이 巨文島를 점령하자 사건이 국제화하였다. 제2차 韓露密約說로 인한 사건은 관련자들이 모두 함구하고 관련을 부정하였으나, 청국의 袁世凱가 고종을 폐위시켜서라도 러시아의 세력팽 창을 막고 청의 종주권을 강화하고자 한 사건이었다.

영국은 버마 병합에 대한 청국의 반대를 무마하기 위해서도 청을 계속 지원하였다. 일본은 1880년대 초반에는 서구열강의 지원을 받아 청국세력이 조선에 확대되는 것을 막으려 하였다. 그러나 갑신정변 직후에는 정책을 바꾸어 청국을 지지하게 되었다. 1885년대에 일본에서는 黑田淸隆(Kuroda Kiyotaka)이 청국이 청불전쟁 후 해군력을 강화하는 것을 보고, 강화되기 전에 전쟁을 해야 한다고 주장하였다. 그러나 伊藤博文이나 井上馨은 일본의 부국강병과 근대화가 선결문제임을 주장하며 섣불리 청과 전쟁하면 러시아만 漁父之利를 얻게 된다고 반대하였다. 伊藤博文은 1885년 李鴻章과 天津條約을 체결하고 조선에 대한 직접 간섭을 피하고자 하였다. 청국의 적극책을 지지하여 러시아의 남하를 견제하고, 국력을 조선에 낭비하지 않고, 근대화에 매진하였다. 1887년 가을 伊藤博文이 러시아 대표에게 일본은 국내사정에 얽매여 있으므로 조선에서는 평화와 안정을 희망한다10)고 말한 것으로 보아도 청국과 러시아를 격퇴할 능력을 갖출 때까지 조선에서의 현상유지를 바랐다.

러시아는 청국의 조선정책에 대해 오랫동안 中立을 고수하였다. 그러나 러시아는 영국에 의해 부동항 획득을 열망한다고 알려졌다. 영국은 일본이 강화도조약을 체결할 때와 청국이 서구열강을 조선에 소개하여 통상수호조약을 맺을 때에도 조선에서 不凍港을 얻고자 하는 러시아의 야심을 경고하며 러시아에 대한 불신을 조장하였다. 자료에 의

---

10) Chihiro Hosoya, *Japan's Policies toward Russia, Japan's Foreign Policy 1868-1941,* ed. James William Morley, New York : Columbia University Press, 1974, 351쪽 ; T. F. Tsiang, "Sino-Japanese Diplomatic Relations, 1870-1894," *The Chinese Social and Political Science Review* Vol. XVII, April 1933, 105~106쪽(淸華大學 역사학 부교수 蔣 교수의 이 논문은 김기주·김원수에 의해 『淸日韓外交關係史』라는 책으로 민족문화사에서 1990년 번역되었다).

하면 1885년 이전 러시아는 조선에서 부동항을 획득할 자원도 해군력
도 극동에는 없었다. 1877~79년에는 엄청난 비용을 들여 블라디보스
토크를 요새화하고 극동에서 중요한 항구의 역할을 기대하였다.11)

그러나 1885년 영국이 巨文島를 점령하고, 일본해군력의 증강으로
태평양으로의 진로가 대마도에서 차단됨을 깨달았다. 그리하여 1887년
러시아는 극동 방위를 육군력의 강화에 의존하는 방위정책을 채택하
였다. 시베리아 철도가 완성될 때까지 조선에서 청국의 종주권을 묵인
하는 태도를 취하였고, 제1차 및 제2차 한러밀약사건 때에도 조선이
러시아의 보조를 요청하였으나 빈번히 거절하였다.12)

갑신정변 이후 이런 국제관계 속에서 李鴻章은 袁世凱에게 駐箚朝
鮮總理交涉通商事宜라는 직책을 주어 종주권을 강화하고 조선내정과
외교에 온갖 간섭을 하였고, 또 제2차 韓露密約說을 기화로 袁世凱와
청국은 조선을 병합하고자 기도하기도 하였다.

IV. 卞元圭의 武備講究 및 聯美役割

변원규는 숙종 때 서울 甲富로 소문났던 倭語譯官 卞承業의 둘째 아
들 가계를 이은 집안에서 태어났다. 할아버지 重觀(1745~1801)은 醫
科正을 지냈다. 그의 장자 光源(1781~1816)은 의과를 통해 副司果가
되었다. 後嗣가 없어 동생 光韻의 아들 元圭[1837~96(헌종 3~고종
34)]를 양자로 삼았다. 원규의 생부 光韻[1798~?(정조 22~?)]은 순조
16년 식년시에 漢學을 거쳐 敎誨崇綠知樞를 지냈다. 변원규는 字가 大
始이고 號는 吉雲 또는 蛛航으로서 철종 6년(1855) 한학으로 장원하고

---

11) Andrew Malozemoff, *Russian Far Eastern Policy, 1881~1904*, Berkeley,
1958, 24·28쪽(任桂淳, 「韓·露密約과 淸의 對應」, 『淸日戰爭을 前後한 韓
國과 列强』, 한국정신문화연구원, 1984, 124쪽에서 재인용).
12) *Ibid.*, 36~38쪽(任桂淳, 위의 논문, 124쪽).

敎誨崇綠知樞를 지내고 군수를 역임하였다.

조선에서는 1876년 강화도조약에 이어 수신사 金綺秀가 일본을 시찰하고 돌아온 후 7월에 한일수호조규 부록 및 무역장정을 맺었다. 조정에서는 이를 청국의 예부에 통보하는 賚咨官 李容肅 편에 武備自强策을 추진하려는 조선정부의 뜻을 전달하였다.13) 이런 조치는 청국의 李鴻章의 적극적인 주선과 결정에 따라 領選使를 파견하는 단서가 되었다.

조선의 안전이 東三省의 안전, 나아가 중국 본토의 안전과 직결되어 있다고 보면서도, 청국은 조선의 외국과의 교섭에 대하여는 깊게 개입하지 못하였다.14) 여기에는 일체의 政敎禁令은 조선 스스로가 自行專主하고 중국은 이에 관여하지 않는다15)는 전통적 朝淸關係도 있었지만, 청국이 첫째 깊숙이 개입할 역량을 미처 갖추지 못하였고 佛・美・英뿐 아니라 일본이나 러시아까지도 조선을 倂呑하지 않으리라는 어느 정도의 확신을 가지고 있었기 때문이다.

조선에서는 1880년 4월 25일 武備講究에 대한 구체적 논의를 거쳐 그것을 청하는 咨文을 7월에 別賚咨官 변원규 편에 부송하였다.16) 이홍장은 1880년 9월 朝鮮 賚咨官 변원규와의 필담에서도 청국의 수군으로는 겨우 청국의 口岸을 지킬 수 있을 뿐, 멀리 동해 德原 등까지 돌볼 겨를이 없으며, 몇 년을 기다려 鐵甲快船이 갖추어진 후라야 海東各口를 出巡 성원할 수 있을 것이라고 하였다.17) 청국이 조선에 대하

---

13)『通文館志』卷11, 紀年續編 今上 13年 丙子條, 93쪽.

14) 宋炳基,『近代韓中關係史研究 - 19세기말의 聯美論과 朝淸交涉』, 단국대 출판부, 1987, 19~21쪽.

15)『中日韓史料』2, 270~271쪽 ;『中日交涉史料』Ⅰ, (1) 總理各國事務衙門奏 日本欲與朝鮮修好褶(光緒 元年 12月 21日).

16)『高宗純宗實錄』上卷17, 高宗 17年 7月 9日, 上 617c, d.

17)『中日韓史料』2, 434~435쪽 ;『李奏』38, 朝鮮通商西國片(光緒 6年 9月 27日) 附件, 朝鮮賚咨官 卞元圭筆談問答照鈔. 이홍장은 일본의 대만출병이 있었던 1874년 말 대규모의 해군증강계획을 정부에 건의하였으나 新疆 회교반

여 서양 여러 나라와의 立約 通商을 권고하게 된 데는 이런 사정이 작용하였다.[18] 청국이 가장 우려한 것은 조선이 일본에 의하여 병합되는 것이었다. 그러나 雲揚號事件이 1876년 강화도조약으로서 평화적으로 해결됨에 따라 청나라 당국자들은 러시아의 조선침략에 더욱 대비를 하게 되었다.[19] 그러나 러시아의 呑滅을 막기 위해 列國立約으로 견제시키려고 하나, 조선이 立約을 자행하면 列國이 조선의 정치적 자주성을 인정하게 될 것이고, 결과적으로 중국의 속국이란 이름은 홀연히 사라지게 되는 것이 청국으로서는 문제였다. 그렇기 때문에 駐日淸國公使 何如璋은 조선의 외교를 청국이 主持하여야 한다고 주장하게 되었다.[20] 청국은 또한 영국이나 프랑스가 조선을 침탈하지 않으리라는 전제하에 서양 여러 나라에 立約 통상할 것과 武備講究를 이홍장의 1879년 7월 密函으로 알렸다. 한편 최근의 연구에서는 고종은 일본이 강화도조약을 강요하기 이전에 이미 기존의 主·臣關係이던 대청관계를 동등관계로 바꾸어 보려는 의식적 변모가 보였다고 한다. 고종에게는 청에 의지하기보다 자체의 힘을 길러 부국강병하고자 하는 의지가 있어 그런 만큼 武備에 대한 관심이 지대하였다.[21]

란 진압책임을 맡고 있던 左宗棠의 반대로 축소 조정되었다. Key-Hiuk KIM, *The Last Phase of the East Asian World Order : Korea, Japan, and the Chinese Empires 1860-1882*, Berkeley : University of California Press, 1980, p.200, pp.339~340.

18) 權錫奉, 『淸末 對朝鮮政策史硏究』, 일조각, 1986, 110쪽. 변원규가 유구 폐합 사건을 들어 공법의 실효성에 의문을 제기한 데 대하여, 이홍장은 "公法乃泰西所訂 東土未必照行 但各國通商公共之口 一國不能獨占 占之 則必群起而爭"이라고 하였다.

19) Key-Hiuk KIM, op. cit., pp.276~278, pp.341~344.

20) 權錫奉, 앞의 책, 1986, 130~131쪽.

21) 『承政院日記』 高宗 17年 8月 28日(A.D. 1880) ; 『修信使記錄』 全 ; 『修信使日記』 卷2, 入侍筵說, "……弘集 臣見淸使 …… 上曰 彼人雖欲與國同心合力 而此何可深信乎 卽要我亦行富國强兵之術而已……" ; 안외순, 「대원군집정기 고종의 대외인식 - 遣淸 回還使召見을 중심으로」, 『東洋古典硏究』 3, 1994(구선희, 『韓國近代對淸政策史硏究』, 혜안, 1999, 28쪽 재인용).

武備講究 교섭에 대한 廟堂의 의논이 구체화된 것은 1880년 4월 하순부터였고, 고종의 적극적인 주장으로 7월 초순에 賚咨官 卞元圭를 청국에 파견, 정식으로 요청하였다. 卞元圭는 이홍장에게 무비강구 주선을 당부하는 李裕元의 편지도 휴대하였다. 그는 청국 禮部에 咨文을 전달하고, 天津에서 津海關道 鄭藻如 등과 武備講究를 협의한 후 天津機器製造局 등에 있는 화기·화약 창고를 시찰하여 협상자료로 삼고,22) 9월 22일 이홍장과 회담하였다. 문답은 무비강구보다 일본에 개항한 東萊와 德原(원산)에서 관세징수와 관세율, 서양과 立約, 통상 등 조선의 외교문제가 중심이었고, 일본의 琉球倂合에 깊은 관심을 표시하였다. 9월 22일 변원규가 筆談할 때 이홍장은 조선이 對日貿易에서 무관세 무역으로 불이익을 당하고 있는 것을 알았기 때문에 出入 口稅를 정할 때 輕重을 참작해서 정해야 함을 충고하였다.23) 이런 과정을 통하여 통상국 간의 관세 성격에 대해서 보다 구체적으로 인지한 조선 정부는 1880년 5월 제2차 수신사의 파견에서 일본과의 무관세무역을 시정하고자 하였으나, 일본은 전권사신이 아니라는 이유로 거절하였다. 조선은 또한 앞으로 시행하고자 하는 문제에 청국의 자문을 구하는 「請示節略」을 작성하였는데, 그 세 번째 대답에서 이홍장은 세무에 능통한 서양인을 고용하여 세관에 쓰고, 외국어 학습을 할 필요성을 주장하였다. 이것은 황준헌의 『朝鮮策略』에서 "학생을 보내어 京師 同文館에서 서방어를 익히고 …… 上海 제조국에 가서 배 만드는 것을 배운다"로 언급된 문제였다.24) 여기에서 卞元圭의 淸國 派遣 목적은 武備講究 이상으로 密函을 보낸 이홍장을 직접 만나 서양과의 조약과 통상을 권고하게 된 사정을 파악하기 위해서였던 것으로 보인다.25) 이

---

22) 권석봉, 앞의 책, 160쪽.

23) 『中日韓關係史料』 2, #341-(2), 432쪽, 光緒 6年 9月 28日.

24) 구선희, 앞의 책, 35쪽. 『陰晴史』 高宗 18年 12月 1日. 영선사 일행으로 청국에 파견된 변원규는 이홍장과의 문답에서 학도 중 총명한 자를 택해서 각국의 어학을 습득하게 하는 데 서로 통하지 않아도 배울 길이 있느냐고 물었다.

336 실학사상연구 12

홍장은 외정 문제 중에서도 서양과의 立約 통상을 강조하였고, 卞元圭
는 이를 경청, 귀국하여 국왕에게 보고할 것을 다짐하였다. 프랑스나
미국 등은 통상을 원할 뿐이나 러시아는 東海의 요새 德原이나 永興을
도모하려 하고 있다는 것과 密函에서 서양 대국들과 통상을 권고한 것
은 러시아나 일본이 조선에서 사단을 일으킬 것을 염려한 때문이라고
하였다.26)

　卞元圭는 사명을 마치고 이홍장이 李裕元에게 보내는 편지를 갖고
10월 초순 북경을 거처 귀국하였다. 그는 또 「朝鮮國員弁來學製造操練
章程」을 휴대하였다.27) 海路를 이용할 수 있게 규정한 것은 그것이 練
兵이 끝나는 1~2년 간에 국한된 것이기는 하나 전통적인 朝淸關係의
수정을 시도한 것이었다. 변원규가 귀국한 시기는 1880년 10월 말경,
늦어도 11월 1일 이전이었던 것 같다. 미국과 수교할 뜻을 밝히기 위해
李東仁·卓挺植 등을 일본에 파견했던 고종은 그 후 두 달이 못 되어
변원규를 통하여 조약체결 권고를 받게 되어 미국과의 수교를 결심하
게 되고, 이는 이홍장에게 통보되었다. 변원규의 귀국을 계기로 하여
유학생 파견의 움직임은 적극성을 띠게 되었다. 이를 통보한 사람은
제2차 일본 修信使 金弘集을 수행했던 首譯 李容肅이었다. 그것은 변
원규가 귀국한 지 약 1주일 만인 11월 7일의 일이었다. 그는 이홍장의
편지에 대한 이유원의 두 번째 답장도 전하였다(11월 11일자). 이러한
설득을 받고 변원규가 귀국한 것을 계기로, 이에 대처하기 위하여 고

───────────────

25) "請講究武備咨文"의 날자가 김홍집이 辭陛한 다음 날인 5월 29일로 되어 있
　　다(『承政院日記』高宗 17年 5月 28日).『同文彙考』4, 373쪽, 請講究武備咨.
26) 주 16) 참조(光緒 6年 9月 27日).
27) 장정 제1조에는 제조를 학습할 학도 38명과 조련을 학습할 弁兵 40명을 파견
　　한다. 제2조에는 파견하는 인원과 軍器 등은 예외적으로 바닷길로 운반할 수
　　있다고 되어 있었다. 제 3조는 사대상판이나 화물의 입송을 금한다고 되었는
　　데, 이것은 나중에 조선측이 무역을 통하여 필요한 경비를 조달할 수 있는 길
　　이 차단되었다. 제4조는 관계공문은 예부와 북양대신아문으로 分咨한다는 것
　　이었다.

종정부는 1881년 1월 20일(陰 12월 21일)부로 通商·交隣 등 12개 부문의 문제를 관할할 統理機務衙門이라는 전문기구를 설치하였다.[28]

또한 일본의 침략의도를 알아보고자 3월에 禮曹參議 김홍집을 일본에 파견하게 되었다. 이에 앞서 러시아 관헌 마추린이 慶興府 연변에 와서 수교를 요청한 일이 있었고,[29] 미국 해군제독 슈펠트(Robert. W. Schufeldt : 1822~95)가 3월 하순 長崎를 거쳐 부산에 입항, 수교를 요청한 것도 이 무렵이었다.

주일 청국공사 何如璋은 러시아의 침략을 저지하려면 조선이 비교적 공평한 미국과 서둘러 조약을 체결하는 것이 부득이하다고 보았다.[30] 그는 또 서양에서는 속국이나 반독립국이 조약을 체결할 때 흔히 통할국이 주관하는 것이 통례이기에 조선이 조약을 체결함에 청국이 관여함으로써 조선이 청국의 속국됨을 명백히 할 필요가 있다고 하였다. 이에 대하여 이홍장은 조선이 직접 조약을 체결한다 하여도 조선이 갑자기 중국에 대한 태도를 바꾸지는 않을 것이라고 보았다.[31] 이홍장은 변원규와의 접촉 결과에 큰 기대를 걸고 있었는데, 1881년 武備講究 등 문제를 문의·협의하기 위하여 天津에 온 역관 李容肅으로부터 조선이 미국을 비롯한 서양 여러 나라와 수교하기로 결정하였다는 통고를 받았다.[32] 그런데 1881년 1월 25일 統理衙門에서는 宗藩體制의 변통을 상주하였다. 조선과 왕래하는 公牘 중 洋務에 관한 것은 禮部로부터 北洋大臣과 駐日公使에게 이관한다는 것이었다.[33] 같은 해 9월 10일(음 7월 15일)에는 金允植을 領選使로 임명하고 事大派 趙

---

28)『備邊司謄錄』高宗 17年 12月 20日 ; 박일근,『미국의 개국정책과 한미외교관계』, 1981, 166쪽.
29)『日省錄』(서울대 출판부, 1972) 高宗 17年 2月 27日.
30)『中日韓史料』2, 438쪽.
31) 송병기, 앞의 책, 1987, 105쪽.
32)『中日韓史料』2, 461쪽 ;『李譯』12, 論朝鮮外交(光緒 7年 2月 2日).
33)『中日交涉史料』2, (71) 統理各國事務衙門奏朝鮮聯絡 外交變通舊制摺(光緒 7年 正月 25日).

秉鎬와 李祖淵 두 사람을 각각 修信使와 從事官에 임명하여 그 때까지 일본에 체류하고 있던 魚允中과 접촉하여 天津으로 직행, 이홍장에게 정부의 修好策을 통고하도록 하였다. 이러한 인사조치는 종래 일본의 何公使와 밀착해 왔던 李東仁・卓挺植 등 개화파인사들이 주도해 온 수호교섭권이 이홍장과 비밀히 협조한 卞元圭・李容肅・李應俊・金允植・魚允中 등 事大派 인사에게 이양된 것을 의미하는 것이었다.

고종이 미국뿐 아니라 서양 각국과의 수교를 결심하게 된 것은 이홍장이 변원규를 통하여 권고한 바가 서양 각국과의 입약 통상에 있던 점을 들 수 있다. 그러나 한편 장차 있을지 모르는 러시아와 일본 등의 외침 위기에 직면하여 우선 友邦을 선택하여 수교함으로써 미봉을 하는 것이 급선무라고 판단하였기 때문이다.34) 통상과 練兵, 곧 富國强兵策도 중요하지만 그것은 많은 시간이 지나야 효과를 볼 수 있는 것이기 때문이었다.

조선이 신무기에 관심을 갖기 시작한 것은 강화도조약 체결 직후였다. 1879년 여름 인천개항 교섭차 조선에 온 일본 대리공사 花房義質의 권유에 따라 군관을 보내 일본군함을 살폈다. 다음 해 11월 변리공사로 온 花房은 각종 小銃, 拳銃 50정과 탄알을 기증하였다.35) 같은 무렵 이홍장도 변원규가 귀국하는 편에 소총류인 毛瑟鎗(Mauser총), 後門鎗을 보냈다.36) 그러나 수도에 주둔할 20만 군대의 무기 구입비가

---

34) 영선사 김윤식이 保定府(直隷總督署)에서 북양대신 이홍장과 朝美條約 체결에 관한 제1차 회담(1881년 11월 28일)을 가진 직후 이홍장에게 보낸 密函[『李奏』42, 密議朝鮮外交褶(光緖 7年 12月 2日) 附朝鮮陪臣 金允植密書 ; 金允植, 『雲養集』11(국사편찬위원회 소장), 書牘上 上北洋大臣 李鴻章書(宋炳基, 앞의 책, 131쪽 재인용)].

35) 『同文彙考』 4, 4172쪽.

36) 『中日韓史料』2, 468쪽 ; 『陰晴史』, 30쪽 ; 『天津談草』(국사편찬위원회 소장) 辛巳 11月 30日 督署談草. 변원규가 津海關道 鄭藻如 등과 회담을 할 때 무기를 청국이 대신 구입 공급한다는 합의가 있었는데 이홍장이 그 견본을 보낸 것이다.

탄약가를 포함해서 대강 22만 냥이나 되어 그 조달도 쉬운 일이 아니
었다.37) 조선에서는 두 나라의 무기를 대조해 볼 기회가 되었는데, 日
製가 우수하다고 판단된 듯 일본으로부터 총포·船艦을 구입하는 문
제가 李東仁을 중심으로 추진되었다.38) 그러나 이 일을 추진하던 이동
인이 2월 중순에 돌연 행방불명되어 계획은 중단되었다.39) 練兵問題는
1881년 봄 이후 일본과 접촉하여 別技軍을 훈련하게 되었다. 초기의
개화정책은 이홍장의 武備講究나 何如璋의 자강책의 권고에 따른 것
이었으나 개화의 모델을 청국이 아닌 일본에서 찾고 있었다는 것은 유
의할 점이다.

　그리고 聯美論이나 초기의 개화정책은 유생들의 斥邪運動으로 발전
하고 홍선대원군 세력의 쿠데타로 이어졌다. 1880년 말에서 1881년에
걸친 辛巳斥邪運動은 정부의 개화정책은 물론, 對美交涉 추진에 제동
을 걸었다.

　영선사 김윤식은 어윤중이 이홍장과 회담하기 위하여 상해에서 天
津으로 향하고 있을 무렵인 1881년 9월 26일, 종사관 尹泰駿(1839～
84), 官弁 白樂倫과 함께 辭陛를 마치고 이 날 늦게 예정대로 서울을
출발하였다. 변원규도 당상역관으로 동행하였다.40) 領選使行의 구성을
보면, 유학생 38명을 중심으로 관원 12명, 隨從 19명, 도합 69명이었는
데 그 밖에 유학생의 개인 隨從이 14명이었다.41) 辭陛 직전에 김윤식
은 국왕의 요청에 따라 獨對를 가졌다. 이 자리에서 국왕은 무기 제조
학습 및 聯美事에 관하여 각별한 지시를 내렸다. 辭陛 직후에도 국왕
은 김윤식을 불러 그에 관하여 申諭하였다.42) 영선사 일행이 북경에

---

37) 권석봉, 앞의 책, 162쪽.
38) 『日本外交文書』 14, 290～293, 295～299쪽.
39) 『承政院日記』 高宗 18年 2月 5·10日.
40) 『承政院日記』 高宗 18年 9月 9月 26日 ;『陰晴史』, 3～4쪽(송병기, 앞의 책,
　　209쪽에서 재인용).
41) 『陰晴史』 上, 14쪽, 辛巳年 10月 29日.
42) 『陰晴史』 上, 14쪽,

도착한 것은 11월 17일이었다. 유학생들을 남겨둔 채 尹泰駿·卞元圭
등은 이홍장이 留駐하고 있는 保定에 도착하였다. 영선사 김윤식이 이
홍장에게 전달한 조선국왕의 밀지에는 "조미 양국이 수호하는 데 대해
서는 이의가 없으나, 나라 안의 논의가 일치를 보지 못하여 조종하기
어려우니, 淸帝가 主持하여 이를 宣諭한다면 반대론을 제압할 수 있을
것"이라는 내용이 탁송되었다. 이에 대해 이홍장은 국왕이 외교에 생
소하여 외국인을 다루는 데 서툴 것이라 하고 조선이 천진에 유학생을
보낼 때 전권위원을 함께 보내 슈펠트와 교섭을 하게 되면 아무 흔적
이 없을 것이라고 하였다. 이홍장의 요청에 따라 11월 30일 변원규와
游智開가 배석한 가운데 保定府에서 속개된 제2차 회담에서는 협상지
를 天津으로 하는 쪽으로 김윤식을 종용하였다. 김윤식은 영선사가 임
의로 결정할 성질이 아니어서 역관 변원규 편에 국왕에게 품의하게 되
었다. 또 일본과의 稅則改定에는 朝美間에 조약이 성립된다면 일본도
이를 따를 것이라고 하고, 천진에 조선관원을 보내어 슈펠트와 교섭하
도록 변원규를 시켜 국왕에게 稟達하게 하였다.[43] 卞元圭는 12월 14일
천진을 떠나 귀국길에 올랐다.[44] 고종은 미국과 조약을 희망하면서도
美使가 갑자기 조선으로 來到하면 국내여론이 비등하여 협상이 깨어
질 우려도 고려하였다. 국왕은 美使가 마침 天津에 체류하고 있다는
보고도 접하여 협상지를 천진으로 하고 이홍장의 중재를 요청하였다.
김윤식은 12월 19일 이홍장과의 제4차 회담에서 슈펠트와 직접 협상할
뜻을 피력하였으나 이홍장은 김윤식에게 전권대신 신임장이 없다는
이유로 상대가 협상에 응하지 않으리라고 하였다. 실은 이홍장에게는
슈펠트와 조약협상을 직접 담당하여 조선이 중국의 蕃屬國임을 인정
받으려는 의도가 숨어 있었다. 그리하여 국왕에게 서한을 보내 전권

---

43) 『淸季外交史料』 卷26, 494~495쪽, 直督李鴻章奏朝鮮陪臣金允植密陳該國
　　王議商外交情形相機開導褶(光緖 7年 12月 14日)(金景昌, 『東洋外交史』, 집
　　문당, 1984, 135쪽에서 재인용).
44) 『陰晴史』, 42~43쪽.

파견을 요청하되 12월 19일경 북경을 떠나 귀국하는 변원규에게 보내어 전달하기로 합의하였다.[45] 김윤식은 12월 26일 이홍장의 요청에 따라 제5차 회담을 가졌다. 이홍장은 봄에 천진에서 회담을 갖자는 슈펠트의 편지가 있었음을 밝히고 고종이 보내온 3종의 조약초고(黃遵憲案, 李東仁案, 李鴻章案)를 검토하였다. 제7차까지 회담에서 수호조약 의논이 십 중 팔, 구를 차지하였고 무기제조를 배우는 일은 한둘에 지나지 않았다. 변원규의 귀국보고에 접한 고종은 처음 계획을 변경하여 4월 4일(음 2월 17일)로 統理機務衙門 主事 어윤중과 이조연을 문의관의 명의로 전권대표로 임명하였다. 그러나 이들이 북경에 도착하기도 전에 韓美通商條約 초안은 이홍장과 슈펠트 제독 사이에 그들이 의도하는 방향으로 타결되었다.

李鴻章이 천진으로 돌아와 슈펠트와 협상을 시작한 것은 1882년 2월 초부터였다. 양측은 조약을 협의할 全權의 확인 없이 진행되었는데, 슈펠트는 강화도조약을 저본으로 하였고, 새로 만들 조약 1조에 조선이 중국의 屬邦이라는 문구에 반대하였다. 이것은 나중에 조약체결 후에 조선이 미국에 보내는 조회에 이것을 삽입하는 선에서 양해되었다. 이후 미국은 속방 조회에 포함된 서로 모순되는 두 내용 중에, 곧 조선이 중국의 속방이라는 것과 내치·외교는 自主하여 왔다는 것 중에 自主하여 왔다는 것을 더 중시하였다.[46] 청국의 이홍장이 열국과 입약시킴으로써 러시아의 남하와 일본의 일방적인 침투를 저지하려 하였고, 미국은 그들대로 치외법권과 통상이 규정된 조약을 확보하였다.

---

45) 『陰晴史』, 45~47, 51, 99쪽.

46) 미국은 1883년 4월 초대 공사로 부임하는 푸트(Foote, Lucius H.) 편에 조선 국왕의 속방 조회 국서에 대한 아더 대통령의 회답국서를 보내왔다. 내용은 다음과 같았다. "조선과 중국과의 관계는 미국 상민의 활동에 지장을 주지 않는 한 관여하지 않을 것이다. 미국은 貴君主가 내치 외교와 통상을 자주하고 있음을 잘 알고 있다. 국회는 조선과의 수호에 동의하였으며, 본인도 이를 비준하였다. 조선이 자주국이 아니라면 미국은 조약을 체결하지 않았을 것이다. ……"(『美案』 1, 18~19쪽 ; 『中日韓史料』 3, 1156~1157쪽).

조선 측에서 조미조약 체결을 주도한 것은 국왕 고종이었다. 부수하여 척족을 대표하는 閔泳翊과 金弘集·魚允中·金允植 등 소위 온건 개화파 소장 관원들이 중요한 구실을 하였다. 그리고 역관 李應浚, 卞元圭, 李容肅, 개화승 卓挺埴 등이 청국과의 연락을 담당하였다. 그러나 그 중에서도 일본과의 개국 후 그 침입세력을 막아 보려고 청국에 파견되었던 역관사절 卞元圭가 이홍장에게 러시아의 위협 등 국제정세를 듣고, 국왕에게 영토적 야심이 없는 미국과의 입약 통상을 통하여 서양세력을 끌어들여 세력균형을 통한 以夷制夷를 시현해 보려 한 애초의 시도가 그 후 세력 간의 갈등에 단초를 제공한 사실은 누구나 인정할 만하다. 국왕이나 소장 관원들은 러시아의 침입이라고 하는 국가의 위기에 직면하여 개화·자강 정책도 추진하였지만, 미국 등과 조약을 체결하여 한반도에서 세력균형을 이루면서 이에 대처하려고 하였다.47) 그러나 그들이 생각하였던 세력균형이란 청국의 비호를 염두에 두고 전통적인 朝淸關係의 유지를 전제로 하는 것이었기에, 청국 측에서 속방문제를 거론하여도 정확한 의도를 살펴보려 하지도 못하였다.48)

과거의 조공체제에 젖어 있던 이들은 아직 국민적 자각이 결여되어 있어서 조선은 그 후 중국과의 관계에서 많은 시련을 겪게 되었다. 변원규가 노력하여 이루어졌던 領選使는 그 후 신상문제와 재정문제로 학생 중 거의 절반이 귀국하더니 1882년 6월에는 본국에서 임오군란이 일어나자 전원 철수하였다.49) 군란이 끝난 후 민비를 다시 충주에서 맞아들이게 되자 변원규는 청국에 이를 알리는 賫咨官으로 갔다.50) 고종 20년(1883) 1월에는 趙秉弼·金玉筠·李祖淵과 함께 參議

---

47) 송병기, 앞의 책, 1987, 281쪽 ; 이보연, 「한미수호조약 체결」, 『한미수교100년 사』, 국제역사학회 한국위원회, 1982, 47, 50쪽.
48) 『中日韓史料』 2, 593쪽 ; 『陰晴史』, 133쪽.
49) 권석봉, 앞의 책, 1986, 177~184쪽.
50) 『高宗純宗實錄』 中卷, 高宗 19年 8月 初3日, 中 59c.

交涉通商事務가 되고,[51] 10월에는 예조참의 南廷哲이 천진주재 **參贊官**으로 임명되었을 때 협의관으로 발령을 받았다.[52] 고종 21년(1884)에는 器機局 幫辦이 되고 특별히 知敦寧府使를 받았다.[53] 이듬해 1885년에는 특별히 한성부판윤에 제수되었는데 그 후로도 1894년까지 며칠씩이나마 네 번을 같은 직을 제수받아 도합 다섯 차례나 한성판윤을 지냈다.[54] 마지막은 청일전쟁 때 강화유수 김윤식이 **督辦交涉通商事務**에 임명되었을 때였다. 그러나 그의 관운도 순조롭기만 했던 것은 아니다. 갑신정변 후 청국의 내정간섭이 심해지자 민비는 親露政策을 썼다. 김윤식과 민영익이 이에 반대하여 대원군의 집권을 모의했다. 이들이 민비의 미움을 사서 日商借款問題의 책임을 지고 김윤식이 면천으로 유배될 때 변원규도 1887년 순천으로 定配되었다.[55] 그는 시와 글씨에도 능하고 많은 골동품을 갖고 있었던 것으로 전해진다. 한말의 변씨 집안은 변원규의 부친대 이래 많은 순라군사들에게까지 추운 겨울밤 음식을 베풀어 임오군란 때도 세력을 가진 자의 가옥이 모두 파괴될 때도 卞知事만은 화를 모면하였다. 卞知事의 이러한 仁厚積善은 변씨 집안을 다시 번창시키는 원인이 되었다고 한다.[56]

V. 양반후예 兪吉濬의 외교론

1. 생애

---

51) 『高宗純宗實錄』 中卷, 高宗 20年 1月 17日, 中 85c.

52) 『高宗純宗實錄』 中卷, 高宗 20年 10月 23日, 中 114d.

53) 『高宗純宗實錄』 中卷, 高宗 21年 5月 13日.

54) 『高宗純宗實錄』 中卷 ; 김양수, 『조선후기의 역관신분에 관한 연구』, 연세대학교 대학원 박사학위논문, 1986, 112쪽.

55) 『高宗純宗實錄』 中卷, 高宗 24年 5月 28日, 中 270d ; 高宗 24年 5月 30日, 中 271a.

56) 윤효정, 「변씨가의 昌復 원인」, 『풍운한말비사』, 永信 아카데미 韓國學研究所, 1984, 118쪽.

兪吉濬[1856(철종 7)~1914, 개화사상가·정치가]의 본관은 杞溪, 자는 聖武, 호는 矩堂으로 서울 출신이었다. 진사 鎭壽의 아들로서 어려서부터 부사를 지낸 할아버지 李敬稙과 아버지로부터 한학을 배웠다. 고종 7년(1870) 박규수의 문하에서 김옥균·박영효·서광범·김윤식 등 개화 청년들과 실학사상을 배우고, 魏源의『海國圖志』와 같은 서적을 통하여 해외문물을 습득하였다. 그의 家系는 원래 양반에 속하였는데 19세 이후로는 과거공부를 폐하고 신학문에 주력하였다.

1881년 어윤중의 수행원으로 신사유람단에 참가하여 최초의 일본유학생이 되었다. 일본의 문명개화론자 후쿠자와 유키치(福澤諭吉)가 경영하는 게이오 의숙(慶應義塾)에서 柳定秀와 함께 유학하며『西洋事情』등을 읽었을 것으로 보인다. 同仁社에 입학한 윤치호가 영어학습에 흥미를 갖고 있었던 반면, 유길준은 정치·경제학에 흥미가 있었다. 그는 이 때 한·중·일 등 동양 삼국의 단결을 목적으로 조직된 興亞會에도 참가하여 일본의 학자 및 정치가들과도 교유하였다.

1882년 임오군란이 일어나자 일본에 사절로 간 박영효를 따라 1883년 1월 귀국하여 統理交涉通商事務衙門의 主事가 되었다. 한성판윤 박영효가 계획한『한성순보』발간사업의 실무를 맡았으나, 민씨 척족세력의 견제로 발간이 어렵게 되자 주사직을 사임하였다.57)

報聘使 閔泳翊의 수행원으로 1882년 7월 도미, 민영익의 주선으로 官費遊學生이 되었다. 처음으로 다윈(Darwin, C.)의 진화론을 일본에 소개한 생물학자이자 매사추세츠 주 세일럼 시의 피바디 박물관장인 모스(Morse, E. S.)의 개인지도를 받았다. 1884년 가을 더머 아카데미에서 수학하여 조선 최초의 외국유학생이 되었다.58) 1884년 갑신정변이 일어났다는 소식에 접하자, 4개월 간의 학업을 중단하고 1년 간 유럽 여러 나라를 순회한 후 1885년 12월 귀국하였다. 그러나 갑신정변

---

57) 유영익, 「유길준」,『한국민족문화대백과사전』, 한국정신문화연구원, 1992.
58) 이광린, 「미국 유학시절의 유길준」,『한국개화사연구』, 일조각, 1979.

주모자인 김옥균 등과 친분이 있었다고 하여 개화파 일당으로 간주되어 체포되었다. 한규설의 도움으로 극형을 면하고 1892년까지 그의 집과 翠雲亭에서 연금생활을 하면서 『西遊見聞』을 집필하여 1895년 東京에서 출판하였다. 그는 이 책을 國漢文 혼용체로 서술하여 본격적으로 서양의 근대문명을 한국에 소개하고, 한국의 실정에 맞는 자주적인 實狀開化를 주장하였다.

그의 주장은 서양의 기술뿐 아니라 제도와 사상까지 받아들여야 한다는 變法思想에 속하였다. 그러나 다른 개화당 인사들과는 그 사상과 방법에서 차이가 있었다. 그는 나라의 제도를 바꿔야 한다는 것을 주장하면서도 과격한 혁명의 방법을 반대하고, 점진적 개혁을 주장하였다. 따라서 그는 국권과 민권에 대해서도 급진개화당 인사들과는 태도를 달리했다. 급진파인 박영효 등은 나라를 부강케 하여 열강과 대항하려면, 君權을 줄여 국민으로 하여금 각각 자유를 누리게 하고 報國의 책임을 다하게 하는 데서 가능하다고 하여 민권을 중시하였다. 그러나 유길준은 국왕이 국민 위에 서서 나라를 다스리는 제도와, 국민이 국왕을 위해 충성을 다하는 것 등은 절대로 개혁해서는 안 된다며 공화제를 철저히 배격하였다.

급진개화파들이 일본의 발전을 부러워하고 明治維新을 모델로 삼아 과감한 체제개혁을 하려고 하였던 것과는 달리, 그는 서양 여러 나라 가운데 영국을 이상으로 삼았다.[59] 영국의 입헌군주제를 이상으로 하고, 경제와 상업 발달의 면에서도 영국을 가장 높이 평가하였다. 이러한 입장에서 그는 급진개화파와 정치활동을 달리하였고 甲午更張 뒤에는 노골적으로 이들과 반대되는 활동을 하였다. 그는 1894년 동학농민운동을 계기로 청일전쟁이 일어나 수립된 친일내각에서 外衙門參議

---

59) 이광린, 「유길준의 개화사상」, 『한국개화사상연구』, 일조각, 1979, 91쪽. 福澤諭吉도 영국을 이상적인 나라로 보고 있었으므로 그의 영향이 작용한 것 같다(福澤諭吉, 『西洋事情 外篇』 卷2, 國法及風俗 참조).

兼 軍國機務處會議員 등 요직을 지내면서 갑오경장의 이론적 기초를 제공하였다. 1894년 12월 일본에 망명하였던 급진개화파들이 귀국하여 연립내각을 구성하였는데, 내무대신의 자리에 오르면서 김홍집파의 참모로서 언제나 박영효·서광범과 대립되는 활동을 하였다. 단발령을 강행하여 보수적 유림과 국민으로부터 반감을 사기도 하였다. 俄館播遷으로 친러내각이 수립되자 일본에 망명, 일본 육사 출신의 한국인 장교들이 조직한 一心會와 연결하여 쿠데타를 기도하였으나 실패하였다. 이것이 국제적 분규로 비화되자 일본정부에 의해 오가사와라 섬(小笠原島)에 유폐되었다.

고종이 폐위된 후 1907년 귀국하여 漢城府民會長 등을 역임하고 桂山學校 등을 설립하여 국민계몽에 주력하였다. 한일합방론에 정면으로 반대하여 국권상실 후 일제가 수여한 男爵을 거부하였다.

2. 國權論

유길준의 근대화에 대한 일차적 관심은 새로운 세계질서, 즉 근대 국제질서에서 조국이 생존하는 문제였다.[60] 고종과 개화파 인사들의 신국제질서 이해를 위한 노력에 힘입어 그는 최초의 일본 및 미국 국비유학생이 되었다.[61] 『서유견문』의 대부분을 집필한 1888년에서 다음 해까지의 당면 문제는 임오군란 후 청국의 속국정책에 대항하여 자주독립의 국권을 확보하는 것이었다. 그가 서론 격인 1·2편에서 세계의 지리를 취급한 것은 세상은 넓고 중국이 그 중심이 아니라는 것을 보이고 중국중심의 세계관에서 벗어나기 위함이었다.

---

60) 정용화, 「한국근대의 정치적 형성 : 『西遊見聞』을 통해 본 兪吉濬의 정치사상」, 『西遊見聞의 종합적 검토』(제27회 한국고전 심포지엄), 진단학회, 1999. 11, 45쪽 이하.
61) 정용화, 『유길준의 정치사상 : 전통에서 근대로의 복합적 이행』, 서울대학교 정치학 박사학위논문, 1998a.

제3편 「邦國의 권리」는 원래 「國權」이라는 제목으로 쓴 것을 편입시킨 것이다. 정치적으로 조선은 1882년 5월 조미수호통상조약을 체결함으로써 근대 만국공법질서에 진입하려 하였지만, 청국은 임오군란 진압차 출병한 군대를 계속 주둔시키며 내정 간섭에까지 나섰다. 따라서 기존의 자주라는 전통은 파괴되고 근대 제국주의 논리에 따른 종주국과 속국의 관계로 변질될 위기에 놓여 있었다.[62]

조선에 주둔한 淸將 吳長慶과 袁世凱는 병권을 장악하고, 재정고문 陳樹棠은 재정을 장악하고, 이홍장이 파견한 묄렌도르프는 해관과 외교까지 장악하였다. 이홍장의 막료 중 소장파 사이에서는 조선을 중국의 東三省에 편입시키려는 합병론도 대두하였다. '駐箚朝鮮總理交涉通商事宜'로 부임한 원세개는 명문화된 종속관계를 내세워 國監을 자처하며 영국의 인도총독과 같은 직함이라고 주장하였다.

조정에서는 청국의 굴레에서 벗어나고자 세력균형의 원리를 써서 러시아와 밀약(1886. 8)을 맺고 미국에 사절 파견을 추진하였지만, 청국은 이를 방해하고 속방 인정을 조건으로 전권공사 파견을 승인하는 소위 另約三端을 강요하였다(1887. 9). 그러나 이를 박정양 공사가 무시하자 조선정부를 협박하여 소환케 하는 등 청국의 조선에 대한 지배는 더욱 강화되었다. 조선 주위의 국제정세도 청국에게 유리하게 전개되어 국내외적으로 청국에 우세한 여건이 조성되었다.[63]

이 때 외교고문 데니(O. N. Denny, 德尼 : 1838~1900)는 『淸韓論 (*China and Korea*)』(Kelly and Walsh Ltd., Printers, Shanhai, 1888. 2)을 출판, 국제법적으로 조선이 자주독립국임을 변호하였다.[64] 이것

---

62) 1882년 10월(음 8월 23일) 「조청상민수륙무역장정」에서는 조공체제의 유지, 연호·책력 사용, 책봉 간여 등을 통한 옛 속방규정과, '超 최혜국민대우권'을 통해 각종 권리를 다른 조약국들보다 우선시키도록 강요하는 새로운 속방규정을 명문화하였다.

63) 미·영·독·러는 조선에서 현상유지정책을 상책으로 하였고, 일본은 가상적국 청국에 대비하여 군비확장에만 전념하며 서양과의 불평등조약 개정에 역점을 두고 있었다.

은 속국논쟁을 불러일으켰다. 데니의 전임자로서 조러밀약사건과 관련하여 해임된 묄렌도르프(P. G. von Moellendorff, 穆麟德 : 1847~1901)는 청국의 환심을 사서 복귀할 욕심으로『淸韓論』에 대한 반박문을 썼다. 그는 국제법학자 울시(T. T. Woolsey : 1860~1936)의 주장대로 "한 나라의 보호하에 있는 나라는 어떤 면에서는 자주적이나, 완전한 주권을 가진 것은 아니다"라는 점에 근거, 조선이 중국의 속국임을 주장하였다. 또한 "조선국왕은 모든 공문서와 조약문서에 중국황제의 연호와 중국책력을 사용하며 정기적으로 공물을 바치고 있어, 조선은 청의 藩臣(vassal)이다"라고 하며,[65] 역사적으로도 사실적으로도 조선이 청국의 속국임을 주장하였다.

이런 상황에서 유길준은 조선의 입장에서 자주적 위상을 밝히고, 이를 널리 국내외에 알리기 위해「국권」을 저술하였다. 그는 당시 동아시아 지식인 사이에 널리 읽힌『萬國公法』과 데니의『淸韓論』을 참고하였다.[66] 유길준은 근대 국제질서에서의 한 단위체로서 국가의 속성을 '자주'로 파악하였다. 자주란 타국의 관할과 지휘를 받지 않고 자유롭게 행동하는 것을 말하였다. 이것은 곧 '주권'으로 표현되었다. 그래서 주권을 국내적으로 모든 정치와 법령이 그 나라 정부의 입헌에 따르는 것임과 대외적으로 '독립', '평등'의 원리로 외국과 교섭하는 권리임을 분명히 인식하였다. 그래서 그는 "대국도 일국이요 소국도 일국

---

64) "조선은 조공국이지만 독립국으로, 이것은 버마 영유권 문제로 영국이 청국에 조공을 바쳤다고 해서 영국이 주권독립국이 아니라고 말할 수 없는 것과 같다. 내정간섭을 하는 袁世凱는 밀수입을 하고 조선국왕 폐위음모를 했고, 조선의 독립과 경제발전에 암적 존재이기에 제거되어야 한다."

65) Rosalie Moellendorf, *Paul G. von Moellendorf : Ein Lebensbild*, 1930), pp.130~131.

66) 정용화, 앞의 논문, 126~140쪽.『청한론』을 그대로 번역한 듯 일치하는 부분이 많다. 정용화, 앞의 논문, 1999, 48쪽. 왕 - 민영익 - 한규설 - 데니 · 웨버 라인이 상정된다. 한규설은 유길준을 연금 상태로 보호하며 조정의 각종 정책에 자문을 구했고, 유길준은 이에 적극 협조하였다. 따라서 한 - 유 - 데니는 대외정책에 관해서 실무적으로 긴밀히 상의하였을 것으로 추정된다.

이라, 나라 위에 나라 없고 나라 아래 나라가 역시 없으며, 일국이 나라 되는 권리는 피차의 동등한 지위로 조금의 차이가 생기지 아니"하며, 이는 "天地無偏의 正理"라고 하였다. 국제사회에서의 주권평등의 원리를 자연법적으로 파악하였던 것이다.

이러한 근대공법의 논리에 기반하여 그는 청국의 부당한 처사에 대항하였다. 그는 먼저 '贈貢國'과 '屬國'을 구분하는 근대공법의 원리를 들어, 조선은 청국에 대해 贈貢國이 될지언정 속국은 아니라고 하며 자주적 위상을 증명하였다. 속국은 조약을 체결할 권리가 없지만, 증공국은 다른 독립주권국과 동등한 수호통상조약을 체결할 수 있으며 상대국에 각급 사절을 파견할 권리가 있기 때문이다. '현실'의 국제관계에서 국가 간의 대소와 형세의 차이로 스스로를 보전하기 위하여 타국의 보호를 받는 受護國과 공물을 바쳐 강대국의 침탈을 면하려는 '贈貢國'이 생겨났으나, 타국과 수호통상조약을 체결하면 수호국 또는 증공국이라 하여도 주권독립국임이 공법의 분명한 규범이라고 하였다. 설령 약국이 강국의 위협과 폭력으로 인하여 일시적으로 속국을 자인하여도 이로 인해 모든 권리를 잃는 것은 아니며, 위협 아래 인정한 승인은 합법이 아니기에 "일종의 공법으로 消抹"하는 것이라 하였다. 이것은 개인이 강폭한 자의 위협으로 생명에 위급함을 느껴 자신의 재산을 다 준다는 증서를 완벽한 형식으로 작성하였다고 하여도, 본인의 진의에서 나온 것이 아니면 휴지와 같은 이치라는 것이다. 공법이 각국의 대소강약의 구분 없이 각국의 상호 권리를 유지 보호해 준다는 이 같은 주장은 공법에 대한 막연한 낙관론을 편 것이 아니라, 문맥에서 파악되듯이 약소국이자 증공국인 조선의 입장에서 강대국인 청국에 대하여 조선의 권리를 적극 주장하기 위한 것이었다.[67]

---

67) '국권'에서 만국공법의 '자연법적' 측면을 강조한 것은, 유길준이 약육강식의 국제정치 현실을 몰라서가 아니라 청국의 조선에 대한 종주권 강화에 반론을 제기하기 위하여, 곧 정치현실을 도덕적으로 비판하기 위한 것으로서, 국가의 자주·독립·평등의 원리 등 근대공법의 자연법적 요소를 의도적으로 강

한편 유길준은 내치외교는 자주라는 전통 事大字小의 원리를 들어 청국의 횡포를 논리적으로 반박함으로써 조선의 권리를 최대한 확보하려 하였다. 즉, 약국이 공물을 바치는 것은 그 대가로서 자기의 권리를 침탈당하지 않고 보존하기 위한 취지로서 "강국과 약국이 서로 인정하는 約章"에 근거한 것인데, 공물을 받고도 약국의 권리를 침탈하고자 하면 이 역시 수공국이 약자의 명정한 큰 취지를 배신하여 저버리고 강대한 형세를 마음대로 휘두르는 것이라고 하였다. 곧 소국이 신의를 버리지 않는 한 대국도 소국을 仁으로써 대해야 한다는 事大의 예를 가리킨 것이다. 그는 당시 청국의 처사를 횡포한 擧措, 불공한 학대, 무례한 폭거로 묘사하고, 세상의 이목과 公法의 제재를 우려하여 은밀하게 명령과 위협으로 억압하고 있다고 비난하였다. 또한 설사 속국의 관계라고 할지라도 "상국이 하국의 자유하는 권리를 침탈하여 잔인한 施措와 가학한 대우를 자행하면, 천하의 公道가 이를 불허"할 것이라고 하였다. 그 예로서 유럽 제국이 그리스를 원조하여 터키를 정벌하고 양국 간의 부속관계를 영원히 단절시켜 그리스의 독립을 승인한 것을 들었다.

유길준은 원세개를 "무엄이 극도에 달하여 不敬한 大者"라고 비난하였다. "강국의 君도 君이요, 약국의 君도 君"으로 "일국의 지존한 위치에 있어 정치와 典章을 주관하는 것은 두 나라가 차이가 없는데 자기 나라에서 자기 군주의 정치와 법령을 받들어 행하는 신하(袁世凱)가 조선에 와서 정치와 법령을 만드는 군주와 동등한 예를 고집하는 것이 합당할 수 있겠는가 하고 반문하였다. 원세개의 위세에 대하여 반격하는 이런 주장은 당시 정치적 상황을 고려할 때, 생명의 위험을 무릅쓰고 한 사실이었다.

또한 조선이 청국의 속방임을 주장한 묄렌도르프를 비판하여 조선의 '속방체제를 자인'한 것은 망동이며, 믿을 만한 인물도 아니라고 하

조한 것이다.

였다. 일국의 권리와 주권은 전체 국민이 함께 지킬 것이지 '일인의 사단'으로 동요될 것이 아니라고 하였다. 더구나 묄렌도르프는 조선 군주의 지휘와 명령에 따르지 않고 청국에 대하여 조선(主家)의 사무를 마음대로 처리할 권한이 없는데, 그가 다룬 사무도 조선정부의 승인을 얻지 못하고 있고 청국(他人)도 그 고용을 인정치 않고 있기 때문이라고 하였다.

이와 같이 유길준은 현실의 국제관계에서 受貢國인 청국이 여러 나라에 대해서는 '동등의 예도'를 행하면서 贈貢國인 조선에 대해서는 '독존적 체모'를 강요하는 현실을 보고 "이는 증공국의 체제가 수공국과 여러 나라를 향하여 전후의 兩截이요, 수공국의 체제도 증공국과 여러 나라를 대하여 역시 전후의 兩截"이라고 하여 이를 兩截體制 (double system : 하나같지 않은 편제)로 규정하였다. 일본 및 구미와 평등한 수호조약을 체결한 후에도 청국과 불평등한 사대관계를 유지하고 있는 조선의 독특한 이중적인 국제질서의 현실을 양절체제로 묘사한 것이다. 그리고 여러 나라의 입장에서는 형세의 강약에 의하지 않고 권리의 유무만 따질 뿐이며, 공법에 강국의 교만을 지원하는 내용은 한 줄도 설정되어 있지 않다며 이 양절체제를 비판하였다. 양절체제의 개념에 입각한 조선의 국제적 권리옹호는 另約三端 사건 때 원세개에게 보낸 조회문, 곧 세 차례의 「答淸使照會」에서 적용된 바 있었다.68) '방국의 권리'에서도 수공국이 "그 자존하는 지위를 위하여 제국의 동등약을 辭絶하고 이미 파견한 사신을 遞回함이 가하냐"고 하여 청국의 조치를 반박하였다. 그리고 청국의 이러한 정책은 자기의 이익을 훼손할 뿐만 아니라 타국과의 和好를 상실하여 위기를 불러일으킬 것이라고 하였다.

유길준의 이러한 국제정치 현실에 대한 인식과 대응은 매우 신중하

---

68)『兪吉濬全書』Ⅳ, 329~341쪽 ; 허동현, 「答淸使照會」,『兪吉濬論疏選』, 일조각, 1987.

고 사려 깊으면서도 현실적이었던 것으로 평가된다. 그는 당시 조선의 현실적인 능력과 정세로 보아 청국과 직접 갈등을 빚거나 충돌을 벌일 수 없기 때문에, 현실적인 정책으로서 청국의 우위를 인정한 속에서 전통적인 '事大字小'의 원리를 이용하여 청국의 신의를 촉구하고 근대 '萬國公法의 원리'를 이용하여 조선의 '권리'를 최대한 획득하려 하였다. 이러한 인식은 김윤식이 1881년에 그러한 이중적 국제질서를 일거 양득의 실리를 취할 수 있는 兩便 또는 兩得으로 파악한 것과 좋은 대비를 이룬다. 어쨌든 이러한 '兩截體制'는 청일전쟁에서 청국이 패퇴한 이후 종말을 고하였는데, 이는 조선의 당시 역량으로 보아 어쩔 수 없는 정치적 현상이었다.

3. 朝鮮中立化論

유길준은 1883년 統理交涉通商事務衙門의 主事였던 시기에 바친 상소에서, 李容翊[69]이 연해주의 한인 帳籍을 거두어다가 서울에서 인쇄하여 流民들에게 송부한 것에 대해 러시아와의 관계를 염두에 두고 우려하고 있다.[70] 그 내용을 요약하면 다음과 같다.

조선은 아시아의 목구멍에 해당하고, 인근에 강대한 러시아가 틈만 노리면서 침입하지 않는 것은 국제법을 두려워하기 때문입니다. 현재 러시아 거주 유민은 러시아에서 의식을 대주었고[71] 그 나라에서 이미 국적을 취득한 사람들이니, 우리로서는 다시 관리할 권한이 없는

---

69) 1854~1901. 북청 출신으로 임오군란을 계기로 고종의 신임을 얻었고, 1882년에 러시아 국경을 넘어가 朝鮮流民들의 장적을 거두어 고종에게 바쳤다고 한다.
70) 허동현, 「言事疏」, 『兪吉濬論疏選』, 일조각, 1987, 5~12쪽.
71) 당시 러시아는 이주하는 한국인을 귀화인으로 취급, 러시아 국적에 편입시키고 가족당 15데샤티의 토지를 분배하고 법률상 러시아인과 동등한 대우를 하였다고 한다.

것입니다. 이용익이 러시아 땅인 松篁堡[72]에 들어가서는 러시아 관리의 조사를 받고 煙翠營[73]의 兵弁에 拘囚되었다가 경흥부로 압송될 때 힐난하는 문서도 보내왔습니다. 公法에 의거해도 그들이 옳고, 병력으로도 우리가 약세입니다. 이용익의 생각은 매우 어리석고 책략도 대단히 위험한 것입니다. 전하는 어리석은 자의 말만 듣고 宗社의 화복을 그르치지 마시기 바랍니다.

여기에서 그는 러시아가 조선을 침략하지 않는 것은 트집잡을 만한 특별한 사건이 벌어지지 않았기 때문이라며 러시아를 경계하였다. 이십대의 주사 시절에 벌써 국제정세와 국제법에 상당한 지식을 가지고 러시아와의 釁端이 될 일을 예방하기 위하여 상소를 바치고 있는 데서 당시 지식인들의 恐露意識의 일단을 엿볼 수 있다.

중립론이 본격적으로 제기된 것은 1885년 2월 주한 독일부영사 부들러(H. Budler, 卜德樂)에 의해서였다. 그러나 실상 永世中立國案을 구상한 것은 묄렌도르프였다고 한다. 부들러는 갑신정변 후 한성조약 체결을 위하여 전권대신으로 내한한 井上馨을 여러 차례 방문하고 중립론을 제창하였다.[74] 그 목적은 일본의 경우 임오군란 후 조선에서 세력이 강화된 청국세력을 배제하려는 데 있었고, 독일의 경우는 다른 열강에 비해 동양진출이 늦은 것을 만회하여 발언권을 얻어 自國의 지위를 높여 보려는 데 있었다.

그는, 유럽에 스위스 등 두셋 소국이 있는데 각 대국이 서로 조약을 맺어 보호하여 영원히 평안 무사하니 소국으로서는 이득이 많다고 하

---

72) Nikol'sk(蘇王)인 듯하다.

73) 옌치야(Yantikhe).

74) 이광린, 『한국사강좌』 V, 1981, 211쪽 ; 김주현, 「P. G. von Möllendorff의 조선중립화 구상」, 『평화연구』 8, 경북대 평화문제연구소, 1983. 독일측 자료에 따르면 실상 묄렌도르프가 구상한 것이었다고 한다.(임재철, 「구한말 한반도를 위요한 국제관계와 한반도 中立化論에 관한 연구」, 서울대 행정대학원 석사논문, 1987, 28쪽 재인용)

였다. 구체적으로 조선은 청국의 뒷뜰이요, 또 러시아와 일본의 변방과 나란히 연결되어 세력이 서로 못하지 않으니, 전쟁이 일어난다면 천만 인이 조선에 주둔한다 하여도 무슨 이익이 있겠는가 하며, 서양의 법을 살펴 청·러·일이 서로 조약을 맺어 조선을 영원히 보호하여 설혹 다른 나라를 치더라도 조선에서 길을 빌릴 수 없게 하고, 조선은 국경을 방비하고 순찰하면, 조선으로서도 이익이 되고 청국으로서도 염려를 면할 수 있다고 하였다. 그리고 아직 外務協辦 묄렌도르프[75]에게는 이를 알려 분명한 논설을 받지는 못했으나 청국으로서는 屬國이란 명칭을 치울 것이고, 조선과 청은 원래 한 나라가 아니니 종전의 약조는 영·독·미·일 각국과 함께 조선의 조정이 자유로 할 것이라고 하였다. 또한 조선에 권하고자 하는 것은 目下 잠잠히 있어 손을 쓰지 말고, 청국에 대해서는 군사를 더할 것을 청하지 말라고 하였다.[76]

요컨대 부들러는 조선에 인접한 청·러·일 3국이 중립을 승인하고 조선을 보호해야 한다는 것이다. 당시 부들러는 외교관들과 접촉하면서 조선의 중립화안을 관철시키려 했지만, 당시 그는 조선에 부임한 지 몇 달도 안 된 시기였고[77] 독일정부는 적극적인 태도를 취할 처지는 못 되었다. 이 중립화안은 당시 외무대신으로 있던 김윤식에 의해

---

75) 최종고, 「구한말의 한독관계」, 『韓獨修交100年史』, 한국사연구협의회, 1984, 106쪽. 1882년 11월 묄렌도르프가 조선에 관리로 파견되는 것이 결정되자, 러시아 사절이 그를 찾아와 러시아정부는 조선과 통상조약을 맺을 예정이라면서 협조를 구했다. 이에 그는 러시아와 협조를 하더라도 조선의 이익을 위해서만 할 것이라고 말했다고 한다(Rosalie Moellendorf, *Paul G. von Moellendorf : Ein Lebensbild*, Leipzig, 1930, S.39).

76) 『舊韓國外交文書』卷5, 德案1. 최종고, 「구한말의 한독관계」, 『韓獨修交100年史』, 90~92쪽에서 번역된 것 이용.

77) 최종고, 「구한말의 한독관계」, 『韓獨修交100年史』, 84쪽. 부들러는 1884년 4월 2일 한국 부임을 발령받고, 6월 24일부터 인천에서 부영사로 활동하였다. 그 해 10월 14일 젬브쉬(Otto Zembsch)가 서울 주재 총영사로 부임하면서 부들러도 서울 영사관으로 옮겨 근무하였다. 이후 1년 남짓 근무하다가 1886년 1월 27일 스와토(Swatow) 주재 부영사로 발령받아 조선을 떠났다.

일부 인정되고, 이 사실은 독일정부에도 자세히 보고되었다. 그러나 이에 대해서는 어떤 분명한 조치도 취해지지 않아, 1880년대의 독일제국의 식민정책은 큰 이권이 없던 한국에 대해 별로 관심이 없었음을 볼 수 있다.

유길준은 한국 최초의 미국유학생으로서 유럽을 여행하고 1885년 10월 귀국한 후 늦어도 한 달 반 안에 중립론을 집필하였다. 당시 극동의 국제정세는 더욱 다원화되어 가고 있었고 조선의 지정학적 위치는 한층 부각되어 가고 있었다. 조선은 문호개방 직후에는 청·일 양국의 각축장이 되었으나, 10년이 지나면서 그 밖에 러·미·영 등도 세력을 뻗쳐 와 국제적 이해관계는 한층 복잡해져 가고 있었다. 임오군란을 계기로 청국의 조선에 대한 간섭이 강화되자 일본은 세력만회를 노리고 김옥균 등의 정변을 원조하였으나 실패하였다. 일본은 청국과 전면전을 벌이기에는 아직 준비가 부족하다고 보고 철군하였으나, 앞으로 조선에 출병할 때는 청·일 양국이 동시 출병할 수 있는 권리를 얻고 기회를 기다리고 있었다.

러시아에서는 1884년 조선에 수완가인 외교관 웨베르를 공사로 파견하여 조러통상조약을 맺고, 조선국왕에 恭順을 표하였다. 마침 조선에서는 청국의 내정간섭을 배제하기 위하여 러시아 교관의 조선군 훈련과 영흥만의 조차를 내용으로 하는 양국 간의 비밀협정설이 나돌면서, 영국이 1885년 5월 거문도를 점령하였다. 비밀협정에 대한 책임을 물어 청에서는 조선에 외아문협판으로 있던 독일인 묄렌도르프를 1885년 6월에 면직시켰다. 유길준은 귀국시 체포되어 포도대장 한규설의 집에 연금된 상태에서 중립론을 썼는데 그 내용은 대략 다음과 같다.[78]

조선은 아시아의 인후에 처해 있는 것이 유럽의 벨기에나 불가리아

---

78) 『兪吉濬全書』 4(정치·경제편), 319~328쪽.

에 비견할 만하다. …… 불가리아가 중립조약을 맺은 것은 유럽 여러 대국들이 러시아를 막으려는 계책에서 나온 것이었고, 벨기에가 중립조약을 맺은 것은 유럽의 여러 대국들이 자국을 보전하려는 계책에서 나온 것이었다. 대저 조선이 아시아의 중립국이 된다면 러시아를 방어하는 큰 기틀이 될 것이고, 또한 아시아의 여러 대국들이 서로 보전하는 정략도 될 것이다. …… 그것은 우리 스스로가 제창할 수는 없은즉 마땅히 중국에 청하여 처리케 해야 될 것이다. …… 거듭 거듭 청해서 중국이 맹주가 되어 영국·프랑스·일본·러시아 같은 아시아에 관계 있는 여러 나라들과 회합하고, 우리 나라를 참석시켜 같이 중립조약을 체결토록 해야 될 것이다. 이는 비단 조선만을 위한 것이 아니라 중국의 이익도 될 것이고, 여러 나라가 보전하는 계책도 될 것이다.……

당시 유길준은 일본과 미국에 유학한 경험이 있고 유럽을 순방한 이후였으므로 영·미·일 등이 갖고 있던 러시아에 대한 관점에 영향을 받았다. 따라서 그는 조선이 아시아의 중립국이 되면 러시아를 방어하는 데 큰 기틀이 될 것이고 또한 아시아의 큰 나라들이 서로를 보전하는 정략이 될 것이라고 보았다. 그에 따르면, 조선의 안보는 어느 강대국과의 관계를 긴밀히 하는 것보다 강대국들의 보장 아래 중립화하는 데 있었다.

미국과의 관계에 대하여는 다음과 같이 썼다.

미국은 우리 나라와 우의가 두터워 원조를 기대할 수 있다 하지만 그렇지 않다. 미국은 大洋을 사이에 두고 멀리 있으며 별로 깊은 관계도 있지 않다. 더구나 먼로주의 이후에는 유럽이나 아시아의 일로 간섭할 수 없게 되어 혹 우리 나라가 위급해지더라도 그들이 말로는 도움을 줄 수 있을지언정 병력을 써서 구해 줄 수는 없다. 천 마디 말이 탄환 하나만 같지 못하다. 그러므로 합중국은 통상의 상대로 친할 수는 있어도 위급한 때의 우방으로 믿을 수는 없다.[79]

『朝鮮策略』 전래 이후 조선정부가 추구하던 聯美策이 결코 러시아나 일본의 침략을 저지하는 방책이 되지 못할 것이라고 파악한 것이다. 그는 러시아의 東進과 이를 위한 시베리아 철도의 가설을 들며 조선에 위험이 박두했다고 보았다. 러시아가 조선을 엿보며 행동하지 못하고 있는 것은 청을 두려워하기 때문이라고 하였다. 그리고 조선이 일·러의 세력권 안에 들어가는 것은 청으로서는 안위와 관계된 문제이므로 조선의 중립화는 청국에 청하는 것이 마땅하다고 하였다. 조선의 국권을 유지하기 위해서는 강대국 사이의 세력균형을 이용한 조선의 중립국화가 가장 현실적인 최선의 방안이라는 생각에서 청의 처지를 십분 이용하려 한 것이다.80)

부들러와 유길준의 중립론에서 보이는 가장 큰 차이점의 하나는, 중립화를 실현하기 위한 방법으로서 부들러는 조선정부 스스로가 그것을 선언하고 이후 중·일·러 등 삼국이 그것을 보장하는 조약을 맺으면 된다고 생각하여 조선정부와 일본공사관에 이를 권한 점이다. 갑신정변 후 조선에 전권대사로 왔던 일본 외상 井上馨은 "이 법은 매우 묘해서 의심 많은 사람은 다만 먼저 그 법을 실행한 후라야 그에 따르려고 할 것이다"81)라는 반응을 보였다.

갑신정변 후 일본에 망명하고 있던 김옥균도 이와 비슷한 중립론을 주장하였다. 1886년 7월 조선에서 파견된 내아문 주사 池運永(1852~1935)이 자기를 암살하려 한 계획이 폭로되자 이홍장에게도 서한을 발송하여 조선을 중립국으로 만드는 것이 청국을 위해서도 이득이 된다고 하였다.

당시 개화정치가들도 대체로 조선이 중립국이 되기를 바라고 있었다. 그러나 당시 조선이 정치적으로 안정되지 못하고 실력을 갖추지

___

79) 「중립론」, 『유길준전서』 4(정치·경제편), 323쪽.
80) 구선희, 앞의 책, 156쪽.
81) 『舊韓國外交文書』 德案, 高宗 22年 2月 22日 ; 강만길, 「유길준의 중립화론」, 『분단시대의 역사인식』(창비신서21), 창작과비평사, 1978, 115쪽.

못했고, 열강이 직접 조선을 자기 세력권으로 삼으려는 야심을 갖고 있었기 때문에 실현될 수는 없었다. 조선의 19세기 역사가 실패로 그친 가장 큰 원인은 外勢依存에 있었다. 당시 지배계층은 가장 강한 외세를 찾아 그에 의탁하여 권력을 유지하려 하였고, 그 결과 한반도를 탐낸 최후의 강자에게 모든 것을 내맡기게 되었다. 당시 자위능력이 부족했던 조선으로서는 강대국 간의 세력균형을 이용하여 국권을 유지하고 완충지대로서 중립화하여 자율적 발전을 도모하는 정책이 가장 현실적이었다. 그러나 유길준 자신은 당시 연금 상태에 있어 그의 중립론은 햇빛을 보지 못하고, 친청파가 장악하고 있던 외아문에서 일부만 인정되었다. 구한말 조선이 부국강병의 자강정책을 실시하여 근대화할 수 있었던 시기는 갑신정변 후 십 년 간으로 외세의 직접적인 침입이 소강 상태에 있던 기간이었으나, 중립론이 집필된 지 십 년 만에 청일전쟁이 일어나 조선의 주권은 유린당하고 중립화의 기회는 상실되었다.

저명한 중국 역사가로서 국제연합에서 마지막으로 중국대사를 역임한 장팅푸(蔣廷黻 : 1895~1965)는 조러비밀협약사건 후의 이홍장과 중국의 실책에 대하여 다음과 같이 쓰고 있다.[82]

당시 李鴻章은 조선의 장래에 대하여 러시아와 상호 이해에 도달하기를 바랬다. 거문도 철수 후에 이 곳에 제3국이 점령하지 못하도록 할 것을 보장토록 주장하는 영국정부의 태도는 그에게 이와 같은 목적 달성의 수단을 제공해 주었다. 그는 러시아 대리공사 Ladygensky를 천진으로 불러 만나기로 하였다. …… 제3차 회담은 9월 29일에 열렸다. Ladygensky는 조선이 3국 간에 위치하기 때문에 한 나라의 어떤 영토적 점령도 다른 두 나라에 의해 저지될 수 있을

---

82) 장팅푸 지음, 김기주·김원수 옮김, 『淸日韓外交關係史』, 1991, 129~132쪽 (蔣廷黻, "Sino-Japanese Diplomatic Relations, 1870-1894," *The Chinese Social and Political Science Review*, Vol. XVII, April 1933). 註 11) 참조.

것이라고 밝혔다. 이홍장은 그에게 중국은 그러한 야심이 없으며, 오히려 러시아의 정책을 우려하고 있다고 밝혔다. 따라서 그는 러시아와 비밀동맹을 체결하고 싶다고 밝혔다. 이에 Ladygensky는 러시아 외무성은 이미 그러한 협정을 개시할 준비가 되어 있으며, 그 형식은 각서의 교환이나 2~3조항의 정식조약이 되어야 할 것이라고 말하였다. 이에 이홍장은 먼저 어떠한 열강들도 조선의 영토를 취해서는 안 될 것이라는 내용의 각서를 교환해야 한다고 했다. Ladygensky는 이에 동의하고 신임 러시아 공사가 도착할 때까지 공식적인 조약 체결은 연기되어야 할 것이라고 제의하였다. Ladygensky는 31일에 초안을 제출하였다. 그것은 모두 3개 항목으로 구성되었다.

① 조선과 중국, 조선과 다른 열강 간의 현 관계의 유지.
② 조선의 영토적 주권 보장.
③ 조선의 현 정체의 유지. 단 어떠한 변화는 청·러 간의 동의에 의해 만들어질 수 있다.

이홍장은 초안이 너무 복잡하고 광범위한 점을 들어 반대하였다. 그래서 Ladygensky는 어구상 간단하게, 그러나 본질적으로는 첫 번째 것과 같은 두 번째 초안을 작성하였다. 하지만 衙門과 이홍장은 이 조건들을 인정할 수 없었다. 왜냐하면 그것은 현 상태에서 만족할 수 없었기 때문이 아니라 오히려 조선 내정에 있어서 어떠한 변화 가능성을 영원히 배제하지 않았기 때문이다. 즉, 이러한 저의는 교섭을 실패로 만들기 위한 바로 그것이었다. 따라서 이후 Ladygensky는 다만 구두로 러시아의 무관심을 서약하였고, 이홍장은 영국으로 하여금 거문도에서 철수하게 하는 데 성공하였을 뿐이다.

나의 제한된 지식으로 되돌아보면 나는 이홍장과 北洋衙門이 조선을 안정시킬 수 있는 가장 좋은 기회를 놓쳤다고 생각한다. 당시 러시아는 기꺼이 현상을 유지하려 하였으며, 영국은 청과 조선 간에 현존하는 관계에 의문을 표시하지 않고 조선의 영토적 자주권을 국제적으로 보장하는 데 참가할 준비가 되었음을 천명하였다. 한편 일찌감치 일본은 조선의 중립화를 고려하고 있었다. 이 세 나라 중에서 영국의 태도는 청에 가장 우호적이었다. 영국이 바란 것은 조선이 러시아의 수중에 떨어지는 것을 막는 것이었다. 일본의 태도도 최소한 우호적이었다. 왜냐하면 일본은 중국과 동등할 것을 주장하였기 때문이다. 그러나 만약 중국이 모든 외국과 함께라도 조선을 중립화하는 데 성공한다면, 중국은 동등한 권리를 가지게 될 것이며 중국의 모든 실질적인 이해는 보장될 것이었다. 하지만 이홍장과 아문은 국제적 보장의 경제성을 알지 못했다. 고로 1886년에 있어서 그들의 비전은 1879년부터 1882년까지 만큼 명확한 것은 아니었다.

그들이 행동하고 말한 바 조선에 대한 중국의 이해는 결과적으로 볼 때 벨기에에 대한 영국의 이해와 별반 차이가 없는 것이었다. 기실 중국과 조선 간의 역사적인 관계는 근대시대에는 무관하였다. 하지만 이홍장과 아문은 지나치게 역사적 관계들을 고려함으로써 오히려 필요한 조정을 하는 데 실패하고 말았던 것이다. 이후 8년 간의 사태 발전은 이홍장과 袁世凱가 조선의 국제화나 중립화와는 분명히 상반되는 정책을 추구하고 있음을 적나라하게 보여주고 있다.……

장팅푸의 견해로는, 영국을 거문도에서 철수시킬 1886년에는 당시 청·러 간을 비롯한 열강의 힘의 균형과 소강 상태는 조선의 중립화를 실현시킬 만한 충분한 여건이 마련되었고, 청국과 러시아도 조선의 영토와 주권을 보장하며 열강 간에 현상유지(status quo)를 위한 협정을 제의하였다. 그러나 이홍장을 비롯한 청나라 당국자가 조선에 대한 宗主權을 포기하지 않음으로써[83] 조선의 주권과 중립화를 인정하는 청·러 간의 비밀협정은 무산되고 조선에 안정을 가져올 기회를 놓침으로써, 극동은 전쟁으로 치닫고 중국의 안보도 위협받게 되었다고 보았다.

역사에서 가정법은 통할 수 없지만, 유길준이 중립론을 제창하였을 때, 당시 조선에 대중적인 신문이 있어 이를 보도하여 여론의 뒷받침을 받고 혜안을 갖춘 정치가가 열강에게 이를 설득하고 중국도 욕심을

---

83) 임계순, 「한·로밀약과 그 후의 한로관계(1884~1894)」, 『한로관계100년사』, 한국사연구협의회, 1984, 114쪽 ; T. F. Tsiang, op. cit., pp.98~99.

줄여 자중함으로써 국제적으로 조선의 중립화를 인정시켰다면, 조선은
근대화를 위한 시간을 이용할 수도 있었을 것이다.

VI. 맺음말

위에서 조선 개항 전후 시기에 활약한 두 명의 譯官과 1880년대에
외국에 유학한 양반 출신 정치가의 주장을 통하여 당시 상황을 점검하
여 보았다. 이 시기에는 소위 開化黨 인사들을 중심으로 中人과 양반
출신들이 조정의 外衙門이나 사랑방에 모여 革新改革政策을 講求하기
에 바빴다. 조선시대의 중인들은 『同文彙考』에도 말기로 갈수록 「使臣
別單」을 많이 제출하였듯이 많은 해외견문과 실무를 통하여 가장 선진
적인 정책을 제언할 수 있게 되었다. 그러나 조정 안에서 그들의 낮은
지위로 말미암아 그것이 존중되고 채택될 여지는 적은 것이었다.

러시아 사절로 파견되었던 역관 白春培는 러시아의 군비확장을 직
접 목도하고 러시아의 침입에 대비하여 청국의 北洋提督과 같이 안보
를 총괄할 비상관리체제를 수립할 것을 제안하고, 외교와 內修를 강화
할 것을 주장하였다.

조선개항기의 譯官 白春培(1844~1887)에 대해서는 그가 개화당에
서 맡았던 중요한 역할에 비하여 그 동안 알려진 것이 별로 없었다. 그
러나 근래 『林川白氏家乘』에서는 그가 러시아에 사절로 다녀온 후 고
종에게 바친 상소가 새로 발견되었다. 국사편찬위원회에서 간행한 『修
信使記錄』에도 비슷한 내용이 들어 있다.

金弘集이 일본에 修信使로 갔다가 1880년 여름이후 귀국할 때 얻어
온 黃遵憲의 『朝鮮策略』의 내용이 알려지면서 조선정부에서는 러시아
에 대한 위기의식을 갖게 되었다. 그리하여 비밀리에 譯官 白春培를
보내 露領의 실정을 탐지시켰다. 그는 1882년 12월 국왕에게 「俄羅斯
採探使白春培書啓(壬午 臘月)」를 바쳤다. 여기에는 러시아가 반드시

조선을 침략하리라는 이유 열 가지를 들었다. 다음에 러시아의 블라디보스톡(海蔘威) 摠兵官이 일본영사관을 방문하여 영사와 세계정세를 논한 것을 전재하였다. 러시아총병은 일본이 환경이 좋은 한국을 침탈할 경우 중국이 한국을 원조하면 러시아는 일본을 돕겠다. 그후 함경도는 러시아가 차지할 수 있도록 하여 露·日間의 우의를 다지면 좋겠다고 하였다. 일본 영사는 이에 대해 일본이 조선을 침탈할 처지에 있지 못하다고 답변하였다는 것이다. 이 내용은 분명히 金鶴羽로부터 들은 이야기를 옮겨 적은 것이었다. 위의 기록들을 통해서 우리는 러시아영토와 맞닿아 조선의 관리나 국민들이 절박한 위기를 느끼던 당시 상황을 일부나마 파악할 수 있다.

거기에서 그는 러시아에 대하여 심한 恐露意識을 표출하고, 그 침입에 대비할 것을 제언하였다. 그는 특히 문무를 겸비한 인물을 뽑아 인천과 같은 요지에 두고, 청국의 北洋提督과 같이 각국 사무를 맡길 것을 제안하였다. 러시아가 블라디보스톡을 중심으로 군비를 강화하는 양상이 자세한 것으로 보아 1877~1879년 군비를 강화한 이후 1882년 사이에 그 지역을 시찰하고 비교적 정확한 상황을 보고한 것으로 보인다. 그러나 이 시기의 역관들은 서양 각국어에 귀먹어리와 벙어리가 되었다는 기록대로 그들이 목격하거나 중국 등을 통하여 들은 것 이상으로, 서양열강들 배후의 상황변화나 진정한 실력과 의도를 파악하기에는 힘이 부족하지 않았던가 하는 의문을 갖게 된다.

白春培는 일찍이 조선에 武備가 적은 것을 말하더니 러시아에서 귀환하여 상소를 개진할 때에 甲申政變 때문에 時宜에 맞지 못하여 비명에 죽게 되었다. 상소에는 "변경 백성이 국경을 넘어 간 자가 많아, 조선의 허실과 형편은 러시아가 자세히 알고 있다. 조선과 러시아가 대소와 강약이 현저히 달라서 러시아의 침입은 필연적이다. 청국과 조선과 일본이 연합하여 脣齒가 되는 것은 러시아가 싫어하는 바이다. 그러므로 조선을 침입하여 先手를 잡을 것이다"고 하였다.

또한 역관 卞元圭는 강화도조약 체결 이후 武備講究를 위하여 청국에 파견되어 북양제독 李鴻章을 만나고 領選使를 통한 武器學習의 길을 열었다. 그러나 그 이상으로 李鴻章의 설득을 받아 러시아 南下에 대한 以夷制夷策으로 미국·영국 등과 수교할 것을 고종에게 上奏하여 이를 성공시켰다. 이것은 크게 보아 영국의 러시아에 대한 봉쇄책이 청의 李鴻章을 통하여 조선에 실현된 것으로 파악된다. 역사가들은 대개 1885년까지 러시아가 극동에 南進할 만한 병력이나 기지를 확보하지 못했던 것으로 인식하고 있지만, 조선의 사절이 목도한 연해주의 군비나 러시아인들의 태도는 조선에 위협을 주기에 충분하였다는 점도 인정된다.

개항 후 조선에서는 청·일이 각축을 벌였는데 갑신정변 후에는 미·영·러 등이 관계되는 다원화시대가 되었다. 미국에서 돌아온 양반의 후예 兪吉濬은 독일의 묄렌도르프가 永世中立化案을 낸데 이어 조선의 중립화안을 집필하였지만, 이는 연금 상태에서 햇빛을 보지 못하였다. 조선 정치가와 국민의 역량에 따라서는 실현 가능한 방안이었음을 참작할 수 있다. 중국의 역사가 장팅푸(T. F. Tsiang : 蔣廷黻) 교수가 지적했듯이 조·러비밀협약사건 후 李鴻章이 러시아의 Ladygensky와 조선의 영토와 주권 보장을 위한 협약을 유산시킴으로로써 조선을 안정시킬 수 있는 가장 좋은 기회를 상실하고 極東이 전쟁과 破局으로 치달은 사실은 당시 조선의 永世中立化案이 가장 현실적이었음을 반증한다고 하겠다. 당시 한국에는 서양문명의 중심지인 영국이나 歐美에서 체계적으로 교육을 받고 그들에게 넘어가지 않을 만큼 서양언어를 자유로 구사하고 국제정세와 서양의 과학기술을 이용할 만한 인재가 부족했던 점도 중요한 사실이었다. 그리고 외교는 국력이 좌우하는 만큼 외국 역사가들의 조선왕조체제나 국왕에 대한 다음과 같은 비판도 음미할 필요가 있겠다.

고종은 초기에 대원군이 집정하는 10년 동안 통치자로서 훈련을 받

지 못하여 다난한 국제관계 속에서 국운을 바로잡을 만큼 대담한 지도
자가 되지 못하였다. 데니(Denny)는 고종을 신념이 강하고 명랑하며
인내가 강한 군주라고 칭찬하였으나, 뒤를 이어 조선에 왔던 많은 외
국인들은 고종이 국가를 지배할 수 없을 정도로 무력했다고 한다.[84]
그러나 도이힐러(Martina Deuchler)와 김달중 교수는, 고종이 서구와
문호개방에 힘썼으며, 조선 자강운동의 주체세력이었고, 개혁자들을
적극 지원해 주었으며, 청의 간섭으로부터 벗어나고자 한 자주성과 독
립성이 강한 군주였다고 하였다.[85] 그러나 고종과 개혁파 정치가들이
성공할 수 없었던 원인에 대해 스터드벤트(Saundra Sturdevent) 등[86]
은 1880년대 청의 제국주의적 간섭 때문이었다고 말하고 있다. 스와르
타우트(R. Swartout)는 조선의 관료조직 자체가 개항과 더불어 닥쳐
온 문제들을 처리하기에는 부적당하였다고 보았다. 조선의 관료조직은
합리적이기보다 관료들의 심리적 욕구를 만족시키도록 고안되었다. 국
왕의 절대권 행사는 이론뿐이었고 사실은 강력한 관료조직에 의해 전
통적으로 권한이 점검되고 제한되었다. 따라서 왕이 특수한 정책을 실
시하려 할 때 統理機務衙門과 같은 정치외교기관을 거칠 경우 비밀보
장이 어렵고 보수적인 관료들의 반대에 부닥치게 되어 정책 시행이 어
려웠다고 보았다. 그러나 임계순은, 이상의 사실보다 유능한 지도적 관

---

84) Robert R. Swartout, Jr., *Mandarins, Gunboats, and Power Politics ; Owen Nickerson Denny and the International Rivalies in Korea*, The University Press of Hawaii, 1980, 58~59쪽.

85) Martina Deuchler, *Confucian Gentlemen and Barbarian Envoys : The Opening of Korea, 1875-1885*, Seattle : University of Washington Press, 1977, p.221 ; Robert R. Swartout, Jr., 앞의 책, 59・67쪽 ; 김달중, 「1880년대 한국 국내정치와 외교정책 : 민씨 정치지도력 및 외교정책평가」, 『한국정치학회보』 10, 1976, 242~245쪽.

86) Saundra Sturdevent, *Imperialism, Sovereignty and Self-Strengthening ; A Reassessments of the 1870s in Reform in Nineteenth Century* , ed. Paul A. Cohen and John E. Schrecker, Cambridge Mass. : Harvard University Press, 1976, 67쪽.

료의 결여가 조선이 개화하고 독립을 유지할 수 없었던 가장 중요한 원인이 되었다고 보았다.

고종이 온건한 성격의 소유자로서 절대권을 행사할 수 있었고 개혁을 수용할 수 있는 관료들의 보필을 받았더라면 척족 민씨의 정치간섭과 청의 袁世凱의 정치 간섭을 배제할 수 있었을 것이고, 국제관계와 국제법을 잘 이해하여 적절히 균세를 이용하였더라면 자주독립을 유지하고 개혁을 유지할 수 있었을 것이다.

청의 내정간섭이 심했을 때 조선정부는 열강들과 다변적으로 서로 견제하여 均勢를 성립시키고 자주독립을 유지할 능력을 갖춘 지도층을 형성하지 못하였다. 트리트(Payson J. Treat)는, 이홍장이 종주권을 포기하고 조선에 적극 간섭하지 않고 袁世凱가 조선의 개혁운동을 방해 않고, 조선이 열강들과 수호통상조약을 체결하여 한반도에서 均勢를 유지하였더라면 조선이 독립을 유지할 수 있었을 것이라고 보았다.87) 라이트 역시 淸이 세계정세에 적응을 못하였으며, 국내정세 상으로도 종주권 행사가 불가능한데도 계속 이를 주장한 데서 실패의 원인을 찾았다.88) 결국 제1·2차 韓露密約을 전후하여 조선의 내정과 외교에 대한 청의 제국주의적 간섭이 조선의 자주적 개혁을 좌절시켰던 것이다.

조선이 개항한 시대로부터는 이미 한 세기가 지나, 교통과 통신의 혁명으로 한반도 주변의 정세도 많이 바뀌었다. 미국은 특히 소련과의 양극체제가 무너진 후 세계의 초강대국으로 군림하고 있다. 중국이나 러시아는 외교전략에서 미국 등 강대국을 最優先視하고 세력균형정책을 교묘히 구사하고 있으므로 한국은 중재자 의도를 역이용하여 자기

---

87) 任桂淳, 「한·로밀약과 그 후의 한·로관계(1884~1894)」, 『한로관계100년사』, 한국사연구협의회, 1984, 126쪽에서 재인용. 이상의 내용 발췌.

88) Mary C, Wright, *The Last Stand of Chinese Conservatism : The T'ung-Chih Restoration, 1862-1874*, Stanford : Stanford University Press, 1957, 381쪽.

의 힘을 극대화하여야 한다. 북한문제에 대해서는 한·미간에 공동시각과 계획을 견지해야 중국도 그것을 존중하게 된다. 때문에 한국은 미국이 중국과 한반도 문제를 논의하기 전에 먼저 미국과 사전 협의하여 합의를 이루어야 한다.

공식적인 안보대화와 협력이 어려울 때 중국과 일본에서는 전직 고위 정책자 및 관리들이 정부정책에 상당한 영향력을 갖고 있는데 유의해야겠다.[89]

또한 러시아는 한국에 대하여 정치적으로 완충국 내지 전초기지로서 그 가치를 두었고, 전통적으로 한반도의 현상유지정책을 추구해 왔다. 또한 경제적 이익이 관련되었을 때는 보다 적극적으로 개입하였다.

근래 일부 학자는 러시아는 한번도 한국과 직접 무력 충돌한 경험이 없고 영토문제로 갈등을 일으킨 일이 없다고 한다.[90] 그러나 직업외교관들은 한말의 국제 외교관계 역사를 성찰하고 러시아의 남하정책이 조선에까지 미치지 못한 원인을 파악하여 이에 대처해야 하겠다.

(본 논문은 1998년도 해외파견교수로 University of California, Berkeley 한국학연구소에 다녀온 후 연구보고논문으로 작성되었다)

---

89) 안병준, 「미·중관계 전망과 한반도의 장래」, 『국제문제』 '98. 12, 국제문제연구소, 36~38쪽.
90) 양승함, 「러시아의 한반도정책에 관한 새로운 인식」, 『국제문제』 2000. 1, 47쪽.

김옥균의 개혁사상 연구

鄭 英 熹[*]

1. 머리말

金玉均(1851. 2. 23~1894. 3. 28)[1]은 충남 공주군 정안면 광정리에서 金炳台와 恩津 宋氏의 장남으로 태어났다. 그는 근대화 과정에서 혁신적이고 적극적인 개혁운동을 추진함으로써 한국인의 근대의식을 한 차원 높은 단계로 끌어올렸다. 즉 그는 근대화를 주도한 개화사상가이자 실천가였다.

요즈음 한국 근현대사에 대한 관심의 고조는 개화운동을 선도한 개

---

* 仁川大學校 敎授

1) 김옥균의 호는 甲申政變 이전에는 古愚, 이후에는 古筠을 사용하였다. 그는 1894년 3월 28일 상해의 東和洋行에서 洪鍾宇에게 암살된 후 4월 12일 시신으로 돌아와 능지처참되었다. 이 때 甲斐軍治는 그의 머리를 거둬 '金氏友人會'에게 전달하여 5월 20일 本願寺에서 장례를 치른 후 靑山墓域에 안장하였다. 眞淨寺의 묘는 "죽어서 김옥균과 나란히 묻히고 싶다"는 甲斐軍治의 유언에 따라 후손들에 의해 1920년 조성되었다. 아산가묘는 망명 시절 "죽어서라도 고향 땅에 묻히고 싶다"는 유언을 받들어 甲斐軍治가 1913년 本願寺 묘지흙을 가져와 조성하였다.

화파 인물에 관한 연구를 촉진시키는 계기가 되었다.[2] 대부분의 연구
자들은 김옥균을 '변혁기'의 소용돌이 속에서 급진적인 정치개혁을 시
도한 선구자로 평가하였다. 그러나 그는 갑신정변 실패와 동시에 역적
의 괴수로 몰려 망명생활을 하던 중 1894년 암살당함으로써 그의 사상
을 파악할 수 있는 사료는 빈약한 형편이다. 그는 「甲申日錄」·「治道
略論」·「箕和近事」를 비롯하여 몇 편의 상소문을 남기고 있지만, 이러
한 연유로 그에 관한 사상은 물론 개화운동사에서 차지하는 위치를 규
명하는 데 많은 한계가 있다.

　이 글은 갑신정변에서 주도적 역할을 담당한 김옥균의 사상과 국가
관을 이해하는 데 초점을 두었다. 그것은 제도개혁을 포함한 개화운동
이 그의 개혁사상과 밀접한 연관성을 지니고 있었을 뿐만 아니라 그의
주도로 이루어졌기 때문이다. 이를 규명함으로써 그의 개혁론이 지닌
특성과 성격이 보다 선명하게 밝혀지기를 기대한다. 다만 다른 개화론
자들과 비교 연구는 차후로 미루고자 한다.

2. 김옥균의 생애

1) 유소년기의 활동

　김옥균은 당대 제일의 세도가였던 안동 김씨 가문에서 태어났다. 부
친 김병태는 벼슬길에 나서지 않은 채 서당 훈장으로 생계를 유지하였
다. 김병태는 1853년 天安郡 院垈里로 이주하여 서당을 운영하였으며,
부인 송씨는 길쌈 등으로 살림을 도왔다. 이러한 가정 환경은 그가 일

---

2) 그에 대한 대표적인 연구는 다음과 같다. 古筠金玉均正傳編纂委員會, 『古筠
　　金玉均正傳』, 高麗, 1984 ; 亞細亞文化社 편, 『金玉均全集』, 1979 ; 愼鏞廈,
　　「金玉均의 開化思想」, 『東方學志』 46·47·48合, 1985 ; 이광린, 『김옥균』,
　　동아일보사, 1994 ; 閔泰瑗, 『甲申政變과 金玉均』, 1947 ; 鈴本省吾, 『朝鮮名
　　士金氏言行錄』, 東京 : 博文堂, 1886 ; 葛生東介, 『金玉均』, 東京, 1916.

찍이 한학을 접하는 등 학문적 기초를 견고히 다지는 계기를 만들어
주었다. 그는 5세 때 아버지가 시제로 준 '月'자에 대해 '月雖少照天下'
라고 응답함으로써 어른들을 놀라게 하는 등 '신동'으로 널리 알려졌
다.

그는 1856년 金炳基(김병태 6촌)의 양자로 입적하면서 서울 北村 花
洞에서 생활하였다. 서울은 그가 새로운 안목을 넓히면서 자기의 이상
을 펼칠 수 있는 배경이었다. 더구나 김병기는 그를 가문을 일으킬 인
재로 양육시킬 의도로 그에게 시문을 비롯한 글 공부는 물론 중국의
고전 등을 체계적으로 가르쳤다. 그 덕분에 김옥균은 文章·學問·書
畵·音律 등 다양한 분야에서 능력을 발휘할 수 있었다.

김병기는 進士試에 급제한 이래 1856년 9월부터 1882년 9월까지 玉
果縣監, 金城郡守, 襄陽府使, 江陵府使 등을 역임하였다. 김옥균도 양부
의 임지를 따라 다니면서 생활하였는데, 특히 관동지방에서의 유년기
생활은 그의 사상 형성에 많은 영향을 끼쳤다. 관동지방은 자연환경이
수려할 뿐만 아니라 명승고적이 많은 곳으로 자연과 더불어 심신을 수
련하면서 미래지향적인 사상을 형성할 수 있었다. 감수성과 진취성이
가장 예민한 소년기에 있던 그에게 당시의 이러한 환경은 인격 형성에
많은 영향을 미쳤다.3)

특히 그는 松潭書院에서의 교육을 통해 신지식과 개혁사상을 형성
하였다. 그 곳은 栗谷 李耳의 학풍을 존중하여 설립된 書院으로, 그는
송담서원의 교육을 통하여 근대지향적인 개혁사상은 물론 애민사상을
형성하였다. 그것은 李瀷이 "율곡의 時務之學이야말로 조선에서 제일
이었을 뿐만 아니라 후기 실학의 연원은 變法思想으로서의 율곡 학문
으로부터 나오는 것으로 인식하고 있었다"4)고 지적한 바와 같이, 그가

---

3) 이광린, 『김옥균』, 동아일보사, 1994, 7~8쪽. 비선대에 김옥균과 김병기의 이
   름이 나란히 새겨져 있다. 이는 부친의 김옥균에 대한 교육적인 배려가 많았
   음을 엿볼 수 있는 대목이다.
4) 李瀷의 「人事門」(『星湖僿說』)에 보면 자기의 사상적 연원을 율곡에 두면서

율곡학풍을 통해 학문적·사상적 기반을 형성하였음을 알 수 있다. 그가 강릉에서 돌아왔을 때 학문·시문·글씨·음률 등이 크게 향상된 사실은 이를 반증한다.

김옥균은 양반 자제는 물론 漢醫·譯官을 비롯한 중인계급 심지어 사회로부터 천대와 멸시를 받던 승려들과도 교류하였다. 이 과정에서 그는 자신의 詩文을 발휘하는 한편 사상을 심화시킴으로써 북촌의 청년지도자로 부상할 수 있었다. 더구나 당시는 서구열강의 침략으로 민족적 위기의식이 고조되고 아울러 朴珪壽·吳慶錫 등을 비롯한 초기 개화론자들이 근대화의 당위성을 강조하던 시기였다.

김옥균은 丁若鏞·朴趾遠을 비롯한 실학사상가들의 학문을 연구하면서 서구의 문물제도에도 관심을 기울였다. 그는 개화인사들과 교류하면서 실학사상을 수용하는 가운데 지배층이 숭상하던 존명사대사상을 배격하고 민족의 자주성과 독립의 필요성을 인식하였다. 그는 劉鴻基(大致)를 비롯한 개화 인사들로부터 받은 각종 신서적과 신문물을 이용하여 세계정세를 파악하고 조국의 진로를 판단하는 기준으로 활용하는 등 후일 근대화 정책을 펼 수 있는 기반을 닦아 놓았을 뿐만 아니라, 이것을 개혁운동을 추진할 수 있는 밑거름으로 삼았다.[5] 특히 김홍집이 들여온 黃遵憲의 『朝鮮策略』과 魚允中의 『日東記』, 李東仁이 구입해 온 각종 신서적은 그가 근대화 정책을 추진하는 데 적극 활용되었다.

2) 청·장년기의 활동

도 "國朝以來屈指識務 惟李律谷柳磻溪 二公在 律谷太半可行"이라 하여 時務는 율곡과 퇴계에 있다고 주장하였다.

5) 李用熙, 「金玉均」, 『韓國近代人物白人選』, 新東亞, 1970년 부록. 이동인은 김옥균의 부탁을 받고 일본에서 많은 신서적을 구입해 왔던 것으로 짐작된다.

  김옥균은 1871년 7월 양부를 따라 관동지방에서 서울로 돌아왔을 때[6] 학식과 시문은 물론 글씨와 그림에서도 탁월한 재능을 갖추고 있었다. 더구나 개화 인사들과 교류하면서 지식의 폭을 더욱 넓히고 사회개혁에 대한 강한 의지를 갖게 되었지만, 현실적으로 자신의 이상을 펼칠 수 없음을 깨닫게 되면서 관직에 들어가 개혁을 추진하기로 결심하고, 정계 진출을 위한 과거시험 준비에 몰두하였다.[7]

  그는 1872년(고종 19) 3월 12일 謁聖試 갑과(장원)에 급제하면서 정6품인 成均館 典籍에 중용되고 9월 司憲府 監察, 12월 持平(정5품)으로 승차하였다.[8] 그러나 1872년 12월 30일 파직되었다가 1874년 10월 司諫院 正言(정6품), 22일 弘文館 校理에 임명되는 등 관직의 길은 평탄하지만은 않았다. 특히 弘文館 副校理로 좌천된 후 승차하지 못한 채 같은 직에 계속 머물러 있었으나, 1883년 박영효의 從事官으로 일본을 다녀오면서 承政院 右部承旨, 外務衙門參議, 吏曹參議, 戶曹參判, 外務衙門協辦으로 승진을 거듭하였다.[9]

  김옥균은 관직에 등용되기 이전부터 『燕巖集』[10]을 비롯한 실학사상가들의 저술을 탐독하면서 평등사상에 깊은 관심을 가지게 되었다. 특히 그는 서구문물에 해박하던 朴珪壽(瓛齊 : 1807～1877), 劉鴻基(大致), 吳慶錫(鎭齊 · 天竹齊 : 1831～1879), 李東仁 등과 교류하면서 근대지향적인 사상의 폭을 크게 넓힐 수 있었다.

  박규수는 燕巖 朴址遠의 손자로 학식과 덕망을 겸비하고 있었을 뿐

---

6) 이광린, 앞의 책, 8쪽에 의하면 김병기는 1868년 1월부터 1871년 7월까지 양양부사로 부임하였음을 밝히고 있다.
7) 김옥균은 개화인사들로부터 얻은 지식을 바탕으로 「箕和近事」를 저술하여 자신의 입장을 분명히 하였다.
8) 이 때 알성시에는 6명(갑과 1, 을과 1, 병과 4)이 합격하였는데, 『國朝榜目』에는 김옥균의 이름이 지워져 있다.
9) 김옥균은 주로 홍문관직을 수행하였으나 외무아문 참의 시절 東南諸道開拓使兼管捕鯨事 임무를 수행하면서 국토개척론을 제시한 것으로 추측된다.
10) 李光洙, 「朴泳孝를 만난 이야기」, 『東光』 19, 1931. 9.

만 아니라 실학사상을 계승하는 가운데 이를 개화사상으로 발전시키는 등 당대 최고의 지성인이었다. 그는 1861년과 1872년 중국을 다녀온 인물로 국제 정세에도 매우 밝았다. 그러나 1874년 11월 우의정에서 물러난 이후 자기 집에 은거한 채 실학사상 연구에 전념하면서 자신을 찾아오는 사람들에게 서구의 신지식과 문물을 소개·전달하는 역할을 하였다. 김옥균은 박규수를 만나면서 실학사상은 물론 세계정세를 인식하면서 근대지향적 사상을 성숙시켜 나갔다. 이들의 관계는 1877년 2월 박규수가 병사할 때까지 2년여 동안 지속되었다. 이러한 사실은 박영효와 김윤식의 다음과 같은 회고에서 엿볼 수 있다.[11]

> "신사상은 내 일가인 박규수 집 사랑방에서 나왔소. 김옥균, 홍영식, 서광범 그리고 내 백형[朴泳敎]하고 재동 박규수의 집에 모였지요."
> "처음에 古愚는 瓛齊 선생의 문하에 들어가 자못 세계의 대세에 밝았으며, 일찍이 동지들과 나라 일을 걱정하였지요."

그러나 김옥균의 개화사상 형성에 절대적인 영향을 미친 사람은 유홍기와 오경석이었다. 유홍기는 중인이었지만, 漢醫로서 해박한 지식과 학덕을 겸비하여 班常을 막론하고 덕망과 신망을 받던 개화사상가의 대표적 인물이었다. 그는 오경석이 들여온 魏源의 『海國圖志』와 徐繼畬의 『瀛環志略』을 비롯한 각종 書畫와 신서적을 통해 일찍이 개화의 필요성을 인식한 개화사상가이자 실천가였다.[12] 崔南善은 유홍기와 개화 인사들과의 관계를 다음과 같이 설명하고 있다.[13]

---

11) 李光洙, 앞의 책 ; 金允植, 『續陰晴史』, 국사편찬위원회, 1960.
12) 林毅陸編, 『金玉均傳(上卷)』, 東京 : 慶應出版社, 1944, 48~50쪽. 오세창도 "대치 선생은 학문으로서 사학에 조예가 깊어 조선 고금의 역사에 통달하였다"고 회고하고 있다.
13) 崔南善, 『古事通』, 삼중당, 1943, 218쪽.

　　白衣 ……『海國圖志』,『瀛環志略』 등으로 세계의 정세를 卜察하면서 …… 귀국중의 英俊을 규합하여 방략을 가르치고 자기를 고무시킨 이가 있으니 당시 지인의 사이에서 白衣政丞의 이름을 얻은 유대치가 그라, 박영효, 김옥균, 홍영식, 서광범과 귀족이 아닌 백춘배, 정병하 등은 다 대치문하의 俊髦로 …… 등이 일본교섭의 선두에 선 것은 실상 대치의 계획 중에서 나온 것이요 …… 세상이 개화당으로 지목하는 이는 대개 대치의 문하를 이름이라.

　즉 최남선은 개화 인사들의 사상을 심화·발전시킨 장본인이 유홍기이며, 그의 지도에 의해 개화파라는 근대적인 '정치집단'이 형성될 수 있었다고 지적하면서 개화사상이나 개화파에 대한 연구가 유홍기로부터 시작되어야 할 것이라고 역설하였다.

　오경석은 23세 때인 1853년부터 통역관으로 중국을 왕래하면서 서구문물에 조예가 깊었던 인물이다. 그는 1853년 중국에서 1년 여 생활하는 동안 張之洞[14] 등과 교류하면서 세계정세에 대한 식견을 넓혔다. 특히 서양의 무력 앞에서 힘없이 무너지는 중국의 몰락 과정을 목격하면서 조선도 예외가 될 수 없다는 사실을 인식한 그는 국내 인사들에게 세계정세와 개화사상을 고취시키기 위하여 신서적과 신문물을 구입해 왔다. 이 때 김옥균은 관직에 있으면서 개혁을 추진할 동지를 규합하고 있는 상황이었으므로 두 사람은 쉽게 뜻을 같이할 수 있었다. 오경석은『天竹齊箚錄』에서 당시의 상황을 다음과 같이 언급하였다.[15]

　　동남의 박아지사들과 교제하면서 견문을 더욱 넓혔으며 원명 이래의 서화 …… 삼대·진한의 금석과 진당의 비판 …… 내가 이들을 구

---

14) 吳世昌,『槿域書畫徵』, 253쪽에 의하면 오경석은 장지동과 그림·시 등을 교환하면서 친교를 맺었다고 한다.

15) "獲交東南博雅之士　見聞益廣……元明以來書畫百十品　三代秦漢金石晉唐碑版　亦不下數百種……皆於數十年久　千萬里之外　大費心神　殆可謂不易得矣".

득함이 모두 수십 년의 오랜 시간이 걸렸고 수만 리 밖의 것이라 심
신을 대비치 않고서는 가히 쉽게 얻을 수 없었다.

또 김옥균의 사상 형성에 많은 영향을 끼친 사람은 봉원사 승려 이
동인이었다.[16] 그는 1879년 6월 일본으로 밀항하여 淺草別院에 머물다
가 1881년 김홍집과의 만남을 계기로 개화운동에 기여한 인물이다. 이
동인은 김홍집을 통해 민영익과 교류하는 가운데 국왕을 알현하면서
국제정세를 상주하였으며, 김옥균·박영효·서광범·서재필 등 젊은
이들에게 개화의식을 고취시키는 데 크게 기여하였다. 이에 대해 서재
필은 "이동인이라는 중이 우리를 인도해 주었다. 우리는 그 책을 읽고
그 사상을 가지게 된 것이니 새절[奉元寺]이 우리 개화파의 온상이라
고 할 것이다"[17]라고 회고하였다. 이동인과의 교류는 국제질서에 대한
새로운 안목을 넓히면서 개화의 필요성을 인식하는 계기가 되었다. 특
히 그는 弱肉强食이 지배하는 국제사회에서 조선이 당당한 주권국가
로서 존립할 수 있는 길은 바로 적극적인 개화정책을 추진하는 것이라
고 인식하게 되었다.

이처럼 김옥균은 당대 제일의 지식인이었던 박규수·유홍기로부터
새로운 사상을 배웠으며, 오경석·이동인으로부터 국제정세를 파악할
수 있는 안목을 기르는 등 자기의 개화사상을 성숙시켜 나갔다. 또한
1882년 2월 일본으로 건너가 근대문물을 직접 살핀 후 개화의 필요성
을 절감하고 지속적인 정치개혁을 모색하였다. 이는 그가 「治道略論」
에서 다음과 같이 밝힌 사실에서도 엿볼 수 있다.

오늘의 급선무는 …… 인재를 등용하는 것, 재물을 절약하는 것, 사

---

16) 李能和의 『朝鮮佛教通史』에서는 梵魚寺의 승려로, 『조선개교50년지』에서는
   通度寺 승려였다고 전한다. 김옥균은 탁정식(무불), 이윤고, 차홍식과도 가까
   웠다.
17) 金道泰, 『徐載弼博士自敍傳』, 63~65쪽.

치를 억제하는 것 외에 解禁을 널리 열고 이웃과 사귀는 것이다 ……
하나라도 빠뜨려서는 안 되며 구구한 어리석은 의견보다 實事求是하
는 것만 못하다.

이와 같이 개화의 필요성을 절감한 김옥균은 박영효·서광범·柳相
五 등과 개화당을 조직한 후 申福模·李殷乭·徐載昌·南興喆·서재
필·顧大嫂(궁녀) 등과 정치개혁을 시도하였다. 그러나 그의 개혁논리
는 기득권 유지에 급급한 수구세력에게 자신들에 대한 반격으로 받아
들여짐으로써 갈등을 초래하였다.18) 특히 근대문물과 제도의 수용, 정
부기구 개편, 이동인 암살, '임오군란'의 처리방법 등은 개화세력과 수
구세력의 갈등을 증폭시켰다. 그는 대원군의 납치는 조선독립을 유린
하는 만행이라 규탄하면서 "대원군을 가까운 시일 내에 모셔온다"는
政綱을 공포하는 등 제도개혁을 적극 추진하였다. 그러나 김윤식·어
윤중 등 이른바 '온건개화파'는 방조적·소극적 자세를 보였다. 따라서
급진개화파와 온건개화파의 갈등도 내재되고 있었지만,19) 특히 민씨를
비롯한 수구세력과의 갈등은 이 때부터 더욱 증폭되었다.

3) 망명 시절의 활동

김옥균은 정치개혁을 추진하는 과정에서 방법상의 문제로 수구세력
과 심한 갈등을 드러냈다. 그가 유홍기를 비롯한 박영효·홍영식·서

---

18) 개화당 조직 시기에 대하여 閔泰瑗과 李光麟은 1879년설, 愼鏞廈는 1874년
    설을 주장하고 있으나 『甲申日錄』에서 궁녀를 포섭하는 과정에 대해 "待自
    十年以前……我堂時以密事通報者"라고 한 사실에서 '갑신정변' 10년 전부터
    비밀리에 조직되었음을 암시하고 있다. 奧村圓心, 『朝鮮布敎日誌』 1879년 6
    월조 참조.
19) 尹致昊, 「風雨二十年 - 韓末政客의 懷顧談 - 」, 『동아일보』 1930. 1. 12. 김옥
    균은 전환국의 묄렌도르프가 當五錢을 유통시켜 경제를 약화시키자 묄렌도
    르프를 비판함으로써 그를 비호하던 민태호와 갈등을 보였다.

재필·서광범·박재경·변수·유혁노 등과 정치개혁의 방법을 구체적으로 논의하는 과정에서 駐朝日本公使의 개입으로 더욱 증폭되었다. 즉 개화당을 견제하던 竹添進一郎 공사는 1884년 10월 31일 김옥균에게 개혁을 도와줄 듯한 뜻을 타진해 왔으며, 이 말에 고무된 그는 박영효·서광범·홍영식 등에게 회합 내용을 설명한 후 사회개혁의 추진을 결정하고, 11월 30일 우정국 개국 축하연 때 별궁 방화를 신호로 정변을 실행키로 하는 한편 우천 등 만일의 사태에 대비하여 12가지 세부안을 마련하는 등 구체적이고 치밀한 계획을 세웠다.[20] 그리고 12월 4일 '갑신정변'으로 정권장악에 일단 성공하였으나, 詔書가 내려지기도 전에 청국군의 개입과 일본의 배신으로 3일 만에 좌절되었다.[21]

그 와중에서 주도세력은 대부분 처형되었으나, 김옥균을 비롯한 박영효·서광범·서재필·이규완·유혁로·정란교·신응희·변수 등은 일본영사의 도움으로 인천항에 정박해 있던 千年丸號(선장 辻勝三郎)로 피신한 다음 일본으로 망명하였다.[22] 이들은 1884년 12월 11일 인천항을 출발하여 13일 長崎에 상륙한 다음 神戶와 橫浜을 경유하여 東京에 도착하였다. 이 때 조선에서는 '갑신정변'에 대한 일본의 책임추궁과 함께 범인인도를 요구하였으나, 井上角五郎은 漢城條約(1885. 1. 9)을 체결하여 일단락짓고자 하였다. 이에 조선에서는 1885년 2월 6일 예조판서 서상우와 외무협판 묄렌도르프를 파견하여 일본의 책임을 다시 촉구하는 한편 범인인도를 강력하게 요구하였으나, 일본은 만국공법(국제법)을 내세워 끝내 거부하였다.[23]

---

20) 김옥균,『갑신일록』1884년 10월 31일, 11월 1일, 12월 5일조에 의하면, 김옥균은 행동대장인 이인종에게 세부계획을 지시하고, 2년 전부터 탁정식에게 화약 구입을 부탁하였다고 밝힘으로써 '갑신정변'은 1882년부터 계획되었음을 암시하고 있다.

21) 서재필은 자서전에서 '갑신정변'의 실패 원인에 대하여 "원세개의 간섭으로 3일몽은 또 깨지고……제일 큰 패인은 그 계획에 까닭도 모르고 반대하는 일반 민중의 無知沒覺이었다"고 회고하고 있다.

22) 이 때 선장은 김옥균에게 岩田周作이란 이름을 주었다.

따라서 신변불안을 느낀 서재필은 서광범과 미국으로 망명할 계획을 세웠는데, 이들은 후일 동참한 박영효와 1885년 5월 26일 橫浜 항을 통해 6월 11일 샌프란시스코에 도착하였다.24) 일본에 남게 된 김옥균은 「甲申日錄」을 저술하여 그 전말을 기록하는 한편25) 사대당을 무너뜨리기 위해 낭인들과 결탁하여 재기를 다짐하였다. 즉 김옥균은 1월 樽井藤吉, 3월 小林樟雄과 각각 제휴하여 조선에 들어갈 계획을 세우고, 張殷奎를 밀파해 李載元으로부터 국내정세를 탐색해 오도록 하였다.26) 이는 조선에서 김옥균을 제거하는 당위성의 근거가 되기도 하였는데, 1885년 1월 21일자『朝野新聞』에 실린「김옥균의 풍설」이란 기사는 시사해 주는 바가 크다.

김옥균이 일본 무뢰한 수백 명을 사주하여 폭렬약을 휴대하고 조선에 집입할 것이라는 풍설은 …… 조선정부에 전달되자 …… 이 내용을 고시함으로써 …… 포도청에 영을 내려 …… 반란 때의 餘黨을 엄중히 수색하고 …… 각 지방 진영의 병사를 증가하여 불우에 대비하게 하는 등 떠들었다.

한편 조정에서는 김옥균 제거 계획을 세우고, 1886년 4월 池運永을 일본으로 밀파하였으나, 이를 눈치챈 김옥균이 지운영의 면회를 거절

---

23) 이광린, 앞의 책, 107~120쪽.
24) Sunjoo Pang(方善柱), "Pom Kwang Soh-The Life of Exile in the United States"(*Amercan Date Research Services*, 1쪽)에서 서재필은 일본에서 Morse 씨가 준 100달러로 생활하였기 때문에 미국망명을 결심하였다고 기록하고 있다.
25) 이광린,「김옥균의 갑신일록에 대하여」에 의하면 18,000자로 기술된『갑신일록』서론은 1881년 말부터 1884년 9월까지의 조선 정세, 개화당 활동, 일본의 대한정책을 서술하고, 본론은 일본공사가 돌아온 9월 30일부터 12월 6일까지 '갑신정변'의 준비와 과정을 설명하였다.
26) 장은규(일본명 장갑복)는 명성황후의 밀정으로 송병준이 밀파하였으나 김옥균의 개혁론에 적극 동참한 인물로 알려져 있다.

하고 유혁로·신웅희·정한교에게 회유하도록 조치함으로써 지운영으로부터 위임장과 밀파된 목적을 모두 자백받았다.27) 김옥균은 자신에 대한 암살계획의 전말과 증거물을 총리대신(伊藤博文)과 외무대신(井上角五郎)에게 제시하고 경시총감에게 신변보호를 요청하였다. 이 때 경무총감은 지운영을 조선으로 보내고,28) 김옥균에게 치안유린을 이유로 15일 내로 출국할 것을 명하였다. 이에 김옥균은 주일러시아공사관에 서신을 보내 일본에 체류할 수 있도록 도와 줄 것을 호소하였다.29)

> ……일본정부의 태도가 본인을 일본에 오도록 허용하였는데 …… 갑자기 본인을 그들의 거리에서 …… 죽을 위험에 내버려 두도록 변한 것은 이해가 가지 않고 …… 보호에 대한 각하의 선처를 호소하는 바입니다 …… 여기에 남을 수 있는 시간이 얼마 없고 생명에 안전을 위한 보호가 주어져야 한다고 믿습니다 …… 각하께서 본인이 요청한 보호를 받도록 영향력을 발휘하여 친절히 도와 줄 것을 바랍니다.

김옥균은 일본의 추방령에 따라 망명할 수밖에 없게 되자, 왕에게 상소를 올리고, 망명자금을 마련하고자 자신의 글씨를 팔면서까지 두 번씩(2주씩) 체류 기간을 연장하였으나 일본의 방해로 여비조차 마련할 수 없었다. 그럼에도 경무총감은 7월 26일 김옥균을 三井家 共象園에 억류시켰다가 8월 9일 小笠原, 1888년 7월 北海島로 유배시켰다.30) 1890년 7월 총선에서 入憲自由黨이 승리하고 그와 친분이 깊던 後藤象二郎이 체신대신에 등용되는 등 정치적 변동과 함께 유배지에서 풀려

---

27) 지운영은 왕의 위임장(命汝特差渡海浦賊使)과 김옥균을 죽이면 5,000원을 준다고 약속한 증서를 제시하였다.
28) 지운영은 돌아와 평안도 寧邊府로 유배되었다.
29) 『문화일보』 1992년 8월 20일자 기사 참조.
30) 琴秉桐, 『金玉均과 日本』, 東京 : 녹음서방, 1991, 274~291쪽. 『朝野新聞』 1887년 2월 9일자에 의하면 김옥균은 小笠原에 2년, 北海道에 2년 4개월 유배되었으나 질병으로 두 차례(10개월)는 東京에 있었다.

났지만, 자신에 대한 일본의 태도에 강한 불만을 삭히지 못하였을 뿐만 아니라 동지들과의 관계도 소원해졌다.

조선에서는 1892년 5월 李逸植, 權東壽·權在壽 형제를 밀파하여 김옥균 암살을 시도하였다.[31] 즉 閔泳韶로부터 김옥균 암살을 지령받은 이일직은 사업가로 가장하여 일본에 들어가 조선인 金泰元과 일본인 川久保常吉을 매수하였으나, 유혁로·신응희·이규완·이윤고 등이 항상 그를 따르고 있어서 결행하지 못하였다. 그런데 마침 프랑스에서 귀국중이던 洪鍾宇를 매수하였다. 홍종우는 김옥균에게 사업을 권장하면서 접근하였다.[32] 그리하여 김옥균은 小笠原 유배 때부터 자신을 따르던 和田延次郎과 통역관을 대동하고, 홍종우를 따라 1894년 3월 23일 西京丸號로 고베 항을 출발, 27일 상해로 들어가 東和洋行 2층 1호실에 숙소를 정하였다. 그리고 다음 날 외출에서 돌아와 휴식하던 중 오후 3시경 숙소로 찾아온 홍종우가 쏜 총에 3발을 맞고 사망하였다.[33]

이와 같이 김옥균은 갑신정변의 실패로 일본에 망명한 이후 일본으로부터 온갖 냉대를 받으면서 10여 년을 보냈으나 결국 안주하지 못한 채 암살되었다. 일본인들은 그가 암살되자, '김씨추도의금'과 '김씨우인회'를 설치하여 김옥균을 추모하고, 기념비 건립운동과 함께 김옥균 암살에 관한 政談과 대연설회를 개최하여 일본정부를 비판하면서 망명객을 돕겠다고 나서는 등 이중성을 드러냈다. 특히 언론을 통해 대대

---

31) 葛生玄晫, 『金玉均』의 須永元 回顧談에는 김옥균의 東京 생활에 대하여 "국권회복의 뜻이 조절된 듯 보였다. 박영효·이규완 등이 이를 걱정하여 충언을 하였으나 그런 행동을 고치지 않아 마침내 절교하게 되었다"고 기록하고 있다.

32) 이광린, 앞의 책, 153~155쪽.

33) 이 때 조선에서는 서상교(천진주재 조선외교부 소속)를 上海로 파견하여 사건을 수습케 한 결과 김옥균의 시신은 4월 12일 인천항을 통해 楊花津에 도착한 다음 14일 능치처참과 동시에 효수되었는데, 수족은 각 도의 감영으로 돌려 효수하였다.

적으로 선전하였을 뿐만 아니라 연극 등을 통하여 반조선·반중국 의식을 부추기는 데 악용하기도 하였다.[34] 이러한 기류는 동학농민혁명을 계기로 더욱 미묘하게 발전하였다.

3. 김옥균의 개혁사상

1) 자주독립론

'제너럴셔먼 호' 사건과 '병인양요'는 한민족의 자주권을 위협하는 대사건이었다. 더구나 러시아의 남진정책과 영국·프랑스를 비롯한 서구열강의 동양침략은 위협을 더욱 가속화시켰다. 이 같은 정세는 김옥균으로 하여금 우리의 자주권을 스스로 지키기 위한 방편에서 개화의 당위성을 강조하는 계기로 작용되었다. 김옥균은 일본이 '明治維新'을 통하여 군사력을 강화시킨 실상을 직접 살펴보았기 때문에 그 필요성을 더욱 절감하고 있었다.[35] 이는 서재필의 다음과 같은 회고를 통해서도 엿볼 수 있다.[36]

> 그는 현대적 교육을 받지 못하였으나 시대의 趣移를 통찰하고 조선도 힘있는 근대적 국가를 만들려고 …… 신지식을 주입하고 신기술을 채용함으로써 정부나 일반 사회의 舊套因習을 一變시켜야 할 필요를 確覺하였다.

또 김옥균은 근대문물을 시찰코자 일본에 머무르면서도 유학생들을 자신의 寓居로 불러 세계정세를 설명해 주고, 조국의 앞날에 대하여 허심탄회하게 논의하는 자리를 마련하였다. 그는 유학생들에게 "일본

---

34) 琴秉桐,『金玉均과 日本』, 855~868쪽.
35) 金玉均,「甲申日錄」,『金玉均全集』, 64~65쪽.
36) 徐載弼,『回顧甲申政變』;閔泰瑗,『甲申政變과 金玉均』, 82쪽.

이 동방에서 영국 노릇을 하려 하니 우리 나라는 아시아의 불란서로
만들어야 한다"고 주장하면서 애국심과 자주의식을 고취시켰다. 그의
이러한 태도는 "우리는 김씨의 말을 신뢰하고 우리의 전도에 무엇이
닥쳐오든지 우리의 책임을 이행하고야 말겠다는 굳은 결심을 하였다"
는 서재필의 회고와 같이 유학생들로부터 전폭적인 지지를 받았다.

특히 1885년 영국의 거문도 점령사건이 발생하자, 그는 망명자 신분
임에도 왕에게 상소를 올려 세계의 흐름에 능동적으로 대처하지 못한
채 청국에 맹종하는 수구세력을 통렬하게 비판하면서 조선이 자주독
립국가를 건설하여 열강과 대결할 힘을 스스로 축적하지 못하면 극히
위태롭게 될 것이라는 점을 상기시켰다. 이러한 "이치는 왕 스스로 입
장을 바꿔 생각하면 어렵지 않게 이해할 수 있다"고 주장하면서, 이 때
그는 조선을 둘러싼 국제정세를 다음과 같이 인식하고 있었다.37)

> 天下無事하여 英・露가 相爭하는 자 없다 할지라도 폐하 試하여
> 신을 英・佛・獨・露의 君이 되사 此를 思하소서. 만약 茲에 一國이
> 있는데, 我가 此를 취하여도 毫末도 저항할 자 없다 하면 폐하는 과
> 연 此를 여하히 하리이까. 今日 조선이 是題라 …… 在朝의 諸臣이
> 一策의 국가를 유지할 者 없고

즉 그는 수구세력이 정치개혁을 통하여 근대국가를 건설하려고 노
력하기보다 청국에 아부하여 사리사욕만을 추구한다고 비판하면서 이
위기를 극복하지 못하면 불가불 식민지로 전락될 수밖에 없다는 점을
강조하였다. 그는 實事求是를 통한 근대국가 건설이야말로 위급함을
해결할 수 있는 제일 과제이며, 그 방해 요인을 제거하는 것이 국력부
강의 지름길이라고 주장하였다.38) 특히 그는 「朝鮮改革意見書」에서
"청국이 우리 나라를 속국으로 생각해 온 그 자체도 대단히 부끄러운

---

37) 金玉均, 「上疏文」, 『金玉均全集』.
38) 김옥균은 「治道略論」에서 實事求是의 중요성을 강조하였다.

일이지만 조선이 스스로 발전할 수 있는 희망을 막는 것이 더 큰 문제"라고 지적하면서, 하루 속히 舊習을 변혁해야만 자주독립국가를 건설할 수 있다는 점을 강조하였다.39)

그는 정치개혁의 목표를 자주독립에 두었으며, 청국의 간섭에서 벗어나야만 그 실현이 가능하다고 보았다. 따라서 그는 임오군란 후 대원군이 청국에 납치되자, 이를 자주권 침해행위로 규정하고 항의하였다.40) 서재필은 "청의 세력을 꺾고 그에 추종하는 귀족들의 세력을 빼앗은 후에 자주독립국가를 수립하자는 것이 그의 이상이었고 현실의 최고 목적이었다"고 회고하였다.41)

그의 자주독립론은 이미 갑신정변 정강에서 구체화되었고, 「갑신일록」이나 상소문에도 잘 반영되어 있다. 그는 왕에게 朕이라고 칭할 것을 요청하면서 殿下라는 말 대신 陛下, 王命이란 말 대신 勅令이라는 용어를 사용하는 등 왕에 대한 경의를 표하였다. 특히 '갑신정변' 후 대원군을 새 집권자로 천거하면서 수구세력이 청국과 결탁하여 국권을 侮蔑시키는 실정이 통탄스럽고 안타까운 일이라고 성토하였다.42) 김옥균의 이러한 논리는 수구세력들로부터 중상모략과 함께 비난을 받는 단초를 제공하였다.

그가 이동인을 일본으로 보내 軍艦購入의 가능성을 타진하게 하고43) 자신이 일본의 군비강화를 살피고 돌아온 이후 군비강화에 노력한 점은 이러한 맥락에서 이해된다. 특히 그는 「朝鮮改革意見書」에서 자주국방을 위해 "銃砲와 彈藥과 汽船 등의 구입하는 것은 불가불 急

---

39) 金玉均, 「朝鮮改革意見書」, 『金玉均全集』, "自來淸國之自以爲屬國 誠萬無之恥亦不無因此而國振作之望 此是第一疑撤退絆 特立爲獨全自主之國".

40) 金玉均, 「甲申日錄」 1885年 11月 5日, 『金玉均全集』. 김옥균은 1882년 8월 22일(음력) 체결한 '朝中商民貿易章程'에서 屬國이란 명시와 대원군 납치 문제를 미·영 공사들과 협의하였다.

41) 金道泰, 『徐載弼博士自敍傳』, 86~87쪽.

42) 金玉均, 「上疏文」, 『金玉均全集』.

43) 『日本外交文書』 卷14, 事項 7122. 朝鮮國修信使來朝件.

先務"라고 건의하면서 해군 육성을 강조하였다. 군비강화책은 1882년 高潁聞이 상소를 통하여 三南의 요충이며 서울의 길목인 인천에 海軍 重鎭의 설치를 주장한 이래[44] '갑신정변' 政綱에서 근위대 설치를 주장 하였다는 점에서 개화인사들의 공통된 인식이었다고 볼 수 있다. 이러 한 개혁구상은 김옥균의 개혁사상과 밀접한 관계가 있다고 볼 수 있을 것이다.

　이와 같이 김옥균은 서구열강의 침탈 과정에서 조선의 입지적 조건 과 국제정세의 추이를 통찰하고, 한 국가에 편협하지 않는 외교정책을 지향해야 한다는 점을 강조함으로써 열강들로부터 자주독립국가의 위 상을 보장받으려고 노력하였다. 이는 그가 1886년 李鴻章에게 "각하는 대청국 황제폐하를 추존하여 천하의 맹주로 삼아 歐美 각 대국들과 공 론을 펴서라도 그들과 더불어 조선을 중립국으로 세워 그것을 만전무 위의 국가로 만들어 주소서"[45]라고 주문하면서 서구열강과의 화친을 통하여 조선 '중립화'를 요구한 사실에서도 엿볼 수 있다.[46]

2) 제도개혁론

　개화사상가의 근대지향적 사상은 서구의 신문물을 수용하여 자주독 립국가를 수호하자는 개화론에 바탕을 두었다. 더구나 서구열강의 진 출에 따른 위기감이 고조되면서 그 필요성은 더욱 절실하게 받아들여 질 수밖에 없었다. 김옥균은 일본에서 귀국한 후 왕에게 대비책을 건 의하면서 국권수호의 차원에서도 신지식과 신문물을 수용하여 자주독 립국가를 건설할 것을 역설하였다. 그는 舊習에 얽매인 수구세력의 의

---

44) 『日省錄』 1882年 9月 22日 京居幼學 高潁聞疏略.
45) 金玉均, 「與李鴻章書」, 『金玉均全集』, 152쪽, "閣下何不推尊大淸國皇帝陛
　　下 爲天下之盟主 布公論於歐米各大國與之連績 立朝鮮爲中立之國 作萬全
　　無危之地".
46) 愼鏞廈, 「金玉均의 開化思想」, 『東方學志』 46·47·48합, 1985, 201쪽.

식개혁을 강조하면서 자주부강의 방법을 다음과 같이 제시하였다.[47)]

> 陛下의 성의를 답하여 …… 생민에게 潤澤을 及할 만한 政을 施하
> 고 국가를 부강에 致할 만한 謀를 建한 자 과연 기인이 있나이까 …
> … 국가를 위하여 신명을 擲하여 事를 擧하였거늘 …… 폐하는 하등
> 의 策을 有하여 亡國의 주됨을 免코자 하나이까 …… 국가의 안녕을
> 보하리까 …… 만약 玆에 一國이 있는데 我가 此를 取하여도 毫末도
> 저항할 者 없다 하면 폐하는 과연 此를 여하히 하고자 하오리까 今日
> 朝鮮이 卽是라

또 김옥균은 이홍장에게 보낸 편지에서 "조선의 정세를 살펴볼 때
財政과 政法이 문란해져 대다수 민의 생활은 도탄에 빠져 있다"고 상
기시키고, 조선에서 가장 시급한 문제는 열강의 위협에서 벗어나는 방
법을 모색하는 것이라며 實事求是를 통한 자주개혁을 강조하였다.[48)]
또 「朝鮮改革意見書」에서 "정부를 대개혁 해야만 자주권은 물론 민생
을 보존할 수 있다"면서 정치개혁의 방향을 두 가지로 제시하였다.[49)]
그 하나는 왕의 칙령에 따라 온 국민이 동참하는 개혁이고, 다른 하나
는 왕의 밀의에 따라 정권을 장악하는 개혁이었다. 후자는 정치개혁을
위해 무력의 사용도 고려한 사실을 엿볼 수 있다. 그러나 정치개혁을
시도하면서 수구세력과 청국의 반대에 부딪치자, 일본의 무력을 이용
하는 잘못을 저질렀다. 이는 그가 상소에서 "망국의 군주를 免케 하기

---

47) 金玉均, 「池運永事件糾彈上疏文」, 『金玉均全集』, 141쪽 ; 徐載弼, 『回顧甲
　　申政變』; 金玉均, 「甲申日錄」 1884年 11月 29日, 『金玉均全集』, "臣察知此
　　必因日本政略 頓變于前日也 從以日淸之擧 似在不遠 當此時 朝鮮當爲 日
　　淸戰爭之地 將以何策爲自謀乎".
48) 金玉均, 「與李鴻章書」, 『金玉均全集』 참조.
49) 金玉均, 「朝鮮改革意見書」, 『金玉均全集』, "有一番大更張改革政府 然後君
　　主可以尊 民生可以保矣"; "其掃除之道有二策 一是得君密勅 而平和行事也
　　一是賴君密意 而以力從事也 又若曰平和則 朝鮮人皆可用之 若用武力則 勢
　　不得不雇日本人 或曰欲改革己國之事 何用他國之人 此固有說焉".

不能함으로 …… 이것은 당시 내외사정상 만부득에서 出한 者임은 폐하의 熟知하는 바이올시다"고 해명한 사실에서도 엿볼 수 있다.

김옥균은 자주독립국가를 이룩하기 위한 내정개혁을 주장하면서 사회개혁을 막고 있는 구제도를 우선 폐지할 것을 역설하였다. 특히 '갑신정변' 정강에서 "문벌을 폐지하여 인민평등권을 제정하고 사람으로서 官을 擇케 하고, 官으로서 사람을 擇케 해서는 안 될 것"이라며 능력 본위의 인재등용책을 제시하고, 상소를 통해 신분제도는 사회개혁을 제약하는 독소라고 지적하면서 근대사회를 건설하기 위해서라도 이를 폐지할 것을 다음과 같이 제시하였다.50)

臣이 多年 見聞에 據하여 폐하께 진상한 바 有한데 …… 今日 我邦 所謂 양반을 芟除함에 있나이다. 我邦 中古 以前 국운이 융성할 時에는 일절의 機械物産이 東洋二國에 관하였는데, 今에 總히 廢絶에 屬하여 …… 痕迹도 無함은 他故 아니옵고 양반의 跋扈專橫에 인하여 그렇게 되었나이다. …… 백성이 辛若하여 銖鎰를 積하면 양반 관리 등이 來하여 此를 掠取하는 故로 인민은 말하되 自力으로 自作하여 衣食코자 하는 時는 양반관리가 그 利를 흡수할 뿐만 아니라 甚함에 至하여는 귀중한 생명을 失할 慮가 有하니 차라리 농상공의 諸業을 棄하여 危를 免함만이 같지 못하다 하여 이에 遊食의 民이 전국에 충만하여 국력이 日로 消耗에 歸함에 至하였나이다.

그럼에도 현실에서는 신분제도가 엄연히 존재할 뿐만 아니라 민씨 일족을 비롯한 극소수 문벌들이 요직을 모두 독점함으로써 근대국가로의 발전을 가로막고 있다고 지적하였다. 따라서 그는 문벌에 바탕을 둔 인재등용책을 비판하면서 능력을 갖춘 인재는 신분에 상관없이 등용시켜야 한다는 점을 강조하고, 문벌정치의 폐단을 다음과 같이 비판하였다.51)

---

50) 金玉均, 「上疏文」, 『金玉均全集』.

　　閔族으로서 능히 폐하의 聖意를 답하여 生民에게 潤澤을 及할 만한 政을 施하고 국가를 부강에 致할 만한 謀를 建한 者 …… 다수는 國을 賣하는 죄인으로 혹은 청국 관리의 力을 籍하여 우리의 국권을 蔑如코자 하는 자도 있으며 …… 간신이 坤殿의 寵을 恃하고 감히 聖明을 壅蔽하여 국사를 破코자 하는 자도 또한 小치 아니하오다

그는 ‘갑신정변’ 정강에서 盜賊 방지를 위한 巡査制度의 실시를 촉구하였다. 특히 「治道略論」에서도 “법률학이 일어난 다음에야 庶務가 실마리를 잡을 수 있게 된다”고 주장하면서, 정부는 종래의 巡邏制를 폐지하고 巡檢制를 실시하여 인민의 안전과 권리를 제도적으로 보호해줄 것을 강조함으로써 경찰제의 근대화를 통한 인민의 생존권과 재산권을 보호한다는 ‘야경국가’ 건설을 제시하였다. 그리고 행정제도의 폐단에 대하여 “법이 오래 되어 문란해져 생명을 겁박하고 재산을 강탈하는 등 그 弊害가 전국에 미치고 있는데도 아무렇지도 않게 여겨 허물치 않는다. …… 인명을 초개와 같이 경시하므로 和氣를 손상함이 極에 달하였다”[52]고 지적하면서 개혁의 대안을 제시하였다.

3) 근대교육론

그는 국민들을 깨우쳐 주기 위한 정책수립과 아울러 근대교육을 역설하였다. 특히 새로운 지식과 기술을 습득시키기 위한 과학기술교육의 중요성을 강조하였다. 그는 조선이 부강하지 못한 이유는 신지식과 과학기술을 천시하였기 때문이라는 판단 아래 상류층과 노년층이 유교사상의 굴레에서 벗어나지 못한 채 신지식을 거부하고 있다고 비판하면서 미래를 주도할 청소년 교육의 중요성을 역설하였다. 이는 서재

---

51) 金玉均, 「上疏文」, 『金玉均全集』.
52) 金玉均, 「治道略論」, 『金玉均全集』. 김옥균은 순검의 설치, 자격 기준과 업무를 분담토록 함으로써 순라제의 모순과 폐단을 바로잡도록 하였다.

필의 회고담에서도 엿볼 수 있다.53)

김옥균은 我家의 빈약함이 …… 일반 민중의 기술적 교육이 없는 것과 상류계급 인사들의 無智沒覺에 있다는 것을 確覺하였다. 우리 나라를 구하자면 민중을 교육시키는 외에는 他道가 없다. …… 老朽한 자는 교육시킬 도리가 없어 …… 청년에게 실올 같은 희망을 비끄러 맸던 것이다.

그는 근대교육은 국민들에게 스스로 이해 시비를 가릴 수 있는 능력을 배양시켜 주는 것이어야 한다고 주장하면서 政務를 諺文으로 번역할 것을 대안으로 제시하였다.54) 그는 상소를 통해 "널리 학교를 設하여 民智를 개발할 것"을 호소하면서55) 청소년 교육을 위한 근대학교의 설립을 촉구하는 한편 유능한 학생을 외국에 파견하여 견문을 넓혀 주고, 신문물과 신지식을 직접 배워 오도록 하는 것이 무엇보다도 중요하다는 점을 강조하였다.

그는 일찍이 청소년 유학을 알선하였을 뿐만 아니라 자비로 40여 명의 유학생을 일본에 파견하면서 "영어를 배워야 일본을 經由치 않고 泰西文明을 직수입할 수 있다"고 주지시킴으로써 서구문물을 이해하는 데 필요한 영어교육의 중요성을 강조하였다. 이는 그가 세계정세에 밝은 인재를 양성한다는 교육목표를 설정해 놓고 근대교육의 활성화에 기여하였음을 의미한다.56)

그는 자주독립국가의 건설은 선진 과학기술의 도입이 선행되어야 한다고 주장하면서, 우선 외국 기술자를 교사로 초빙하여 청소년들에게 기술교육을 강화시키고57) 젊고 유능한 인재를 외국에 파견하여 서

---

53) 徐載弼, 『回顧甲申政變』, 83쪽.
54) 金玉均, 「治道略論」, 『金玉均全集』.
55) 金玉均, 「上疏文」, 『金玉均全集』.
56) 徐載弼, 『回顧甲申政變』, 84쪽 ;『동아일보』1930년 1월 11일. 한국 근대교육의 시원은 1883년에서 찾고 있다.

구의 신문물과 과학기술을 직접 배워 오도록 해야 한다는 점을 강조하였다. 특히 유학생들에게 사관학교에 입학하여 새로운 전술을 습득하여 국방력 강화에 기여하도록 당부함으로써 서재필을 비롯한 유학생들이 일본사관학교에 입교하는 계기가 되었다.[58]

> 그가 나에게 국방을 튼튼히 하자면 精銳한 군대밖에 없는데 …… 일본으로 건너가 武藝를 배우라고 勸하였다. 나는 …… 15인의 다른 학생들과 일본으로 향하였다.…… 우리 학생 일행은 戶山學校에 입학하였는데 …… 그 때 김옥균은 …… 매 일요일이면 우리는 반드시 그를 策地寓居로 尋訪하였다 …… 그 때 아홉 사람이 처음으로 외국 군대식 교육을 …… 우리 나라에 들어가면 우리 나라에도 군관학교를 세워 우리 나라 干星이 될 만한 將材를 길러 …… 굳은 결심을 가지고 열심으로 공부들을 하였다

그리고 자신이 알선한 유학생들이 사관학교를 졸업하고 귀국하자, 윤치호를 통해 이들을 수용할 수 있는 사관학교의 설립을 상소토록 하였다.[59] 이 때 개화 인사들은 사관학교 설립에 합의하고, 교장에 수구세력 韓圭複을 추천하기까지 하였으나, 민씨 일족과 수구세력은 물론 袁世凱까지 사관학교 설립을 반대함으로써 좌절되었다. 이는 당시 개화당과 수구당 사이에서 표출되었던 대립과 갈등의 양상을 통해서도 입증되고 있다.[60]

> 그 때 새 兵學校가 韓圭稷大將의 지휘로 조직되었다는 것을 들었다. 우리는 그 실현됨을 학수고대하였으나 徒勞이었는데, 6·7朔 뒤에야 그 新學校 설립의 기회는 날아간 것을 알게 되었는바 사관학교

---

57) 金玉均, 「治道略論」, 『金玉均全集』, 6쪽.
58) 徐載弼, 『回顧甲申政變』;『徐載弼博士自敍傳』, 75쪽.
59) 『尹致昊日記』 1884년 6월 19일(양력 8월 9일).
60) 徐載弼, 『徐載弼博士自敍傳』, 85~86쪽.

의 꿈도 사라져 버리었다. 이는 물론 中殿과 그 일당의 반대 때문이었다. …… 속수무책이었다. …… 이 사관학교의 계획을 원세개는 반대할 뿐만 아니라 또 완고한 귀족들까지도 청국의 勢力에 阿附하여 역시 임금의 의견에 동참하지 않았다.

또 김옥균은 열강의 동양침투는 조선을 최대의 위기로 몰아넣었다고 진단하고, "兵을 養함도 難事가 아니다"고 주장하면서 군사학교 설립을 역설하는 한편 군대양성은 위정자들의 확고한 신념만 있으면 가능하다는 점을 강조하였다. 그럼에도 수구세력은 자국의 국방도 제대로 지키지 못하는 청국에 의존하려는 정책만을 고집한다면서 무능력을 비판하였다.

이와 같이 김옥균의 개화사상은 부강한 자주독립국가를 건설한다는 목표 아래 신교육을 통하여 民智를 높이는 데 두고 있었다고 할 수 있다. 따라서 그는 민족의 최우선 과제는 자주독립국가로서의 토대를 튼튼하게 구축하기 위한 근대교육, 특히 군사교육의 중요성을 강조하였다.

4) 경제부국론

김옥균은 기술개발을 통한 경제부국론을 제창하였다. 특히 그는 1881년 日本國情觀察團(紳士遊覽團)의 일원으로 일본의 근대화 과정을 직접 살피고 돌아온 이후 統理交涉通商事務衙門 내의 富敎司에서 參議, 戶曹參判, 東南諸島開拓使兼管捕鯨事로 재직하는 동안 鑄幣·開鑛·製造·官銀·招商·牧畜에 관한 사무를 관장함으로써 경제 분야에 관한 한 타인의 추종을 불허할 탁견을 가지고 있었다. 그는 '갑신정변' 때 경제부국의 대안을 제시한 바 있었지만, 망명지에서도 상소를 통해 '재정을 정리'하고 경제개혁을 단행할 것을 촉구하였다. 그의 경제관은 강재언이 "김옥균은 실학파 특히 북학파를 계승하고 있다"고 지적한 바와 같이 '實事求是'에 입각한 경제부국론을 강조하였다.

김옥균은 「治道略論」에서 경제부국을 달성하기 위해 무엇보다도 '財用을 절약'하는 것이 중요하다는 점을 강조하고, 재정문제를 해결할 수 있는 방법을 다음과 같이 제시하였다.[61]

> 폐가 되는 것은 바꾸고, 복잡한 것은 간소화시키고, 필요치 않은 것은 없애고, 많은 것은 줄이고, 급한 것은 늦추고, 허한 것은 실하게 만들면 반드시 방법이 나올 것이다.

그는 경제부국의 이룩하기 위해서는 광공업을 개발에 역점을 두어야 한다고 주장하면서 풍부한 지하자원을 개발하여 경제발전을 이룩할 것을 촉구하였다. 그럼에도 수구세력들은 스스로 광공업을 개발하여 경제부흥을 이룩하려고 노력하기보다 열강에 의뢰하려는 정책만을 추구하고 있다고 질타하면서 하루 속히 器械를 만들 수 있는 공장을 많이 건설하여 광공업 발전의 기초를 견고하게 다져 놓아야 한다는 점을 강조하였다. 특히 그는 석탄광산의 개발을 촉구하면서 "金·銀·煤鑛[석탄]을 채굴하여 器械 등을 만들어 生民의 日用에 便利하게 할 것"을 당부하였다.[62] 그리고 양반들이 타고 다니는 驕子는 경제발전에 저해 요인이 된다고 지적하면서 이를 人力車나 馬車로 대체하고, 그 인력을 공장이나 광산의 노동자로 활용하면 경제부국은 어렵지 않게 이룩할 수 있다는 대안을 제시하였다.[63]

또 그는 상업의 육성을 강조하였다. 그는 '갑신정변' 정강에서 惠商公局을 혁파하여 褓負商의 특권을 배제하고 상업의 자유화를 제창한 바 있지만, 상소를 통해 지금 세계는 '상업을 주로 하는 시대'라고 지적

---

61) 金玉均, 「治道略論」, 『金玉均全集』, "財之道……然弊者華之煩者簡之兄者沃之多者減之隱者查之虛者實之則裁辨鉅款之道徑必在其中".

62) 金玉均, 「治道略論」, 『金玉均全集』 참조.

63) 金玉均, 「治道略論」, 『金玉均全集』 참조.

하면서 정부는 상업을 일으켜 경쟁력을 갖춘 산업의 발달을 유도해야
할 의무와 책임이 있다는 점을 상기시켰다. 그리고 국가는 회사와 相
約制度를 체결하여 그 손실을 보장해 주는 정책을 수립하면 더 많은
회사가 설립될 수 있을 뿐만 아니라 국가발전의 초석을 견고하게 다질
수 있다는 대안까지 제시하였다.[64) 그러나 묄렌도르프가 재정궁핍의
해결방안으로 當五錢 주조를 제창할 때, 그는 화폐주조는 결국 물가의
상승만을 초래할 뿐 재정문제의 해결에 결코 유익하지 못한 대안이라
고 비판하면서 화폐주조에 반대하기도 하였다.[65)

그리고 농경사회에서 자주부강의 경제적 근간인 농업을 비롯하여
蠶業과 牧畜業을 육성시킬 것을 강조하였는데, 특히 林業을 중요성을
역설하였다. 농업에서의 糞田法을 장려했던 그는 임업은 "나무는 곡식
이 잘되지 않는 曠原에 심고, 糞田法으로 가꾸면 몇 년 안 되어 火木을
충당하는 이익뿐만 아니라 …… 홍수와 가뭄을 막을 수 있다"[66)면서
산림녹화는 농업과 불가분의 관계가 있기에 더욱 중요하다는 점을 역
설하였다.

김옥균은 이 외에도 문명국가는 汽船과 철도를 통하여 각각 通交하
며, 전선을 통하여 서로 교신한다고 전하면서 조선도 문명국들과 동등
해지려면 이러한 시설물을 하루 속히 갖추어야 한다고 주장하였다. 또
「治道略論」에서 정부는 治道의 기초를 견고하게 다져 놓기 위해서도
인구의 변동사항을 상세하게 파악하는 것이 중요하다고 주장하는 등
자신의 개혁안을 구체적으로 제시하였다.

이와 같이 그는 인민의 생활을 향상시키기 위한 경제개혁에 노력하
였는데, 특히 그가 제시한 개혁안에는 생활문화를 향상시키기 위한 도
로개설, 위생청결 문제, 자유로운 종교활동 등 다양한 것이 포함되어

---

64) 『漢城旬報』1883년 10월 21일(음) 會社說.
65) 金玉均, 「甲申日錄」, 『金玉均全集』, 25~26쪽.
66) 金玉均, 「治道略論」, 『金玉均全集』.

있었다. 이러한 사실로 미루어 볼 때, 그는 조선사회를 근대사회로 전환시키는 데 있어서 제약 요인이 되었던 것을 우선 개혁의 대상에 포함시켰다고 할 수 있다.

4. 맺음말

김옥균은 전근대적이던 한국사회를 근대사회로 이끌어 내는 데 가장 큰 역할을 한 개화 인사였다. 즉 그는 평등사회를 건설한다는 이상을 목표로, 개화사상을 통해 국민들에게 근대의식은 물론 자주독립 의식을 고취시키면서 근대민족주의를 추구한 개화운동의 선각자였다.

특히 그는 서구열강의 침략으로부터 국민을 보호하고 국권을 수호하기 위해서도 사회제도를 개혁해야 한다는 당위성을 강조하였다. 그가 자주권을 수호한다는 일념을 정치이상으로 삼으면서 구상 내지는 추진했던 개혁사상은 크게 자주독립론, 제도개혁론, 교육개혁론, 경제부국론으로 대별할 수 있다.

그러나 김옥균은 자신이 주도하던 개화당 세력과 '갑신정변'을 일으켜 정권을 장악하는 등 단기간 내에 근대국가를 건설하려는 급진적 방법(갑신정변)을 채택하는 우를 범하기도 하였다. 더구나 자주독립을 부르짖던 그가 '갑신정변'에서 권력을 장악하기 위하여 외세를 끌어들임으로써 '갑신정변'의 성공 여부에 앞서 국민들로부터 지지를 받을 수 없었다.

이와 같은 이유에서 김옥균에 대한 평가는 긍정적 입장과 부정적 입장이 공존하고 있지만, 그가 추진한 갑신정변은 당시의 난세를 돌파하려는 혁명적 결단이었다. 따라서 갑신정변은 단순히 정권탈취보다는 강력한 사회개혁을 추진하기 위한 하나의 방법론이었다는 측면에서 이해할 필요가 있다. 비록 갑신정변은 실패하였지만, 기존의 정치·경제·사회체제의 구조적 변화를 가져온 것은 사실이다. 이러한 과정에

서 외세의 실체를 보다 분명하게 인식하는 계기가 되기도 하였다. 이
런 점에서 김옥균이 추진했던 근대지향적인 사상과 개혁은 성패 여부
를 떠나 높이 평가되어야 할 것이다.

東學革命과 韓國 民族主義 研究

李 炫 熙[*]

1. 序論

　1860년대 초를 전후로 한 한국 근대사가 시작된 이후 동학사상에 따라 최초로 맞게 된 東學革命은 反封建과 反外勢를 강력히 시사한 東學徒와 農民이 연합한 근대적 民族主義運動의 효시였다. 우리 나라 19세기의 정치적 경제적 사회적 문화적 모순 비리 부정 폭력 탐학에 저항한 (농민을 포함한) 동학혁명군의 이 민중혁명은 정의사회 구현과 여러 가지 국가적 병폐를 과감히 청산 극복코자 한 實學思想 태동 이후 올바른 성숙 규범사회 복원에 역점을 두고 사회정의에 입각한 동학정신에 따라 일으킨 사회개혁이었다고 본다. 따라서 이 시기의 민중혁명은 東學의 人乃天·侍天主思想과 輔國安民이라는 국가관 민족관에 입각하여 세도통치로 소멸된 人間을 歷史發展의 主役으로 연결 등장시켜 복원하고자 했던 개혁투쟁이었다. 따라서 격변하는 세계정세가 점

---

* 성신여대 사학과 교수·한국사

차 우리 나라에 危機的으로 밀려오면서 정신적 영토적 被侵의 위기가 팽만해지자 이를 배격하면서 국가와 민족을 보위하려는 실질적 민족구원의 큰 혁명으로 구체화되었다.

이런 시기에 전라도 고부에서의 한 고을의 수령이 저지른 탐학한 부정이 정도를 지나치면서 문제가 크게 터졌다. 즉 가렴주구 탄압 폭력을 일삼자 정의 양심에 따라 움직인 농민이 포함된 동학도가 앞장서서 이를 제거하고 자유 평등 화목 공평 稅政을 되찾기 위해 동지를 모아 거사한 것이 그 직접적인 민중혁명의 효시였다. 비록 이들이 민중의 반란이라고 평가하던 '民鬪' 형태의 저돌적 저항행위가 이어지고는 있었으나 그들은 비교적 평화적이고 정의와 양심 그리고 빼앗긴 민중의 권익을 되찾기 위한 정당한 투쟁이었음을 강조하고 있다. 그것은 1864년 水雲 崔濟愚의 순도 이후 이어진 평화적인 敎祖伸寃運動의 연장선상에서 民意가 上達되지 않자 과격한 혁명 분위기로 발전한 것이다. 이런 순진무구한 동학도를 '匪類' '暴漢'이라 매도하면서 생포 구금하거나 효수 처분을 내렸다. 여기서 우리는 그 진행과 성격상, 구호에 의해 동학사상과 정신에 따른 혁명이었음을 주의 깊게 관찰할 수 있는 것이다. 한국 근대사의 흐름을 볼 때 위정척사와 개화운동이 민족의식과 근대화에 기여하고 있으나 동학정신처럼 철저하게 혁명을 통해 민족주의를 구현시킨 경우는 흔치 않은 것이다. 따라서 동학혁명은 반봉건과 반외세라는 民族主義 성격과 운동으로 정착되어 이후 한국 근·현대사 발전에 절대적 영향을 미치게 됨을 확인할 수 있다. 그와 때를 같이하여 1860년에 시작된 동학 - 천도교의 140년 역사가 우리 나라 근·현대사의 흐름과 궤를 같이하고 있음을 확인할 때 동학혁명은 이후 내부의 모순·부정과 외부의 침략적 위기가 실질적으로 압박받을 때마다 국가와 민족의 안위를 위해 연속적으로 일어나 국난에 대처하고 민족의 위기를 구원해 주는 원동력이 되었다고 볼 수 있다.

1894년의 東學革命이 즉자적인 성공은 可視化로 달성되지 못하였으나 그 정신은 生動·波及되어 이후 전개되는 모순·비리·탐학·외세 침략에 대응하는 위기관리로 대처하였음을 풀어 해석해 보고자 한다. 따라서 이 시기의 혁명은 '甲午戰爭' '農民運動'이라기보다는 東學이 매개되어 구국정신을 발휘, 대처능력에 따라 일어났음을 확인할 수 있으므로 이 때의 혁명은 동학이 중심이 되었음을 언급하거나 해석하는 정당성이 우선적으로 주어져야 할 것이다. 근간에 이 혁명이 東學과 무관한 것 같이 해석하거나 갑오·농민전쟁 등으로 해석 유도하는 것은 그 근저에 깔린 東學사상의 根本을 파헤치지 못한 不察에서 연유하였다고 전제하면서 이를 이 논문에서 상세히 풀어보고자 한다.

2. 東學革命의 背景

1) 19世紀 韓國社會의 矛盾

1894년 3월 전라도 고부지방 全彰赫의 아들인 동학접주 녹두장군 전봉준을 중심으로 한[1] 동학교도와 농민들이 일으킨 동학혁명은 혁명적 성격을 띠고 거도적인 규모로 봉기되어진 현실개혁과 그 구체적 대안을 모색하기 위한 민중혁명운동이었다. 1890년경에 入道한 全瑋準은 접주로서 활약한 학자 출신이었다.[2] 그 배경은 어떠하였나.

19세기 말 조선왕조는 정치적으로나 경제적·사회적·문화적으로 모순과 비리가 만연된 현상이 하나둘이 아니었다. 더욱이 이 시기 동양에 서구세력이 침투하는 西勢東漸的 위기의식이 고조되어 민중은 갈 바를 알지 못한 채 방황·시련·체념 속에서 그날 그날을 연명해 가고 있을 정도였다. 이것이 동학의 창도 배경이 되었는데, 부정·부패·모순·비리가 판을 치고 있을 때 이를 극복하겠다는 의지와 공감대

---

1) 외솔회, 『나라사랑』 15, 1974, 133~5쪽.
2) 金庠基, 『東學과 東學亂』, 大成出版社, 1947, 75~80쪽.

가 동학을 이 땅에 뿌리내리게 하였던 것이다.3)

동학이 창도되자 기존 종교에 불신과 염증을 느끼고 새로운 신선한 종교를 갈망하던 삼남 일대 민중들은 그들의 정서와 의식에 익숙한 동학에 관심을 갖고, 이에 입도하였다.

동학사상은 이미 백성들에 대한 지도능력을 상실하고 있던 조선조 후기 유교·불교·도교를 배척·청산하고, 서양 열강의 동양 침투와 연결되어 있던 천주교도 능가·극복한다고 강조하였다. 그러나 유·불·도교의 원리나 교리 가운데 민중이 친근해 질 수 있고 전통성을 띠었다고 생각되는 한국적인 요소 가운데 장점을 흡수하고 샤머니즘적인 경향까지도 과감히 가미시켜 관심 갖고 있던 다수 민중이 자연스럽게 동학에 포섭, 조화될 수 있게 하였다.

이에 동학은 곧 민중을 기반과 저력으로 하고 그로부터 절대적인 지지와 찬성을 얻어 민중종교로 발전할 방향감각을 잡았고,4) 민중들은 동학을 통해 자신의 진로와 자활을 위한 방향을 모색할 수 있었다.

사회구원사상으로서의 동학은 사람이 곧 하늘이라는 인내천 시천주 사상을 바탕으로 평등주의와 인도주의를 제창, 호응을 불러일으키고 하늘의 운수사상을 바탕으로 하고 있다.5)

따라서 동학은 조선왕조를 운수가 끝난 왕조라고 부정하는 현실개혁과 혁명사상을 내포하였고 국가관·민족관을 전제 인식으로 한 보국안민을 표방하며 서양과 일본의 무분별한 침투, 침략을 배척 저지하는 적극적인 민족주체적 自國保衛의 자세를 취하고 있다.

이 같은 성격의 민중적인 동학이 창도되자 『東經大全』에 나와 있듯이 이에 호응·지지 찬성하는 신도가 구름같이 모여 삼남 일대로 확산되었고,6) 포·접·장 등의 독특한 교단조직이 이루어져 하나의 사회계

---

3) 李炫熙, 「崔濟愚의 開闢思想과 19世紀의 韓國社會」, 『東學研究』 2, 1998.
4) 黃玹, 『梅泉野錄』, 국사편찬위원회, 1965, 52~65쪽.
5) 『龍潭遺詞』 「교훈가」.
6) 李炫熙, 『3·1혁명, 그 진실을 밝힌다』, 신인간사, 1999, 32~45쪽.

층화하였다.7)

이처럼 동학의 교세가 날로 번성 발전해 가자 봉건적 지배계층은 기존 질서를 붕괴시키는 혹세무민의 사상을 전파하는 죄인으로 몰아 동학의 창도자인 水雲 최제우를 처형한 것이었다.8)

그리하여 이후 교조신원운동9)이 수운이 사형당한 1864년으로부터 갑오동학혁명이 일어난 1894년까지 30여 년 간 전국 각지에서 일어났다. 정부의 탄압이 거세지면 거세질수록 동학교도와 민중들의 규탄·성토도 계속되었고, 교세는 더욱 확장되어 갔던 것이다.10)

수운의 뒤를 이은 제2세 교조 해월 최시형은 크게 배운 것은 없었으나 종교적 집념·열의로 30여 년 간을 정부의 탄압을 피해 도망다니면서도 1880년 5월 강원도 인제 갑둔리 등지에서 『東經大全』과 『龍潭遺詞』 등의 二大경전을 간행·반포하는 등11) 흩어진 교도를 고무 진작·집결시켰다. 이에 교도의 수는 날로 늘어가고 압박받는 피해대중의 의식은 점차 확대되어 갔다. 그것이 곧 교조신원운동의 순수 신앙운동 차원으로 발전·확산해 간 것이다.12)

海月의 지도를 받은 孫秉熙 등 동학교도들은 교조신원운동의 절실한 뜻을 달성하기 위해 1893년 3월 上京, 서울 광화문 앞에서 疏頭 朴光浩 등 40명이 伏閣上疏로 그 뜻을 펴 보고자 시도하였으나 뜻을 이루지 못하고 말았다.13) 이들은 다시 보은에 집결하여 수만 명의 동학교도의 기세를 이용하여 탐관오리의 숙청과 서양세력의 배척을 절규하는 대대적이고 평화시위적인 구국적 신앙집회를 가졌다.14) 뒤에는

---

7) 『東經大全』 「布德文」.

8) 李炫熙, 앞의 글 참조.

9) 李敦化, 『天道敎創建史』, 天道敎中央宗理院, 1933, 44~50쪽.

10) 李炫熙 편, 『東學思想과 東學革命』, 청아출판사, 1987, 41~49쪽.

11) 1883년(고종 20)에는 天安 木川郡 內里에 간행소를 두고 경전을 증보 간행해 냈다.

12) 李炫熙, 「慶州人 海月 崔時亨研究」, 『慶州史學』 16, 경주 동국대, 1997.

13) 李敦化, 앞의 책, 48~55쪽.

몇 만 명으로 그 數字가 늘어났다.

더욱이 1890년대로 들어오면서 정부의 정치적인 무능·부패·모순·비리가 전국적인 규모와 조직화된 모습으로 확산일로로 퍼지자 교도들은 이제 종교적·신앙적 성격에서 반봉건운동이라는 정치적 색채를 띠고 평화적인 민중운동을 전개해 나갔다. 이 때 '斥倭洋'이라는 掛書가 처처에 나돌아 외교사절이 긴장했었다. 교도는 배외주의와 탐관오리의 숙청이 관심사였다. 정부에서 疏頭를 체포하고 강제로 해산시키면서 생업에나 종사하면 소원을 청취하겠다고 회유하였다.[15]

이들이 귀가하자 이 반봉건운동은 호남 일대로부터 거세게 일어나게 되었다. 1893년에 이런 일련의 사태가 일어난 뒤 마침내 1894년 3월 고부에서 동학혁명이 일어났다. 원래 전라도 지방은 곡창지대였으므로 부정부패한 관리들은 출세와 부귀의 한 방법으로 이 곳 전라도에 부임되기를 앞다투어 열망하고 있었다. 이는 소위 벼슬하기 좋은 자리가 당시로서는 지방 중에서도 전라도의 곡창지대를 제일로[16] 손꼽았던 것이기 때문이다. 따라서 이 곳에서 부정부패, 비리의 요소가 이어졌던 것은 이와 같은 조건 때문이라 하겠다.[17]

동학혁명 때 동학혁명군인 교도들이 뇌물을 받은 포학한 탐관오리 등을 숙청하고 제거할 것을 강렬하게 외쳤던 것은 이 같은 탐학 착취 폭력이 자심했다는 사실을 잘 반영시켜 주고 있는 것이며,[18] 앞으로 재고해야 할 전라도 고부군수 조병갑의 탐학과 수탈에만 기인한 것은 아니었던 것 같다.[19] 즉 오랫동안 누적되어 온 부정부패 비리정치에

---

14) 金義煥, 「1892·3年의 東學農民運動과 그 性格」, 李炫熙 편, 『東學思想과 東學革命』, 청아출판사, 1987, 439~508쪽.

15) 『承政院日記』高宗 30年 2月 26日.

16) 麻生武龜, 『朝鮮田制考』, 朝鮮總督府 中樞院, 1940, 121~124쪽.

17) 李炫熙, 앞의 책, 80~85쪽.

18) 朴宗根, 「朝鮮近代에 있어서 民族運動의 展開」, 『甲申甲午期의 近代變革과 民族運動』, 청아출판사, 1983, 300~301쪽.

19) 『東學亂記錄(上)』, 국사편찬위원회, 1974, 522~524쪽.

대해 조병갑의 수탈과 폭력·압제에 의하여 더 이상 참지 못하고 마침내 폭발한 것이다.[20]

2) 民衆革命 雰圍氣의 成熟

이로 인해 부정부패가 만연한 사회에 정의구현과 현실의 고발, 시정을 위하여 동학교도가 중심이 되어 대대적인 봉기를 일으키게 되었던 것이다.

따라서 동학혁명은 그 발발 초기 단계의 모습은 19세기 이래 빈발하게 일어나고 있던 民亂이라 부르던 '민투'의 형태를 나타내고 있다.[21] 동학교도들이 봉기하여 부정부패 모순 현실개혁 비리의 탐관오리들을 척결, 일망타진하기 위하여 몽둥이를 들고 일어나 관청이나 창고 등을 쳐부순 것이나 관리들을 구타하고 위협하였던 사실은 초기 민투의 전개와 다를 바가 없었다. 즉 민중들에 의한 소요 상태를 면치 못하는 가운데 과격행위를 나타냈던 것이다.

그러나 동학혁명은 처음부터 감정적이고 대중심리적인 민중봉기의 성격과는 전혀 달랐다. 이는 현실부정의 혁명성을 띠고 일어난 것이다.[22]

동학은 서양과 일본의 침략적 위협에 대한 저항의식과 함께 양반사회의 전제적인 의식을 가진 전통적인 권위와 형식주의를 부정하였던 한국적 뿌리가 깊은 민족주의 사상이었다.

이에 봉건적 의식과 형식논리에 젖어 당시 세도통치에 몰두하여 있던 집권 양반계층은 동학사상이 민중계층으로 확산되어 감을 두려워할 수밖에 없었다. 변칙적인 수탈통치가 절정에 달해 있을 때 동학사

---

20) 李炫熙, 「東學思想의 背景과 그 意識의 成長」, 『韓國思想』 18, 1981 참조.
21) 民亂은 정부 당국자와 實錄을 편찬한 史官의 시각이므로 민중의 투쟁 즉 '民鬪'라고 개칭함이 사실에 부합되지 않을까 싶어 이렇게 제안한 것이다.
22) 李炫熙, 『東學革命史論』, 대광서림, 1994, 42쪽.

상의 민중중심의 주의 주장이 일어나자 위협과 불편함을 느꼈던 것이다.

더욱이 이에 동조하여 공명하는 피착취 압박민중권이 날로 늘어가고 합류되어 가자 정부 당국자로서는 집권 자체에 위기의식을 느낄 수밖에 없었다. 따라서 동학을 창도한 제1세 교조 수운 최제우의 저항적 순도는 人乃天과 보국안민을 절규하면서23) 이러한 위기의식을 느낀 변칙적 통치자들에게 향한 경종이며 탄압책을 강구케 하였던 것이다.24)

그러나 동학은 그 이후 제2세 교조 해월 최시형, 제3세 교조 의암 손병희 등 대를 이은 지도자에 의하여 계속 확대 발전되었다. 이들 동학의 지도자는 단순한 동학교단 옹호나 선양적 차원이 아닌 범국민적 구원의 역사·섭리를 분명하게 표출시키자는 것이 궁극적인 목표였다. 그들은 동학교단 내의 문제에만 관심을 가진 것이 결코 아니었다. 즉 교단 외의 문제로서 민중구제와 자주독립 달성에 더 큰 비중을 두었던 것이다.25) 동학이 민중으로부터 호응·지지받는 것은 이 같은 인류구원의 이유에서였다고 할 수 있다.

동학혁명은 이와 같은 역사적 배경 속에서 싹튼 인류구원과 정의사회 구현의 간절한 소망의 한 가지 방법이기도 한 고귀성 순수성을 간직하고 있었다.26)

동학혁명에는 수만 명의 동학혁명군과 이에 동조한 동학농민군이 가담함으로써 그 세력은 고부는 물론 태인·부안·정읍·흥덕 등지를 휩쓸었다.27)

---

23) 李敦化, 앞의 책, 244~246쪽.
24) 尹老彬, 「東學의 世界思想的 意味」, 이현희 편, 앞의 책, 143~167쪽.
25) 李炫熙, 「東學思想과 民族獨立運動」, 『韓國思想』 19, 1982.
26) 이는 안으로 유교적 전통사회를 부정하고 개혁정치를 요구하였으며, 외국의 침략세력을 축출해야 살 수 있다는 민중구국자주운동의 양상을 나타냈다.
27) 앞의 『東學亂記錄(上)』, 142~144쪽, 156, 163~165쪽.

또한 제폭구민과 보국안민, 광제창생이라는 기치 하에 척왜양창의를 주장함에 이르러서는 그야말로 민족자주적이고 혁명적인 민족운동으로 발전 확산 파급되었다.[28]

따라서 동학혁명은 단순한 그 혁명의 존재 양태를 벗어나 시민의식을 나타냈고 민중구국운동의 형태로 발전하였다.[29]

이와 같은 민중혁명의 성숙된 분위기를 배경으로 마침내 우리 나라 남쪽 고부에서부터 평민 중심의 東學革命이 水雲의 敎祖伸寃運動을 전개한 지 30여 년 만에 한 뜻깊은 지도자에 의해 폭발하였다.[30]

3. 東學革命의 進行과 性格

1) 東學革命軍의 蜂起

동학혁명은 우리 나라 남부에서 동학혁명군에 의해 두 번에 걸쳐 크게 폭발하였다. 제1차는 1894년 3월 전라도 古阜에서 全琫準의 영도 하에 폭발된 반봉건의 혁명이었고, 제2차는 청일전쟁과 甲午更張이 진행중인 동년 10월 우리 官軍과 일본의 우리 나라 침략에 대한 충군애국의 일념에서 義旅를 규합하여 일으킨 東學徒와 농민결합의 독립투쟁이기도 한 항일민중 구국투쟁의 혁명이었다.[31]

19세기 말 조선왕조는 서세동점의 위협 속에서 위기의식이 팽배해 가는 가운데 세도가문의 장기집권으로 누적된 폐습에 따른 관리들의 수탈이 극에 달하니 각지에서는 '민투'가 끊이지 않았다.[32]

이 때 농민대중들은 儒·佛·道가 진공 상태 속에 있었을 때 정신적

---

28) 朴昌建, 『水雲思想과 天道敎』, 천도교중앙총부, 1970, 68~98쪽.

29) 李敦化, 앞의 책, 241~243쪽.

30) 위의 책, 240~242쪽.

31) 이현희, 『韓民族光復鬪爭史』, 정음문화사, 1990, 14쪽.

32) 『哲宗實錄』 哲宗 10年 9月 甲申.

인 위안처를 찾기 위해 동학에 입도하므로 동학은 나날이 교세가 확장되어 갔다.[33] 그러나 동학교세의 확장은 정부로부터 가혹한 탄압을 받아 전라·충청도의 교도들은 체포 구금되거나 패가 탕산하는 등 견디기 어려운 지경에까지 이르렀다. 심지어 동학교도는 족보에서 제명되거나 친척들로부터도 외면당하였다.[34]

이에 양반, 관리들은 동학이 국가로부터 탄압하는 것을 구실삼아 한층 더 심하게 가렴주구를 자행해 갔다.[35]

그 중에서도 곡창지대라 불리던 호남지방에서의 수탈은 더욱 심하여 이 곳의 백성들은 생활기반을 버리고 떠나야 하는 등 민폐와 그들의 분노 또한 극에 달하였다.[36]

특히 동학혁명의 직접적인 도화선이 된 고부에서는 그 곳 군수인 조병갑의 횡포가 자심하여 원성이 자자했는데[37] 그가 金海府使로 있을 때는 善政碑까지도 군민이 세워준 바 있다.[38]

고부군민들은 몇 차례에 걸쳐 탄원서를 제출하고 탐학의 폐해를 호소하였으나 조병갑은 오히려 이들을 죄인으로 몰아 잡아 가두거나 고문하여 죽음에 이르게 하는 등 그의 만행과 탐학은 계속되었다는 것이 종래의 주장이며 통설이었다.

이에 민소운동에 앞장섰던 동학접주 전봉준은 鄭益瑞·金道三 등과 사발통문을 작성 반포하여 알림으로써 민중봉기를 준비하였다. 마침내 2월 15일 전봉준을 지도자로 하여 鄭·金 등과 1천여 명의 농민이 모

---

33) 李炫熙, 「水雲의 開闢思想研究」, 『鄭在覺博士古稀紀念論叢』, 東國大, 1984.

34) 「권병덕자서전」, 『한국사상』 15, 한국사상연구회, 1977, 327~328쪽.

35) 한우근, 「東學農民蜂起」, 『한국사』 17, 국사편찬위원회, 1973.

36) 『承政院日記』 高宗 30年 1月 20日.

37) 李光淳, 「甲午東學革命의 精神史的 意味」, 이현희 편, 『東學思想과 東學革命』, 청아출판사, 1987, 300쪽.

38) 기록에 보면 군수 조병갑은 김해부사에서 고부군수로 부임한지 얼마 안 되어 예산에서 모친이 별세하여 3년 간 문상했다고 해서 그의 탐학에 의문이 제기되고 있다.

여 군청을 습격함으로써 고부봉기가 시작되었다.39) 이 때 불법적인 징세를 還推하고 官에서 쌓은 보를 허물어 버렸다.40) 동학혁명군이 일제히 함성을 지르며 군청을 습격하니 조병갑은 도주하고41) 관졸들은 대항하지도 못한 채 잡혔으니 고부가 동학군에 의해 함락되었다. 성난 동학혁명군들은 무기고를 습격하여 무장하고, 수탈된 곡식을 빼앗긴 농민들에게 되돌려주는 한편 억울하게 갇혀 있던 무고한 양민을 풀어 주었다. 그러던 중 곧 신임군수 朴源明이 부임하고 장흥부사 李容泰를 同 안핵사로 差下하여 농민들을 위로하고42) 해산하기를 간청하니 대부분의 동학혁명군이 해산, 귀환하므로 고부봉기는 일단 종식되었다.43)

그런데 부임해 온 안핵사 이용태가 모든 죄를 亂民인 동학교도의 소행이라 하여 무고한 백성을 잡아 가두고, 재산을 약탈하거나 집을 불태우는 등 부녀자까지 능욕 살육하니 백성들의 원성이 다시 높아지기 시작하였다.44)

이에 전봉준은 손화중·김개남·김덕명 등 1천여 명과 함께 白巾을 머리에 두르고 마침내 제1차 동학혁명을 일으키기에 이르렀다.45) 이들 중에는 各邑 小吏와 경향의 범법자도 끼여 있었다.46) 이들은 동학혁명군의 군기를 확립하고, 스스로의 사명의식을 다짐하기 위해 4대 강령을 발표하였는데,

---

39) 우윤, 『전봉준과 갑오농민전쟁』, 창작과비평사, 1993, 147~162, 164·239·285·290·302쪽.

40) 『承政院日記』 高宗 31年 2月 15·16日.

41) 정창렬, 「고부민란의 연구」(上·下), 『한국사연구』 48·49, 1985.

42) 『日省錄』 高宗 31年 2月 15日.

43) 黃玹, 앞의 『梅泉野錄』, 128쪽.

44) 『金若濟日記(3)』 甲午年 4月 6日 ; 『兩湖招討謄錄』 高宗 31年 4月 9日.

45) 우윤, 앞의 책, 40~43, 162~169, 266~270, 272, 302쪽.

46) 『隨聞要抄』 甲午年 4月 內務府草記.

1. 不殺人 不害物
2. 忠孝雙全 濟世安民
3. 逐滅倭夷 澄淸聖道
4. 驅兵入京 盡滅權貴[47]

라고 하여 자신들이 봉기한 목적을 분명히 천명하였다.[48]

이후 고부 白山으로 집결하는 동학혁명군의 대열이 끊이지 않았으니 동학교도는 물론 일반 농민들까지도 호응·동참하여 그 숫자가 날로 늘어갔다.[49]

이 때 동학혁명군이 다시 봉기했다는 소식을 접한 조정은 당황하여 전라도 병마절도사 洪啓薰을 양호초토사로 제수하고 장어영 군사를 주어 선박 편으로 현지에 파견하였다. 이어 李文永을 전라도 병마절도사로 還代케 하였다.[50] 홍계훈은 동년 4월 6일 800명의 관군을 거느리고 동학군을 토벌하기 위하여 전주에 입성하였다.[51]

그러나 그 날 밤 전주영병과 보부상 혼성부대원 수천 명은 黃土峴에서 동학혁명군의 기습을 받고 거의 전멸당하였다.[52] 황토현 전투에서 크게 승리를 거둔 동학혁명군은 더욱 사기 왕성하여 계속 진격함으로

---

47) 鄭喬, 『大韓季年史』, 74쪽. 그 외 기강을 세울 것, 名分을 정할 것, 聖訓에 순응할 것 등이 추가되었다.
48) 『全羅道古阜民擾日記』 참조.
49) 국사편찬위원회, 『高宗時代史(3)』, 1969, 421쪽.
50) 『洪陽記事』 甲午年 5月 10日.
51) 『東學亂記錄(上)』, 140~144, 163~165쪽.
52) 『兩湖招討謄錄』 高宗 31년 4월 9일 1894년 4월 6일. 고부군의 동학혁명군이 부안·금구 兩縣에 돌입, 현감 李喆和를 잡고 屬吏를 결박하여 군기를 탈취하였다. 이어 고부군 道橋山에 移駐하였다. 이어 법성포 등지에 通文을 보내 吏逋民瘼을 보고하고 同心協力하여 輔國 평안케 할 것을 효유하였다. 이 때 全州감영에서는 營將 李光陽·李在爕·宋鳳岩으로 하여금 營兵 250명과 고용 보부상 등 수천 명을 인솔, 고부로 향하게 조치하였다. 이 날 도교산에는 聚集한 동학혁명군이 황토현에서 이를 격파함으로써 감영 영병이 패주하고 말았다.

써 홍덕, 고창, 무장지역을 공략, 거의 함락하였다.[53]

이러한 소식에 접한 동학 제2세 교조 해월 최시형은 無爲而化의 종교적 정서·태도를 강조하며 교도의 과격한 동학혁명 가담을 우려하면서 다음과 같은 통유문을 발표하였다.

不佞이 先師의 傳授하신 道를 猥承하여 이 도를 널리 펴지 못하고 時人의 指目을 몹시 받아 여러 번 禍網에 걸려 피해다닌 지 迄今 30년에 智能이 不足해서가 아니라 天命을 敬畏하고 天時를 待코자 하여 隱忍自重함이러니 近聞則 교도가 本分에 안주치 아니하고 恒業을 不務하며 各其 黨與를 세워 互相聲援함에 甚한 미움을 받게 되어 위로는 君父에 근심을 끼치고 아래로는 生靈이 도탄의 患을 당하게 되었도다. 말이 이에 미치니 어찌 寒心치 않으리오. 이같이 타이른 후에도 번연 改悟하여 修道하지 않고 一向執束하여 同惡相連하면 逆天背師하는 것이라 단연히 鳴鼓黜敎할 것이니 이같이 알고 一遵無違하라[54]

그리고 녹두장군 전봉준에게 '勿爲妄動'이라 하여 봉기를 중지할 것을 권유하는 글을 발송하였다.[55]

2) 民族主義的 性格

그러나 파죽지세로 각 도처에서 관군을 격파한 동학혁명군은 마침내 4월 28일 전주성을 함락하였다.

동학혁명군은 長城에서 京軍을 대파한 뒤 4월 24일 노령을 지나 井邑을 유린하고[56] 26일에는 泰仁縣 院坪店에 도착하여 양호초토사 종

---

53) 崔玄植, 『甲午東學革命史』(3판), 신아출판사, 1994, 51~78쪽.
54) 李鍾海, 『天道敎史』, 천도교중앙총부, 1962, 56쪽.
55) 趙景達, 「동학농민운동과 갑오농민전쟁의 역사적 성격」, 『甲申甲午期의 近代變革과 民族運動』, 청아출판사, 1983, 283~284쪽.

사군관 李斅應·裵垠煥과 서울에서 온 勞問宣傳官 李周鎬 등을 살육하였다.57) 동학혁명군이 27일에는 金溝縣을 거쳐 全州 三門에 둔취하고 준비하다가 이 날(28일) 전주성을 돌입, 함락한 것이다. 전라도관찰사 金文鉉 등은 동학혁명군이 馳走突進한다는 소식을 듣고 軍卒을 풀어 성을 방어하였으나 동학혁명군이 갑자기 사방을 포위하고 기세가 맹렬하여 성을 지키던 砲軍이 거의 다 도망가고 말았다.58) 이에 혁명군의 수령은 宣化堂에 진을 치고 四門을 지키게 하였다. 이 때 吏校·奴令·民人 중 피신치 못하고 잡힌 자가 不知其數였다.59) 金文鉉과 全州判官 閔泳昇은 肇慶廟位牌와 慶基殿 영정을 받들고 도주하였다. 양호초토사 홍계훈은 靈光으로부터 동학혁명군을 쫓아 고창 정읍 태인을 지나 전주 남쪽 完山上에 진을 치고 대포를 쏘아 城을 공격하였다.60) 그러나 동학혁명군은 西·南 양 문을 열고 수천 명이 쏟아져 나와 앞서 온 길로 飛奔하며 남문으로 나온 동학혁명군은 흰 布帳으로 앞을 가리고 山 남쪽으로부터 기어올라오고 西門으로 나온 동학혁명군은 山 서쪽에서 올라오며 성내에 있는 동학혁명군은 누상에 열립하여 모두 京軍 진지를 향해 공격을 가해 왔다.61) 여기서 혁명군 수백 명이 살해되었으며 나머지는 성으로 다시 돌아가 성문을 견고히 잠그었다.62) 홍계훈은 甲胄를 입고 다수의 군졸을 이끌며 南城下에 나가 대포를 쏘았으나 효과가 없었다.

이를 본 혁명군은 성위에서 砲丸을 연발하였다. 어두워 急攻이 어려워지자 洪啓薰은 퇴각하였으며 김문현 등은 公州로 도주하였다.63)

---

56) 『日省錄』 高宗 31年 4月 29日.
57) 『東學亂記錄(上)』 兩湖招討謄錄 高宗 31年 4月 30日.
58) 『洪陽記事』 甲午年 5月 10日.
59) 『東學亂記錄(上)』 聚語 甲午年 5月 2日.
60) 『金若濟日記(3)』 甲午年 4月 29日.
61) 『朝鮮近史』, 甲午年 4月.
62) 『金若濟日記(3)』 甲午年 4月 29日.
63) 『甲午實記』 4月 29日.

이 때 충청도 소재의 혁명군은 文義·沃川·회덕·鎭岑·보은·목천 등지에서 다시 거사하였다.64) 이들은 일반 백성을 일러 동족이며 자긍심을 가져야 한다면서 士氣를 돋구어 주었다. 錢穀을 풀어 굶주린 백성에게 나누어 주기도 하고 官長 班家를 劫掠하여 貧民에게 구휼해 주는 등 민족주의적 성향을 보였다.65) 班家에서는 家童을 풀어 혁명군과 격전을 벌여 살륙을 자행하였다. 이로 인해 公州 이남지역의 소식이 돈절된 상태였다.66)

이 때 관군은 가는 곳마다 민폐를 끼쳐 백성들로부터 환영받지 못하였을 뿐만 아니라 관군 군졸들은67) 자신도 사회적으로 대우받지 못하던 처지라 동학혁명군과 맞서 적극적으로 싸우지 않았다. 심지어는 관군이 동학혁명군에 가세한 경우도 더러 있었다.

이처럼 동학혁명군에 의해 전주성이 함락되었다는 보고를 접한 조정은 크게 당황하여 大臣이나 영돈녕부사 金炳始 등의 반대에도 불구하고68) 원세개를 통하여 청국정부에 원군을 요청하기에 이르렀다. 이에 청국은 즉시 1,500명의 청군을 파병하였는데,69) 그 동안 조선정부의 차병 문제를 예의주시해 오던 일본도 텐진 조약을 빌미로 청군을 능가하는 대병력을 파견, 인천에 진주시켰다.

이렇게 하여 조선정부는 자국의 문제를 스스로 해결하지 못하고 외세를 끌어들여 민족적 위기를 자초하고 말았다. 청·일 양군이 앞다투어 인천과 아산만을 통해 속속 서울로 향하니 백성들은 물론 외세를 끌어들인 조정도 사태의 심각성에 자못 당황하였다.70) 그뒤 동 5월 8일 전주성이 수복되었다.71)

---

64) 『東學黨匪亂史料』 제85호 동학당에 관한 속보.

65) 주 64)와 같음.

66) 앞의 『高宗時代史(3)』, 439쪽.

67) 金允植, 『續陰晴史』, 국사편찬위원회, 311쪽.

68) 『統理交涉通商事務衙門日記』 高宗 31年 5月 1日.

69) 『甲午實記』 5月 1·8日.

70) 李炫熙, 「東學革命과 淸日의 反應」, 『史學研究』 38, 1984.

이처럼 나라가 위기에 처하자 이를 공감한 동학혁명군과 정부는 타협을 이루어 외세로부터 나라를 지키고자 기도하였다. 이 때 동학혁명군은 불량한 양반 유림, 관호배의 숙청을 비롯하여 노비문서의 소각, 칠반천인의 대우 개혁, 청춘과부의 개가, 무명잡세의 철폐, 인재 위주의 등용 주장, 지벌 타파, 공사채 정리, 토지의 분작, 일본과 내통하는 친일·부일배의 숙청 등을 배용으로 한 13개조의 폐정개혁안을 제시하였다.72) 이를 정부가 수용하므로 마침내 '전주화약'이 성립되었다.73) 이것이 봉건제를 타파하고 민족주의를 제창한 요체인 것이다.

이후 자진 해산한 동학혁명군은 치안질서를 바로잡고 구폐를 스스로 개혁하기 위하여 전라도 53개 고을(州·邑)에 執綱所를 설치하였다. 집강소는 동학농민군의 주도 하에74) 치안유지와 부정부패한 관리 단속, 위신이 실추된 관을 대신하여 민원을 처리하는 등 3개월 여 동안 지방의 자치기능을 담당하였는데 이는 우리 역사상 최초의 자생적인 개혁적인 민권행정을 실시한 것이었다.75)

그러나 이 시기 민족적 위기는 더욱 심화되었는데 조선으로 출병한 일본군은 金炳始 등 정부의 先철병요구에도 불구하고 조선의 개혁을 요구하며 침략적 위협을 가하였다. 그러던 중 일본군은 마침내 경복궁을 무력 점령하고 청일전쟁을 개시하여 조선에 대한 침략을 노골화함으로써 동학혁명군은 국가보위 차원에서 일본군을 상대로 再起兵하지 않을 수 없었다.76)

---

71) 『高宗實錄』 高宗 31年 5月 10日. 5월 3일 혁명군은 관군에 의해 500명이 죽고 총 500柄을 빼앗겼으며 수령 金順明과 童壯士 李福用이 참수당하였다. 마침내 5월 8일 전주성이 수복되었다.

72) 吳知泳, 『東學史』, 永昌書館, 1940, 126~128쪽.

73) 李敦化, 『天道敎創建史』, 천도교, 1933, 60~62쪽.

74) 金義煥, 「全州和約과 執綱所」, 『韓國思想』 12, 1974.

75) 신용하, 「갑오농민전쟁시기 집강소의 활동」, 『한국문화』 6, 1985 ; 노용필, 「동학농민군의 집강소에 대한 일고찰」, 『역사학보』 133, 1992.

76) 金昌洙, 「동학농민혁명과 外兵借入問題」, 『東國史學』 15·16, 1981.

이에 동학혁명군은 일본의 침략에 맞서 제1차 혁명인 반봉건투쟁과 함께 제2차의 혁명투쟁으로서 반침략 민중 항일민족주의운동을 전개하기 시작하였다. 즉 제1차개혁이 반봉건혁명이라면 그 제2차는 구국투쟁을 위한 혁명전이었다고 평가된다.[77]

이 시기 南接의 지도자 전봉준[明叔]은 각처에 의병항쟁을 독려하는 통문을 띄우는 한편 孫和中 · 金開南 등과 함께 각 곳에 주둔해 있던 동학교도들과 연합부대를 결성하였다.[78]

이 때 1차 동학혁명운동에 참여치 않았던 北接의 동학교도들도 봉기를 결정하였는데 무력봉기를 자제했던 제2세 교조 해월은 각지의 동학교도로 하여금[79] 군수전과 군수곡을 확보토록 하는 동시에 보은 근처로 집결토록 독려하였다.[80]

이렇게 재봉기한 동학혁명군은 1894년 10월 이후 본격적인 斥倭洋을 위한 항일투쟁을 전개하기 시작하였는데 이를 전후로 제2차 혁명에는 동학혁명군 외에도 일부 淸兵 · 지주층과 유학자 · 吏屬 등도 참여하였다.[81]

이들은 서울로 진격하기 위해 논산을 거쳐 공주에서 공격을 시도하였다. 10월 9일 충청도관찰사 박제순, 同兵營鎭官 廉道希가 군사 80명을 이끌고 公州에서 전투중 혁명군에게 소살당하였다.[82] 동학혁명군은 최신 무기로 무장하고 근대식 군사훈련을 받은 일본군과 연합한 정부군에 밀려 木川 細城전투 등 전국에서 크고 작은 전투를[83] 벌였으나

---

77) 이현희, 『東學革命史論』, 대광서림, 1994, 197쪽.
78) 김양식, 「1894년 농민전쟁의 전쟁과정」, 『근현대사강좌』 5, 한울, 1994, 79쪽.
79) 吳知泳, 『東學史』, 永昌書館, 1940, 136~137쪽.
80) 최동희, 『동학의 사상과 운동』, 성균관대, 1980, 39~45쪽.
81) 『統理交涉通商事務衙門日記』高宗 31年 9月 19日. 南原에서는 한때 동학혁명군 5 · 6만 명이 兵器를 가지고 저항하고 있음을 엿볼 수 있다[앞의 『고종시대사(3)』, 627쪽].
82) 『承政院日記』高宗 31年 10月 9日.
83) 『官報』開國 503年 11月 28日.

중과부적으로 결국 공주 牛金峙 전투에서 많은 사상자를 낸채 패배하고 말았다.[84] 동학혁명군을 지휘하던 전봉준·손화중·김개남이 체포되므로 반봉건 반침략과 민중항일구국투쟁 중 멸왜를 절규한 동학혁명군은 수차례의 공방전에서 수만 명의 희생을 치르고 끝난 것이다.[85]

그러나 비록 동학혁명군이 패퇴하였지만 다시 대오를 정비하여 항일민중투쟁이나 활빈당, 남학당, 서학당, 영학당 등에 분산 가담하여 새롭게 활동하였다.[86]

이와 같이 1894년의 동학혁명은 1860년 태동한 동학사상의 인간성 회복과 보국안민의 국가관, 민족관의 정립 정신 속에서 시대적 전환을 열망하는 혁명의식이 싹터 그것이 현실화한 것이다.[87] 이후 그 의식은 계승되어 민족운동을 유발할 파급 효과를 나타냈다.

그리고 동학혁명은 농민을 포함한 동학도가 중심이 되어 농어민 상인 노동자 등 일반 대중을 포함하여 선도적으로 일으킨 백성을 기반으로 둔 근대 민족주의 민중혁명의 기원을 마련하였다.

따라서 동학혁명은 종교운동의 차원을 넘어 반침략, 반체제의 정치성을 띤 주체적 자립자주적 애국의식과 인식 하에서 일어난 민중구국항일투쟁의 신기원을 마련하였다.[88]

이러한 동학혁명의 정신사적 유산은 특히 그 25년 뒤에 일어난 3·1혁명에 직·간접적인 영향과 맥락을 조성해 주어 민중민족혁명을 가능케 하였고 성공한 민중역량의 실체를 내외에 보여준 것이다. 민족주의적 시민혁명인 3·1혁명은 그 연원이 일찍이 동학혁명정신을 다시 실현시킨 민족적 쾌거이며 이후 동학 - 천도교는 독자적으로 임시정부를 수립할 계획도 세우면서 국내에서는 중단없이 민족구국항일투쟁을

---

84) 李炫熙, 「동학혁명과 청일의 대응」, 『근현대사강좌』 5, 1994, 110~127쪽.
85) 『東學亂記錄(下)』, 180~190, 487~492쪽.
86) 이현희, 앞의 『동학혁명사론』, 198쪽.
87) 李炫熙, 「東學革命과 民族救國運動」, 『韓國思想』 22, 1995.
88) 황선희, 『한국근대사상과 민족운동 1』, 혜안, 1996, 117~122쪽.

전개하여 크나큰 주도적 성과를 거두었다.[89]

그러므로 동학혁명은 통일과 단합, 민족의 자주와 주체성의 대명사라는 인식 속에 성장함으로써 한국 민족주의 발전에 사상적 근간과 추진력을 제공해 주었다.

이러한 의미에서 전통적인 봉건사회를 타파 해체하고 자주적인 민족국가를 건설하고자 했던 동학혁명은 우리 나라 근현대사에 있어 민중민족운동의 시발점이라고 평가할 수 있겠다.[90]

이 같은 제1·2차 동학혁명의 추세는 비록 공주 牛金峙 전투에서 크나큰 충격과 와해·붕괴 상태를 면치 못하였으나 그 뒤 다른 지역으로 그 혁명정신이 파급 확대되어 재현되었다.

4. 韓國近代史와 民族主義

1) 民族主義의 視角

한국 근대사에 있어서 하나의 흐름은 민족주의의 형성과 그 전개로, 한국 민족주의 형성에 사상적 기반이 된 것이 위정척사사상, 개화사상, 동학사상 등이라 지적할 수 있다.

또한 이러한 사상적 흐름은 한국 근대 민족주의운동에 중요한 근간이 되었다.

위정척사사상은 1876년 개항을 전후하여 중화적인 華夷論에 근거하여 '倭洋一體論'을 주장하면서 개항을 반대하였고 內修外攘의 논리로 서구세력의 침략적 도전과 자본주의 유입에 결사 반대하였다.

이 사상의 제창자는 李恒老를 宗脈으로 하여 奇正鎭·崔益鉉·金平

---

89) 이현희, 「天道敎의 大韓民間政府樹立始末」, 『鄕土서울』 48, 1989 참조.

90) 李炫熙, 「韓國近現代史에서 東學革命이 位相」, 『社會科學論叢』 10, 성신여대 사회과학연구소, 1997.

默·柳麟錫 등 저명한 유학자들로, 이들에 의한 척사론의 핵심은 華와 夷, 王覇, 正學과 異端의 구분이었다.[91]

위정척사파는 인륜을 명백히 하는 성리학을 교학으로 삼고 있는 나라만이 華이며, 그 밖의 나라는 짐승의 도가 지배하는 오랑캐 나라라고 하여 구분하였다. 따라서 서양제국과 수교를 하면 우리 나라도 오랑캐화하고 짐승화되기 때문에 '斥和攘夷'를 해야 한다고 강조하였다.

이들은 유교의 五倫(군신·부자·부부·장유·붕우), 五常(인·의·예·지·신)을 최고의 도덕, 사회질서의 근원으로 삼아 천주교와 같은 서양의 종교·사상이 침투하면 오륜 오상이 깨어지며 왕조도 무너진다고 믿어 배척하였다.

즉 척사사상은 서구의 제국주의에 대한 전통적 가치의 옹호를 전제로 하는 저항의식이었다. 전통적인 성리학적 가치체계를 옹호하면서 서구의 근대적 문명 자체를 비인격적인 것으로 규정하였던 것이다.[92]

척사론은 중화적인 보수사상이라 할 수 있으나 외세와 손을 잡음으로써 나타날 민족적 피해를 내다보았다. 이에 백성들에게 內修外攘을 강조하고 총궐기할 것을 요청하면서 주체의식과 외세에 대한 저항의식을 고취시켰다.[93]

이러한 인식은 전통적인 성리학적 인식체계를 보다 더 강화시킴으로써 서구세력과 대결할 수 있는 국가발전을 이룩할 수 있다는 것이다.

따라서 위정척사사상은 당시 대외적으로 개국을 반대하는 수구적인 위치에 설 수밖에 없었고, 외세의 침탈에 대해서 저항적인 태도를 나타내게 되었던 것이다.

그러나 위정척사파의 외세에 대한 대응이나 운동은 반침략적 민족

---

91) 柳麟錫, 『昭義新編』, 국사편찬위원회, 1975, 210~220쪽.
92) 崔益鉉, 『勉菴集』 卷3.
93) 이현희, 『한국근·현대사의 쟁점』, 삼영, 1993, 91~92쪽.

의식을 강하게 내포하고 있지만, 이는 객관적인 민족주의적 차원이 아니라 군주대권의 수호라는 봉건적 성격에서 비롯된 것으로 반봉건성을 결여하였다는 점에서 근대적 민족주의와는 거리가 있다 할 것이다.94)

이에 반해 개화사상은 서구문명의 충격에 의하여 개화의 필연성을 직감하고 반봉건적 근대적 개혁과 자주독립의식을 성장시키는 데 중요한 구실을 담당하였다.95)

19세기 후반 조선사회는 대외적으로 서구열강의 다각적인 도전을 받아 나라의 존재가 위협받게 되자 이에 대한 생존적 차원의 능동적 대처방안이 강구 전개되었다. 이 때 능동적인 대처의 한 형태가 개화였다.

개화사상은 실학을 기본으로 하여 발생하였지만, 그것과는 내용상 차이가 있다. 즉 개화사상은 현실을 중시하고 유학에서 벗어나 있었으며 국제정세에 대한 이해가 표출되고 있다.

19세기를 전후로 한 시기에 있어서의 개화운동은 김옥균·박영효 등의 급진개화파와 김홍집·김윤식 등의 온건개화운동이 주를 형성하였는바, 이들에게 개화적인 영향을 주거나 시사되는 바가 많았던 계층은 후기 실학자계층인 이유원·최한기·조인영 등과 특히 정승 출신의 박규수 등 양반계층이었다.96)

2) 民族主義의 類型

그러나 개화에 결정적이고 절실하게 사상적인 기반에까지 영향을

---

94) 金昌洙, 「韓國民族主義와 東學革命」, 『韓國思想』 22, 한국사상연구회, 1995, 223쪽.
95) 李光麟, 『開化黨研究』, 一潮閣, 1973, 160~170쪽.
96) 이현희, 「1870年代의 開化思想과 그 主導階層」, 『한국사상』 22, 한국사상연구회, 1989, 110~111쪽.

끼친 것은 중인계층으로,97) 이들은 비록 신분상으로 최고 지배계급은 아니었으나 정치체제를 비판할 수 있는 의식이 확립되어 있었다. 그것은 고관대작인 양반들을 수행하여 선진적인 중국의 北京 등 각지를 출입하면서 외국의 발전상을 견문하고 재래적인 전통 상황과 상당한 차이를 느낄 수 있었다.

이들은 대개 기능인으로서 역관, 의원을 비롯하여 寫字官, 천문기상학, 율학, 산학 등 기술직에 종사하는 계층이었기 때문에 앞을 내다볼 줄 아는 식견이 있었다. 이에 당시대보다 적어도 40~50년 앞을 내다볼 줄 아는 통찰력이 있었고,98) 시대개혁에 대한 투철한 사명의식이 있었다.

이들의 궁극적인 목적인 개화의 이념은 양반정치를 타도하고 국민국가(Nation state)를 수립하자는 이상의 실현에 있었고, 외세의 도전을 능동적으로 대처·극복하려는 의식개혁이었다.

따라서 그들은 각종 과학기술 문화를 수용하거나 전래함으로써 조선의 자율적인 근대화를 줄기차게 전개시키고자 밀고 나갔다. 이 때 서양의 기술을 받아들이려는 목적은 첫째 부국강병을 위한 것이며, 둘째는 문명화를 위한 것이었다.

그들은 단순한 기능인으로서의 범위를 벗어나 자율적이고 자생적인 개화를 위한 의식개혁의 시각을 터득하였던 것이다.

중인계층의 개화파는 신분적으로는 비록 개혁의 주도권을 당장 형성하지는 못하였으나 주도계층인 양반층을 자각케 하고 활발하게 개혁의 논의를 이념적으로 전개시킴에 있어서 절대적인 영향을 미쳤다.

그러나 개화파의 개화운동은 위로부터의 개혁운동이었다는 한계성과 그들의 주의·주장이 전 민중계층에 보급되지 못하여 민족주의의 성장에 있어 취약성을 갖게 되었다.

---

97) 日本古筠紀念會 編, 『金玉均傳(上卷)』, 慶應出版社, 1944, 50~56쪽.
98) 文一平, 『湖岩文集(3)』, 조선일보사, 1939, 318~320쪽.

한편 외세의 침략에 대한 반침략적 저항사상과 반봉건적 사회개혁 사상을 지닌 동학사상은 민중적 지지기반을 바탕으로 한국 근대 민족주의운동을 추진해 나가는 원동력이 되었다.[99]

동학은 봉건적 민족적 위기에 직면하여 새로운 세계를 창조해야 하는 절박한 시대적 요청에 따라 수운 崔濟愚에 의하여 득도되었다.

이에 동학은 보국안민 의식과 시천주·인내천 사상을 큰 산맥으로 반봉건적·반침략적 성격의 민중기반적 구원의 종교로 발전하였다. 즉 동학은 서세의 도전으로부터 나라와 백성을 구하겠다는 보국안민의 강렬한 민족주의 및 인간을 한울님 바로 그 자신이라고 하여 인간을 한울님과 동격으로 존귀한 존재로서 정립한 인본주의, 그리고 인간은 모두 한울님을 마음 안에 모셨으므로 평등한 존재라는 평등사상을 포교하여[100] 당시 사상의 부재 속에서 방황하는 민족에게 사상적인 안주의 광장과 그 대책을 제공해 주었다.

특히 동학은 19세기 후반기의 우리 나라 정치 경제 사회 문화적 여러 가지 모순, 비리 부정을 과감히 개혁 변혁시켜 지상의 복락과 인류 평화에 기여해야 한다는 투철한 민족관, 국가관의 올바른 가치관 형성 과정에서 발생한 개벽사상이다.

그러므로 동학은 민중에 압도적인 지지와 찬성을 받아 득도 이후 3년 이내 삼남 일대에 선풍적인 인기 속에 농민 등 민중을 교도로 확보할 수 있었다.

즉 동학은 19세기 한국사회에서 소외된 민중들의 정신적 구원처가 되었으므로 정부의 가혹한 탄압 속에서도 동학에 입도하여 정신적 구원을 얻으려 하였고, 마침내 1894년 동학혁명의 정신적 원동력이 되었다.

---

99) 李炫熙, 앞의 『東學革命史論』, 150~162, 180, 195쪽.
100) 신용하, 「동학사상의 역사적 성격」, 『한국사상』 22, 한국사상연구회, 1995, 15쪽.

동학혁명은 사회 경제적 평등 및 반외세침략을 주장한 아래로부터의 혁명운동으로, 동학사상에 나타난 반봉건, 반침략 사상을 계승하였다. 이는 동학혁명 때 발표된 강령·창의문·폐정개혁안 등에 잘 나타나 있는데, 이들에서는 탐관오리의 숙청, 신분제의 철폐 등 반봉건적인 요구와 외세 특히 일본의 침투를 배제하는 반침략·주체사상에 대한 민중들의 요구가 반영되어 있다.[101]

즉 동학사상은 안으로의 개혁과 밖으로의 저항의식을 내포한 근대적 민족사상으로, 이 사상을 근간으로 한 동학혁명은 반봉건·반침략이라는 민족적 과제를 수행하므로 이는 한국 근대 민족주의에 반영되어 있다. 이에 한국 근대사에 있어 민족주의의 성립은 동학혁명에 비롯된다고 할 수 있다. 동학혁명이 비록 혁명적 개혁요구를 즉자적으로 실현하지 못한 채 좌절되고 말았으나 그에 나타난 개혁사상과 민족자주사상은 한국 근대 민족주의 형성과 그 전개에 있어서 중요한 사상적 중심과 원류가 되었다.[102]

이에 한국 근대사회의 민족주의는 위정척사사상, 개화사상, 동학사상이 그 주조를 이루고 있다 할 수 있으나, 개혁적 논리와 저항적 민족주체의식의 확립이 동시에 수행된 동학사상이 한국 민족주의의 성장에 그 중심적이고 선편적이며 기본적 틀이 되었다고 평가할 수 있겠다.[103]

5. 東學과 民族主義

1) 平等과 自由思想

---

101) 李光淳, 앞의 글 참조.
102) 김창수, 앞의 글, 229~230쪽.
103) 李炫熙, 『東學革命과 民衆』, 大光書林, 1985, 129~132쪽.

한국 근대사에 있어 민족주의 사상을 태동시키고 민중을 하나의 국가적 관심 속으로 집중시킨 계기는 19세기 후반에 창도된 동학사상과 그 운동에서 찾아볼 수 있다.

동학의 민족주의적 성격은 서구제국주의와 일본의 침투라는 강한 외세의 도전으로부터 국가보위 의식, 정통성 고수라는 자강사상을 통해 본격적으로 발현되었다. 특히 동학을 창도한 수운은 輔國安民, 布德天下, 廣濟蒼生의 대이상을 품은 우리 나라의 근대적 민족의식의 선각·선구자로,[104] 그의 민족주의적 성격은 우리 근대 민족사상을 진폭있게 형성해 나가는 데 있어서 주체적 맥락을 이루게 되었다.

또한 동학은 이러한 민족주의 사상과 함께 민주주의 이념과 평등사상을 포함하고 있어 단순한 종교로서의 범위 이상의 역사적 의미를 갖는 것이다.

이에 민족사상의 실체를 관류하고 있는 자주자립 의식의 종교와 그 사상 인식체계인 동학은 경전인 『東經大全』과 『龍潭遺詞』에서 강력한 자아·주체·자강 의식을 표출하고 있다.

『동경대전』의 「布德文」에서

서양은 싸우면 이기고 빼앗아 이루지 못하는 일이 없으니 천하가 다 멸망하면 또한 순망지탄이 없지 않을 것이라. 보국안민의 계책이 장차 어디서 나올 것인가.[105]

라고 하여 서세동점을 경계하며, 강한 민족주의 성격·의지를 나타내고 있다. 또,

기험하다. 기험하다. 아국운수 기험하다. 개 같은 왜적놈아 너희 신

---

104) 盧泰久, 「東學思想의 平和觀」, 『한국사상』 22, 한국사상연구회, 284쪽.
105) "西洋 戰勝攻取 無事不成而 天下盡滅 亦不無脣亡之歎 輔國安民 計將案出".

명 돌아보라. …… 개 같은 왜적놈이 전세임진 왔다 가서 …… 개 같
은 왜적놈을 한울님께 조화받아 일야에 멸하고서[106]

라고 하여 '개 같은 왜적놈들'이라고 일본을 매도 질타하면서 斥洋斥倭
의 자주적 반일감정을 토로하였으며, 西學(天主敎)에 대하여서도

서양 사람은 천주의 뜻이라고 하면서 부귀는 취하지 않고 천하를
쳐서 빼앗아 그 교당을 세우고 그 道를 행한다고 함으로 내 또한 그
것이 그럴까 어찌 그럴 수 있을까 하는 의심이 있었더라[107]

라고 하여 침략행위를 일삼으면서 도를 닦는다고 하는 서학 - 천주교
에 대하여 강하게 비판하였다.

이처럼 동학은 기존 지배계층에게 소외 냉대 착취당하고 서구세력
의 침략적 도전에 위협받는 충격적인 분위기 쇄신에 기여하는 개혁의
의지와 이념이 잠재해 있었다.

동학의 민족사상은 수운 최제우가 혹세무민의 죄로 억울하게 처형
순도됨을 계기로 더욱 더 구체화되어 나타났다. 그가 주장했던 척양척
왜와 보국안민의 민족사상, 민주이념, 평등사상은 곧 동학의 우주관이
자 인생관·사회관으로 연결되며, 이는 우리 근대 민족사상 발전의 실
마리를 제공해 주었다.

교도들은 초기 교조신원운동을 통하여 동학의 민족적 입장을 구체
적으로 표현해 나갔다.

특히 1893년에 들어 계속 20일 간 수만 명의 동학교도가 충청도 보
은 장내에 平和的으로 운집하여 회의한 이후부터는 반봉건적인 혁명
운동으로 근대화의 물결에 앞장서게 되었던 것이다.

이처럼 동학은 민중사상 속에서 싹터 민중을 위하고 그의 이익을 대

---

106) 『용담유사』「안심가」 ; 尹錫山, 『龍潭遺詞硏究』, 민족문화사, 1987, 39~45쪽.
107) 『東經大全』「布德文」.

변하는 경우를 강하게 표하여 민족주의적 성격을 지니고 내려온 것이라고 평가할 수 있다.108)

동학을 민족의 자생종교이며, 구국의 종교사상이라고 규정지어야 한다는 것은 이와 같이 민중적 성격이 농후하기 때문이다. 동학과 같이 민족의 사활 문제와 직결되는 민중운동은 흔치 않다.

1894년 동학 접주 전봉준 장군이 이끈 동학혁명은 분명히 민족주의적이고 혁명적 요인과 성격을 보여 주었다. 全州協約으로 동학혁명군은 더 이상 북상하지 않고 평화적으로 타협한 뒤 전라도 53개 지역에 민정개혁기관인 집강소(집강처)를 설치하고 자신들은 반봉건·반침략 혁명운동을 계속 추진해 나갔다.109)

뿐만 아니라 전주협약 당시 정부에 제시했던 탐관오리의 숙청, 불량한 유림과 양반의 실질적 징죄, 노비문서의 소각, 인재 중심의 국가 요원의 선발 배치, 칠반천인의 대우 개선, 무명잡세의 철폐, 지벌·학벌의 타파, 재무구조의 개선, 토지의 균작 등을 주장한 민족 민주 평등 자유 개화 등으로 대칭되는 폐정개혁 12개조는 당시 실현되지는 못하였으나, 봉건적 양반중심 지배구조 하에서는 일대 혁명적인 주장과 이론이었다.

이 때 폐정개혁은 이미 실학파 학자들이 주장하였던 혁명적 내용이 보다 민중적이고 근대적인 방향으로 재생된 것이라 할 수 있으며, 따라서 동학은 곧 실학의 정치사회적 영향을 다분히 이어 받았다고 볼 수 있는 것이다.110)

또한 이것은 이미 1884년 갑신정변 때 급진개화파 인사들이 주장하였던 신정강령 14개조에서도 비슷한 내용이 강조되고 있었던 점으로 미루어 보아 실학과 개화의 연결이 곧 동학이라는 공식이 성립된다고

---

108) 金義煥, 앞의 글 참조.
109) 丁若鏞, 『牧民心書』卷4, 375쪽 ; 노용필, 「동학군의 집강소 설치와 운영」, 『근현대사강좌』 5, 1994, 85~109쪽.
110) 李炫熙, 앞의 『東學革命史論』, 295~305쪽.

도 볼 수 있다.

아무튼 동학은 단순히 대중적 운동으로만 끝난 것이 아니고 민중운동 속에서 한국 근대사를 자극, 발전을 가능케 한 근대화운동의 시발점이며, 그의 추진력과 원동력은 역사발전의 촉진제 구실을 담당하였다.111)

2) 民族救援의 理想

19세기 말엽 득도되어 국내외 위기 속에서 실의·방황·좌절·혼미 속에 방향감각을 잡지 못하고 있던 수많은 조선 민중들에게 용기를 주고, 나아갈 진로를 제시해 준 東學은 가난하고 압박받는 민중과 호흡을 같이 하였으며, 그들의 고통이 무엇인가를 그들과 같은 처지에서 진단, 처방하였다.

동학의 발생은 특히 서세동점의 위기의식 속에서 우리 민족의 정통성과 사상이 위협을 받고 있을 때 민족자주의 기치를 높이 들어 한국적인 의식을 민중의 가슴 속에 심어 줌으로써 민족사상을 잉태케 하였던 것이다. 그러나 東學도 國力化되지 못한 한계성이 있음을 주의해야 한다.112)

보통 경우에 있어 종교의 발생 배경이 각기 정치·사회적 특징을 가지고 있지만 동학과 같이 혁명의 이론을 가지고 국가적 위기의식과 연결되어 이의 처방을 위해 태동 득도된 민족주의적 종교는 흔하지 않다고 하겠다.

1860년을 전후로 한 시기는 국내에서 전근대적인 의식을 청산하고 근대사의 태동을 알려 주는 혁명적 요소와 분위기가 감돌고 있을 때였다. 이러한 국내외적인 도전과 위기의식의 현실적 역사상황 속에서 그

---

111) 이현희, 『東學革命史論』, 대광서림, 1994, 53~54쪽.
112) 한국정신문화연구원, 『民族의 試練과 榮光』, 1983, 69~74쪽.

것을 극복 대처하고 민족사의 올바른 좌표를 설정, 제시해 준 것이 동학인 것이다.

이는 실학사상에서의 민족주의적이고 평등주의적인 현실개혁의 의지를 주체적인 사상적 배경으로 삼았던 것이다.

동학은 민중구제라는 사명의식이 포함되어 있는 현실적인 이념이었다. 동학이 창도되기 전후한 시기는 우리 나라에서 전통적인 종교인 불교나 유교 등 기성종교 개념이 모두 변질 퇴색되어 그 기능이 거의 소멸 상태에 이르렀으므로, 後天開闢의 새로운 이상으로 광제창생하며 국가를 보위한다는 이론은 갈 곳을 잃은 가난한 민중에게는 태산과 같은 믿음이 될 수 있었다.

동학이 시천주와 인내천을 절규한 것은 곧 전통적인 단군 이래의 맥락을 가진 민족정통사상의 흐름과 평등주의 사상으로서의 민중구제적 성격을 띠고 출발한 포용의 종교로서의 구제·구세·구인의 인류평화 추구와 한민족의 자립적인 진로를 제시해 주고 있는 것이다.[113]

그 후 동학은 정부의 탄압과 외세의 침략 등으로 진통을 겪다가[114] 창도 45년 만에 천도교로 개칭하여 새출발하였다. 그러나 동학의 민중 민족적 성격과 그 흐름은 변함이 없었다.

1904년 천도교는 갑진개화혁신운동을 통한 독자적인 개혁운동을 일으켜 민중들에게 스스로 혁신의식과 민족사상을 갖도록 하였다. 이것을 이종일의 『묵암비망록』에서는 新村운동 즉 새마을운동이라고 지적하고 있다.[115]

이는 그들이 앞을 내다볼 줄 아는 역사의식과 '미래지향적' 시각이 있었고, 민족주의적 통찰력을 가지고 있었음을 알 수 있는 것이라 하

---

113) 崔東熙,「水雲의 基本思想과 그 狀況」,『東學思想과 東學革命』, 청아출판사, 1987.
114) 이현희, 앞의 『東學思想과 東學革命』, 93~124쪽.
115) 이현희,「갑진개화혁신운동의 민중사적 위치,『천관우선생환력기념논총』, 正音文化社, 1985 참조.

겠다.

천도교로 개칭하여 새로운 각오 하에 출발한 교계 지도자는 제3세 교조 의암 손병희였다. 동학의 새출발을 다짐한 그는 우선 민족주의적 차원에서 의식개혁에 앞장섰던 것이다.116)

예를 들면 흰옷에 물감을 들여 입게 한다든지, 근면·자조·협동의 근대적 정신을 진작시켰으며, 상투를 자르게 하고 간편한 양복을 입도록 독려하였다. 이것은 근대화운동의 실천 단계에서의 기여로 평가되고 있다.

또 의암은 민중을 의식하고 구국의 길이 무엇인가를 가르치기 위하여 교육사업을 폈으며, 각계 각층의 인재를 천도교로 영입하는 일을 과감하게 추진하였다. 동학의 민족사상은 이러한 인재육성으로 구체화되었다. 오세창·권동진·이종일·최린 등 신파의 지도급 인사가 과거 의암과의 안면과 경륜을 통하여 맺어진 인연으로 속속 입도함으로써 천도교는 지성인의 모임체며, 구국의 역군이 모인 활성화된 민족적 민주적 종교단체가 되었다.117)

이처럼 동학은 우리 나라 근대화 과정에서 민족사의 발전에 의욕을 북돋워 준 계기를 마련해 주었고, 일관된 민족주의 사상을 민족의 광복을 맞은 뒤 38도선 이북을 중심으로 3·1재현민중운동을 일으켜 많은 희생자를 낸 바도 있었다.

이는 동학사상의 하나의 맥이며, 민족사상을 근간으로 한 동학의 민중운동적 성격은 구국과 근대화와 의식개혁이라는 세 가지 측면에서 강한 전통성·계속성·추진성을 나타내 주었다.118)

한편 동학은 민족주의 사상과 함께 민주주의 및 경제적 평등사상을 내포하여 민중민족주의 성격을 뒷받침해 주고 있다.

---

116) 이현희, 『손병희』, 동아일보사, 1995, 31~46쪽.
117) 이현희, 「東學思想과 民族獨立思想」, 『한국사상』 19, 1982, 49~53쪽.
118) 이현희, 위의 글 참조.

동학의 민주주의 사상은 인간평등의 원리를 근본으로 하는 데서 찾아볼 수 있다. 동학은 인간을 우주 속에서 최상의 가치로 삼고 있으므로 事人如天이라 하여 사람을 섬기되 한울님을 섬기듯 정성으로 모시라고 역설하였다.119)

이러한 사상은 의암 손병희에 의해 더욱 발전되어 인간사회의 평등과 평화로운 인류사회 구현이라는 인내천 사상120)으로 구체화되었다.

이 인내천 사상은 인간지상주의를 지향하고 인간평등주의를 강조한 것으로 신분의 완전해방을 주장한 것이었으며, 이것은 당시 모순된 사회제도에 대한 저항인 동학혁명으로 노출되었다. 이처럼 빈부귀천을 막론한 人乃天 사상은 동학의 혁명주의적 이론이며, 반봉건주의적인 평등사상으로 민중이 원하고 있던 민주사상이었다.121)

또한 동학의 창도 동기의 하나가 민중의 경제적 비참함이 큰 비중을 차지하고 있는데, 즉 다수 민중의 사회적·경제적 곤란이 동학의 창도와 동학혁명의 중요 요인이 되었던 것이다.122) 따라서 동학은 그 혁명의 수행 과정에서 이상주의적 복지사회 건설을 시도하였고, 이러한 평등사상은 동학의 민족주의와 민주주의 이념의 시초가 되었던 것이다.123)

이상과 같은 동학의 민족주의 사상은 동학혁명의 당위성과 객관성을 우리 민족 앞에 제시해 주어 새 구원의 근대적 역사를 창조 분출시킬 수 있었던 것이라 하겠다.124)

---

119) 천도교중앙총부, 『동학혁명 100년』 1994, 390~394쪽.
120) 李炫熙, 『東學革命과 民衆』, 대광서림, 1986, 127쪽.
121) 李光淳, 「甲午東學革命의 精神史的 意味」, 이현희 편, 『東學思想과 東學革命』, 청아출판사, 1987, 297~331쪽.
122) 林鍾哲, 「동학혁명에 대한 경제사적 평가」, 이현희 편, 위의 책.
123) 이현희, 앞의 『동학사상과 동학혁명』, 297~331쪽.
124) 盧泰久, 앞의 글 참조.

6. 結論

1894년에 일어난 동학혁명은 水雲의 殉道가 부당하다는 敎祖伸寃運動에서부터 시작된 종교적 성격에서 정치적 구국적 절실한 민족주의 운동으로 성숙 발전되었음을 認知할 수 있다.

첫째, 이 혁명은 단순한 '民鬪' 혼란의 형식논리에서 출발하였으나 그들이 주장한 주목할 폐정개혁의 혁명적 안건 제시와 執綱所에서의 지속적인 민정개혁 추진을 볼 때 前時代의 제도와 정서를 뛰어넘는 개혁적인 민중변혁투쟁이었음을 알 수 있다. 집권층에서 보면 反정부적이고 체제반역적이었기에 당시 史料는 이 혁명의 정당성·필연성 등을 올바르게 평가하지 않았다. 따라서 이를 '민중의 반란', '逆徒의 국헌문란'으로 규정해서 역적사안으로 기록하였던 것이다.

둘째, 이 혁명이 교조신원이라는 종교적 차원에서 시작된 것이나 모순된 舊體制와 의식의 개혁을 주장하고 관철시키려는 강력한 의지 신념이 충만하고 있음을 볼 때, 이를 단순논리로 규정할 수 없는 발전을 전제로 近代化를 지향하고 있음을 지실할 수 있는 동시에 민중구국투쟁적 혁명이었음을 규시할 때 반봉건·반외세 민족투쟁으로 한국 민족주의 운동의 시발점으로 삼는 데 무리가 없는 것이다.

셋째, 이 혁명은 정부를 전복하거나 고위 관료를 멸사퇴출하고자 일으킨 민중의지의 절규가 아니었다. 오히려 나라를 보위하고 민족을 안전하게 지키겠다는 구국의 일념으로 시종 진행되었음을 인식해야 하므로 진정한 한국의 평화적이고 자유 평등을 열망했던 민족주의 주체 운동이었음을 확인할 수 있다. 이는 그 뒤 3·1혁명 등을 잉태시킨 맥락을 형성해 주었다.

넷째, 이 혁명은 東學과 동학도가 중심이 되어 일으킨 민중역사의 승리인 것이다. 이에 가담한 농민은 대부분이 東學徒였음을 인식할 때 그것이 '甲午戰爭'이나 '1894년의 민중전쟁' '농민전쟁'으로만 명명했던 종래적인 내외의 용어에는 절실한 의미에서 타당성이 결여되었다고 본다. 東學이 외피나마 작용하지 않았던 것 같은 용어 정립에는 찬성할 수 없음이 본 논문을 사료에 의거, 정리하면서 실증적으로 얻어진 결론이라고 평가할 수 있다.

다섯째, 東學革命을 통해 결론으로 얻어진 우리 나라의 민족주의는 배타적이거나 특정 계층의 이익을 위한 주의 주장이 아니고 전 민족 계층의 이익을 대변하고 평등·평화·자유·진리·정의를 구현시키려는 강렬한 의지·신념의 절실함에서 출발한 것임을 알아야 한다.

그것은 이후 전개되는 우리 나라 역사에서 내부의 발전과 외부의 안전을 통해 국가와 민족의 번영을 갈구하는 절차와 계기가 이 정신에 따라 유효 적절히 적용되어 일어나고 있음에서 그렇게 인지할 수 있는 것이다.

동학민중혁명운동의 성격

김 정 의[*]

1. 머리말

東學民衆革命運動에 대한 평가는 당대와 식민지 시기에는 '東學亂' 정도로 폄하되었었다. 그러나 광복 후에는 동학민중혁명운동에 대한 논의가 계속 이어졌고, 특히 동학민중혁명운동 100주년을 전후한 1990 년대 중반에는 그 열기가 절정에 달한 바 있었다. 여기서 동학민중혁 명운동의 성격 규명은 주관 단체에 따라 판이하게 다른 양상을 보였 다.

지금까지 논의된 1894년의 동학민중혁명운동의 성격에 대해서는 대 체로 反封建·反侵略鬪爭이었다는 점에 연구자들의 견해가 일치하고 있다. 그런데 1970년대까지는 반봉건·반침략적 성격이 동학민중혁명 운동의 전개 과정에 따라 단계적으로 나타나는 것으로 이해되어 왔다. 즉 古阜蜂起부터 제1차 동학민중혁명운동(3월 기포)까지는 주로 반봉 건적 성격을 가졌다면, 전주화약과 집강소 시기를 거쳐 제2차 동학민 중혁명운동(9월 기포)부터는 농민전쟁의 반침략적 성격이 본격적으로 드러났다고 보는 것이다. 그러나 1980년대분터는 이를 비판하고 초기

---

* 한양여자대학 교수 · 한국근현대사

단계인 金溝就會부터 반봉건·반침략적 성격이 함께 드러나고 있다는 견해가 나타났다. 전자가 주로 김용섭의 주장이고 후자는 조경달·정창렬 등에 의하여 제기되었다.

1990년대에 이르자 이전의 어떤 역사적 주제에 대해서보다도 관심이 고조되었고 연구성과도 집중적으로 쌓였다. 비단 100주년을 맞았다는 점에서 동학민중혁명운동에 대한 관심이 고조된 것은 아니다. 1980년대 이후 한국사회의 민주화가 민중의 힘에 의하여 진전된 결과 역사 속에서도 민중의 힘을 확인하고자 하는 역사의식이 작용한 때문이었다.

먼저 동학민중혁명운동의 명칭을 둘러싸고 100주년을 전후한 시기에 나타난 성과물은, 한국역사연구회의 '농민전쟁', 전주·광주·전남 일대의 기념사업회와 전북대『全羅文化論叢』7집의 '동학농민혁명', 역사학연구소의 '농민전쟁', 한국정신문화연구원의 '동학농민혁명운동', 한국정치외교사학회의 '갑오동학농민혁명', 천도교의 '동학혁명', 고려대『史叢』43집과 북한의 '갑오농민전쟁', 공주대『百濟文化』23집과 전남대『호남문화연구』23집의 '동학농민전쟁' 등으로 나타났다. 크게 보면 동학혁명·동학농민혁명·농민전쟁으로 대별할 수 있을 것이다.

이는 東學思想 내지는 民衆意識에 대한 관점의 차이에 따라 나타난 필연적인 현상이었다. 즉 동학사상의 주도성을 주장하는 박맹수·조광의 견해, 동학사상의 외피적 역할을 주장하는 구양근의 견해, 농민의식을 강조하는 우윤·안병욱의 견해를 각자의 입장에서 수렴한 결과였다. 이 모두가 귀중한 성과임에 틀림없겠다. 그러나 동학과 민중혁명운동의 관계에 대한 해묵은 과제는 여전히 미해결의 장으로 남아 있다.

따라서 한국통사에서 동학민중혁명운동이 차지하는 성격 규명에 대한 논의는 앞으로도 계속될 과제로 여겨진다.

이에 이 글에서 시도하고자 하는 동학민중혁명운동의 성격 추출을 위해서 먼저 동학민중혁명운동의 사적 배경을 알아보고 이어서 동학

과 민중혁명운동의 연계성, 동학민중혁명운동의 맥락을 고찰함으로써
그 성격을 파악하고자 한다.

2. 東學民衆革命運動의 史的 背景

民衆運動[1]은 대개 기존의 사회질서가 해이해지는 과정에서 대거 발
생하는데 이것이 특히 두드러지게 나타나는 시기는 신라 하대,[2] 12세
기 후반 고려 무인집권기,[3] 19세기 근대변혁기의 사회변동기이다.[4]

신라 하대의 사회변동은 정치적으로는 眞骨貴族 위주의 骨品制가 6
두품 호족세력에 의해 파기되는 과정이었지만, 그 배후에는 고대적 수
취관계에 항거하는 농민들의 자발적 분위기가 놓여 있었다. 즉 이들을
위시한 호족세력의 존립 여부는 민심의 수렴과 밀접히 연관되어 있었
으며 구질서에 대한 이들의 승리는 이 민심의 일정한 수렴에 힘입은
것이라 할 수 있다.[5]

---

1) 民衆은 권력과 부와 명예로부터 소외된 다수의 인간을 가리키는 말인 동시
   에 소외에서 회복하려는 인간집단을 가리키는 역사적 개념이다. 민중운동은
   이 같은 능동적 민중에 의한 저항운동을 말하는 것으로, 오랜 인류사의 전개
   과정에서 역사가 進步의 방향으로 나아가는 데 중요한 역할을 수행해 왔다
   (김정의, 「한국근대변혁기 민중운동의 위상」, 『신편 한국문명사의 이해』, 도
   서출판 혜안, 1997, 99쪽).
2) 金哲埈, 『韓國古代社會研究』, 지식산업사, 1975, 288쪽.
3) 李源明, 「여말・선초 사상계의 변화」, 『신편 한국문명사의 이해』, 혜안, 1997,
   75쪽.
4) 愼鏞廈, 『韓國近代史와 社會變動』, 文學과 知性社, 1980, 11~41쪽 ; 망원한
   국사연구실, 『한국근대민중운동사』, 돌베개, 1989, 15~21쪽 및 132~133쪽.
5) 金哲埈, 「韓國 古代社會의 性格과 羅末・麗初의 轉換期에 대하여」, 『韓國
   時代史區分論』, 韓國經濟史學會, 1970, 45쪽 ; 하현강, 「고려왕조의 성립과
   호족연합정권」, 『한국사 4』, 국사편찬위원회, 1977, 45쪽 ; 趙仁成, 「弓裔의
   出生과 成長」, 『七里李光麟敎授退職記念 韓國史論文集』, 서강대 동아연구
   소, 1989, 81쪽 ; 申虎澈, 「甄萱의 出身과 社會的 進出」, 『七里李光麟敎授退
   職記念 韓國史論文集』, 서강대 동아연구소, 1989, 102쪽 ; 文秀鎭, 「高麗의

12세기 후반 고려 무인집권기에 농민과 천민에 의한 민중봉기가 여기저기서 잇따라 일어나는데 이 때의 민중봉기는 김사미 및 효심의 봉기[6] 이래 소속을 달리하는 민중들이 서로 연합하여 공동전선을 펴기도 하고 또 봉기가 지속적인 것으로 발전하게 된다. 이 민중봉기는 결국 모두 진압되고 말지만, 이러한 기층민중의 움직임은 部曲·所 등 천민집단의 점차적 해방[7]을 비롯한 신분질서의 재편, 군현제의 재편성을 통한 수취체제의 개선 등의 형태로나마 집권층의 시책에 반영되지 않을 수 없었다.[8]

19세기 초에 발생한 홍경래의 항거는 향촌사회의 중간층이 주도하고, 무전농민으로서의 광산노동자가 일선 군병이 되며, 松商·灣商 등의 私商 등이 적극 지원한 민중항거로서 정권쟁취의 기치를 내걸고 봉건반동적인 노론 일파의 독재체제와 봉건왕조에 도전했으나 지역적으로 西北 일대로 국한되었다.[9]

그러나 조선 후기 봉건 위기의 시기는 농업생산력의 발전과 상품화폐경제의 진전에 의해 종래의 봉건적 농민층 분화와는 질적인 차이를 가지는 근대적 농민층 분화의 단서를 마련해 가고 있었으며,[10] 이 농민층 분화의 결과로서 나타나고 이후 자주적 근대화의 담당자로 전환될 서민지주, 경영형부농을 홍경래의 항거가 그 주도층 내에 일부 포함하고 있었다는 데 종래의 농민봉기와는 다른 측면을 갖게 된다. 이

建國과 後三國 統一過程 研究」, 성균관대 대학원 박사학위논문, 1992, 45~49쪽 및 64쪽.

6) 『高麗史』 卷20, 明宗 23年 7月.

7) 오일순, 「高麗前期 部曲民에 관한 一試論」, 『學林』 7, 연세대 사학연구회, 1985, 38쪽.

8) 邊太燮, 「武臣政權時代의 社會」, 『한국사 7』, 국사편찬위원회, 1984, 251~254쪽.

9) 한국역사연구회, 『한국역사』, 역사비평사, 1993, 177쪽.

10) 趙尙濟, 「壬戌 農民抗爭의 背景에 관하여」, 『朴性鳳敎授回甲紀念叢』, 경희대 출판부, 1987, 554~557쪽.

처럼 홍경래의 항거는 향촌사회의 세력가층인 鄕任·富農·富商層의 주동에 의해 소농·빈농이 참여한 것이 특징이었다.11)

홍경래의 항거를 경험하고 난 농민들은 그들의 축적된 힘을 바탕으로 더 이상 부패한 지배계층의 불법적 처사를 앉아서 감수할 수만은 없다는 자각이 고조되고 있었다. 그들은 이미 지난날의 수동적인 농민이 아니었다. 점증하는 지배계층에 대한 저항의식을 쌓아 가고 있었던 것이다.12) 이러한 농민들에게 자행된 부세의 토지집중과 結價의 증가는 그 전까지 다양한 방법으로 부세부담에서 빠져 나갔던 사족지주층에게도 일정한 피해를 주었으며, 饒戶富民과 소빈농층에게는 결정적인 타격이 되어 1862년에 접어들면서 晉州民衆蜂起를 촉발시켰다.13)

이를 기폭제로 하여 봉기는 삼남지방을 중심으로 전국적으로 확산되고 마침내 미증유의 壬戌民衆抗爭으로 파급되었다. 비록 홍경래의 항거와는 달리 자연발생적이고 분산적이었지만14) 농민의 일상적·비일상적 체험이나 원망의 집적이 농민의 공유체험으로 자각되고, 이 자각은 능동적인 민중의식으로 정립되어 홍경래의 항거 때 보여준 지역성에서 벗어나 사상 초유의 전국적인 확산을 가능케 했고,15) 또한 농

---

11) 망원한국사연구실, 『한국근대민중운동사』, 돌베개, 1989, 60쪽.

12) 裵亢燮, 「壬戌民亂 前後 明火賊의 活動과 그 性格」, 『韓國史研究』 60, 1988, 203쪽.

13) 權乃鉉, 「18·19세기 晉州地方의 鄕村勢力變動과 壬戌農民抗爭」, 『韓國史研究』 89, 1995, 143~144쪽.

14) 과거에는 진주민중항쟁에 대하여 李命允 窩主說이 정설화되어 있었어만 최근 남·북한 연구자들의 공통된 견해는 와주도 대장도 아니고 가담자도 아니었다는 추세이다. 그러면서도 관련이 있었을 것이라는 데에는 異論의 여지가 없다고 추론하고 있다.(河炫綱, 「晉州民亂과 李命允의 行蹟」, 『東方學志』 77·78·79합 - 故李鍾英敎授追慕 韓國史學論叢, 1993, 연세대 국학연구원, 587~592쪽)

15) 철종 13년(1862) 발생한 민중봉기는 기록에 나타난 것만도 72개 처에 달했다. 益山, 咸平, 高山, 扶安, 金溝, 長興, 順天, 茂州, 鎭安, 和順, 羅州, 靈光, 井邑, 泰仁, 南原, 康津, 濟州 등 전라도가 37개 지역으로 가장 많았고, 다음으로 丹城, 晉州, 咸陽, 星州, 善山, 開寧, 仁同, 尙州, 玄風, 居昌, 密陽, 昌原,

민들의 원래의 목적이었던 지배계층의 경제적 수탈을 제거하려는 농
민들 스스로의 자위책이 일정한 성공을 거둔 운동이었다. 예를 들어
임술민중항쟁이 발생한 시기는 2월부터 12월까지에 걸친 것이었으나
대부분 3월부터 5월까지의 춘궁기에 집중하고 있었던 것은 그 동기가
생존권과 직결되는 사활 문제로서 스스로의 자위책에 있었음을 알 수
있다.16) 따라서 진주민중봉기를 필두로 감행된 임술민중항쟁은 자연발
생적인 약점을 완전히 극복하지는 못했지만 농민주체의 민중운동의
선구가 되기에 족했다.17)

더욱이 임술민중항쟁 단계에서는 홍경래의 항거 단계와는 다르게
빈농층이 鄕任과 富農層의 통제하에서 벗어나 조선 후기에 전개된 경
제적 발전에 따라 농민의 자립적 안정을 쟁취하기 위하여 자신의 독자
적 조직을 기초로 반봉건 항쟁을 전개하였다.18) 이러한 하층 농민층의
반봉건 민중전쟁적 성격을 띤 변혁주체세력으로서의 민중의 성장은
한국 민중운동사에서 한 단계 발전을 의미하는 것으로 평가할 수 있겠
다.19)

이제 인간 이하의 대우를 받아 오던 농민층이 평등사상에 눈을 뜨면

南海, 蔚山, 軍威, 比安 등 경상도가 20개 지역, 그리고 충청도에서 懷德, 公
州, 恩津, 鎭岑, 連山, 淸州, 懷仁, 文義, 淸安 등 12개 지역, 그 밖에 경기도
의 廣州, 황해도의 黃州, 함경도의 咸興 등 3개 지역이었다. 이 중 95.7%에
해당하는 69개 지역이 삼남지방에서 집중적으로 발생했다(망원한국사연구실,
앞의 책, 1989, 50쪽 참조).

16) 김정의, 「壬戌民衆抗爭에 관한 一考察」, 『實學思想硏究』 1, 毋岳實學會,
1990, 93쪽.

17) 임술민중항쟁의 봉기 주동자는 대부분이 농민이었다. 다만 丹城·仁同·長
興은 전 관료, 開寧은 班民의 참가가 나타난다. 이것은 진주민중봉기 때의
李命允처럼 이들이 농민에게 인격적으로 존경을 받아 직·간접으로 협력한
것으로 보인다. 한편 대부분 지역에서 주동자를 알 수 없는 점으로 보아 비조
직적이고 자연발생적인 민중항쟁운동이었음을 알 수 있다(김정의, 앞의 글,
1990, 93쪽).

18) 趙尙濟, 앞의 글, 1987, 567쪽.

19) 망원한국사연구실, 앞의 책, 1989, 60쪽.

서 지배계층의 무제한의 권력에 제동을 걸고, 피지배층이 스스로의 힘으로 그들의 권익옹호를 확보하기 시작한 것은 단순한 사실이 아니라 실로 역사적인 장거였다. 그것은 능동적으로 봉기한 농민층에 의해 봉건체제를 해체시키면서 사회 재편성의 변동을 촉진하였고, 이로써 민족근대화의 실질적인 개막을 단행한 의의깊은 첫 걸음이 되었기 때문이다.[20]

임술민중항쟁은 한국사의 발전 과정에서 봉건적 관료체제의 붕괴와 근대적 사회에의 태동 여부를 결정하는 것으로 역사적 위치를 설정할 수 있겠다.[21] 그렇다면 임술민중항쟁은 1894년에 폭발한 반봉건·반침략의 민족근대화의 동학민중혁명운동이 발생할 수 있는 기반을 마련한 前史로서 이 때 이미 자주적으로 그 기반을 구축한 것이다.[22]

3. 東學과 民衆革命運動의 連繫性

1860년대 민중운동이 우리 나라 근대변혁기에서 반봉건·반침략적 민중항쟁이라는 틀을 가지게 된 것은 1894년 1월 고부군에서 발원하여 1년 여 동안 조선 전역을 뒤흔든 동학민중혁명운동에서였다. 당시 항쟁의 주도세력은 사회신분에 있어서는 양인층과 노비를 중심으로 한 천민층이었고, 사회계급에 있어서는 소작농을 중심으로 한 빈농층이었다.[23] 동학민중혁명운동은 사회개혁과 외세의 침략 배격이라는 조선의 시대적 과제를 실현하기 위한 이들 농민의 일대 항쟁이었다.[24]

---

20) 김정의, 앞의 글, 1990, 104쪽.

21) 金容燮, 「哲宗朝 民亂發生에 대한 試考」, 『歷史敎育』 1, 1956.

22) 위의 글.

23) 愼鏞廈, 「甲午農民戰爭의 主體勢力과 社會身分」, 『韓國史硏究』 50·51합, 1985, 272쪽.

24) 신순철, 「동학농민운동과 전북농민의 항쟁」, 『全北學硏究(Ⅰ)』, 全州 : 全羅北道, 1997, 222쪽.

조선 후기 이래 봉건 위기의 과정이 더욱 심각해지는 가운데 1876년의 개항은 조선이 세계자본주의 시장체제 내에 포섭되는 획기적인 의의를 가진다. 그러나 1894년 단계에서 외래자본주의의 침투는 아직 미약했고 봉건적 수탈이 여전히 주요한 증오의 대상이었다. 이것은 동학민중혁명운동에 그대로 반영되어 1차 봉기는 반봉건항쟁으로 출발하게 되는데 2차봉기는 日本軍과 淸國軍의 조선 진주에 자극되어 반침략전쟁으로 급속히 전환된다.[25]

이것이 1970년대까지의 동학민중혁명운동을 단계적으로 인식하게 된 정설의 핵심이었다. 그러나 1980년대가 되자 항쟁 초기부터 동학민중혁명운동은 반봉건·반침략적이었음이 입증되어 종래의 단계적인 이해는 정면에서 부인되었다. 즉 斥倭洋倡義를 내건 報恩聚會(1893. 3)는 全琫準(1853~1895)[26]이 중심이 된 金溝聚會(1893. 3) 세력의 조직적 활동의 결과로 파악하였으며, 이 같은 척왜양의 반침략적 지향은 1893년 11월 '沙鉢通文' 거사계획으로 이어지며, 이듬해 1월의 고부봉기 역시 금구취당 세력의 조직적이고 계획적인 봉기라고 주장하였다.[27] 따라서 동학민중혁명운동에서의 반침략적 성격은 제2차 민중혁명운동에서 본격적으로 드러난 것이 아니라 교조신원운동 단계인 1893년 3월의 보은취회와는 별개의 집회인 금구취회 단계에서부터 드러난 것이라고 할 수 있겠다.[28]

이렇게 반봉건·반침략적 성격을 함께 안고 발생한 동학민중혁명운동은 삼남지방 특히 전라도에서 불이 붙어 전국적으로 확산되었다. 그 중에서도 진원지인 전라도에서 가장 치열하게 전개되었다. 이 곳은 조

---

25) 韓㳂劤, 「東學農民軍의 蜂起」, 『韓國通史』, 을유문화사, 1978, 468~469쪽.

26) 金容燮, 「全琫準 供草의 分析」, 『史學硏究』 2, 1958 ; 宋建鎬, 「革命兒 全琫準의 삶」, 『韓國民族主義의 探究』, 한길사, 1979, 192~196쪽.

27) 鄭昌烈, 「古阜民亂의 硏究(上)」, 『韓國史硏究』 48, 1985, 143~144쪽.

28) 朴孟洙, 「東學과 東學農民戰爭 硏究動向과 課題」, 『白山朴成壽敎授華甲紀念論叢 - 韓國獨立運動史의 認識』, 白山朴成壽敎授華甲紀念論叢 刊行委員會, 1991, 281쪽.

선의 곡창지대로서 농민의 계층분화가 다른 곳에 비해 보다 진전되어
있었고, 쌀의 유출을 노린 외국의 상품경제도 일찍이 침투해 있었다.
이 외국상품경제의 침투가 상승작용을 하는 가운데 관리들의 극심한
가렴주구가 자행되는 등 봉건적 모순이 특히 첨예하게 나타나고 있었
다.[29]

　한편 동학민중혁명운동은 동학과 민중군이 일정한 관계 속에서 진
행되었다. 동학의 종교사상은 그 자체로서도 변혁적이었다.[30]

　　동학사상에 의한 교단조직과 신세계에의 고무 없이 그리고 造化 신
　앙 없이 어떻게 수백만의 대중을 움직일 수 있겠는가. 참으로 동학사
　상 없이 동학혁명이 없었음은 명백하다 할 것이다.[31]

　그 교리상 인간존엄의 사상, 기존질서와 서양 침략세력을 부정하는
국가관과 민족관, 敬天思想[32]에 뿌리박은 본원적 인간윤리에 회귀하려
는 도덕적 자각의식 등은 변혁적 민중의식 형성이 현실적으로 구체화
된 것이라고 할 수 있다. 그러므로 동학의 평등주의, 혁명주의, 민족주
의가 바로 혁명운동의 지도이념이었다.[33]
　輔國安民[34]과 斥倭洋倡義의 기치를 높이 든 것은 동학이 그 시대의

---

29) 愼鏞廈, 『韓國近代史와 社會變動』, 文學과 知性社, 1980, 28~33쪽.

30) 동학의 경전에는 변혁사상이 도처에 눈에 띈다. 예를 든다면 "다시 開闢 아
　　닐런가" 혹은 "개 같은 왜적놈을 한울님께 造化받아 一夜間 멸하고서" 등이
　　그러하다(『龍潭遺詞』 安心歌 제5절 ; 林賢九, 「東學思想의 革命性」, 『동학
　　혁명100주년기념 국제학술대회 논문집』, 동학혁명100주년기념사업회, 1993,
　　79~86쪽).

31) 김용덕, 「동학사상연구」, 『중앙대논문집』 9, 1964, 224쪽.

32) 동학의 敬天思想은 "한울님을 모시면 조화가 이루어지고 한울님을 길이 잊
　　지 않으면 만사가 깨달아진다(侍天主造化定永世不忘萬事知)"로 표출되었다
　　[최동희, 「동학의 한울님 신앙」, 『東學革命100年史(上)』, 동학혁명100주년기
　　념사업회, 1994, 87쪽].

33) 朴孟洙, 앞의 글, 1991, 276쪽.

34) 布德文에서는 "我國惡疾滿世 民無四時之安 是亦 傷害之數也……輔國安民

흐름 속에 차지하는 역사성을 단적으로 보여준다. 본래 동학은 사회
비판의 흐름 위에서 창도되었다.35) 짧은 시기에 발전한 것은 오로지
그 까닭이다. 또 임진년의 원한이 남은 상태에서 다시 침략 기회를 노
리던 일본을 경계하고 서양 열강의 동아시아 침략을 우려하는 분위기
가 밑바탕에 깔려 있었다. 이러한 창도 배경은 보은집회의 결행과 서
로 통하는 것이다.36)

　사회운동 또는 민족운동의 성격은 복합상소부터 강화된다.37) 원래
동학사상에는 진보적 혁신성이 포함되어 있었음에도 불구하고 관념적
보수성이란 내재적 제약을 안고 있었다. 그러나 이러한 제약은 敎祖伸
寃運動이라는 일련의 동학운동을 경험하면서 점차 극복되어 동학민중
혁명운동으로 연결되는 의식의 통일적 결합을 촉진시키게 되었다. 따
라서 동학민중혁명운동에 이르기까지 일관되게 흐르고 있는 것은 민
중·민족의식의 성장이었다.38) 특히 수탈이 집중되고 동시에 일본으로
미곡이 대량 유출되던 전라도 지역에서는 급진운동 세력이 적극 활동
에 나섰다.39)

　더욱이 동학의 하부조직인 包와 接은 민중군이 조직하려는 기반을

計將安出"이라 했고 권학가에서는 "一世上 저 人物이 塗炭中 아닐런가. 陷
地死地出生들아 輔國安民 어찌할고"라고 했다. 동학의 일차적인 과제는 현
세에서 輔國安民을 이루는 일이다. 崔水雲이 말하는 輔國安民이란 정의로운
나라, 복된 사회를 만들자는 말이다. 東經大全 이외의 글에서 보국안민이라
표기한 사례가 있는데, 보국안민의 뜻과는 다르다(表映三, 「東學의 開闢思
想」, 『동학혁명100주년기념 국제학술대회 논문집』, 동학혁명100주년기념사업
회, 1993, 78쪽).

35) 愼鏞廈, 「水雲 崔濟愚의 東學의 創道」, 『동학연구』 창간호, 경주 : 한국동학
　　학회, 1997, 30~31쪽.
36) 申榮祐, 「敎祖伸寃運動과 東學革命의 發端」, 『韓國思想』 22, 한국사상연구
　　회, 1995, 307쪽.
37) 위의 글.
38) 金昌洙, 「東學運動과 民族意識의 成長」, 『人文科學叢書(Ⅰ) - 韓國近代民族
　　意識의 成長 - 』, 성신여대 출판부, 1983, 99쪽.
39) 韓㳓劤, 「東學亂起因에 關한 研究」, 『亞細亞研究』 7-3, 1964, 37~38쪽.

제공하였다.[40] 동학은 단순히 지도자와 조직만 군사편제에 제공한 것이 아니다. 동학민중혁명운동의 발단 당시부터 동학 조직의 접주와 도인들이 기포를 결성하였고, 민중군에 가담하는 사람들은 동학에 들어가는 형태를 취하였다. 그리고 동학에 입도하는 것은 곧 동학의 '守心敬天의 道'에 관심을 가지고 따르는 것을 뜻하였다.[41] 1894년 동학이 가장 성했던 시기에 어느 마을에서나 '侍天主造化定永世不忘萬事知'라는 주문이 들렸다는 기록을 음미해야 한다.[42] 이런 측면에서 동학과 민중혁명운동의 연계성을 인정할 수 있겠다.[43] 그것은 본질적으로 민중혁명운동이며 동시에 종교운동이라고 볼 수 있다. 또한 전형적인 사회기층으로서의 농민계층을 하부중심역량으로 한 혁명적 조직 양태를 부대한 아래로부터의 혁명운동이었다.[44] 이러한 관점을 발전시켜 愼鏞廈는 동학민중혁명운동을 조선조 양인들과 천민들의 평등사상에 기초한 '농민민주주의 혁명'으로 해석하였다.[45] 일찍이 朴殷植(1859~1926)도 동학민중혁명운동을 가리켜,

　　즉 그것은 우리 나라 평민의 혁명이다.[46]

---

40) 表映三,「東學의 開闢思想」,『韓國思想』22, 한국사상연구회, 1995, 152~155쪽.

41) 申榮祐, 앞의 글, 1995, 310쪽.

42) 위의 글.

43) 朴孟洙,「東學革命에 있어서 東學의 役割」,『동학혁명100주년기념 국제학술대회 논문집』, 동학혁명100주년기념사업회, 1993, 92~100쪽.

44) 아래로부터의 혁명(Revolution von Unten)이란, 정치적으로 성숙된 계급이 민중의 광범한 토대 위에서 자주적으로 단행하는 혁명을 의미한다(李克燦,『政治學』, 法文社, 1970, 120쪽).

45) 愼鏞廈,『東學과 甲午農民戰爭硏究』, 一潮閣, 1993, 369~373쪽 ; 趙大鉉,「東學硏究의 現況과 方法」,『동학학회 창립총회 및 제1회 학술세미나』, 동학학회, 1998. 10. 28, 12쪽.

46) 朴殷植,「韓國獨立運動之血史」,『朴殷植全書(上)』, 檀國大附設 東洋學硏究所, 1975, 455쪽.

라고 정의한 바가 있다.

동학민중혁명운동은 순수한 종교운동의 차원을 넘어 민중군과 결합되어 반봉건·반침략의 애국·애족적인 정치성을 띤 주체적 자립자주적인 의식과 인식 하에서 일어난 민중구국운동의 신기원을 이루었다고 볼 수 있다. 그러나 일본제국주의와 친일개화지배층의 제동에 의해 실패한 流産革命으로 귀착되었다.[47]

4. 東學民衆革命運動의 脈絡

동학민중혁명운동은 金弘集(1842~1896) 개화파 정권과 일본 침략세력의 제휴에다 봉건지주층의 합세에 의해 좌절한 것처럼 보이나 동학민중혁명운동에서 執綱所[48]를 통하여 표출된 12개조의 폐정개혁 요강은,

① 道人과 政府 사이에는 宿嫌을 蕩滌하고 庶政을 협력할 사.
② 탐관오리는 그 죄목을 査得하여 일일이 嚴懲할 사.
③ 횡포한 富豪輩는 엄징할 사.
④ 불량한 儒林과 兩班輩는 懲習할 사.
⑤ 奴婢文書를 소거할 사.
⑥ 七班賤人의 대우는 개선하고 白丁頭上의 평양립은 탈거할 사.
⑦ 靑春寡婦는 改嫁를 허할 사.
⑧ 無名雜稅는 一幷 勿施할 사.
⑨ 관리 채용은 地閥을 타파하고 인재를 등용할 사.
⑩ 倭와 奸通한 자는 엄징할 사.

---

47) 梁炳基, 「東學農民運動의 革命性 研究」, 『變革時代의 韓國史』, 東平社, 1979, 78쪽.
48) 김양식, 「전주화약기 집강소에 대한 연구사적 검토」, 『사학지』 26, 단국대, 1993.

⑪ 公社債를 물론하고 이왕의 것은 一幷 勿施할 사.
⑫ 토지는 平均으로 分作케 할 사.49)

인바, 이 내용은 곧 반봉건성을 강력히 시사한 근대성을 표방한 것으로 근대화운동의 실질을 이룬다. 이 가운데 탐관오리의 숙청, 불량한 유림과 양반의 징계, 노비분서의 소각, 7반 천인의 대우개선, 무명 잡세의 철폐, 지벌의 타파와 인재 등용, 공사채의 무효화, 토지의 평균분작 등은 그 개화성과 함께 실학파들의 주장과 일견상통하는 바 있어 주목된다. 그런데 이들의 근대화를 향한 문제의 주장은 그로부터 이미 10년 전인 갑신정변(1884) 때 개화당이 제시·주장한 혁신정강 14개조와도 맥락을 같이하고 있다.

① 대원군을 즉각 還國하도록 할 것.
② 문벌을 폐지하여 인민평등의 權을 제정하고, 사람으로써 官을 택하게 하고 官으로써 사람을 택하게 하지 말 것.
③ 전국의 地租法을 개혁하여 吏奸을 막고 백성의 곤란을 구제하며 겸하여 國用을 유족하게 할 것.
④ 內侍府를 혁파하고 그 중에서 재능이 있는 자는 등용할 것.
⑤ 前後 奸貪하여 나라를 병들게 함이 현저한 자는 定罪할 것.
⑥ 各道의 還上는 영구히 폐지할 것.
⑦ 규장각을 혁파할 것.
⑧ 급히 순사를 두어 도둑을 막을 것.
⑨ 惠商公局을 혁파할 것.
⑩ 前後 유배·금고된 사람은 酌量하여 방출할 것.
⑪ 四營을 합하여 一營으로 하고 營中에서 장정을 뽑아 급히 근위대를 설치할 것.
⑫ 무릇 국내 재정은 모두 호조에서 관할케 하고, 그 밖에 모든 財務衙門은 혁파할 것.

---

49) 吳知泳, 『東學史』, 영창서관, 1940, 126~127쪽.

⑬ 大臣과 參贊은 매일 閤門 안의 의정부에서 회의하여 결정하여 政
  令을 공포해서 시행할 것.

⑭ 정부 六曹 이외의 무릇 불필요한 관청에 속하는 것은 모두 혁파하
  고 대신과 참찬으로 하여금 협의하여 처리케 할 것.[50]

동학민중혁명군의 주장이 실학파 내지는 개화파의 주장과 맥락을
같이하는 것은 두 계층의 공통성이 현실개혁과 민본주의 의식[51]의 발
로였다는 면에서 근대성과 민족주의적 이념을 함께 볼 수 있겠다.[52]
한편 동학민중혁명군의 노출된 주장은 집권층의 정책에 대부분 반영
되었다.

이를테면 갑오개혁 208개조의 개혁안[53] 가운데 반상제도 혁파, 공사
노비법 혁파, 천인의 免賤, 과부재혼 허용 등이 그것이다. 이러한 개혁
내용은 동학민중군이 주장·제시했던 위의 폐정개혁안 12개조의 내용
과 상당히 상통하고 있었다는 점을 미루어 보더라도, 군국기무처 회의
에서 의결 공포한 사회제도 개혁은 당시 조선사회가 절실히 요구하고
있었던 것임을 짐작할 수 있다.[54] 이러한 사실들로 인하여 동학민중혁
명운동을 조선 후기 사회변동의 총귀결점이라고 할 수 있는 것이다.[55]

---

50) 金玉均, 「甲申日錄」.

51) 조선 초의 민본주의 표방은 객체로서의 민본주의이고, 이 때의 민본주의 의
    식은 주체로서의 민본주의이다(李碩圭, 「朝鮮初期 民本思想研究」, 한양대
    대학원 박사학위논문, 1995, 102쪽 참조).

52) 李炫熙, 『韓國近代史와 民衆意識』, 探究堂, 1981, 15쪽.

53) 軍國機務處 주도 아래 1894년 7월 27일부터 그 해 12월 17일까지 5개월 동안
    210건의 개혁안이 의결되었다(柳永益, 『甲午更張研究』, 一潮閣, 1990, 135
    쪽). 이 밖의 지금까지의 거의 모든 견해는 5개월 동안 208건의 개혁안을 의
    결하였다는 주장이다(趙恒來, 「甲午改革의 現代史的 意味」, 『제75주년 대한
    민국임시정부수립기념 국제학술회의 논문집』, 한국민족운동사연구회, 1994,
    6쪽).

54) 趙恒來, 앞의 글, 1994, 13쪽.

55) 方基中, 「朝鮮後期 收取制度·民亂研究의 現況과 『국사』教科書의 敍述」,
    『歷史敎育』 39, 1986, 121쪽.

따라서 동학민중혁명운동이 流産革命으로 귀착됐다 할지라도 신분투쟁을 통하여 수천 년 묵어 온 사회신분제 폐지의 역사적 대업을 달성하는 데 성공한 측면은 결코 간과되어서는 안 될 것이다.56)

이 위로부터의 개혁과 민중운동의 아래로부터의 개혁은 결과적으로 한국의 구체제(앙시앙 레짐)를 붕괴시키고 이 때 닦아 놓은 길 위에서 근대적 신체제의 수립은 개화파의 갑오개혁이라는 시민적 근대개혁에 의하여 추진됨으로써 동학민중혁명운동과 개화파의 시민적 결합에 의해 19세기 말 한국의 근대사회체제가 수립되었다. 그리고 이 때의 동학민중의 혁명운동과 개화파의 시민적 개혁의 결합은 친화력에 의거한 결합이 아니라 구조적 결합의 내용을 가진 것이라고 볼 수 있을 것이다.57)

이들은 서로 겉보기에는 제휴하지 못하고 제각기의 길을 걸으면서 위로부터의 개혁은 외세와 타협하는 길로 가게 되었으며, 이것은 곧 예속적 근대화를 그 내용으로 하는 식민지의 길을 뜻하는 것이었다.58)

그러나 동학민중혁명운동을 통해 펼쳐진 민중운동의 힘은 그대로 사라진 것이 아니다. 동학민중혁명운동에서 표출된 민족의식은 이후 英學黨59)・活貧黨運動,60) 抗日義兵戰爭,61) 3・1民主革命으로 이어졌

---

56) 愼鏞廈, 앞의 글, 1985, 273쪽.

57) 신용하, 「동학혁명의 역사적 사회적 성격」, 『동학혁명100년사(상)』, 동학혁명100주년기념사업회, 1994, 764~765쪽.

58) 김정의, 앞의 글, 1997, 106쪽.

59) 李相寔, 「동학농민혁명의 계승」, 『竹堂李炫熙敎授華甲紀念 韓國史學論叢』, 東方圖書, 1997, 513쪽.

60) 활빈당은 1900년 전후부터 경기・충청・경상・전라 등지에서 반침략・반봉건 투쟁을 전개했던 조직이다. 구성원은 대체로 동학민중혁명운동 또는 전기 의병전쟁에 참여했던 빈농・영세상인・유민 등으로 개화파의 경제정책과 외국 특히 일본의 경제적 침략으로 몰락한 층이었다(信夫淳平, 『韓半島』, 1905, 76~79쪽).

61) 항일의병전쟁은 국권회복의 대의를 위해 양반 유생과 일반 민중이 합세하여 전개한 것이었지만 1905년 이후의 항일의병전쟁은 점차 평민층이 주도하는 형태로 발전해 나갔다(정연태 외, 『자료모음 근현대 한국탐사』, 역사와비평

다. 특히 동학의 계통을 이은 天道敎의 세력은 새로운 민족운동의 중요한 구성분자였다.[62] 그들은 3·1민주혁명에 주동적 임무를 담당하여[63] 직·간접적인 영향과 맥락을 형성함으로써 민주혁명을 가능하게 하였고, 정신사적으로 성공한 민족역사 실체의 근간을 이루었다.[64]

동학민중혁명운동은 3·1민주혁명 후에도 의열단운동,[65] 3·1재현운동,[66] 4·19혁명,[67] 6월 대항쟁[68]으로 계승되어 오늘날에도 통일운

사, 1994, 117~119쪽 ; 홍이섭, 「고종시대의 조선사회」,『홍이섭의 삶과 역사학』, 혜안, 1995, 299쪽).

62) 申一澈, 「天道敎의 民族運動」,『韓國思想』21, 1989, 36~63쪽 ; 李基白, 「日帝下의 民族的 試鍊과 反抗」,『民族과 歷史 新版』, 一朝閣, 1994, 288쪽 ; 황선희, 「천도교로의 전환과 개화운동」,『한국근대사상과 민족운동 Ⅰ』, 혜안, 1996, 123~180쪽 참조.

63) 李炫熙,『東學革命과 民衆』, 大光書林, 1985, 49쪽.

64) 1919년 발생한 3·1민주혁명은 천도교·불교·기독교 등 종교계를 위시한 전 국민적인 민족운동이었다. 그 결과로 수립된 대한민국임시정부에 대해 한 국민은 안도감, 자긍심, 독립의 희망 같은 신념과 용기를 북돋는 實物統一政府를 옹위하고 있었기 때문에 오히려 분단, 장벽, 이질감의 시대에 머물러 있는 지금보다도 동족의 일체감이 돈독해 있었다(李炫熙,『大韓民國臨時政府史』, 集文堂, 1982, 362쪽 ; 李炫熙, 「韓國近·現代史에서 東學革命의 位相」,『韓國思想』22, 한국사상연구회, 1995, 390쪽).

65) 단재 신채호는 1923년 義烈團의 요청에 따라 쓴 「朝鮮革命宣言」에서 "固有的 조선의, 자유적 조선 민중의, 민중적 경제의, 민중적 사회의, 민중적 문화의 조선을 건설하기 위하여 異族 통치의, 약탈제도의, 사회적 불평균의 노예적 문화사상의 현상을 타파함이니라"라고 이 땅과 역사의 주인이 민중이며 이들이 주인되는 세상이 우리 역사의 참 방향임을 천명하였다(망원한국사연구실, 앞의 책, 1989, 3쪽 ; 정연태 외, 앞의 책, 1994, 192쪽).

66) 李應辰, 「緖說 3·1再顯運動의 淵源과 그 經緯」,『三一再顯運動誌』, 천도교 중앙총부 출판부, 1981, 25~32쪽.

67) 3·1운동은 민족운동의 시초요, 4·19혁명은 민주운동의 처음이다(金成植, 「학생과 자유민권운동」,『4·19革命論 Ⅰ』, 일월서각, 1983, 244쪽). 함석헌(1901~1988)은 4·19혁명을 5·16군사쿠데타에 대비해서 "혁명은 민중의 것이다. 민중만이 혁명을 할 수 있다. 민중의 의사를 듣지 않고 꾸미는 혁명은 아무리 성의로 했다 하더라도 참이 아니다"라고 하여 5·16의 부도덕성을 지적하고 4·19의 참뜻을 꿰뚫었다(咸錫憲, 「뒷 사람들 위해 즐겨 길이 되어 눕자」,『靑史에 쓰리라 民主의 이름으로』, 文藝出版社, 1986, 61쪽 ; 姜萬吉, 「4월혁명의 民族史的 맥락」,『韓國民族運動史論』, 한길사, 1989, 85쪽).

동 등 민중운동의 원동력으로서 분단을 극복하는 하나의 사상적이고 전위적인 배경이 되고 있는 것이다. 한편 동학민중혁명운동 이래의 민중운동은 한결같이 반봉건·반침략이라는 두 가지 기본 지표를 변형적·발전적으로 동시에 수행해 나가야 한다는 막중한 임무를 유산으로 전수받았다.

5. 맺음말

이상 소략하게 살펴 본 바를 요약하면 다음과 같다.

첫째, 동학민중혁명운동은 그 발생의 기반이 임술민중항쟁 때 이미 자주적으로 구축되었다.

둘째, 동학민중혁명운동은 동학과 민중군의 일정한 연계 속에서 진행되었다. 그것은 본질적으로 민중혁명운동이며 동시에 종교운동이라고 볼 수 있다.

셋째, 동학민중혁명운동은 전형적인 사회기층으로서의 농민계층을 하부중심역량으로 한 아래로부터의 혁명운동이었다.

넷째, 동학민중혁명운동에서의 반침략적 성격은 제2차 민중혁명운동에서 본격적으로 드러나는 것이 아니라 초기 단계에서부터 드러나고 있었다.

다섯째, 동학민중혁명운동에서 일관되게 흐르고 있는 것은 민중·민족의식의 성장이었다.

여섯째, 동학민중혁명운동은 신분투쟁을 통하여 수천 년 묵어 온 사회신분제 폐지의 역사적 대업을 달성하는 데 크게 기여하였다.

일곱째, 동학민중혁명운동은 반봉건·반침략이라는 두 가지 기본 지표를 변형적·발전적으로 동시에 수행해 나가야 한다는 막중한 임무

---

68) 李相寉, 앞의 글, 1997, 518쪽.

를 遺産으로 남겼다.

이제 결론으로서 동학민중혁명운동의 성격을 정리해 보면,

동학민중혁명운동은 조선 후기 사회변동의 총귀결점으로서 流産革命으로 귀착되었다. 그러나 통일과 단합, 민족의 자주와 주체성을 대표하는 실상으로 인식의 성장을 가져와 한국 근·현대사 발전의 사상사적인 근간이 되었다. 구체적으로 동학민중혁명운동은 오랜 王朝史의 종말을 고하고 근대적 시민·근대적 국민으로 새로 대두될 민중의 근대적 자기자각의 시점이 되었으며 전통사회로서의 양반사회의 몰락과 동시에 새로 대두된 근대적 민족국가의 형성의 길을 마련한 과도기의 민족주의 운동이었다. 뿐만 아니라 常班과 貴賤의 봉건적 신분제를 타파한 사회혁명운동이었으며 왕조사에 대신할 근대 민족사의 새 출발이기도 했다. 즉 우리 민족 正統史의 내면적이고 맥락적인 정신사적 영향을 강하게 표출했던 것이다. 따라서 동학민중혁명운동의 성격은 근대변혁운동의 원동력을 상징하는 동학민중혁명운동으로 자리매김하는 것이 합당하다고 보겠다.

大韓民國臨時政府의 敎育政策과 活動

이 명 화[*]

1. 머리말

1910년 국권상실 후 일제의 문화말살 정책과 식민지 교육정책으로 인해 민족교육은 절대 위기에 봉착하였다. 그러나 국내외 한인들은 어려운 환경 속에서도 근대 민족주의 교육이야말로 민족의 장래를 보장해 주는 것이라 여기고 학교를 세워 근대교육과 민족교육을 시행하였다. 특히 국외로 나가 독립운동 기지를 개척해 간 애국지사들은 근대교육과 군사교육을 병행하는 '文武雙全'의 교육을 실시하였다. 이들에게 근대학문의 수용과 민족의식의 각성은 곧 독립투쟁과도 같은 것이었다.

그러나 한인들의 교육은 개인별·지역별로 고립적으로 이루어져, 한인들의 교육 욕구를 채워 주지 못하였다. 이런 차에 대한민국임시정부의 수립은 정부의 지도를 받아 일관성 있고 통일적인 교육을 시행할 수 있다는 점에서 기대하는 바가 자못 컸다. 임시정부는 교육을 통해 한인들의 독립 의지와 지적 능력을 키워 주어 지속적인 독립투쟁이 가능토록 해야 한다는 당면과제를 안게 되었다. 이런 점에서 임시정부의

---

* 독립기념관 연구원

교육정책은 교육 그 자체로서만이 아니라 혁명교육과 독립운동이라는 차원에서 이루어졌다고 할 수 있다. 임시정부는 대일항전을 벌여 독립을 쟁취하고 민족국가 수립을 준비하며 이에 적합한 국민을 배양해야 했으므로 이를 위하여 무엇보다도 근대교육과 민족교육으로 무장한 인재 양성이 요구되었다. 따라서 교육정책은 이러한 준비 과정을 염두에 두고 입안되었다.

본 논문은 임시정부를 중심으로 이루어졌던 교육문제를 통해 임시정부가 어떠한 교육활동을 전개했는가를 살펴보고자 한다. 그리고 임시정부 수립 이후 광복되기까지 공표된 관련 법제를 통하여 임시정부가 지향했던 교육 방침과 그 추이를 시대 상황과 더불어 살펴봄으로써 임시정부의 교육정책의 의미와 한계를 짚어 보고자 한다.

2. 臨時政府의 樹立과 敎育政策

3·1운동의 영향으로 국내외 각지에서 8개의 임시정부가 공화정체의 정부 수립을 선언하였다. 각지에서 수립된 임시정부는 공히 교육사무를 담당하는 내각 체제를 갖추었다. 임시정부가 가장 먼저 수립된 곳은 3월 21일에 수립된 러시아 블라디보스톡의 대한국민의회로, 군무·탁지·내무·산업·참모 총장과 강화대사로 組閣되었으며, 그 가운데 교육업무는 내무총장이 담당하였다. 4월 10일에 수립된 조선민국임시정부에서는 學務部를 두고[1] '의무교육제도를 실시하여 최고 문명식 교육기관을 완비함'[2]을 교육정책의 목표로 삼음을 공표하였다. 한편 국민대회를 거쳐 4월 23일에 선포된 한성임시정부에서도 學務部를 두었다. 그러나 약법에 제시된 국민의 의무 조항에는 '납세와 병역의 의

---

1) 韓詩俊 編, 『大韓民國臨時政府法令集』, 國家報勳處, 1999, 405쪽(이후 『法令集』으로 줄임).
2) 앞의 책, 『法令集』, 408쪽.

무'3)만을 규정하고, 교육의 의무는 명시하지 않았다.

4월 11일에 수립된 상해 대한민국임시정부는 「대한민국임시헌장」을 통해 '大韓民國의 人民은 敎育 納稅 及 兵役의 義務가 有함'(제6조)이라는 조항을 두고, 국민의무로서 교육의 의무를 납세·병역 의무와 함께 규정했음은 주목할 만하다.4) 역시 상해 임시정부는 이어 4월 25일에 발표한 「대한민국임시정부장정」에서 내무부 산하에 5개 局 중 학무국을 두고 교육업무를 담당하도록 하였다. 학무국(제43조)의 관장 사무는 다음과 같다.

1. 神化宣傳에 關한 事務
2. 普通敎育에 關한 事務
3. 專門敎育에 關한 事務
4. 編輯에 關한 事務5)

위의 학무국 업무의 4개 조항 중 제1항의 '神化宣傳 사무'란 국내외에 임시정부의 존재를 알려 국가계승의 정통성을 확보하고, 무엇보다도 강인한 민족의식을 키워 한민족의 연대감을 굳건히 할 목적의 선전사무일 것으로 보인다. 나머지 보통교육 및 전문교육 사무와 편집 사무는 교육에 관한 가장 기본적이며 포괄적인 사무라 하겠다. 한편 본 장정에서 군사교육을 위한 유학생과 군사교육에 관한 사무는 별도로 군무부 군사국에서 담당토록 하였다.6)

6월 이후 각지에서 수립된 임시정부의 통합운동이 추진되어 1919년 9월 15일 새로이 통합 대한민국임시정부가 탄생하였다. 통합에 앞서 9

---

3) 독립운동사편찬위원회 편, 『독립운동사(4) 임시정부사』, 137~138쪽.
4) 앞의 책, 『法令集』, 41쪽.
5) 5개 국은 비서·지방·학무·경무·농공상국이다(위의 책, 86쪽).
6) 6조항 陸海軍 留學生及 學校와 각 科兵 徵發 等에 關한 事務(위의 책, 89쪽).

월 11일에 임시정부 헌법인 「대한민국임시헌법」이 공포되었는데, 헌법에 제시된 정부조직은 한성임시정부 조직안을 따른다는 통합원칙에 따라 한성정부 조각과 마찬가지로 내무부·외무부·군무부·법무부·재무부·교통부·학무부, 그리고 노동국이 설치되었다. 그러나 '普通敎育을 受하는 義務'(제 10조)를 '인민의 권리와 의무' 규정으로 둔 것은 상해 임시정부의 헌법을 따랐다.7) 한편 1919년 9월 17일에 공표된 개정 임시의정원법에 의해 임시의정원에서는 각 분야의 사항을 심사하기 위한 총 8과의 상임위원회를 두었는데, 이 가운데 제8과에 '교육·실업위원'을 두었다.8) 교육·실업위원회는 1942년 10월에 공표된 임시의정원법 상임위원제에도 그대로 유지되어 임시정부의 교육 관련 사항을 심사하였다.9)

한편 임시헌법이 공포된 이래 정부 운영에 적합한 통칙으로서 11월 5일에 「대한민국임시관제」가 공포되었다. 여기서 學務部(제6절)는 산하에 秘書局·敎育局·編輯局을 두고, 學務總長이 '교육·학예에 관한 일체의 사무를 통할'하도록 하였다. 학무부 산하 3개 국의 업무 분장은 다음과 같다.

> 제3조 秘書局은 第1節 第6條에 依하되 學校職員, 建築營繕, 高等敎育會議, 學校衛生, 博覽會及 褒賞에 關한 事務를 兼掌함.
> 제4조 敎育局은 下開事務를 掌理함.
>   1. 一般 學校에 關한 事項
>   2. 海外 留學生에 關한 事項
>   3. 圖書館, 博物館, 天文臺及 測候所에 關한 事項
>   4. 醫術開業及 藥劑師 試驗에 關한 事項
>   5. 産業敎育費 補助에 關한 事項

---

7) 앞의 책, 45·49쪽.
8) 위의 책, 371쪽.
9) 위의 책, 394쪽.

제5조 編輯局은 下開事業을 掌理함.
　　1. 教科書用 圖書의 編纂, 發行, 調査, 檢定, 認可에 關한 事項
　　2. 教育上 必要한 圖書編纂及 飜譯에 關한 事項
　　3. 國語調査及 圖書管理에 關한 事項[10]

　위 학무부의 사무규정은 정부가 주력해야 할 교육사무를 제시한 것으로, 당시 임시정부의 교육에 관한 관심사가 어떠했는가를 엿보게 한다. 교육·학예에 관한 일체의 사무를 담당하도록 되어 있는 학무부 산하 비서국에서 학교 설립과 운영을 주관하고, 교육국에서는 일반 학교와 해외유학생, 의술 개업 및 약제사 시험, 산업교육비 보조 등에 관한 사항을 주관하도록 하였다. 위의 학무부 교육사항은 독립운동 전개 과정에서 필요한, 즉 독립운동의 일환으로 검토되었음을 알 수 있다. 한편 독립운동을 진행하고 민족국가를 건설하기까지 다방면의 고등전문 인력이 필요하지만 학교와 교사를 확보할 수 없었으므로 고등교육과 기술 습득을 위해서 임시정부는 한인 청년들의 해외유학을 장려하였다. 그리고 의사와 약사 양성의 필요는 국민보건과 함께 독립전쟁이 일어났을 때 소요되는 의료진을 확보하고자 한 의도로 보인다. 이 외에도 각 분야의 기술인력 양성을 위해 산업교육 또한 시급한 문제였을 것이다. 그러나 불행히도 재정이 취약했던 임시정부는 이상과 같은 교육정책을 효과적으로 수행할 여력이 없었다.

　독립전쟁 수행을 방략으로 삼았던 임시정부가 시급히 실행에 옮긴 것은 군사교육이었다. 미주·만주 등지에 신흥무관학교를 비롯한 많은 군사훈련학교가 설립되어 독립군 단체나 한인 교포사회의 주도로 운영된 바 있다. 따라서 정부 수립 이후 중국관내 및 만주 일대의 독립운동 단체를 임시정부 산하로 통합시키려는 의도와 함께 군사훈련교육 문제도 임시정부가 총괄해야 한다는 여론이 지배적이었다.

---

10) 앞의 책, 『法令集』, 109~110쪽 ; 『獨立新聞』 1919년 12월 2일 4면.

그리하여 임시정부에서는 1919년 12월 18일에 「大韓民國陸軍臨時軍制」를 공표하여 '中・俄領에 거주하는 만 20세 이상 55세 된 남자는 조국을 위하야 병역에 복종할 의무가 有하기로 함'이라 정하여 병역의무에 따라, 독립전쟁에 대비하여 육군초급장교를 양성하기 위해 '군무부 관할 하에 육군무관학교를 설치하고 군무총장의 裁可를 받도록'[11) 규정하였다. 이 때 임시육군무관학교는 '初等將校 되기에 필요한 교육을 교수하며 중등 이상의 학력이 있고 나이가 19세 이상 30세 이하의 대한민국 남자'로 입학자격을 한정하고, 단 교장이 수학 능력이 있다고 인정하는 자는 연령에 불구하고 입학을 허락하도록 규정하였다.[12)

당시 임시정부는 독립전쟁을 준비하며 러시아와 중국에 거주하는 교포 중에서 10만 명 이상의 義勇軍을 모집하여 정부 산하의 군대조직으로 삼고자 하였다. 이들 병사들은 전업적 군인이 아니라 임시정부가 기본 방책으로 삼고 있는 '國民皆兵'과 '國民皆業'의 방략에 따라 자기 직업을 갖고 생활하는 이주 한인들이다. 이들이 생업을 유지하면서 군사교육을 받을 수 있도록 夜學을 개설하여 의무적으로 취학케 하고, 이 곳에서 군인 정신과 군인 상식을 개발하며 질서와 기율의 연습, 그리고 병식체조를 실시하도록 한다는 것이다. 또한 각지 병사들의 군사교육은 司法府를 두고 이 곳에서 지휘・감독하게 하고 '중국과 러시아와 정부 소재지에 가능한 방편을 취하여 사관학교를 설립하고 사관을 양성한다'는 방책을 세웠다.

그러나 각 지역에 흩어져 있는 한인들을 계통적으로 편제하여 군사훈련을 시킨다는 것은 사실상 불가능하였다. 위의 방침의 실행과 성공은 임시정부가 해외 동포사회의 중심기구로서 최고 통수권을 행사할 수 있을 때만 가능하였으나 실제 그렇지 못함으로써 군사교육 방침은 당초 계획과는 달리 원활히 이루어질 수 없었다. 그러나 어려운 가운

---

11) 앞의 책, 『法令集』, 187쪽.
12) 위의 책, 193쪽.

데서도 1920년 초에 군무부 관할 아래 陸軍武官學校를 설립, 운영한 바 있다. 육군무관학교조례에 의하면 교육기간은 12개월 과정으로 되었으나 실제로는 6개월로 운영되었고 군사학의 각 과목과 함께 기술 등 실기 과목이 교수되었다. 육군무관학교는 제1회에 19명, 제2회 24명의 졸업생을 배출하였지만[13] 프랑스조계 당국의 반대와 재정난으로 중도에 폐교됨으로써 사관 양성 교육도 중단되고 말았다.

이후 1920년 1월 3일 노동국총판 안창호는 임시정부 신년축하회 석상에서 전반적인 독립운동 방략에 대해 연설하면서 '우리 국민이 단연코 실행할 6대사'로 군사·외교·교육·사법·재정·통일을 꼽았다. 이 가운데 어느 한 분야에 치중하는 것이 아니라 모든 부분을 함께 진행해야 함을 역설한 안창호는 독립운동 진행 과정에서 자칫 중요도에서 밀릴 수 있는 교육 부분에 대하여 다음과 같은 견해를 피력하였다.

독립운동 기간에 우리는 교육을 힘씀이 마땅할까요? 나는 단언하오. 독립운동 기간일수록 더 교육에 힘써야 한다고. 죽고 살고 노예되고 독립됨이 판정되는 것은 知力과 金力이오. 우리는 아무리 하여도 이 약속을 벗어나지 못하오. 우리 청년이 하룻동안 학업을 폐하면 그만큼 국가에 해가 되는 것이오. 본국에는 아직 우리의 힘으로 교육을 실시하지 못하지마는, 기회가 있는 대로 공부를 해야 되고 시켜야 되오, 독립을 위하여 공부를 게을리 아니하는 이야말로 독립의 정신을 잃지 아니하오. 국가를 위하여 독립을 위하여 시간 있는 대로 힘써 공부하시오. 또 국민에게 좋은 지식과 사상을 주고 애국의 정신을 激發하기 위하여 좋은 서적을 많이 간행하여 이 시기에 적합한 특수한 교육도 하여야 하고 학교도 세우고 교과서도 편찬하여 해외에 있는 아동에게 가급적 교육을 실시하여야 하오.[14]

---

13) 『獨立新聞』 1921년 1월 1일 4면.
14) 『獨立新聞』 1920년 1월 8일 1면, 1월 10일 1·4면.

안창호의 이러한 연설은 망국 상황에서 교육을 통해 독립정신을 개발하여 항일투쟁을 전개해야 함을 역설한 것으로, 교육과 독립운동이 분리될 수 없음을 강조하였다.

1920년 2월 26일에 개최된 임시의정원회의에서 敎育·實業科 상임위원회15)가 설치되어 모든 교육문제를 심사토록 하였다. 그러나 이 당시 임시정부의 재정난으로 기구 축소문제가 논란이 되면서 임시의정원에서 국무원회의에 당분간 학무·법무·교통 사무를 내무총장에 위임할 것을 제안하였다.16) 정부기구 축소문제가 거론될 때마다 학무부는 독립기구에서 내무부 소속으로 업무 이관이 이루어졌다(475쪽 표 참조).

그렇다고 교육의 필요성이 부인된 것은 아니다. 이 무렵 무장투쟁 노선만을 고집한 것으로 알려져 있는 국무총리 이동휘도 1920년 3월 2일 의정원 의회석상에서 행한 내정·군사·외교·재정·사법 등 제분야에 걸친 시정방침 연설에서 內政 중 제4항에서 "現下 獨立運動을 進行하고 있는 동안에도 可及的 敎育에 盡力하기 위하여 그 방침은 의무교육을 실시하며 교과서를 편찬하며 기타의 제도를 준비하며"17)라 하여 '가급적'이라는 용어로 한정하였지만 의무교육과 교과서 편찬의 기본 방침을 실행하고자 했다. 이후 제시된 교육정책 시행방침은 아래와 같다.

---

15) 교육·실업과 상임위원으로 현순·유정근·김진우·이원익·정인과가 선임되었다(『獨立新聞』 1920년 3월 1일 2면).

16) '現狀에 鑑하여 學務·法務·交通에 關한 事務를 當分間 內務總長에게 委任함이 經費節約上 必要한 줄로 認함'이라는 의견에 대하여 정부의 견해는 어떠한가라고 질의하였다(『獨立新聞』 1920년 3월 20일 3면).

17) 『獨立新聞』 1920년 3월 4일 2면. 일제는 1920년 5월 7일자로 在上海總領事가 외무대신에게 보고한 정보문서에서, 이 연설이 1919년 9월 17일경에 이루어진 것으로 추측하였지만[대한민국국회도서관 편, 『韓國民族運動史料·中國篇』(이후 中國篇으로 약칭), 114쪽] 이는 시기를 잘못 산정한 것이다.

1. 교과서 편찬 : 국정 교과서를 편찬하여 아동교육에 具給한다.
2. 의무교육 실시 : 각지 가능한 지점에 학교의 설립을 장려하고 의무교육제를 실시케 한다.
3. 관리양성 : 임시관리양성소를 분치하여 정무를 담임할 인재를 준비한다.
4. 유학생 외국파견 : 긴요사용에 관한 기술의 습학을 위하여 외국에 유학생을 파견한다.
5. 서적간행 : 직접 혹은 간접으로 위인·열사의 전기와 모험 및 애국적인 소설 등을 간행하여 국민의 충렬한 志氣를 조장한다.18)

위에 제시된 사항을 검토해 보면, 임시정부는 의무교육제를 기본정책으로 천명하고 그 실행업무로서 우선 교과서 편찬과 서적 간행을 통해 독립적인 교육교재를 발간하여 교재를 통일하고자 했다. 교육의 정상적 진행과 교육목표 달성을 위하여 교과서 및 교재의 편찬사업은 무엇보다도 우선되어야 하는 사업인 것이다. 더욱이 일제가 한말 이래 민족의식을 담은 한국의 역사·지리·국어 교과서 및 서적을 불온서적으로 분류하여 이를 철저히 단속하고, 대신 국내뿐만 아니라 만주·노령 지역에까지도 총독부 발간 교과서를 무상으로 배부하여 식민교육을 조장하고 있던 상황에서 우선적으로 국정교과서를 발행하는 것은 매우 중요했다. 그리고 각지의 한인학교에 임시정부 발행의 국정교과서를 보급함으로써 통일적인 교육이념을 실행하고 교육목표를 어느 정도 달성할 수 있는 최우선 작업이 되는 것이다.

관리양성과 유학생 외국파견 문제 또한 임시정부의 당면과제였다. 독립운동과 국가건설에 필요한 관리 및 전문 기술 인력의 양성은 지속적으로 이루어져야 한다. 그러나 임시정부는 고등 선진 교육을 시킬 수 있는 시설과 조건을 갖추지 못하였다. 임시정부의 사정은 최소한

---

18) 「上海假政府 施政方針 等 印刷의 件」, 國史編纂委員會 編, 『韓國獨立運動史資料(3)』, 180쪽.

실행해야 할 교과서 편찬마저 여의치 않았던 것이 당시 실정이었다.[19] 그리고 초등교육은 교재를 편찬하여 아동들에게 보급시켜 교육할 수 있으나 고등 전문교육은 선진교육 시설이 갖추어진 구미로의 유학을 통해 해결할 수 밖에 없었다.[20] 더욱이 상해는 한인 청년들이 일찍이 구미 지역으로 유학을 가기 위한 경유지였고 유학을 위한 기초학력 배양과 어학 보습이 발달해 있던 곳이었다.[21]

한편 임시정부는 중국과 구미 각국에 교섭하여 외국의 무관학교에 무관학생을 파견·유학토록 하여 戰時에 필요한 기술, 즉 포창술·화차기관수 기술을 학습케 한다는 시정방침[22] 아래 자체 학교시설을 갖추지 못한 임시정부가 나서서 민족의 유능한 인재를 키우고자 선진학문을 익히도록 청년들의 외국유학을 주선하는 역할을 하였다. 당시 상해에서는 구국모험단이 폭탄을 제조하던 중 폭발사고가 일어난 이후 프랑스조계 당국이 한인들의 군사활동을 일체 엄격히 금하고 있었다. 프랑스조계 당국은 군사행동이 발각될 경우 임시정부의 존립을 허락하지 않겠다고 위협할 정도로 강경한 입장을 취하였기 때문에 프랑스

---

19) 임시의정원 1922년 3월 10일자 회의에서, 교육에 관한 질문에 대해 김인전 학무차장은 "교육에 제일 필요한 교과서의 편찬까지라도 경제가 허치 아니하여 실행치 못하노라고 답변"하였다(『獨立新聞』 1922년 4월 15일 1면)고 한다.

20) 임시의정원 1922년 3월 20일 회의 때 신규식 국무총리 대리는 시정방침을 발표하면서 교육문제를 "爲先 적당한 敎科書를 만들어 兒童敎育에 使用케 하고, 高等程度의 學校를 自立키 前에는 外國에 많이 留學시키려 함"(『獨立新聞』 1922년 5월 6일 4면)이라 하였다.

21) 1910년대부터 이러한 교육적 욕구를 해결하기 위하여 박달학원이 운영되었다. 그리고 1920년대에는 김규식에 의하여 상해 南華學院과 三一中學이 운영되었고, 홍사단원동임시위원부에서는 南京의 東明學院을 운영하였다. 이들 학교는 모두 일종의 고등교육 과정에 들어가기 위한 補習敎育의 역할을 하면서 아울러 학생들에게 민족정신을 일깨우는 의식교육을 실시하였다(이명화, 「상해에서의 한인민족교육운동」, 『한국독립운동사연구』 4, 1990 ; 「홍사단원동임시위원부와 도산 안창호의 민족운동」, 『한국독립운동사연구』 8, 1994 참조).

22) 대한민국국회도서관 편, 앞의 책, 中國篇, 110쪽.

조계내에서 직접적인 군사훈련은 사실상 불가능하였다. 그렇다고 군사훈련을 포기할 수도 없어 군사교육은 다른 방편으로 검토되었다. 즉 중국군관학교로의 위탁교육이 그것이다. 그리고 이러한 역할은 10만의 勞兵 양성을 목표로 결성된 韓國勞兵會가 담당하였다.23) 당초 노병회는 '군사학교를 설립하여 사관 자격을 양성할 일, 군사 서적을 간행하여 군사 지식을 계발할 일, 외국의 군대, 군사학교 및 병공창 등에 소개하여 이에 관한 지식 기능을 수득케 할 일' 등을 수행할 목적으로 결성되어24) 임시정부를 대신하여 청년들을 외국의 사관학교에 위탁교육을 행하여 사관을 양성하였다.

그리고 청년들을 모집하여 사관 양성과는 다른 차원에서 '내외에서 모험청년을 선발하여 작탄대를 편성하고 작탄제조와 작탄 사용술을 학습케 한다'25)는 시행방침 아래 비행훈련과 의열투쟁에 투신할 인재를 훈련시켜 독립운동을 수행하고자 하였다. 비행훈련에 대한 시행방침은 미국에 비행학교 설립으로 실행되었다. 공군작전을 전개할 조종사 양성을 위해 '미국에 기량이 우수한 청년을 선발, 파견하여 비행기 제조와 비행 전술을 학습케 한다'26)는 방침 아래 미주 한인들의 비행학교 설립운동이 시작되어 1920년 2월 20일 캘리포니아 윌로우스에서 한인비행학교가 설립되었다. 임시정부 군무총장 노백린의 지휘로 재미 한인들의 후원을 받아 설립된 이 비행학교는 비행기 3대를 마련하고 6개월 과정으로 교련, 전술, 비행술, 비행기 수리 및 관리, 무선, 전신학

---

23) 한국노병회는 1922년 10월 28일에 창립된 임시정부의 외곽단체로, 참여 인사의 대부분이 임시정부·임시의정원에 관여하고 있었다. 노병회는 1932년 4월 13일 정기총회에서 그 해 10월 해산을 결정, 해산되었다(김희곤, 「한국노병회의 결성과 독립전쟁 준비방략」, 『中國關內韓國獨立運動團體硏究』, 지식산업사, 1995, 227쪽).

24) 「韓國勞兵會會憲, 附會則及趣旨書」(독립기념관 소장) ; 김희곤, 위의 책, 219쪽.

25) 김희곤, 위의 책, 109~110쪽.

26) 위의 책, 110쪽.

등이 교수되었다.27) 그 후 노백린이 상해로 떠나고, 캘리포니아에 닥친 재해로 한인들의 경제적 어려움이 가중되자 그 운영이 어려워지게 되었다. 결국 재정후원자인 김종림이 파산하면서 7개월 만에 19명의 비행사를 배출하고28) 비행학교는 해산되고 말았다.29) 이후에도 1922년에 41명의 학생이 수업하였으며 1923년에 11명이 졸업하였다.30)

그 외에도 독립전쟁에 대비한 위생병을 양성하기 위하여 임시정부 지도하에 외곽단체로 상해에서 조직된 대한적십자사에서 1920년 1월 31일 간호원양성소를 개설하고 3개월 과정으로 13명의 남녀 간호병을 교육, 양성한 바 있다.31)

한편 독립전쟁이 개시될 때 해외 각지의 한인들을 계통있는 하나의 군대로 편성할 것에 대비하여 군사훈련 교재와 훈련과정을 통일할 필요성이 제기되었다. 그래서 군사교육과 훈련 실행이 여의치 않았던 임시정부는 군사교육상 필요한 교과용 도서를 편집, 보급하여 어느 정도 통일을 기할 것을 결정하고 1922년 교육상 필요한 교과서와 도서는 '러시아 노농정부의 군사교육용 도서규정에 의하여 作制한다'는 방침을 세웠다. 그리고 이를 실행하고자 군무부에 임시편집위원부를 설치하여 군사훈련 교재를 만들도록 하였다.32) 당시 임시정부 요인들 중 일제 군관학교 출신들이 많아 일본 사관교육의 영향이 어느 정도 미치고 있었을 것이다. 임시정부는 이러한 영향에서도 벗어나고자 러시아 혁명 후, 볼셰비키 군대의 교육교본에 입각하여 군사교육을 재정비하고자 했다. 한편 러시아 소비에트 정부와 동맹을 맺어 항일공동전선을

---

27) 『獨立新聞』 1920년 4월 27일.
28) 『獨立新聞』 1920년 4월 20일 1면.
29) 곽림대, 『못잊어 華麗江山』, 대성문화사, 1973, 145쪽.
30) 洪允靜, 『盧伯麟의 抗日獨立運動 硏究』, 성신여대 교육대학원 석사논문, 45쪽.
31) 『獨立新聞』 1920년 2월 7일 2면.
32) 「군무부임시편찬위원부 규정」(1922. 2. 23) 교령 제3호(앞의 책, 『法令集』, 278쪽).

구축하고자 한인과 러시아가 연합군을 결성했을 때 원활히 군사훈련
을 통일하고자 했던 의도도 있었다고 사료된다.

3. 國民代表會議의 教育方針

임시정부가 내분으로 말미암아 독립운동을 주도하지 못하고 침체되
어 가자 독립운동의 새로운 돌파구를 찾기 위하여 국민대표회의가 열
렸다. 국민대표회의는 임시정부가 주관한 회의는 아니었지만 당시 국
내외 한인단체 및 각 분야에서의 민족대표들이 참여한 거족적 회의였
다. 따라서 본 대회에서 거론된 시국 문제야말로 당대 한인들의 당면
문제임은 부인할 수 없다. 국민대표회의는 1923년 1월 3일부터 시작되
어 6월 6일자로 임시정부에서 해체를 선언함으로써 막을 내렸다. 국민
대표회의가 진행되는 동안 6분과 2위원회로 구성되어 시국사안을 토
론하였는데, 이 중에서 교육분과도 한분과로 선정되었다.33) 5월 10일
에 교육분과위원회의 '한인교육에 대한 회의'에서 다음과 같은 교육안
이 통과되었다.

1. 교육의 종지는 조국 광복의 정신 하에서 시대적 인물을 양성할 것.
2. 교육방침은 최신교육의 원리를 응용하야 우리 민족에 적합하도록
   학교 특수의 양종 교육을 실행할 일.
3. 교육제도는 현대의 실용제도를 채용하되, 소학은 남녀 만 7세부터
   13세까지 의무제로 할 일.
4. 교과용 도서는 중앙교육기관에서 최단기간 내에 편찬·발행케 할
   일.34)

---

33) 교육분과위원에는 김마리아, 정학수, 박종근, 방원성, 이중호, 김창순, 유시언
　　이 선정되었다(「국민대표회의 경과에 관한 건」 1923. 2. 27, 앞의 책, 『法令
　　集』, 303~305쪽).
34) 『獨立新聞』 1923년 6월 13일 3면.

　본 교육안은 교육의 목표와 방침, 기본적 제도 규정과 시급히 시행해야 할 교육사업을 제시하였다. 결국 교육목표를 독립운동에 적합한 인물을 양성함에 두고 있음을 다시 한번 천명하였고, 학교교육과 특수교육으로 나누어 일반 민족교육과 함께 특수 전문기술 교육을 실행하는 실용주의 교육 추구를 방침으로 삼았다. 그리고 무엇보다도 시급한 과제로서 교과용 도서의 편찬·발행을 꼽았다. 그러나 이러한 교육시국 문제는 국민대표회의의 결렬로 위의 교육안 또한 실행되지는 못하였으나 당시 한인 대표들이 토론을 통하여 교육에 관한 일치된 의사로 교육안을 만들고 교육방침을 세워 교육문제를 해결하고자 했다는 데 의미가 있다.

　국민대표회의가 결렬된 이후 한동안 임시정부에서는 이를 수습하기 위하여 고심하였다. 독립신문에서는 「今後의 獨立運動은 엇더케 할가」라는 논설을 통해 정부유지파 개조파 창조파로 분열된 독립운동계에 다음과 같이 주창하였다.

　　우리의 독립운동을 以上으로 더 진전하고 더 강렬히 하야 우리의 사업을 하로라도 더 조속히 하는 데는 통일적이오, 조직적이오, 준비적으로 아니 하여서는 아니 되리라 하야 그것이 되어지기를 위하야 국민대표회의를 모화 본 것이다. 거의 擧國이 큰 희망을 가지고 모혓던 그 국민대표회의도 그만 不統一 裏에 其幕을 不幸으로써 破하엿다 …… 우리도 今後에 할 독립운동은 皆學, 皆業, 皆兵主義를 실현함이다. 그리하야 내 밥, 내 옷, 내 知識, 내 武力으로 하는 것이 진정한 독립운동이다. 이러한 견지에서 現下 국내에서 성행하는 문화와 殖産運動을 독립운동 아니로 보면 큰 착오이다. 국내에서만 그로 할 것 아니오 해외 어대를 毋論하고 다 그러케 할 것이다. 총멘 이도 밧갈 줄 알고 글 배호는 이도 총 쏠 줄 알어야 되겟다.[35]

---

35) 『獨立新聞』 1923년 7월 21일 1면.

독립운동을 개학·개업·개병주의의 실현이라고 규정한 본 논설에서 필요한 인재 양성을 위한 '皆學'은 즉 의무교육의 필요성을 강조한 것이다. 그리고 독립운동 노선을 둘러싼 독립운동계의 갈등을 의식하고 문화·식산운동을 독립운동에서 배척하는 경향을 착오라고 지적하며 무력항쟁과 함께 교육·실업의 중요함도 강조하였다.

임시정부 수립 초기에는 빠른 시일 내에 일본과의 결전을 위한 독립운동 방략을 모색하여 무력투쟁 노선이 그 어떤 다른 것에 우선 가치를 가질 수 있었다. 그러나 국민대표회의가 결렬되고 임시정부가 재정난에 빠져 독립운동을 지도하지 못하면서 서서히 장기적인 독립항쟁을 준비하는 준비론과 독립운동계의 통일을 지향하는 유일당운동이 지지를 얻어 갔다. 이런 정황에서 임시정부가 추구한 교육방침은 인성학교 운영을 통하여 실현될 수 있었다.

4. 公立 仁成學校의 運營

상해는 영국·미국·프랑스·일본·독일[36] 등의 제국주의 국가들이 경쟁적으로 자국의 종교·언어·문화를 전파하고자 많은 학교를 운영함으로써 잡다한 문화식민지 상태에 있었다. 상해 한인들은 초등교육 만큼이라도 민족주의 교육에 의한 철저한 정신교육이 이루어져야 한다고 생각하였다.[37] 상해 유일의 한인 초등학교였던 인성학교는 애초 1917년 한인 기독교도들에 의하여 한인기독소학교라는 명칭으로 개교하였다. 이후 상해 한인교회에서 관장하다가 1918년 고려교민친목회가 발족되면서 동회 교육부 소관이 되었고, 이 때부터 인성학교라는 명칭을 사용하였다.

---

36) 독일은 제1차대전의 패배로 이 대열에서 탈락하였다.
37) 이명화, 「上海에서의 韓人民族教育運動」, 『한국독립운동사연구』 4, 1990, 17쪽.

　인성학교는 초등학교로 출발하였지만 그 목표는 상해뿐만 아니라 해외 한인들의 가장 완비된 모범교육기관이 되는 것이었으며 초등·중등·전문 과정을 교육하는 종합학교로 발전하고자 하였다. 그러나 초등·중등 교육기관밖에 발전하지 못하였다. 인성학교는 사립학교로 출발하였으나 상해 거류민단이 자치단체적 성격에서 1920년 3월 16일 국무원령으로 「거류민단제」를 공포한 후 정부조직이 되면서[38] 인성학교도 公立學校로서의 면모를 갖추어 나갔다. 상해 교민들이 내는 교육세와 기부금, 학비 등을 재원으로 운영되었으나 수입비보다는 경상비로 지출되는 비용이 많아 재정적으로 어려움이 많았다. 1923년 임시정부가 침체에 빠지면서 인상학교도 재정난으로 어려움을 겪었다. 이에 학교를 새로이 정립하고자 학교규칙과 학무위원회 조례를 마련하고, '학령에 달한 아동과 소학교육을 받아야 할 아동은 반드시 인성학교로 입학할 것을 권유할 것'[39]을 결정하는 등 의무교육 방침을 강조하고 공립학교로서의 위치를 확고히 하였다.

　인성학교는 학생들에게 '한국혼'을 넣어주는 것을 지상의 교육목표로 하였다.[40] 1933년 교장 선우혁의 훈시에서 인성학교의 교육목표가 잘 나타나 있다.

　　하나같이 자국의 자제로서 자국의 언어, 자국의 역사, 자국의 지리, 자국의 정신을 다소라도 함양하여 한국인의 후계자를 얻고자 함이다. 금일까지 본교에서 교육하는 바는 장래의 학술상의 하등 비익한 바 없다 하더라도 금일까지 배양한 한국혼을 기초로 한 주춧돌 위에 모두 진로를 구하지 않으면 안 된다.[41]

---

38) 『獨立新聞』 1920년 4월 8일 1면.
39) 『朝鮮民族運動年鑑』 1924. 1. 31.
40) 『東亞日報』 1925년 1월 4일 2면.
41) 「不逞鮮人經營仁成學校의 卒業式其他에 關한 件」(1933. 8. 3), 한국국회도서관 편, 『日本外務省陸海軍省文書 218』, 167쪽.

7세부터 13세 학령의 아동이 입학했던 인성학교는 초기에는 4년제로 운영되었다. 그러나 1924년부터 6년제로 되었다가 운영상의 어려움으로 학제를 단축하여 5년제로, 1934년 이후는 다시 6년제로 운영되었다. 5년제 학제에서 단계별로 예비반, 유치반, 성인보습반을 이수하도록 하였다.42) 학과목으로는 한문·산술·이과·수공·영어·중국어 등이 교수되었고, 영어는 3·4학년에서만 수업하였다. 당시 상해에 있는 모든 교육기관은 영어·중국어를 필수적으로 습득해야 한다는 현실적 요구가 있었지만 인성학교는 초등교육에서 철저히 국어·국문·역사·지리 과목을 중점적으로 교육하여 학생들에게 민족·국가·국토 의식을 확실히 심어주는 데 주력하였다. 교수진들은 대부분 임시정부 요인들로, 여운형·김두봉·나창헌·안창호·선우혁 등이었다. 특히 김두봉은 조선어 강연 및 역사 강연을 하여 상해 한인들의 의식발전에 큰 역할을 하였다.

그리고 인성학교에서는 일본어 사용을 절대 불가하였고43) 교과서는 신식 철자법을 채택한 등사판 인쇄의 순한글 교과서를 사용하였다.44) 임시정부는 국정교과서 편찬에 대한 구체적인 계획 수립과 실행을 위하여 1923년 11월 인성학교 관계자들이 협의하였다. 임시정부는 국정교과서를 제작하여 재외한인 경영의 각 학교에 배부하여 교육에서 통일을 이루고자 하였다. 그리하여 독립신문사 내에도 교과서편찬회를 두고 편집위원을 선정하여 편찬 업무에 들어갔다.45) 1924년 『獨立新聞』 광고란에 초등학교 교과서로서 국어·역사·지리 교과서가 순국어·국문으로 간행할 예정이라는 광고로 보아 국정교과서가 간행된

---

42) 『東亞日報』 1924년 12월 7일 2면, 1924년 2월 23일 2면 ; 金正明 編, 『朝鮮獨立運動(2)』, 547쪽.

43) 「上海韓人仁成學校」, 金正明 編, 위의 책, 547쪽.

44) 『東亞日報』 1934년 12월 7일 2면.

45) 당시 교과서 편찬위원으로 선정된 이는 이유필·조상섭·백기준·김영학·이규서 등이었다(대한민국국회도서관 편, 앞의 책, 中國篇, 455~456쪽).

것으로 보인다. 그러나 현재 인성학교에서 사용한 교과서들이 남아 있지 않아 그 내용을 검토할 수 없다. 다만 학생들에게 교재를 통일하여 투철한 민족의식을 키워 줄 민족주의 교육을 실천하고자 했던 사실은 확인할 수 있다.

인성학교는 상해 지역의 각종 단체, 즉 화동유학생연합회, 상해한인청년동맹, 상해한국여자구락부, 화동한국학생연합회, 노병회 등의 회합에 학교를 개방하였고, 교민들은 매년 3·1절 기념일과 8·29 국치기념일에 인성학교에 모여 대대적인 기념행사를 가졌다. 또한 애국적 내용이나 항일투쟁의 내용을 담은 역사극을 만들어 공연하였으며 연습회, 학예회, 연주회, 가극대회, 운동회 등 다채로운 프로그램을 갖고 교민행사를 진행하였다.46) 이처럼 인성학교는 단순한 교육기관이 아니라 한인 교포들의 사회·문화활동의 중심지 역할을 하였다.

한편 중등교육 학교로 공립 三一中學이 운영되었다. 이는 1923년 임시정부 학무총장인 김규식이 중심이 되어 개설한 上海高等補習學院이 발전한 것이다. 이 곳에서는 우리 국어와 국문으로 모든 교과를 교수하였고 중등 과정을 이수한 학생들은 중국내 혹은 외국으로 유학하여 고등교육을 받을 수 있도록 보습교육을 실시하고 고등교육기관으로의 진학 편의를 도모해 주었다. 그러다 1925년 8월 29일에 삼일공학으로 명칭을 바꾸었고, 초급 3학년·고급 2학년제의 공립중학교로 재출범하였다.47)

1931년 3월에 상해 공동조계에 친일단체인 조선인민회를 조직하는 등 공작을 펴나가던 일제는 1932년 상해사변을 일으키고 계엄령을 시행하였다. 이 와중에 윤봉길 의거가 일어나자 인성학교에도 일시 휴교령을 내려졌다. 인성학교는 그 해 9월에 다시 개교하였으나 삼일중학은 폐교되었다. 임시정부가 상해를 떠난 후 일제는 인성학교를 식민교

---

46) 『東亞日報』 1924년 6월 15일 2면, 1935년 3월 30일 3면.
47) 『東亞日報』 1925년 8월 9일 2면.

육 기관으로 삼고자 학교 관계 인사들을 강압하였다. 일제는 당시 교장으로 있던 선우혁을 비롯한 학교 당국자에게 1935년 10월 10월부터 총독부 발간의 교과서를 교재로 채택하여 일본어를 '국어'로서 교육할 것을 일방적으로 명하는 등 위협을 가해 왔다. 이에 인성학교 당국자들은 11월 11일 전 직원의 총사직을 결의하고 부설 유치원만 그대로 두고 무기한 휴교 상태로 들어갔다.[48] 이로써 인성학교는 20회 졸업생을 내고 일단 문을 닫았다. 인성학교는 광복된 직후 상해 교민들에 의하여 다시 개교되어 일시적으로 국어·국사·영어과를 교육하였다 한다.[49]

5. 三均主義와 臨時政府의 敎育政策

상해에서는 경색된 독립운동 진영에 활로를 마련하고자 주의와 사상 여하를 막론한 민족협동전선을 결성하고자 하는 유일당운동이 활기차게 전개되었다. 임시정부는 대통령중심제에서 내각제로 개헌하고, 1926년 9월 27일에 임시정부 부서 조직을 내무부·외무부·군무부·재무부·사법부로 조정하여, 학무부를 폐지하고[50] 교육 업무를 내무부로 이관하였다.

그리고 1927년 4월 11일 임시정부는 중국국민당과 소련공산당과 같은 '以黨治國' 형태를 도입하여 '대한민국은 최고 권력이 임시의정원에 있음. 광복운동자의 대단결인 당이 완성된 때에는 국가의 최고권력이 이 당에 있음'을 밝힌 「대한민국임시약헌」을 공포하면서 임시정부의

---

48) 「上海及ビ南京方面ニ於ケル朝鮮人思想狀況」, 金正柱 編, 『朝鮮統治史料 (10)』, 韓國史料研究所, 864~865쪽.

49) 이명화, 앞의 논문, 130쪽.

50) 당시 내부부는 광복운동자 결속, 지리조사, 교육, 생계, 노동, 사회, 교통, 경찰, 기타 민정에 관한 사무를 담당하였다(앞의 책, 『法令集』, 297쪽).

행정부서로 내무·외무·군무·법무·재무부만을 두었다.[51] 행정 조직의 간소화 추세에 의해 교육 담당의 독립 부서를 설치할 처지가 못되었으며, 당시 교육사업 실행은 거의 불가능했다. 공립학교인 인성학교 역시 임시정부가 직접 주관하지 못하고 임시정부의 기반 조직인 거류민단에서 경영할 수밖에 없었음은 살펴본 바와 같다.

상해·북경·천진 등을 중심으로 전개된 유일당운동이 좌우파 간의 주도권 다툼으로 결렬되면서 민족주의 세력만으로 1930년 1월 한국독립당이 결성되었다. 임시정부의 기초정당으로서 한국독립당은 기본 강령을 다음과 같이 규정하였다.

1. 국가의 독립을 보위하며 민족의 문화를 발양할 것.
2. 계획경제를 확립하여 균등사회의 행복생활을 보장할 것.
3. 전 민족 정치기구를 건립하여 민주공화의 국가체제를 완성할 것.
4. 국비교육 시설을 완비하여 기본 지식과 필수 기능을 보급할 것.
5. 평등호조를 원칙으로 한 세계일가를 실현하도록 노력할 것.[52]

본 기본강령에서 제일 먼저 제시된 것이 '민족문화 발양'임은 주목할 만하다. 그리고 한국독립당은 민주독립국가의 수립과 균등제도의 실현을 위한 방책으로 '국비교육 시설을 완비하여 기본 지식과 필수 기능을 보급할 것'을 제시한 國民公教育 체제를 지향하고 있음을 알 수 있다.

이후 정리된 한국독립당 「黨義」에 의하면 '본 당은 혁명적 수단으로써 원수 일본의 모든 침탈세력을 박멸하여 국토와 주권을 완전히 광복하고, 정치·경제·교육의 균등을 기초로 한 신민주국을 건설하여 안으로는 국민 각개의 균등생활을 확보하며, 밖으로는 민족과 민족국가와 국가와의 평등을 실현하고 나아가 세계일가의 진로를 향함'이라 하

---

51) 위의 책, 60쪽.
52) 國史編纂委員會 編, 『韓國獨立運動史 臨政篇資料(3)』, 394~398쪽.

여 교육의 균등과 함께 정치의 균등, 경제의 균등, 민족(국가) 균등을 민족독립국가 건설의 새로운 방편으로 삼고 있다.

한편 「黨綱」에서는 정치평등, 경제평등과 아울러 교육평등으로서 '생활상 기본 지식과 필요 기능을 수득케 하기 위해 충분한 의무교육을 公費로써 실시하여 국민의 求學權을 평등하게 할 것'이라 하여 민주독립국가 건설의 중요한 요건으로 규정하였다.[53] 이처럼 민족 내부 계층 간의 균등만이 아니라 국가 간의 균형까지 추구하며 모든 국민에게 배울 권리를 균등하게 주고자 한 것이다. 이처럼 한국독립당의 당의·당강은 제국주의 체제가 아닌 민족 간의 평등이 이루어져야만 三均主義가 이루어질 수 있다는 점에서 즉 민족평등이 우선 전제되고 민족 내부의 정치평등·경제평등·교육평등의 삼균을 달성할 수 있다고 한 四均主義를 골자로 하였다.

한국독립당은 민족주의 세력만의 정당이지만 좌우통합의 정당을 지향하며 민족 전체의 공동요구를 반영한 주의·정책을 세워 갔다. 당시 좌우익 진영의 각 독립운동 단체가 내세운 당의·당강은 별 차이 없이 접근되어 갔다. 1935년 7월에 민족혁명당을 결성하였을 때, 민족혁명당의 黨議의 기본 내용도 '본 당은 혁명적 수단으로써 仇敵 일본의 침탈세력을 박멸하여 5천 년 독립자주해 온 국토와 주권을 회복하고 정치·경제·교육의 평등에 기초를 둔 진정한 민주공화국을 건설하여 국민 전체의 생활평등을 확보하며, 나아가 세계인류의 평등과 행복을 촉진함'[54]이라 하였음은 한국독립당의 당의 내용과 거의 일치하고 있음을 알 수 있다. 의열단계의 독주로 민족혁명당을 탈퇴한 한국독립당계와 민족혁명당에 참여하지 않았던 김구 세력, 이청천을 중심으로 한 조선혁명당 3당이 통합을 단행하여 결성한 한국국민당의 당의·당강

---

53) 金正柱 編, 앞의 책, 698쪽 ; 高等法院檢査局思想部, 『朝鮮重大思想事件經過表』, 1936, 23~24쪽.
54) 社會問題資料研究會 編, 『思想情勢視察報告集(2)』, 京都 : 東洋文化社, 1976, 88쪽.

의 내용도 한국독립당·민족혁명당의 그것과 큰 차이가 없다. 이는 그간 좌우익 간의 전민족통일전선 구축이 가능함을 예시해 준다고 하겠다.

이처럼 좌우익 정당 단체 모두가 민주독립국가 수립과 균등제도의 이념을 접근시켜 나갈 때, 임시정부는 독립 민족국가 건설의 이데올로기를 새롭게 정립하고자 고심하였다. 이제 좌우파 독립운동 단체들의 이합 과정을 거쳐 다시 1940년 5월에 재창당을 선언한 한국독립당은 임시정부의 기초 정당으로서, 앞으로 독립을 쟁취하여 임시정부의 정통을 계승할 새로운 민족국가의 건설에 대비한 국가이론을 검토하였다. 또한 중일전쟁 이후 對中·對美전쟁을 확대시켜 간 일본 제국주의는 패배로 끝날 수밖에 없다는 판단 하에 점차 민족독립국가 수립의 전망이 현실로 다가 옴을 느꼈던 한국독립당에서는 창당대회 때 발표된 黨議에서 독립을 쟁취한 후 '정치·경제·교육의 균등한 기초 위에 신민주국가를 건설'할 것을 천명하였다. 黨綱에서는 보통선거제 실시, 토지 및 대생산기관의 국유화, 의무교육의 실시, 국민개병제 실시를 제시하였고, 黨策으로는 혁명역량의 집중, 광복군 편성, 대중투쟁 및 무장항쟁과 국제적 선전활동을 통한 '전민적 혈전'의 전개, 임시정부 옹호, 한·중 연합의 강화 등을 들었다.

임시정부는 중경에 도착하자마자 1940년 9월 한국광복군을 조직하고, 그 해 10월에 4차 개헌을 단행하여 집단지도체제를 주석제로 전환하였다. 이어 10월 9일에 공표된 「대한민국임시약헌」의 의무규정 조칙에서 '조국광복, 사회개혁, 헌법 및 법령의 존수, 병역의 의무, 납세의 의무'55)가 규정되어 교육의무는 제외되었다.

그러나 임시정부 국무원 5명 전원의 공동명의로 1941년 5월 남경에서 개최된 중국 국민회의에 제출하기 위하여 앞서 4월에 발표된 「대한민국임시정부 선언」은 내외에 임시정부의 건국원칙을 밝혔는데, 민족

---

55) 앞의 책, 『法令集』, 62쪽.

·정치·경제·교육의 평등을 천명하였다.

> 보통선거제도를 실시하여 正權을 均求하고 국유제도를 채용하여 利權을 均하고 公費교육으로써 學權을 均하며 國內外에 대하여 민족자결의 權을 보장하여서 민족과 민족국가와 국가와의 불평등을 革除할지니 이로써 국내에 實現하면 특권계급이 곧 消亡하고 소수민족이 侵凌을 免하고 정치와 경제와 교육의 權을 均하여 軒輊이 없게 하고 同族과 異族에 대하여 또한 이러하게 한다.[56]

이어 1941년 11월 28일에 공표된 대한민국건국강령에서 임시정부는 일제로부터 해방하는 復國과 민족국가건설의 建國을 대비한 헌법의 기본 방향을 제시하였다. 본 강령은 總綱·復國·建國의 3장 24항으로 구성되어 있다. 총강에서 "우리 나라 건국정신은 三均制度에 역사적 근거를 두었으니……"라고 하여 삼균주의를 국가건설의 중요 이론으로 천명하였다. 복국 단계는 삼균주의에 입각하여 국가건설을 준비하고, 건국 단계에서 삼균주의를 이상으로 한 정치·사회·경제 등 제반 제도를 만들어 간다는 것이다. 그리하여 '사회 각 층급의 知力과 權力과 富力의 향유를 균평하게 하여 국가는 우리 민족의 지킬 바 최고 公利임'[57]을 밝히면서 민족국가가 知力·權力·富力에서의 균등을 지향하여 최대 다수의 국민이 공평히 복리를 누릴 수 있는 사회의 건설을 국가건설의 목표로 하였다.

復國(제2장) 단계에서 '敵의 세력에 포위된 국토와 俘虜된 인민과 侵占된 정치·경제와 말살된 교육과 문화 등을 완전히 탈환하고 평등지위와 자유의지로써 각국 정부와 조약을 체결할 時를 復國의 완성기라 할 것임'[58]이라 하여 일제 식민지 교육에 말살당한 민족문화와 교

---

56) 國史編纂委員會 編, 『獨立運動史資料(2)』, 1968, 216~220쪽.
57) 앞의 책, 『法令集』, 76쪽.
58) 위의 책, 77쪽.

육을 회복한다는 의지를 표명하였다. 建國(제3장) 단계에서는 '三均制度를 골자로 한 헌법을 실시하여 정치와 경제와 교육의 민주적 시설로 實際上 균형을 圖하며 전국의 토지와 대생산기관의 국유가 완성되고 전국 학령아동의 全數와 고급교육의 免費修學이 완성되고 보통선거제도가 구속 없이 완전히 실시되어 전국 각 里洞村과 面邑과 郡道府와 道의 자치조직과 행정조직과 민중단체와 민중조직이 완비되어 삼균제도가 배합 실시되고 京鄕各層의 극빈계급의 物質及 精神上 생활 정도와 문화수준이 제고 보장되는 과정을 건국의 제2기라 함'이라 하여 거듭 국민의 권리와 자유를 최대한 보장함으로써 국민의 정치적 균등을 도모하고, 경제 면에서는 토지와 대생산기구의 국유론 원칙으로 국가의 계획경제와 분배, 비무산자의 생활보장 등을 통한 생활균등과 초등교육과 고등교육의 학비 면제를 제시하여 누구든 국민교육의 전 과정을 제한 없이 받을 수 있도록 한 교육균등을 실현하고자 하였다. 그리고 일제 지배 기간 동안 일제가 침점했거나 시설한 모든 문화·교육시설도 일체 몰수하여 국유로 하고 초등 및 고등, 전문 교육시설을 완비하여 전 과정 국비교육으로 한다는 계획을 천명하였다.

이처럼 각 독립운동계가 공동전선을 구축하고 광복을 준비하기 위한 체제와 이념을 세워갔던 1941년 당시 임시정부 부서에 교육 관련 독립부서는 없었다. 그러나 건국시기가 되면 일제의 교육시설을 접수하고 국민교육 시행을 준비할 부서가 필요했다. 그래서 건국 시기에 임시정부는 중앙 행정부서로 내무, 외무, 군무, 법무, 재무, 교통, 실업부와 함께 교육부를 두도록 하였다.[59] 그리고 건국 완성기 단계에서는 '건국에 관한 일체 기초적 시설 즉 군사, 교육, 행정, 생산, 교통, 위생, 경찰, 농공상 외교 등 방면의 건설기구를 설치하고 건국 준비계획이 원활히 이루어져 과반이 성취되었을 때를 건국의 완성기'로 규정하고, 교육시설을 포함한 건국에 관한 일체의 기초적 시설을 계획에 의하여

---

59) 앞의 책, 『法令集』, 78~79쪽.

설치하고자 하였다. 이 가운데 교육정책은 일제 식민지 교육으로 인한 불평등과 차별교육을 없애고, 절대적으로 부족한 교육시설을 빠른 시일 내에 건설하여 건국교육에 지장이 없도록 함을 기본정신으로 하여 입안되었다.

　이어 임시정부는 건국시기에 헌법상 교육의 기본원칙을 '국민 각개의 과학적 지식을 보편적으로 균등화하기 위하여 다음과 같은 원칙 하에 교육정책을 추행함'이라 밝히면서 교육원칙을 다음 7개 항으로 제시하였다.

가. 教育宗旨는 삼균제도로 원칙을 삼아 革命公理의 민족정기를 배합 발양하며 국민도덕과 생활지능과 자치능력을 양성하여 완전한 국민을 조성함에 둠.
나. 6세부터 12세까지의 초등 기본교육과 12세 이상의 고등 기본교육에 관한 일체 비용은 국가가 부담하고 의무로 시행케 함.
다. 학령이 초과되고 초등 혹 고등의 기본교육을 받지 못한 인민에게 일률로 免費補習 교육을 시행하고 貧寒한 자제로 衣食을 自供하지 못하는 자는 국가에서 代供함.
라. 지방의 인구, 교통, 문화, 경제 등 정형을 따라 일정한 균형적 비례로 교육기관을 設하되 최저한도 매 1읍 1면에 5개 소학, 2개 중학, 매 1郡 1道 1府에 2개 전문학교, 매 1道에 1개 대학을 설치함.
마. 교과서의 편집과 인쇄발행을 국영으로 하고 학생에게 無價로 분급함.
바. 국민병과 상비병의 기본 지식에 관한 교육은 전문훈련으로 하는 이외 매 중학 及 전문학교의 필수과목으로 함.
사. 공사립학교는 일률로 국가의 감독을 받고 국가의 규정한 교육정책을 준수케 하며 韓僑의 교육에 대하여 국가로서 교육정책을 推行함.60)

---

60) 앞의 책, 『法令集』, 80~81쪽.

이처럼 임시정부는 민족독립국가 건국 후, 교육정책은 닥쳐 올 상황을 고려하여 이에 적합한 교육정책 실행을 고려하였다. 여기에 제시된 교육원칙 조항이야말로 그간 임시정부의 교육경험이 바탕이 되어 선정된 것이라 할 수 있다. 당초 임시정부 수립 당시부터 기본 방침이었던 의무교육제는 건국 시기에도 변함없는 교육방침으로 설정되었다. 일제 치하에서 비참한 생활로 교육받지 못한 민중들의 초등교육과 고등교육 비용을 일체 국가가 부담하고 학령이 초과된 이들에게도 일률적으로 학비를 면제해주고 정식 교육체제에서 수학하기 위한 준비 과정으로서 보충교육을 받을 수 있도록 면비 보습교육을 시행할 것을 밝힌 것이다. 독립국가 수립 이후의 국민교육에 대한 정책 방향을 엿보게 한다.

그리고 교육기관의 실치 기준과 지역적 균배를 도모하여 지방의 인구, 교통, 문화, 경제 등 형편에 따라 일정한 균형 비례로 교육기관을 설치하여 골고루 교육이 실시될 수 있도록 하고, 또한 교과서 배급 등 무상교육과 군사교육의 필수과목화 등을 제시한 것은 국가적 차원의 철저한 공교육을 지향하고 있음을 밝힌 것이다.

임시정부는 1943년 3월 30일에 「大韓民國臨時政府暫行官制」를 공표하며 행정부서를 새로이 조정하였다. 이 때는 학무부가 설치되어[61] 그간 내부부서에서 관장하던 교육 문제를 담당하도록 하였다. 학무부장 아래 총무과와 교육과 2과를 두었으며 학무부장이 '교육·학예에 관한 일체 사무를 통할'하도록 하고, 구체적 업무를 다음과 같이 규정하였다.

1. 일반 학교에 관한 사항
2. 외국 유학생에 관한 사항

---

61) 학무부 외에 내무, 외무, 군무, 법무, 재무, 교통, 선전, 생계부 등을 두었다(위의 책, 324쪽).

　3. 교육비 보조에 관한 사항

　4. 교과용 도서의 편찬·발행·조사·검정·인가에 관한 사항

　5. 국어 조사 및 도서관리에 관한 사항[62]

　이상의 교육업무는 이제까지의 임시정부가 설정했던 교육업무와 다르지 않다. 다만 5항에서 일제의 식민지 언어동화정책으로 위기에 처한 국어에 대해 특별히 배려를 하고 있어 주목된다. 한편 본 잠행관제에서는 군사교육은 '각군 유학생과 학교에 관한 사항'은 군무부 군사과에서 담당하도록 규정하였다.[63]

　임시정부가 그간 실행하고자 한 교육사업을 의도대로 수행할 수는 없었지만 인재양성을 위한 노력만은 포기할 수 없었다. 1943년 11월의 임시의정원회의에서 「간부인재 양성에 관한 제의안」이 통과되어 '임시정부가 교육에 대하여 모방식과 모정도의 통제계획을 수립하여 혁명교육을 적극으로 보급함이 절대로 필요함은 물론이오 그 정확은 마땅히 각종 간부인재를 다수량으로 양성함이 있을 것'[64]이라고 하며, 독립운동 기간 중의 교육은 일반 교육이 아닌 '혁명교육의 보급'에 있음을 천명하였다.[65]

　1944년 4월 22일에 공표된 「대한민국임시헌장」에서는 '인민의 권리와 의무'(제2장 6조) 규정에 교육에 관한 의무규정을 두지 않았으며, 행정부서로 내무부·외무부·군무부·재무부·문화부·선전부[66]를 두고 앞서의 학무부·법무부·교통부·생계부를 폐지하였다. 그리고 학무부를 대신해서 새로이 문화부를 신설하였다. 5월 25일에 공표된 「대한민국임시정부잠행중앙관제」에서는 학무부 담당 업무를 문화부로 이

---

62) 위와 같음.

63) 위의 책, 323쪽.

64) 대한민국국회도서관 편, 『大韓民國臨時政府議政院文書』, 591쪽.

65) 國史編纂委員會 編, 『韓國獨立運動史資料(1)』, 1973, 571~572쪽.

66) 위의 책, 72쪽.

관하여 문화부가 교육·학예 업무 외에 포괄적인 문화 업무 전반을 담당하도록 조처하였다. 문화부장은 '문화 교육, 학예에 관한 일체 사무를 통할'하며, 산하에는 총부과와 교육과를 두고 교육과 사무에 대해서는 다음과 같이 규정하였다.

    1. 일반 학교교육에 관한 사항
    2. 해외 유학생에 관한 사항
    3. 교육비 보조 급 포상에 관한 사항
    4. 각급 교과용 도서의 편찬 발행 조사 급 검정에 관한 사항
    5. 민족문화 발양에 관한 사항
    6. 국어 조사 급 도서관리에 관한 사항[67]

본 교육과 사무 규정은 1943년에 발표된 「大韓民國臨時政府暫行官制」에서의 교육·업무 규정과 같은 내용이고, 제5항목인 '민족문화 발양에 관한 사항'이 첨가되었음을 알수 있다. 이 조항의 첨가로 그 명칭이 학무부에서 문화부로 바뀌게 된 것으로 보인다. 학무부로부터 업무를 인수받은 문화부는 임시의정원에 1년 간 실행 과정을 보고하는 중에 '예정사업 계획 중 무릇 경비를 수요하는 대부분은 실시함에 지나지 못하였다'[68]라고 한 것으로 보아 당시 임시정부의 어려운 경제 사정으로 교육사업이 실행되지 못했음을 알 수 있다. 그럼에도 임시정부가 어렵게 시행했던 교육사업은 각국 대사관에 문화담당관을 통하여 유학생들을 파견하는 공작과 한국애국부인회가 주관하는 '兒童國語學習'에 보조금을 지원하고 초등학교 학생들의 학비보조금을 원조하는 정도였다.[69]

---

67) 위의 책, 336쪽.
68) 대한민국국회도서관 편, 「문화부정무보고서(1944. 6~1945. 3)」, 『大韓民國臨時政府議政院文書』, 819쪽.
69) 위와 같음.

<표> 임시정부 조각시 교육담당 부처 변동 상황

組閣年度	정부체제	담당부서	부처장	비고
1919. 4 ~ 1919. 9	국무총리제	내무부	총장 안창호	상해 임시정부
1919. 9 ~ 1922. 8	대통령제	학무부	총장 김규식	통합 임시정부
			총장대리 김인전	
1922. 8 ~ 1924. 4	대통령제	학무부	총장 조성환	
1924. 4 ~ 1924.12	대통령제	학무부	총장대리 김승학	
1924.12 ~ 1925. 3	대통령제	학무부	총장 조상섭	
1925. 3 ~ 1925. 7	대통령제	학무부	총장 조상섭	개각
1925. 7 ~ 1926. 2	국무령제	내무부	총장 김동삼	개헌
1926. 7 ~ 1926.12	국무령제	내무부	내무장 최창식	개각
1926.12 ~ 1927. 8	국무령제	내무부	내무장 김 구	개각
1927. 8 ~ 1930.11	국무령제	내무부	내무장 김 구	개헌
1930.11 ~ 1933. 3	국무령제	내무부	내무장 조완구	개각
1933. 3 ~ 1934. 1	국무위원제	내무부	내무장 차리석	변화
1934. 1 ~ 1934.10	국무위원제	내무부	내무장 조소앙	개각
1934.10 ~ 1936.11	국무위원제	내무부	내무장 조완구	보선
1936.11 ~ 1939.10	국무위원제	내무부	내무장 조완구	개각
1939.10 ~ 1940.10	국무위원제	내무부	내무장 조완구, 홍진	개각
1940.10 ~ 1942. 9	주석제	내무부	부장 조완구	개헌
1942.10 ~ 1944. 4	주석제	학무부	부장 장건상	개각
1944. 4 ~ 1945.11	주석제	문화부	부장 최석순	개각

6. 맺음말

임시정부는 존속 기간 내내 한인교육에 대한 책임을 갖고 교육정책을 실행하기 위하여 노력하였다. 임시정부는 독립투쟁과 민족국가 수립을 위해 지속적으로 인재를 양성해야 하는 과제를 안고 있었다. 따라서 임시정부의 교육정책은 교육 그 자체의 의미만이 아닌 혁명교육으로, 독립전쟁의 일환으로 검토되었다. 임시정부의 교육이념과 정책의 방향은 시종일관하여 의무교육제와 공교육의 실시, 실용주의 교육의 실행을 근간으로 하였다. 국내외 한인들의 교육과 학예에 관한 일체의 사무를 담당하고, 학교를 설립·운영하고자 하였다. 한민족 누구에게나 배울 수 있는 여건을 마련해 주지 못한다 해도 모든 국민이 교육을 받을 의무가 있음을 명시하고 반드시 교육을 받아야 한다는 의지를 보여준 것이다. 임시정부에서는 가능한 한 교과서 편찬과 서적 간행을 맡아 독립적인 교육교재를 발간하고 이를 교육현장에 보급하고자 하였다. 그것은 각 지역의 독립운동단체를 임시정부 산하로 흡수하여 정부의 교육방침에 의거한 교육교재를 보급하여 교육을 지도하고자 했다. 물론 재정난 등 여러 가지 사정으로 이러한 교육계획이 실행되기는 어려웠다. 그러나 가능한 한 임시정부는 한인들에게 한국혼을 키워 독립의식과 민족의식이 투철한 정신교육을 시키고자 하였고, 근대교육과 아울러 독립전쟁과 민족국가 수립에 유용한 전문교육인 실용주의 교육을 시키고자 하였다.

고등 전문교육을 받은 인재를 필요로 하면서도 고등교육을 실시할 학교와 교사를 확보할 길이 없었던 임시정부는 청년들을 해외로 유학시켜 인재양성의 목표를 달성할 수밖에 없었다. 그래서 1919년 11월에 공포된 「대한민국임시관제」에서부터 1943년의 「대한민국임시정부잠행관제」에 이르기까지 해외유학생에 관한 사항이 빠짐없이 들어갔으며 광복 이후에도 당분간은 인재양성은 외국유학으로 해결할 수밖에 없었다. 어려운 상황에서도 독립전쟁 수행을 시정방침으로 했던 임시정부는 군사교육 만큼은 자체적으로 시행하고자 노력하였다. 그래서 육군무관학교를 설립·운영하였고, 오래 지속되지는 못했지만 미주에서는 비행학교가 운영되기도 하였다.

임시정부는 공립학교로서 상해에 인성학교와 삼일공학을 운영하여 임시정부가 지향하는 교육목표를 달성하고자 하였다. 인성학교는 상해뿐만 아니라 해외 한인들의 가장 완비된 모범교육기관으로 발전시켜 초등·중등·전문 과정의 총괄한 종합학교를 세우고자 하였으나 이 역시 이루어지지 못하였다.

1925년 이후 재정난에 빠진 임시정부는 행정 간소화 추세에 따라 학무부를 내무부서로 통합하였다. 그리고 교육문제에 대하여 직접 관여하기보다는 임시정부의 외곽단체가 이를 담당하였다. 즉 교민단에서 인성학교를 운영하고, 노병회가 군사 위탁교육을 담당하였으며, 흥사단원동위원부에서 구미유학을 주선하였다. 그러나 1930년 1월에 한국독립당이 결성되면서 한국독립당의 설립 목적인 민주독립국가의 수립과 균등제도의 실현에 입각하여 교육이념과 정책이 제시되었다. 그것은 민주독립국가 건설의 중요한 요건으로 완전한 國民公教育體制를 지향하고, 의무교육을 公費로써 실시하여 모든 국민에게 배울 권리, 즉 求學權을 평등하게 한다는 교육균등을 이념으로 하였다. 이러한 교육이념은 이후 사회민주주의적 정당에도 수용되어 1930년대 좌우익 그 어떤 진영에서도 교육균등은 각 정당의 당의·당강에 제시되었다. 이후 정당들의 이합집산을 거쳐 1940년 5월에 재창당을 선언한 한국독립당은 임시정부의 기초 정당으로서, 앞으로 독립을 쟁취하여 임시정부의 정통을 계승할 새로운 민족국가의 건설에 대비한 국가이론을 검토하였다. 당의에서 정치·경제균등과 함께 교육의 균등의 기초 위에 신민주국가를 건설할 것을 제시하고, 당강에서 의무교육의 실시를 제시하였다.

이어 임시정부는 1941년 일제 패망을 조망하며 復國과 建國의 과정을 예비한 「대한민국임시정부선언」과 「대한민국건국강령」을 공표하였다. 이것은 내외에 三均主義를 정립하고, 三均制度에 의한 건국원칙을 천명한 것으로, 건국 단계에서 일제에 의해 말살된 교육과 문화 등을 완전히 탈환하고, 교육시설을 완비하여 전국의 학령아동 모두에게 무상으로 고등교육을 제한 없이 받을 수 있도록 한다고 고시하였다. 그리고 일제 지배 기간 동안 일제가 侵占했거나 시설한 모든 문화·교육시설도 일체 몰수하여 국유로 하고, 초등·고등·전문 교육시설을 완비하여 국비의무교육제도에 의한 국민교육 시행의 의지를 표하였다. 이러한 업무를 진행하기 위하여 건국 시기에는 중앙 행정부서로 교육부를 설치하여 이를 담당하도록 한다는 것이다. 건국 완성 단계에서는 교육시설을 포함한 건국에 관한 일체의 기초적 시설을 설치하고, 교육 정책의 立案의 방향은 일제 식민지 교육으로 인한 불평등과 차별교육을 없애고, 절대적으로 부족한 교육시설을 빠른 시일 내에 건설하여 건국교육에 지장이 없도록 한다는 것이다. 이처럼 임시정부의 교육정책은 일제치하에서 해방된 후 독립된 민족국가를 건설했을 때 닥쳐 올 상황을 고려하여 이에 적합한 교육정책의 실행을 고려하여 입안되었다.

1943년 3월 30일에 공표된 「大韓民國臨時政府暫行官制」에서 임시정부는 새로이 학무부를 설치하여 그간 내부부처에서 관장하던 교육문제를 담임하도록 하였다. 이는 다가올 복국을 준비한 것이다. 1944년 4월 22일에 공표된 「대한민국임시헌장」에서는 학무부 대신 문화부를 두고, 교육 및 학예의 업무 외에 포괄적인 문화 업무 전반을 담당할 수 있도록 하였다. 이 역시 복국·건국에 대비한 조직 조정이라 하겠다. 그간 일제에 의해 피폐된 한국의 문화를 발양시키고자 '민족문화 발양'의 조항을 첨가하고 여기에 힘을 기울이고자 하였다. 환국하기까지 문화부는 유학생 파견공작과 국어강습교육을 계속 수행하며 복국과 건국을 기다렸다.

이상에서 검토한 바와 같이 임시정부는 어려운 사정에서 교육업무를 원활히 수행하지는 못했지만 국민국가로서의 교육정책을 입안하고 가능한 한 인재양성의 노력을 포기하지 않았다. 그리고 1940년부터는 민족국가 수립을 조망하며 신민주국가 건설과 정치·교육·경제 균등의 삼균주의에 입각한 교육이념과 정책을 제시하였고 일제 식민교육에서의 완전 탈피와 민족국가 건설에 필요한 민족교육·실용교육의 구축으로 국민 전체가 교육을 받을 수 있는 국민공교육을 실현하고자 준비했음을 보여준다. 이러한 임시정부의 교육정책이 해방 이후 교육계에 얼마 만큼 반영되어 실현되었는가는 추후의 연구대상이라 하겠다. 다만 교육계에 유독 일제 잔재 운운하는 논란이 많았음을 볼 때 임시정부의 교육방침이 그대로 실현되지는 못한 것으로 보인다. 이 문제는 해방 공간에서 임시정부 세력이 정치적 헤게모니를 잡지 못한 사실과도 관련이 있다고 하겠다.

日帝下 嶺·湖南地方에 대한 硏究
－1930년대 國勢調査를 중심으로－

姜 秉 植[*]

Ⅰ. 머리말

　1910년 일제의 강압적인 합병 이후 한국의 사회구조는 크게 변화하여 새로운 식민 지배세력이 형성되고 민족별 인구변동과 계층 간의 커다란 변동을 가져왔다. 일제는 1918년에 완료된 토지조사사업에서 토지제도와 지세제도를 개편하여 그들이 목적하였던 식민지 지배의 경제적 지반을 구축하였다. 따라서 토지의 매매와 양도가 용이하게 되고 농촌에 침투한 화폐경제 및 조세와 전매제도는 농민의 분해와 분화를 급격하게 진행시켜 갔다.

　한국 농민의 계층적인 변화를 보면, 자작농이 점차 감소해 가면서 소작농이 급증하여 갔다. 이러한 현상은 한국 농촌의 궁핍화를 보여주

---

* 한성대학교 교수

는 것이며, 농업 이외에 취업의 기회가 거의 없는 상황에서 농민의 분해와 분화는 농업의 영세성과 반봉건적인 소작관계를 확대시켰으며, 離村向都 현상에 따른 도시로의 인구이동을 유발시켰을 뿐만 아니라 화전민과 만주와 일본 등 해외로의 인구이동의 규모와 속도를 증가시켰다.

본고에서는 일제의 식민정책이 '중농정책'에서 '농·공병진정책'으로 근본적으로 전환되기 직전인 1930년을 중심으로 영남과 호남 지방의 인구이동과 문맹률 그리고 두 지방의 생활 실태를 계량적으로 분석·고찰하고자 한다. 통계자료는 1930년(昭和 5) 10월 1일 현재로 조선총독부가 조사한 『朝鮮國勢調査報告』와 1931년의 『朝鮮總督府調査月報』를 기초로 하였다.

Ⅱ. 일제하 영·호남 지방세의 비교

1. 영·호남 지방의 인구와 총면적

1930년 10월 1일 현재 한국의 총인구는 21,058,305명이다. 당시 영남(경상남북도와 울릉도)과 호남(전라남북도와 제주도 포함) 지방의 인구는 <표 1>과 같이 영남지방이 총 4,552,478명으로 전체 한국인의 21.62%를 차지하고 있다. 이는 1925년에 비하여 약 0.7%가 감소한 것이다. 총면적 31,292.678㎢에 인구밀도는 ㎢당 약 150명 정도다.

한편 호남지방은 총인구 3,835,951명으로 전체 한국인에 대하여 18.22%를 차지하고 있으며, 1925년의 18.07%에 비하여 0.15% 증가했다. 총면적 22,417.706㎢에 인구밀도는 ㎢당 약172명으로 영남지방에 비하여 22명이나 높다.

도별로 살펴보면 경북이 1府 22郡의 총인구 2,416,762명으로 전체 한국인구의 11.48%로 전국에서 1위를 차지하고 있다. 이를 1925년에서

<표 1> 영·호남 지방의 인구비교

구분 / 도별	面積(㎢)	1925년		1930년		
		人口數(명)	全韓國人口에 대한 비율	人口數(명)	全韓國人口에 대한 비율	人口密度(㎢당)
경상북도	18,988.142	2,332,572	11.95(%)	2,416,762	11.48(%)	127.3
경상남도	12,304.536	2,021,887	10.35	2,135,716	10.14	173.6
계	31,292.678	4,354,459	22.30	4,552,478	21.62	150.45
전라북도	8,530.259	1,369,010	7.01	1,503,695	7.14	176.3
전라남도	13,887.447	2,158,513	11.06	2,332,256	11.08	167.9
계	22,417.706	3,527,523	18.07	3,835,951	18.22	172.1
총계	53,710.384	7,881,982	40.37	8,388,429	39.84	

* 1937년에 조선총독부에서 간행한 『朝鮮國勢調査報告』 제4·5·6·7권에서 발췌하여 작성함(이하 <표 26>까지 같음).

1930년까지 인구의 변동을 보면 <표 2>와 같이 5개년간 84,190명 (3.6%), 연평균 16,838명(0.7%)의 증가로 전국에서 가장 낮은 증가율을 보이고 있다. 같은 기간 출생자는 401,780명, 사망자는 223,557명으로 사망에 대한 출생 초과가 178,223명으로 연평균 35,645명의 자연증가를 보이며, 이주해 온 자에 대하여 이주해 간 자의 초과가 94,033명이다. 연평균 18,807명이다.

1935년에도 경북의 인구는 2,563,251명으로서 전국 인구의 11.2%로 여전히 수위를 차지하고 있지만 그 비율은 점차 감소하고 있는 추세이다.

경남은 2府 19郡의 총인구 2,135,716명이고 전체 한국인에 대한 비율이 10.14%로서 전국에서 4위이며 경북에 비하여 1.34%나 낮다. 이를 다시 1925년에서 1930년까지 5개년 동안 비교하여 보면 113,829명 (5.6%), 연평균 22,766명(1.1%)이 증가하여 증가비율은 13개 도 가운데 11위이다. 5년 동안 출생자는 332,963명, 사망자는 201,563명으로 사망에 대한 출생초과가 131,400명이며, 연평균 26,280명의 자연증가를 보이고 있다.

<표 2> 각도별 인구증가수(1925년에서 1930년까지)

	期間	人口增加數	人口增加比率(%)	出生數	死亡數	死亡에대한出生超過	來住에대한移住超過
경북	'25~'30	84,190	3.6	401,780	223,557	178,223	94,033
	연평균	16,838	0.7	80,356	44,711	35,645	18,807
경남	'25~'30	113,829	5.6	332,963	201,563	131,400	17,571
	연평균	22,766	1.1	66,593	40,313	26,280	3,514
전북	'25~'30	134,685	9.8	200,075	111,732	88,343	46,342
	연평균	26,937	1.9	40,015	22,346	17,669	9,268
전남	'25~'30	173,743	8.1	339,929	157,000	182,929	9,186
	연평균	34,749	1.6	67,986	31,400	36,586	1,837

전북은 1부 14군에 총인구는 1,503,695명으로 <표 1>과 같이 한국 총인구 21,058,305명에 대하여 7.14%, 전국적으로 8위에 해당한다. 이것은 1925년 조사 당시의 1,369,010명에 비하면 <표 2>와 같이 5개년 동안에 134,685명(9.8%), 연평균 26,937명(1.9%)의 증가로서 증가비율 면에서는 전국적으로 5위이다. 1925년에서 1930년까지 출생자수는 200,075명, 사망자수는 111,732명으로 출생초과는 88,343명, 연평균 17,669명이 자연증가한 셈이지만 앞의 인구증가수 26,937명과 비교하여 보면 매년 같은 기간 도내로 이주해 온 사람보다 타지역으로 이주해 간 사람이 9,268명이나 초과하고 있다.

전남은 1부 21군 1도(당시에는 제주도가 전남에 소속되었음)로서 총인구는 2,332,256명이다. <표 1>에서 살펴본 바와 같이 한국의 총인구 21,058,305명에 대하여 11.5%에 해당하는 높은 인구비율로 전국적으로 2위에 해당한다. 1위인 경북보다 84,506명이 적지만, 연평균 인구증가율은 경북의 7.1%에 비하여 16.1%로서 약 9%나 높다. 전남의 인구가 전북보다 828,561명이나 많으나 인구밀도는 전북이 가장 높아 km²당 약 176명이나 된다. 전체 한국인에 대한 인구비율도 5년 전인 1925년에 비하여 영남지방은 감소율을 보이고 있으나 호남지방은 오히려 증가하고 있다. 이것은 1925년 간이국세조사 당시의 2,158,513명에 비하면

<표 2>와 같이 5개년 동안에 173,743명(8.1%), 연평균 34,749명(1.6%)이 증가하여 증가비율 면에서는 전국적으로 6위이다.

1925년에서 1930년까지 5년 간 출생수는 339,929명, 사망수는 157,000명으로서 출생초과는 182,929명, 연평균 36,586명이 자연증가된 셈이지만, 같은 기간에 도내로 이주하여 온 사람보다 타도로 이주하여 간 사람이 9,186명이나 초과하고 있다. 이러한 초과 현상은 영남지방(경상남북도)이나 호남지방(전라남북도) 모두 같은 현상으로, 식민지 경제정책에 따른 농촌경제의 파탄으로 인한 도민들의 생활고 때문이다.

1925년에서 1930년까지 5년 동안 영・호남 지방 4개 도의 인구변동에 대하여 좀더 세밀하게 살펴보면 다음과 같다.

2. 경상북도

1) 인구분포 및 변동

1930년 10월 1일 현재 경상북도의 행정구역은 1府(대구) 22郡(달성・군위・의성・안동・청송・영양・영덕・영일・경주・영천・경산・청도・고령・성주・칠곡・기천・선산・상주・문경・예천・영주・봉화) 1島(울릉도)에 총인구는 <표 1>과 같이 2,416,762명으로 한국의 총인구 21,058,305명에 대하여 11.5%로 제1위이다.

1925년의 2,332,572명에 비교하면 <표 2>에서와 같이 5년 간 84,190명(3.6%)이 증가하였으며, 연평균 16,838명이 증가하여 전 한국 증가비율에서는 최하위이다.

1925년에서 1930년까지 5년 간의 출생자수는 401,780명이며 사망자수는 223,557명으로 사망에 대한 출생초과는 178,223명으로 연평균 35,645명이 자연증가한 셈이다. 한편 같은 기간에 도내에 來住하여 사는 인구보다 移住하여 간 인구가 94,033명이나 초과하여, 오는 자보다

가는 자가 많았다.

경상북도 각 행정구역별 인구분포를 살펴보면 다음 <표 3>과 같다. 대구부는 인구 93,319명으로 경북 전체의 약 3.9%를 차지하며, 경주군이 180,100명(7.5%)으로 인구가 가장 많다. 그 다음이 상주, 영일, 안동, 달성, 김천, 의성, 영천, 예천 순으로 이들 군은 모두 10만 명 이상의 인구가 거주하고 있다. 문경 등 14개 군은 각각 인구수가 10만 명 이하이다. 특히 울릉도(지금의 울릉군)는 인구 11,231명으로 최하위이다. 그러나 1925년에서 1930년까지 5년 간의 인구증가율을 비교하여 보면, 대구부가 21.9%로 가장 높고 그 다음이 울릉도(12.4%), 영주(7.9%), 봉화(6.5%), 선산(5.6%), 영덕(5.2%), 예천(5.1%), 경주(4.6%), 문경(4.3%), 달성(4.1%), 안동(4.0%) 순으로 이들 지역은 전국 평균(3.6%) 이상의 증가율을 보이고 있다. 특히 경산(-0.15%)과 고령(-1.73%) 2개 군은 감소 현상을 나타내고 있다.

인구밀도를 보면 경상북도는 총면적 18,988㎢(1,231方里)인데, 1㎢당 127명(1방리당 1,963명)으로 전국의 평균 인구밀도 1㎢당 95명(1방리당 1,471명)보다 높아 전국에서 6위에 해당한다. 대구부의 밀도가 10,084명으로 가장 높고 달성(208명), 경산(175명), 예천(161명), 울릉도(154명), 영일(149명), 김천(143명), 고령(140명), 상주(137명), 경주(136명), 선산(136명), 성주(132명), 칠곡(132명), 영천(131명), 청도(130명)가 경상북도의 평균 이상의 인구밀도를 보여준다. 그 밖에 영주(125명), 의성(119명), 영덕(106명), 안동(104명), 문경(103명), 청송(72명), 봉화(62명), 영양(60명)이 평균 이하의 군이다.

대체적으로 교통이 편리하고 경제 등이 발달한 지역은 인구가 조밀한데, 특히 대구지방에 근접하거나 낙동강 유역, 동해 연안 및 철도노선이 지나는 지역은 인구밀도가 높고 산간지역은 낮다. 그런데 일본인과 중국인(華僑)들은 교통이 편리하고 경제활동에 적합한 지역에 주로 집단적으로 거주하고 있다.

<표 3> 경상북도 행정구역별 인구 및 인구밀도

	면적(㎢)	인구		5년간 증가수	1930년의 인구밀도	여100명에 대한 남자수	
		1930년	1925년			1930년	1925년
大邱府	9.254	93,319	76,534	16,785	10,084.2	100.14	103.88
達成郡	744.645	154,623	148,507	6,116	207.6	101.96	103.00
軍威郡	591.799	60,450	60,147	303	102.1	99.74	102.11
義城郡	1,165.552	138,169	134,206	3,963	118.5	97.44	100.05
安東郡	1,532.014	158,669	152,570	6,099	103.6	102.13	105.34
靑松郡	844.589	60,385	60,007	378	71.5	103.04	106.50
英陽郡	797.856	48,189	46,778	1,411	60.4	107.23	109.33
盈德郡	742.640	78,479	74,604	3,875	105.7	102.75	107.39
迎日郡	1,132.391	168,934	167,666	1,268	149.2	104.85	109.87
慶州郡	1,323.796	180,100	172,257	7,843	136.0	103.84	104.80
永川郡	915.537	119,851	118,547	1,304	130.9	105.05	107.77
慶山郡	492.009	86,211	86,344	△133	175.2	102.26	104.21
淸道郡	690.817	89,953	89,793	160	130.2	100.68	102.28
高靈郡	383.890	53,761	54,705	△944	140.0	98.82	99.86
星州郡	621.103	82,005	81,712	293	132.0	100.45	101.65
漆谷郡	549.384	72,675	72,251	424	132.3	101.30	103.86
金泉郡	1,011.008	144,533	139,728	4,805	143.0	102.24	103.91
善山郡	572.365	77,811	73,687	4,124	135.9	101.67	101.30
尙州郡	1,260.869	172,271	167,454	4,817	136.6	101.45	105.06
聞慶郡	933.428	95,874	91,908	3,966	102.7	102.08	104.59
醴泉郡	665.060	107,234	102,078	5,156	161.2	100.83	102.13
榮州郡	661.667	82,797	76,703	6,094	125.1	103.55	105.72
奉化郡	1,273.670	79,238	74,394	4,844	62.2	104.81	106.96
鬱陵島	72.799	11,231	9,992	1,239	154.3	110.71	108.99
(慶北)	18,988.141	2,416,762	2,332,572	84,190	127.3	102.15	104.52

경북지방에 거주하는 일본인은 총 40,389명(남자 : 21,423, 여자 : 18,966)으로 대구에 19,426명이 거주하며 이는 경북에 거주하는 일본인의 48.1%에 해당한다. 그 다음이 영일 3,939명(9.8%), 경주 2,957명(7.3%), 김천 2,187명(5.4%), 상주 1,595명(3.9%), 달성 1,426명(3.5%) 순이다.

중국인은 총 2,452명(남자 : 2181, 여 : 271)으로 대표적인 집단거주지역은 역시 대구로서 792명이며, 경북지역 거주 중국인의 32.3%를 차지한다. 그 다음은 영일 213명(8.7%), 상주 170명(6.9%), 김천 165명(6.7%), 경주 138명(5.6%) 순이다.[1]

경북지방의 총인구를 남녀 구분하여 살펴보면 <표 4>와 같이 남자 1,221,259명, 여자 1,195,503명으로 여자 100명에 대해 남자는 102.2명으로 남자가 초과함을 볼 수 있다. 그러나 1925년에 비하면 남자의 초과 비율은 감소하고 있다.

<표 4> 경상북도 인구의 남녀 대비

연도	남자	여자	남자의 초과	여자100에 대한 남자
1925년	1,192,054	1,140,518	51,536	104.5
1930년	1,221,259	1,195,503	25,756	102.2

1925년에서 1930년까지 경북지방의 출생자와 사망자 수를 보면, <표 5>와 같이 출생한 남아는 215,407명이고 여아는 188,373명이며, 같은 기간 사망한 남자수는 118,997명, 여자수는 104,560명이다. 사망에 대한 출생의 초과가 남자는 96,410명이고 여자는 81,813명이다. 따라서 남자의 경우 자연증가 이외에 경북지방에서 타지역으로 이주하여 간(往住) 자가 타지역에서 경북지역으로 이주하여 온(來住) 자보다 67,205명이나 많으며, 여자의 경우도 26,628명이나 초과하고 있다. 요컨대 1925년에서 1930년까지 5년 동안 남녀 합하여 93,833명이 본도에서 타지역으로 이주해 갔다는 것은 당시 식민지하에서 이 지역의 생활 여건이 악화되어 가고 있다는 반증이다.

각 지역의 남녀 균형을 보면 울릉도가 여자 100명에 대하여 남자 110.7로 남자비율이 가장 높으며, 반대로 의성(97.44), 고령(98.82), 군위(99.74) 순으로 이들 3개 지역은 여자가 남자보다 비율이 높다.

---

1) 朝鮮總督府, 『朝鮮國勢調査報告』 6, 1930, 52쪽.

<표 5> 1925~1930년 출생자와 사망자수

성별	증가수	증가비율	출생수	사망수	사망에 대한 출생초과	來住에 대한 往住초과
남자	29,205	24.5%	215,407	118,997	96,410	67,205
여자	54,985	48.2%	186,373	104,560	81,813	26,828

총인구 2,416,762명을 연령에 따라 분석하면 <표 6>과 같이 14세 이하의 유년층이 40.8%에 해당하는 985,995명이고, 15세에서 59세까지의 생산연령층이 52.9%인 1,277,755명이며, 60세 이상의 노령층이 6.3%인 153,012명이다. 또한 남자는 여자에 비하여 유년층과 생산층이 많고 노년층은 적다. 특히 유년층은 여자 100명에 대하여 남자 106, 생산연령층 101.3, 노년층은 86.1 정도로 性比에서 유년층과 노년층은 심한 불균형을 보이고 있으며, 남자의 사망률이 상대적으로 높은 것을 알 수 있다.

<표 6> 연령별 남녀 비교

구분 / 연령	총수	남자	여자	여자100명에 대한 남자	각 인구 1,000명 중		
					총수	남자	여자
0~14세	985,995	507,445	478,550	106.04	408.0	415.5	400.3
15~59세	1,277,755	643,010	634,745	101.30	528.7	526.5	530.9
60세 이상	153,012	70,804	82,208	86.13	63.3	58.0	68.8
계	2,416,762	1,221,259	1,195,503	102.15	1,000	1,000	1,000

경북의 총인구 2,416,762명의 배우자 관계를 보면 <표 7>과 같이 미혼이 1,160,964명, 배우자가 있는 사람이 1,076,583명, 사별이 166,521명, 이혼이 12,694명으로 총인구의 48%가 미혼이며 사별 및 이혼이 7.4% 그리고 현재 배우자가 있는 사람은 44.6%이다. 남자는 여자에 비하여 미혼비율이 높다. 이혼에서는 그 비율이 약 세 배나 더욱 높다. 또한 배우자와 사별 후의 재혼의 경우에도 남자는 여자보다 두 배 이상이다. 이렇게 남녀 간의 비율에서 큰 차이를 보이는 것은 당시의 결혼연

령, 생존 연수, 사별 후의 재혼 여부, 남자의 축첩과 여자들의 재혼을 꺼리는 관습 등 여러 가지 요인이 있겠지만 주목할 부분이다.

<표 7> 배우자 관계

	총수	남자	여자	女100에 대한 男	각 인구 1,000명 가운데		
					총수	남자	여자
총 수	2,416,762	1,221,259	1,195,503	102.15	1,000	1,000	1,000
미 혼	1,160,964	644,846	516,118	124.94	480.3	527.9	431.7
유배우	1,076,583	518,011	558,572	92.74	445.5	424.2	467.2
사 별	166,521	48,920	117,601	41.60	68.9	40.1	98.4
이 혼	12,694	9,482	3,212	295.21	5.3	7.8	2.7

경북의 총인구에 대하여 그 출생지를 살펴보면 <표 8>과 같다.

2,416,762명 가운데 도내 출생이 2,302,169명(95.3%), 타도 출생이 83,236명(3.4%), 일본 출생(일본인 및 한국인으로 일본 태생 포함)이 28,475명(1.2%), 중국 등 기타 출생이 2,882명(0.1%)이다. 타도생의 대부분은 경상남도가 38,667명, 충청북도가 17,008명으로 가장 많은데 이들 2개 도 출신이 전체 타도생의 66.8%를 차지하고 있다. 이는 경상북도와 인접하고 있는 까닭이라 할 수 있다. 이어 강원도 8,812명, 경기도 5,067명 전라남도 3,257명, 전라북도 3,254명, 충청남도 3,108명, 평안남도 1,401명, 평안북도 1,122명, 함경남도 597명, 함경북도 212명 순이다.2)

한국인으로 일본에서 출생한 사람은 484명으로 주로 大阪(78명), 東京(60명), 福岡縣(52명), 愛知縣(45명), 京都(40명), 兵庫縣(34명) 등이다. 일본인으로서 경북에서 출생한 사람은 10,095명이고 일본인으로서 한국의 타도에서 출생한 사람은 2,130명이다. 경북 거주 전체 일본인 40,389명의 30.3%가 한국에서 태어난 셈이다.

---

2) 위의 책, 42쪽.

<표 8> 출생지별 인구분포

	총수	남자	여자	女100에 대한 男	각 인구 1,000명 가운데		
					총수	남자	여자
총　수	2,416,762	1,221,259	1,195,503	102.15	1,000	1,000	1,000
도내출생	2,302,169	1,165,968	1,136,201	102.62	952.6	954.7	950.4
타도출생	83,236	37,315	45,921	81.26	34.4	30.6	38.4
일본출생	28,475	15,553	12,922	120.36	11.8	12.7	10.8
기타출생	2,882	2,423	459	527.89	1.2	2.0	0.4

다음 도민들을 국적별로 보면, 총인구 2,416,762명 가운데 한국인이 2,373,856명(98.2%), 일본인이 40,389명(1.7%), 중국인이 2,452명(0.1%), 기타 외국인이 65명(미국인 29명, 프랑스인 12명, 독일인 8명, 영국인 5명, 사할린인 5명, 터키인 4명, 소련인 2명)이다.[3] 이것을 1925년의 국세조사 당시의 통계와 비교하여 보면, 1930년까지 5개년 동안 국적별 인구의 증가수는 일본인 3,005명(8.0%), 한국인 80,571명(3.5%), 중국인 606명(32.8%)으로 증가비율은 중국이 가장 높고 그 다음이 일본이다.

2) 도민들의 문맹률과 생업

경상북도에 거주하는 총인구 2,416,762명(남자 : 1,221,259, 여자 : 1,195,503) 가운데 한글만을 읽고 쓰기가 가능한 사람은 총 280,581명(남자 : 199,690, 여자 : 80,891)으로 전체 인구의 11.6%이고, 일본어(假名)만을 읽고 쓰기가 가능한 사람은 총 30,641명(남자 : 16,320, 여자 : 14,321)으로 전체 인구의 1.3%이다. 한글과 일본어 모두를 읽고 쓸 수 있는 사람은 총 119,758명(남자 : 103,961, 여자 : 15,797)으로 전체의 5% 정도를 차지한다. 반면 한글 및 일본어 어느 한쪽도 읽기와 쓰기가 불가능한 문맹자는 총 1,985,782명(남자 : 901,288, 여자 : 1,084,494)으로 전체 인구의 약 82%나 차지하고 있다. 이를 세분하여 보면 다음과 같다.

---

3) 위의 책, 64~65쪽.

경북에 거주하는 일본인은 총 40,389명(남자 : 21,423, 여자 : 18,966)으로 이들 가운데 한글과 일본어 모두를 읽고 쓸 수 있는 사람은 총 2,227명(남자 : 2,012, 여자 : 215)으로 전체 일본인의 5.5%이며, 일본어만 읽고 쓸 수 있는 사람은 29,602명(남자 : 15,485, 여자 : 14,117)으로 전체 일본인의 73.3%이다. 한글만 읽고 쓰기가 가능한 일본인은 한 사람도 없다. 따라서 일본어도 한글도 모두 읽고 쓰기가 불가능한 문맹자는 8,560명(남자 : 3,926, 여자 : 4634)으로 전체 일본인의 21.2%이다. 남자보다 여자의 문맹률이 높다.

경북 거주 한국인 총 2,373,856명(남자 : 1,197,616, 여자 : 1,176,240) 가운데 한글과 일본어를 모두 읽고 쓸 수 있는 사람은 117,494명(남자 : 101,914, 여자 : 15,580)으로 전체 한국인의 4.9%이고, 한글만 읽고 쓰기가 가능한 사람은 280,444명(남자 : 199,565, 여자 : 80,879)으로 전체 한국인의 11.8%, 그리고 한글은 모르면서 일본어만 읽고 쓸 수 있는 사람이 957명(남자 : 757, 여자 : 200)이다. 따라서 한글도 일본어도 읽고 쓰기가 불가능한 문맹자는 총1,974,961명(남자 : 895,380, 여자 : 1,079,581)으로 전체 한국인의 83.2%나 된다.[4] 한편 한문을 가르치는 한국의 독특한 교육기관인 서당은 경북도내에 총 537개 소이다. 이 곳의 훈장(교원)은 553명이며 학생수는 6,276명(남자 : 6,072, 여자 : 204)으로 사용 경비는 총24,930원(1930년도 현재)이다. 학생 1인당 평균 교육비는 연간 4원으로 영·호남 지방에서 가장 낮다.[5]

경상북도 도민들의 생활수단인 직업관계를 살펴보면, 먼저 직업을 가진 사람이 전체 인구의 43.6%인 1,052,464명이고 무직자가 56.4%인 1,364,298명이다. 다시 이를 남녀별로 구분하면 남자 가운데 59.6%, 여자는 27.1%가 직업을 가지고 있으며, 반대로 남자 40.4%, 여자 72.9%가 무직자로서 여자보다 남자가 직업을 가진 비율이 높다. 특히 무직

---

4) 위의 책, 76~83쪽.
5) 朝鮮總督府, 『調査月報』 2-8, 1930. 8, 84쪽.

자는 남자가 493,261명, 여자가 871,037명인데 여자 100명에 대하여 남자는 56.6명에 해당한다. 무직자의 94.1%인 1,283,928명이 從屬者로 가장 많으며, 그 다음이 학생으로 4.5%인 61,528명이다.

직업을 가진 1,052,464명은 농업이 83.4%로 가장 많으며, 상업 5.3%, 공업 4.7%, 공무원 및 자유업 1.4%, 家事使用人 1.3%, 기타 수산업, 광업, 교통업 등이다. 특히 가사 사용인과 공업 부분에서는 여성이 남성보다 높은 비율을 보이고 있다.

전체의 83.4%를 점하는 농업종사자 877,716명(남자 : 623,960, 여자 : 253,756)을 다시 세분하면, 농경 종사자 842,501명, 축산 종사자 1,577명, 잠업 종사자 31,912명, 임업 종사자 1,726명으로 농경 종사자가 가장 많다. 또한 경상북도에서 어업에 종사하는 사람은 6,274명으로 전체 직업을 가진 사람 중에서 0.6%를 차지하고 있다.[6]

농경 종사자 842,501명을 다시 세분하여 보면, 농경업주 351,529명, 농업관리인(舍音 포함) 및 직원 357명, 作男·女(농삿일 하는 남녀) 70,800명, 기타 농업노무자 8,955명, 農業手助(농삿일을 돕는 자) 403,405명, 火田경작업주 3,157명, 화전경작 노무자 4,272명, 식목 및 조경사 17명, 기타 농경종사자가 9명이다.

농경업주 351,529명 중 과수재배업주 184명을 제외하고 순수 농경업주 351,345명을 경영상의 지위에 따라 세분하면, 自作農이 29.4%인 103,142명, 自作兼小作農이 25%인 87,669명, 小作農이 45.6%인 160,534명이다.[7]

경북지방에 거주하는 한국인이 가장 많이 종사하는 직종은 ① 농삿일을 돕는 農業手助 403,405명(38.3%) ② 농경업주 351,529명(33.4%) ③ 作男·作女 70,800명(6.7%) ④ 일용노동자 26,804명(2.5%) ⑤ 양잠수조 22,488명(2.1%) ⑥ 물품판매업주 14,770명(1.4%) ⑦ 노점 및 행상

---

6) 朝鮮總督府,『朝鮮國勢調査報告』6, 98쪽.
7) 위의 책, 106쪽.

14,214명(1.3%) ⑧ 家事使用人(주인집에 입주) 13,216명(1.2%) ⑨ 기계공 9,744명(0.93%) ⑩ 기타 농업노무자 8,955명(0.85%) ⑪ 양잠업주 8,765명(0.83%) ⑫ 화전경작 종사자 7,429명(0.7%) ⑬ 여관 및 음식점 업주 6,060명(0.6%) 등의 순이다. 한국인만이 종사하는 특이한 직종은 火田耕作業主 3,157명, 화전경작 노무자 4,272명, 옹기장 427명, 冠網匠 및 笠子 655명, 짚신장 779명, 韓紙제조업주 56명, 조선주(주로 막걸리) 양조업주 388명, 조선주(주로 막걸리) 양조공 797명, 韓醫 309명이다.8)

경상북도에 거주하는 일본인 총 40,389명(남자 : 21,423, 여자 : 18,966) 중 직업을 가진 자는 17,329명으로 42.9%를 점한다. 유직자 중 상업에 종사하는 자가 5,360명(30.9%), 공무 및 자유업이 4,956명(28.6%), 공업 2,887명(16.7%), 농업 1,882명(10.9%), 교통업 1,196명(6.9%) 등이다. 藝妓(妓生)직 종사자가 150명인 것도 특이하다.

중국인은 2,452명(남자 : 2,181, 여자 : 271) 가운데 2,093명(85.4%)이 유직자인데 그 중 1,480명(70.7%)이 상업에 종사하며, 다음으로 농업 301명(14.4%), 공업 259명(12.4%) 등이다. 그들이 종사하는 직종은 주로 점원 681명, 직물 및 의류판매업주 217명, 작남·작녀 144명, 요리사 109명, 상업보조원 108명 등이다.

경북지방 전체의 무직자는 1,364,298명(남자 : 493,261, 여자 : 871,037)으로 총인구의 56,4%를 차지한다. 여자가 절대적으로 많다. 무직자 중 소작료를 받아서 생활하는 자는 무려 3,254명이나 된다. 그리고 학생이 61,528명이며 從屬者(종속된 가족)가 1,283,928명이다.9)

3. 경상남도

1) 인구분포 및 변동

---

8) 위의 책, 15~16쪽.
9) 위의 책, 190쪽.

1930년 10월 1일 현재 경상남도는 행정구역 2부(부산부·마산부)와 19군(진주·의령·함안·창녕·밀양·양산·울산·동래·김해·창원·통영·고성·사천·남해·하동·산청·함양·거창·합천)에 총인구는 2,135,716명으로 <표 1>과 같이 한국 총인구의 10.1%를 차지하고 있다.

이것은 1925년도의 간이국세조사 당시의 2,021,887명에 비하면 <표 2>와 같이 5년 동안 113,829명(5.6%)이 증가하였으며, 연평균 22,766명이 증가하여 증가비율은 전체 한국에서 11위에 해당한다. 1925년에서 1930년까지 출생자 수는 332,963명, 사망자 수는 201,563명으로 출생초과는 131,400명, 즉 연평균 26,280명의 자연증가를 보였지만, 한편 같은 기간 도내로 이주하여 온 자보다 타지역으로 떠나간 이주자가 3,514명이나 초과한 셈이다.

경상남도의 각 행정구역별 인구분포는 <표 9>와 같이 부산부가 146,098명으로 전체 도민의 6.8%이며, 마산부는 27,885명으로 1,3%이다. 군 가운데는 통영군이 161,772명(7.6%)으로 가장 높다. 이어 창원, 울산, 밀양, 진주, 합천, 김해, 동래 군이 10만 명 이상이고, 10만 명 이하는 창녕, 거창, 하동, 남해, 고성, 함안, 함양, 산청, 의령, 사천의 순이고 양산군이 43,959명으로 가장 적다.

1925년도의 조사와 비교하여 보면 부산은 37%, 마산은 21.9%의 증가율을 보이고 있지만, 군 단위에서는 동래(12%), 통영(9,2%), 양산(8.7%), 김해(8.7%), 남해(8%), 창원(5.9%) 경상남도 전체 평균 5.6%를 상회하고 기타 군은 증가비율이 적으며 특히 합천, 산청, 함안, 의령 이상 4개 군은 감소 추세를 보이고 있다.

경상남도의 인구밀도는 역시 <표 9>와 같이 면적 총 12,305㎢(798方里)에 1㎢당 평균 174명(1방리 2,677명)으로 한국의 평균 밀도 95명에 비하여 79명이나 높아 밀도 크기로는 2위이다. 1925년도의 밀도 164명에 비하여 10명이 증가한 셈이다. 부와 군별로 보면 부산은 4,345명, 마산은 2,870명, 통영 247명, 남해 240명, 창원 216명, 동래 198명,

김해 192명, 사천 186명, 함안 및 창녕 185명, 진주 184명이 경남의 평
균 이상의 밀도이며 기타 군은 평균 이하이다.

경상남도는 한국의 최남단에 위치하여 기후가 온화하고 해안선의
굴곡이 많은 거제와 남해 등 많은 섬이 있어 수륙교통이 편리하고 비
교적 산업이 발달한 지방으로서 인구가 조밀한 도이다. 그 가운데 특
히 항만·어항·평야·연해 지방인 부산·창원·통영·남해가 비교적
밀도가 높고, 산간지역인 양산·거창·함양·산청·합천·하동 등이

<표 9> 경상남도 행정구역별 인구 및 인구밀도

	면적(㎢)	인구		5년간 증가수	1930년의 인구밀도	여100명에 대한 남자수	
		1930년	1925년			1930년	1925년
釜山府	33.623	146,098	106,642	39,456	4,345.2	109.3	111.4
馬山府	9.717	27,885	22,874	5,011	2,869.7	101.4	102.7
晋州郡	706.241	129,581	128,436	1,145	183.5	100.2	103.1
宜寧郡	469.182	77,146	78,604	△1,458	164.4	99.6	102.3
咸安郡	448.669	83,121	84,793	△1,672	185.3	100.8	104.6
昌寧郡	530.105	97,924	95,583	2,341	184.7	100.6	103.7
密陽郡	799.244	134,635	127,782	6,853	168.5	103.4	105.4
梁山郡	485.839	43,959	40,425	3,534	90.5	105.0	102.0
蔚山郡	1,042.472	145,904	139,480	6,424	140.0	100.1	104.1
東來郡	535.966	105,962	94,640	11,322	197.7	99.8	100.9
金海郡	624.959	120,066	110,499	9,567	192.1	102.1	103.1
昌原郡	705.161	152,223	143,807	8,416	215.9	101.9	105.8
統營郡	654.264	161,772	148,127	13,645	247.3	101.3	104.9
固城郡	515.144	85,437	84,834	603	165.9	100.6	105.5
泗川郡	407.334	75,644	74,692	952	185.7	102.7	104.7
南海郡	359.675	86,136	79,744	6,392	239.5	99.8	101.6
河東郡	673.851	90,242	88,552	1,690	133.9	103.2	105.5
山淸郡	785.826	78,168	80,031	△1,863	99.5	101.4	105.4
咸陽郡	728.142	79,243	78,037	1,206	108.8	103.0	105.1
居昌郡	795.234	90,578	86,598	3,980	113.9	98.6	101.3
陜川郡	993.888	123,992	127,707	△3,715	124.8	97.3	101.0
(慶南)	12,304.536	2,135,716	2,021,887	113,829	173.6	101.6	104.2

비교적 밀도가 낮다.

경남지방에 거주하는 일본인은 총 88,560명(남자 : 46,510, 여자 : 42,050)으로 부산이 47,761명(53.9%)으로 가장 많고, 창원 7,368명 (8.3%), 통영 6,517명(7.4%), 마산 5,587명(6.3%), 울산 3,456명(3.9%), 동래 2,997명(3.4%), 김해 2,862명(3.2%), 진주 2,530명(2.9%) 순이다.

중국인 총 1,978명[남자 : 1,740(대만인 5명 포함), 여자 : 238] 가운데 역시 부산이 742명(37.5%)로 가장 많고, 그 다음이 김해 108명(5.5%), 밀양 107명(5.4%), 마산 102명(5.2%) 순이다.10) 경상남도 총인구를 남녀로 구분하여 보면 <표 10>과 같이 남자 1,076,193명, 여자 1,059,523명으로 여자 100명에 대하여 남자 101명이다. 1925년에 비하여 남자의 초과비율이 감소하고 있다.

<표 10> 경상남도 인구의 남녀 대비

연도	남자	여자	남자의 초과	여자 100에 대한 남자
1925년	1,031,510	990,377	41,133	104.2
1930년	1,076,193	1,059,523	16,670	101.6

1925년에서 1930년까지 5년 간 경남지방의 출생과 사망 관계를 보면 <표 11>과 같다.

출생한 남아는 176,161명, 여아는 156,802명이며, 사망한 남자는 107,932명, 여자는 93,631명으로 사망에 대한 출생 초과가 남자 68,229명, 여자 63,171명이다. 따라서 남자의 경우 자연증가 등을 고려할 때 경남지방에서 타지방으로 이주하여 가버린 자의 수가 타지방에서 경남지방으로 이주하여 온 자의 수보다 23,546명이나 많다. 그러나 여자의 경우는 반대로 타지방으로 이주하여 가버린 자보다 이주하여 온 자가 5,975명이나 많다. 남녀균형에 차이가 크다고 할 수 있겠다. 특히 부산지역은 남녀 균형의 차이가 가장 심하여 여자 100명에 대하여 남자

---

10) 朝鮮總督府, 『朝鮮國勢調査報告』 7, 1930, 52쪽.

109.3으로 남자 초과가 가장 크며, 이어 양산이 105, 밀양 103.4 등의 순이다. 반대로 합천은 여자 100명에 대하여 남자 97.3이고 이어 거창(98.6), 의령(99.6), 남해(99.8), 동래(99.8) 순으로 이들 4개 지역은 모두 여자보다 남자가 적은 지역이다.

<표 11> 1925~1930년 출생자와 사망자수

성별	증가수	증가비율	출생수	사망수	사망에 대한 출생초과	來住에 대한 往住초과
남자	44,683	43.3%	176,161	107,932	68,229	23,546
여자	69,146	69.8%	156,802	93,631	63,171	△5,975

경남의 총인구 2,135,716명을 연령에 따라 살펴보면 14세 이하의 유년층이 40.4%인 863,129명이고 15세에서 59세까지의 생산연령층이 52.7%인 1,124,872명, 60세 이상의 노령층이 6.9%인 147,715명이다. 남자는 여자에 비하여 유년층과 생산연령층의 비율이 높은 반면, 노년층은 낮다. 또한 유년층에서 남자는 여자 100명에 대하여 105.1, 생산연령층은 101.8명으로 남자가 초과이나 반대로 60세 이상의 노년층은 81.8로, 노년층 남자의 사망률이 대단히 높음을 알 수 있다. 남녀 성비에서 경북과 같이 유년층과 노령층이 심한 불균형을 보이고 있다.

<표 12> 연령별 남녀 비교

구분 / 연령	총수	남자	여자	여자100명에 대한 남자	각 인구 1,000명 중		
					총수	남자	여자
0~14세	863,129	442,210	420,919	105.06	404.1	410.9	397.3
15~59세	1,124,872	567,509	557,363	101.82	526.7	527.3	526.0
60세 이상	147,715	66,474	81,241	81.82	69.2	61.8	76.7
계	2,135,716	1,076,193	1,059,523	101.57	1,000	1,000	1,000

배우자 관계를 보면 <표 13>과 같다.

총인구 2,135,716명 가운데 미혼이 1,054,847명(49.4%), 배우자가 있는 사람이 921,845명(43.2%), 사별이 147,854명, 이혼이 11,170명이다. 남자는 여자에 비하여 미혼율이 상당히 높다. 이혼에서도 여자 100명에 대하여 남자는 183명 정도로 대단히 높다. 또한 배우자 사별 후 재혼에서도 남자는 여자에 비해서 세 배 정도나 높다.

<표 13> 배우자 관계

	총수	남자	여자	女 100에 대한 男	각 인구 1,000명 가운데		
					총수	남자	여자
총 수	2,135,716	1,076,193	1,059,523	101.57	1,000	1,000	1,000
미 혼	1,054,847	589,063	465,784	126.47	493.9	547.3	439.6
유배우	921,845	443,788	478,057	92.83	431.7	412.4	451.2
사 별	147,854	36,116	111,738	32.32	69.2	33.6	105.5
이 혼	11,170	7,226	3,944	183.22	5.2	6.7	3.7

경상남도 총인구 2,135,716명을 출생지별로 살펴보면 <표 14>와 같다.

도내 출생이 1,980,783명(92.7%), 타도생이 93,906명(4.4%), 일본 출생이 58,471명(2.7%), 그리고 기타 지역 출생이 2,556명(0.1%)이다. 타도 출생의 대부분은 인접도인 경상북도 57,280명과 전라남도 15,606명으로, 이상의 2개 도 출신이 전체 타도생의 77.6%를 차지하고 있다. 이어 전북 8,533명, 경기 4,184명, 충북 2,691명, 충남 2,069명, 강원 934명, 평남 713명, 함남 569명, 황해 520명, 평북 507명, 함북 300명의 순이다.11)

한국인으로 일본에서 출생한 사람은 모두 896명으로, 大阪 176명, 東京 137명, 福岡縣 104명, 兵庫縣 75명, 愛知縣 59명으로 많은 셈이다. 한편 일본인으로 경남도내 출신은 27,568명이고, 타도 출신은 3,002명으로 합해서 30,570명 즉, 경남 거주 전체 일본인 88,560명의 34.5%가 한국에서 태어난 자들이다.

---

11) 위의 책, 42쪽.

<표 14> 출생지별 인구분포

	총수	남자	여자	女 100에 대한 男	각 인구 1,000명 가운데		
					총수	남자	여자
총 수	2,135,716	1,076,193	1,059,523	101.6	1,000	1,000	1,000
도내출생	1,980,783	993,257	987,526	100.6	927.4	922.9	932.0
타도출생	93,906	48,853	45,043	108.4	44.0	45.4	42.5
일본출생	58,471	32,023	26,443	121.1	27.4	29.8	25.0
기타출생	2,556	2,055	501	410.2	1.2	1.9	0.5

경남도민들을 국적별로 보면, 총인구 2,135,716명 가운데 한국인 2,045,113명(95.8%), 일본인 88,560명(4.2%), 중국인 1,979명(0.1%, 대만인 6명 포함), 기타 외국인이 64명이다. 이것을 1925년도의 통계조사와 비교하여 1930년까지 5개년간의 인구증가율을 보면, 일본인 6,700명(8.2%), 한국인 107,112명(5.5%), 중국인 13명(0.7%)으로 일본인의 증가비율이 가장 높다.[12]

2) 도민들의 문맹률과 생업

경상남도에 거주하는 총인구 2,135,716명(남자 : 1,076,193, 여자 : 1,059,523) 가운데 한글만 읽고 쓰기가 가능한 사람은 총 219,497명(남자 : 175,874, 여자 : 43,623)으로 전체 인구의 13.1%이고, 일본어만 읽고 쓰기가 가능한 사람은 총 67,529명(남자 : 36,314, 여자 : 32,215)으로 전체 인구의 3.2%이다. 한글과 일본어 모두 읽기 쓰기가 가능한 사람은 총 131,346명(남자 : 110,875, 여자 : 20,471)으로 전체의 6% 정도이다. 반면 한글 및 일본어 어느 쪽도 읽고 쓰기가 불가능한 문맹자는 총 1,717,344명(남자 : 753,130, 여자 : 964,214)으로 전체 인구의 80% 정도를 차지하고 있다. 이를 세분하여 살펴보면, 경북에 거주하는 일본인 88,560명(남자 : 46,510, 여자 : 42,050) 가운데 한글과 일본어 모두를 읽고 쓸 수 있는 사람은 총 4,213명(남자 : 3,225, 여자 : 988)으로 전체 일

---

12) 위의 책, 11쪽.

본인의 4.8%이며, 일본어만 읽고 쓸 수 있는 사람은 65,532명(남자 : 34,642, 여자 : 30,890)으로 전체 일본인의 74%이다. 한글만 읽고 쓰기가 가능한 일본인은 물론 한 사람도 없다.

　따라서 일본어와 한글을 모두 읽고 쓰기가 불가능한 문맹자는 18,815명(남자 : 8,643, 여자 : 10,172)으로 전체 일본인의 21.2%이다. 남자보다 여자의 문맹률이 훨씬 높다.

　경남에 거주하는 한국인은 총 2,045,113명(남자 : 1,027,906, 여자 : 1,017,207)이다. 이 가운데 한글과 일본어를 모두 읽고 쓸 수 있는 사람은 127,085명(남자 : 107,609, 여자 : 19,476)으로 전체 한국인의 6.2%이고, 한글만 읽고 쓸 수 있는 사람은 219,392명(남자 : 175,784, 여자 : 43,608)으로 10.7%를 차지하고 있다. 한글은 모르면서 일본어만 읽고 쓸 수 있는 사람은 1,714명(남자 : 1,405, 여자 : 309)이다. 따라서 한글도 일본어도 읽고 쓸 수 없는 문맹자는 총 1,696,922명(남자 : 743,108, 여자 : 953,814)으로 전체 한국인의 83.0%나 된다.[13)]

　문맹률에서 경상남도와 북도의 한국인은 모두 83% 정도로 비슷하다. 그리고 이 곳에 거주하는 일본인도 수적으로는 남도가 북도보다 두 배 많지만, 문맹률은 21% 정도로 남·북도가 비슷하다. 그러나 경상남북도의 한국인들에게서 보이는 특이한 점은, 남도인들의 경우 한글만 읽고 쓸 수 있는 것이 북도보다 1% 정도 낮지만, 반대로 한글과 일본어를 모두 읽고 쓸 수 있는 비율에서는 북도인보다 1% 정도 높다는 것이다. 다시 말해서 경남인들이 경북인들보다 일본어를 숙지해 가는 정도가 보다 빠르다고 하겠다. 이는 일본과의 지리적인 관계나 일찍부터 부산항 등을 통해 일본인과 접촉 빈도가 높고, 남도인보다 더 보수적인 북도인의 성향 때문 등으로 보인다. 한편 경남지방에 소재한 서당은 총 290개 소로 훈장(교원수)은 291명이다. 학생은 3,447명(남자 : 3,382, 여자 : 65)이며 연간 경비는 총 20,603원이다. 학생 1인당 교육

---

13) 위의 책, 84~85쪽.

비는 연간 평균 6원이다.14)

경상남도 도민들의 생활수단인 직업관계를 살펴보면, 총인구 2,135,716명 가운데 직업을 가진 사람은 892,367명으로 41.8%를 차지하고 있으며 무직자는 1,243,349명으로 58.2%이다.

이를 남녀별로 보면, 남자가 58.7%, 여자는 24.7%만이 직업을 가지고 있다.

직업이 있는 사람을 다시 분류하여 보면, 농업이 651,208명(73.0%)으로 가장 많고 그 다음이 상업 64,268명(7.2%), 공업 56,532명(6.3%), 수산업 26,329명(3.0%), 공무 및 자유업 17,082명(1.9%), 가사 사용인 15,320명(1.7%), 교통업 11,916명(1.3%), 광업 525명(0.1%), 기타 직업을 가진 사람이 49,187명(5.5%)이다. 남녀 모두 농업에 종사하는 사람이 가장 많고 그 다음이 상업과 공업 순이다.

73%의 가장 높은 비율을 차지하는 농업종사자 651,208명(남자 : 476,695, 여자 : 174,513)을 다시 세분하여 보면, 농경종사자 639,998명, 축산종사자 1,435명, 잠업종사자 7,495명, 임업종사자 2,280명이다. 경상남도는 어업종사자가 26,329명으로 직업을 가진 사람 가운데 약 3%를 차지하고 있다.15)

농경종사자 639,998명을 다시 세분하면, 농경업주 281,372명, 농업 관리인 및 직원 207명, 농삿일 하는 남녀 52,985명, 기타 농업 노무자 1,375명, 농업조수 302,743명, 화전경작업주 615명, 화전경작 노무자 638명, 식목 및 조경사 55명, 기타 농경종사자 8명이다.

다시 농경업주 281,372명 가운데 과수재배업주 206명을 제외한 순수 농경업주 281,166명을 경영상의 지위에 따라 세분하면, 자작농이 21.9%인 61,586명, 자작 겸 소작인이 24.9%인 69,992명, 소작농이 53.2%인 149,588명이다.

---

14) 『調査月報』 2-8, 84쪽.
15) 朝鮮總督府, 『朝鮮國勢調査報告』 7, 106쪽.

경남지방에 거주하는 한국인이 가장 많이 종사하는 직종은 ① 農業手助 302,743명(33.9%) ② 농경업주 281,372명(31.5%) ③ 作男・作女 52,985명(5.9%) ④ 일용노동 44,742명(5.0%) ⑤ 어업노무 19,832명(2.2%) ⑥ 노점 및 행상 16,137명(1.8%) ⑦ 家事使用人(주인집에 입주) 15,021명(1.7%) ⑧ 물품판매업주 14,192명(1.6%) ⑨ 기계공 13,305명(1.5%) ⑩ 음식점 업주 9,078명(1.0%) 순이다. 또한 한국인만이 종사하는 특수한 업종은 火田경작업주(615명), 화전노무자(638명), 옹기장(262명), 冠綱匠 및 笠子(643명), 짚신장(587명), 韓紙製造業主(115명), 막걸리 제조업주(478명), 조선주(막걸리) 양조공(940명), 韓醫(402명) 등이다.16)

경남지방 거주 일본인 총 88,560명(남자 : 46,510, 여자 : 42,050) 가운데 직업을 가진 자는 총수의 43.9%인 38,858명이다. 상업에 종사하는 사람이 11,501명으로 가장 많아 29.6%를 점한다. 그 다음이 公務 및 자유업 7,536명(19.4%), 공업 7,136명(18.4%), 교통업 4,670명(12.4%), 농업 3,702명(9.5%), 수산업 2,540명(6.5%) 등의 순이다. 가장 많이 종사하는 직종을 보면, 商業手助 2,031명, 관리 1,726명, 農業手助 1,493명, 어업노무자 1,298명, 점원 1,252명, 해군 현역 하사관 및 사병 982명, 大工 940명, 가사 사용인 885명, 학교장 및 교직원 871명, 여관 및 음식점 종업원 766명 등이다. 특이한 것은 妓生(357) 및 娼妓(434)가 791명이나 된다는 점이다.

중국인은 총 1,978명(남자 : 1,740, 여자 : 238) 중 직업을 가진 자가 1,685명으로 전체 중국인의 85.2% 정도에 이른다. 이들은 대부분 상공업에 종사하는데, 상업 1,158명(68.7%), 공업 360명(21.4%)이다. 주요 직종을 보면 점원 486명, 직물 및 피복판매업주 175명, 요리사 102명 등이다.

경상남도의 전체 무직자는 1,243,349명으로 총인구의 58.2%를 점하

---

16) 위의 책, 15~16쪽.

며, 남자 444,988명, 여자 798,361명으로서 여자 100명당 남자 55.7명으로 여성 무직자가 훨씬 많다. 그 중 소작료 수입으로 생활하는 자가 2,674명이나 되며, 학생이 76,629명이고 무직자의 대부분은 從屬者로 1,147,483명(92.3%)이다.17)

4. 전라북도

1) 인구분포 및 변동

1930년 10월 1일 현재 전라북도의 행정구역은 1부(군산부) 14군(전주·진안·금산·무주·장수·임실·남원·순창·정읍·고창·부안·김제·옥구·익산)에 총인구는 1,503,695명으로 <표 1>과 같이 한국 총인구 21,058,305명에 대하여 7.14%를 점하여 전국적으로 8위에 해당한다. 이것은 1925년 조사 당시의 1,369,010명에 비하면 <표 2>와 같이 5개년 동안 134,685명(9.8%), 연평균 26,937명이 증가하여 증가비율 면에서는 전국적으로 5위를 차지한다.

1925년에서 1930년까지 출생자 수는 200,075명, 사망자 수는 111,732명으로, 출생 초과가 88,343명으로 연평균 17,669명이 자연증가한 셈이지만 앞의 인구증가수 26,937명과 비교해 보면 매년 같은 기간 도내로 이주해 온 사람보다 타지역으로 이주하여 간 사람이 9,268명이나 초과하고 있다. 전라북도의 각 행정구역별 인구분포는 <표 15>와 같이 군산부가 26,312명으로 전체 도민의 1.75%를 점한다. 그리고 군 가운데는 전주가 185,470명(2.17%)으로 가장 높다. 그 다음이 정읍, 익산, 김제, 남원, 고창, 옥구로 모두 10만 명 이상이며, 10만 명 미만은 부안, 임실, 금산, 순창, 진안, 장수, 무주 순이다.

1925년도의 조사와 비교하면 김제군이 23%로 가장 높고 군산이 22%, 옥구 20.9%, 부안 14.4%, 익산 12.9%, 전주 11.6%, 정읍 10.4%로

---

17) 위의 책, 16~19쪽.

서 전 도의 평균인 9.8% 이상 증가된 곳이며, 평균 이하의 증가율을 보인 곳은 고창(4.9%), 임실(4.3%), 금산(3.9%), 남원(3.8%), 순창(2.5%), 무주(2%), 진안(1.2%), 장수(0.3%) 순이다.

인구밀도 역시 <표 15>와 같이 전도 면적이 8,530㎢(553方里)로 1㎢당 평균 176명(1방리당 2,719명)으로, 이는 한국 전체 평균밀도 95명(1방리당 1,471명)보다 81명이나 높아 한국 제1위의 인구밀도를 보이고 있다. 이를 1925년의 밀도 161명(1방리 2,475명)과 비교하면 15명(1방리 244명)의 증가를 보인 셈이다. 각 부군별로 보면 군산부의 밀도가 8,532명으로 가장 높고, 다음이 김제 299명, 익산 286명, 옥구 275명, 정읍 238명, 부안 217명, 고창 195명, 전주 180명 순으로 본도의 평균 이상이다. 순창, 남원, 임실, 금산, 장수, 진안, 무주는 평균 이하의 밀도를

<표 15> 전라북도 행정구역별 인구 및 인구밀도

	면적(㎢)	인구		5년간 증가수	1930년의 인구밀도	여 100명에 대한 남자수	
		1930년	1925년			1930년	1925년
群山府	3.085	26,321	21,559	4,762	8,531.9	130.02	
全州郡	1,033.374	185,470	166,135	19,335	179.5	108.46	
鎭安郡	788.910	69,741	68,914	827	88.4	107.19	
錦山郡	576.375	72,962	70,173	2,789	126.6	103.91	
茂朱郡	629.123	51,573	50,535	1,038	82.0	106.18	
長水郡	531.955	52,512	52,357	155	98.7	107.18	
任實郡	592.570	79,789	76,531	3,258	134.6	107.62	
南原郡	771.019	113,069	108,882	4,187	146.6	103.41	
淳昌郡	478.282	72,254	70,465	1,789	151.1	100.33	
井邑郡	694.982	165,444	149,873	15,571	238.1	105.57	
高敞郡	591.490	115,020	109,664	5,356	194.5	104.56	
扶安郡	414.120	89,845	78,554	11,291	217.0	106.22	
金堤郡	504.347	150,791	122,315	28,476	299.0	110.18	
沃溝郡	385.278	105,886	87,550	18,336	274.8	109.58	
益山郡	535.349	153,018	135,503	17,515	285.8	107.89	
(全北)	8,530.259	1,503,695	1,369,010	134,685	176.3	106.99	

보이고 있다. 이상의 인구밀도를 보면, 토지가 비옥하고 교통이 편리하고 경제가 발달한 지역의 인구밀도가 조밀하다. 군산부와 그 인접 지역, 평야, 하천의 유역, 연안지역, 철도 연변의 김제, 옥구, 정읍, 전주, 고창이 그 대표적인 예이다. 그러나 산악지역인 순창, 남원, 임실, 장수, 무주 등은 밀도가 아주 낮다.

전북지방에서 거주하는 일본인은 총32,747명(남자 : 16,809, 여자 : 15,938)으로 그 가운데 군산부에 8,707명(26.6%), 전주 6,470명(19.8%), 익산 5,729명(17.4%), 옥구 2,935명(9%), 김제 2,769명(8.5%), 정읍 2,405명(7.3%)이 거주하고 있어 일본으로 농산물이 많이 반출되는 군산항을 비롯하여 일본인 대지주가 경작지를 많이 소유하고 있는 평야지대에 일본인들이 집단적으로 밀집되어 있다. 그 밖의 군에서는 천 명 미만의 소수의 일본인이 거주하고 있다.

중국인은 총3,297명(남자 : 2,950, 여자 : 347) 가운데 군산에 718명(21.8%), 전주 505명(15.6%), 익산 361명(10.9명), 김제 323명(9.8명), 옥구 288명(8.7%)이 거주하고 있으며 기타 군지역에는 200명 미만 정도가 거주하고 있다.[18]

전라북도의 총인구를 남녀로 구분하면 <표 16>과 같이 남자 777,250명, 여자 726,445명이다. 여자 100명에 대하여 남자 107명으로 남자의 비율이 현저하게 높다.

<표 16> 전라북도 인구의 남녀 대비

연도	남자	여자	남자의 초과	여자 100에 대한 남자
1925년	709,521	659,489	50,032	107.6
1930년	777,250	726,445	50,805	107.0

1925년에서 1930년까지 본도의 출생과 사망 관계를 보면 <표 17>과

---

18) 위의 책, 38~47쪽.

같다. 출생한 남아는 109,350명, 여아는 90,725명이며, 사망한 남자는 60,759명, 여자는 39,752명으로 사망에 대한 출생초과가 남자 48,591명, 여자 39,752명이다. 또한 남자의 경우 전북지방에서 타지방으로 이주하여 가버린 자의 수가 타지방에서 전북지방으로 이주하여 온 자보다 19,138명이 더 많으며, 여자 역시 이주하여 온 자보다 가버린 자가 27,204명이나 많다. 이것이 남녀의 균형에 차이를 초래하고 있음을 알 수 있다.

<표 17> 1925~1930년 출생자와 사망자수

성별	증가수	증가비율	출생수	사망수	사망에 대한 출생초과	來住에 대한 住住초과
남자	67,729	95.5%	109,350	60,759	48,591	19,138
여자	66,956	101.5%	90,725	50,973	39,752	27,204

남녀 성비에서 고창군만이 균등하고 기타 지역은 대체로 여자에 비해서 남자가 많다. 차이가 가장 심한 곳은 군산으로 <표 15>에서 본 바와 같이 여자 100명당 남자 130명 정도이며, 이어 김제(110.18), 익산(109.58), 전주(108.46), 익산(107.89), 임실(107.62), 진안(107.19), 장수(107.18) 지역의 순으로, 이들 지역은 전라북도의 평균치인 여자 100명당 107명을 초과하고 있다.

전북의 총인구 1,503,695명을 연령에 따라 비교하면 <표 18>과 같이 14세 이하가 600,144명으로 전체의 39.9%를 차지하고 있으며, 생산연

<표 18> 연령별 남녀 비교

연령 \ 구분	총수	남자	여자	여자100명에 대한 남자	각 인구 1,000명 중		
					총수	남자	여자
0~14세	600,144	309,443	290,701	106.45	399.1	398.1	400.2
15~59세	822,411	430,714	391,697	109.96	546.9	554.2	539.2
60세 이상	81,140	37,093	44,047	84.21	54.0	47.7	60.6
계	1,503,695	777,250	726,445	106.99	1,000	1,000	1,000

령충인 15세에서 59세까지가 822,411명으로 54.7%, 60세 이상의 고령자가 81,140명으로 5.4%를 차지하고 있다. 이를 남녀별로 보면 남자가 여자에 비해 생산층(15~59세)과 유년층(14세이하)의 비율이 높아 각각 여자 100명당 110명과 106명으로 남자 초과를 보이고 있으며, 반대로 노년층(60세 이상)은 여자 100명당 남자 84명으로 여자 초과를 보여 남자의 사망률이 여자보다 높다고 하겠다. 배우자 관계를 보면 <표 19>와 같다.

<표 19> 배우자 관계

	총수	남자	여자	女100에 대한 男	각 인구 1,000명 가운데		
					총수	남자	여자
총 수	1,503,695	777,250	726,443	106.99	1,000	1,000	1,000
미 혼	704,251	399,638	304,613	131.20	468.3	514.2	419.3
유배우	681,429	336,336	345,093	97.46	453.2	432.7	475.0
사 별	106,842	32,476	74,366	43.67	71.1	41.8	102.4
이 혼	11,173	8,800	2,373	370.84	7.4	11.3	3.3

전북도민의 배우 관계는 미혼이 704,251명, 배우자가 있는 사람이 681,429명, 사별이 106,842명, 이혼이 11,173명으로 총인구 1,503,695명에 대하여 미혼이 46.8%, 유배우자가 45.3%, 사별이 7.1%, 이혼이 0.7%이다. 남녀별로 구분하여 비교하면 남자는 여자에 비해서 미혼 비율이 30% 정도 높으며 이혼은 약 세 배 정도나 높다. 그러나 사별에서는 남자가 여자의 절반에도 미치지 못한다.

전북도민의 출생지를 보면 <표 20>과 같이 도내 출생이 1,349,077명(89.7%), 타도 출생이 128,869명(8.6%), 일본 출생이 22,392명(1.5%), 기타 지역 출생이 3,357명(0.2%)이다. 타도 출생의 대부분은 인접도인 전라남도 출생이 52,155명으로 전체 타도생 128,869명의 40.5%를 점하고 있으며, 이어 충청남도 31,750명(24.6%), 경상남도 17,663명(13.7%) 순으로 이상 3개 도 출생이 전체 타도생의 78.8%를 차지하고 있다. 그

<표 20> 출생지별 인구분포

	총수	남자	여자	女100에 대한 男	각 인구 1,000명 가운데		
					총수	남자	여자
총 수	1,503,695	777,250	726,445	106.99	1,000	1,000	1,000
도내출생	1,349,077	699,968	649,109	107.84	927.4	922.9	932.0
타도출생	128,869	62,620	66,249	94.52	44.0	45.4	42.5
일본출생	22,392	11,682	10,710	109.08	27.4	29.8	25.0
기타출생	3,357	2,980	377	790.45	1.2	1.9	0.5

뒤를 이어 경상북도 9,801명(7.6%), 충청북도 7,622명(5.9%), 경기도 5,511명((4.3%), 황해도 1,168명, 평안남도 1,085명, 강원도 937명, 평안북도 705명, 함경남도 344명, 함경북도가 128명이다.[19]

타도 출생 비율 8.6%는 경북의 3.4%, 경남의 4.4%에 비교하면 두 배 이상 높은 것으로서, 당시 곡창지대인 전라북도의 경제적인 여건과 관계가 깊은 것으로 생각된다. 그리고 한국인으로서 일본에서 출생한 자는 총 132명으로 東京 22명, 大阪 25명, 兵庫縣 9명 등이며, 일본인으로 전북도내에서 출생한 자는 8,623명이고 한국의 타도에서 출생한 자는 1,720명이다. 따라서 전북거주 전체 일본인 32,747명 중 31.6%가 한국에서 출생한 셈이며, 26.3%가 전라북도에서 출생하였다.

전라북도 총인구를 다시 국적별로 보면 1,503,695명 중 한국인 1,467,604명(97.6%), 일본인 32,747명(2.2%), 중국인 3,298명(대만인 1명 포함), 미국인 37명, 캐나다인 3명, 기타 외국인이 6명이다. 이를 1925년도의 통계와 비교하면 1930년까지 5년 동안 중국인은 1,094명 증가로 49.7%, 일본인이 6,410명 증가로 24.3%, 한국인이 127,174명 증가로 9.5%의 증가율을 보였으며 기타는 미미하다.[20]

2) 도민들의 문맹률과 생업

---

19) 위의 책, 28~33쪽.
20) 위의 책, 9~10쪽.

전라북도에 거주하는 총인구는 1,503,695명(남자 : 777,250, 여자 : 726,445)으로 한글만 읽고 쓸 수 있는 사람은 227,352명(남자 : 176,738, 여자 : 50,614)으로 총인구의 15.1%이고, 일본어만 읽고 쓸 수 있는 사람은 23,746명(남자 : 11,944, 여자 : 11802)으로 1.6%이다. 그리고 한글과 일본어를 모두 읽고 쓸 수 있는 사람은 83,905명(남자 : 72,925, 여자 : 10,980)으로 전체 인구의 5.6%이다. 반면 한글과 일본어 어느 한 쪽도 읽고 쓸 수 없는 문맹자는 1,168,692명(남자 : 515,643, 여자 : 653,049)으로 전체 인구의 77.7%를 차지하고 있다. 남녀별로 보면 남자의 문맹률은 전체 남자의 66.3%, 여자의 문맹률은 89.9%이다.

이것을 한국인과 일본인 별로 구분하여 보면, 한국인 1,467,604명(남자 : 757,469, 여자 : 710,135) 가운데 한글과 일본어를 읽고 쓸 수 있는 사람은 82,013명(남자 : 71,311, 여자 : 10,702)으로 전체 한국인의 5.6%이다. 그리고 한글을 읽고 쓸 수 있는 사람은 227,265명(남자 : 176,665, 여자 : 50,600)으로 15.5%이다. 또한 일본어만 읽고 쓸 수 있는 자는 16명(남자 : 7, 여자 : 9)이다. 따라서 한국인으로서 한글도 일본어도 모르는 문맹자는 총1,158,310명(남자 : 509,486, 여자 : 648,824)으로 전체 한국인의 78.9%를 점하고, 특히 여자의 문맹률은 91.4%로서 남자의 문맹률 67.3%보다 훨씬 높다. 이러한 수치는 경상남북도의 문맹률 83%에 비하면 4%나 낮은 것이다. 당시 전북지방에서 경제의 중심지는 군산부였다. 군산항은 일본으로 반출되는 쌀의 집산지이자 교역의 중심지로서 전북지방 거주 일본인의 약 27%가 이 지역에 밀집되어 있었다. 이 지역의 6세 이상 한국인 14,148명 가운데 한글 및 일본어를 읽고 쓸 수 있는 자가 3,368명으로서 비교적 높은 비율(23.8%)을 보인 것도 일본인과의 경제활동으로 접촉 빈도가 높았기 때문이다. 같은 맥락에서 경상남·북도 지방과 비교해 보면, 한글의 읽기와 쓰기에서는 전북지방이 5%나 높지만, 일본어에서는 반대로 1% 정도가 낮다.

전북지방에 거주하는 일본인 32,747명(남자 : 16,808, 여자 : 15,938)

가운데 한글과 일본어를 모두 읽고 쓸 수 있는 사람은 1,869명(남자 : 1,597, 여자 : 272)으로 5.7% 정도이며, 일본어만 읽고 쓸 수 있는 사람은 23,662명(남자 : 11,870, 여자 : 11,792)으로 72.3%를 점한다. 한글도 일본글(假名)도 모두 읽고 쓸 수 없는 문맹자는 7,216명(남자 : 3,342, 여자 : 3,874)으로 전체 일본인의 22%를 차지한다.[21]

한편 전북지방의 서당 교육 실태를 보면, 총 580개 소에 훈장(교원)이 587명, 학생수는 5,133명(남자 : 5,030, 여자 : 103)이며 연간 경비는 45,314원이다. 학생 1인당 연간 교육비는 9원으로 영・호남 지방에서는 가장 높아 경북의 두 배가 넘는다.[22]

전라북도 도민들의 직업을 보면, 총인구 1,503,695명 가운데 직업을 가진 사람은 723,468명(남자 : 468,845, 여자 : 254,623)으로 48.1%이며, 무직자는 780,227명(남자 : 308,405, 여자 : 471,822)으로 51.9%를 차지하고 있다. 남자 가운데 직업을 가진 비율은 60.3%, 여자는 35.1%이다. 전체 인구에서 직업을 가진 자의 비율은 경북 43.6%, 경남 41.8%에 비하면 아주 높아 실업률이 경상북도의 56.4%, 경상남도의 58.2%보다 약 4~6% 정도 낮은 셈이다. 반면 전북의 직업을 가진 자의 이 비율은 전남의 54.3%에 비하면 6% 정도나 낮다.

직업이 있는 사람(723,468명)을 크게 분류하여 보면, 농업이 80.7%(583,711명)로 가장 높으며 공업 7%(50,462명), 상업 4.8%(34,768명), 가사 사용인 2%(14,137명), 공무 및 자유업 1.3%(9,607명), 교통업 0.7%(4,979명), 수산업 0.3%(2,168명), 광업 349명(0.05%) 그리고 기타 직업이 3.2%(23,287명)이다. 남자는 농업과 상업, 공업에 종사하는 순이며, 여자는 농업과 공업 그리고 상업 순위로 많이 종사하고 있다. 특히 공업에서는 남자 20,894명에 비해 여자 29,568명으로 여자 100명에 대해 남자는 71명 정도에 불과하다.[23]

---

21) 위의 책, 60~61쪽.
22) 『調査月報』 2-8, 84쪽.

이것은 방직공업의 특성상 여성종사자가 많았기 때문이다.

80.7%의 가장 높은 비율을 차지하고 있는 농업인구 583,711명(남자 : 388,940, 여자 : 194,771)을 다시 세분하면, 농경종사자 564,722명, 축산종사자 382명, 잠업종사자 16,246명, 임업종사자 2,361명이다. 농경종사자 564,722명을 좀더 세분하면, 농경업주 222,437명, 농업 관리인 및 직원 369명, 농삿일 하는 남녀(作男·作女) 42,568명, 기타 농업 노무자 18,137명, 농업 돕는 이(農業手助) 276,357명, 화전경작업주 2,049, 화전경작 노무자 2,765명, 식목 및 조경사 14명, 기타 농경종사자 26명이다. 농경업주 222,437명 가운데 과수재배업주 41명을 뺀 순수 농경업주 222,396명을 경영적인 면에서 구분하면, 자작농 18,881명(8.5%), 자작 겸 소작농 28,927명(13%), 소작농 174,588명(78.5%)이다. 특이한 것은 소작농이 무려 78.5%로서 경북의 45.6%, 경남의 53.2%, 전남의 49.8% 보다 크게 높은 비율을 점하고 있다는 점이다. 이는 한국의 대표적인 곡창지대인 전북지방에서 일본인 대농장의 토지집적이 집중적으로 이루어진 데 기인한다.

전북도민의 직업 가운데 가장 많이 종사하는 직종은 ① 農業手助 276,357명(38.2%) ② 농경업주 222,437명(30.8%) ③ 농삿일 하는 남녀 (作男·作女) 42,568명(5.9%) ④ 일용노동 21,288명(2.9%) ⑤ 기타 농업노무 18,137명(2.5%) ⑥ 기계공 13,338명(1.8%) ⑦ 가사 사용인 13,102명(1.8%) ⑧ 養蠶手助 12,154명(1.7%) ⑨ 물품판매업주 9,096명 (1.3%) ⑩ 木竹草類製造從事 9,019명(1.3%) ⑪ 노점 및 행상 8,904명 (1.2%) ⑫ 직물업주 5,137명(0.7%) 순이다.

한국인의 특수 직종은 화전경작업주 2,049명, 화전경작노무자 2,765 명, 옹기장 558명, 冠網匠 및 笠子 631명, 짚신장 558명, 한지 제조업주 219명, 조선주 제조업주 219명, 조선주 제조공 486명, 한의 135명이다.24)

---

23) 『朝鮮國勢調査報告』 4, 64~65쪽.

전북에 거주하는 일본인의 직업 관계를 보면, 총 32,747명(남자 : 16,809, 여자 : 15,938) 가운데 직업 있는 자는 13,587명(41.5%)이고, 농업에 종사하는 자가 3,081명(22.6%), 상업 3,947명(29.2%), 공무 및 자유업 2,915명(21.4%), 공업 2,165명(16%) 등이다. 주목되는 것은 농업 종사자 중 638명(4.7%)이 米作을 하는 자작농이라는 점이다. 그리고 藝妓(妓生) 노릇을 하는 일본인이 128명(0.9%)인 것도 특이하다.

중국인은 총 3,298명(남자 : 2,951, 여자 : 347) 중 2,821명(85.5%)이 직업을 갖고 있는바, 상업 1,657명(58.7%), 농업 534명(18.9%), 공업 423명(15%) 등이다.

전북지방의 무직자는 780,227명(남자 : 308,405, 여자 : 471,822)으로 전체 인구의 51.%에 해당한다. 이들은 주로 종속된 가족(719,775명)이거나 학생 신분(55,561명)으로 전체 무직자의 97.4%를 차지하고 있다. 무직자를 남녀별로 구분하여 보면 60.5%가 여성이다.

무직자 중에는 소작료를 받아서 생활하는 자가 545명, 일제의 은사금 등의 수입에 의한 자가 72명, 기타 부동산 임대 등으로 생활하는 자도 133명이다.[25] 전북지방의 무직률은 경북의 56.4%, 경남의 58.2%에 비하면 51.9%로 낮은 비율을 보이나 전남지방의 45.8%에 비하면 높은 수준이다.

5. 전라남도

1) 인구분포 및 변동

1930년 10월 1일 현재 전라남도의 행정구역은 1부(목포부) 21군(광주·담양·곡성·구례·광양·여수·순천·고흥·보성·화순·장흥·강진·해남·영암·무안·나주·함평·영광·장성·완도·진도) 1도(당시에는 제주도가

---

24) 위의 책, 14쪽.
25) 위의 책, 16쪽.

전남에 소속되었다)에 총인구는 2,332,256명이다. <표 1>에서 살펴본 바와 같이 한국의 총인구 21,058,305명의 11.5%에 해당하는 높은 인구 비율로, 전국적으로 2위에 해당한다. 1위인 경북보다 84,506명이 적지만, 연평균 인구증가율은 16.1%로 경북의 7.1%에 비해 약 9%나 높다.

이것은 1925년 간이국세조사 당시의 2,158,513명에 비하면 <표 2>와 같이 5개년 간에 173,743명(8.1%), 연평균 34,749명이 증가하여 증가비율 면에서는 전국적으로 6위이다.

1925년에서 1930년까지 5년 간 출생수는 339,929명, 사망수는 157,000명으로서 출생초과는 182,929명, 연평균 36,586명이 자연증가한 셈이지만, 같은 기간에 도내로 이주하여 온 사람보다 타도로 이주하여 가버린 사람이 9,186명이나 초과하고 있다. 이러한 초과 현상은 영남지방(경상남북도)이나 호남지방(전라남북도) 모두 같은 현상으로, 식민지 경제정책에 따른 농촌경제의 파탄으로 인한 도민들의 생활고 때문이다. 전라남도의 각 행정구역별 인구분포를 보면 다음 <표 21>과 같다.

목포부는 34,689명으로 전도 인구의 1.5%를 차지하고 있으며 제주도는 208,331명(9.0%), 무안군이 190,592명(8.2%)으로 높으며 나주, 광주, 순천, 고흥, 해남, 여수, 화순, 보성군이 10만 명 이상이고, 나머지 군은 모두 10만 명 이하이며 특히 구례군은 53,369명으로 가장 적다.

1925년도와 인구증가율을 비교해 보면, 목포부가 29.8%로 가장 높고, 광주(16.9%), 여수(16.5%), 완도(13.2%), 무안(12.4%), 보성(11.5%), 나주 10.3%), 영광(9.7%), 진도(8.8%), 해남(8.5%)이 전남의 평균 8.1% 이상의 증가율을 보이고 있다. 평균 이하의 군은 광양(7.8%), 강진(7.1%), 고흥(6.3%), 장성(6.2%), 영암(5.5%), 함평(5.4%), 담양(5.0%), 구례(4.7%), 화순(3.1%), 순천(3.1%), 제주도(1.5%), 곡성(1.5%) 순이다.

인구밀도 역시 전체 면적 13,887㎢(900方里)에 1㎢당 평균 168명(1

<표 21> 전라남도 행정구역별 인구 및 인구밀도

	면적(km²)	인구		5년간 증가수	1930년의 인구밀도	여100명에 대한 남자수	
		1930년	1925년			1930년	1925년
木浦府	2.468	34,689	26,718	7,971	14,055.5	118.83	118.03
光州郡	397.771	134,843	115,371	19,472	339.0	105.41	108.08
潭陽郡	452.062	88,030	83,871	4,159	194.7	103.41	104.17
谷城郡	560.797	75,177	74,242	935	134.1	101.59	104.82
求禮郡	440.032	53,369	50,996	2,373	121.3	103.50	104.93
光陽郡	422.449	59,748	55,448	4,300	141.4	102.47	105.14
麗水郡	483.063	109,561	94,015	15,546	226.8	105.35	102.07
順天郡	836.569	123,831	120,122	3,709	148.0	103.33	104.37
高興郡	713.644	118,824	111,836	6,988	166.5	98.56	101,62
寶城郡	701.305	102,166	91,611	10,555	145.7	105.97	103.95
和順郡	788.294	106,149	102,953	3,196	134.7	102.81	103.26
長興郡	576.992	85,128	80,143	4,985	147.5	102.22	102.03
康津郡	468.719	71,968	67,199	4,769	153.5	98.78	98.23
海南郡	828.549	116,489	107,339	9,150	140.6	99.87	101.57
靈巖郡	480.904	83,890	79,554	4,336	174.4	101.73	103.05
務安郡	1,015.481	190,592	169,597	20,995	187.7	99.28	102.01
羅州郡	700.842	165,719	150,207	15,512	236.5	103.55	105.29
咸平郡	381.114	80,054	75,957	4,097	210.1	102.95	104.31
靈光郡	431.394	91,968	83,866	8,102	213.2	106.55	110.23
長城郡	523.935	94,103	88,587	5,516	179.6	104.33	106.50
莞島郡	401.627	78,338	69,213	9,125	195.1	98.00	98.88
珍島郡	417.513	59,289	54,474	4,815	142.0	99.07	101.04
濟州島	1,861.923	208,331	205,194	3,137	111.9	85.85	86.95
(全南)	13887.447	2,332,256	2,158,513	173,743	167.9	100.96	102.10

방리당 2,590명)으로 전체 한국의 평균 95명에 비하면 73명이나 높은 밀도를 보여주며 인구밀도의 크기로는 한국 5위에 해당한다. 1925년의 밀도 155명에 비하면 13명이나 증가한 것이다. 특히 목포의 밀도는 14,056명으로 다른 군지역에 비해서 현저하게 높으며 한국의 전체 14개 부(府) 가운데 제1위를 차지하고 있다. 항구도시 목포는 당시 일본과의 교역으로 각지에서 쌀을 비롯한 농산물이 집산되던 곳으로, 경제

516 실학사상연구 12

적인 번성에 따라 가난한 농촌지역 인구가 이동한 데 기인한 것이다.

그 다음으로는 광주(339명), 나주(237명), 여수(227명), 함평(210명), 완도(195명), 담양(195명), 무안(188명), 장성(180명), 영암(174명) 순으로 모두 전라남도의 평균 이상의 밀도에 해당하는 군이다. 그 밖의 고흥, 강진, 순천, 장흥, 보성, 진도, 광양, 해남, 화순, 곡성, 구례, 제주도는 평균 이하의 지역이다. 전남지방은 항만, 어항, 그리고 철도가 통과하는 지역인 목포, 광주, 나주,함평, 여수, 완도 등의 인구밀도가 높으며, 주로 산간지역에 해당하는 화순, 곡성, 구례지역이 낮다.

전남지방에 거주하는 일본인은 총 40,986명(남 : 21,589, 여 : 19,397)으로 광주군(8,177명), 목포부(7,922명), 나주군(3,779명), 여수군(3,691명)에 전체 일본인의 57.5%가 거주하고 있다. 그리고 담양(1,089명), 순천(1,453명), 고흥(1,040명), 보성(1,330명), 장흥(1,086명), 해남(1,337명), 무안(1,422명), 함평(1,007명), 장성(1,068명), 제주(1,662명)에 1천 명 이상이 거주하고 있으며, 기타 지역은 1천 명 미만의 지역이다.

중국인 역시 광주(446명), 목포(417명), 보성(392명), 여수(287명)에 200명 이상이 거주하고 있어 전체 중국인의 55.7%가 이 지역에 거주하고 있는 셈이다. 기타 지역은 200명 미만의 지역이다.26)

전남지방의 총인구를 남녀별로 구분하면 <표 22>와 같이 남자 1,171,720명, 여자 1,160,536명, 여자 100명에 대하여 남자 101명 정도로서 비교적 균형을 이루고 있다. 그러나 5년 전인 1925년도의 통계는 남자가 102명이었던바, 남자의 초과비율이 감소되고 있음을 알 수 있다.

<표 22> 전라남도 인구의 남녀 대비

연도	남자	여자	남자의 초과	여자 100에 대한 남자
1925년	1,090,485	1,068,028	22,457	102.10
1930년	1,171,720	1,160,536	11,184	100.96

---

26) 위의 책, 50~57쪽.

　1925년에서 1930년까지 5개년 간 전남지방의 출생자수와 사망자수
는 <표 23>과 같다. 출생한 남아가 181,570명, 여아가 158,359명이고,
같은 기간에 사망한 남자는 84,128명, 여자는 72,872명이다. 따라서 사
망에 대한 출생의 초과는 남자가 97,442명, 여자가 85,487명이다. 또한
남자의 경우 전남지방에서 타지역으로 이주하여 가버린 사람보다 타
지역에서 전남지방으로 이주하여 온 사람이 16,207명이나 초과한 상태
이지만, 여자의 경우는 반대로 타지역으로 가버린 사람보다 전남지방
으로 이주하여 온 사람이 7,021명이나 많다. 이러한 현상은 경상남도의
경우와 유사하다.

<표 23> 1925~1930년 출생자와 사망자수

성별	증가수	증가비율	출생수	사망수	사망에 대한 出生초과	來住에 대한 往住초과
남자	81,235	74.5%	181,570	84,128	97,442	16,207
여자	92,508	86.6%	158,359	72,872	85,487	△7,021

　각 행정구역의 남녀 균형관계를 보면 목포가 여자 100명에 대하여
남자 118.8명으로 도내에서 남자의 초과가 가장 높으며, 영광 106.6명,
보성 106.0명, 광주 105.4명, 여수 105.4명, 장성 104.3명으로 도내 평균
인 101명 이상을 초과한 지역이다. 그러나 해남 99.9명, 무안 99.3명, 진
도 99.1명, 강진 98.8명, 고흥 98.6명, 완도 98.0명, 제주도 85.9명으로 도
서지방과 해안지방은 여자의 초과현상이 뚜렷하여 남녀성비의 불균형
이 심한 지역이다.
　총인구 2,332,256명을 연령에 따라 3등분 하여 보면 14세 이하 유년
층이 40.1%인 936,160명(남자 : 481,180, 여자 : 454,980)이며, 15세에서
59세까지의 생산연령층이 53.5%인 1,248,301명(남자 : 626,679, 여자 :
621,622)이다. 그리고 60세 이상의 노년층이 6.3%인 147,795명(남자 :
147,795, 여자 : 83,934)으로 5년 전인 1925년에 조사한 통계와 비교하

<표 24> 연령별 남녀 비교

구분 연령	총수	남자	여자	여자100명에 대한 남자	각 인구 1,000명 중		
					총수	남자	여자
0~14세	936,160	481,180	454,980	105.76	401.4	410.7	392.0
15~59세	1,248,301	626,679	621,622	100.81	535.2	534.8	535.7
60세 이상	147,795	63,861	83,934	76.08	63.4	54.5	72.3
계	2,332,256	1,171,720	1,160,536	100.96	1,000	1,000	1,000

면 유년층의 비율은 증가 추세이나, 생산연령층이나 노년층은 감소 추세를 보이고 있다. 또한 유년층에서는 여자 100명에 대해 남자 105.8명, 생산층에서는 100.8명으로 남자가 많으나(그러나 20세에서 29세까지는 여자 100명에 대해 남자 97명 정도임) 노년층에서는 76.1명 정도로 여자가 많다. 남녀 성비에서 유년층과 노년층이 심한 불균형을 보이고 있으며, 고령남자의 사망률이 상대적으로 높은 것을 알 수 있다.

<표 25> 배우자 관계

	총수	남자	여자	女 100에 대한 男	각 인구 1,000명 가운데		
					총수	남자	여자
총 수	2,332,256	1,171,720	1,160,536	100.96	1,000	1,000	1,000
미 혼	1,114,961	617,715	497,246	124.23	478.1	527.2	428.5
유배우	1,040,449	503,302	537,147	93.70	446.1	429.5	467.8
사 별	159,265	38,331	120,934	31.70	68.3	32.7	104.2
이 혼	17,581	12,372	5,209	237.51	7.5	10.6	4.5

전남도민들의 배우자 관계를 보면 <표 25>와 같이 미혼 1,114,961명(47.8%), 유배우자 1,040,449명(44.6%), 사별 159,265명(6.8%), 이혼 17,581명(0.8%)이다. 남자는 여자에 비해서 미혼 비율이 높으며, 이혼의 경우도 그 비율이 2.5배 정도나 높다. 사별의 경우는 3분의 1 정도로 낮다. 배우자를 사별하거나 이혼한 남자의 수가 여자의 3분의 1 정도에 지나지 않는 것은 다른 지방과 마찬가지로 남자들의 축첩이나 여자들의 재혼기피 등 오랜 관습에 기인한 것이라 하겠다.

전라남도 총인구 2,332,256명을 출생지에 따라 분류하면 <표 26>과 같이 도내생이 2,241,069명(96.1%), 타도 출생이 59,049명(2.5%), 일본 출생이 29,184명(1.3%), 중국 등 기타 지역 출생이 2,954명(0.1%)이다. 타도 출생자의 대부분은 전라북도 32,253명, 경상남도 14,974명으로 각 각 전체 타도 출생자의 54.6%와 25.4%를 차지하고 있다. 전남과 인접 하고 있는 전북과 경남의 비율을 합하면 전체 타도 출신의 80%를 점 유하고 있는 셈이다.

그 다음이 경기도 3,933명, 경상북도 2,313명, 충청북도 827명, 평안 남도 606명, 황해도 425명, 함경남도 328명, 강원도 326명, 평안북도 305명, 함경북도 156명 순이다.[27]

<표 26> 출생지별 인구분포

	총수	남자	여자	女100에 대한 男	각 인구 1,000명 가운데		
					총수	남자	여자
총 수	2,332,256	1,171,720	1,160,536	100.96	1,000	1,000	1,000
도내출생	2,241,069	1,124,670	1,116,399	100.74	960.9	959.8	962.0
타도출생	59,049	28,537	30,512	93.53	25.3	24.4	26.3
일본출생	29,184	15,848	13,336	118.84	12.5	13.5	11.5
기타출생	2,954	2,665	289	922.15	1.3	2.3	0.2

한국인으로 일본에서 출생한 사람은 728명으로 주된 지역은 大阪府 390명, 東京府 59명, 愛知縣 40명, 京都府 33명, 山口縣 30명 등이다. 또 한 일본인으로서 전남도내에서 출생한 사람이 10,643명, 타도 출생이 1,739명으로서 전남에서 거주하는 전체 일본인 40,986명의 30.2%가 한 국에서 태어났다. 그리고 그 가운데 26% 정도는 도내에서 출생한 셈 이다.

전라남도 총인구 2,332,256명을 다시 국적별로 구분하면 한국인 2,288,429명(98.1%), 일본인 40,986명(1.8%), 중국인 2,775명(대만인 남

---

27) 위의 책, 42쪽.

자 1명을 포함하여 남자 : 2,576, 여자 : 198), 미국인 60명, 소련인 2명, 터키인 2명이다. 특히 중국인의 남녀 성비는 여자 100명에 대하여 남자 1,301명으로 심한 불균형을 이루고 있는바, 이러한 통계수치는 경남 729명, 경북 804.80명, 전북 850명에 비하면 대단히 높은 것이다. 이것은 돈벌이를 위한 집단 노동자의 유입과 상인들의 내한과 관련이 있는 것으로 사료된다.

2) 도민들의 문맹률과 생업

전라남도에 거주하는 총인구 2,332,256명(남자 : 1,171,720, 여자 : 1,160,536) 가운데 한글만 읽고 쓸 수 있는 사람은 323,250명(남자 : 270,994, 여자 : 52,256)으로 전체 인구의 13.9%를 점하고, 일본어만 읽고 쓸 수 있는 사람은 총 29,959명(남자 : 15,841, 여자 : 14,118)으로 전체 인구의 1.3%를 차지한다. 그리고 한글과 일본어를 모두 읽고 쓸 수 있는 사람은 134,344명(남자 : 119,031, 여자 : 15.313)으로 전체의 5.8%이다. 반면 한글 및 일본어 모두를 읽고 쓸 수 없는 문맹자는 1,844,703명(남자 : 765,854, 여자 : 1,078,849)으로 79%이다. 이것을 다시 한국인과 일본인을 구분하여 살펴보면, 전남에 거주하는 일본인 총 40,986명(남자 : 21,589, 여자 : 19,397) 가운데 한글과 일본어를 모두 읽고 쓸 수 있는 사람은 2,516명(남자 : 2,027, 여자 : 489)으로 전체 일본인의 6.1%, 일본어만 읽고 쓸 수 있는 사람은 29,533명(남자 : 15,495, 여자 : 14,038)으로 전체 일본인의 72.1%이다. 한글만 읽고 쓸 수 있는 일본인은 물론 없다. 또한 한글 및 일본어를 모두 읽고 쓰기가 불가능한 문맹자는 총 8,937명(남자 : 4,067, 여자 : 4,870)으로 21.8%이다.

한국인 총 2,288,429명(남자 : 1,147,527, 여자 : 1,140,811) 중 한글과 일본어 모두를 읽고 쓸 수 있는 사람은 131,811명(남자 : 116,989, 여자 : 14,822)으로 5.8%이며, 한글만 가능한 사람은 323,095명(남자 : 270,859, 여자 : 52,236)으로 14.1%이다. 일본어만 읽고 쓸 수 있는 사람은 371명(남자 : 293, 여자 : 78)으로 0.02%이다. 따라서 한글도 일본어도 불가능한 문맹자는 총1,833,152명(남자 : 759,386, 여자 : 1,073,766)으로 80.1%에 이른다. 남자의 문맹률이 66.2%인 데 비하여 여자의 문맹률은 94.1%로 훨씬 높다.28) 한편 전남지방의 서당 교육을 보면 총 773개 소에 훈장(교원)은 832명(여자 3명 포함)이다. 영・호남 지방의 서당에서 유일하게 여자 교원이 3명 있으며 서당도 영・호남 지방 가운데 가장 많이 소재하고 있다. 학생수 역시 가장 많은 13,791명(남자 : 13,321, 여자 : 470)이며, 경비는 연간 81,757원이다. 학생 1인당 교육비는 6원이다.29)

영・호남 지방에서 당시 한국인의 문맹률을 보면, 경상북도 총 83.2%(남자 : 74.8%, 여자 : 91.8%), 경상남도 총 83.0%(남자 : 72.3%, 여자 : 93.8%), 전라북도 총 78.9%(남자 : 67.3%, 여자 : 91.4%), 전라남도 총 80.1%(남자 : 66.2%, 여자 : 94.1%)이다. 전체적으로 문맹률은 전라북도가 78.9%로 가장 낮고 그 다음이 전남이며, 경남과 경북은 비슷하다. 그러나 남녀를 구분해서 보면 남자의 경우 전남이 66.2%로 가장 낮으며 이어 전북(67.3%), 경남(72.3%), 경북(74.8%) 순이다. 여자는 전북이 91.4%로 가장 낮고, 그 다음이 경북(91.8%), 경남(93.8%), 전남(94.1%) 순이다.

전라남도 도민들의 직업을 보면, 총인구 2,332,256명 가운데 직업이 있는 사람은 1,265,246명(남자 : 690,756, 여자 : 574,490)으로 총인구에 대한 비율은 54.2%이며, 직업이 없는 사람은 1,067,010명(남자 : 480,964, 여자 : 586,046)으로 45.8%를 차지하고 있다. 남녀를 구분하여 보면 남자의 경우 59%, 여자는 49.5%가 직업을 가지고 있어 유업률에서는 남자가 여자보다 10% 정도 높다.

한편 영・호남 지방의 무직자를 종합하여 비교하면, 전남이 가장 낮

---

28) 위의 책, 78~79쪽.
29) 『調査月報』 2-8, 84쪽.

아 45.8%이고 다음이 전북(51.9%), 경북(56.4%), 경남(58.2%) 순이다. 다시 이를 남녀별로 살펴보면, 남자의 경우는 전북이 39.7%로 가장 낮은 39.7%이고, 경북 40.4%, 전남 41.0%, 경남 41.3% 순이다. 여자의 경우는 전남이 50.5%로 가장 낮으며, 전북 64.9%, 경북 72.9%, 경남 75.3% 순이다. 무직자의 비율이 높다는 것은 당시 경제생활이 얼마나 어려웠는가를 보여주는 것이다. 전남의 무직자 비율이 낮은 것은 여성의 취업률이 높았기 때문으로, 특히 진도군과 제주도 그리고 완도군에서는 농업에 종사하는 여성이 오히려 남자보다 많다.

전남지방의 유직자 1,265,246명의 직업을 분류해 보면, 농업이 1,059,576명(남자 : 572,928, 여자 : 486,648)으로 가장 높은 83.8%를 점하고 있다. 그 다음이 공업 53,519명(4.2%), 상업 46,240명(3.7%), 수산업 18,756명(1.5%), 가사 사용인 16,425명(1.3%), 공무 및 자유업 13,008명(1.0%), 교통업 6,000명(0.5%), 광업 1,243명(0.1%) 순이고 기타 직업을 가진 자가 50,479명(4.0%)이다. 여성에 있어서 가사 사용인직은 남자의 세 배에 달하며, 공업에서도 여자 100명당 남자 91명 정도로 여성이 남성보다 많이 취업하고 있다.

농업인구 1,059,576명을 다시 세분하면, 농경종사자가 1,044,190명, 축산종사자 627명, 양잠종사자 12,485명, 임업종사자 2,274명이다. 농경종사자 1,044,190명을 좀더 세분하면, 농경업주 375,758명, 농업관리인 및 직원 367명, 농삿일 하는 남녀(作男·作女) 57,112명, 기타 농업노무자 9,356명, 농업을 돕는 이(農業手助) 600,345명, 화전경작업주 495명, 화전경작노무자 741명, 식목 및 조경사 8명, 기타 농경종사자 8명이다.

농경업주 375,758명 가운데 과수재배업주 88명을 제외한 375,670명을 경영상의 지위에 따라 구분하면, 자작농이 118,290명(31.5%), 자작 겸 소작농이 70,385명(18.7%), 소작농이 186,995명(49.8%)이다.

전남도민의 직업 가운데 가장 많이 종사하는 직종은 ① 農業手助 600,345명(47.5%) ② 농경업주 375,758명(29.7%) ③ 作男·作女 57,112

명(4.5%) ④ 일용노동자 47,847명(3.8%) ⑤ 가사 사용인 16,163명 (1.3%) ⑥ 물품판매업주 13,146명(1%) ⑦ (絹·麻·綿)機織工 12,382명 (1%) ⑧ 노점 및 행상 11,760명(0.9%) ⑨ 어업노무자 10,680명(0.8%) ⑩ 기타 농업노무자 9,356명(0.7%) ⑪ 養蠶手助 8,668명(0.7%) ⑫ 木竹草類 製造從事 4,911명(0.4%) ⑬ 어업수조 4,603명(0.4%) ⑭ 직물업주 4,095명(0.3%) 순이다. 한국인 특유의 직종으로는 화전경작업주 495명, 화전경작노무자 741명, 옹기장 691명, 冠網匠 및 笠子 1,951명, 짚신장 751명, 한지 제조업주 22명, 조선주 제조업주 387명, 조선주 제조공 840명, 韓醫(醫生) 183명이다.[30]

전남에 거주하는 일본인의 직업을 보면 총 40,986명 가운데 18,550명 (45.3%)만이 직업이 있으며 22,436명(54.7%)은 무직자이다. 직업별로 살펴보면 상업 5,246명(28.3%), 농업 3,648명(19.9%), 공무 및 자유업 3,467명(18.7%), 공업 3,026명(16.3%), 교통업 1,513명(8.2%), 수산업 1,184명(6.4%) 등이다. 가장 많이 종사하는 직종을 보면, 農業手助 1,420명, 관리 1,387명, 商業手助 1,212명, 학교장 및 교직원이 600명 순이다. 일본인 가운데 이미 전남지방에서 벼농사에 종사하며 상당한 기반을 확보한 사람을 보면, 米作自作業主 667명, 미작 소작업주 175명, 자작 겸 소작업주 217명, 농업관리인 123명이다. 이들은 전체 직업을 가진 자의 6.4%이다. 중국인은 총 2,775명 가운데 2,523명이 직업을 가지고 있어 91%의 높은 취업률을 보이고 있다. 이들은 상업 1,295명 (51.3%), 공업 844명(33.5%), 농업 225명(8.9%)에 주로 종사하고 있다. 직종별로 보면 점원 552명, 大工 437명, 지물 및 의류판매업주 203명, 요리사 128명, 石工 115명, 商業手助 114명, 그리고 농삿일을 하며 품삯을 받는 이(作男·作女)가 105명이다.

전남지방의 무직자는 총 1,067,010명으로 전체 인구의 45.8%를 점한다. 이들 가운데 1% 정도인 1,104명은 소위 恩給年金(68명), 소작료

---

30) 『朝鮮國勢調査報告』 5, 100~112쪽.

(927명), 가옥임대 등의 기타 수입(109명)에 의하여 생활하고 있으며, 나머지 1,065,906명(99.9%)은 주로 유직자에게 종속되어 있는 가족(971,479명)이거나 학생(86,900명)이 대부분이다.[31]

Ⅲ. 결론

　일제의 강압적인 합병 이후 1930년까지 식민지 한국에 대한 토지조사사업과 식량증식계획의 실시 결과, 한국의 농민들은 토지에 대한 소유권과 경작권 등 여러 권리의 상실하였다. 여기에 소작인들 간의 경쟁과, 1929년 말과 30년대 초에 불어닥친 세계적인 경제공황은 농민을 더욱 몰락시키고 빈궁화를 가속화하였다. 특히 국민의 77.6% 정도가 농업에 종사하고 있던 당시 한국사회는 일제의 원료와 식량자원의 공급지로서 농업착취가 더욱 강화되었다.

　1930년 10월 1일 현재 한국의 총인구는 21,058,305명이다. 이 가운데 경북이 11.95%(2,416,762명), 전남이 11.06%(2,332,256명), 경남이 10.35%(2,135,716명), 전북이 7.01%(1,503,695명)로서, 한국의 남부지방을 양분하고 있는 영·호남 지방이 한국 총인구의 약 40%를 차지하고 있다. 인구밀도는 1㎢당 전북이 176.3명, 전남이 167.9명, 경남이 173.6명, 경북이 127.3명으로 호남지방이 약 172명으로 영남지방의 150명보다 높다.

　1925년에서 1930년까지 5년 간의 연평균 인구증가율을 보면 전북 1.9%, 전남 1.6%, 경남 1.1%, 경북 0.7%로 전북지방이 가장 높다. 같은 기간 도내로 이주하여 온 자(來住者)와 타지역으로 이주하여 가버린 자(往住者)를 비교하여 보면, 일반적으로 來住에 대한 移住의 초과 현상이 공통적으로 보이고 있는바, 경북(93,833명), 전북(46,342명), 경남

---

31) 위의 책, 14~19쪽.

(17,751명), 전남(9,186명) 순으로 경북지방민이 타지역으로 가장 많이 떠나고 있다. 특이한 것은 여성의 경우 전남(7,021명)과 경남(5,975명)은 반대로 타지역으로 이주하여 가버린 사람보다 이주하여 온 사람이 더 많다.

일제는 한국의 주요 곡창지대인 호남지방과 영남지방의 토지를 수탈하고 일본인 농업이민자의 60% 이상을 이 곳에 집중적으로 투입함으로서 영·호남 지방의 노동력 과잉 상태와 경작지 및 토지소유 상태를 더욱 악화시켜 지역민들의 이농현상을 더욱 심화시켰다.

전근대적인 전통사회에서 한국인의 이동성은 한정되고 극히 제한적이었다. 그러나 일제하 한국 농촌경제의 파탄으로 야기된 이농자들은 인근 지역이나 도시 그리고 국외로 떠나고 있었다. 영·호남 지방민의 도내 출신 거주 비율은 경북 95.3%, 경남 92.7%, 전북 89.7%, 전남 96.1%이다. 전북지방의 경우 전체 도민의 10.3%가 타지역 출신으로 이 곳에 유입된 셈이다. 타지역 출신자의 대부분은 인접한 전남·충남·경남 출신자가 약 79%를 차지하고 있다.

전남의 경우 타지역 출신은 주로 전북·경남 출신으로 전체 타도 출신의 80%이다. 경북의 경우 역시 인접한 경남과 충북 출신이 약 67%를 점하고 있으며, 경남 역시 인접한 경북과 전남 출신이 전체 타도 출신의 약 78%를 차지하고 있다. 타도 출신의 도내 거주 비율은 공통적으로 지리적으로 인접한 지방 출신자가 압도적으로 다수를 차지하고 있어 배타적인 지역정서의 흔적은 찾아볼 수 없다. 한편 국외 이주의 경우, 이주지역과 이주자의 출신지와의 관계로 볼 때 일반적으로 한국의 남부지역인들은 주로 일본으로 이주하였지만, 만주지역의 이주민들은 남북지방에서 이주하여 왔다. 그러나 1920년대 후반 이후 급증한 남부지방 농민들의 일본 이주는 1930년부터 경제공황에 따라 억제되고, 그 대다수는 일본이 아닌 만주지방으로 이주하게 되었다. 1930년대 초 만주지역의 한국인 인구분포를 보면 남만주 지방은 평남·함남 등

주로 북부지역 출신자가 약 90%, 그리고 남부지역 출신자가 10% 정도를 점하고 있다. 그러나 북만주 지방은 반대로 북부지역 출신자가 약 48%를 점하고 경북 등 남부지역 출신자가 52% 정도를 차지하고 있다.

전 만주지방의 이주호수는 총 5,188호로, 그 가운데 북부지역 출신이 72%, 남부지역 출신이 28%를 차지하고 있다. 그리고 入滿者에 대한 남부지역 각 도의 비율을 보면, 경북 38.5%, 경남 32.6%, 경기 13.1%, 전남 5.7%, 충남 3.6%, 전북 3.3%, 충북 3.0%[32) 순이다. 주목되는 것은 남부지역 출신 가운데 영남지방 출신이 71%나 된다는 것이다. 지리적으로 인접한 북부지역의 평북이 41%, 함남이 24.4%인 데 비해 높은 비율인데, 이는 당시 영남지방의 농촌경제가 파탄함으로써 빈궁해진 농민이 대량 유입한 때문이다. 그러한 측면에서 볼 때 식민지 하의 모든 한국 농촌이 비슷한 상황이었겠지만, 비교적 넓은 평야지대가 많아 벼농사가 주종을 이루고 있던 호남지방은 영남지방에 비해 비록 소작농이나 농삿일을 돕는 노동을 하더라도 생을 연명해 가는 데 있어서는 좀더 유리한 위치에 있었다 하겠다.

교육 수준을 가늠할 수 있는 문맹률[한글 또는 일본문자인 가나(假名)의 읽기와 쓰기가 불가능한 경우]을 보면, 영남지방이 약 83%, 호남지방이 약 80%로서 영남지방의 문맹률이 3% 정도 높다. 영·호남 지방에서 문맹률이 가장 낮은 곳은 전북으로 78.9%이다.

한문교육의 기초를 담당하는 서당에 있어서 그 실태를 보면, 영남지방에 소재한 서당이 827개 소에 학생 9,723명이고 이에 대한 연간 교육비는 총 45,533원, 학생 1인당 연간 교육비는 연 평균 4.7원이다. 이에 비하여 호남지방은 서당 1,353개 소에 학생 18,924명, 교육비 총 127,071원으로 학생 1인당 교육비는 6.7원이다. 서당 교육에서 학생 1인당 교육비가 가장 많은 지역은 전북으로 9원이며, 가장 적은 곳은 경북으로 4원이다. 대체적으로 교육수준은 호남지역이 약간 우위에 있다

---

32) 日本外務省, 『在滿朝鮮人槪況』; 현규환, 『한국유이민사』, 232~235쪽.

고 하겠다.

영·호남 지방민의 생활 정도를 알 수 있는 생업 관계를 보면, 무직률이 영남지방은 57%인 데 비해 호남지방은 49%이다. 직업을 보면 영·호남 지방 모두 주로 농업(경북 : 83.4%, 경남 : 73%, 전북 : 80.7%, 전남 : 83.8%)에 종사하고 있다. 그러나 두 번째 직업으로는 영남지방이 상업(경북 : 5.3%, 경남 : 7.2%)인 데 비하여 호남지방은 공업(전북 : 7%, 전남 : 4.2%)이며, 세 번째 직업은 영남지방이 공업(경북 : 4.7%, 경남 : 6.5%)인 데 비하여 호남지방은 상업(전북 : 4.8%, 전남 : 3.7%)에 종사하고 있다.

농경업주의 경영 형태를 보면, 소작비율은 전북이 78.5%, 경남 53.2%, 전남 49.8%, 경북 45.6%, 자작농 비율은 전남이 31.5%, 경북 29.4%, 경남 21.9%, 전북 8.5%, 그리고 자작농 겸 소작농 비율은 경북 25%, 경남 24.9%, 전남 18.7%, 전북 13% 순으로, 영남지방보다는 호남지방의 농민이 더 열악한 상태에 놓여 있음을 알 수 있다. 그러나 두 지역에 대한 인구의 이동성을 볼 때 타도 출신이 많이 유입해 오고 있다는 것은 생활 여건이 약간은 좋은 곳이었다고 하겠다.

영·호남 지방에 거주하던 일본인은 약 44% 정도가 직업을 갖고 있으며, 가장 많이 종사하는 직업은 상업으로 약 30%를 차지하고 있다. 그러나 두 번째로 많이 종사하는 직업은 영남지방의 경우 관리 및 자유업인 데 비해 호남지방에서는 농업이다.

세 번째 직업은, 경상남북도와 전북 지방의 일본인의 경우 공업에 종사하고 전남의 경우는 관리 및 자유업에 종사하는 일본인이 많다. 호남지방에서는 농업(토지 포함) 부분에서 일본인의 착취가 영남지방보다 심화된 상태라 할 수 있다.

1930년대의 한국 농촌에서는 경작관행의 소멸과 지주의 잦은 소작권 이동으로 인한 소작료의 인상, 소작 계약기간의 단축과 불안정, 소작농 형태의 과잉인구 형성으로 경작지 1~2정보 정도의 소규모 토지를 소유한 자작농이 계속 감소되고 5단보 미만의 영세소유층이 증가하는 추세였다. 특히 3단보(단보당 수확은 1석 정도) 이하를 경작하는 영세농가 호수가 34%나 차지하는 영·호남 지방에서 농촌의 몰락은 필연적이었으며, 따라서 많은 인구의 이동은 다소 차이는 있었지만 두 지방에 공통된 현상이었다.

1930年代 在滿朝鮮人의 經濟的 狀況에 대하여

현 은 주[*]

Ⅰ. 머리말

韓民族의 滿洲(지금의 中國東北地方)로의 이민은 1860년대부터 경제적 어려움을 겪고 있는 조선 북부지방 농민들이 가난에서 벗어나고자 집단적으로 이동하면서부터 활발해졌으며, 이들이 현재 중국 소수민족 중의 하나인 조선족을 형성하는 모체가 되었다. 이후 조선이 일제에 병합된 이후에는 경제적인 원인만이 아니라 정치적인 원인에 의해서도 이민을 하게 되어 在滿朝鮮人의 인구는 꾸준히 증가하였다. 1910년에 20여만 명이던 조선인이 1930년에는 60여만 명으로 되었고, 해방되던 1945년에는 160~170만으로 늘어나 30여 년 만에 8배 이상 증가하여 만주 각 지역에서 생활하고 있었다.

이렇게 많은 동포가 만주에 살고 있었지만 재만조선인에 관한 기존의 연구들은 독립운동사의 일환으로서 대부분 1910~1920년대에 치중하여 항일무장투쟁을 주로 하고 있을 뿐, 정작 가장 많은 이민이 발생한 1931년 만주사변 이후의 재만조선인에 대해서는 개별적인 연구가 이루어지지 않고 있는 실정이다.

---

* 명지대 박사과정 수료, 명지대학교 강사

이에 본 연구에서는 항일운동과의 관련성을 고려하지 않은 상태에서 在滿朝鮮人移民史 가운데 만주사변 이후인 1930년대를 다루되, 그 가운데에서도 이주민 대부분이 조선인 농민이므로 그들의 토지소유 상황과 그에 따른 경제적 상황을 연구의 주대상으로 삼았다.

이에 관한 기본사료로는 朝鮮總督府 및 南滿洲鐵道株式會社와 滿洲國이 발행한 각종 자료를 주로 이용하였다. 끝으로 본 연구에서 사용한 용어 및 문제가 되었던 점들은 다음과 같다.

1) 현재 중국에서는 滿洲라는 용어 대신 '東北地方' 또는 '東三省地方'이라고 칭하고 있으나 국내에서는 만주라는 용어가 쉽게 이해되고 있으므로 '만주'라는 용어를 사용하였다.

2) 만주로 이민한 사람들의 호칭이 아직 통일되지 않고 '朝鮮人' '滿洲朝鮮人' '在滿朝鮮人' '在滿韓人' 등으로 불리고 있으며 延邊史學界에서는 '朝鮮族'이라고 부르기도 하는데, 본 연구에서는 '朝鮮人' 또는 '在滿朝鮮人'이라 하였고, 각 연구자의 문구를 직접 인용할 경우 원문대로 표기하였다.

3) 당시 간행물 등에 표기된 明治·大正·昭和·民國 등의 연호는 西紀로 환산하였다.

4) 南滿洲鐵道株式會社는 당시의 관례에 따라 滿鐵이라 하고 東亞勸業株式會社도 東亞勸業이라 하였으며, 註에 기입할 때만 原典에 표기된 명칭대로 사용하였다.

Ⅱ. 東亞勸業과 在滿朝鮮人

東亞勸業株式會社(이하 동아권업)은 "滿洲 및 蒙古에 있어 토지의 경영 및 日本人의 발전과 아울러 재만조선인의 보호지도를 목적"1)으

---

1) 東亞勸業株式會社, 『營業實績槪要』, 東亞勸業, 1933, 2쪽 ; 兒島高信, 「在滿鮮人の金融狀態」, 『朝鮮』 208, 1932, 30쪽.

로 한다는 취지 아래 東洋拓殖株式會社(이하 동척)·南滿洲鐵道株式
會社(이하 만철)·大倉組가 중심이 되어 1921년 12월 10일 日本 東京
市에 있는 동척회사 내에서 발기인총회를 개최하였으며 다음 해 1월
25일 奉天 일본 총영사관에 설립등기를 완료한 뒤 奉天市 琴平町 15번
지에 문을 열었다. 동아권업은 초기의 준비단계부터 拓務省·外務省·
朝鮮總督府·關東廳 등이 협력하여 만든[2] 식민지회사였다.

　자본금 2,000만 엔에 40만 株(1주=50엔)의 이 회사는 "토지소유를
국가자본에 의하여 실현하고자 한" 것으로 동척이 172,000주, 만철이
125,000주, 大倉組가 100,000주를 가진 대주주였으며 나머지 3,000주 가
운데 조선측 주주는 朴泳孝·李完用·宋秉晙 3인이 각기 200주씩 갖
게 되었다.[3] 그런데 조선측 지주인 박영효·이완용·송승준의 공통점
은 일본이 조선을 '保護國'화하는 데 앞장선 자들이었다는 것이다. 이
러한 여건으로 인하여 위의 세 사람은 동아권업의 주주가 될 수 있었
다고 본다.

　이와 같은 식민지회사인 동아권업에 대하여 조선총독부와 關東廳은
1922년 이후 매년 보조금을 주었는데, 1931년까지 10년 간 조선총독부
의 보조금은 206만여 엔이었으며 관동청도 143만여 엔이나 되었다.[4]

　1924년 8월 동척과 만철은 大倉組가 가지고 있던 주식을 각기
50,000주씩 매수하였는데 이 100,000주(5,000,000엔)는 동아권업의 이름
으로 大倉組가 만주의 실력자 張作霖과 합병회사로 만들어 蒙古 동부
의 토지를 획득하기 위한 것이었으나 張作霖의 거절로 실패하자 大倉
組가 동아권업을 탈퇴한 데 따른 것이었다. 이어서 1928년 4월에는 만
철이 동척의 全 주주를 매수하여 총주식의 95%를 소유하게 됨으로써
동아권업은 만철의 子會社가 되었다.[5]

---

2) 東亞勸業柱式會社, 『東亞勸業株式會社拾年史』, 東亞勸業, 1933, 3~6쪽.
3) 東亞勸業柱式會社, 위의 책, 13~16쪽.
4) 東亞勸業柱式會社, 위의 책, 22~26쪽.
5) 東亞勸業柱式會社, 위의 책, 17~18쪽.

일본은 국방상 그리고 일본국민의 생존권 때문에 중대한 지역6)이라고 주장하던 만주를 일본의 식민지로 만들기 위하여 대규모 군사침략 행동인 만주사변을 일으킨 뒤 '대륙정책에 적극적인 전환을 모색'하게 되었으며, 이에 따라 1932년 1월 동아권업은 조선인 농민을 滿洲에 이민시키려는 계획서인 「鮮農移民計劃書」「奉天地方鮮人自作農創定書」「奉天地方水田計劃書」를 제출하였다.7)

그러나 이러한 계획은 동아권업이 자발적으로 작성한 것이 아니고, 만주를 실질적으로 지배한 關東軍 特務部가 "조선인 집단지에 점차 단체별로 통제기관을 설치하며, 아울러 지방으로 연락을 취하여 在滿日本의 최고 통제기관인 관동군의 지휘 감독 아래 각 지역 단체를 통제한다"는 것이었다.8)

이듬해 관동군 특무부에서는 "조선인의 이주는 적절한 통제를 도모하며 조선인 이주를 위하여 특무기관으로 하여금 이주업무를 담당하게 하고, 이주 조선인의 영농에 필요한 토지는 駐滿洲帝國 최고기관이 알선하며 주만주제국 최고기관은 조선총독부를 기관으로 하여 참여시킨다"9)고 계획하였다. 그러나 이러한 계획에도 불구하고 만주에서 행해진 동아권업의 농장경영은 조선인은 물론 중국인들에게조차 호응을 얻지 못하였는데, 그 이유는 중국인들이 "일본인은 철포를 빼앗고 토지를 빼앗고 그리고 중국인을 독살하려 한다"10)고 주장하며 동아권업의 토지수탈을 저지하였기 때문이다. 이 같은 상황은 만주사변 이후 만주국이 수립되고도 계속되었는데, 만주가 반제·반침략투쟁의 최전선이 되어 反滿抗日의 슬로건 아래 중국인들의 항일의식은 더욱 높아

---

6) 秋永芳郞, 『滿洲國』, 1991, 73쪽.

7) 滿鐵經濟調査會, 『滿洲農業移民方策 立案書類』 제2편 제1권 제6호, 1935, 400~437쪽.

8) 滿鐵經濟調査會, 「滿洲に於ける移民に關する要綱案」, 『滿洲農業移民方策案』, 1932, 369쪽.

9) 關東軍移民部, 『滿洲國移民方策案』 1934. 8. 28.

10) 拓務省, 『滿洲開拓史編纂資料の四』, 267쪽.

졌으며 조선과 중국 공동의 적인 일본에 대해 연대투쟁까지 전개해 나갔다.

또한 만주사변 이후의 만주는 치안유지가 어려운 실정이었다.[11] 이러한 이유로 시설과 경비가 편리한 집단화대책이 요구되었으며, 치안회복이 어려운 지역 또는 치안상의 보호가 힘든 지역의 주민들을 이주시켜 집단농촌을 만들고 여기에 피난민을 수용한 뒤 自作農火시킨다[12]는 계획을 세웠다. 이것이 安全農村 건설의 동기였다.[13] 이 안전농촌 건설을 토대로 하여 1930년대 이후 일제에 의한 계획이민이 시작되었고, 이것은 이후 이민회사에 의하여 入植된 '集團이민'과 '集合이민', 그리고 개인부담으로 入植하지만 일본정부에 의하여 지역적·숫적 통제의 대상이 되었던 '分散이민'으로 이루어졌다. 통계자료에 의하면, 1932~1942년 사이의 '계획이민'은 36,500호, 140,500명이었다.[14]

조선총독부가 내세운 안전농촌의 건설목적은, 만주사변 및 자연재해의 영향으로 인하여 奧地로부터 남만주철도 주변지역 또는 기타 도회지로 피난온 조선인 농민들을 보호·구제하고 그들에게 영구적인 안주지를 부여하여 생업의 기초를 확립시킨다는 것이었다.[15] 조선총독부

---

11) 朝鮮總督府,『朝鮮總督府施政年報』1935, 585쪽.

12) 間島지역의 自作農創定計劃과 같은 의미로 당시 간도지역의 조선인 농민들은 대부분 소작농으로 생활하고 있었는데, 중국인 지주 또는 고리대금업자들로부터 부당한 소작계약과 영농자금을 차입하고 있었으므로 높은 소작료와 금리 때문에 궁핍한 생활을 면치 못하였다. 이에 조선총독부는 간도에 거주하고 있던 조선인 농민을 자작농화한다는 목표 하에, 1932년부터 5개년간 매년 10만 원씩의 총독부 보조금과 30만원 씩의 동양척식회사 출자금을 가지고, 토지구입·주택건설·役畜구입·기타 영농자금 貸付 등을 통하여 2,500호의 자작농을 창출한다는 계획을 세웠다(朝鮮總督府,『朝鮮總督府施政年報』1936, 634~635쪽).

13) 滿鐵資料課,「朝鮮人安全農村に就いて」,『滿鐵調査月報』제14권 제5호, 1934, 96쪽.

14)『滿洲開拓年鑑』1942, 204~205쪽.

15) 松葉秀文,「朝鮮人安全農村の經營管理と福利增進施設」,『朝鮮總督府調査月報』제7권 제2호, 1936, 23쪽.

는 동아권업을 통해 1932년부터 1935년에 걸쳐 만주의 5개 지역, 즉 奉天省의 營口, 賓江省 珠河縣의 河東, 奉天省 鐵嶺縣의 鐵嶺, 賓江省의 綏化, 奉天省 柳河縣의 三源浦에 안전농촌을 건설하였다.

동아권업이 건설한 조선인 안전농촌의 건설지역은 일본인들이 "자국의 식량확보와 병사 그리고 농촌에서의 산업전사 확보를 위하여"[16] 창설한 자국민 개척촌과 비교하여[17] 조건이 열악한 곳, 즉 "匪賊이 많거나 공산당의 소굴에 가까운 매우 위험한 지대로서 농촌개발에서 일본군 守備隊·滿洲國警察·領事館·警察官의 討伐 및 宣撫工作이 행해진"[18] 곳이었다. 이렇게 조건이 불리한 곳에 조선총독부가 주가 되고 拓務省·關東軍·日本大使館·滿鐵의 협력을 얻어 건설된 조선인 안전농촌(건설자금의 1/3은 조선총독부가 부담하고 동아권업에 보조금을 줌)은 1932년 鐵嶺안전농촌을 시작으로 다음 해인 1933년에는 營口안전농촌·河東안전농촌이 건설되고, 1934년에는 綏化안전농촌이 건설되었다. 이들 4개 안전농촌은 총면적 7,200町(水田 5,400町)에 수용농가가 2,400호, 11,000명에 달하였다. 이어 마지막 장소인 三源浦안

---

16) 松葉秀文, 「滿洲開拓第一期五個年計劃要覽」, 『拓務時報』 1942, 96쪽.

17) 일본제국주의가 이민한 곳은 未耕地로 버려진 토지가 아니라 강권적으로 총칼을 앞세워 확보한 토지가 많았다. 실례로 1941년 4월까지 일본인이 확보한 토지는 2,000만 헥타르(만주국 총면적 1억 4,000헥타르의 14.3%)에 달했는데, 그 가운데 旣耕地가 17.6%에 상당하는 350만 헥타르(당시 일본 본국 경지면적 600만 헥타르의 58.5%이고 당시 만주의 기경지 면적 1,500만 헥타르의 23.4%나 된다)였고, 이 350만 헥타르 가운데 일본인 이민에 의하여 경작된 토지는 겨우 23만 9천 헥타르에 불과하였다(1943년 현재 23만 9천 헥타르는 收奪旣耕地로 351만 헥타르의 6.8%). 이리하여 중국인으로부터 폭력적으로 빼앗은 기경지의 대부분을 滿洲拓殖公司管理地(이 관리지의 많은 곳이 중국인 농민 내지 조선인 농민에게 소작지로 貸付되었고 소작률은 3할 내외) 혹은 旣耕地였다. 경지면적에서도 안전농촌의 조선인이 호당 2~2.4町이었던데 반하여 일본이민은 10町이나 되었다(淺田喬二, 「日本帝國主義と滿洲移民」, 『滿洲移民と被差別部落』, 1989, 40쪽 ; 三井報恩會, 『滿洲移住地視察報告書』, 1935, 43쪽).

18) 朝鮮總督府官房外事課, 「朝鮮人安全農村の經營管理と福利增進施設」, 『會報』 38, 1936, 19쪽.

전농촌이 1935년도에 건설되어 안전농촌은 5개 소에 이르렀으며 경지
면적은 11,300町(水田 9,200町)에 4,100호, 20,500명을 수용하였다.19)

　동아권업에 의해서 운영되어 온 5개 안전농촌은 1936년 9월 9일 국
책 수행을 위하여 조선총독부가 제69회 제국의회에서 '조선동포의 만
주이민에 관한 사업을 통제하기 위한 기관'20)으로 존속기관 30년(자본
금 20,000,000엔 1주 50엔씩 400,000주)의 특수법인인 鮮滿拓殖株式會
社21)의 간판을 서울에 달았다. 이어 5일 후인 9월 14일에는 선만척식
주식회사가 전액 출자하여 만주의 長春에 만주국특수법인인 滿鮮拓殖
股份有限公司22)(1938년 7월 4일 滿鮮拓殖株式會社로 개칭)가 당시 이

---

19)　東洋協會調査部, 『朝鮮農民の移住問題』, 1936, 19쪽 ; 姜生永助, 『農業と經
　　濟』, 1942, 142쪽.
20)　朝鮮總督府官房外務部, 「滿洲に於ける朝鮮同胞」, 『朝鮮』, 1938, 48쪽.
21)　만주사변 이후 조선인 이민을 대상으로 하는 안전농촌 집단부락 등의 시설이
　　제각기 행해짐에 따라 이를 종합해서 통괄하고자 서울에 세운 공사로서, 15
　　년간에 16만 호, 100만 조선인을 만주로 이민시키기 위한 移民國策遂行特殊
　　會社이며 滿鮮股份有限公司에 대한 투자를 주로 하고 그 밖에 西北鮮에서
　　행해지는 개척을 돕기 위한 것이었다. 役員은 總裁 1인, 理事 3인 이상 監事
　　2인 이상이며 총재는 조선총독이 임명하고, 이사는 주주총회에서 선출하여(2
　　배수) 총독이 임명하고, 감사는 주주총회에서 선임하도록 되어 있었다. 대주
　　주는 東拓 10만, 滿鐵 10만, 殖産銀行 6만, 조선은행 4만 주 등이고 개인으로
　　는 閔大植 2,000주, 河駿錫 1,200주 등이었고 자본금 1,500만 엔(30만 주, 1주
　　=50엔)으로 중점사업은 ① 滿鮮拓殖股份有限公司에 대한 투자 ② 이주자를
　　위해 필요한 토지의 취득, 경영 및 처분 ③ 이주자를 위해 필요한 자금 대부
　　④ 이주자를 위해 필요한 건축물의 축조매매 및 貸借 ⑤ 이주자를 위해 필요
　　한 토지의 위탁에 의한 경영관리 ⑥ 前各號의 부대사업이었다(『滿洲年鑑
　　1941年度』, 1942, 371쪽 ; 東洋協會調査部, 『朝鮮農民の滿洲移住問題』,
　　1936, 24~25쪽).
22)　조선 이주민과 재만조선인의 保護撫育을 위하여 만주국정부의 칙령에 의하
　　여 자본금 1,500만 엔(30만 주 1주=50엔)으로 1936년 9월 14일 설립된 이 회
　　사는 만주국의 융성발전에 기여함과 동시에 조선 특히, "南鮮의 人口稠密을
　　완화하며 동시에 일본에 도항하는 조선로동자 문제의 해결에도 기여하고자
　　설립된" 국책회사로 자본금은 전액 선만척식주식회사에서 출자하였다. 회사
　　의 존속기간은 30년(정부의 허가를 얻어 연장 가능)이며 役員은 鮮滿拓殖株
　　式會社役員이 겸임하였다. 회사의 중점사업은 ① 조선으로부터의 신규 이민

민 "100만을 헤아리던 재만조선인의 통제를 위하여" 설립되었다.[23] 이러한 특수회사가 서울과 만주 두 지역에 설립된 것은 재만조선인과 조선으로부터 만주로 이주하는 조선인의 통제를 원활히 하기 위해서였다.

만선척식주식회사가 설립되자 동아권업의 사업과 재산을 계승받고[24] 조선인 안전농촌의 재산도 모두 인계받게 되었다.[25]

참고로 奉天省과 賓江省 지역에 설치된 5개 안전농촌의 내역은 다음과 같다.

<표 1> 安全農村 槪況表 (1939년 10월 말 현재)

安全農村名	戶數	畓面積		償還年限	設定年度
		畓面積(總)	(1戶當)		
營 口	1,700(戶)	3,955(町步)	2.32(町步)	15(年)	1933(年)
河 東	684	1,642	2.40	10	1933
綏 化	446	1,060	2.37	15	1934
鐵 嶺	383	913	2.38		1932
三源浦	172	355	2.07	10	1935
合 計	3,385	7,925	2.31		

자료 : 朝鮮總督府, 『朝鮮總督府施政三十年史』, 1940, 914~915쪽.

1939년 10월 말까지 건설된 <표 1>의 안전농촌 개황을 살펴보면, 모두 3,385호의 조선인 농가가 수용되어 있었음을 알 수 있다.

또한 만선척식회사는 소작지를 경영하였지만 이것은 종래의 '直營農場'과 '管理土地'에 대한 총칭이다. 즉, 동아권업이 1922년에 설립된 후 南北滿洲와 內蒙古 일부에서 토지 약 110,000정보를 취득한 후 이 토지의 할당된 대상에 따라 '직영농장' '관리토지' 및 '안전농촌'이란 명목

통제 ② 재만조선인의 統制集結 ③ 재만조선인 소작농의 自作農創定이었다 (『滿洲年鑑1939年度』, 1940, 328쪽 ; 『滿洲年鑑1941年度』, 1942, 367쪽).

23) 『滿洲年鑑1941年度』, 367쪽.

24) 滿洲國民政府拓務司, 「滿洲に於ける朝鮮人槪況」, 『朝鮮』 265, 1937, 934쪽.

25) 朝鮮總督府, 『朝鮮總督府施政三十年史』, 1940, 914쪽.

으로 나누어 경영하였던 것이다.26) 그러나 만선척식회사가 동아권업을
인수한 후 상술한 3개 기간산업 외에 별도로 직영농장과 관리토지를
두었는데 이것을 총칭하여 소작지라고 하였다.27) 이 가운데 직영농장
을 보면, 이것은 만선척식회사가 직접 鮮農이나 滿農을 대상으로 하여
打租 혹은 執租라는 소작계약을 맺고 榮農하는 농장이다. 1935년까지
만선척식회사가 경영한 직영농장 가운데 가장 규모가 컸던 것은 奉天
省의 吳家荒농장으로, 445호를 수용하였으며 作付面積은 1,121정보였
다. 그 뒤를 이은 것이 奉天省 公太堡농장으로 219호를 수용하였고 작
부면적은 492정보28)였다. 즉, 1930년대 '○○농장'이나 '○○농촌'이라
고 불리는 지역은 일제가 운영하는 재만조선인 농민들의 거주지였다.
이처럼 조선인부락이 만주 곳곳에 일제에 의해 설립된 것은 일본인의
만주이주 실패와 조선농촌의 과잉인구 문제를 해결하는 수단으로 만
주로의 '계획이민'을 실시했기 때문이다.

조선인 농민들이 살던 땅을 떠나 말도 통하지 않는 낯선 땅으로 이
민해 온 원인은 가장 먼저 경제적 원인에서 비롯되었다. 이들 재만조
선인을 연구하는 데 있어서는 여러 가지 쟁점이 될 만한 문제들이 있
는데 그 중에서도 토지 및 농업 등의 경제적인 문제는 재만선인의 생
존과 직접적이고도 깊은 관련을 갖고 있어 특히 중요하며 사례연구를
통한 분석은 매우 중요한 논제라 할 수 있겠다. 일본인의 자료는 대체
로 경영양식을 위주로 농민을 분류하는 것이므로, 1차 자료를 통한 분
류는 여러 가지 복잡한 사실을 정확히 나타낼 수 있다.

위의 이유에서 만주사변 이후 전 만주를 대상으로 실시한 표본조사
인 『農家經濟調査報告書』 가운데 1935년의 조사기간에 실시한 『鮮人
農家經濟調査報告』를 연구자료로 선정하고, 사례를 들기 위해 『鮮人農

---

26) 高見成 編纂, 『鮮滿拓植株式會社·滿鮮拓植株式會社五年史』, 12~13쪽.
27) 『滿洲年鑑1940年度』, 362쪽.
28) 菱沼右·木村誠 共著, 『國策滿洲移民』, 1938, 370쪽.

家經濟調査報告』에서 5개 가구(2개 농장과 3개 안전농촌 내에 거주)를 선정하였다. 이들 연구대상 가구들은 각기 다른 곳에 거주하는 총 5개의 가구이므로 이들을 쉽게 분류하기 위해 다음과 같이 번호를 붙였다. 1번 가구는 奉天 吳家荒農場民, 2번 가구는 奉天 公太堡農場民이며 3번 가구는 營口安全農村民, 4번 가구는 鐵嶺安全農村民 그리고 5번 가구는 河東安全農村民이다. 본 연구에서는 이들 5개 가구의 가족구성원과 경작면적 및 수확고, 토지소유 상황 그리고 현금수지표를 통하여 각 가정의 경제적인 상태와 농가경영 방식을 비교하고, 나아가 재만조선인의 생활 상태를 비교해 보고자 한다.

Ⅲ. 經濟的 狀況

1. 家族構成員과 耕作面積 및 收穫高

5개 농촌의 가족구성원 표를 통해 다음과 같은 사실을 지적할 수 있다.

첫째, 5개 가구의 평균연령은 27.5세로 매우 젊은 편이다. 물론 표에 나타난 대부분의 가구는 가족구성원이 호주를 중심으로 하여 혼인한 장남가족들과 동거하는 형태로서 나이 어린 손자·손녀 들이 있는 경우가 많기 때문에 평균연령이 낮아지게 되었다고 볼 수 있다.

둘째, 호주의 평균연령은 45.2세이다. 4번 가구와 5번 가구의 호주 연령에 비교하면 낮은 연령이라고 할 수 있겠지만 가구의 가족구성이 호주와 혼인한 장남가족들이라는 면에서 볼 때는 호주의 연령이 결코 낮다고 할 수만은 없다. 또한 2번 가구의 경우에는 호주의 연령이 28세로 매우 젊은데, 이는 호주의 처와 자녀로 구성된 가구라는 점에서 이 호주의 연령 또한 젊다고만은 할 수 없다. 그런데 여기서 주의하여야 할 것이 있다. 농업노동능력을 수치로 나타낸 것 가운데 4번 가구 호주

<표 2> 家族構成員 (1935년 현재)

番號	戶主와의 關係	年齡(歲)	農業從事有無*	農業勞動能力	農業以外職業
1	戶　主	43	○	1.0	大工
	戶主의 妻	42	△	0.7	×
	長　男	22	○	1.0	×
	長男의 妻	20	△	0.8	×
	次　男	11	-	-	×
	長　女	9	-	-	×
	平　均	24.5		0.58	
2	戶　主	28	○	1.0	×
	戶主의 妻	28	△	0.8	×
	長　女	3	-	-	×
	平　均	19.67		0.6	
3	戶　主	44	○	1.0	×
	父	86	-	-	×
	長　男	23	○	1.0	×
	長男의 妻	19	△	0.7	×
	平　均	43		0.68	
4	戶　主	55	△	0.3	×
	長　男	34	○	1.0	×
	長男의 妻	35	△	0.8	×
	長　女	19	△	0.8	×
	孫　子	17	△	0.6	×
	孫　子	13	-	-	×
	孫　女	8	-	-	×
	孫　女	5	-	-	×
	平　均	23.25		0.44	
5	戶　主	56	○	1.0	×
	戶主의 妻	46	△	0.9	×
	長　男	26	○	1.0	馬車運搬
	長男의 妻	21	△·	0.7	×
	孫　子	2	-	-	×
	平　均	30.2		0.72	
平均年齡		27.5	平均勞動能力		0.58
戶主의 平均年齡		45.2	戶主의 平均勞動能力		0.86
平均家族數		5.2			

자료 : 滿鐵産業部, 『鮮人農家經濟調査報告』農家經濟調査 第10輯, 1935, 31
　　~53쪽을 참고로 작성.
비고 : *에서 ○은 농업종사자, △는 보조적 종사자를 표시. 소숫점 셋째자리
　　에서 반올림.

의 농업노동능력 수치가 0.3으로 표시되어 있는 점이다. 이것은 나머지 1·2·3·5번 가구 호주의 농업노동능력이 1.0으로 되어 있는 것과는 매우 대조적이라고 볼 수 있다. 5번 가구의 경우 호주의 연령이 56세로 4번 가구 호주 연령 55세보다 많은데도 불구하고 농업노동능력은 1.0이며 농업종사 有無 면에서도 1·2·3·5번 가구 호주들은 ○표시인데 반하여 4번 가주 호주는 ×표시로 나타나 있다. 단순히 연령 문제 때문이 아니라면 다음과 같은 추론을 해볼 수 있겠다. 4번 가구 호주의 경우에는 농업에 종사할 수 있는 능력(물론 여기서 말하는 능력이란 신체적인 능력을 언급하는 것이겠지만)이 부족하며, 그것은 건강상의 문제 때문이 아닌가 생각된다. 신체적으로 부자유한 상태이거나 어떠한 질병에 걸려 농업에 종사하는 데 무리가 되었기 때문에 농업노동능력 수치가 턱없이 낮게 나타났을 것이다.

셋째, 역시 농업노동능력 수치에서 살펴보아야 할 문제이다. 농업노동능력 가운데 부녀자들의 수치는 1.0 만점에 1번 가구의 경우 호주의 妻(42세)가 0.7, 호주의 며느리(20세)가 0.8로 나타났으며, 2번 가구는 호주의 처(28세)가 0.8로 표시되어 있다. 3번 가구는 호주의 며느리(19세)가 0.7, 4번 가구 역시 호주의 며느리(35세)가 0.8로 표시되어 있다. 마지막으로 5번 가구는 호주의 처(46세)가 0.9, 호주의 며느리(21세)가 0.7로 표시되어 있다. 이들의 노동능력을 어떠한 기준을 근거로 하여 수치상으로 표시한 것인지는 알 수 없으나, 특이한 것은 호주 처의 농업노동능력이 0.9라는 매우 높은 수치를 보이는 5번 가구의 경우이다. 5개 가구의 총 7명의 부녀자 가운데 가장 연령이 높은데도 불구하고 그 수치가 일반 호주의 농업노동능력에 버금 갈 정도라는 것은 그녀의 농업노동능력이 매우 뛰어났음을 나타낸다고 할 수 있다. 여기에서의 농업노동능력의 수치라는 것은 노동자의 연령을 말하는 것이 아니라 노동의 숙련도를 뜻하는 것이라고 본다.

넷째, 표에 나타난 5개 가구의 평균 가족수는 5.2인이다. 호주와 혼인한 장남의 가족이 함께 동거하는 형태에서 보는 가족수는 30인 이상의 대가족제도를 유지하는 만주인 가구에 비하면 결코 많은 수가 아니다. 5개 가구의 가족수는 평균보다 적은 수의 가구도 있고 평균수치를 웃도는 가구도 있다. 문제는 가족구성원 수와 수치로 나타낸 가족농업노동 능력이 비례하지 않는다는 점이다. 예를 들면 2번 가구의 경우 가족구성원 수는 3명이고, 평균 농업노동능력 수치는 0.72로 나타났다. 반면 4번 가구는 8명으로 이루어진 대가족임에도 불구하고 평균 농업노동능력은 0.44로 매우 낮은 수치를 나타내고 있다. 이는 5개 가구의 총평균 농업노동능력 0.58에 비해서도 모자라는 수치이다. 결국 가족구성원 수가 많은 것과 그 가구의 농업노동능력이 높은 것은 비례하지 않는다고 본다. 따라서 문제가 되는 것은 가족구성원 수보다는 그 구성원이 노동할 수 있을 정도로 성숙한 자들 즉, 15세 이상의 성년들로 이루어졌느냐 하는 점이다.

<표 3>을 통해 다음과 같은 사실을 지적할 수 있다.

첫째, 경작면적을 살펴보면 4번 가구는 34.9反으로 전체 경작지 중에서 26.3%를 차지하고 있다. 1번 가구의 17.63%, 2번 가구의 15.37%, 3번 가구의 18.09%, 5번 가구의 22.61%에 비교해 본다면 많은 면적을 점유하고 있으나, 이를 1인당 평균면적으로 비교해 보면 상황은 반대가 된다. 1인당 평균면적은 2번 가구의 경우 6.8反, 3번과 5번 가구는 6反인 데 비하여 1번 가구는 3.9反, 그리고 전체 경작면적에 대한 비율이 높은 4번 가구의 경우 1인당 평균 경작면적은 4.36反으로 나타나고 있다.

둘째, 수확량을 살펴보면 4번 가구는 131.04石으로 총 수확량의 36.75%를 차지한다. 이것은 경작면적에 비해서 높은 비중으로, 1·2·3·5번 가구에 비해 압도적인 우위를 보이고 있다. 수확량이 낮게 나온 2번 가구의 경우 24石으로 총 수량의 6.73%를 차지하는데, 이는 전체 경작면적 가운데 15.37%를 점한 데 비해 턱없이 낮은 비율을 보이

<표 3> 耕作面積 및 收穫高 (1935년 현재)

番號	作物名	耕作面積(反)	收穫高(石)	反當收穫高(石)	1人當收穫高(石)	1人當平均面積(反)	耕作面積에 대한%	收穫高에 대한%
1(6)	水稻	22.8	89.6	3.86	15.04	3.9	17.63	25.31
	大豆	0.6	0.64					
	其他	0.6	1900斤					
	計	23.4	90.24					
2(3)	水稻	20.4	24	1.18	8	6.8	15.37	6.73
	其他	0.9	1100斤					
	計	20.4	24					
3(4)	水稻	24	48	2	12	6	18.09	13.46
	計	24	48					
4(8)	水稻	28.9	127.04	3.75	16.38	4.36	26.3	36.75
	大豆	6	4					
	計	34.9	131.04					
5(5)	水稻	20	57.27	2.11	12.65	6	22.61	17.75
	大豆	10	6					
	其他	1.5	1000斤					
	計	30	63.27					
總計(26)		132.7	356.55	2.69	13.71	5.1	100	100

자료 : 滿鐵産業部, 『鮮人農家經濟調査報告』農家經濟調査 第10輯, 1935, 31
　　　~54쪽을 참고로 작성.
비고 : 기타를 제외한 水滔와 大豆만으로 계산.
　　　( ) 안의 수는 가족 인원수.
　　　소숫점 셋째자리에서 반올림.

는 것으로 농가경영이 실패한 사례로 보고 있다. 1번 가구의 수확량 비중은 전체의 25.31%로 전체 경작면적의 17.63%에 비해 높은 비율을 나타내고 있다. 3번 가구의 수확량 비중은 전체의 13.46%, 5번 가구의 수확량 비중은 17.75%로 경작면적에 비하여 낮은 수치를 나타내어 농가경영이 성공적이었다고는 할 수 없다.

셋째, 反當 수확고를 살펴보면 1번 가구가 3.86石을 수확하여 가장 높은 수확고를 나타내었으며, 4번 가구는 3.75石, 5번 가구는 2.11石, 3번 가구는 2石, 2번 가구는 1.18石을 수확하였다. 전체 경작면적 가운데 경작지의 비중이 네 번째였던 1번 가구가 反當 수확고에서 가장 우위를 점하였다는 것은, 경작면적과 수확량이 비례하지는 않는다는 것을 보여주는 좋은 예라고 할 수 있겠다.

마지막으로, 1인당 평균 경작면적과 1인당 수확량을 살펴보겠다. 1인당 평균 경작면적은 2번 가구가 6.8反으로 가장 우위를 점하고 있으며, 3번과 5번 가구는 6反, 4번 가구는 4.36反, 그리고 1번 가구가 3.9反을 나타내고 있었다. 경작면적에 대한 비중이 가장 높았던 4번 가구의 경우 가족구성원 수가 많은 관계로 1인당 경작면적에서는 낮은 수치를 나타내고 있으며, 경작면적에 대한 비중이 가장 낮았던 2번 가구의 경우 4번 가구와는 반대로 가족구성원 수가 적기 때문에 경작면적에서는 가장 우위를 점하고 있다.

1인당 수확량의 경우에는 4번 가구가 16.38石으로 가장 많은 수확량을 나타냈으며, 1번 가구는 15.04石, 5번 가구는 12.65石, 3번 가구는 12石, 그리고 2번 가구는 8石을 나타내었다. 2번 가구의 경우는 1인당 경작면적이 가장 높았음에도 불구하고 1인당 수확량에서는 가장 낮은 수치를 나타내었는데, 앞에서도 언급하였듯이 2번 가구의 경우는 농가경영이 실패한 예라고 할 수 있다. 2번 가구의 경우는 1인당 평균면적에서는 가장 우위를 점하고 있는 데 반하여 다른 부분에서는 가장 하위를 나타내고 있다. 4번 가구의 경우는 1인당 경작면적과 가족의 농업노동능력이 가장 낮음에도 불구하고 1인당 수확량에서는 가장 우위를 점하여 성공적인 농가경영이었다고 할 수 있겠다.

물론 5개 가구의 농경지가 모두 다른 곳에 위치하고 있고, 앞에서 비교한 것은 경작면적과 수확고, 가족구성원 수만을 가지고 비교한 것이어서 완벽한 것은 아니다. 당시 각 지역의 일조량, 강우량, 비료나 농사도구의 종류와 양, 役畜數, 그리고 토지의 질 등 여러 가지 부대조건을 제외하고 비교한 것이므로 정확한 비교는 아니지만, 농업노동능력과 경작면적, 수확량만으로 비교해 보았을 때에는 농업경영 양식의 실패와 성공을 따져볼 수 있는 자료가 된다고 할 수 있겠다.

2. 土地所有 狀況과 現金收支

<표 4>에 나타난 5개 가구의 토지소유의 형태와 차입의 형태를 통해 다음과 같은 점을 지적할 수 있다.

첫째, 5개 가구 모두 소유한 농경지가 없으므로 농업경영의 형태로 보면 자작농이라고 할 수 없다. 즉 소작농이라고 해야 할 것이다. 특이할 만한 점은 유일하게 4번 가구가 비록 농산물을 생산할 수 있는 토지는 아니지만, 墓地 용도로 쓰이는 14평의 땅을 所有하고 있다는 점이다. 4번 가구가 자신들의 조상을 모실 수 있는 토지를 소유하고 있다는 사실은, 이들 가구가 만주에 이주해 온 지 오래 되었다는 것을 뜻하기도 한다. 즉 4번 가구의 가족이 노환으로 인한 사망인지 병이나 사고로 인한 예기치 않은 사망인지는 알 수 없지만 이들이 조상을 위한 묘지용으로 땅을 매입하였다는 사실은 渡滿해온 지 오래 되었다는 사실을 말하여 주며, 아울러 이 가구가 이 곳에 계속 정착하겠다는 의지를 드러내 주는 것이라고 생각한다. 또한 다른 4개 가구에 비하여 어느 정도 경제적으로도 안정이 되었기에 땅을 구입할 경제적 여건이 되었다고 본다.

둘째, 이들 5개 가구가 차입한 토지의 면적과 가격과의 관계를 비교하여 보면 다음과 같다. 이들 5개 가구가 차입한 면적은 크게 차이가 나지는 않는다. 그러나 이들 토지의 가격을 反當 가격으로 계산하여 보면 많은 차이가 나고 있다. 즉 1번 가구와 5번 가구의 경우에는 反當 가격이 60圓, 3번 가구의 反當 가격은 40圓, 4번 가구는 35圓, 그리고 2번 가구는 30圓으로 나타나고 있다. 즉 1번과 5번 가구가 차입한 토지의 反當 금액은 2번 가구의 두 배에 이르므로 결국 가격에서 보면 1/2의 손해를 보고 있다고 해도 과언이 아니다. 왜냐하면 자신이 소유한 토지라면 몰라도 다른 이에게 빌려서 경작하는 토지라면 비싸게 주고 빌렸다는 계산이 나오기 때문이다.

<표 4> 土地狀況 (1935년 현재)

家口番號	項目	所有 面積(反)	所有 價格(圓)	借入 面積(反)	借入 價格(圓)	坪當價格(圓)	計 面積(反)	計 價格(圓)
1	水田地	-	-	22.8	1368	60	22.8	1368
	畑 地	-	-	0.6	-	-	0.6	-
	蔬菜地	-	-	0.6	-	-	0.6	-
	宅 地	-	-	0.03	-	-	0.03	-
	計	-	-	24.03	1368	60	24.03	1368
2	水田地	-	-	20.4	612	30	20.4	612
	畑 地	-	-	0.8	-	-	0.8	-
	蔬菜地	-	-	0.1	-	-	0.1	-
	宅 地	-	-	0.06	-	-	0.06	-
	計	-	-	21.36	612	30	21.36	612
3	水田地	-	-	24	960	40	24	960
	畑 地	-	-	-	-	-	-	-
	蔬菜地	-	-	-	-	-	-	-
	宅 地	-	-	0.08	-	-	0.08	-
	計	-	-	24.08	960	40	24.08	960
4	水田地	-	-	28.9	1012	35	28.9	-
	畑 地	-	-	6	-	-	6	-
	蔬菜地	-	-					
	宅 地	-	-	0.6	-	-	0.6	-
	墓 地	14坪	8	35.5	-	-	14坪	8
	計	14坪	8	35.5	1012	35	35.5 14坪	1020
5	水田地	-	-	22.8	1368	60	22.8	1368
	畑 地	-	-	0.6	-	-	0.6	-
	蔬菜地	-	-	0.6	-	-	0.6	-
	宅 地	-	-	0.03	-	-	0.03	-
	計	-	-	24.3	1368	60	24.3	1368

자료 : 滿鐵産業部, 『鮮人農家經濟調査報告』農家經濟調査 第10輯, 1935, 31~54쪽을 참고로 작성.

비고 : 소숫점 셋째자리에서 반올림.
　　　가격은 소숫점 둘째자리에서 반올림.

그렇다면 평균 反當 금액의 차이는 어디에서 온 것일까? 물론 5개 가구가 동일한 지역에서 생활하고 있는 것이 아니므로 反當 금액이 일치할 수는 없을 것이다. 地價라는 것은 여러 가지 조건이 어우러져 이루어지지만, 우선 생각할 수 있는 것은 地價가 높다는 것은 土質이 우량하다는 것을 의미한다고 본다. 같은 크기의 토지에서 동등한 조건 하에 경작하였다면 수확량 또한 일정하겠지만, 양질의 토지라면 동일한 조건으로 경작하였어도 더 많은 수확량을 낼 수 있을 것이다. 즉 지가의 편차가 심하다는 것은 곧 토질에서도 上·中·下의 단계가 있었음을 말하고, 또 같은 조건인데도 지가가 높다는 것은 이들 5개 가구가 서로 다른 지역에 위치하고 있었으므로, 사람들이 많이 모이는 도심 부근 가까운 곳에 耕作地가 있었을 수도 있음을 배제할 수 없을 것이다.

셋째, 앞에서 언급한 토지가격의 편차와 토지 질과의 상관관계가 수확량과도 일치하는가 하는 문제이다. 反當 토지의 가격이 높다는 것이 토지 質의 높음을 말하여 주는 것이라면, 수확고도 높을 것이라는 추측을 할 수 있다. 이 상관관계가 <표 3>에 나타나고 있다. 우선 反當 수확고를 살펴보면 1번 가구가 3.86石으로 가장 높으며, 다음으로는 4번 가구가 3.75石, 그리고 세 번째로는 5번 가구가 2.11石을 나타내고 있다. 1인당 수확고를 함께 살펴보면 4번 가구가 16.38石, 1번 가구가 15.04石, 그리고 5번 가구가 12.65石을 나타내고 있다. 여기서 주목해야 할 것은 4번 가구다. 4번 가구의 경우 反當 지가는 35圓으로 1번 가구와 5번 가구의 60원에 비해 매우 낮은 편에 속한다. 가격으로만 따져 본다면 양질의 土地는 아닐 것이라는 추측을 할 수 있다. 그러나 1인당 수확고나 反當 수확고에서 우위를 점하고 있다는 것은 4번 가구의 토질이 결코 나쁘지 않다는 것을 말해준다. 물론 4번 가구의 가족원 수가 다른 가구에 비하여 많지만 5개 가구의 평균 농업노동능력으로 비교하여 본다면 가장 낮은 수치인 0.44를 나타내고 있다. 이것은 4번 가구가 다른 가구에 비하여 뛰어난 농업적 수확능력이나 비료 등을 갖추고 있었다든가, 아니면 4번 가구의 경작지가 1번이나 5번 가구 못지않게 양질의 토지였을 것이라는 추측을 할 수 있게 한다. 그러나 당시의 농업경작 방식이 현대식으로 기계화된 것이 아니고 단순히 인간의 노동력에 의존한 것이었다는 점을 고려하면, 후자의 추측이 더 타당할 것이라고 본다. 즉 당시에는 지역별로 지가에 편차가 있었으며, 지가와 농산물 수확고와의 관계는 일치하지 않았다고 생각한다.

마지막으로 5개 가구가 농경지를 소유하지 못했다고 해서 이들 5개 가구가 모두 빈궁한 소작농이었을까 하는 문제이다. 표에 나타난 것으로만 본다면 5개 가구 모두 단순한 소작농이지만, 1번과 2번 가구가 속한 농장은 동아권업이 소유한 토지였으며, 3번과 4번, 그리고 5번 가구도 모두 안전농촌의 주민이었으므로 토지의 소유주는 역시 동아권업이었다. 안전농촌에 거주하는 이들은 대부받은 토지를 10년에서 15년 동안 年賦償還하면 자작농이 된다는 조건 하에 入村한 농민들이었다. 이들은 1945년 일본의 패망과 함께 완전한 자작농이 될 수는 없었으나, 안전농촌의 농민들은 소작료를 납부하기는 했어도 자신들이 소유할 경작지라고 생각하면서 수확하였을 것이다. 따라서 이들을 단순히 빈궁한 소작농이라고 규정지을 수만은 없다고 생각한다.

현금수입표를 살펴보면 각 가구의 수입이 항목별로는 농업에서 얻은 농업수입과 겸업수입, 가사수입 그리고 특별수입의 4항목으로 구분되어 있다. 그런데 표에 나타나는 5개 조선인 가구는 수입항목별로 각각 특색을 지니고 있음을 알 수 있다.

먼저 4개의 현금수입 항목 가운데 농업에서 얻는 현금수입을 살펴보면 1번 가구는 90.65%, 2번 가구는 14.99%, 3번 가구는 25.38%, 4번 가구는 73.24% 그리고 5번 가구는 40.29%를 차지하고 있다. 1번 가구와 4번 가구는 전체 수입의 반 이상이 농업에서 얻은 수입이며, 특히 1번 가구는 전 수입의 90.65%를 점하고 있어 전적으로 농업에 의존하

<표 5> 現金收入年計表 (1935년 현재)

		農業收入							兼業收入	家事收入	特別收入	合計	全體對比(%)
		水稻作	水稻以外普通作	園藝作	養畜	農加	其他	計					
1	圓	362.7	-	-	-	151.8	19	533.5	-	-	55	588.5	17.88
	%	61.63	-	-	-	25.79	3.23	90.65	-	-	9.35	100	
2	圓	36	-	2.5	1.8	0.6	-	40.9	57.4	3	171.5	272.8	8.29
	%	13.2	-	0.91	0.66	0.22	-	14.99	21.04	1.1	62.87	100	
3	圓	37.78	-	-	-	16.5	-	54.3	98.2	-	61.5	214.1	6.5
	%	17.65	-	-	-	7.37	-	25.38	45.88	-	28.74	100	
4	圓	1188.7	30	-	70.5	-	-	1289.2	15	56	400	1760.2	53.47
	%	67.53	1.71	-	4	-	-	73.24	0.84	3.19	22.73	100	
5	圓	2.75	82.6	-	98.5	-	-	183.9	33.9	6.7	231.9	456.3	13.86
	%	0.6	18.1	-	21.59	-	-	40.29	7.44	1.46	50.81	100	
平均	圓	325.6	-	-	-	-	-	420.4	-	-	184	658.4	-
合計	圓	1627.9	112.6	2.5	170.8	168.9	19	2101.8	204.5	65.67	919.9	3291.9	100

자료 : 滿鐵産業部,『鮮人農家經濟調査報告』農家經濟調査 第10輯, 1935, 35
~59쪽을 참고로 작성.
비고 : 소숫점 셋째자리에서 반올림.
　　　가격은 소숫점 둘째자리에서 반올림.

는 수입 형태를 지니고 있음을 알 수 있다. 또한 <표 4>에서 나타나듯이 5개 가구 모두 소유한 경작지가 없으므로 소작농이라고 할 수 있는데, 생산업종 가운데 농업에 대한 비중이 높다는 것은 소작농의 생산자적 위치를 드러내고 있는 것이다.

1번과 4번 가구의 농업수입 비중이 다른 가구에 비하여 월등히 높다는 것은 <표 3>과 비교해 보아도 알 수 있겠다. 1번과 4번 가구가 反當 수확고나 1인당 수확고, 수확고에 대한 비중이 다른 가구에 비하여서도 매우 높았는데, 이 두 가구의 경우 가족원이 모두 농업에 종사하거나 또는 토질이 다른 가구에 비해 양질이었거나 농업경영방식이 다른 가구에 비해 뛰어났다고 할 수 있겠다. 그러나 1번과 4번 가구의 경우 가족의 평균 농업노동능력이 각각 네 번째와 다섯 번째였으므로 가족이 모두 농업에 종사한 것은 아니라고 본다. 1번과 4번 가구의 경우와는 반대인 다른 가구 즉, 2·3·5번 가구의 경우에는 농업수입에 대한 비중이 높지 않기 때문에 反當 수확고나 1인당 수확고 등 농사에서 얻는 수확량은 현저히 적었다고 할 수 있겠다.

둘째, 농업수입을 살펴보면 다음과 같은 특징을 알 수 있다. 앞에서 언급한 농업수입의 비중이 높았던 1번과 4번 가구의 경우 水田經營에서 얻는 수익비율이 각각 61.63%와 67.53%를 나타내었으나 2번과 3번 가구는 13.2%와 17.65%의 낮은 비율을 보이고 있으며, 5번 가구의 경우에는 전체 수익 가운데 0.6%를 나타내어 1%에도 못 미치는 수익을 얻고 있다. 즉 5번 가구의 경우에는 水田經營에서 얻는 수익이 거의 없다고 할 수 있겠다. 오히려 5번 가구의 경우에는 ‘水稻 以外의 普通作’에서 얻는 수익 비중이 18.1%를, ‘養畜’에서 얻는 수익 비중이 21.59%를 나타내고있어 다른 가구의 농업경영양식과는 매우 다른 형태를 취하고 있음을 알 수 있었다. 결국 수전경영을 통해 얻는 米價가 높았기 때문에 1번 가구와 4번 가구의 경우 농업에서 얻는 수입이 다른 가구에 비하여 현저하게 차이가 난다고 볼 수 있다. 그러므로 가족의 평균 농업노동능력이 높지 않고, 다른 가구에 비하여 경작지가 넓지 않아도 더 높은 수익을 올릴 수 있었다고 본다. 이것은 경작방식의 차이에서 나온 결과라고 생각할 수 있겠다.

셋째, 농업 이외의 수입항목을 살펴보기로 하자.

우선 특별수입에서 1번 가구는 전체의 9.35%를, 2번 가구는 62.87%, 3번 가구는 28.74%를, 4번 가구는 22.73%, 그리고 5번 가구는 50.81%를 차지하고 있다. 앞에서 살펴본 1번과 4번 가구가 농업수입 항목에서 높은 비율을 나타낸 것에 반하여 특별수입에서는 2번과 3번·5번 가구가 높은 비율을 점하고 있음을 알 수 있다. 특히 2번 가구는 62.87%라는 높은 비율을 나타내어 5번의 50.81%와 함께 특별수입에서 얻는 현금이 전체 현금수입의 반 이상을 차지하고 있다. 이와는 반대로 3번 가구는 겸업수입에서 얻는 비율이 45.88%를 나타내어 다른 가구와 또 다른 경영양식을 나타내고 있다.

넷째, 농업수입과 겸업수입, 가사수입 그리고 특별수입을 합한 전체 수입을 살펴보면 다음과 같다. 각 가구의 현금수입을 조선인 가구 수입총액에서 나누어 보면 1번 가구는 588.5圓으로 17.88%, 2번 가구는 272.8圓으로 8.29%, 3번 가구는 214.05圓으로 6.5%, 4번 가구는 1760.2圓으로 53.47%, 그리고 5번 가구는 456.32圓으로 전체의 13.86%를 차지하고 있어 4번 가구의 수입이 가장 높은 것을 알 수 있다. 또한 3번 가구는 농가호수 비중보다 현저히 낮은 수입액의 비중을 보이고 있어 수입 내역에서도 농민분화가 이루어지고 있음을 알 수 있다.

농업수입과 농업외수입의 비중을 살펴봄으로써 다음과 같은 결론을 내릴 수 있겠다. 현금수입 가운데 농업수입이 차지하는 비중이 1번 가구는 90.65%, 2번 가구는 14.99%, 3번 가구는 25.38%, 4번 가구는 73.24%, 그리고 5번 가구는 40.29%를 나타내고 있다. 반대로 농업외수입의 비중은 1번 가구가 9.35%, 2번 가구가 85.01%, 3번 가구가 74.62%, 4번 가구가 26.75% 그리고 5번 가구가 59.71%로서 2번 가구의 비율이 가장 높게 나타났다. 여기에서 농업수입의 비중이 높은 가구는 전체 수입 면에서도 많은 수익을 내고, 농업수입이 차지하는 비중이 낮은 가구는 전체 수입 면에서도 낮은 비중을 나타내었다. 즉, 표에 나타난 5개 가구는 농업수입에 의지하여 생활하는 농가구임을 알 수 있었다. 실제로 4번 가구와 3번 가구의 경작면적은 각각 34.9反과 24反으로 경작지 면적에서는 큰 차이가 나지 않으나 현금수입에서는 4번 가구의 경우 1760.2圓이라는 수익을 내어 3번 가구보다 9배나 높은 수익을 내고 있다.

1935년도에 비교한 조선인 5개 가구의 수입은 농업에 의존한 것으로서 경작 규모에 따라 임노동 고용의 필요가 있었겠지만 그 가족구성원의 노동인원으로 인하여 임노동 고용은 전면적으로 드러나지 않고 있었다.

위의 여러 사실로부터 알 수 있는 것은 소작농 내부의 분화현상이 현금수입 내역에도 반영되고 있다는 점이다. 또한 경작양식의 형태에서, 다시 말해 水田耕作을 하는 가구가 그렇지 않은 가구에 비하여 높은 수익을 내고 있다는 점이다.

<표 6> 現金支出年計表 (1935년 현재)

| | | 農業支出 | | | | | | | 經營費 | 計 | 家計費 | 特別支出 | 合計 | 全體對比(%) |
| | | 臨時費 | | | | | | | | | | | | |
		土地	土地改良	建物	農具	種苗	家畜	計						
1	圓	-	-	-	-	-	-	-	110	110	431.4	75.6	617	17.66
	%	-	-	-	-	-	-	-	17.82	17.82	69.92	12.26	100	
2	圓	-	-	-	-	-	-	-	121	121	124.2	42.3	287.5	8.23
	%	-	-	--	-	-	-	-	42.08	42.08	43.21	14.71	100	
3	圓	-	-	-	-	-	-	-	19.0	19.0	148.7	48.4	216.1	6.18
	%	-	-	-	-	-	-	-	8.8	8.8	68.82	22.38	100	
4	圓	8	5	-	-	8	5.8	26.8	594.1	620.8	1110.2	287.5	2018.5	57.77
	%	0.4	0.25	-	-	0.4	0.28	1.33	29.43	30.76	55	14.24	100	
5	圓	-	-	-	-	-	59.3	59.3	68.1	127.4	149.5	78.1	355	10.16
	%	-	-	-	-	-	16.71	16.71	19.18	35.89	42.1	22	100	
合計	圓	8	5	-	-	8	65.1	86.1	912.1	998.2	1964	531.9	3494	100

자료 : 滿鐵産業部, 『鮮人農家經濟調査報告』農家經濟調査 第10輯, 1935, 36
　　　~59쪽을 참고로 작성.
비고 : 소숫점 셋째자리에서 반올림.
　　　가격은 소숫점 둘째자리에서 반올림.

현금지출표를 살펴보면 5개 가구의 지출은 농업지출과 겸업지출, 가계비 그리고 특별지출의 4개 항목으로 구분되어 있음을 알 수 있다. 현금지출 가운데 농업지출이 차지하는 비율을 살펴보면 1번 가구는 17.82%, 2번 가구 42.08%, 3번 가구 8.8%, 4번 가구 30.76%, 그리고 5번 가구가 35.89%를 차지하고 있다. 그리고 현금지출 가운데 많은 비중을 차지하고 있는 가계비에 대한 비율을 살펴보면 1번 가구 69.92%,

2번 가구 43.21%, 3번 가구 68.82%, 4번 가구 55%, 5번 가구가 42.1% 를 차지하고 있다.

1번과 3번 가구의 경우에는 농업지출의 비중에 비해 가계지출의 비중이 월등히 높았고, 반대로 2번과 4번, 5번 가구는 농업지출과 가계지출의 비중이 균형을 이루고 있다. 여기에서는 다음과 같은 사실을 지적할 수 있다.

첫째, 현금수입표에 나타난 5개 가구의 현금수입에 대한 순위와 현금지출표에 나타난 5개 가구의 현금지출 순위가 비례하고 있다. 즉, 현금수입이 가장 많았던 4번 가구의 경우 전체 비중의 53.47%를 차지해 현금지출 또한 가장 많았다. 반면 3번 가구의 경우에는 현금수입 면에서 전체의 6.5%, 현금지출 면에서도 전체의 6.18%를 나타내고 있어 전체 비중의 1할이 채 못 되는 낮은 수치를 나타내고 있다. 나머지 1번과 2번 그리고 5번 가구의 경우에서도 현금수입과 현금지출은 서로 비례하고 있다.

둘째, 4번 가구의 경우 토지개량과 종묘구입, 가축사육 등에 지출이 있었음이 나타나는 데 비하여 다른 가구에서는 찾아볼 수가 없다. 이것은 두 가지 경우로 살펴볼 수 있을 것이다. 4번 가구가 토지개량에 지출을 한 이유가, 다른 가구보다 여유가 있어서 더 우수한 토질로 만들기 위해 투자를 한 것인지 아니면 다른 가구의 토지보다 열악한 환경이므로 개선을 하기 위해서 지출을 한 것인지 하는 것이다. 즉, 다른 4개 가구는 토질이 우수해서 개량을 안한 것인지 아니면 돈이 없어서 개량을 못한 것인지 하는 문제이다. 앞에서 살펴본 표들을 통해서 추정해 보건대, 아마 후자 쪽일 것이다. 4번 가구의 경우 地價가 다른 가구에 비하여 낮았음에도 불구하고 높은 수확고를 나타냈고, 4번 가구의 현금수입이 다른 가구에 비하여 높았던 점 등을 보건대, 4번 가구는 더 많은 수확량을 얻기 위해 투자를 한 것이라고 생각하며, 다른 가구들은 경제적으로 여유가 없어 토지개량에 소홀할 수밖에 없었다고 생각한다. 그러나 여기에서 한 가지 고려해야 점은, 4번 가구가 토지개량에 지출을 한 것이 단순히 여유가 있어서만은 아닐 수도 있다는 것이다. 즉, 다른 가구들보다 경작지가 오래 되어서 지출이 불가피했을 수도 있다는 것이다. 단 4번 가구가 鐵嶺安全農村에 거주한 것으로 보아 경작지는 그리 오래 된 것으로는 생각되지 않으나, 鐵嶺安全農村의 경우 안전농촌 설립 이전부터 그 곳에 先主하였던 이들의 경작지가 있었다는 점을 고려하면 완전히 간과할 수만은 없다고 본다.

셋째, 지출항목별로 살펴볼 때 전체적으로 가계비가 높은 비중을 차지하고 있다. 1번 가구의 경우 전체 항목 가운데 69.92%, 2번 가구는 43.21%, 3번 가구의 경우에는 68.82%, 그리고 4번과 5번 가구의 경우에는 각각 55%와 42.1%를 차지하고 있다. 전체 지출항목 가운데 가계비 지출이 높다는 것은 엥겔지수가 높다는 것을 뜻한다. 1번·3번·4번 가구의 경우에는 반 이상을 차지하고 있고 특히 1번과 3번 가구는 지출의 약 70%를 점하고 있다. 엥겔지수가 높다는 것은 경제적으로 여유가 없음을 나타내는 것이다. 이는 <표 6>에서 단적으로 드러나는데, 이들이 고국을 떠나 만주로 이민해 왔고 그 대부분이 경제적인 어려움으로 인하여 이민한 것으로 생각하면 경제적으로 여유가 없으리라는 것은 능히 짐작할 수 있다. 결국 가난에서 벗어나고자 고국을 떠나 왔지만 타국에서도 여전히 경제적인 어려움에서 헤어나지 못하고 있음을 알 수 있다.

Ⅳ. 맺음말

이상에서 1935년도 농촌실태조사보고를 자료로 하여 재만조선인 5개 가구의 토지소유와 농업경영을 통해 이들의 경제적 상태를 비교해 보았다.

이들 5개 가구 가족구성원의 평균연령은 27.5세였으며 호주의 평균

연령은 45.2세였다. 또한 평균가족수는 5.2인으로 가족구성원 수가 많지 않았으므로 많은 노동력을 요구하는 水田農業을 하는 이들로서는 나이어린 자녀를 제외한 모든 가족구성원이 농업에 종사하였다. 그러므로 이들 5개 가구의 농업노동능력 수치를 보면 婦女子들이 1.0 만점에 0.7 이상을 보여주고 있고, 0.9라는 매우 높은 수치를 나타내는 가구도 있었다.

耕作面積에 대해서는 전체 경작지 가운데 鐵嶺안전농촌에 거주하는 4번 가구가 가장 넓은 면적을 경작하고 있었지만, 1인당 평균경작면적에서는 公太堡농장에 거주하는 2번 가구가 6.8反으로 가장 넓었다. 또한 수확량에서는 4번 가구가 가장 많았으며, 反當 수확고로 보면 吳家荒 농장에 거주하는 1번 가구가 높은 수확고를 나타냈다. 이는 耕作面積과 收穫量가 비례하지 않음을 보여주는 것이다. 1인당 수확량도 역시 4번 가구가 가장 많았다.

토지 상황에서는 5개 가구 모두 소유한 농경지가 없으므로 농업경영 형태로 보았을 때 소작농이라 칭해야 할 것이다. 그러나 이들 5개 가구 모두 토지소유주는 동아권업으로서 안전농촌의 경우 貸付받은 토지를 10년에서 15년 간 年賦償還하면 자작농이 된다는 조건 하에 入村한 농민들이었다. 비록 1945년 日帝의 敗亡으로 이루어지지는 못했으나 이러한 이유로 이들을 단순히 빈궁한 소작농이라고만 규정지을 수는 없다고 본다. 또한 土質과 地價 그리고 收穫高와의 상관관계를 살펴보았을 때, 지가가 높은 곳이 토질이 우수하다, 즉 수확고가 높은 것과 일치하지 않는다는 점이 나타났다. 이것은 이들 5개 가구가 서로 다른 지역에 위치하고 있었으므로, 지가의 편차는 수확의 많고 적음을 떠나 農地의 위치가 도심과 인접한 것이냐에 따라 결정되어졌다고 본다.

현금수입에서는, 수입을 크게 농업수입과 농업외수입으로 나누었을 때 농업수입의 비중이 높았던 가구가 전체 수입 면에서도 많은 수익을 거두었으며, 농업수입이 차지하는 비중이 낮았던 가구는 전체수입 면에서도 낮은 비중을 나타내었다. 즉, 표에 나타난 5개 가구는 농업수입에 의지하여 생활하는 농가구였음을 알 수 있었다.

현금지출에서는 가장 많은 비중을 차지하는 항목이 가계비로서, 이는 엥겔지수가 높았다는 것을 뜻한다. 엥겔지수가 높다는 것은 경제적으로 여유가 없음을 나타내는 것으로, 이들 가구는 농업수입에 의지하여 살아가면서도 토지개량을 위해 지출을 한 가구가 단지 4번 가구 하나밖에 없어 이들의 어려운 경제상태를 단적으로 드러내 주고 있다. 즉 그들은 가난으로부터 벗어나고자 낯선 땅으로 이주하여 왔지만 이곳에서도 경제적 어려움을 극복하지 못하였던 것이다.

현금수입과 현금지출을 통해서 이들 5개 가구의 경영 상태를 살펴본다면, 현금상의 이익을 낸 가구는 단 한 가구뿐이었다. 한 가구의 경제적 상황을 현금만으로 구분한다는 것은 무리가 따르겠지만 이들 5개 가구의 수입과 소비 형태로 본다면, 흑자보다는 적자를 낸 가구가 더 많은, 열악한 경제 상황을 보여주는 사례연구라 할 수 있을 것이다. 만주에서의 조선인의 경제 상태는 조선인만이 아니라 만주인과의 대비를 통해서 더욱 명확히 규명될 수 있으리라 생각한다.

'皇軍'이라는 이름으로 끌려간 朝鮮人

홍 종 필[*]

시작하면서

朝鮮이 가장 가혹한 日本의 식민통치에 놓여 있던 시기의 하나는 中・日戰爭에서 太平洋戰爭에 이르는 1937~1945년이었다. 이 기간이 日帝가 朝鮮에서 식량증산과 皇國臣民化를 목표로 하는 內鮮一體를 완성하고자 광분하던 시기였기 때문이었다. 이를 위하여 朝鮮總督府는 國民精神總動員朝鮮連盟까지 결성하여 朝鮮人이 朝鮮人으로 사는 것을 皇民化의 敵으로 규정하고는 朝鮮人을 일본인화시키기 위하여 統制하고 動員하는 요체로 삼았다. 이에 따라 일본제국주의는 皇國臣民化政策을 기초로 하여 朝鮮總督府와 朝鮮軍이 혼연일체가 되어 이 땅의 젊은이들에게 '皇軍'이라는 이름을 붙여 전쟁터에 밀어넣은 것이 志願兵制 및 徵兵制의 실시였다.

그러나 한국에서는 아직도 이에 대한 연구가 눈에 띄지 않고 독립운동사를 논할 때 부분적으로 취급되고 있을 뿐이다.[1] 일본에서의 연구도 황민화정책의 연구 및 일본에 의하여 강제연행된 朝鮮人의 數字 파

---

* 명지대학교 사학과 교수

1) 대표적인 著書로는 趙東杰, 『日帝下韓國農民運動史』, 1979 가 있다.

악에 대한 論文[2]과 朝鮮人 强制連行에 대하여 논할 때 부분적으로[3] 밝히는 데 그치고 있을 뿐이다.

이러한 상황이기에 본고에서는 中日戰爭과 太平洋戰爭 중 日本帝國主義가 '大東亞共榮圈'의 中核인 일본민족을 방위하기 위하여 조선의 靑年들을 志願兵·徵兵이라는 이름으로 官이 나서서 어떻게 동원하여 갔는지에 초점을 맞추어 논하여 보고자 한다.

중일전쟁과 태평양전쟁 중 '皇軍'으로 붙들려 간 朝鮮人들은 志願兵과 徵兵, 그리고 軍要員(軍屬)으로 36만 명이나 잡혀갔고 그 가운데 BC級 戰犯으로 몰려 148명이 死刑 혹은 有期刑을 받았으며 15만여 명은 아직도 生死를 모른 채 역사의 공백으로 남아 있다. 그 때문에 이 방면의 연구는 한국의 근현대사 가운데 日帝時代史를 연구하는 데 있어서 큰 의미를 지니고 있다고 생각된다.

이에 본고에서는 중일전쟁과 태평양전쟁 중 日帝가 朝鮮의 靑年들을 '皇軍'이라는 이름 아래 전쟁터로 끌고 간 사실들에 대하여 검증해 보려고 한다.

Ⅰ. 武斷政治로부터 시작된 '皇民化政策'

청일전쟁과 러일전쟁에서 승리한 일본은 그 여세를 몰아 武力까지 동원하여 조선의 왕궁을 포위한 가운데 공포 분위기 속에서 不法으로 朝鮮과 을사조약을 맺었다. 이와 같은 폭거를 저지르고도 日本은 아직도 자신들의 역사를 僞造하고 隱滅하여 잃어 버리려 하는가 하면 한편으로는 자신들의 침략에 반대하는 조선인의 사소한 행위도 모두 외국이 사주한 것이라고 하는[4] 잘못을 범하였음은 널리 알려진 사실이다.

---

2) 대표적인 논문은 海野福專, 「朝鮮の勞務動員」, 『近代日本と植民地』 5, 1993.
3) 朴慶植, 『朝鮮人强制連行の記錄』, 1965 ; 內海愛子, 『朝鮮人'皇軍'兵士たちの戰爭』, 1991.

이같이 악랄한 수법으로 조선침략에 마수를 뻗친 일본은 1910년에 조선을 아예 不法으로 倂合하고 말았다. 그러니 그들의 이 같은 행위는 그 자체가 당초부터 무효라고 하겠다.

이러한 일본의 행위는 조선의 입장을 전혀 생각지 않는 것이고 歷史를 歪曲하고 僞造하려는 것으로, 이와 같이 虛構를 기본으로 하는 日本의 驕慢은 合理的인 판단과는 거리가 먼 것으로서5) 자신들의 역사에 크나큰 오점을 남기고 말았다.

朝鮮을 倂合한 日帝는 1910년 10월 1일 朝鮮의 支配기구로 서울에 朝鮮總督府를 설치하고는 初代總督으로 寺內正毅6)를 임명하였다.

日本의 陸海軍 大將 가운데서 임명되던 總督은 天皇 직속으로 朝鮮의 군사·행정 등에서 광범위한 권한을 갖게 되었다. 행정의 경우 法律에 대신한 總督令을 발하고 任意 處罰權까지 부여받았다. 그 위에다가 憲兵과 警察을 일체화한 치안기구로 憲兵警察制度를 완성시켜 정치적으로는 武斷政治를 단행하였으며, 군사적으로는 그의 휘하에 2개 사단의 육군과 해군 2개 分遣隊까지 주둔시켰다.

경제적으로는 근대적 토지소유제도를 확립한다는 미명 하에 조선의 경제를 식민지적으로 재편성시킨 것이 土地調査事業7)이었다. 이와 같

---

4) 中塚 明, 『歷史の僞造をただす』, 1997, 222쪽.

5) 위의 책, 223쪽.

6) 寺內正毅(1852~1919) : 明治·大正期의 군인·정치가. 長州藩士의 가정에서 태어나 1871년 육군소위, 1906년 대장으로 승진. 1910년부터 6년 간 조선에서 헌병정치라고 부르는 '武斷政治'를 실시한 장본인.

7) 토지조사사업은 1910년 총독부에 土地調査局이 설치되면서 본격적으로 착수되었다. 1912년 발표된 土地調査令에 의하면 토지의 所有主는 일정 기간 안에 住所, 姓名 또는 名稱과 아울러 所有地의 地目 등을 토지조사국장에게 신고하여야 사유권을 인정받도록 되어 있었다. 그러나 對日감정과 '日本語로 된 번거로운 수속' 때문에 대다수 농민이 신고를 하지 않거나 기피하여 토지를 조선총독부에 몰수당하고 말게 됨으로써 조선총독은 최대의 지주가 되어 전 국토의 40%에 해당하는 888만 정보를 소유하게 되었다(홍종필, 『한국사의 이해』, 1999, 331쪽 ; 山辺健太郎, 『日本統治下の朝鮮』, 1983, 36쪽 참조).

이 조선이 일제의 무단정치 하에 놓이게 됨으로써 조선인은 정치적으로 모든 권리를 박탈당하였고 경제적으로도 생활이 극도로 악화되었다.8) 그렇게 됨으로써 조선인들의 日帝에 대한 저항은 현저하게 곤란하여졌다. 그렇다고 하여 日帝의 조선지배가 안정된 것은 아니었다. 日帝의 가혹한 폭력적 지배인 武斷政治에 분개한 일부 애국지사와 토지를 잃은 농민들이 만주로 건너가 강력한 항일무장근거지를 마련하여 이 나라 역사에서 단절될 뻔하였던 정신적 맥을 이어간 것이 이를 잘 설명하여 주고 있다.

이와 같이 日帝는 노골적인 폭력적 지배를 기초로 조선을 倂合하기 전부터 '治安立法'에다가 1910년 8월 25일에 만든 '集會取締令'까지 동원하여 조선인의 언론·출판·집회·결사 등의 모든 권리를 박탈하였다.9)

일제는 조선에서 武斷政治를 단행하면서 조선인의 日本化를 강제하기 위하여 식민지 교육을 행하였다. 이를 증명하는 것으로 그들은 1911년 8월 23일부터 조선인에게 일본어를 강제하고 天皇制 日本의 '忠良한 臣民'이 될 것을 요구하는 '朝鮮敎育令'까지 내렸다. 이 같은 同化政策과 武斷政治는 日帝가 조선을 지배하기 위한 기본방침으로 양자가 깊이 결부되어 일관되게 행하여졌다.10)

강철도 부러지듯이 일제의 조선에 대한 武斷政治와 土地調査事業을 통한 경제적 착취는 때마침 미국 대통령 윌슨이 제창한 民族自決主義에 힘입어 高宗의 因山을 계기로 1919년 3월 1일 거국적인 항일운동으로 폭발되었다. 3·1운동은 江華島條約 이후 일제 침략을 거부한 항일

---

8) 토지조사사업으로 경작권을 상실한 조선인 농민들은 하루아침에 소작농으로 전락하였고 소작할 땅도 없는 농민들은 살길을 찾아 火田民이 되거나 滿洲로 이민의 길을 떠나지 않을 수 없게 되었다[洪鍾珌, 『'滿洲'(中國東北地方)における朝鮮人農民の史的硏究』, 1987, 22쪽 참조].
9) 旗田 巍, 『朝鮮の歷史』, 1989, 202쪽.
10) 위의 책, 240쪽.

투쟁의 총결산이었다. 3·1운동이 비록 일제의 砲火에 의하여 진압되었으나 이는 朝鮮民族의 새로운 진로를 제시한 것이었고 이 정신이 우리 민족의 가슴 속에 아로새겨짐으로써 항일운동이 끊이지 않고 계속되게 되었다.

3·1운동의 책임을 지고 長谷川好道 大將이 조선총독에서 물러나고 후임으로 海軍大將 齊藤 實이 부임하였다. 그는 취임하면서 文化政治를 표방하였으나 이는 효율적인 수탈을 위하여 案出해 낸 간교한 기만정책에 지나지 않았을 뿐, 내용은 무단정치와 달라진 것이 없는 표면적인 변화일 뿐이었다. 그는 憲兵警察制 대신 普通警察制를 채용하여 警察人員을 오히려 증원하는가 하면 교육 면에서도 차별교육을 심화시키면서 경제적인 수탈을 계속하기 위하여 '産米增産計劃'까지 실시하였다. 이는 일본의 부족한 식량문제를 해결하기 위하여 조선의 산업을 식민지형의 米作 중심의 단일 農耕制로 재편성하기 위한 것이었다. 이로 인하여 조선인들은 일제를 위하여 쌀을 증산하여 일본에 수출함으로써 자신들이 생산한 쌀은 빼앗기고 雜穀으로 延命해 나가야만 하였다.

일제는 조선을 食糧供給地로 만든 것 외에 商品市場 및 原料供給地로 만들어 대륙침략을 위한 兵站基地로 삼았다. 조선을 병참기지로 삼아 수탈을 강요하던 일제는 1936년 8월 5일 3대 총독으로 南 次郎을 부임시켰다. 그는 부임하자마자 조선인의 목을 졸라매기 시작하였다. 南은 1929년 8월부터 1년 이상 朝鮮軍司令官을 역임한 만큼 조선 지배의 경험이 풍부한 군인 출신이었기 때문에, 우리 민족을 말살시키고 이 나라를 일제에 영원히 예속시키기 위하여 온갖 노력을 기울였다. 이를 위하여 그는 부임하자마자 朝鮮總督府課長, 言論機關, 經濟界代表와 회견하여 협력을 요청하는가 하면 15일에는 임시 道知事會議까지 개최하고는 小磯 朝鮮軍司令官 및 川岸 師團長과 같이 시국에 대한 협의를 하였다. 이 때부터 그는 조선에 위기의식을 조장하는가 하면

‘內鮮一體’, ‘皇國史觀’, ‘日鮮同祖論’ 등의 표어를 내걸고 조선인 말살정
책을 감행하였다. 이를 위한 첫 단계로 그는 중일전쟁 개시 직후인 7월
22일 ‘朝鮮中央情報委員會’를 만들었다. 그곳에서 “국민정신을 앙양하
여 시국에 대한 인식을 강하게 함으로써 국민의 총 결속을 나타낸다”
는 이유를 내세워 인쇄물·영화·뉴스사설·라디오·그림·연극 등에
대하여 ‘계몽선전’이라는 명목으로 온갖 간섭을 다하였다. 그리고 한편
으로는 ‘國體明徵 및 內鮮一體 時難克服의 精神’을 확립한다는 탈을 쓰
고 ‘愛國日’까지 설정하여 조선인에게 ‘皇國臣民임을 자각’시켰고 ‘皇國
臣民의 誓詞’까지 제정하였다.[11] 그러고도 만족하지 못한 그는 ‘銃後
國民의 意氣를 앙양’한다 하여 ‘國防獻金·戰時祝賀行事’까지 실시할
것을 조선인에게 강요하였다. 이는 조선인의 인식을 통제하여 皇民化
시키기 위한 것으로, 궁극적으로는 조선인을 중일전쟁에 동원하는 체
제로 전환시키기 위한 것이었다.[12] 이 때문에 ‘滿洲國’에 비해 조선인
이 빨리 중일전쟁에 동원되는 체제가 확립되기에 이르렀다.

　1938년 10월 일본군은 廣東·武漢을 함락시킴으로로써 中國의 주요
도시를 점령하게 되었다. 그러나 일본국내에는 더 이상 군사적 여력이
남아 있지 않은 상태인데다가 중국 공산당의 毛澤東이 ‘持久戰論’을 펴
‘戰略的對峙期’가 됨으로써 抗日戰力이 강화되고[13] 중일전쟁은 장기화
하게 되었다. 이와 같이 중일전쟁이 전면전쟁으로 확대되고 장기화하
자 南 총독은 이를 타개하기 위하여 內鮮一體를 고창하고는 大陸兵站
基地化政策이라는 카드를 내놓았던 것이다. 그가 내놓은 대륙병참기지
화 정책에서 지향한 것은 ‘단순한 半島(朝鮮) 經濟發展’이 아닌 ‘高度國
防國家의 完成을 第一義’로 하는 조선 경제의 전면적인 전쟁동원책이
었다. 南 총독은 대륙병참기지를 위한 조선 내의 치안 안정, 다시 말하

---

11) 위의 책, 111쪽.
12) 위와 같음.
13) 위의 책, 112쪽.

여 보다 철저한 皇民化를 목표로 하는 內鮮一體를 완성코자 광분하였
던 것이다.

그 때문에 내선일체와 대륙병참기지화 정책은 중일전쟁기 조선총독
부의 중심적인 정책이었다고 하겠다. 이 같은 정책의 채택은 앞에서
말하였듯이 중일전쟁이 장기화될 기미를 보이자 조선과 일본의 밀착
을 위하여는 內鮮一體를, 군수공업 지역으로서는 大陸兵站基地化 정책
이 필요하였기 때문이었다. 南 총독은 내선일체의 실현을 위하여 1938
년 7월 7일 ‘國民精神總動員朝鮮聯盟’14)(이하 ‘조선연맹’으로 줄임)을
결성하였다. 이를 결성한 목적은 내선일체의 완성, 즉 ‘半島(조선 : 필
자)同胞의 皇國臣民化’에 있었다. 다시 말하여 조선인이 조선인으로 사
는 것을 황민화의 敵으로 규정하고 조선인을 ‘일본인화’시키려는 것이
‘황국신민화정책’의 본질이었다. 이를 위해 조직된 ‘조선연맹’은 조선민
족을 동원하기 위한 기초조직으로서 본래는 皇民化政策의 支柱였으나
전쟁 말기가 됨에 따라 조선인 민중을 통제하고 동원하는 요체가 되었
다.15) ‘조선연맹’은 형식적으로는 독자적인 조직체인 것처럼 되어 있었
으나 중앙에서 말단까지 사무소가 관청 내에 설치되어 있는 ‘官과 표
리일체’의 조직이었고 말단조직으로는 ‘愛國班’이 있었다. 애국반은 관
공서·학교·은행·회사는 말할 것도 없고 거주지에서도 약 10호를
단위로 구성시키는 등 강제성을 띤 이중조직체였고 1939년 현재 35만

---

14) 조선연맹은 처음에는 ‘官과 表裏一體’의 조직으로서, 말단에서 조선인을 장
    악하기 위해 관공서, 학교, 은행, 회사 기타 단체에 의한 ‘愛國班’과 거주지의
    ‘愛國班’으로 이루어진 이중조직이었다. ‘황국신민화’ 정책을 실시한 이 조직
    의 「실천요목」은 21개 조로 되어 있었는데 요점은 매일 皇居遙拜, 紳士參拜
    勵行, 기회있을 때마다 황국신민서사 낭독, 國語(日本語 : 필자) 생활을 힘써
    행하는 것 등이었다. 이는 바로 天皇·神道·日本語의 강요였다.[藤原 彰·
    今井清一, 『十五年戰爭史(2) 日中戰爭』, 1988, 114쪽].
15) 樋口雄一, 「太平洋戰爭下の女性動員 - 愛國班を中心に」, 『朝鮮史硏究論文
    集』 32, 1994/洪鍾必 譯, 「太平洋戰爭중 日帝의 朝鮮女性動員」, 『明知史論』
    10, 1999, 29쪽.

여 班과 460여만 명의 班員으로 구성되어 있었다. 당시 조선에서는 '애국반'을 통하여서만 물자의 배급이 이루어졌기 때문에 조선인들은 '조선연맹'을 떠나서는 생활을 영위할 수 없는 상황이 되었으니 가입을 거부할 수가 없었다. 조선총독부는 조선인들의 이러한 약점을 이용하여 '애국반'을 기초로 '황국신민화정책'를 실시하고자 '實踐要目'까지 제정하여 조선인을 꼼짝 못하도록 묶어 놓았다.16) 이와 같이 철저한 내선일체를 실현하기 위한 정책에 따라 총독부는 조선인에게 神社參拜를 강요하는가 하면 1面 1神社 설치 계획까지 추진시켰다. 1937년 10월에는 앞에서 말하였듯이 '皇國臣民誓詞'17)까지 제정하고는 각급 학교에서 매일 아침 조회 때마다 이를 제창토록 강요하는가 하면, 관공서와 직장에서도 '국민의례'로서 행하도록 하는 의무까지 지웠다. 뿐만 아니라 1938년 1월부터는 한 술 더 떠서 이 땅에서 발간되던 잡지는 표지나 뒷면에 반드시 '皇國臣民誓詞'를 게재하지 않으면 사실상 불온문서로 취급18)받게 만들었다.

Ⅱ. 志願兵이라는 이름으로 끌려간 朝鮮人

일본제국주의는 이와 같이 황민화정책을 실시하면서 이 땅의 젊은이를 직접 전쟁터로 끌고 감으로써 생명까지 위협받게 만들었으니 그것이 조선에서의 志願兵制度의 실시였다. 조선총독 南은 지원병제도를 실시하면서 "금번 지원병제도의 실시로 내선일체의 정책은 절정에 달하였다. 돌이켜보건대 과거의 온갖 노력이 여기까지 이르게 된 것이

---

16) 위와 같음.
17) '황국신민서사'는 아동용과 어른용으로 나뉘어져 있는데, 아동용은 그 내용에서 제정의 저의를 알 수 있다. 즉 "一, 우리는 대일본제국의 臣民입니다. 二, 우리는 마음을 합하여 천황폐하의 忠義에 온 힘을 기울이겠습니다. 三, 우리는 忍苦鍛鍊하여 훌륭하고 튼튼한 국민이 되겠습니다"로 되어 있다.
18) 武田幸男, 『朝鮮史』, 1989, 295쪽.

다"[19]라고 자화자찬하고 있다. 조선인에게 무기를 들도록 하는 것을 두려워하던 일본제국주의가 침략전쟁인 중일전쟁을 일으키고는 부족한 병력을 보충하기 위한 방편으로 황국신민화정책을 실시함으로써 조선인을 '환골탈태'[20]시키려 한 것이 소위 지원병제도였다. 그와 같이 일제가 조선인을 전쟁에 동원시킴으로써 중국인을 비롯한 여러 나라 국민과 적대관념을 조성시키고 조선인을 일본제국주의의 前衛로 이용하려 한 것이었다. 이처럼 조선인을 전쟁에 동원하기 위해서 朝鮮軍[21]과 조선총독부가 일체가 되었고, 두 기관이 '조선통치의 개선에 매진하기' 위한[22] '과도적인 방법'[23]으로 택한 것이 지원병제도의 실시였다. 이와 같은 상황 하에서 1938년 2월 22일 일본제국주의는 勅令 第95號로 「陸軍特別志願兵令」[24]을 공포하고 이어서 여러 법령[25]을 내렸다.

---

19) 前揭, 『朝鮮の歷史』, 250쪽.

20) 위의 책, 250쪽.

21) 일본이 조선을 식민지로 지배할 때 조선에 주둔시킨 日本陸軍의 호칭이다. 일본육군이 조선에 상주한 것은 1882년 제물포조약을 계기로 해서인데, 본격적으로는 1904년 3월 러일전쟁 이후 설치된 韓國駐箚軍 이후이다. 1910년 조선을 병합한 뒤에는 朝鮮駐箚軍이라 개칭하였는데, 이는 일본 주둔사단의 교체 주둔이었다. 1915년에는 朝鮮常駐의 제19·20 사단의 신설을 결정하고, 1918년에는 2개 사단을 조선군이라 개칭하였다. 군사령부는 서울(龍山)에 두고 19사단 사령부는 함경북도 羅南, 20사단 사령부는 龍山에 두었다. 태평양전쟁 말기인 1945년 1월, 조선에는 제17方面軍(서울)이 편성되고 關東軍 산하에 들어가게 되었다.

22) 秘 朝參密 第713號 「朝鮮人志願兵問題二關スル伴回答」 陸軍次官 梅津美治郎殿 朝鮮軍參謀長 加納試一 昭和 12年(1937) 11月 24日, 1쪽, 「마이크로필림 陸海軍文書」

23) 極秘 「朝鮮人志願兵問題二關スル意見」, 朝鮮軍司令部 昭和 12년(1937) 6月, 3쪽, 「마이크로필림 陸海軍文書」.

24) 지원병이 될 수 있는 자격요건을 보면 다음과 같다. 제1조 : ① 연령 만 17세 이상인 사람 ② 키 160센티 이상으로 육군신체검사규칙의 규정에 의한 체격 등위가 甲種인 사람 ③ 사상이 견고하고 신체가 강건하며 정신에 이상이 없는 사람 ④ 수업연한 6년의 초등학교를 졸업했거나 이와 동등한 학력이 있는 사람 ⑤ 행동이 방정하고 금고 이상의 형을 받은 일이 없는 사람 ⑥ 입소 및 복무중 가정의 생계 및 가사에 지장이 없는 사람. 제2조 : 아래 각 호의 하나

그리고 같은 해 4월 3일 '神武天皇의 佳節을 계기로' 지원병제도를 실시하기에 이르렀다. 이 때부터 일본의 육군사관학교, 해군사관학교 등에 입학하는 사람을 제외한 일반 조선인은 지원병이라는 이름으로 일본군대에 끌려가게 되었다.

1937년 11월 조선총독부가 발표한 비밀문서인 「朝鮮人志願兵制度實施要綱」[26]을 보면, 지원병들에게 가장 중요시된 것은 '思想堅固'였다. 즉 지원병 당사자가 "전과자 특히 민족주의나 공산주의 운동 등에 관련된 자는 지원병이 될 수 없다"[27]라고 되어 있을 뿐만 아니라 "가족 중 민족주의운동 등에 관여하고 있는 가정의 자제도 지원병이 될 수 없다"[28]라고 규정함으로써 '皇軍' 내에 소위 조선인 '主義者'가 입대하는 것을 극도로 경계하였다. 일본제국주의는 이러한 검증을 거친 사람들 가운데 지원병을 선발하여 6개월 간 훈련[29]을 시켜 단련시킴으로

에 해당하는 사람은 지원병이 될 수 없다. ① 파산자로서 복권되지 못한 사람 ② 친권을 행하는 사람 또는 후견인이 파산자로 복권되지 못한 사람 ③ 벌금형 이하의 형에 처해진 사람이라고 하여도 범죄 사실이 지원병으로서 부적당하다고 생각되는 사람.

25) 「陸軍特別志願兵令」 및 이에 관계되는 법규로는 「陸軍特別志願兵令施行規則」(陸軍省令 第11號 1938년 3月 3日), 「朝鮮總督府陸軍兵志願者訓練所官制」(勅令 第156號 1938年 3月 29日), 「朝鮮總督府陸軍志願者訓練所規程」(朝鮮總督府令 第70號 1938年 4月 2日), 「朝鮮總督府陸軍志願者訓練所生徒採用規則」(朝鮮總督府令 第71號 1938年 4月 2日), 「朝鮮總督府陸軍志願者訓練所生徒採用手續」(朝鮮總督府 訓令 第18號 1938年 3月 2日) 등을 들 수 있다.

26) 「秘密 朝鮮總督府 朝鮮人志願兵制度實施要項」은 1937년 1월에 공포되었는데, 이는 1937년 1월 중순 조선군과의 '연락 하에' 제정된 것이었다(앞의 「朝參密 第713號 朝鮮人志願兵問題二關スル回答」, 1쪽).

27) 위의 朝參密 第713號 「朝鮮人志願兵問題二關スル件回答」, 1쪽.

28) 위와 같음.

29) 당초 훈련기간은 6개월이었으나 1940년도부터 4개월로 되었다. 입소자는 前期(6월부터)와 後期(12월부터)로 나뉘어져 6월 입소자는 전기훈련생, 12월 입소자는 후기훈련생으로 불렀다. 전기훈련생은 대략 보병, 후기훈령생은 교사포대, 자동차대 등 특수부대에 편입되었으며 그 결정은 지망 特技의 有無, 인물 등을 고려하여 결정되었다(『文敎の朝鮮』 1938年 4月號, 161쪽 참조).

써 兵士로서 체험을 하게 한 뒤 궁극적으로는 지원병 출신에게 "在鄕
軍人으로서의 兵籍을 보유하게 함과 동시에 軍事敎育에 의하여 체득
한 정신을 가장 적절히 활용하여"30) 조선에서의 황민화운동의 견인차
로 삼고자 하였다. 연도별 志願兵志願者數와 入所者數를 보면 <표 1>
과 같다.31)

<표 1> 朝鮮人志願兵現況(1938~43년 현재)

志願者 및 入所者 年度	志願者數(名)	入所者數(名)	其 他
1938	2,946	406	
1939	12,548	613	
1940	84,443	3,060	1940년부터 훈련기간 4개월로 단축하여 4·8·12월에 입소
1941	144,743	3,208	태평양전쟁 발발
1942	254,273	4,077	1942년부터 일본 大阪에서도 선발. 지원자 1,580명. 제2훈련소(평양숭실전문학교자리) 증설. 징병제 公布
1943	303,294	6,300	海軍志願兵令 시행 ※3,793명이 學徒兵으로 입대
合計	802,427	17,664	

자료 : 近藤釰一 編, 『太平洋戰爭下の朝鮮及び台灣』, 內務省, 1944. 7, 13쪽에
　　　서 작성.
비고 : ① 1944년도부터는 징병제도가 실시되어 <표 1>에 넣지 않았다.
　　　② 1943년의 입소자수에 학도병 3,793명은 포함시키지 않았다.

<표 1>을 보면 지원병제도를 실시한 첫 해인 1938년에는 지원자수
가 2,946명이었고 그 가운데 406명이 입소한 데 반하여, 이듬해인 1939

---

30) 앞의 秘密「朝鮮總督府 朝鮮人志願兵制度實施要項」, 1쪽.
31) 宮田節子,「朝鮮における志願兵制度の展開とその意義」, 旗田 巍先生古稀
　　記念會 編, 『朝鮮史論集(下)』, 1979/洪鍾佖 譯,「日帝時代 朝鮮에 있어서 志
　　願兵制度의 展開와 그 意義에 대하여」, 『明知史論』8, 1997, 74쪽.

년에는 그 숫자가 무려 4배 이상 늘어 12,528명에 이르렀고 입소자도 613명으로 200여 명 늘어나고 있다. 이와 같이 지원병 숫자가 해마다 늘어나더니 6년째 되던 1943년에는 그 수가 무려 10배가 넘는 30만 3,294명, 입소자가 6,300명에 이르고 있다. 여기에다가 학도병 3,793명 까지 합치면 1943년의 입소자수는 무려 8,445명에 달하게 된다. 이와같이 지원병 숫자가 급속히 늘어난 것은 정치적 이유와 경제적 이유로 나누어 살펴볼 수 있다.

먼저 정치적 이유로는, 조선총독부의 독려에 의한 官의 강제를 들 수 있다. 그것은 지원병제도가 "만일 실패로 끝나는 듯한 결과를 나타 낸다. 그것은 半島(조선 : 인용자)의 장래에 커다란 문제가 될 뿐만 아니라 위로는 폐하의 생각에 反하고 과거 수십 년 간에 걸쳐 반도 경영에 피와 땀을 흘렸던 노력조차 수포로 돌아가게 되는 것이므로 절대로 실패로 끝낼 수 없다"[32]는 지배자의 위기의식이 官의 말단에까지 침투 되었기 때문이다. 그 때문에 지원자수가 '愛國熱의 측정기'[33]로 이해되 었다. 그러한 연유로 인하여 각 道별로 지원자수를 공표시켜 경쟁을 더욱 부추겼고 그것이 지원자수의 증대로 이어져갔다고 생각된다.

경제적 이유는 다시 두 가지로 나눌수 있다. 첫째는 <표 2>에서 보 듯이 영세농이 많은 道일수록 지원자수가 많다는 점과 관련이 있다.

1936년 말 조선총독부가 실시한 '零細農調査'에서 영세농이라 할 수 있는 경지면적 5反步 미만의 세대수를 보면, 1위는 전남(142,552호), 2 위는 경남(133,657호), 3위는 경북(117,725호), 4위가 전북(92,930호), 5 위는 충남(70,148호), 6위가 충북(55,271호)으로 <표 2>의 지원병수와 거의 일치하고 있음을 볼 수 있다. 이로 미루어 볼 때 영세농이 많은 道일수록 지원자수가 많았음을 알 수 있다. 이는 조선총독부가 합격자

---

32) 朝鮮總督府陸軍志願者訓練所 教授　海田要 大佐,「志願兵制度の現況と將來への展望」, 綠旗聯盟 編,『今日の朝鮮問題講座(3)』, 昭和 13(1938) 4月號, 4쪽.
33)「志願兵の應募激徵」,『朝鮮』1939年 3月號, 109쪽.

<표 2> ‘지원병’의 出身道別 現況(1938~39년도)

道 \ 年度		京畿	忠南	忠北	江原	全南	全北	慶南	慶北	黃海	平南	平北	咸南	咸北	合計
1938	지원자	250 (6)	140 (10)	220 (7)	363 (2)	518 (1)	303 (3)	292 (4)	252 (5)	147 (9)	122 (11)	97 (12)	63 (13)	179 (8)	2,946
	합격자	8 (3.2)	8 (5.7)	19 (8.6)	28 (7.7)	53 (10.2)	11 (3.6)	18 (6.2)	16 (6.3)	7 (4.7)	9 (7.3)	10 (10.3)	8 (12.6)	9 (5.2)	204 (6.9)
1939	지원자	1,078 (6)	657 (11)	1,663 (1)	1,137 (4)	1,536 (2)	788 (10)	1,266 (3)	838 (9)	872 (7)	859 (8)	411 (12)	354 (13)	1,089 (5)	12,548
	합격자	60 (5.6)	26 (4)	92 5.5)	71 (6.2)	78 (5.1)	37 (4.7)	52 (4.1)	39 (4.7)	43 (4.9)	56 (6.5)	31 (7.5)	19 (5.4)	32 (3)	626 (5)

자료 :「志願兵制度の現況と將來への展望」 및 「秘 昭和11年(1936年)前半期 朝鮮思想運動槪觀」을 종합하여 작성.

비고 : ① 지원자 아래 ( ) 안의 숫자는 ‘영세농’이 많은 순서[『朝鮮總督府時局 對策調査諮問案參考書』(勞務ノ調整ニ關スル件) 昭和18年(1943年) 9月, 10쪽에서 작성한 ‘零細農調査’에서 零細農이 많은 순서임].

② 합격자 아래 ( ) 안의 숫자는 합격 %임.

들의 “8~9할이 소작농이며 기타 약간의 사무원과 官公吏를 제외하고
는 급사, 심부름꾼, 傭人 등”[34]이었다고 한 것이 잘 설명해 주고 있다.
특히 1939년도에는 지원자가 400% 이상 증가하고 있고 그 중에서도
京畿, 忠南, 忠北, 全南, 全北, 慶北 등 중부 이남지방 출신의 지원자가
많은 것은 수십 년 만의 가뭄[35]으로 살기 힘들어지자 지원병이 되고자
한 것으로 생각된다.

둘째는 지원자 가족에 대한 적극적인 우대책 때문으로 볼 수 있
다.[36] 예컨대 “조선 각 道에서 지원자 후원회가 조직되어 지원자는 물
론 그 가족에게까지 원조의 손길”[37]이 미쳤기 때문이었다. 이를 위하

---

34) 「志願兵を訓へて」,『朝鮮』1940年 4月號, 60쪽.
35) 앞의 洪鍾佖 譯,「日帝時代 朝鮮에 있어서 志願兵制度의 展開와 그 意義에 대하여」,『明知史論』8, 1997, 83쪽.
36) 위의 글, 77~78쪽.
37) 앞의 洪鍾佖 譯,「日帝時代 朝鮮에 있어서 志願兵制度의 展開와 그 意義에 대하여」, 24쪽.

여 조선총독부는 관계 법령38)까지 만들어 "지원병 가족들이 담배, 우표 등의 판매를 할 수 있도록 우선적으로 허가해 주었으며 자영업자에 대해서는 자금융자, 노동력 지원"39)까지 하고 있다. 당시 지원자의 80~90%가 소작농 출신임을 감안할 때 출구가 없던 당시의 농촌에서는 지원병이 되는 길만이 유일한 돌파구였다40)고 생각된다.

<표 1>에서 보듯이 중일전쟁이 장기화하면서 전쟁터로 끌려가는 숫자가 늘어나 1938년에서 1943년까지 무려 80만 명이 넘는 이 땅의 젊은이들이 지원병이라는 이름 아래 '皇軍'으로 지원하여야 하였다. 조선총독부 推計에 의하면, 1937년 조선에서 만 20세의 인구는 17만 5천 명이이었다. 그렇다면 1943년까지의 지원자가 80만 명이었다는 것은 경이적이라 하지 않을 수 없다. 19세에서 21세까지가 지원자의 중심을 이루었다고 한다면, 1943년까지 조선 청년의 절반이 지원병에 지원한 셈이 된다.

이는 앞에서 말하였듯이 일제는 조선의 청년을 '皇軍'에 끌고가 '황민화정책'의 중견 인물로 양성하고, 한 걸음 더 나아가 조선총독부에서 '內鮮一體' 정책의 첨병으로 삼기 위하여 지원병이라는 이름 밑에 마구잡이로 끌고 간 때문이라고 하겠다.

일본제국주의는 이 땅의 많은 젊은이들을 될수록 많이 '皇軍'으로 끌고가 이를 '內鮮一體' 달성의 지표로 삼았으니, 황민화와 청년의 전쟁동원을 동시에 실현하려 한 것이었다. 한 마디로 말하여 '내선일체'는 조선인을 중일전쟁에 동원하기 위한 중심정책이었다41)고 하겠다.

1943년 그에 대한 대책의 일환으로 10월 20일 조선총독부는 「陸軍

---

38) 「軍事扶助法」, 「入營者職業保障法」 등을 통해 경제적으로 도움을 주었다 (『秘 朝鮮總督府時局對策調査報告事項』, 1938年 9月, 1쪽 참조).
39) 위의 책, 4쪽.
40) 앞의 洪鍾泌 譯, 「日帝時代 朝鮮에 있어서 志願兵制度의 展開와 그 意義에 대하여」, 78쪽.
41) 앞의 『十五年戰爭史(2) 日中戰爭』, 115쪽.

特別志願兵臨時採用規則」을 공포하여 소위 學徒兵이라는 이름으로 조선의 專門·大學生들에게까지 일제 침략군의 선봉으로 나설 것을 명령하였다. 이들에 대해서는 訓練所도 거치지 않고 직접 현역으로 편입시켰으며, 적령자 및 적령초과자들까지 붙잡아다가 징병검사를 시행하고는 이듬해 1월 20일 입대할 것을 강요하였다. 이 같은 학도병 동원은 사실상 징병제와 다름없이 강제성을 띤 것이었다. 그러나 '學兵志願令'이 공포 시행되고 3주가 지나 마감을 1주일 앞둔 1943년 11월 12일 현재, 조선 내 거주 학도병지원 대상자 985명 가운데 지원자는 372명(37.8%)[42]에 그치고 말았으니 조선학생들의 저항이 얼마나 강했는지 쉽게 짐작할 수 있다. 이처럼 지원 실적이 저조하자 조선총독부는 軍·官·民을 동원하여 학생 개개인은 말할 것도 없고 친지나 부모에게 學兵으로 나갈 것을 강요하였고, 그래도 응하지 않는 학생이나 학부모에 대하여는 온갖 협박도 서슴지 않았다. 그럼에도 지원률이 신통치 않자 1943년 11월 5일 조선총독부는 '陸軍特別志願兵實施 學徒士氣 昂揚大會'까지 개최하는가 하면 各級 學校長에게 유형·무형의 압력을 가하기도 하였다.

　그러나 많은 학생들은 '臨時採用特別志願兵' 다시 말하여 학도병으로 나가서 朝鮮의 敵인 일본을 위하여 총을 들 것을 거부하고 탄광으로 가거나 지리산으로 입산하는가 하면, 여의치 못해 입대할 경우 중국에서 탈출하여 광복군의 일원이 되어 조국의 독립을 위하여 싸우기도 하였다.

　일제는 "소중한 군함에 과오가 있는 조선인은 승선시킬 수 없다. 만일 조선인의 과실로 사고가 일어나면 군함과 함께 전원 침몰할 수밖에 없다"[43]며 조선인에 대하여 의구심을 갖고 있으면서도 병력 손실의 보

---

42) 宋建鎬, 『韓國現代史論』, 1979, 266쪽.
43) 앞의 洪鍾泌 譯, 「日帝時代 朝鮮에 있어서 志願兵制度의 展開와 그 意義에 대하여」, 87쪽.

충이 시급한 나머지 조선 청년에 대해 온갖 방법을 통해 전쟁에 동원
시켰고, 1943년에는 海軍志願兵이라는 이름으로 조선 청년들을 전쟁터
로 끌고 갔다.

Ⅲ. 徵兵이라는 이름으로 끌려간 朝鮮人

1941년 12월 8일 일본군의 하와이 진주만 기습을 계기로 태평양전
쟁이 개전됨과 거의 때를 같이하여 일본 陸軍省은 軍務局이 중심이 되
어 조선인에 대한 징병제 시행을 검토시켰다. 이를 위하여 조선총독부
는 '徵兵制度施行準備委員會'를 결성하고 政務總監을 위원장으로 하여
제반 준비44)에 나섰다. 이듬해 5월 8일 日本閣議의 결정을 거쳐 1943
년 3월 1일 법률 제4호로 징병제를 공포하고는 8월 1일부터 시행에 들
어갔다.45) 이는 1931년 만주사변 이래 많은 병사를 잃은 일본이 그에
대한 수요를 조선인으로 보충하여 '大東亞共榮圈'46)의 중핵인 일본민

---

44) 호적정비, 徵兵의 啓蒙·宣傳·楝成·日本語의 보급.

45) 앞의 『朝鮮史』, 301쪽.

46) '大東亞共榮圈'이란 제2차대전 때 일본이 아시아 제국에 대한 침략을 합리화
하기 위해 내건 이데올로기와 슬로건이었다. 1940년 7월 26일 제2차 近衛 내
각은 '基本國策要綱'을 결정하여 '大東亞 新秩序 建設'의 방침을 내걸고 8월
1일 그 요강을 공표하는 담화 속에서 松岡洋右 外相이 처음으로 '大東亞共
榮圈'의 확립을 제창하면서 비롯되었다. '大東亞共榮圈'은 일본이 중국 및 동
남아시아를 무력으로 침략하여 제압하고 나치즘의 생존권론을 본떠 일본을
맹주로 하는 배타적 세력권을 건설하는 것을 합리화하기 위한 주장이었다.
그러나 일본은 식민지인 조선, 대만 및 중국과 동남아시아 점령지에서 자원
과 현지 노동력의 수탈을 최대 목적으로 하여 가혹한 식민지지배와 반동적
괴뢰정권을 이용하는가 하면, 각지에서 비전투원을 대량학살하고 '徵發'이라
는 이름으로 약탈·폭행·강간·강제연행·통화위조·독가스 사용 등을 자
행하였다. 이는 당연히 '共榮權'이라는 이름과는 거리가 멀고 1945년 8월 15
일 일본의 패전과 함께 이 구상은 파탄하였다[小林英夫, 『大東亞共榮圈の形
成と崩壊』, 1975 ; 信夫淸三郎 編, 『日本外交史(2)』, 1974 ; 木坂順一郎, 『太
平洋戰爭(昭和の歷史7)』, 1982 참조].

족을 방위하려는 의도가 강하게 깔려 있던 것이었다.

한편 황민화정책에서 조선총독부와 함께 쌍벽을 이루던 朝鮮軍은 당시 그들이 행한 조선의 치안상황에 대한 분석에서 조선인의 '끈질긴 민족성'에 대한 '불신'[47]과 하루 아침에 일본이 불리한 정세에 몰리는 일이 벌어진다면 어떻게 할까 하는 불안감에서 벗어나기 위하여 종래부터 전개시켰던 '皇民化運動'의 내실을 기하여 조선인을 충실한 '皇軍'으로 만들고자 더욱 노력하였다. 이는 "총부리를 어느 곳으로 향할지 모르는"[48] 조선 청년들을 무차별로 '皇軍'으로 끌고 가기 위하여서는 정신의 밑바닥에서부터 皇民化시키는 것이 무엇보다도 중요하다고 느꼈기 때문이었다. 그 때문에 1942년 10월에 「朝鮮靑年特別練成令」을 공포하고는 1942년 5월말 현재 조선 청년의 54%가 未就學임을 감안하여 17세에서 21세 미만의 청년을 靑年訓練所[49]에 6개월 간 입소시켜 '皇軍'으로 단련시켰다. 동시에 일본어를 모르는 병사나 노무자는 근무에 지장을 준다고 생각하여 1942년 5월부터 「國語(日本語 : 인용자) 普及 및 運動要項」을 공포하여 "國語는 戰力이다"라는 표어를 내걸고 일본어 보급운동에 한층 힘을 기울였다. 그리하여 1943년 3월 법률 제4호에 의하여 병역법을 개정하고는 이를 1944년부터 실시하였다. 그에 따라 제1회 징병검사가 1944년 4월부터 8월까지 행해져 조선인을 현역병으로 조선군에 입영시켰다. 제2회 징병검사는 1945년 1월에서 5월에 걸쳐 행해졌다. 일본제국주의는 이 징병제를 조선인을 '皇軍兵士'로 만드는 핵으로 삼았고, 이를 통해 조선인에 대한 황민화운동은 극에 달하게 되었다.

당시 일본인에게 있어서는 國民皆兵制가 시행되고 있을 뿐만 아니

---

47) 앞의 洪鍾佖 譯,, 「日帝時代 朝鮮에 있어서 志願兵制度의 展開와 그 意義에 대하여」, 63쪽.
48) 앞의 『朝鮮史』, 302쪽.
49) 청년훈련소는 1942년 715, 1943년에는 1,922개 소로 증가 설치되었다(위와 같음).

라 國家總動員體制下에 있었기 때문에 징병을 '赤紙召集', 징용을 '白紙召集'이라 부르며 모두 법적 강제를 수반하였고, 만약 이에 응하지 않으면 병역법 위반, 국가총동원법 위반으로 처벌하여 '非國民'으로서 사회적 제재를 가하였다. 다시 말하여 일본인에 대해서는 병역법·국가총동원법에 의한 법적 강제력을 수반하였다. 반면 조선인에 대해서는 '朝鮮併合'이 합법이니 조선인도 일본국민이라고 하는 픽션 하에서 법적 강제력과 물리적 강제력을 수반시켜 이를 거부할 수 없도록 하고는 조직적으로 '皇軍'으로 끌고 갔다.

<표 3> 日本軍에 徵兵으로 끌려간 朝鮮人(1944~45년)

区分 年度	陸 軍(名)	海 軍(名)	合 計
1944	45,000	10,000	55,000
1945	45,000	10,000	55,000
合 計	90,000	20,000	110,000

자료 :『朝鮮軍概要史』, 1988(復刻板)에서 작성.

이렇게 되어 끌려간 젊은이는 <표 3>에서 보듯이 1944년 현재 '現役兵50) 및 補充兵51)으로 입영한 '皇軍'은 조선군 51,737명(해군 1만 명 포함) 외에 關東軍에 3,260명, 臺灣軍에 3명 등 55,000명이나 되었다. 1945년에도 육군에 41,965명, 관동군에 3,035명, 합계 45,000명이나 되었고 여기에다 해군 1만 명을 포함하면 2년 동안 '皇軍'이라는 이름 아래 강제로 끌려간 조선인 숫자는 자그마치 11만에 이른다. 앞에 든 <표 1>에서 보았듯이 지원병 1,7664명에다가 학도병 3,793명, 그리고 징병입대자 11만 명을 합치면 1938년부터 1945년까지 조선인으로서

---

50) 현역병이란 징병검사(만 20세. 단 1943년 12월부터는 19세로 낮추었다)에 합격하여 군인으로 입대할 것을 지명받은 자를 말한다. 복역은 陸軍이 2년, 海軍이 3년이었다(前揭,『朝鮮人'皇軍'兵士たちの戰爭』, 1991, 45쪽).

51) 第一補充兵이란 현역에 적합하나 그 해 현역병으로 필요한 수를 초과하는 사람들이 여기에 복무하였다(위와 같음).

총을 든 '皇軍'은 무려 21만 9,279명이나 되었다. 그 가운데 陸軍 中將 2명, 小將 1명, 大佐 2명, 佐官 약 25명, 尉官, 見習士官 약 200명이었고 海軍은 11,299명이었다. 그러나 일본제국주의가 징병령을 시행하면서 조선 청년들을 얼마나 동원해 갔는지 정확한 숫자는 아직도 알 수 없다. 다만 일본 復員局 발표에 따르면, 육군 18만 6,980명, 해군 2만 2,299명으로 합계 20만 9,279명이다. 그 가운데 "6,377명이 사망 혹은 사망 확정이며 14명은 행방불명"52)으로 발표하고 있다.

일제가 '大東亞共榮圈' 구축에 광분하여 시행한 日帝의 병력동원을 좀더 구체적으로 살펴보면, 중일전쟁이 발발하던 1937년 중에 육·해군 현역군인수가 100만을 넘어섰고 태평양전쟁이 시작된 1941년에는 자그마치 250%가 늘어난 241만 명, 1942년에는 283만 명, 이듬해인 1943년에는 381만 명, 1944년에는 537만 명, 1945년에는 자그마치 719만 명에 달하였다.53) 이와 같은 병력의 격증 요인으로 빼 놓을수 없는 것으로는, 첫째, 학생들을 대상으로 한 徵兵猶豫制度의 실시와 둘째, 징병 연령의 저하(20세에서 19세로), 셋째, 병역 연한의 연장(40세에서 45세로), 넷째, 兵役編入 연령의 저하(17세로), 다섯째, 조선과 대만에서의 徵兵 실시54)라고 할 수 있다.

일본제국주의에 의하여 징집된 조선 청장년들은 군인뿐만이 아니라 1941년 이후에는 軍의 정식 멤버는 아니었으나 軍屬55)이라는 이름으로 징발되어 갔다. 그러나 이들에 대한 연구가 종합적으로 진행되지

---

52) 公安調査局, 『在日本朝鮮人の槪況』, 法務部特別審査局, 1949.
53) 北河賢三, 『國民總動員の 時代』, 1989, 47쪽.
54) 위와 같음.
55) 軍屬은 군에 고용되어 정규 급료·보수를 받는 사람을 말하며, 無給軍屬이라고 부르는 이도 있었다. 軍屬은 軍官·雇員(푸른색 팬티)·傭人(흰색 팬티)으로 나뉘어졌으며 軍夫(군속이라는 신분을 갖지 않고 군 관계 일에 종사하는 인부)라는 이름으로 軍에 소속된 노동자, 工廠의 工員 등도 있었는데 대부분 傭人 신분이었다. 조선인 軍要員은 육·해군의 요구에 따라 징발되어 집단적으로 육·해군 직할 사업장의 전선으로 끌려간 조선인 노무자였다.

않고 있어 전체적인 숫자는 명확하지 않다. 현재까지 밝혀진 숫자만도 1941년 이래 육군 군속 70,424명, 해군 군속 84,483명으로 합계 15만 862명이나 된다[56]고 한다. 일본은 이들 육·해군 군속 가운데 9,993명만 사망하였다고 하고 있다. 그러나 일본에서 유일하게 지상전이 벌어졌던 오키나와 전투에서만 조선인은 1만~1만 5천명이나 사망한 것으로 추정되고 있다. 필자가 그렇게 추정하는 것은 1995년 沖繩縣 知事 大田昌秀의 의뢰로 현재까지 250여 명의 사망자를 확인하였고, 1999년 4월 2일 韓國政府記錄保存所에 소장된 船舶軍(沖繩)留守名簿(조선인)를 통해 경북 출신자(傭人)만도 2,000여 명이 사망하였음을 확인하고 그에 대한 조사를 진행하고 있기 때문이다.

위와 같은 사실은 조선인이 태평양전쟁 발발 이래 대량으로 끌려간 사실을 뒷받침하는 것이다. 특히 해군 군속 출신 사망자가 많았던 것(84,483명)은 海軍作業愛國團으로 32,248명[57]이 끌려가 남방에서 비행장 활주로 공사, 도로공사, 진지구축 등의 긴급 토목공사에 동원되었다가 일본군이 전멸하면서 함께 목숨을 잃었기 때문이다. 그 가운데 제31군 사령부가 있던 트럭 섬에서 1945년 9월 2일 2,000여 명의 조선인 군속이 단 한 명도 살아남지 못하고 떼죽음을 당한 사실은 가슴아픈 일이다.[58] 일제가 이 땅에서 끌고 간 조선인 청년의 수는 군인과 군속을 합쳐 36만 4,186명이라고 전하고 있으나[59] 명확한 숫자는 알 길이 없다.

육군 군속의 경우, 北部軍經理部要員 1,320명, 運輸部要員 1,320명, 美英俘虜監視員 3,223명이며 그 밖에 조선과 일본에서 직접 日本, 朝

---

56) 朝鮮總督府, 『第85回 帝國議會說明資料』에는 145,010명으로 되어 있고, 厚生省 第2復員局(1953. 5)과 厚生省 발표에는 154,907명으로 되어 있다.

57) 前揭, 『第85回帝國議會說明資料』 및 前揭 復員局調査.

58) 1998년 8월 18일 방영된 SBS「트럭 섬의 비밀」충북 괴산 출신 및 전사자 金剛順泰(1943년 당시 20세 : 金順泰)의 딸 金貞子(61세)가 1999년 4월 5일 필자에 증언.

59) 앞의 『在日本朝鮮人の概況』에서는 36만 5,263명으로 기록되어 있다.

鮮, 滿洲, 中國, 南海群島, 동남아시아 등지로 많은 조선인을 끌고 갔으나[60] 정확한 숫자는 역시 알려지지 않고 있다.

우선 捕虜收容所 監視員의 경우를 보면, 조선 각지에서 1942년 5월 약 3,000명을 모집이라는 이름으로 끌고 가서는 부산에서 2개월 간의 훈련을 마친 뒤 8월 19일에서 21일까지 南方으로 끌고 갔다.[61] 그들은 이미 태국, 말레이시아, 필리핀, 자바, 보르네오 등에 1942년 6월 27일 설립되어 일본군 南方軍 예하 각 군 사령관 지휘하에 있던 포로수용소의 경비를 현지군에게서 인계받아 감시 임무를 맡게 되었다. 당시 각 포로수용소의 감시요원은 '조선인과 대만인의 특수부대'로 편성되어 있었는데, 태국·말레이시아·자바의 수용소는 조선인 군속이, 보르네오·필리핀 수용소는 대만인 군속이 배치되었다. 조선인과 대만인의 배치가 어떻게 결정되었는지는 확실히 알 수 없으나 華僑 및 華人의 존재를 고려하여 결정한 것으로 보인다.[62] 이같이 포로수용소의 감시요원이 된 식민지 조선 청년들은 대만 청년들과 함께 연합국 포로들을 감시하다가 일본의 패망과 함께 148명이 B급(通例의 전쟁범죄), C급(人道에 대한 범죄) 전범으로 몰려 23명이 死刑, 125명이 有期刑을 받는 비운을 맞았다. 포로학대에 대하여 군이 책임을 묻는다면 당연히 포로수용소의 일본인 소장이나 장교가 책임을 져야 하거늘 그들은 패전이 되자마자 자신의 지위를 이용하여 민첩하게 도망치거나 증거를 인멸하여 전범 책임에서 벗어났고, 바보처럼 정직하였던 군속(傭人) 출신의 조선인이 이를 뒤집어쓴 것이다.[63]

일본제국주의는 그 밖에 조선인 여성들을 慰安婦라는 이름으로 10만 명 이상을 잡아가 性노리개로 삼았다. 그 중 오키나와에서만도 1천여 명이 넘는 조선의 꽃다운 딸들이 목숨을 잃었다.[64] 이처럼 '皇軍'이

---

60) 위와 같음.
61) 內海愛子, 『朝鮮人BC級戰犯の記錄』, 1982 참조.
62) 內海愛子, 「連合國捕虜と朝鮮人軍屬」, 『靑丘學術論文集』6, 1995, 158쪽.
63) 前揭, 『朝鮮人强制連行の記錄』, 1998, 174쪽.

라는 이름으로 36만 명 이상의 조선인이 일본제국주의의 총알받이로 끌려갔고, 15만여 명이 생사를 모르고 있다. 그러나 1945년 일본의 패전과 함께 조선 출신 '皇軍'들은 필요없는 존재로 완전히 내팽개쳐지고 말았다.

끝맺으면서

조선을 병합한 일본제국주의는 조선에 統監府를 설치하여 토지를 수탈하고 武斷政治로 일관하다가 조선인의 저항에 부딪쳐 文化政治로 바꾸었으나 이는 조선인을 기만하기 위한 술책이었을 뿐이다. 일제는 '産米增産計劃'까지 세워 식량을 약탈하는가 하면 조선을 상품시장과 원료공급지로 만들고, '內鮮一體'라는 괴상한 논리를 전개하여 조선인의 황민화를 시도하였다. 이는 중일전쟁의 장기화에 따라 소모되는 병력을 조선인으로 보충하기 위한 것이었다. 이를 위하여 첫단계로 시도한 것이 조선총독부와 조선군이 하나가 되어 실시한 志願兵制度였다. 조선인이 타의에 의하여 '皇軍'이라는 이름 아래 지원병으로 지원하지 않을 수 없었던 것은, 정치적으로는 官 주도의 강제성 때문이고, 경제적으로는 농촌 출신 청년들이 이를 가난의 탈출구로 삼았기 때문이다. 일제의 志願兵制度는 이처럼 대부분이 가난한 농촌 출신이었던 청년들을 황민화정책의 중견 인물로 양성하여 내선일체의 첨병으로 삼고, 그들을 중일전쟁에 총알받이로 동원하기 위한 것이었다.

이어 태평양전쟁을 일으킨 일제는 다시 徵兵制를 실시하게 되는데, 이는 '大東亞共榮圈'의 방위를 위하여 조선민족까지 희생시키려는 것이었다. 조선에서 실시된 이 징병제에 의해 11만여 명이 끌려갔다. 1953년 5월 현재 일본 패전후 조선인 군인은 육해군 21만 9279명에다

---

64) 洪鍾佖, 「한국과 오키나와(沖繩)의 관계에 대하여」, 『實學思想研究』 10 · 11 합집, 1999, 257쪽.

가 軍屬이라는 이름의 軍要員으로도 15만 4907명이 붙잡혀 갔다고 하니 '皇軍'이라는 미명하에 끌려간 조선인은 모두 합하여 자그마치 36만 4186명에 달한다고 하겠다. 그 가운데 일본의 패전과 함께 BC급 전범으로 몰려 사형이나 유기형을 받은 사람이 148명이나 되며, 현재도 생사를 모르는 사람이 15만여 명에 이르고 있다. 그러니 조선인 '皇軍'에게 있어서 일제의 지배는 아직도 끝나지 않았다고 하겠다. 그로 인하여 한국근현대사의 공백이 아직도 메워지지 않고 있으니, 이에 대하여 좀더 깊이 있는 연구가 필요하다고 생각된다.

日本의 獨島 不法 强占에 관한 研究

李 相 泰[*]

1. 머리말

일본은 1905년에 우리 나라 獨島를 강제로 또 불법적으로 자기들의 영토로 편입한 후, 우리 나라에 정식으로 통고조차 아니 했음이 島根縣의 지방신문인 『山陰新聞』과 「竹島渡航日誌」에 자세히 나타나 있다. 지금까지 국내외를 막론하고 일본이 독도를 그들의 영토로 강제 편입하고 우리 나라에 구두로 통고한 것으로 알고 있지만, 그들의 신문기사와 보고서에도 명명백백하게 나타나듯이 독도를 1차 조사한 島根縣의 松永 지사는 쫓기듯이 다녀왔고, 제2차 조사단도 풍랑을 피하여 울릉도에 기착한 후, 울릉군수인 심홍택과 두 시간 동안 담소하는 가운데 그들이 불법적으로 독도를 강점한 사실이 밝혀졌을 뿐이다. 울릉군수 심홍택은 神西 부장과 대화하는 가운데 이 사실을 재빨리 알아채고 중앙정부에 연락하여 대책을 세우도록 한 것이다. 조사단의 책임자인 神西 島根縣 제1부장과 심홍택의 대화 속에 나타나듯 일본인들은 독도 강점 사실을 행정적으로 정식 통고하기 위하여 울릉도에 들른 것이 아니다. 그들은 기후가 나빠져 풍랑이 심했기 때문에 이를 피하기 위하

---

* 國史編纂委員會 古中世史室長

여 "우연히 울릉도에 들렸다"고 고백하고 있다. 이러한 일본의 독도 불법 강점 사실들을 『山陰新聞』 기사와 그들의 정식 보고서 격인 奧原福市가 쓴 「竹島渡航日誌」 등을 중심으로 살펴보고자 한다.

2. 島根縣 松永知事의 황급한 독도 시찰

『山陰新聞』에 독도 기사가 처음 등장한 것은 1905년(明治 38) 2월 24일이다. 2단의 짤막한 기사로 독도를 島根縣에 편입하였다고 보도하고 있다. 그 기사는 다음과 같다.

> 隱岐의 新島
> 북위 37도 9분 3초 동경 131도 55분에 있으며, 隱岐島(島根縣의 가장 서쪽 섬 : 인용자)로부터 서북 85해리의 거리에 떨어져 있는 이 섬을 竹島라고 칭하고 지금부터 隱岐島司(隱岐島의 행정책임자 : 인용자)의 소관으로 정해진다고 縣知事로부터 고시해졌다. 이 섬은 주위 15町 정도의 두 섬으로 되어 있는데, 주위에는 무수한 섬이 산재하며 해협은 배의 정박이 가능하다. 풀은 살아 있어도 수목은 없다고 알려졌다.1)

이 기사가 일본이 독도를 그들의 영토로 강제로 편입한 사실을 알리는 최초의 그리고 유일한 신문 기사이다. 島根縣은 1905년 2월 22일에 독도를 편입하고 이 사실을 고시하였다고 하는데 그 지방 신문에도 이틀 후에나 짤막하게 보도되고 있다. 이는 그들이 독도 강점 사실을 島根 현청에도 정식으로 고시하지 않았다는 반증이다.

島根縣의 松永 지사는 새로 편입된 독도를 될 수 있는 한 빠른 시일 안에 각 고등관 등을 데리고 시찰할 예정이었다. 그러나 독도는 隱岐

---

1) 『山陰新聞』 明治 38年 2月 24日.

에서 85해리나 떨어져 있기 때문에 하루에 다녀올 수 없었으므로, 일행은 울릉도에 기착하여 숙박할 예정이었다.[2] 당시만 해도 일본의 항해기술이 미약하여, 隱岐島에서 독도까지는 150km가 넘는 먼 거리였는데 이를 하루에 왕복한다는 것은 무리였다. 그러므로 독도를 살펴본 후 울릉도에 기착하려고 하였던 것이다.

松永 지사는 神西 사무관에게 독도에 갈 수 있는 기선을 주선하도록 명하였다.[3] 그들은 처음에 1905년 7월 22일에 출발하려고 하였으나, 기선의 형편에 따라서 8월 10일로 연기될 수도 있었다.[4] 여러 가지로 주선하던 기선은 제2 隱岐丸으로 결정되고 드디어 오는 8월 16일 島根縣의 松江市 境港을 출발하기로 하였다.[5]

松永 지사 이하 47~48명의 죽도 도항자는 8월 16일 아침에 島根縣의 松江市에 있는 境港을 출발하여 隱岐島에는 도착하고, 그 날 저녁 무렵에 隱岐島의 西郷港을 출발하여 죽도로 향하기로 하였다. 島根縣의 境港에서 승선하는 자는 8월 15일 저녁까지 境港에 집결하도록 하고, 隱岐島의 西郷港에서 승선할 사람은 8월 16일 정오까지 西郷港에 도착하도록 계획을 세웠다.[6]

동행할 隱岐島의 東文輔島司 등은 町村에서 탈 예정이었다.[7] 그러나 8월 16일 출발하려던 죽도행은 날씨가 불안하였기 때문에 9월 20일경으로 다시 연기되었다.[8]

몇 번이나 출발을 연기하다가 松永 지사는 당초의 계획을 바꾸어 소수 인원인 藤田 현속과 佐藤 경무장, 大塚 경부만을 데리고 8월 18일 죽도로 항해하여 그 섬에 상륙하여 직접 상황을 시찰하고 급히 돌아왔

---

2) 『山陰新聞』 明治 38年 6月 6日.
3) 『山陰新聞』 明治 38年 7月 14日.
4) 『山陰新聞』 明治 38年 7月 15日.
5) 『山陰新聞』 明治 38年 8月 5日.
6) 『山陰新聞』 明治 38年 8月 6日.
7) 『山陰新聞』 明治 38年 8月 16日.
8) 『山陰新聞』 明治 38年 8月 16日.

다.9) 島根縣의 松永 지사는 여러 번 독도를 시찰하려고 계획했으나, 마땅한 배를 구하지 못하고 또 풍랑이 심하여 연기에 연기를 거듭하다가 처음 계획과는 달리 소수의 인원만 데리고 독도를 시찰하였다.

　일부에서는 松永 지사가 소수 인원만 데리고 급히 독도를 다녀왔기 때문에 정말로 독도를 다녀왔는지 의심하는 사람도 있다. 그러나 松永 지사 일행은 독도를 시찰하고 그 곳에서 어민이 포획한 어린 물개 세 마리를 선물로 받아 가지고 島根縣의 松江으로 돌아왔다. 그리고 島根 현청 정원의 못에 물개를 방류하여 사육하기로 한 『山陰新聞』기사로 미루어 독도를 다녀온 것만은 사실인 것 같다.10)

　만약 일본이 독도를 한국의 영토로 인정하고 그들의 영토로 불법적이고 강제로 편입하였다면, 島根縣의 최고 책임자인 松永 지사가 울릉도를 정식으로 방문하여 정중하게 울릉 군수에게 문서를 작성하여 행정적으로 통고하여야 함에도 불구하고, 그들은 전혀 그러한 움직임이 없었음이 당시의 그들의 신문 기사에도 뚜렷이 나타나고 있는 것이다.

3. 대규모 일본 탐험단의 독도 탐방

　松永 지사가 급히 독도에 다녀온 후로도 그는 독도를 면밀히 조사하기 위하여 대규모 탐험단을 독도에 파견하려고 시도하였다. 그러나 일기가 계속적으로 나빴기 때문에 이 계획은 1906년 봄으로 무기 연기되었다.11)

　연기를 되풀이한 島根縣 독도탐험단의 독도행은 드디어 1906년 3월 24일이나 25일 양일에 松江市를 출발하기로 하였다. 이용할 배는 제2 隱岐丸으로 정하고 도항할 인원은 대략 30명 정도로 추정하였다.12)

---

9)『山陰新聞』明治 38年 8月 22日.
10)『山陰新聞』明治 38年 8月 22日, 8月 23日.
11)『山陰新聞』明治 38年 10月 3日.

이번 시찰에서는 島根縣의 神西 제3부장을 책임자로 하여 그 외에 각부 소속 기사 및 수산시험장, 농사시험장의 技士를 동반하고 또 어업·농사·위생·측량 기타 각 전문가를 탑승시켜 여러 방면으로 정밀한 조사를 할 작정이었다. 물론 隱岐島의 東島司도 동승하기로 하였다.13)

그러나 이번 시찰단도 기후 때문에 여러 번 출발이 연기되었다. 처음에는 3월 24일에 출발하려고 하였으나 기후 때문에 연기되어 3월 26일 오후 7시에야 隱岐島의 西鄕港을 출발할 수 있었다.14)

이들 일행 50명은 27일 오전 8시 죽도에 도착하였다. 그들은 즉시 상륙하여 수십 명씩 각 방면으로 분담하여 죽도 조사를 마쳤다. 전에 들은 소문대로 물개들을 잡을 예정으로 그물과 총 등을 가져갔는데 이것으로 물개 열 마리를 포획했으며, 그 중 한 마리는 생포하였다. 물개 세 마리를 배 바닥에 싣고 오후 2시 30분 독도를 출발하여, 오후 8시경 울릉도의 저동항에 도착하였다.15)

그 이튿날 神西 부장은 울릉도에 상륙하여 울릉 군수를 방문하였다. 그는 울릉군수 심흥택에게 방문 목적에 대해 다음과 같이 말하였다. "나는 대일본제국 島根縣의 업무에 종사하는 관리이다. 당신 섬과 우리가 관할하고 있는 竹島는 가까이 있다. 또 당신 섬에는 우리 나라(日本 : 인용자) 사람으로 체류하고 있는 자가 많으니 만사에 대해 잘 돌보아 주기를 간절한 마음으로 바란다. 또 당신 섬을 시찰할 예정이었으면 무엇인가 선물로 드릴 것을 가져오는 것인데, 이번은 피난을 위해 우연히 섬에 도착하였으므로 아무것도 줄 물건이 없다. 다행히 여기 竹島에서 잡은 물개가 있어서 이를 선물로 주고자 하는데 군수께서 받아주시면 고맙겠다"고 하였다. 심흥택 군수가 대답하기를 "그리하라.

---

12) 『山陰新聞』 明治 39年 3月 11日.
13) 『山陰新聞』 明治 39年 3月 14日.
14) 『山陰新聞』 明治 39年 3月 24日, 3月 27日, 3月 28日.
15) 『山陰新聞』 明治 39年 4月 1日.

체류하는 당신 나라 사람은 내가 충분히 보호하겠고, 또 받은 물개가 만약 물개로서 맛이 좋으면 다시 받기를 원한다"라고 말했다.16)

우리는 위에 적은 일본인 대표인 神西 부장과 울릉도 군수 심흥택과의 대화를 잘 살펴보아야 한다. 국내에서도 지금까지는 일본이 독도를 불법적으로 영토로 편입하고 우리 나라 울릉도에 와서 구두로 정식 통고한 것으로 알고 있었다. 그러나 두 사람의 대화에 잘 나타나 있듯이 일본인들은 독도를 시찰하고 항해상의 어려움 때문에 울릉도에 임시로 기착하였던 것이다. 神西 부장은 울릉 군수를 오전 10시에 만나 12시에 헤어진 것으로 알려졌다. 두 시간 동안 중간에 通譯을 두고 얼마나 많은 대화를 할 수 있었겠는가? 그러나 여기 두 사람의 대화에 분명히 나타나 있듯이 神西 부장은 울릉 군수에게 獨島를 영토로 편입한 사실을 정식으로 통고하러 온 것이 아니라 "우연히 섬에 도착하였다"17)고 말하고 있다. 이것은 일본이 독도를 불법적으로 편입하고도 마치 無人島를 자기의 영토로 편입한 것처럼 우리 나라에 전혀 부끄러움 없이 뻔뻔스럽게 말하고 있는 것이다. 울릉 군수 심흥택은 이들과 대화를 나누는 가운데 神西 부장이 "당신 섬과 우리가 관할하고 있는 竹島는 가까이 있다"18)라고 한 말을 듣고 일본이 독도를 강점한 것이 아닌가 하는 의심과 놀라움으로 이 사실을 중앙정부에 재빨리 보고하고 그 대책을 요구하였던 것이다.19) 그 내용은 다음과 같다.

本郡 소속 獨島가 본부 바깥 바다의 100여 리 떨어져 있는데, 본월 초4일 辰時경에 윤선 한 척이 도동항에 입항하여 일본 官人 일행이 官舍에 도착하여 스스로 말하기를 "獨島가 지금 日本 領地가 되었는

---

16)『山陰新聞』明治 39年 4月 1日 ; 奧原福市,『鬱島及竹島』「竹島渡航日誌」3月 28日條.
17)『山陰新聞』明治 39年 4月 1日.
18)『山陰新聞』明治 39年 4月 1日.
19) 愼鏞廈,『독도의 민족영토사 연구』, 1997, 226쪽.

고로 시찰차 왔다"고 하는바……20)

위와 같은 울릉군수 심흥택의 보고서를 접한 강원도 관찰사 李明來는 긴급히 중앙의 내부대신 李址鎔과 참정대신 朴齊純에게 보고하였다. 중앙에서의 조치 사항은 독도가 일본 영지라는 주장은 전혀 사실무근이니 계속 일본인들의 동태를 파악하여 보고하라는 것이었다.

보고는 잘 받아보았고 獨島領地說은 전혀 사실무근이니 독도의 형편과 일본인들의 행동을 잘 살펴 다시 보고하기 바람.21)

이 이후 조정에서 취한 조치는 잘 나타나 있지 않다. 그것은 통감부가 설치되어 우리 나라의 주권이 상당 부분 일본에 침탈당하였기 때문일 것이다.

당시 우리 나라의 언론기관들도 일본의 만행을 통렬히 항의하고 있다.『大韓每日申報』는 1906년 5월 1일자 신문에서 심흥택의 보고 내용과 내부에서 지시한 "獨島領地說은 전혀 사실무근"이라는 기사를 게재하였다.22)

『皇城新聞』에서는 1906년 5월 9일자 기사에서 군수 심흥택이 內部에 보고한 보고서를 전문 게재하여 일본의 부당한 처사를 특종으로 대서 특필하고 있다.23)

이러한 항의는 黃玹의『梧下記聞』이나『梅泉野錄』에도 잘 나타나 있다.

위의『山陰新聞』기사에도 일본이 독도를 강점한 후 정식으로 통고

---

20)『各觀察道案』第1冊 報告書號外.
21)『各觀察道案』第1冊, 光武 10年 4月 29日條.
22)『大韓每日申報』1906년 5월 1일자 雜報.
23)『皇城新聞』1906년 5월 9일자 雜報.

하지 않았음이 잘 나타나 있지만 이를 다시 확인할 수 있는 문서가 다음의 「竹島渡航日誌」라는 독도조사단의 정식 조사보고서이다. 이 보고서는 碧雲이라는 奧原福市가 작성하였으며 우여곡절 끝에 1907년에 간행되었다. 그는 울릉군수 심흥택이 어떤 인물인지 자세하게 묘사하였다.

　독도조사팀은 각 방면으로 독도 조사를 마친 후 독도를 한 바퀴 돌고 이를 촬영하였다. 그러나 바다의 파도가 점점 높아지고 날씨가 좋지 못한 모습을 보이므로 우선 울릉도로 피난하기로 하였다. 때는 오후 2시 30분이었다. 울릉도에 도착하여 저동항에 假碇泊한 것은 오후 9시였다.
　울릉도에서 1박 한 후 그 이튿날 오전 10시에 神西 부장은 10여 명과 通譯을 데리고 군수를 방문하였다. 일본인 부락을 지나서 몇 걸음을 올라가니 鬱島衙門이라고 쓴 간판이 있는 정청문을 지나 通刺하고 군수 沈興澤을 면회하였다. 군수는 京城人이고 연령은 52세였으며, 인상은 관대하고 여유가 있어 보였다. 방석 위에 꿇어앉았는데 흰 옷을 입고 관을 쓰고 긴 담뱃대를 들고 옆에 있는 책상에는 簿冊 몇 권만 있을 뿐으로 매우 간단하고 소박하여 태고의 風이 있었다.
　神西 부장은 방문의 내력을 말하고, 죽도에서 잡은 물개 한 마리를 보냈다. 군수는 먼 길에 오느라고 수고가 많았다고 인삿말을 하고 贈呈物에 대해서는 감사한다는 인삿말을 하였다. 辭令은 매우 능숙하였으나, 행정상의 질문에 대해서는 대부분 요령부득이었다. 일동은 기념하기 위해 청사 앞에서 사진을 찍었다.[24]

　여기서 辭令은 능숙했으나 行政上의 질문에 대해서는 대부분 要領不得이었다는 말에 주목할 필요가 있다. 울릉군수 심흥택은, 앞에서 神西 부장과의 대화 내용을 소개한 대로 獨島가 그들의 領土라고는 꿈에도 생각하지 않고 우리의 영토로 생각하고 있었기 때문에, 그들의 죽

---

24) 奧原福市, 『鬱島及竹島』「竹島渡航日誌」 3月 28日條.

도가 자기네 땅이라는 설명이 도무지 납득이 안 되었다. 그러므로 피차의 질문이 초점이 맞지 않고 동문서답하는 꼴이었으므로 그들의 입장에서 보면 요령부득일 수밖에 없었다.

4. 일본이 독도를 불법 강점한 이유

일본이 독도를 불법 강점한 가장 큰 이유는 러일전쟁을 수행하는 과정에서 전략적으로 유리한 지역을 확보하여 군사시설을 설치하려는 것이었다.

일본은 1905년 5월 27일에 동해에서 러·일 대해전을 승리로 이끌었다. 그러나 러시아는 아직도 막강한 해군력을 갖고 있으므로 언제 다시 반격해 올지 알 수 없는 형편이었다. 일본은 러시아 함대의 움직임을 면밀히 파악하기 위하여 동해 쪽에 여러 개의 望樓를 설치하였다. 특히 울릉도에는 1904년에 이미 東望樓와 西望樓 등 2개의 망루를 설치하였다. 1905년에는 여기에 북망루를 더 설치하여 鬱陵島－獨島－隱岐列島－高崎山를 연결하는 海底電線을 설치하려고 하였다.[25]

일본 해군성은 이 계획을 실천하기 위하여 1905년 6월 12일 군함 橋立號에게 獨島에 망루를 설치할수 있는지의 여부를 조사시켰다.[26] 橋立號의 조사 결과, 독도의 東島에 망루 설치 가능성을 발견하였다.[27] 일본 해군대신은 해군 제3사령관의 보고를 토대로 1905년 6월 24일 울릉도에는 北望樓를 설치하여 무선전신을 가진 망루를 설치하도록 하고, 독도에는 보통의 망루를 설치하도록 하였다.[28] 그리고 울릉도와 독

---

25) 『極秘明治三十七八年海戰史』第4部 第4卷, 20~21쪽.
26) 『橋立戰時日誌』1905年 6月 12日 條.
27) 『極秘明治三十七八年海戰史』第4部 第4卷, 附錄 『備考文書』第68號, 367쪽.
28) 『極秘明治三十七八年海戰史』第4部 第4卷, 21쪽.

도 사이에는 해저전선을 부설하도록 하였다.[29] 울릉도의 북망루는 1905년 7월에 준공되고, 독도 망루는 8월에 완공되었는데, 6명의 인원을 배치하여 러시아 함대의 경계 임무에 들어갔다.[30] 울릉도와 독도를 연결하는 해저전선은 그 해 10월에 북망루와 독도 망루 사이에 부설되었으며,[31] 독도와 隱岐島 高崎山 사이의 해저전선은 필요 없다고 하여 그 대신 독도와 島根縣 松江 사이를 연결하는 해저전선이 1905년 11월에 부설 완료되었다.[32] 그 결과 한국의 동해안인 죽변항-울릉도-독도-일본 島根縣 松江市를 연결하는 일본 해군의 해저통신선과 감시 망루가 완성되었다. 일본 해군이 러일전쟁 기간 동안에 한국에 설치한 망루는 모두 20개 소였다.[33]

위에서 살펴보았듯이 독도 망루는 한국 본토와 일본 본토를 연결하는 해저전선을 설치할 때 꼭 필요한 전략적 지점임을 알 수 있다. 이와 같이 일본은 러일전쟁을 효과적으로 수행하기 위하여 우리의 영토인 독도를 불법적으로 강점하여 그들의 전략적 거점으로 사용하였던 것이다.

일본 해군은 1905년 9월 5일 포츠머스 조약이 조인되고 10월 15일 종전으로 러일전쟁이 일본의 승리로 끝나 망루가 불필요하게 되자 10월 19일에는 울릉도 망루를 폐지하였으며, 10월 24일에는 독도의 망루를 철거하였다.[34]

일본이 독도를 불법 강점한 두 번째 이유는 독도 주변의 풍부한 해산물 착취이다. 『山陰新聞』의 다음 기사가 이를 잘 대변하고 있다.

---

29) 『極秘明治三十七八年海戰史』第4部 第4卷, 93쪽.
30) 『極秘明治三十七八年海戰史』第4部 第4卷, 276쪽.
31) 『極秘明治三十七八年海戰史』第4部 第4卷, 93~94쪽.
32) 『極秘明治三十七八年海戰史』第4部 第4卷, 95쪽.
33) 愼鏞廈, 『독도의 민족영토사 연구』, 지식산업사, 1997(이 부분은 신용하 선생님의 연구를 많이 참조하였음을 밝힌다).
34) 『極秘明治三十七八年海戰史』第4部 第4卷, 276쪽.

이 孤島가 장래에도 중시되어질 것은 다만 물개가 있기 때문이며, 만약 이 동물이 없다면 이 섬은 포기해도 아까울 것이 없을 것이다. 그러므로 물개의 남획을 엄금하는 일은 그토록 이 섬을 보존하려고 하는 까닭이다. 어부들이 생각없이 한때의 수익을 목적으로 그 종족을 전멸시켜 버릴 경우도 생기지 않는다고 보장할 수 없다. 경우에 따라 이를 감시하기 위하여 어선에 감시관을 동승시키지 않으면 안 된다고 생각한다.35)

독도를 일본의 島根縣에 강제 편입하게 된 계기는 어부인 中井養三郞이 「리앙꼬島領土編入幷貸下願」을 제출한 데서 비롯되었다. 中井養三郞은 일찍부터 독도에 불법 출어하여 물개를 잡아 많은 수익을 올렸다. 그는 물개잡이를 독점하기 위하여 「리앙꼬島領土編入幷貸下願」을 제출하고 이를 통해 벼락부자를 꿈꾸었던 인물이다. 그는 독도의 물개잡이권을 독점하였지만 벼락부자도 못 되고 말년에는 불우한 최후를 맞이하였다. 이로써 일본이 독도를 불법 강점한 것은 군사적인 전략 요충지의 확보와 어업권의 확보를 목적으로 하였음을 알 수 있다.

5. 맺음말

일본은 獨島를 無主地로 주장하면서 그 무주지를 先占하였다고 한다. 독도는 분명히 무주지가 아니지만, 國際法上 선점에 의한 영토 취득시에는 그 사실을 인접 주변 국가에 지체없이 통고해야 한다. 실제로 일본은 1876년에 小笠原島의 영토 주권을 확립하면서 이 섬과 간접적인 관계가 있다고 본 영국·미국 등과 몇 차례 절충을 하고 구미 12개 국가에 대하여 小笠原島를 관할 통치한다고 통고하였다. 그러나 일본은 한국의 독도를 불법 강점하면서는 한국에 이 사실을 통고하거나

---

35) 『山陰新聞』 明治 39年 7月 4日.

협의한 일이 전혀 없었다.

　이러한 사실은 위의 『山陰新聞』 기사나 「죽도도항일지」에 잘 나타나 있다. 일본은 독도를 시찰하고 울릉도에 들러 이를 통고하고자 한 것이 아니라 다만 풍랑이 심하여 隱岐島로 직행하지 못하고 우연히 울릉도에 기착했을 뿐이다. 그리고 울릉 군수 심흥택과 대화하는 과정에서 독도를 강점한 사실을 털어놓았다. 독도를 그들의 영토로 편입한 사실을 정식 절차나, 행정적으로 통고하려는 움직임이 전혀 없었음을 알 수 있다. 일본은 독도를 불법적이고 강제로 그들의 영토로 편입했음에도 불구하고 정식으로 우리 나라에 통고조차 아니했던 것이다.

彩色畵 傳統 속에서 살펴본
蔡龍臣과 金殷鎬의 藝術世界

朴 瑞雲淑[*]

Ⅰ. 들어가는 말

 繪畵史에 있어 韓國畵는 한국사람이 한국인의 감정과 정서를 표현한 그림으로 재료에 따라 크게 水墨畵와 彩色畵로 구분된다. 그 중에서도 한국의 채색화는 불교시대나 그 이전 시대의 미술문화를 이끌었던 중요한 표현수단으로, 회화의 시작이었다고 보아도 과언이 아니다. 채색화는 高句麗 등 삼국시대 벽화의 전통을 바탕으로 종교적인 대상의 구현이나 장식적 기능을 수행하였고, 高麗時代에 이르러 佛畵의 눈부신 발전으로 최고의 수준에 다다랐다. 그러나 1392년 朝鮮王朝가 성립된 이후 정치·사상의 영향으로 수묵화가 儒敎時代의 미술양식으로 대두되었다.

---

* 삼성미술관 학예연구원

조선시대에 이르러 수묵화가 주도적인 미술로 등장하면서 길었던 彩色의 역사1)는 특정 인물의 형상을 그려 후세에 전했던 肖像畵2)와 조선시대 후기에 實學의 대두와 風俗畵의 쇠퇴 속에서 자라난 民畵와 佛畵 그리고 巫俗畵로만 남아 수묵화와는 대립적인 축을 이루게 되었다.

특히 탁월한 예술성으로 조선시대의 회화를 대표하는 초상화는 삼국시대 벽화와 고려시대 불화가 갖고 있던 채색화의 전통을 계승하였으며, 조상숭배사상을 뒷받침하는 지배계층의 권위를 시각적으로 표현하고 신분과 계급적 차이를 확연히 보여주고자 꾸준히 제작되었다. 고려 불화의 채색 기법의 전통을 기본으로 삼고, 形似는 물론 유교사회가 요구하는 傳神寫照의 생생한 기운을 불어넣어 사실 묘사와 실용성이 두드러진 畵目이었던 초상화는 조선이 망한 후 일제 식민지시대와 민족적 비극의 분단시대라는 특수한 역사적 상황 아래에서 거의 단절되고 말았다. 초상화의 명맥이 제대로 유지되지 못함에 따라 초상화를 통해 명맥을 이어 오던 채색화 전통도 단절의 위기를 맞게 되었다.

이러한 시대 흐름 속에서도 초상화로 畵名을 높였던 石芝 蔡龍臣(1850~1941)이라는 武官 출신의 화가와 인물화로 대중적 인지도가 컸던 以堂 金殷鎬(1892~1979)를 기억할 수 있는 것은 전통 채색화의 계승 면에서 다행이 아닐 수 없다. 채용신과 김은호는 山水·花鳥·翎毛·人物의 전 분야에 걸쳐 뛰어난 재능을 가지고 있었으나, 그들이 가장 역량을 발휘하고 평가받고 있는 분야이면서 채색화의 대표적인 분야인 인물화의 巨匠3)으로 대표되는 이 두 작가의 예술세계에 대한 연

---

1) 박용숙, 『韓國美術의 起源』, 예경산업사, 1990, 32쪽.
2) 넓은 의미에서 肖像畵는 人物畵의 범주에 속하지만, 특정한 인물을 대상으로 그려진다는 점에서 보편적인 인물의 모습을 표현한 일반 인물화와는 구별된다. 인물화는 사람을 주제로 하여 그린 그림의 총칭으로 내용과 제재에 따라 초상화·종교화·역사화·풍속화·나체화·전쟁화 등의 이름으로도 불리며, 초상화는 인물화에서도 가장 큰 비중을 차지한다(『세계미술용어사전』, 중앙일보사, 1989, 326·376쪽).

구는 곧 채색화 전통의 계승 문제로 연결된다.

초상화라는 분야에서 뚜렷한 업적을 남긴 채용신은 조선시대 후기 武官 출신의 御眞을 그린 어용화사로 조선 말·일제 침략기에 활동한 초상화의 거장이었다. 그는 기법에 있어 전통 초상화의 기법을 계승하면서 아울러 서양화법과 근대 사진술의 영향을 받아 '蔡龍臣 畵法'을 창조하여 화폭 내에 대상인물의 실재감을 강조하고 대상인물의 몸체가 지닌 실체감(modelling)을 전달하고자 하여 근대와의 연결성을 보여주고 있다.4) 일제 침략기에는 지방에 칩거하면서도 抗日愛國志士의 초상화를 그려서 남다른 역사의식과 애국사상을 고취하기도 하였다.

한편 김은호는 '書畵美術會' 출신의 직업화가로 小琳 趙錫晉(1853∼1920)과 心田 安中植(1861∼1919)으로부터 전통회화를 배워 書畵協會展과 朝鮮美術展覽會 등을 무대로 활동한 한국 근대미술사의 대표적인 細筆彩色畵家였다. 또한 그는 제자 양성에 괄목할 만한 성과를 거두어 白潤文·金基昶·張遇聖 등의 많은 후진을 길러 내었고, 그 제자들이 조직한 '後素會'는 오늘날까지 전통을 잇고 있다.

그러나 채용신은 그의 예술세계에 대한 그 동안의 고찰 및 연구5)에도 불구하고 한국 회화사에서 소홀히 다루어진 감이 적지 않다.

---

3) 채용신과 김은호의 인물화에 대한 본격적인 비교는 박서운숙, 「채용신과 김은호의 인물화 비교연구」, 성신여자대학교 대학원 석사학위논문, 1999 참조.
4) 조선미, 『韓國肖像畵 研究』, 열화당, 1983, 419쪽.
5) 현재까지 발표된 석지 채용신에 관한 주요 논저는 다음과 같다(발표연대순) 구마가이 노부오(熊谷宣夫), 「石芝蔡龍臣」, 『美術研究』162, 東京, 1951 ; 최순우, 「이조의 화가 石芝 蔡龍臣」, 『박물관 뉴스』 제15호, 1971 ; 전혜원, 「石芝 蔡龍臣의 肖像畵에 대하여」, 홍익대학교 대학원 석사학위논문, 1978 ; 조선미, 『韓國肖像畵 研究』, 열화당, 1983 ; 허영환, 「石芝 蔡龍臣 研究」, 『藍史 鄭在寬博士古稀記念東洋學論叢』, 고려원, 1984 ; 이영숙, 「書畵 - 書畵의 流入과 家傳」, 『求禮 雲鳥樓』, 전남 국립민속박물관, 1988 ; 최열, 「人物畵의 巨匠, 蔡龍臣」, 『미술세계』 11월호, 1993 ; 이영숙, 「蔡龍臣의 肖像畵」, 『裵鐘茂總長退任紀念史學論叢』, 목포대학교, 1994 ; 정석범, 「蔡龍臣 繪畵의 研究」, 홍익대학교 대학원 석사학위논문, 1995 ; 윤범모, 「역사인물화의 전개양상과 전망」, 『미술로 본 20세기 한국인물』, 도서출판 노, 1996.

반면에 채용신과 함께 일제 침략기라는 동시대를 살다간 김은호는 日本畵의 영향을 받아 전통적인 채색화를 변형시키고, 해방 이후 일제 식민지 잔재 청산이라는 시대적 과제를 안고 있는 한국 미술계에서 親日畵家의 대표로 지칭되고 있으며, 그의 예술세계가 비현실적이고 창의성이나 시대정신이 결여되었음에도 불구하고 근대 채색화가로 당당히 평가받고 있다.6)

이 글은 한국 회화사에서 조선시대 이후 초상화로 대표되는 채색화 전통의 계승 차원에서 그 동안 소외되어 온 20세기 전반기의 전통초상화가 채용신과 세필채색인물화로 득명했던 김은호의 예술세계가 갖는 역할과 그들이 살다간 시대의 특수성을 감안하여 그들이 지녔던 작가의식을 재조명하여 채색화 전통의 계승에 있어 올바른 미술사적 평가를 도모하고자 한다.

그간의 연구들은 채용신과 김은호의 회화세계가 개별적으로 다루어졌으나 이 글에서는 그들이 살다간 삶의 시간적 차이를 감안하여 그들이 활발히 활동하던 20세기 전반기의 일제 침략기 동안의 두 화가의 대조적인 生涯와 畵業에 초점을 맞춰 그들의 대조적인 생애와 화업이 작품활동에 미친 영향을 고찰하여 의식적인 측면에서의 그들의 예술세계를 평가하고자 한다.

---

6) 以堂 金殷鎬에 관한 주요 논저는 다음과 같다(발표연대순). 김은호, 『書畵百年』, 중앙일보사, 1977 ; 김형순, 「以堂 金殷鎬와 후소회」, 홍익대학교 대학원 석사학위논문, 1978 ; 이구열, 『以堂 金殷鎬 畵集』, 국제문화사, 1978 ; 한국 근대미술연구소, 『以堂 金殷鎬』, 1978 ; 이규일, 「以堂 金殷鎬의 生涯와 藝術」, 『계간미술』 9, 1979 ; 이옥수, 「以堂 金殷鎬의 人物畵 硏究」, 홍익대학교 대학원 석사학위논문, 1990 ; 호암갤러리, 『以堂 金殷鎬(人物에서 自然으로1892~1977)』, 1992 ; 김상림, 「以堂 金殷鎬의 인물화 연구 - 肖像畵・美人圖・神仙圖를 중심으로」, 상명여자대학교 대학원 석사학위논문, 1993 ; 김경순, 「以堂 金殷鎬의 繪畵世界 硏究」, 효성여자대학교 대학원 석사학위논문, 1995.

Ⅱ. 蔡龍臣과 金殷鎬의 生涯

채용신은 1850년에 태어나 1941년에 삶을 마감하였고, 김은호는 1892년에 태어나 1979년 노환으로 세상을 떠나 각각 92세와 88세라는 장수를 누렸다. 인물·초상화에서 두각을 나타내 당대는 물론 현재까지도 그 역량을 높이 평가받고 있다는 공통점을 가지고 있다. 그러나 두 화가는 가장 왕성한 활동을 한 시기에 해당하는 20세기 전반기를 함께 했으나 친분관계가 전혀 형성되지 않았고, 가정환경·사회활동에 있어 적지 않은 차이를 보이고 있다. 이 장에서는 채용신과 김은호의 약 129년 간의 생애를 채용신이 태어난 1850년에서 김은호가 태어난 1892년까지의 시기와 1893년부터 채용신이 사망한 1941년까지, 그리고 채용신 사망 후 김은호가 활동한 1942년에서 1979년까지의 시기로 나누어 격변하는 시대 속에서 그들의 삶을 시기적인 추이에 따라 살피고자 한다.

1. 채용신의 탄생에서 김은호의 탄생(1850~1892)

채용신은 1850년(哲宗 원년) 2월 4일 산·물·사람이 맑다고 하는 서울 三淸洞에서 태어나 1941년 6월 4일 92세의 나이로 전북 정읍에서 삶을 마감하였다. 한편 김은호는 1892년(高宗 29) 6월 24일(음력) 인천시 관교동(구 경기도 부천군 문학산)에서 태어나 1979년 2월 7일(양력) 88세에 노환으로 서울에서 생을 마감하였다.

채용신이 태어났던 시기는 동·서양이 모두 근대화라는 시대적 과제 속에서 국내외적으로 불안정한 가운데 동양에 대한 서구 열강의 제국주의적 침략 야욕이 가속화되던 때였다. 당시 조선은 세도정치 중에 이양선의 출현으로 정국의 혼란이 가중되고 있었다.

채용신은 원래 중인 출신의 직업화가가 아니었다. 그의 집안은 平康

蔡氏 靖宣公派로 종2품인 同知中樞府事를 지낸 7대조 逸華 때부터 무과를 통해 종2품 嘉善大夫에 오른 자신에 이르기까지 고위 무관직을 역임한 가문이었다. 그는 1850년에 정3품 通政大夫 水軍僉節制使를 지낸 부친 權永(1828~1901)과 모친 密陽 朴氏(1825~1900) 사이에서 3형제 중 장남으로 태어났다.[7)]

그의 字는 大有이며 號는 石芝·石江·定山 등이 있고,[8)] 그의 본명은 족보에 기재된 東根이고 아명은 龍德이다. 그와 관련된 기록과 그의 작품에서 보이는 龍臣이라는 이름은 그의 나이 37세 때인 1886년 무과에 응시하면서부터 사용한 것이다.

채용신이 죽은 지 불과 60여 년밖에 되지 않았으나 개인적으로 문집을 남기지도 않았고, 관직에서 물러난 이후에는 중앙화단을 외면한 채 그의 조상이 살던 전라도로 내려가 지방의 재야화가로 활동[9)]하였기 때문에 그의 생애와 이력을 살피는 데 충분한 자료가 전하지 않는다. 다만 그에 대해 38행 228자로 소개하고 있는 『平康蔡氏族譜』와 그가 1900년 <太祖御眞>과 창덕궁 선원전 화재로 소실된 여러 어진 이모의 전말을 기록한 『奉命寫記』,[10)] 구마가이 노부오(熊谷宣夫)가 1951년에 발표한 <石芝蔡龍臣>에 실린 채용신의 자전적인 그림으로 '平康后人 蔡石芝堂七十老翁平生圖'라는 화제가 있는 <平生圖>의 전문이 있을

---

7) 『平康蔡氏世譜』 卷5.

8) 石江이란 호는 1901년 「고종어진」 제작 후 고종이 금관조복과 역서 등을 하사할 때 함께 내린 것으로, 원래 집안의 거처였던 扶安 근처의 采石江에서 연유한 것이다. 그러나 채용신 자신은 종래에 사용하던 '석지'라는 호를 작품에 많이 사용하였다(구마가이 노부오, 「石芝蔡龍臣」, 『美術硏究』 162, 1951, 36쪽).

9) 유홍준은 개화기·구한말의 화가들을 화파와 유파로 구분하면서 채용신을 호남지방의 화가로 분류하고 있다(「개화기·구한말 서화계의 보수성과 근대성」, 『구한말의 그림』, 학고재, 1989, 77~79쪽).

10) 현재 1冊 6帳으로 되어 있는 『奉命寫記』는 정신문화연구원 내 장서각에 소장되어 있고, 그 내용과 전문은 이영숙의 「蔡龍臣 肖像畵」(『裵鍾茂總長退任紀念史學論叢』, 금성인쇄출판사, 1994)에서 살필 수 있다.

뿐이다.11)

　현재는 행방이 불분명한 <平生圖>의 제1·2폭 <八學圖>과 <婚禮圖>을 통해 채용신의 유년·청년기의 행적을 살펴보면, 그는 스승 없이 부친으로부터 교육을 받으면서 南山에서 땔나무를 해 晝耕夜讀을 하였고, 어려서부터 예술적 재능이 뛰어나12) 많은 이들이 곡식과 돈을 가져와 그림을 청하였다고 한다. 그리고 그의 나이 31세 되던 1880년에 全州 李氏(1863~1929)와 결혼을 하여 5남 3녀를 두었다.

　한편 채용신이 의금부도사로 관직생활을 하고 있던 1892년에 김은호는 인천 문학산 아래 향교리에서 부농인 부친 金基一과 義成 金氏 사이에서 2대 독자로 태어났다.

2. 채용신과 김은호의 전성기(1893~1941)

　김은호의 본관은 商山으로 초명이 良殷, 號는 以堂이었다.13) 그는 어릴 때부터 서화를 매우 즐겼고, 5세 때 문학산 아래의 절에 놀러 갔다가 탱화를 보고 와서 방벽에 그려 놓기도 하였다. 그러나 귀한 자식이 커서 벼슬길에 나가기를 바란 부친은 "이놈아, 기껏 환장이가 될 테냐. 않으면 그림만 그리게!"라며 호통을 쳤다고 한다.14) 당시 그림을 그리는 사람에 대한 사회의 인식을 대변해 주고 있다고 하겠다. 이처

---

11)　『美術硏究』162에 실린 이 논문에는 絹本彩色의 10폭짜리 병풍인 이 <평생도>의 전체 내용(35쪽)과 채용신이 자신에게 온 서찰을 두서없이 묶은 『前定山郡守蔡 公履歷實記』의 목차가 실려 있고(39~40쪽) 채용신의 차남 尙默이 옮긴 『奉命移摹事記』를 언급하고 있는데 이것은 年紀가 같은 것으로 보아 『奉命事記』와 동일한 것으로 여겨진다.

12)　채용신의 화명이 일찍부터 높아서 22세 때에는 대원군의 초상을 그렸다고 한다. 대원군과 채용신의 관계는 전혜원, 앞의 논문, 18~19쪽 참조.

13)　以堂이란 호는 안중식이 어용화사가 된 김은호에게 지어준 것으로 周易의 24괘가 '以'로 시작하고 詩傳의 "日中聲鳥 以殷仲春"이란 글귀에서 따온 것이다.

14)　김은호, 『書畵百年』, 중앙일보사, 1977, 43쪽.

럼 완고한 집안이었지만 김은호가 15세 되던 1906년에는 서당을 그만 두게 하고 변해 가는 사회에 적응할 수 있도록 仁川의 官立日語學校에 다니게 되어 新學問을 배우게 하였다.

『奉命寫記』와 <평생도>의 제3폭 <到門圖>에서 제7폭 <到任圖>까지의 제기를 통해 그의 관직 재임기간을 살펴보면, 1886년부터 1906년 定山郡守職을 물러날 때까지 20년에 이르는데, 중간의 두 번의 공백기를 빼면 16년 간이었다.15) 1888년에는 五衛에 속하는 정6품에, 1891년에는 종5품 의금부도사에 올랐다. 1893년에는 종3품 釜山鎭 水軍僉節制使에 부임하였는데, 이 해에 군복을 입고 의장을 든 <자화상>(도판 1)을 그리기도 했다.16) 또한 1896년 突山鎭 水軍僉節使로 재직 시절에는 선정을 베풀어 백성들이 頌德碑를 세운 곳이 많았다.17)

채용신은 1900년 1월 2일 閔丙奭의 천거로 어명을 받아 조석진과 더불어 주관화사로 <태조어진>을 모사하고 그 공으로 漆谷府使가 되었다. 이 때 채용신이, 1899년 6월에 조선에 들러 전형적인 서양화법의 인물초상에 기초하여 적절한 명암법과 세필의 사실묘사로 그린 미국인 화가 휴버트 보스(Hubert Vos)의 <高宗御眞>(도판 2)을 보고 서양화법의 영향을 받았을 가능성을 배제할 수 없다.18) <태조어진>이 모사되어 봉안된 몇 달 뒤 1900년 8월 20일 璿源殿 七室이 화재로 타버

---

15) 1899년 突山鎭水軍僉節制使 퇴임 후와 1901~04년까지 父親喪으로 인한 4년 간의 공백기를 제외한 기간이며, 부친상을 당한 시기의 사정은 <평생도> 제6폭 <新延圖>의 제기에 잘 나타나 있다.

16) 이 <자화상>은 1951년 당시에는 구마가이 노부오가 소장하고 있었다고 한다 (허영환, 앞의 논문, 553쪽).

17) <평생도> 제4폭 <水軍習圖>, "康寅仲夏拜命 突山荏居四載 行政明白吏民咸服 多有金石頌德處矣".

18) 허영환, 앞의 논문, 568쪽. 참고로 외국인이 그린 <고종어진>은 휴버트 보스 외에도 1890년대 초에 미국 스미스소니언 박물관 직속화가였던 안토니오 지노 쉰들러(Antonio Zeno Shindler : 1893~1899)가 1885년에 출판된 퍼시발 로웰이 찍은 사진을 보고 그린 것이 있다(조창주, 「미국에서 발견된 고종 초상유화」, 『계간미술』 34, 중앙일보사, 1985년 여름, 105~109쪽).

렸다. 채용신은 다시 어용을 모사하라는 명을 받아 선원전・穆淸殿에 모실 <태조어진> 2본과 <列聖御眞>을 모두 완성하였다.[19]

1901년에 <고종어진>과 <耆老所 3丞相>・<13정경 영정>을 모사하였는데, 탁월한 모사 능력을 발휘해 1902년에는 고종이 특별히 중추원의관을 제수하였다는 기록이 역시 『奉命寫記』에 전한다. 3년 간의 부친상을 마친 1904년 가을에 총리대신 尹容善의 천거로 채용신은 定山郡守에 임명되어 당시 정산의 巨儒이자 抗日志士인 勉庵 崔益鉉(1833~1906)을 만나게 되었다. 채용신은 이 때부터 愛國志士와 巨儒의 초상을 그려 후세의 귀감으로 선양하기 위한 작업에 착수하여 <崔益鉉像>(도판 3)은 물론 勉庵의 제자로서 抗日義兵將이었던 林炳贊(1851~1916), 勉庵 門人인 尹恒植(1855~?)의 초상 등을 제작하였다.

甲申政變・甲午農民戰爭・淸日戰爭의 혼돈 속에서 조선은 1905년 을사보호조약을 통해 외교권을 상실하게 되었다. 이 해에 그는 종2품으로 승진하였으나 다음 해 1906년에 1886년 무과에 합격하여 시작한 20년 간의 관직생활을 정산군수를 끝으로 사직하고 全北 全州 紆北面 場岩里에 내려가 은거하였다. 그의 생애는 크게 그의 나이 57세 때인 1906년을 기점으로 관직퇴임 이전과 이후 시기로 나누어 살필 수 있다.

한편 인천의 관립일어학교에서 신학문을 배우던 김은호는 부친이 1907년 친척의 私錢鑄造事件에 연루되어 위폐범의 物主로 몰려 집안이 삽시간에 망하는 불운을 겪게 되었다. 그는 집안을 되살리기 위해 생활에 실질적으로 도움이 되는 신문화의 신기술을 배워야겠다는 결심으로 1908년 힘들게 인천의 사립인흥학교 측량과에 입학하여 그 해 12월에 단기과정을 수료하였다. 억울한 누명을 쓰고 6개월 간의 감옥

---

19) 채용신, 앞의 글, "是年八月二十日 璿源進展七室灾 臣又奉命將復摹太祖影 又使大臣尹容善往奉永興所安御眞來　九月二十六日始役太祖高皇帝影二本 告完 又移摹肅宗英宗正宗純祖翼宗憲宗御影 十二月初七日畢功".

살이를 한 부친이 火病으로 1909년 3월에 세상을 뜨자 그는 18세의 나이로 가장이 되어 집안을 이끌어 나가야만 했다.

부친의 사망으로 소년가장이 된 김은호는 3년 전 조혼한 아내 慶州李氏는 친정으로, 미혼의 누이는 결혼한 누님댁으로 보내고, 할아버지·할머니·어머님만을 모시고 인천의 집과 세간을 처분한 70圓을 가지고 京城으로 올라왔다. 그는 생계를 위해 이발소, 인쇄소 직공, 측량기사 조수 등의 일을 하며 불우한 소년기를 보냈다. 10대의 소년가장으로 가족의 생계를 위해 일거리를 찾아 헤매던 그에게 韓日新協約·國債報償運動·軍隊解散·抗日義兵蜂起와 1910년 경술국치 등을 보면서 역사의식을 갖는다는 것은 벅찬 일이었을 것이다.

1906년 官職을 사임하고 전주로 내려온 채용신은 1909년에 익산의 金馬로 거처를 옮겼다.[20] 그가 당시에 금마로 옮긴 것은 그가 당시의 의병을 '土匪'로 표현한 것에서 알 수 있듯이, 君主制로의 복귀를 주장한 초기의 의병과는 달리 당시의 의병운동이 봉건군주제를 부정하고 평등을 내세웠기 때문에 조선 말기 벼슬살이를 한 그의 사상과 부합되지 않아서 이들을 피하고자 하는 의도와 함께 부친 채권영이 금마에서 사망한 연고에 의한 것으로 여겨진다.

금마로 옮긴 채용신은 1923년에 정읍군 신태인으로 다시 거처를 옮길 때까지 가장 왕성한 작품활동을 하였다. 1910년에는 칠보지방의 儒士로 항일의사였던 <金直述像>과 <金永相像>(도판 4)을, 1911년에는 <田愚>·<黃玹>의 초상(도판 5·6)과 <金永相投手圖>(도판 7) 등을 그려 일제에 의해 짓밟힌 조국에 대한 애국심과 독립정신을 고취하였다. 1914년에는 『奉命寫記』와 『前定山郡守蔡公履歷實記』를 저술하였는데, 『奉命寫記』의 마지막 부분에는 작고 보잘것 없는 충성을 바쳤던 때를 회고하며 나라가 망하고 있을 때 신하가 죽음으로써 의를 다하지

---

20) <평생도> 제10폭 <回甲燕圖>, "己酉秋以土匪村閭大亂 故不得己移居益山 金馬山下甲第".

못한 한을 이렇게 적고 있다.

　　아! 지금 나라의 모든 땅을 타인이 잠자는 곳으로 삼아 임금이 욕됨
을 신하가 죽음으로써 의를 다하지 못한 것이 한이로구나. 나라가 기
우는 것이 눈에 가득한데 실로 신정의 눈물을 금치 못하노라. 돌이켜
생각해 보면 임금을 가까이에서 우러러 일월과 같은 표정과 용봉의
자태를 그리면서 군신이 긴밀히 가까워 묻고 대답함이 넉넉하였구나.
벌레같이 미천한 신하가 일월의 한 줄기 빛에 의해 미미한 충성을 성
군 아래에 바쳤음을 뜻하노라. 이제는 이미 끝나 버렸구나. …… 삼가
그 날의 일을 감상의 만 분의 일이라도 적고자 하노라.21)

　　위의 글에서 보듯이 채용신이 갖고 있던 애국심과 충성심은 다분히
봉건적인 것으로, 이것은 그가 살아온 시대와 성장 환경에서 기인한
것이며 또한 그가 갖고 있는 한계성으로 보인다.

　　1917년 채용신은 68세의 노구를 이끌고 조선총독부 관리인 伊東四
郎과 함께 일본에 건너가 乃木希典·大常重信·後藤新平 등 日本 名
士들의 초상을 그렸다.22) 이는 항일애국지사의 초상을 그리며 愛君憂
國하는 마음을 달래면서 은거생활을 하던 그의 후반기 생애와 역사의
식이 강했던 화가라는 명성에 결점을 남겼다.23) 그가 왜 일본에 가서
조선침략의 장본인이라 할 수 있는 이들의 초상을 그려 주었는가에 대
해서는, 채용신의 畵名을 익히 알고 있던 일본 귀족들의 강한 압력에
의해 노령의 채용신이 어쩔 수 없이 동행했다고 하는 문중 관계자의

---

21) 채용신, 앞의 글, "嗚呼 今國家全境爲他人 睡之所 而限未踐主辱臣死之義
　　　滿目陸沈 實不禁新亭之淚矣 念昔 近耿光仰摹日月之表龍鳳之姿 君臣密邇
　　　問對疑洽 意謂 螽賤臣依日月之末光 庶效涓埃之忠於輦之下矣 今焉已矣…
　　　… 謹抄當日事略 以寓感傷之萬一云".
22) 구마가이 노부오, 앞의 논문, 36쪽.
23) 1924년에 權潤壽에 의해 쓰어진『奉命事記』의 서문, "其愛君憂國之心 未嘗
　　　一日忘懷 欲報萬一 年將八十亦奈何當杜門晦跡 無虧奉命之義亦一道云爾"
　　　참조.

증언[24]이 설득력을 갖는다. 한편 채용신이 일본을 방문했을 당시 東京에서 이왕세자를 만나 고종의 어진을 바쳤다[25]는 기록으로 보아, 비록 타의로 일본으로 갔으나 타국에 있는 왕세자를 뵙고 고종의 어진을 바친 행동은 당시의 여건을 고려해 볼 때 이것은 전직관료의 분별있고 의식있는 행동이었을 것으로 간주된다.

채용신이 지방으로 내려가 은거생활을 하며 작품활동을 하는 동안 상경한 김은호는 1912년 여름까지 암담하고도 힘든 생활고에 시달려야만 했다. 청소년 시절의 계속된 충격과 가혹한 현실체험은 김은호의 인생관과 자연미와 생활주변의 정경에 대한 애정 및 찬미 어린 관조로 나타나는 작품세계에도 큰 영향을 끼쳤다.

1912년 21세의 김은호는 中樞院參議를 하던 金敎聲의 서찰 한 통으로 우리 나라 최초의 서화학교인 서화미술회에 다니게 되었다. 그리하여 그는 조선왕조시대의 마지막 화원이었던 조석진과 안중식의 문하에 입문하게 되고, 본격적인 화업의 길로 들어섬과 동시에 촉망받는 화가가 되는 인생의 전환점을 맞이하게 되었다. 1915년에 그는 타고난 그림 실력과 노력으로 서화미술회의 畵科 3년 과정을 제1기 吳一英·李用雨·李漢福에 이어 제2기로 졸업하고, 1917년에는 書科 과정도 수료하였다. 서화미술회 재학 동안에 김은호는 <純宗御眞>을 그려 어용화사라는 명성을 얻게 되었다. 이 때문에 귀족과 상류사회로부터 초상화 의뢰가 끊이지 않아[26] 그의 가정형편은 넉넉해졌다.

당시 김은호는 조석진과 안중식을 찾아 서화미술회를 가끔 방문하는 채용신을 보았다[27]고 한다. 만약 이 때 김은호가 채용신을 지방의 2류화가로 여기지 않고 조석진과 안중식처럼 스승으로 여겨 그림을 배

---

24) 정석범, 앞의 논문, 14쪽.
25) 구마가이 노부오, 앞의 논문, 36쪽.
26) 1914~18년 사이에 그린 것으로는 尹澤榮·尹德榮·李埈公 등의 유지초본 초상화가 있다.
27) 전혜원, 앞의 논문, 9쪽.

웠다면 한국 채색인물화의 역사는 다시 쓰여졌을 것이다. 그러나 김은호에게는 같은 시대에 활동한 조석진과 안중식이 당시 畵壇의 중심이고 대표적 화가였던 것과는 달리, 채용신은 지방에서 활동하는 작가 이상으로 비쳐지지 않았기 때문에 관심 밖의 인물이었다. 채용신도 스스로가 여전히 조선왕조시대의 政治的·道德的·教育的 이념인 유학에 근거하고 있었기에 직업화가들과 일정한 거리를 유지하고 있었기 때문에 김은호가 눈에 들어올 리 없었을 것이다. 따라서 두 인물화의 거장이 만나서 함께 인물·초상화를 한층 발전시킬 수 있는 기회가 있었음에도 불구하고 의미없는 만남으로 끝나 많은 아쉬움을 남긴다.

서화미술회의 교육과정을 마치고 채색인물화로 일가를 이룬 김은호는 1917년부터 신진작가로 폭넓은 작품활동을 전개하기 시작했다. 1918년에는 서화협회의 정회원이 되어 1921년에 창립된 '書畵協會展'(1921~36. 이하 협전)과 1922년부터 개최된 '朝鮮美術展覽會'(1922~44. 이하 선전)를 무대로 <愛蓮美人>(도판 8), <미인승무>, <아가야 저리 가자>, <부활 후> 등의 작품을 출품하여 최고의 인기를 얻으면서 작가적 입지를 굳건히 하였다.

전통적인 北畵의 채색기법을 사용해 구도와 인물표현이 고답적인 화보풍인 <애련미인>(도판 8)은 중국풍의 누각, 누각 위의 나무 그리고 누각 옆의 괴석이 현실에 존재한다기보다는 당시 서화미술회에서 교본으로 사용한 『芥子園畵譜』나 『唐詩畵譜』의 그것을 옮겨 놓은 듯하다. 제2회 선전 출품작인 <아가야 저리 가자>은 <애련미인>에서 보이는 고답적인 畵譜風 양식에서 벗어나 현실적 시각에서 제작된 작품으로, 음영법으로 처리된 얼굴에서 생동감이 느껴진다. 그러나 한옥과 버드나무, 할머니와 어린이를 통해 주변 현실과 일상적 인물풍속을 직접적으로 나타내고 있는 점은 김은호의 독창적인 화법이라기보다는 일본유학 당시 일본화단의 한 경향을 받아들인 결과로 보인다.[28]

---

28) 당시 일본화단에서는 관전을 대표하는 근대 일본 풍속미인화의 대가인 가부

1925년에는 서화애호가 李容汶의 후원으로 小亭 卞寬植(1899~1976)과 일본 東京에 가서 약 3년 간 머물렀다. 이 곳에서 그는 유럽유학을 한 장식적이고 섬세한 표현수법의 신일본화가 유키 소메이(結城素明)와 가까이 지내며 영향을 받아 예술에 대한 시야를 넓힐 기회를 얻게 되었고,[29] 1928년에는 이용문의 주선으로 毅齊 許百鍊(1891~1977) 등과 2개월 간 중국 북경을 여행했다. 이 여행으로 그는 만년까지 즐겨 그리던 梅蘭芳의 그림소재를 얻어 섬세하고 수려한 미인도를 형상화하게 되었다.

1930년에는 그의 絡靑軒 화실에서 백윤문·김기창·장우성 등을 화가로 배출하였다. 그의 제자들의 모임인 후소회[30]는 1936년 창립전을 개최한 이후 그 전통이 현재까지 이어지고 있어 김은호가 후진 지도에 기울인 열성을 헛되이 하지 않고 있다. 이 외에도 1933년에는 양화가 박광진, 조각가 김복진과 더불어 '朝鮮美術院'을 설립하여 후진양성을 도모하였다.

김은호가 중앙화단에서 왕성한 작품활동을 보이면서 각광을 받고 있을 무렵, 채용신은 경성으로부터 멀리 떨어진 전라도 지방에 은거하며 세상 사람들의 망각 속에서 생을 마감하는 1941년까지 끊임없는 작품활동을 하였다. 때때로 우국지사와 유학자의 집에 일정 기간 머무르며 그림을 그리기도 하고, 포용력 있고 신축적인 작가적 자세로 주문제작을 실시하였다. 유교적 관습을 극복하고 평민은 물론 여성을 대상

라키 기요카타(鏑木淸方 : 1878~1972)와 현대풍속을 채택한 미인화 계열의 화가 나카무라 다이자부로(中村大三郎 : 1898~1947)가 이전의 화려하고 장식성이 강한 우키요에(浮世繪)적인 미인화의 영역에서 벗어나 현실인물·풍속을 소재로 장식미를 적절히 첨가한 화면을 취하고 있었던 것이다.

29) 김은호, 앞의 책, 124~130쪽.
30) 후소회에 관련 논문은 다음과 같다. 이구열, 「以堂과 後素會」, 『한국현대미술전집 4』, 한국일보사, 1976 ; 김형순, 「以堂 金殷鎬와 後素會」, 홍익대학교 대학원 석사학위논문, 1978 ; 홍병학, 「후소회의 활동과 그 영향에 관한 연구」, 경희대학교 교육대학원 석사학위논문, 1981.

으로 초상화를 그리기도 했던 그의 마지막 작품은 1936년 그의 나이 87세 때 손자인 蔡圭榮과 합작으로 그린 <黃長吉夫婦像>(도판 9)이다.[31]

3. 채용신 사후의 김은호의 활동(1942~1979)

채용신은 1941년 6월 4일 전북 정읍시 신태인읍 장군리에서 사망한 뒤 1942년에는 <운낭자상>(도판 10)이 채용신의 작품으로 밝혀져 그의 이름을 신문에 남겼다. 1942년 12월 20일자 『매일신보』의 기사를 통해 채용신의 작품으로 판명된 <운낭자상>은 어린아이를 안고 있는 27세의 운낭자의 모습이 마리아가 예수를 안고 있는 聖母像을 떠올리게 하고, 그림자를 또렷하게 드러내는 음영법으로 입체감을 솟게 하는 작품이다.[32] 현재 국립중앙박물관에 소장되어 있는 이 상의 주인공은 嘉山 官妓였던 崔蓮紅(1785~1846)으로 1811년 洪景來의 亂이 일어났을 때 군수였던 鄭蓍 父子의 시신을 찾아 장사지내고 부상당한 군수 동생을 자신의 집에 숨겨 치료해 준 여인이다. 당시 조정에서는 그녀의 행적을 가상히 여겨 妓籍에서 지워주고 田畓을 내려 표창하였으며, 그녀가 죽은 뒤에는 그녀의 義氣 있는 행동을 기리고자 평양의 義妓 桂月香의 사당인 義烈祠에 함께 祭享하였다.[33] 이 초상은 1914년에 제작된 것으로, 채용신이 하나의 이상적 여인상으로 제시한 것이라고 볼 수 있다. 대상의 충실한 묘사와 초상화의 傳神이라는 면에서는 다소 떨어지지만 상용형식과 표현기법에서는 주목할 만하다. 상용형식에서는 앞서 지적했듯이 마치 서구 기독교 성모자상을 연상케 하는 형식[34]을 하고 있는데, 이는 당시 채용신이 천주교 성당 안의 성모상이나 천

---

31) 허영환, 앞의 논문, 561 · 577쪽.
32) 최열, 『한국근대미술의 역사』, 열화당, 1998, 497쪽.
33) 구마가이 노부오, 앞의 논문, 33쪽.
34) 이태호, 『한국의 미(20) 인물화』, 중앙일보사, 1985, 221쪽.

주교 敎理書의 성모삽화에 영향을 받아 적용하였을 것으로 여겨진다. 표현기법에서는 수채화처럼 엷은 채색을 기본으로 하는 음영표현이 치마와 저고리 주름에서 보여 서양화의 영향이 느껴진다.

채용신의 일반 초상화들이 얼굴에 중점을 두고 극세필의 표현에 치중한 데 비해, 이 초상은 전체적으로 여성의 풍만하고 곡선적인 실루엣과 활짝 웃고 있는 아기를 안고 있는 운낭자의 푸근한 모습이 마치 이웃에 사는 여인인 양 편안함을 가져다준다.

채용신이 사망한 지 2년 뒤 1943년에 그의 유작전이 열렸는데, 매우 역설적이게도 이는 일본인에 의해 개최된 것이었다. 1943년 6월 4일부터 10일까지 서울의 화신화랑에서 일본인 오다 쇼고(小田省吾)의 주선으로 초상화가 채용신을 회고하여 열린 이 '石江遺作展'[35]은 당시가 태평양전쟁이 한창인 때임을 감안하면 일본인들의 채용신에 대한 관심과 그의 畵力을 짐작케 한다.

1945년 광복을 맞이한 가운데 좌익세력에 의한 정치적 분파와 대립의식이 미술계 내부에도 파급되어 좌우익이 나뉘게 되었다. 우익계는 '朝鮮美術會'·'獨立美術協會'를, 좌익계는 '朝鮮美術同盟'·'韓國造形美術同盟'을 각각 결성하였다.[36]

김은호는 선전에서의 활동과 조선남화연맹전(이하 조전)과 반도총후전 등에 작품을 출품한 점, 1937년 愛國金釵會 여성들이 전쟁수행을 위한 목적으로 수집한 금비녀를 미나미 지로(南次郎) 총독에게 헌납하는 모습을 그린 <金釵捧納圖>(도판 11)를 제작하여 전쟁에 필요한 금비녀 등의 헌납열을 고취시킨 점 때문에 친일작가로 지목되어 한때 미술계에서 소외받았다. 그러나 1949년에 시작된 정부 주관 '大韓民國美術展覽會'(이하 국전)에 최고 예우인 추천작가로 참여하게 되면서 그의 친일행적에 대한 평가는 민족미술의 지향이라는 과제를 안고 있는

---

35) 이 때 출품된 작품목록은 구마가이 노부오, 앞의 논문, 40~42쪽 참고.
36) 오광수, 『한국현대미술사』, 열화당, 1987, 28~32쪽 참조.

현재까지도 제대로 이루어지지 않고 있는 상태다. 그는 국전이라는 새로운 무대를 통해 채색인물畵에서 독보적인 존재로 자리매김하게 되었다.37)

국전의 초대작가로서 1960년대 중반까지 출품을 한 김은호는 국전의 情實과 혈연에 의한 횡포에 염증을 느껴 불참하였다. 그러나 수차례 심사위원을 역임한 그의 국전 출품작들은 과거의 선전 때와 같이 그 시기를 대표하는 역작으로 평가받고 있다. 6·25전쟁 중에도 그의 명성과 예술은 주위로부터 존중을 받아 1952년에는 부산 상공회의소에서 '이당 김은호 선생 작품감상회'가 열렸다.

1950년대 후반의 美人圖·神仙圖·花鳥圖 등에서는 칠순 노구의 정정한 표현기법이 드러났고, <춘향상>(도판 12), <이충무공상>(도판 13) 등의 1960년대 작품에서는 오늘날 전통화단에서 서서히 상실되어 가고 있는 철저한 장인정신의 技藝美와 그에 따른 완벽한 표현미의 세계를 엿볼 수 있다. 1970년대 이후 타의에 의한 多作으로 畵格이 다소 혼조를 띠기도 하였지만 만년까지 꾸준히 작품활동을 계속하였다.

김은호는 한국 근현대미술사의 산 증인으로서, 수묵 위주의 문인화가 우세를 보이던 한국화단에서 세필채색인물화가로서 각광을 받다가 1979년 88세의 나이로 생을 마감하였다.

일제 말 윤희순은 김은호에 대해 이렇게 평하였다.

> 이당은 '想의 人'이 아니다. '技의 人'이다. …… 전통의 기법인으로 유일한 존재인 이당에게서 더 무엇을 요구한다는 것은 무리일 것이다.38)

---

37) 미술창작과 후진양성의 공로로 1962년 대한민국 문화훈장 대통령장과 서울문화상을 받았으며 1965년에는 3·1문화상, 1968년에는 대한민국 예술원상을 수상하여 사회적으로도 인정을 받았다.
38) 윤희순, 「제22회 선전 동양화평」, 『매일신보』 1943년 6월 7일.

일반적으로 채색의 北宗畵가 수묵의 南宗畵에 비하여 기술성이 중
시된다고 간주되는 풍토 속에서 정신적인 면보다는 기법적인 면이 더
욱 대두되는 것이 김은호의 특성이라는 윤희순의 긍정적인 평가는 '이
념없는 기교주의적 충실성'39)이라는 시각에서 보면 김은호의 한계라는
부정적인 평가를 가능하게 하기도 한다.

그러나 김은호의 작품이 일본화풍이라는 비판에 대해 그가 한국화
의 전통을 토착화하고 사생적인 묘사로 구사하여 끝내 작가 자신의 고
유성을 획득했다40)고 보는 견해도 있다.

그럼에도 불구하고 일제시대 친일미술 행적은 김은호 예술세계에
커다란 오점이며, 채용신에게서 보이는 뚜렷한 역사의식이 김은호에게
서는 결여된 점이 그의 작품세계의 한계임을 부인할 수 없다.

Ⅲ. 蔡龍臣과 金殷鎬의 藝術世界

1. 채용신의 작품배경

채용신의 작품이 형성되는 시기의 시대적 배경은 조선왕조의 생명
이 다해 가면서, 과거에 대한 회의와 현실에 대한 모순이 극에 달해 사
회적으로 불안한 폭풍전야와도 같은 시기였다. 이러한 내부적인 위기
속에 제국주의 침략과 함께 유입된 새롭고 선진적인 서구문명은 조선
사회에 신선한 충격을 가져왔다. 이러한 서구문명의 신선한 충격은 회
화 분야도 예외는 아니었다.

회화에 있어 새롭고 선진적인 서구문명의 대표주자로 등장한 것이,
조선왕조의 체제가 미약하나마 적당한 탄력성을 가지고 지속되던 17

---

39) 원동석, 『민족미술의 논리와 전망』, 풀빛, 1985, 268쪽.
40) 김성희, 「이당 김은호의 채색인물화에 대한 재평가」, 『한국근대미술사학』 2,
    청년사, 1995, 145~146쪽.

세기에 전래된 서양화법이다. 서양화의 선진적인 대상 묘사 기법인 명암법과 원근법은 그 표현기법에서 한계에 부딪혀 있던 조선 화단에 적극적으로 수용되었다. 그 영향으로 姜世晃·姜熙彦의 산수화[41]처럼 투시도법을 도입한 작품들이 등장하기도 하였다.

그러나 초기 서양화법의 전래는 燕京使行員과 천주교 교리서를 통한 간접적인 것이었고, 보다 직접적인 전래는 19세기에 이르러 조선의 자연과 인간을 화폭에 담는 서양인 화가들이 출현함으로써 시작된다. 헨리 새베지 랜더[42]는 1890년 12월 말경에 일본을 경유하여 조선을 방문하고 약 3개월 간 체류하면서 당시 조선사회의 풍물을 사실적으로 묘사한 <병졸>(도판 14), <정물연구>(도판 15) 등의 그림을 그의 기행문『코리아 혹은 조선, 고요한 아침의 나라』(1895년 런던 발행)에 수록하였다. 이 외에도 1894년부터 조선을 몇 차례 방한한 콘스탄트 테일러, 휴버트 보스, 엘리자베스 키스 등이 있었다.

새베지 랜더와 휴버트 보스의 그림이 왕실에 소개[43]된 시기에 관리생활을 하면서 어진 제작에 참여했던 채용신은 이들을 통해 서양화법을 민감하게 수용할 수 있었을 것이고, 이러한 서양인 화가들에게 직접적인 영향을 받았으리라는 추측은 무리가 아닐 것이다.

채용신의 회화에 대해 언급할 때 서양화의 영향과 함께 빼놓을 수 없는 것이 사진이다. 사진은 1876년의 강화도조약 이후 조선에 서양문화와 明治維新 이후의 일본문화가 유입되는 과정에서 1880년에 일본 공사관에 사진관이 설치[44]되면서 소개된 근대문물의 하나였다. 채용신

---

41) 姜世晃의 <松都紀行帖> 중 <大興寺>, <開城市街圖>와 姜熙彦의 <北闕朝霧圖> 등이 여기에 속한다. 특히 강세황은 산의 표현과 계곡 능선의 흑백대비를 통한 묘사로 서양화법을 적극적으로 수용하였다.

42) 이구열은 휴버트 보스를 조선에 온 최초의 서양인 화가로 보고 있지만, 윤범모는 헨리 새베지 랜더(Henry Savage Landor)가 그보다 9년 앞선 1890년에 조선을 방문했다고 보고 있다(윤범모,『근대유화감상법』, 대원사, 1997, 29~30쪽 참조).

43) 윤범모, 위의 책, 31~39쪽.

은 돌아가신 분의 영정이나 공간적으로 떨어져 있는 사람의 초상화를 그리고자 할 때는 사진을 이용해 그리면서 사진이라는 새로운 매개체가 갖는 장점을 잘 활용한 것으로 여겨진다. 이러한 점은 구례 운조루에 보관되어 있는 <柳濟陽像>(도판 16)의 유입 과정을 적은 유제양의 손자 柳瑩業이 남긴 편지[45]와 1911년에 제작된 <黃玹像>(도판 6)과 그 후손들이 갖고 있는 사진을 통해 입증된다.[46]

1922년 5월 13일에 유형업은 전북 익산 근처에 사는 고모에게 어용모사에 참여한 경력과 항일열사들의 초상화를 많이 그려 畵名이 높은 채용신에게 타계한 할아버지의 영정을 그리게 하려 한다는 내용의 편지를 다음과 같이 띄웠다.

> 할아버지의 사진을 몇 년 전에 찍어 놓았으나 蔡定山의 圖畵가 가히 독보적이라 하니 …… 이에 蔡公의 圖畵로 할아버지의 진영을 얻지 못한다면 한스러울 것입니다.[47]

사진을 갖고도 채용신의 솜씨로 그려진 초상화를 지니고자 하는 마음을 적고 있는 이 편지 속에서 채용신의 뛰어난 실력도 살필 수 있지만, 무엇보다 주목되는 것은 사진보다 초상화로 그려진 것을 眞影이라고 표현하면서 초상화를 그리려 했다는 사실이다.

인물을 그릴 때 인체비례에 맞추어 그리는 서양화의 투시도법적 기준으로 인물을 그리면 외모는 정확히 표현할 수 있으나 그 인물의 내

---

44) 사진은 채용신의 초상화 작업에서 서양화와 함께 큰 영향을 미친 것이다. 1880년대 사진기술의 국내 수용에서, 황철이 1882년 독일제 사진기자재를 수입하여 1883년에 서울 대안동에 사진촬영소를 개설한 것은 한국 사진사와 근대미술사에 상당한 의미를 갖는다(윤범모, 「황철, 1880년대 한국 사진의 선구자」, 『가나아트』 1997년 7·8월, 34~45쪽).

45) 이영숙, 앞의 논문, 251~252쪽.

46) 정석범, 앞의 논문, 22쪽.

47) 柳瑩業, 『尸牘』 卷2, 31章, "祖考寫眞年前已爲寫出 定山之圖畵可謂獨步 …… 於此公圖畵限不得祖考眞影矣".

면세계는 표현되지 않는 것[48]과 마찬가지로 사진도 인물의 외형은 그대로 재현하지만 조선전통의 초상화가 이루어 내는 傳神寫照에는 거리가 있었던 것이다. 따라서 1880년대 초에 사진술이 조선에 처음 들어왔을 때 삼청동에 살고 있던 30대 초반의 채용신이 '사실 그 자체'인 사진을 보고서 큰 충격을 받아 전통적 화법에 무력감을 느껴 사진을 초상화의 이상적인 모델로 채용했다[49]고는 볼 수 없을 것이다. 그보다는 그가 만년에 20×25cm 정도의 사진을 보면서 下圖도 없이 얼굴 모습 그대로 호분에 아교를 섞어서 채색했다[50]는 점으로 볼 때 이미 사진의 효용성을 나름대로 간파하고 작품 제작에 도입한 것으로 보아야 할 것이다. 따라서 채용신이 결코 전통화법에 무력감을 가지고 초상화의 이상적 모델로 사진을 채택한 것은 아닌 것이다.

2. 김은호의 작품배경

김은호는 조선왕조 말기에 태어나 일제침략의 어려운 상황에서 한국의 근대 채색화단을 꾸려 왔다. 일찍이 조석진과 안중식의 문하에 들어가 안중식에게서 남종화법인 수묵담채의 산수화와 기타 문인화법을 배우고 채색을 구비해서 쓰는 북종화법의 정확한 양식도 다각도로 지도받음으로써 전통화법에 기초한 어떤 화법에도 구애받지 않는 기초 기량을 충분히 닦았다. 그 중에서도 傳神의 과정이 중시되는 초상화에 뛰어난 능력을 발휘하였다.

김은호는 인물화를 잘 그렸고, 그의 화가로서의 출발이 어진을 그린 어용화사였고 그의 선전입상 작품이 거의 미인을 다룬 인물화였기에 인물화의 대가로 명성을 얻었음에도 불구하고 그는 생전에 단순히 인

---

48) 이종상·안휘준, 「동양화에 있어서 寫實과 寫意」, 『계간미술』 28, 1983년 겨울, 139~140쪽.
49) 정석범, 앞의 논문, 23쪽.
50) 전혜원, 앞의 논문, 19쪽.

물화가로 규정되는 것을 못 마땅하게 여겼다고 한다.[51]

그러나 출중한 기량의 소유자였던 김은호는 당시 한민족의 현실에 대한 시대의식이 결여되어 있었다. 이러한 시대의식의 결여는 청소년기에 힘든 생활고를 견뎌 내야만 했고, 인간관계에 연연하여 소신있는 행동을 하지 못한 우유부단한 성격이 그의 인생관과 작품세계에 영향을 주어 나타난 듯하다. 일제 말기 일제가 聖戰思想을 고취하기 위해 개최한 조전, 반도총후전에 참여한 것이 일제의 강권에 의한 것이고, '애국금채회'의 회장이 자신이 잘 알고 있는 윤덕영의 아내였기에 거절을 하지 못하고, 이런 전시회에 입·특선을 할 수 없기에 전쟁과 관련된 주제를 그릴 수밖에 없었다[52]는 것은 그가 명예욕에 연연하는 성격의 소유자임을 드러내는 동시에 친일적인 미술행위[53]에 대한 변명으로 여겨진다.

근현대사의 혼란 속에서 현실과 당당히 맞서 헤쳐 나가기보다는 도피적으로 신선도·미인도 등의 비현실적인 세계를 추구한 것, 1920년대 후반부터 사회의 끊임없는 요청으로 고전적인 소재인 신선도를 수없이 제작한 것은 반시대적인 작화 태도이다. 또한 일제 말기 일제의 聖戰 요구에 부응하여 친일적 미술행동을 한 것은 민족의식과 작가정신이 결여된 것이다.

김은호는 1920년대 이한복·최우석 등과 일본화법이 가지는 신선함과 새로운 표현미를 추종하여 완연한 일본채색화법을 구사하였다. 이런 경향은 제3회 협회전을 평한 '개벽'의 觀展記에서 "김은호의 兩後라

---

51) 이규일, 「이당 김은호의 생애와 예술」, 『계간미술』 9, 1979, 35쪽.

52) 김은호, 앞의 책, 189~191쪽.

53) 김은호의 친일미술행위에 대해서는 이태호의 「친일미술인의 몇 낱 작품 사례 1·2·3」, 『가나아트』 통권20호, 1991년 7·8월 ; 김윤수 외 8人, 「韓國 美術의 日帝 植民殘在를 청산하는 길」, 『계간미술』 25, 1983년 봄 등을 참고할 것. 친일미술의 잔재 청산 문제는 우리의 정통성을 회복하기 위해서도 시급히 해결해야 하는 문제로, 이는 비단 미술계만의 문제가 아니라 정치·경제·문화의 문제며 우리 사회의 모든 분야에 걸친 것이다.

題한 그림에서 폭포 흐르는 바위에 베푼 색채는 일본 新畵에 가까운 듯하다"라고 지적을 받기도 하였다.[54]

그는 일본유학 시절 '사생'을 중시한 신일본화가인 유키 소메이의 제자로, 東京美術學敎의 청강생으로서 그림을 배운 後 자기화하지 못하고 일본적인 경향을 보였던 것이다. <彈琴>(도판 17)은 제7회 '日本帝國美術展覽會'(1919~37. 이하 제전)에 입선한 작품으로 일본에서 明治 20년대(1888년대)에 유행하던 '彈琴'을 소재로 한 것이다.[55] 탄탄한 사생력과 색감을 가지고 있던 김은호가 가야금을 타고 있는 조선 여인의 모습을 그린 <탄금>은 장식적이고 감각적인 면을 강조한 일본인물화풍을 따른 것이다. 또한 이 작품은 음영을 첨가한 입체감과 원근법에 의한 공간 해석 등 서양화의 표현감각을 함께 보여주고 있다. 일본 유학중 잠시 귀국하여 참가한 제6회 선전에 <부감>, <초저녁>과 함께 출품된 <看星>(도판 18)은 현실적이고 일상적인 여인상이 일관되고 있는 작품으로, 이른바 일본화 양식을 정립하는 데 결정적인 역할을 한 다이칸과 그 일파들의 화풍을 엿볼 수 있다.[56] 어느 여름날 피우던 담배를 재떨이에 놓은 채 한가로이 골패짝을 떼고 있는 한국 여인의 모습 외에는 여백을 중시하듯 텅 빈 방안에 돗자리만 깔려 있고, 대나무를 중심으로 한 뿌연 정원의 배경은 평면적으로 처리된 점이 일본화의 영향을 한껏 드러내고 있다.

당시 미술계는 1930년대 이후 낙청헌 화실의 문하생들이 스승인 김은호의 일본화적인 경향을 답습했으며, 1940년대에는 朴崍賢 등이 일본에서 일본화법을 전공하고 돌아와 일본화풍은 더욱 심화되었다. 일본인 취향의 표현감각으로 밝게 그려진 채색화의 화면은 반일감정의

---

54) 「일제미술의 이입 과정」, 『계간미술』 25, 1983년 봄, 102~103쪽.
55) 일본 明治代의 역사풍속화의 복고적인 성향에 대해서는 三輪英夫, 「近代の 胎動」, 『現代日本の美術』, 東京 : 小學館, 1978, 68쪽 참조.
56) 김상림, 「이당 김은호의 인물화 연구」, 상명여자대학교 대학원 석사학위논문, 1993, 52~54쪽.

대상이었으나, 김은호와 그의 제자들에 의해 한 시기를 풍미하기도 했다. 그러나 이것은 결코 바람직한 현상이 아니었고, 한국인이 한국인의 취향을 가지고 일본인의 취향을 소화해 내는 것은 의미가 없음을 인식했어야 할 것이다.

물론 김은호가 후진양성에 있어 후학에게 자신의 스타일을 강요하지 않고 자유스러운 창작의 길을 열어준 점과 수묵 일색의 화단에서 채색화를 고집스레 지켜 왔다는 것은 미술사적으로 높이 평가받을 만하다. 그러나 자신의 현실을 인식하지 못하고 자의적이건 타의적이건 현실을 외면한 채 관조적으로 장식적이고 유연한 일본화의 경향이 두드러진 그림세계를 펼쳐 장인적인 실력만을 가진 채색초상화 작가로 평가할 수밖에 없음은 안타까운 일이다.

3. 채용신과 김은호 人物畵의 技法과 特徵

동양에 있어 산수화나 화조화보다 오랜 역사를 가진 초상화는 鑑戒的·正敎的·記錄的 목적을 지니며 발전하기 시작했다. 예로부터 形을 중시하는 形似와 影에 충실하는 傳神을 모두 중요하게 여겨『成宗實錄』권19에 "人寫父母之眞 一毫一髮不似 則非父母矣"라는 기록이 남아 있을 정도로 예술적 경지가 이 분야에서 독보적인 위치를 차지하고 있는 채용신과 김은호의 인물화 작품에 보이는 기법과 특징을 살펴본다.

채용신 화법의 특징은 극세필을 사용하여 얼굴의 肉理紋 묘사에 주력하고, 많은 필선을 사용하여 凹凸·遠近·明暗들을 표현한 점으로, 이는 전통의 계승 위에 서양화법의 영향과 사진술의 영향을 효과적으로 수용한 결과라 하겠다.

김은호의 경우는 화가의 길로 들어선 때부터 만년에 이르기까지 섬세하고도 정교한 세필채색으로 일관하고 있는 것이 특징으로, 정확한 대상묘사와 화사한 분위기의 채색으로 온기가 느껴지면서도 기품있는 인물을 재현하는 데 뛰어났다. 1912년 서화미술회에 입학하여 그림을 배울 무렵에는 안중식과 조석진으로부터 배운 남·북종화법의 전통화법을 두루 섭렵하고, 역대 어진과 명인의 초상 등을 극사실적인 사생주의를 바탕으로 하면서 기존의 서양화법의 음영법 등을 첨가하여 제작하였다. 당시 조선의 마지막 화원 출신 화가로 여러 번 어진작업에 참여한 바 있던 스승 조석진과 안중식이 그렸던 어진의 전통적인 제작 과정이 『御眞圖寫都監儀軌』에 상세히 적혀 있어 김은호가 배운 초상 제작기법의 전통적인 면모57)를 알 수 있다.

전통적 초상화 양식을 배운 김은호는 종이 위에 채색畵를 그릴 때는 배접한 후 아교 포수를 하고, 그 위에 밑그림을 고정시킨 뒤에 선이 배겨 나오도록 한 후 음각된 선을 따라 흐린 먹으로 그려준 후 채색에 들어갔다고 한다. 이러한 기법에 충실하게 제작한 것이 <순종어진>이었으나 창덕궁 대조전에 걸려 있던 이 어진은 1917년 화재로 소실되어 전하지 않고 다만 그가 순종어진정본을 그리기 위해 먼저 제작된 2점의 <純宗御眞 油紙草本>만이 남아 있을 뿐이다.

고려대학교박물관 소장의 <순종어진 유지초본>(도판 19)과 국립현대미술관 소장의 <순종어진 유지초본>(도판 20)이 김은호가 남긴 것으로, 이는 전통적인 어진 제작 과정을 비교적 철저하게 소화해 냈고 김은호 인물畵의 큰 특징인 맑은 채색과 섬세한 필치를 통한 인물의 사실적인 표현을 살필 수 있게 한다.

고려대학교박물관 소장의 <순종어진 유지초본>(도판 19)은 왼팔을 45° 정도 몸쪽으로 접고 오른팔은 자연스럽게 내린 모습으로, 생강즙을 먹인 두터운 황갈색의 壯紙 위에 묵선을 위주로 얼굴 부분만 자세히 묘사되어 있는데, 의습 처리는 간략한 선을 기본으로 선염을 더하

---

57) 김성희, 「조선시대 어진에 관한 연구 - 의궤를 중심으로」, 이화여자대학교 대학원 석사학위논문, 1990, 55~73쪽 참조.

여 옷감의 재질감과 더불어 입체감이 나타난다. 癸亥年인 1923년에 그려진 국립현대미술관 소장의 <순조어진 유지초본>(도판 21) 역시 얼굴 부분은 극세필로 쌍거풀진 두 눈과 머리카락, 카이젤 형의 수염 한 올까지도 상세히 표현하고 있는 반면 군복차림의 의복은 선묘를 중심으로 간략히 표현하여 입체감이나 원근감 등은 나타나 있지 않다.

화폭 안에 제작시기를 알 수 있는 기록이 없는 고려대학교박물관 소장의 <순종어진 유지초본>은 고려대학교박물관이 김은호로부터 구입할 때 작가인 김은호가 한 말에 따라 1912년작으로 알려져 왔다. 그러나 이 작품에 묘사된 순종의 얼굴과 자세 및 표현기법은 국립현대미술관 소장의 그것과 유사하고, 순종의 얼굴은 오히려 고려대학교박물관 소장본이 더 연로해 보여 1912년작이라 것에 대해 의구심을 갖게 한다. 또한 의습 처리에서도 국립현대미술관 소장본이 좀더 전통적인 선묘에 의한 표현양식을 따르고, 고려대학교박물관 소장본이 입체적으로 명암효과 등을 보이고 있어 시기적으로 국립현대미술관 소장본이 더 이른 시기에 제작되었을 가능성을 점치게 하고 있다.[58]

김은호는 서화미술회를 졸업한 후 1925년에 동아시아 지역에서 비교적 선두적인 위치에서 서구화를 수용하여 전통적인 회화를 서구적인 방법으로 개조해 가던 과도기에 있던 일본화단으로의 유학을 통해 새로운 흐름을 접촉하게 되었다. 3년 동안의 일본체류 기간에 접하게 된 이러한 신일본화법을 수용한 그는 古法이 아닌 현실 정서의 인물들을 소재로 다루면서 정밀하고 단아한 작품세계를 전개시켰다.

1928년 일본에서 귀국한 김은호는 1930년대 이후부터는 전통적인 화풍과 새로이 받아들인 몽롱하고 애잔한 신일본화풍의 기법을 유려한 필치와 현실적인 색채표현으로 자기화하여 독자적인 양식을 펼쳐 나가고자 만년까지 노력을 게을리하지 않았으나 성공적이지는 못했던

---

58) 이 두 작품의 제작시기에 대한 자세한 내용은 박서운숙, 앞의 논문, 45~46쪽 참조.

것으로 평가된다.

김은호는 자신이 활동하던 시기의 대부분의 화가들이 수묵 위주의 산수화나 문인화에 집착하고 있을 때 홀로 섬세하고 정교한 필치로 채색에 의한 작품세계를 전개해 나갔지만, 그 작품 속에 나타나는 인물들은 의상과 배경만 다를 뿐 표정은 우리 나라 근대유화 속의 '폐병 2.5기의 여인들' 좌상처럼 무표정59)하게 경색되어 있어 다양하고 자연스러운 모습이 아쉽기도 하다. 1930년에 제작된 <인물도>(도판 21)와 <梅下美人>(도판 22)은 마치 복사품인 양 인물과 배경, 화면처리가 꼭 같은 작품으로 20여 년의 시간이 무색할 정도로 같은 주제와 소재, 기법이 되풀이되고 있다. 또 <月下美人>(도판 23)에 등장하는 조바위와 한복을 차려 입고 검은 여우털목도리를 한 채 왼쪽을 응시하는 여인은 1950년대의 <외출미인>과 <두 여인>(도판 24)에 나오는 여인과 동일한 모습이기에 마치 조바위를 쓰고 여우목도리를 한 이 여인의 연속장면을 보고 있는 느낌이다.

이러한 작품들은 선명한 머리 가르마와 홍조 띤 얼굴에 정갈한 옷매무새를 한 차분하고 조용한 한국 여인의 이상적인 아름다움을 표현한 것이라 해도, 소재의 빈곤함과 변화하지 않고 고여 있는 작가정신이라는 비난을 면하기는 어려울 것이다.

이 점에 대해 이미 우리 나라 최초의 조각가이자 예술이론을 갖춘 비평가였던 정관 김복진은 1925년 제4회 선전평에서 "이 분의 작품은 괴상한 취미에 잔뜩 붙잡힌 것 같다.……"며 어느 때든지 똑같게 그리고 있다고 지적하기도 하고, 1938년의 제17회 선전평에서는 "연속되는 家愚 속에서 총시를 엿보아 집필하던 씨의 책임감과 …… 단시일에 완성하여 넣는 씨의 숙련이 부러워지며"라고 하면서 작품에 몰두할 것을 역설적으로 말하여 김은호의 작화 태도를 걱정하기도 하였다.60) 김은

---

59) 윤범모, 앞의 책, 14~22쪽.
60) 윤범모·최열 엮음, 『김복진 전집』, 청년사, 1995, 78·107쪽.

호가 당시 김복진의 이러한 충고를 진지하게 수용하여 자신의 타고난 화력을 기반으로 고려·조선 시대 초상화의 전통을 취사선택하고, 그 위에 자기화한 신일본화풍을 가미하여 작품에 임했다면 한 걸음 더 나아간 예술세계를 형성하였을 것이다.

　이런 면에서 채용신은 어느 정도 성공적이라고 할 수 있다. 초상화의 기법과 특징61)을 전통 계승의 측면에서부터 구체적으로 살펴보면, 正裝官服肖像의 경우 주인공의 오른쪽 어깨 위 동쪽으로 두 개의 볼록한 주름 같은 모습이 나타나고 혁대가 胸背 위쪽으로 올라가 혁대 위로 옷고름이 젖혀져 표현되고 있다. 평복 차림의 경우 옷주름과 허리끈이 한결같이 매듭실처럼 처리되었으며 거의 모든 작품에 초상화 주인공의 號·姓名·나이·제작연도·作家名을 쓰고 도장을 찍어서 대상인물에 대한 정보와 제작연도를 알 수 있게 한다. 또한 많은 필선을 사용하여 요철·원근·명암 등을 표현하여 전통 초상화에서 보이는 육리문에 대한 수준 높은 이해를 엿보게 한다. 주인공이 앉아 있는 화문석62)의 각도는 시대적으로 正面에서 斜面으로 변해 제작연대 추정을 가능케 하며, 백광(High Light)을 주듯이 콧대 등 얼굴뼈가 나온 부분을 하얗게 표현한 것은 서양화법의 영향을 보여준다.

　사진술의 영향은 그가 실제 사진만 보고 초상화를 그린 경우가 많았다는 점과 <황현상>(도판 6)처럼 안면 관찰이 뛰어나 극세필을 사용하여 안면의 육리문 묘사에 주력한 점, 모델들의 자세가 한결같이 사진 촬영을 위해 포즈를 취하고 있는 모습이라는 점과 손을 그리거나 부채를 들고 있는 모습 등이 공식적이라는 점 등에서 확인된다.

　채용신의 초상화 중 가장 탁월하다는 평을 받는 <황현상>(도판 6)은 배채를 통한 섬세한 얼굴 묘사와 사진을 이용한 제작이라는 면에서

---

61) 허영환, 앞의 논문, 564~565쪽.
62) 화문석이 초상화에 나타난 시기는 肅宗 연간으로 이전에 사용한 중국식 양탄자인 彩氈을 대신해 화문석을 깔도록 하면서이다(『承政院日記』 肅宗 39年 癸巳(1713) 四月 11日, 13日).

도 관심을 끄는 작품으로, 김호석에 의해 1986년에 역사인물화 <황희>(도판 25)로 다시 태어나기도 하였다. 황현(1855~1910)은 구한말 문장가로 동학혁명, 갑오경장, 청일전쟁 등 구한말의 역사를 후손에게 전하기 위해 『梅泉野錄』·『梧下記聞』을 저술하였으며, 1910년 한일합방이 이루어지자 '절명시' 4편을 남기고 아편을 먹고 자결한 순국지사였다. 이 <황현상>은 정자관에 학창의를 입었고, 오른손에 부채와 왼손에 주자대전을 든 전신좌상이다. 약간 왼쪽을 향한 얼굴에 안경 너머 정면을 주의깊게 바라보고 있는 매서운 시선은 사시였던 황현의 신체적 결함마저도 인상적으로 그려낸 것이라 할 수 있다.

요컨대 채용신의 초상화 기법과 특징은, 당시 남아 있던 채색화 전통을 계승하면서 18세기를 전후해 도입된 음영법 등의 서양화법을 수용하고, 시·공간적으로 떨어진 사람의 초상을 그릴 수 있도록 사진이라는 신문물을 작품에 활용함과 동시에 사진술의 사실적 표현을 받아들여 작품에 적용한 데 있다.

채용신이 그린 초상화는 보는 이를 향한 대상인물의 正面觀으로 인해 인물의 實在感이 생생하게 전달되고 있다. 전통적인 선에 의한 초상화 양식은 그의 작품에서는 안면의 수염 등을 제외하고는 의복과 관복이 모두 線이 아닌 面으로 처리되었고, 이것은 회화 공간에 대한 적극적인 인식과 이를 효과적으로 산출하려는 표현기법의 구사로 해석되기도 한다.[63] 바로 이러한 것이 채용신만의 독특한 화법이고 이로 말미암아 채용신의 초상화가 한층 가치를 갖는 것이다.

한편 채용신이 초상화를 그릴 때 사용한 기법에 대해서는, 그가 젊었을 때 물감을 구하기가 어려워 직접 소금물에 놋쇠그릇을 오랫동안 담가 두었다가 녹을 긁어 낸 물을 약한 숯불에 하루 정도 끓여 만든 파란 액을 의복의 초록 채색으로 썼고, 썩은 볏짚을 끓여서 만든 누런 액은 얼굴 등의 피부색으로 사용하였다[64]는 것 외에는 자세히 밝혀져

---

63) 조선미, 앞의 책, 420쪽.

있지 않다.

전통초상화의 핵심이 되는 기법으로 背彩技法이라는 것이 있다. 北彩라고도 하는 이 기법은 비단 앞면에 채색하는 前彩에 앞서 얼굴색 부분이 되는 비단의 뒷면에 채색을 하여 은은한 채색효과를 내고 시간이 흘러도 벗겨지거나 떨어져 버리는 것을 조금이나마 막을 수 있어 널리 쓰였다.

그런데 동양화가 金鎬祏(1957~)이 실제 채용신이 그린 초상화를 뜯어 보고 채용신이 사용한 배채기법이 단순히 뒤에서 채색을 입히는 전통적인 기법이 아니고 한 단계 나아가 피부·옷·머리카락에 따라 먹과 호분 등의 채색방법을 달리한 것[65]을 밝히고 있어 채용신만의 독특한 배채법이 존재하였음을 알게 한다. 또 항일지사인 김영상이 고조부이기도 한 김호석은 채용신이 자신의 집안에 6개월 동안 머물면서 그림을 여러 점 남길 때, 당시 채용신이 그림을 그리던 현장에서 그의 조부가 깨알같이 적어 둔 메모가 집안에 전하고 있다고 한다. 이 메모에 전하는 채용신만의 비밀스러운 기법이 공개된다면 전통 초상화를 연구하는 데 큰 도움이 될 것이고, 채용신의 전통 초상화의 계승과 서양화법 수용의 단계도 살필 수 있을 것이다.

Ⅳ. 蔡龍臣과 金殷鎬의 美術史的 意義

한국 채색화 전통에 있어 한국 근대를 살다간 채용신과 김은호는 인물화로 일가를 이룬 한국 채색인물화의 산 증인들이다. 채용신이 김은호보다 42년 먼저 태어나고 38년 먼저 세상을 떠났지만, 두 화가는 인물초상 뿐만 아니라 산수·화조·영모에서 모두 뛰어난 실력을 보여

---

64) 전혜원, 앞의 논문, 19쪽.
65) 김복기, 「작가와의 대담 김호석」, 『월간미술』 1998년 7월, 104쪽.

주었다. 그러나 그들의 진면목은 인물초상화에서 나타났다고 하겠다. 채용신과 김은호는 모두 일제시대에 인물초상화를 제작하였으나, 가정환경·교육환경·표현기법·역사의식에서 뚜렷한 차이를 보였다.

채용신이 양반가문에서 태어난 무관 출신의 전직 관료로서 화업을 펼쳤으나 김은호는 부농의 2대 독자로 태어나 갑작스런 집안의 몰락으로 불우한 소년기를 보내야만 하였다. 두 화가 모두 일찍이 그림에 남다른 재주를 보였는데, 채용신은 아버지에게서 漢學을 배웠고 그림에 있어서는 스승이 알려져 있지 않다. 김은호는 우연한 기회에 서화미술회에 들어가 조석진과 안중식의 지도를 받게 되었다.

인물초상화의 표현기법에서도 채용신이 전통 초상화 기법에 서양화와 사진술의 영향을 받아 자신만의 독특한 초상화 기법을 창안한 것과 달리, 김은호는 초기에는 인물을 신분적으로 해석하려는 전통화법을 반영하다가 차츰 일본화풍을 적극적으로 수용하여 신일본화풍의 경향이 짙은 작품을 제작하였다. 이는 단순히 김은호가 일본화의 영향을 받았다는 문제라기보다는 확고한 전통의식의 결여로 자기 완성을 이루지 못했다는 면에서 아쉬움을 남기고 있다. 김은호의 인물화는 소재와 작가의 행동에서 나타나는 의식을 고려해 볼 때 近代性을 표현하였다기보다는 전통 북화의 채색화법을 독자적으로 수용하면서 후학들에 의해 이것을 더욱 발전시켰다고 여겨진다.

일제하라는 시대배경 속에서 채용신은 직업화가로 변모하여 단순히 주문제작에 의한 의식없는 작품활동을 한 것이 아니라 항일의식을 지닌 애국지사와 고고한 선비정신을 지닌 유학자들의 초상을 대가없이 그릴 줄 아는 역사의식을 갖춘 작가였다. 그러나 김은호는 중앙화단에서 미술계를 이끌어 나가는 직업화가로 역사의식을 가지고 작품활동에 임한 것이 아니라, 일제의 문화식민정책에 협력하는 반민족적인 활동을 펼쳐 민족의식의 희박함을 보였다.

이러한 역사의식의 결여는 김은호의 화풍이 일본화의 영향을 받은 채색화라고 비판하기 이전의 문제가 아닐 수 없다. 그럼에도 현실은 시대정신을 표현하는 작가로서의 면모와 의식을 가지고 서양화법에 영향받은 치밀한 사실묘사와 음영법으로 대상인물을 박진감 넘치게 그려 내는 독특한 '채용신 화법'을 구사한 채용신에 대해서는 무관심으로 일관한 것과는 달리, 김은호의 채색인물화에 대해서는 전통적 채색인물화로 인식하고 그를 채색화 전통의 계승자라고 평가하고 있어 안타까움을 주고 있다. 일제하 친일미술가의 대표로 불리는 그에 대한 뚜렷한 평가가 여전히 이루어지지 않고 있으며, 일제시대에는 물론 그 이후에도 예술가라면 마땅히 그 시대정신과 현실의식을 갖고 있어야 함에도 그는 개인적인 취향이라는 미명 아래 신선도와 미인도를 꾸준히 제작하여 그의 작가의식의 결여를 또다시 생각하게 한다.

다른 한편 김은호가 남긴 후대에의 바람직한 영향을 지적해 본다면, 문인화 위주의 화단에서 채색화의 전통을 마지막까지 고수하고, "畵論과 美學을 위하여 그림이 있는 것이 아니라 그림이 있은 연후에야 화론과 미학이 존재한다"는 유키 소메이의 가르침을 그의 제자들에게도 실천하여, 자신의 기법을 맹목적으로 따르기보다는 각각의 개성과 특성을 살려준 바람직한 미술교육자의 모습일 것이다.

그러나 김은호가 당시 수묵 위주의 화단에서 과감하게 채색화를 고집했듯이 일제하의 자신의 친일미술활동에 대한 과감한 양심선언은 피한 채 주문자의 요구에 이끌려 피동적인 작품활동으로 고전적인 소재를 근대적으로 변형시킨 것, 시대적 미감을 대표하는 새로운 김은호만의 양식을 창출하지 못한 것은 아쉬움으로 남고 이는 반드시 미술사적으로 재평가 받아야 할 부분이다.

김은호가 중앙화단에서 화려한 경력을 쌓아 가며 많은 후학을 길러 내어 그 제자들이 한국화단 정립의 근간을 이루는 동안, 채용신의 시대의식과 예술세계는 지방화단에서 일정한 후학도 길러 내지 못한 채 서서히 잊혀져 가고 있었다. 그리고 그에 대한 망각과 함께 진정한 한국 채색화의 전통계승도 단절이라는 .위기를 겪어야만 했다.

채용신은 전통의 창조적 계승이라는 측면에서 전통적 초상화 기법을 바탕으로 양반이라는 신분적 배경 아래 서양화법과 사진술이라는 새로운 서구의 영향을 자유롭게 수용하여 이를 조화롭게 융합하였고, 근대 한국화단의 新畵風 수용 태도와 그것의 한국적인 변용 과정을 가장 잘 보여준 화가였다. 또한 일제 치하라는 동일한 역사적 상황 속에서 상업적인 창작활동을 생활기반으로 삼으면서도 前職 관료의 신분을 의식적으로 고수한 保守性과 후학을 기르지 않은 한계점을 지녔음에도 불구하고, 역사의식을 지녔던 작가라는 점에서 한국미술이 갖고 있는 정체성의 문제와 채색화 전통에 있어 끊어진 연결고리의 역할을 해줄 수 있는 작가로 평가된다.

채용신과 김은호의 예술세계를 기량과 정신적인 면 등을 총체적으로 다루고 이를 한국 채색화의 전통이라는 선상에서 살펴보았다. 두 화가 모두 채색인물화가로서 탁월한 畵伎는 인정되나, 특히 채용신의 경우는 그 역사의식과 시대정신이 오늘날 투철한 작가의식이나 시대정신 없이 단순 반복에 의해 길러진 기량만을 갖고 작업하는 많은 예술인들에게 모범이 된다고 하겠다. 회화사의 음지에 숨어 있던 채용신의 예술세계에 대한 재발견을 통해 일제시대 이래 단절의 위기에 놓인 한국 채색화의 전통성과 정통성이 회복되고, 이에 대한 활발한 연구와 관심의 증대를 기대한다.

(도판1) 채용신 자화상(부분),
熊谷宣夫 구장

(도판2) 高宗御眞, 휴버트
보스, 1899년, 캔버스에
유채, 199×92cm, 미국
보스家 소장

(도판4) 金永相像, 채용신,
1910년, 견본채색, 107×
51cm, 전남 정읍시 필양사
구장

(도판3) 崔益鉉像, 채용신, 1905년,
견본채색, 51.5×41.5cm,
국립중앙박물관 소장

(도판5) 田愚像, 채용신, 1911년,
견본채색, 65.7×45.4cm,
국립중앙박물관 소장

(도판6) 黃玹像, 채용신, 1911년,
견본채색, 95×65.5cm, 전남 구례군
매천사 소장

(도판9) 黃長吉夫婦像, 채용신, 1936년,
견본채색, 68×49cm, 개인 소장

(도판7) 金永相投手圖,
채용신, 1922년, 마본채색,
74.5×50cm, 개인 소장

(도판8) 愛蓮美人, 김은호,
1921년, 견본채색, 144×
51.5cm, 개인 소장

(도판10) 운낭자상, 채용신,
1914년, 견본채색, 120.5×61.7cm,
국립중앙박물관 소장

(도판11) 金釵捧納圖, 김은호,
1937년

(도판12) 춘향상, 김은호, 1960년,
견본채색, 160×80cm, 전남 남원
춘향사당 소장

(도판13) 이충무공상, 김은호,
1962년, 견본채색, 전남 해남군
우수영 소장

(도판14) 병졸, 새베지 랜더,
1891년, 캔버스에 유채, 개인 소장

(도판15) 정물연구, 새베지 랜더, 1891년,
캔버스에 유채, 개인 소장

(도판17) 彈琴, 김은호, 1926년, 견본채색,
90×53cm, 제7회 제전입선작품

(도판16) 柳濟陽像, 채용신, 1923년,
견본채색, 90×53cm, 전남 구례군
운조루 소장

(도판18) 看星, 김은호, 1927년, 견본채색,
138×86.5cm, 호암미술관 소장

(도판19) 純宗御眞, 김은호, 1923년
이후로추정, 지본수묵, 고려대학교
박물관 소장

(도판20) 純宗御眞, 김은호, 1923년,
지본수묵, 국립현대미술관 소장

(도판21) 인물도, 김은호,
1930년대, 견본채색,
129.5×42cm, 개인 소장

(도판22) 梅下美人, 김은호, 1955년,
견본채색, 127×42cm, 호암미술관
소장

(도판25) 黃玹, 김호석, 1986년, 지본수묵,
109×90cm, 횃불선교회 소장

(도판23) 月下美人, 김은호, 1958년, 견본채색,
163×50.5cm, 개인 소장

(도판24) 두 여인, 김은호, 1950년대, 견본채색,
67×52cm, 호암미술관 소장

1965년 개정 이후 이민 패턴의 변화

한 송 이[*]

머리말

　미국 이민의 역사를 돌이켜보면 여러 차례 변화를 거쳤다. 건국 초기 누구든 수용하려던 전통이 19세기 말엽에 이르러 마지막 프런티어가 개척민들에 의해 채워지자 미국 정부는 이민의 문호를 닫기 시작했다. 19세기 후반기에 실시된 이민 제한 조치는 값싼 임금으로 야기된 경제적 어려움과 인종주의 확산으로 시작된 중국인에 대한 규제로 시작되었다. 이러한 인종적 차별에 기초한 이민규제는 1920년대에 유럽 이민에 비중을 두고 제정한 국가별 쿼터제도의 도입으로 더욱 가속되었다. 쿼터제도의 도입으로 인해 서유럽 국가로부터의 이민은 비교적 자유로웠던 반면, 동양계는 물론 남동 유럽으로부터의 이민마저 큰 제약을 받기에 이르렀다.

　그러나 1965년 이후 이민의 패턴은 점차 변화하여 종래에 규제의 대상이던 동양계 이민이 증가하였다. 이에 1965년 이전에는 연 100명도 되지 않던 한국인 이민이 Korea Town을 건설할 정도로 발전하였다.

---

* 상명대학교 강사

이민의 국가인 미국에서 이민 패턴의 변화는 사회 전반의 변화를 의미
한다. 이러한 변화를 가져온 중대한 요인이 무엇인지 그 요인을 1965
년 이민법 개정에서 찾고자 한다.

1. 1965년 개정된 이민법

1965년 개정 이민법에서 나타난 가장 중요한 조치는 국적 기원 쿼터
제를 폐지했다는 점이었다. 과거의 이민법에 의하면 아시아계 이민자
들은 아시아-태평양 이민 규제 조항(Asia-Pacific Triangle)의 규제를
받았으며 아시아 대부분 국가들이 아시아-태평양 지역에 포함되었다.
따라서 파키스탄에서부터 일본과 호주 및 뉴질랜드의 북부 태평양 제
도에 이르는 광범위한 지역이 규제 대상에 포함되었다.1) 1952년의 이
민법 개정으로 아시아 지역 국가들이 과거보다 더욱 많은 이민자 수를
할당받게 된 것은 사실이었다.2) 하지만 그 수는 매우 미미했으며 대부
분의 국가들이 할당받은 이민 쿼터도 연간 100명 정도에 불과했다.
1952년 이민법 체제에서 가장 중요한 점은, 아시아계 이민 희망자들은
현재 자신의 국적보다는 조상의 국적에 따라 이민법이 적용된다는 점
이었다. 그리고 대부분의 이민 희망자들은 자신이 출생한 국가에 할당
된 쿼터를 사용해야만 했다. 기존 이민자들의 약 반 이상이 아시아-태
평양 지역 출신이라도 이민자들은 그들의 출생지와는 상관없이 조상
의 국적에 따른 쿼터를 적용받았다.3)

---

1) John F. Kennedy, *A Nation of Immigrant*, New York : Harper and Row,
   Harper Torchbooks, 1964, 81쪽.
2) Abba P. Schwartz, *The Open Society*, New York : William Morrow &
   Company Inc., 1968, 109쪽.
3) Marion T. Bennett, "The Immigration and Nationality(McCarran-Walter)
   Act of 1952, as Amended to 1965," *The Annals of the American Academy
   of Political and Social Science* 367, Sep. 1966, 131.

1965년의 개정된 이민법은 1년간의 전체 쿼터 범위 내에서 국적을 묻지 않고 신청하는 순서에 따라 자격을 심의해 받아들인다는 요지였다. 다만, 한 나라에서 전체 쿼터의 20% 이상을 초과 사용할 수 없도록 규정했다. 그것은 어느 특정 국가의 독점을 방지하고 국가 간의 형평을 유지하려는 데 목적이 있다.

개정 이민법은 미국으로 이민올 수 있는 근거를 크게 세 가지로 정하였는데, 첫째 이민 희망자가 미국에 부족한 노동기술 소지자인 경우 취업이민을 허용하였다. 어느 노동기술 분야에 고용인이 부족한지는 노동청이 알 수 있기 때문에 취업이민을 위해서는 노동청으로부터 노동허가를 받도록 되어 있다. 이렇게 함으로써 미국 이민정책이 미국노동자의 이익을 침해하지 않도록 한다는 것이다. 둘째로는 미국에 시민권이나 영주권을 가진 친척이 있는 경우 가족재결합으로 미국이민을 허용하였다. 셋째로 정치적으로 박해를 받고 있는 외국인에게 정치망명을 허용하였다.

1965년 이민법은 1년 동안의 전체 이민숫자를 29만으로 제한하고, 유럽 각국에 12만, 비유럽 각국에 17만을 할당하였다(유럽과 비유럽에 쿼터를 할당한 제도는 1978년 카터 행정부가 폐지해서 그 이후부터는 1년에 29만이라는 전체 쿼터만 적용해 왔다). 또한 새 이민법은 한 나라에서 들어올 수 있는 이민자 수를 2만으로 제한하였다. 하지만 시민권자의 부모, 미혼자녀, 배우자나 약혼자는 "직계가족(Immediate family members)"으로 연 1개 국에 2만 명이라는 제한에서 벗어나 무한정 들어올 수 있었다. 또한 해외의 미국정부기관에 장기간 근무한 자나 시무 경력이 있는 목사는 '특수이민'으로 2만 명 쿼터에서 벗어난다. 따라서 한 국가에서 올 수 있는 이민자 수는 2만 명이 넘으며 미국 전체 이민자 수도 29만이 넘도록 되어 있었다.

1965년의 이민법은 이민 신청을 받아서 선별하는 기준으로 일곱 가지 우선순위(Preference Category)를 두어 1개 국당 연 2만 명의 쿼터를 운영하도록 하였다. 제1순위는 시민권자의 직계가족으로서 21세 미만의 미혼자녀들에게 부여되었다. 제2순위는 영주권자의 배우자와 미성년 자녀들에게 부여되었다. 제3순위는 미국으로 초청되는 전문 직업인, 과학자, 그리고 저명한 학자와 예술가 등 필요한 인재들에게 부여되었다. 또한 연간 쿼터의 10%까지를 제3순위에 쓰이도록 예치했다. 제4순위는 미국 시민권자의 자녀로서 결혼한 외국 국적의 사람들과 21세가 넘은 자녀들에게 부여되었다. 제5순위는 시민권자의 형제 자매들에게 부여되었다. 이민법 개정 이후 제5순위를 통한 이민 신청자들이 쇄도함에 따라 1970년대와 80년대 전반에 걸쳐 이를 통한 이민이 전체 이민자들의 대부분을 점유했다. 제5순위는 쿼터의 24%밖에 쓰지 못하도록 규정되었으나, 사실상 제5순위의 쿼터 점유율은 훨씬 더 높은 것으로 나타났다. 대부분의 이민자들이 시민권자의 형제 자매라는 명목으로 미국에 입국했기 때문에 1965년에 제정된 이민개혁법은 심지어 형제자매법으로 불리기도 했다. 제6순위는 미국 노동시장에서 부족한 근로자와 기능공을 유치하는 데 사용할 수 있도록 배려되었다. 즉 외국의 근로자와 기능공들은 전체 쿼터의 10% 한도에서 노동부의 사전 허가를 얻은 다음 미국으로 이민올 수 있었다. 제7순위는 난민이나 정치망명자에게 제공되었다. 이에 따라 전체 쿼터의 6% 내에서 국제적 난민들에게 비자가 발급되었으며, 피난민으로 비자를 발급받는 사람들은 조건부로 미국에 입국해 2년 간의 관찰기간을 거친 후 범법 사실이나 사고가 없을 경우에만 영주권을 발급받고 최종적인 이민자격을 부여받을 수 있었다.

전체적으로 볼때 1, 2, 4, 5순위는 가족재결합 이민으로 1년에 2만 명 쿼터의 74% 즉 1만 4천 8백 명이 할당되었다. 시민권자의 직계가족은 이 쿼터에 포함되지 않기 때문에 가족결합으로 올 수 있는 숫자는 사실상 1만 4천 8백 명보다 훨씬 크다. 3순위는 전문직, 6순위는 비전문직으로 도합 20%가 취업이민으로 할당되었다. 나머지 6%는 정치망

명자를 위하여 할당되었다. 7순위 난민이나 정치망명자는 6%만 할당
되었지만 정치망명을 올 수 있는 공산국가의 경우 가족초청이나 취업
이민이 거의 없기 때문에 1순위에서 7순위까지 할당량 거의 전부(2만
명)를 정치망명으로 사용할 수 있었다.

<표 1> 이민 선별 기준 - 일곱 가지 우선순위(Preference Category)

순위	내 용	비 율
1	시민권자의 미혼자녀	20%
2	영주권자의 배우자 및 미혼자녀	20%+1순위에서 남은 부분
3	전문직 종사자와 그 가족	10%+1, 2순위에서 남은 부분
4	시민권자의 기혼자녀	10%+1, 2, 3순위에서 남은 부분
5	시민권자의 형제자매 및 그 가족	24%+1, 2, 3, 4순위에서 남은 부분
6	기술·비기술자와 그 가족	10%+1, 2, 3, 4, 5순위에서 남은 부분
7	난민 및 망명자	6%+1, 2, 3, 4, 5, 6순위에서 남은 부분
총 계		100%(2만 명)

2. 개정 이민법에 의한 가족재결합

가족재결합을 핵심으로 하는 이민법이 통과된 데에는 1950년대와
60년대의 사회적인 분위기가 큰 역할을 하였다. 여론조사의 결과에서
종교적 또는 인종적 관용이 점차 보편화되었다는 점이 드러나는데,
1979년에 발행된 갤럽 조사에서는 "44년 간의 갤럽 조사 역사상 가장
주목할 만한 흐름의 변화 중 하나는 상이한 종교와 인종에 대한 관용
의 증가이다. 최근 갤럽 조사에서 이것이 재발견되고 있다. 서로 간의
적대감을 가진 이들이 지속적으로 상당히 감소하고 있다"[4]라고 지적
하고 있다.

---

4) "Dramatic Growth in Tolerance During the Last Quarter Century," Gallup
   Poll August 1979 ; Paul Sheatsley, "White Attitudes Toward the Negro,"
   217~219쪽 ; *New York Times,* Jan. 19, 1981.

대중은 이민에 있어서 인종적 변화나 증가를 원하지는 않았지만, 1965년에 시행된 여론조사는 대중들이 이민자격에 있어서 국적기원제보다는 새로운 체제 즉, 기술과 가족재결합에 기반을 둔 체제로의 변화를 지지하고 있다는 것을 지적하고 있었다. 모두 출생국가를 기준으로 하고 있는 기존의 이민정책을 옹호하는 미국인들은 소수에 불과하다는 점을 잘 보여주고 있었다.[5]

이러한 사회 분위기의 변화는 이민법 개정을 원하는 민족단체, 종교단체들에게 자신감을 주었고, 피난민법 제정을 시작으로 다양한 소수민족 집단들의 로비활동도 활발해졌다. 이러한 단체들이 1950년대에 얻은 교훈은 1960년대에 들어와 이민법의 개정을 위한 로비활동으로 결실을 맺었다.

3. 개정 이민법에 의한 노동자 이주

1965년 이민법 개정 당시 의회는 전반적인 이민증가가 노동시장과 임금과 고용조건에 악영향을 끼칠지 모른다는 우려가 만연되어 있었다. 그리하여 임금이 저하되고 노동조건 향상에 저해되면 도시 저임금 근로자의 실업을 야기시킨다는 이유로 케네디 행정부가 폐지시킨 조치를 존슨 행정부도 그대로 따랐던 것이다. 더욱이 1964년 대통령 선거운동에서 공화당은 존슨을 견제하기 위해 대량 실직사태가 아직 심의중인 이민개혁 논의 때문이라고 부각시켰다. 그리고 전후 '베이비붐'이 노동시장에 상당한 영향을 드러내기 시작한 것이 1965년부터였다는 점도 지적할 필요가 있다. 미국은 18세 인구가 1964년보다 1965년에 백만 명이 더 많았다. 18세는 미국 노동인구로 처음 포함되는 나이다. 따라서 새 젊은 노동인구는 1980년까지 매년 신장세를 유지했다.

---

5) "Immigration" Gallup Poll, August 1965 ; *Washington Post,* May 31, 1965.

따라서 이민이 증가하지 않는다고 할지라도 새 노동인구는 지속적으로 증가하고 노동시장의 경쟁은 가열될 수밖에 없었다. 이러한 점에서 이민개혁 지지자들은 이민을 증가시키려는 의도가 없었을 뿐 아니라 그럴 필요도 전혀 없었던 것이다. 사실 미 노동부는 "제안된 개정안이 제정되어도 노동인구는 연간 약 23,000명 정도의 증가에 그칠 것"이라고 예측하였다.

이민노동자들의 입국 통제는 유태계 노동자들의 입국제한에서도 잘 나타나고 있었다. 의회 수뇌부는 비가족 유태 이민자들에게 요구하는 노동증명을 강화해야 한다고 생각했다. 1965년 이전 노동시장에 미칠 악영향으로부터 시민을 보호하기 위해 미국이 비가족 유태 이민자들에 대해 할 수 있는 조치는 소극적인 것이었다. 노동부 장관은 이민자들이 노동시장에 악영향을 끼칠 가능성이 있다고 판단될 때에만 노동증명을 거부할 수 있었다. 1965년 개정 이민법은 이러한 논리를 뒤집었다. 가족 일원이나 피난민 외의 자격으로 입국하는 이민자들은 노동부 장관으로부터 노동시장에 실업문제나 임금, 노동조건에 악영향을 끼치지 않을 것이라는 증명서를 받아야만 했다. 이런 변화는 의회가 1965년 개정 이민법으로 어떠한 이민의 증가도 원치 않는다는 결론을 뒷받침해 준다.

의회의 승리는 곧 이민노동자와의 경쟁을 우려한 노동조합의 승리였다.6) 더욱이 경제적 목적의 이민을 통제할 수 있는 권한을 노동부에 부여한 것은 비자발급의 새로운 국면이었다. 과거의 법으로는 노동부 장관이 현재의 노동력으로 경제가 충분히 유지될 수 있다는 결론을 내리는 경우에만 외국인 노동자가 추방의 대상이 되었다. 노동부 차관 루텐베르크(Stanley Ruttenberg)는 1968년 의회 회의중 "예전 법으로는 노동부가 아주 드문 경우에만 미국 노동자 사이의 과도한 경쟁과

---

6) David M. Reimers, *Still the Golden Door*, New York : Colombia Univ. Press, 1985, 73쪽.

임금, 노동조건에 악영향을 막을 수 있었다. 따라서 1957~65년 사이에 노동자 신분증 또는 입국금지를 발행한 건수는 단 56건밖에 없었다. 그러나 페이간 안으로 이 절차가 사실상 변화하여 비자발급을 위해서는 우선적으로 노동부 장관의 허가증을 받아야 한다"고 하였다. 결국 서반구인들도 미국에 시민권이나 영주권을 가진 가족이 없을 경우는 노동부 장관의 증명서를 발급받아야 했다. 비자를 얻기 전에 노동부 장관의 증명서를 발급받아야 하는 이 조치는 노동부의 취업이민을 제한하려는 의도로 작용하였다. 이후에는 많은 비숙련·반숙련뿐만 아니라 숙련노동자들도 제3조항 또는 제6조항으로 비자를 발급받기가 어려워졌다. 한편 노동부는 의사나 엔지니어, 과학자, 간호사 등 특수 직업인들에게만은 관대했다. 따라서 1965년 이후 이주한 대부분의 이민자들이 직업을 가졌지만, 노동부 증명서를 가진 이들은 약 10% 정도로 소수에 불과하였다. 이들 근로이민자들의 약 80%는 노동부 증명서 없이 가족결합 조항이나 피난민 조항으로 입국했던 것이다. 결론적으로 노동부 증명서가 필요한 취업이민의 감소와 노동부의 이민제한정책은 노동조합의 승리라 할 수 있지만, 가족결합에 대한 강조 또한 국적기원 쿼터제 폐지를 위한 정치적 타협의 승리이기도 하다.

4. 이민법 개정에 의한 이민 패턴의 변화

1965년 이민법 통과는 당시의 미국이 안고 있는 미완의 사업, 즉 인종갈등과 가난 그리고 편견이 차별이라는 이름으로 비난받았던 시기에 이루어졌다. 많은 사람들은 60년대 변혁의 시기에 통과된 새로운 이민법을 이민자 선별에 있어서 국적에 기원한 차별을 벗어나 전 세계에 공평하게 적용될 수 있는 최상의 법이라고 찬미했다. 그러나 어떤 이들은 새로운 이민법을 단지 맥카란 월터법의 대체물로 생각했다. 실제로 1965년 이민법 시행 이후 이탈리아 이민은 연간 2만 명까지 증가했으며, 그리스와 포르투갈 등 동유럽 국가들의 이민도 다소 늘어났다. 반면, 쿼터가 충분했던 서유럽 국가로부터의 이민은 차차 감소하는 추세를 보이다가, 1970년에 이르러 더욱 큰 폭으로 감소되었다. 예를 들어 1965년에 유럽이민은 113,424명이었으나, 1977년에는 불과 65,000명으로 줄어들었다.

유럽 이민은 해마다 줄어드는 반면, 제3세계로부터의 이민은 급격한 신장세를 보였다. <표 2>에서 보듯이 1950~60년 사이에 6%이던 아시아계 이민이 1970~80년 사이에는 36%로 증가했고, 1980~84년 사이에는 48%로 증가했다. 이런 추세는 더욱 가속화되어 1980년대에는 아시아계 이민은 급증하고 유럽 출신 이민은 전체 이민의 15%로 감소했다.[7]

<표 2> 연도별 이민의 출신지 비교(%)

지역\연도	1950~60	1970~80	1980~84
유　　　럽	59	18	12
라틴아메리카	22	41	35
러　시　아	6	36	48

출전 : Bruce E. Cain and D. Roderick Kiewiet, *Minorities in California* Pasadena, Calif. : The California Institute of Technology, Division of Humanities, 1986, 1~3쪽. 1980~84년의 자료는 Gardner, Robey, and Smith의 "Asian Americans," 2쪽.

미국은 건국 초기부터 백인의 나라로 시작해 백인의 나라를 유지할 목적으로 서유럽 국가들에게 쿼터를 많이 배분, 백인이 이민할 기회를 항상 열어 주었으므로 그나마 백인의 나라로서 면모가 유지되어 왔다. 그러나 1965년 개정 이민법의 시행을 계기로 백인들의 이민이 급격한 감소 추세를 보이기 시작했다.

---

7) Harry H. L. Kitano and Roger Daniels, *Asian American-Emerging Minorities*, Englewood Cliffs : Prentice-Hall Inc., 1988, 162쪽.

유색인종과 백인들의 이민 상황을 비교하면 1970년대는 75 : 25의 비례로 유색인종의 이민이 우세했으며, 1980년대에는 이민의 비율이 다시 85 : 15로 증가했다. 이와 같이 유색인종이 대거 미국으로 이민함에 따라 미국의 인구분포는 급격한 변화를 맞이하게 되었다. 이민법을 수정하여 국가별 쿼터제를 없앨 때, 유색인종과 백인의 이민이 85 : 15라는 비율로 백인들의 이민이 약화되리라는 예측은 아무도 하지 못했다.

이민법을 통과시킨 89대 의회는 시대변화에 순응해 이민법을 개정해야 되겠다는 점에 인식을 같이했지만, 백인을 우대하던 쿼터의 폐지로 인해 백인들의 이민이 위축되고, 그와는 반대로 제3세계로부터의 이민이 급격한 상승세를 보일 것으로는 아무도 예측하지 못했다. 그 증거로 개정법에서의 이민의 우선권을 친족 초청에 둔 사실을 들 수 있다. 비록 미국이 친족을 우선해 이민을 받아들일 것을 결정했지만 오래 전 노예로 납치되어 끌려온 흑인들의 후예는 아프리카에 연고지나 친족을 찾을 길이 거의 없었다. 또 동양계 이민의 경우, 1960년 인구조사 결과 미국인구의 약 1%에 불과했으므로 이들이 모두 나서서 친족을 초청한다 해도 전체 이민에 큰 영향을 주지 못하리라고 예측했던 것이다. 대신 1965년 개정법이 시행되면 19세기 말엽에서 20세기 초엽에 이민의 주류를 이루었던 남동 유럽 출신의 이민이 다수를 형성할 것으로 기대했다.

그러나 이민법이 개정된 이후 실제 이민 실태는 라틴 아메리카와 아시아 지역으로부터의 이민이 절대 다수를 차지하고 있었다. 무엇보다도 유럽으로부터의 이민 신청이 감소한 반면, 아시아 지역으로부터의 이민 신청은 쇄도했다. 아시아계 이민 희망자들은 모든 수단과 방법을 동원해 소기의 목적을 관철하려 했기 때문에 대부분의 이민 희망자들은 목적을 쉽게 달성할 수 있었다.[8]

---

8) Harry H. L. Kitano, and Roger Daniels, *Asian American-Emerging*

여기서 왜 서유럽으로부터의 이민 희망이 예상외로 줄어들었을까 하는 의문이 제기된다. 1960년대 후반 이후 민주주의 사회인 서유럽 국가들은 경제적으로 번영하고 있었고, 복지시설의 확충으로 인해 서민생활이 안정되어 가고 있었으므로 굳이 미국으로 건너가 불확실한 생활에 직면할 이유가 없었다. 보다 나은 삶을 찾아서 떠나는 것이 이민이므로, 안정된 조국에서 살면서 이민을 떠날 이유 또한 없었다. 동유럽의 사회주의 국가로부터의 피난민들조차 고국에 가까운 서유럽 국가에 남아서 살기를 원하는 경향이 짙었다.

그러나 동양 각국의 형편은 달랐다. 일본을 제외한 아시아 각국은 여전히 정치적 억압에 시달리며 불안한 상태에서 항상 가난에 허덕이고 있었다. 현실이 암담하고 장래가 불투명할수록 신대륙에 대한 동경은 반사적으로 더욱 강렬했다. 더욱이 아시아 지역으로부터의 이민 희망자들은 일반적으로 고등교육을 받은 중류층 이상의 사람들로서 하류층에 속했던 유럽 지역의 이민자들과 좋은 대조를 이루었다. 따라서 고등교육을 받은 사람들이 많았던 동양계 이민 희망자들은 경제적인 능력과 법률적 지식 등 미국 사회에서 필요한 실력을 갖추고 있었고, 이에 이민의 목적을 달성하는 데 다른 지역의 하류층 이민 희망자들보다 우세할 수밖에 없었다. 그런 까닭에 의회의 예측을 뒤엎고 동양계 이민이 압도적으로 증가하는 결과가 초래되었던 것이다.

1965년 이민법이 개정되던 1년 동안 아시아 지역으로로부터의 이민은 모두 20,683명으로 전체 이민의 5%에 불과했다. 그러나 개정법이 시행된 지 5년째인 1970년대에는 아시아 계통의 이민이 8배로 늘어나, 전체 이민의 40%를 차지하기에 이르렀다. 한국의 경우도 1965년까지 연간 100명 정도에 불과하던 이민이 1979년의 통계에 따르면 29,348명으로 급격히 증가했다.9) 1965년 이민법 개정을 놓고 심의를 벌이던 당시

Minorities, Englewood Cliffs : Prentice-Hall Inc., 1988, 8쪽.
9) Ill-Soo Kim, *New Urban Immigrants : Korean Community in New York*,

만 해도 아시아인의 이민 신청률이 유럽인들의 신청률에 비해 훨씬 낮았기 때문에 한국인을 위시해 아시아인들의 미국 이민이 크게 늘어나지 않을 것으로 예측되었다. 그러나 이민법이 개정되고 이민할 기회가 균등하게 부여되자 필리핀, 한국, 인도 등의 나라에서 고급 인력과 상당수의 기능공들이 미국 이민을 신청했다. 미국에 초청자가 없던 지망자들은 개정 이민법의 제3우선권과 제6우선권 등 고급 인력과 필요한 기능공을 유치해 영주권을 부여하는 조항에 적용되어 이민비자를 발급받았다. 유럽 쪽으로부터의 신청자들보다도 동양권의 신청자들이 수적으로 많았을 뿐만 아니라 질적으로도 우수했으므로 훌륭한 인재를 영입하기 위해 발급되는 이민비자 우선순위에도 많은 동양인들이 혜택을 받을 수 있었다.

제3세계 국가로부터 미국으로 이민한 상당수의 사람들은 미국 유학생 출신이었다. 그들은 학업을 마친 후 미국의 교육 배경을 내세워 직장도 얻고 영주권도 취득하는 일석이조의 효과를 거둘 수 있었다. 자연과학 분야의 인재일수록 영주권이 쉽게 주어졌기 때문에 이 방법은 제3세계의 인재들이 미국으로 유출되는 경로로도 간주되었다.

1980년대에 외국 유학생 총수는 약 30만 명으로 추산되었으며, 그 가운데 약 절반에 해당되는 15만 명 정도가 아시아 국가 출신들이었다. 유학생에서 이민자로 신분을 전환한 사람들은 인척 관계가 있는 소수의 사람들을 제외하고는 학업을 성공리에 완수한 고급인력이 대부분이었다. 실력 있는 고학력자일수록 미국에 잔류하는 경향을 보여, 1979년 1년 동안 약 18,000명의 외국 유학생들이 현지에서 이민자로 신분을 변경했다. 그러한 이민자들의 2/3에 해당하는 약 12,000명이 동양 출신들이었다. 이들은 대개 대학원 졸업생들로서 가족과 같이 거주하다가 직장을 통해 본인이 영주권을 획득하게 되었다. 영주권을 취득한 후 5년이 경과하면 시민권을 신청할 수 있었고, 별다른 하자가 없는

Princeton, 1981, 23쪽.

한 무난하게 시민권을 받을 수 있었다.

일단 시민권을 받은 후에는 쿼터의 제약 없이 부모를 우선 초청할 수 있었고, 그 외에도 주위에 많은 사람들을 이민하도록 주선했다. 형제와 자매, 그리고 이민하기를 원하는 친지들을 위해 이민 알선도 하였다. 개정 이민법 제5우선권은 외국에서 살고 있는 형제와 자매들을 초청할 수 있도록 규정되었다. 그런 까닭에 형제 자매 초청은 기하급수적으로 늘어났다. 즉, 형제와 자매의 자격으로 초청받아서 이민한 사람들이 다시 초청자로 변신해 직계가족을 모두 불러들이고, 그들이 또다시 친족, 처족, 외척들을 모두 형제 자매라는 명목으로 이민하도록 여건을 조성했다.10)

한 사람의 이민이 수십 명의 이민을 낳게 된 1965년 개정 이민법은 이민의 대문으로 활용되었다. 특히 가족적인 동양인들은 형제 자매 초청에 가장 적극적이었다. 그래서 이 법을 확대 해석하고 십분 활용해 더욱 많은 동양인들이 1965년의 법을 미국 이민의 꿈을 실현하는 요술 방망이로 이용했다. 1965년 이후 평등해진 조건에 힘입어 동양인들은 적극적이고 진취적으로 이민을 추진했다.

아시아 지역으로부터의 이민이 많아지게 된 주요한 또 다른 이유는 제2차 세계대전 이후 미국 군대가 아시아 각국에 주둔하자, 동양인들이 미국을 친근하게 여기게 되었고, 또 미국인들과 인간적 유대관계를 맺을 기회가 많이 생겼기 때문이었다. 이러한 변화는 미국이 제2차 세계대전 후 유럽 중심의 시대에서 태평양 시대로 접어들었다는 상징이 되기도 했다. 미국의 세력이 태평양 연안 국가들로 진출해 옴에 따라 태평양 연안 국가 사람들도 한층 친숙해진 미국으로 이동하기에 이르렀다. 더욱이 값싸고 편리한 운송수단인 항공기는 사람들의 이동을 용이하게 만들었다.

---

10) Francis L. K. Hsu, *The Challenge of the American Dream : The Chinese in the United States*, Beltmont, 1971, 78쪽.

중국을 위시한 동양 각국은 1965년 개정된 이민법이 허락하는 연간 최대 한도 20만 명의 쿼터를 남김없이 채워 나갔다. 더욱이 적체 상태에 있는 이민 신청자들을 해소하는 방도로 특별히 만들어 낸 이민 쿼터와 대통령의 특명으로 이루어진 이민 숫자를 모두 합친다면, 전체적인 이민자의 실수는 쿼터 상한선을 훨씬 넘고 있었다. 1981년의 예를 보면 중국인들의 적체 현상이 심해지자 각 2만 명씩 쿼터 외의 특별이민을 중국과 대만에서 받아들였다.

1965년 이민법 개정 이후 1966년에서 1990년까지 총 11,000,000명 이상의 이민을 받아들였고, 이들 중에는 아시아인이 약 40%를, 멕시코를 비롯한 중·남미로부터의 이민이 39%를, 유럽인들이 15%를 차지했으며, 나머지 2%가 오세아니아와 아프리카로부터의 이민이었다. 그러므로 약 80%의 이민이 이전의 미국에서는 잘 대변되지 않던 제3세계 국가로부터의 이민이었다. 제3세계 국가 이민의 현저한 증가는 1960년대 이전에는 없던 현상으로 1965년 개정 이민법의 직접적인 결과인 것이다. 1965년 개정 이민법은 아시아-태평양 지역 이민규제와 국적기원 쿼터제를 폐지시켰고, 동아시아 지역에는 연 170,000명, 서반구 지역에는 120,000명의 비자를 할당하였다. 동아시아 지역 각국에는 연 20,000명까지 비자를 할당하였으나, 시민권자의 직계가족(배우자, 21세 미만의 미성년자녀, 부모)과 성직자들은 쿼터 외로 입국할 수 있도록 하였다.

5. 한국인 이민자의 이민 패턴 변화

한국인 이민자의 경우 1965년 이민법 개정으로 인한 변화는 전반적인 이민증가이다. <표 2>에서 보듯이 우선순위 비율을 분석하면 1970년의 경우 한국 이민자의 24%가 4개의 가족재결합 항목으로 영주권을 얻게 되었으며 31% 정도는 취업이민의 신분으로 영주권을 받아서 도합 55%가 2만 명의 쿼터에 해당하는 이민자였고 나머지 45%는 쿼터와 관계없는 시민권자의 직계가족이나 특수이민(목사나 해외 미국정부기관 장기 근속자)으로 영주권자가 되었다. 한국인 중 정치망명으로 영주권을 받은 사람 수는 15년 간(1970~84) 100명도 못 되기 때문에 7순위는 통계에서 제외하였다. <표 1>에서 설명한 바와 같이 1순위의 경우 시민권자의 미혼자녀, 4순위의 경우 시민권자의 기혼자녀의 이민이 해당된다. 한국인들이 대부분 시민권을 얻기 전에 2순위로 자녀를 초청하기 때문에 <표 3>에서 보듯 1순위와 4순위의 이민자 비율은 거의 무시해도 될 정도로 낮다. 가족재결합의 경우 한국인 이민자의 대부분이 2순위(미혼자녀와 배우자)와 5순위(형제·자매 및 자녀)로 오고 있음을 알 수 있다.

<표 3>에서 볼 수 있듯이 한국인 이민의 가장 큰 변화는 2순위와 5순위 이민이 1970년부터 1980년까지 계속 증가하여 전체 가족재결합 항목의 이민이 증가해 온 반면, 취업이민의 비율은 점차 감소되어 1980년에는 최저의 비율을 나타내고 있다. 1970년에는 가족초청이민자 비율이 23.5%였는데 1980년에는 58.7%로 증가한 반면, 취업이민자의 비율은 30.8%에서 2.9%로 감소되었다. 1981년부터 가족초청자 비율이 약간 감소되고 취업이민자의 비율이 약간 증가되었지만 취업이민은 계속 10% 미만으로 낮은 비율을 보이고 있다.

한국인 가족초청이민자 비율의 증가와 취업이민자 비율의 상대적인 감소 현상을 이해하기 위해 두 가지 사실을 고려하여야 한다. 첫째, 1970년 초기 이래 한국인 시민권 취득자가 증가함으로써 1970년부터 많은 한국인들이 시민권자의 형제초청으로 올 수 있게 된다. <표 3>에서 보는 바와 같이 1970년에는 전체 한국인 이민자의 14.2%가 형제초청의 혜택을 받았는데 1975년에는 형제초청이 30%로 늘어났으며 1977년에는 42.3%까지 증가하였다. 1980년대 들어서는 형제초청 이민자 비율이 약간 감소하였지만 계속 20% 이상을 유지하고 있다. 형제

초청으로 2만 명 쿼터의 24%밖에 할당되지 않았는데 전체 한국인 이민자의 40% 이상이 형제초청으로 올 수 있었던 이유는 1~4순위에서 쓰지 않은 부분을 5순위에서 흡수할 수 있었기 때문에 가능하였다.

<표 3> 한국인 이민자의 우선순위에 따른 항목 분류

연도	가족재결합 항목					취업이민 항목			기타
	합계	1순위	2순위	4순위	5순위	합계	3순위	6순위	
1970	23.5	0.2	8.8	0.4	14.2	30.8	5.0	7.4	18.4
1971	21.5	0.1	7.8	0.2	13.5	41.9	5.7	10.0	26.2
1972	23.4	0.1	7.9	0.2	15.2	45.0	5.0	10.1	30.0
1973	36.3	0.1	14.1	0.2	22.0	32.0	6.9	4.9	20.5
1974	36.9	0.0	15.0	0.2	15.0	33.85	10.9	4.0	18.0
1975	47.0	0.1	16.7	0.3	29.9	22.2	10.0	4.7	7.4
1976	49.9	0.1	14.2	0.3	35.4	14.6	9.1	3.8	1.6
1977	55.7	0.1	13.1	0.3	42.3	8.6	7.1	1.4	0.1
1978	51.2	0.1	15.7	0.5	35.0	11.8	4.5	4.4	2.9
1979	55.6	0.1	19.8	0.7	35.0	5.2	2.4	2.8	0.0
1980	58.7	0.4	18.9	0.5	39.0	2.9	2.3	0.6	0.0
1981	52.6	0.1	27.7	1.6	23.3	8.3	3.0	5.3	0.0
1982	54.7	0.2	32.2	1.8	20.4	3.5	2.9	0.6	0.0
1983	51.0	0.2	27.3	1.3	22.3	8.3	3.1	5.2	0.0
1984	48.9	0.3	24.5	1.8	21.7	8.8	3.4	5.4	0.0

출전 : 미 이민국 연례보고서

1970년대 초기에는 큰 비율의 한인 이민자가 무순위 취업이민으로 미국에 입국하였는데 이것은 이 시기에 한인 이민자가 1순위에서 6순위까지 2만 명의 쿼터를 채우지 못했으므로 채우지 못한 부분을 순위에 들지 않는 이들이 흡수할 수 있었기 때문에 가능하였다. 하지만 2순위와 5순위의 가족결합 이민자의 비율이 급속히 증가함에 따라 2만 명 쿼터는 6순위까지 다 채울 수 있었으므로 1976년부터는 순위 밖의 취업이민자 수가 급격히 줄어들었다. 또한 1970년대 초기에는 3순위와 6순위의 취업이민이 앞순위에서 쓰이지 않은 부분을 흡수함으로써 각 순위에 할당된 2만 명의 10%인 2천 명보다 더 많은 숫자가 3순위와 6

순위에 주어졌지만 2순위와 5순위의 가족재결합 이민의 증가는 3순위와 6순위의 상대적인 감소를 초래하게 되었다.

하지만 가족재결합 이민이 아무리 증가하여도 3, 6순위의 취업이민에 할당된 4천 명(2만 명의 20%)의 한국인은 매년 취업이민의 혜택을 받을 수 있어야 했다. 그런데 <표 3>에서 보듯이 한국인 취업이민의 비율은 1977년부터 4천 명보다 훨씬 적은 숫자로 줄어들었다. 이것은 1975년부터 시작된 미국경제의 불황과 이에 따른 미국 이민정책의 변화에 기인한다. 미국 경기가 침체되고 실업자가 늘어나자 노동청은 1976년부터 극소수 필요한 분야를 제외하고는 취업이민에 필요한 노동허가를 중단했으며 특히 미의회는 의료요원에 관한 법안(Health Manpower Act)을 통과시켜 간호사나 의사들의 이민을 중단하였다. 과거에는 외국인이 의사나 약사, 간호사 자격증만 있으면 3순위 전문직으로 미국 이민을 허용했는데, 새 법안은 의사나 간호사도 6순위의 취업이민처럼 미국 고용주로부터 Job offer를 받아야 이민을 허용하였다.

이와 같은 상황에서 취업이민으로 미국에 온다는 것은 극히 어려운 일이었다. <표 3>에서 보듯이 1980년대 한국인 취업이민자는 전체 한국인 이민자 수의 3~9%에 지나지 않는다.

결론

1965년 이민법은 가족재결합에 최고의 우선순위를 두었고 이로 인해 상당한 수의 연쇄이민을 초래했다. 한 이민가족이 도착하여 뿌리를 내리고, 영주권을 얻은 다음 시민권을 획득하면 조국에 거주하고 있는 친척들을 불러들일 수 있었던 것이다. 이 법의 우선권 조항으로 가장 혜택을 받은 사람들은 아시아인들—특히 중국, 한국, 인도, 필리핀, 베트남 출신 아시아인들—이었다. 아시아계 미국인들은 1940년대에는 약

25만 명, 1960년대에는 90만 명이었던 것이 1980년에는 거의 350만 명에 육박하고 1985년에는 510만 명으로 집계되었다. 따라서 20세기 초에는 입국금지대상이었던 아시아인들이 이제 개정 이민법의 최고의 수혜자가 된 것이다.

인도주의적 측면에서의 가족재결합과 미국내 노동시장을 고려한 노동통제 조항이 미국 이민정책의 균형적 성격을 보여주지만, 결과적으로 수많은 아시아인들이 미국으로 유입되었고, 이들의 존재는 소수민족문제와 연관되어진다. 일단 미국에 발을 들여놓은 한국인을 비롯한 소수민족들은 거대한 미국사회를 구성하는 또 하나의 사회, 소수민족으로서의 삶이 기다리고 있다. 동양계 이민이 미국생활에 적응하는 데에는 소수민족사회가 커다란 역할을 하는데 이에 대해선 다음 기회에 고찰해 보고자 한다.

賢良과 文學[*]

趙 峻 九 [**]

1. 머리말

『鹽鐵論』은 前漢 昭帝時代(B.C. 86~74)에 鹽鐵專賣를 둘러싸고 행해진 논의를 다음 황제인 宣帝時代(B.C. 73~49)에 모은 사료이다. 이 논의의 정부측 대표로서는 丞相(車千秋)·御史大夫(桑弘羊)·丞相史·御史가 참여했으며, 민간 대표로서는 郡國에서 推擧된 賢良과 文學[1] 이 참가하였다. 그 내용은 염철전매를 중심으로 한 대외정책·학술·형벌 등 다방면에 걸쳐 기록되어 있다. 그러나 다방면에 걸친 주제는 독립되어 있지 않고 내용이 서로 연관되어 있는 것이 특징이다.

이 논의가 행해지기 전 시대의 황제, 즉 武帝는 넘쳐나던 풍부한 재원을 계속된 대외전쟁 등으로 전부 고갈시켜 버렸다. 그래서 전매를 비롯한 일련의 경제정책을 통하여 고갈된 재정을 만회하려고 하였다. 정책의 실시에 따라 사회불안과 사람들의 불만도 점차 격화되었는데,

---

[*] 「鹽鐵論에 나타난 현량과 문학」(『明知史論』 10, 1999)을 수정·보완한 글임

[**] 홍익대 강사

1) 漢代 賢良·文學 중 현량에 관한 대표적 연구서로는 福井重雅의 「漢代賢良方正科考」(『東洋史硏究』 43-3, 1984)를 수 있으며, 『鹽鐵論』의 고전적 연구자료로는 閔斗基,「鹽鐵論 硏究」(『歷史學報』 10~11, 1958~1959)를 꼽을 수 있다.

이에 대해 정부는 酷吏로 대표되는 형벌로써 대처하였다. 따라서 전매에 대한 의논이라고 하여도 당연히 그것과 관련된 정치·사회 문제도 언급하게 되었다. 말하자면 武帝朝 정치 전반에 대해 논의된 사실들을 기록한 것이 『鹽鐵論』인 것이다.

이상과 같은 내용을 포함하는 것이기 때문에, 이 책은 專賣와 均輸·平準이라고 하는 제도에 관한 연구와 이러한 경제정책을 세운 인물로서 武帝 이래의 실력자인 桑弘羊의 사상적 연구에서도 중요한 사료가 되고 있다. 특히 桑弘羊에 관해서는 『漢書』에도 전해지고 있지 않기 때문에 연구자에게는 빼놓을 수 없는 것이다.

『鹽鐵論』의 사료적 성질은 『漢書』 卷66 또는 『鹽鐵論』 卷10 第60 「雜論篇」을 인용·기술한 부분이 근거로[2] 되어 있다. 이에 따르면, 『鹽鐵論』이 桓寬에 의해서 윤색·附加된 글이라는 점에서는 의심의 여지가 없지만 그가 자료로 삼은 議文의 내용까지는 변화되지 않았을 것이다. 결국 大夫라면 桑弘羊, 丞相이라면 車千秋이기 때문에 표현방법이 다소 변화했더라도 각 발언자의 의도는 역시 반영되어 있다는 것이 일반적인 견해이다.

이 같은 이해 하에서 지금까지 專賣制를 중심으로 한 제도사 연구, 賢良·文學 및 桑弘羊의 사상적 연구가 이루어져 왔다.

그런데 아무리 내용이 변화되지 않았다고 하여도 桓寬에 의해서 첨가된 것은 틀림없는 사실이다. 그렇다면 그러한 부분은 어디이며, 어느 정도로 변화된 것인가를 명확히 한 후 연구가 이루어져야 한다. 그렇지 않으면 桓寬의 創作·附加 부분을 인물의 사상 또는 昭帝時代의 사상으로 오해할 소지가 있다. 다만 논의된 바의 것이 桓寬의 수중에 들

---

2) "所謂鹽鐵議者 起始元中 徵文學賢良問以治亂 皆對願罷郡國鹽鐵酒榷均輸 務本抑末 毋與天下爭利 然後[敎]化可興 御史大夫弘羊以爲此乃所以安邊竟 制四夷 國家大業 不可廢也 當時相詰難 頗有其議文 至宣帝時 汝南(相)[桓] 寬次公 治公羊春秋 擧爲郞 至廬江太守丞 博通善屬文 推衍鹽鐵之議 增廣 條目 極其論難 著數萬言 亦欲以究治亂 成一家之法焉".

어간 때를 전부 명확히 판별한다는 것은 거의 불가능하다. 그러나 하나 하나의 문장에 대해서 무엇이 부가되고 어디가 원래 자료인가는 식별할 수는 없다고 하여도, 桓寬이 기초로 하였다고 생각되는 자료를 재검토할 필요가 있다. 그리하여 桓寬의 『鹽鐵論』이 단순히 "議文을 근거로 윤색·부가한 書"라고 하는 오명에서 벗어나 전한의 경제 및 전 부분을 살필 수 있는 중요한 사료임을 확인할 수 있을 것이다.

2. 賢良과 文學

專賣 품목 중 酒가 폐지되기까지의 경과는 賢良·文學을 추거해 그들에게 백성의 고통을 조사해 보고 酒의 전매에 관한 논의를 거친 후, 폐지를 실시하였다고 이해할 수 있다. 이것은 『漢書』 「昭帝紀」의 기사에 근거한 것으로, 그것을 나타낸 사료를 아래에 게재하여 둔다.

1) 始元五年六月 …… 詔曰 朕以眇身獲保宗廟 戰戰栗栗 夙興夜寐 修古帝王之事 痛保傳 傳孝經 論語 尙書 未云有明 其令三輔 太常 擧賢良各二人 郡國文學高第各一人
2) 始元六年二月 …… 詔有司問郡國所擧賢良文學民所疾若 議罷鹽鐵榷酤
3) 始元六年秋七月 罷榷酤官

이른바 鹽鐵論議는 始元 5년(1)과 6년(2·3)의 2단계로 구분되는데 『염철론』은 이 때 논의한 기록을 근거로 만들어진 것이다. 본고는 『염철론』이 근거로 한 자료를 재검토하는 것이 목적이므로 2단계에 한정되지 않고 사료 1)부터 3)에 이르는 전 과정에서 어떠한 기록이 남아 있는가를 파악하기로 하겠다. 본 장에서는 우선 1)의 단계부터 시작하여 통상 賢良·文學이 추거되면서부터 겪는 과정을 더듬어보고 거기에 남아 있는 기록과 『염철론』과의 관련을 보기로 하겠다. 賢良 혹은 文學이라고 하는 것은 선거 과목에 해당하는 것으로, 중앙에 추거된 사람들은 이후 어떠한 과정을 겪으며 선발되었을까. 그들은 우선 황제로부터 문제를 받아서 그 답(對策)을 제출한다. 그것들은

> 元光五年 復徵賢良文學 …… 弘至太常 …… 時對者百餘人 太常奏 弘第居下 策奏 天下擢弘對爲第一[3]

이라는 것처럼 미리 심사순위를 붙여서 황제에게 제출한다. 그러면 황제가 최종적으로 순위를 바꾸든지 아니면,

> 天子覽其對而異焉 乃復冊之曰 …… 仲舒對曰 …… 於是天子復冊之[4]

처럼 특히 주목되는 자에게는 거듭 문제를 제시한다. 이 성적 여하로 처우가 결정된다. 그렇다면 이 질문과 대답을 좀더 상세히 살펴보기로 하자.

> 가) 後詔有司擧賢良文學士 錯在選中 上親策詔之 曰 …… 故詔有司 …… 各帥其志 以選賢良明於國家之大體 通於人事之終始 及能直言極諫者 …… 錯對曰 …… 詔策曰 "明於國家大體" 愚臣竊以古之五帝明之[5]
>
> 나) 上策詔諸儒 制曰 …… [敢]問子大夫 天人之道 何所本始? 吉凶之效 安所期焉? 禹湯水旱 厥咎何由? 仁義禮知四者之宜 當安設施? 屬統垂業 物鬼變化 天命之符廢興何如?[6]

---

3) 『漢書』 卷58, 公孫卜式兒寬傳 第28.
4) 『漢書』 卷56, 董仲舒傳 第26.
5) 『漢書』 卷49, 爰盎鼂錯傳 第28.
6) 『漢書』 卷58, 公孫卜式兒寬傳 第28.

다) 制曰 …… 豈其所持操或詩繆而失其統與? 固天降命不可復反必
　　推之於大衰而後息與? …… 三代受命 其符安在? 災異之變 何緣
　　而起[7]

라) 其夏 上盡召直言之士詣白虎殿對策 策曰 "天地之道何貴? 王者之
　　法何如? 六之義何上? 人之行何先? 取人之術何以? 當世之治何
　　務? 各以經對"[8]

　　우선 형식적 측면에서 보면, 황제가 문제를 내는 것을 '策詔'(가·나)
혹은 단순히 '冊'이라고 하고, 문제 그 자체는 '詔策'(가) 혹은 단순히
'策'(나)이라고 하며, 더욱이 對策文을 쓸 때에는 (가)에서 보는 것과
같이 우선 문제를 인용하고 그에 대한 답을 쓰는 형식을 취하고 있다.
다음으로 策文의 내용인데, 개별의 구체적인 문제를 받아들여서 의견
을 쓰라는 것이 아니라 오히려 정치의 기본자세를 물으려는 것이었다
(가·나·다·라). 물론 책문 방법에서 질문을 광범위하게 할지라도
그것에 대답하는 쪽은 당시의 정치·사회적 상황에서 구체적인 사정
을 문제삼을 것이다. 그렇다면 그들이 상주한 對策은 그 목적이 순위
를 부여하는 데만 있는 것일까? 이러한 물음에 대해 다음의 사료가 참
고된다.

　　韓延壽字長公 燕人也 …… 父義爲燕郎中 刺王之謀逆也 義諫而死
燕人閔之 是時昭帝富於春秋 大將軍霍光持政 徵郡國賢良文學 問
以得失 時魏相以文學對曰 以爲 賞罰所以勸善禁惡 政之本也 日者
燕王爲無道 韓義出身彊諫 爲王所殺 義無比干之親而蹈比干之節
宜顯賞其子 以示天下 明爲人臣之義 光納其言 因擢延壽爲諫大
夫[9]

---

7) 『漢書』卷56, 董仲舒傳 第26.
8) 『漢書』卷60, 杜周傳 第28.
9) 『漢書』卷76, 趙尹韓張兩王傳 第46.

문학에 속했던 魏相의 대책은 主君의 無道를 諫하여 죽었던 韓義의 아들 延壽를 내세우는 것에 의해 人臣의 義를 나타내야 할 것이라고 주장한바, 이것이 霍光에 의해서 받아들여져 延壽는 諫大夫로 되었다고 하는 것이다. 이 예로도 알 수 있는 것처럼, 對策은 단순한 채용시험이 아니라 내용에 따라서는 실행으로 옮기려는 현실적인 면을 갖고 있었다.

이상의 내용을 합치면 賢良・文學들은 추거되면 통상 詔策이라고 하는 질문을 받아 對策을 제출하는 단계를 거치고, 그 대책은 현실적인 의미를 갖는 것이었다. 그리고 잔존하는 기록으로는 당연히 詔策과 對策을 들 수 있다.

이를 바탕으로 해서『염철론』을 보게 되면, 이 염철논의에 참가한 賢良이나 文學도 통상의 경우와 마찬가지로 策文을 받아 對策을 상주하고 있었던 것임을 알 수 있다. 그 근거로서 우선 對策의 말을 들 수 있다. 이것은 이미 王利器에 의한 지적10)이 있으므로 그것을 소개하기로 하겠다.

文學曰 …… 陛下宣聖德 昭明光 令郡國賢良文學之士 乘傳詣公車 議五帝王三王之道 六藝之風冊陳安危利害之分11)

이라고 하는 文學의 말 및「利議篇」의

文學曰 諸生對冊 殊路同歸 指在於崇禮義 退財利復往古之道 匡當世之失 …… 以故至今未決12)

이라고 하는 이것도 文學의 말, 거듭「鹽鐵取下篇」의 '於是遂罷議 止

---

10) 王利器,『鹽鐵論校注』, 天津古籍出版社, 1983.
11)『鹽鐵論』卷1, 復古 第6.
12)『鹽鐵論』卷5, 利議 第27.

詞'13)의 詞字로써 알 수 있다.

　이상의 지적은 議文 이외 자료의 존재를 시사한 것으로서 중요하다. 이에 대해 王利器14)는 文學들이 대답하는 방법을 나타낸 셈이라고 언급하고 있지만 실은 질문법, 궁극적으로는 詔策이라고도 볼 수 있는 것이다. 그것은

　　詔策曰 朕嘉宇內之士 故詳延四方豪俊文學博習誌士 趨遷官祿15)

이라고 하는 「利議篇」의 기사로 알 수 있다.

　이러한 것들을 볼 때 文學들이 소집되고 승상이나 어사대부와 논의하였다고 하는 부자연스러운 것이 아니라, 역시 策文·對策이라고 하는 하나의 과정을 거치고 있던 것을 알 수 있다. 때문에 『염철론』 중에 詔策의 일부가 인용되고 있는 것에서도 알 수 있듯이, 桓寬이 그들이 제출한 대책문을 이용하였을 가능성은 매우 높다고 생각된다.

　그럼 對策과 논의는 어떠한 관계에 있었을까? 그것에 대한 王利器의 의견을 보면 다음과 같다.

　　대책과 대화는 동시에 병행되었는데, 대책은 아직 회의장에 나와 있지 않아 논의되고 있지 않으므로 대책을 쓴 인물이나 대책문은 『염철론』 중에는 보이지 않는다. 『염철론』은 어디까지나 대화의 기록이며, 班固가 말한 바와 같이 '議文'에 해당되는 것이다.16)

　다만 대화와 대책이 동시 병행되었다고 하는 점에 대해서는 아직 의문이다. 그 이유로는 만약 병행되었다고 하면 같은 賢良 혹은 文學으

---

13) 『鹽鐵論』 卷7, 鹽鐵取下篇 第41.

14) 주 10) 참조.

15) 『鹽鐵論』 卷5, 利議 第27.

16) 주 10) 참조.

로 추거될시 대책을 제출하는 자와 의논하는 자의 두 가지 그룹으로 나뉜다는 것은 부자연스럽기 때문이다. 또 그렇게 하지 않으면 안 되는 이유나 필연성도 설명할 수 없게 된다. 대책과 의논과의 관계에 대해서는 후에 고찰하기로 하고, 여기서는 策文, 대책의 과정이 있었던 것과 그러한 것들의 기록이 자료로 될 수 있다는 점을 확신하는 데 그치기로 한다.

본 장에서는 酒의 專賣 폐지 결정까지의 과정, 즉 통상 있는 정책을 결정하기까지에는 어떠한 단계를 거쳤고 그에 대해서는 어떠한 기록이 남아 있는가를 보기로 하겠다.

우선 정책결정에 이르는 일반적인 과정을 『漢書』「陳湯傳」을 예로 들어 살펴보기로 한다.

> 於是延壽 湯上疏曰 …… 臣延壽 臣湯將義兵 …… 斬郅支首及名王以下 宜縣頭槀街蠻夷邸間 以示萬里 明犯彊漢者 雖遠必誅 事下有司 丞相匡衡 御史大夫繁延壽以爲 …… 車騎將軍許嘉 右將軍王商以爲 …… 宜縣十日乃埋之 有詔將軍議是[17]

이것에 의하면 "우선 單于의 머리를 梟首해야 할 것이다"라는 상주가 있고 황제는 그것을 관계 관료에게 의논하게 하였다. 관료는 그 논의의 결과를 상주하고, 최종적으로 황제가 결정을 내린다. 즉 황제 자신의 발의든 신하로부터의 상주든 간에 관계없이 議案의 제출이 있으면 황제는 그에 대한 의견을 자문하는 集議를 개최한다는 것이 일반화되어 있었던 것이다.

주지하는 바와 같이 漢代에 있어서 集議는 중요한 역할을 수행하는데, 그에 대한 대표적 연구자로는 永田英正을 들 수 있다.[18]

---

17) 『漢書』 卷70, 傳常鄭甘陳段傳 第40.

18) 永田英正, 「漢代の集議について」, 『東方學報』 43, 1980. 연구의 내용은 前漢朝 集議의 종류·성격·구성원 및 의사 내용을 명확히 하고 있다. 즉 漢代의

다음으로 集議 단계에서 남아 있을 기록에 대해 생각해 보기로 하겠다. 첫 번째로 의사록을 생각해 볼 수 있다. 史官이 발달한 중국에서는 기록을 남겨 전하고 있는데 漢代 역시 회의때 의사록이 남아 전하고 있다. 예를 들면 『漢書』「韓安國傳」에

> 上乃召問公卿曰 …… 今欲擧兵攻之 何如? 大行恢對曰 …… 臣竊以爲擊之便 御史大夫安國曰 不然 …… 臣竊以爲擊之便 恢曰 不然 …… 臣故曰勿擊之便 安國曰 不然 臣故曰勿擊便 恢曰 不然 …… 臣故曰擊之便 安國曰 不然 …… 臣故曰勿擊之便 恢曰 不然 …… 上曰 善 乃從恢議[19]

라고 해서 어전에서 흉노의 처치를 둘러싸고 主戰論의 王恢와 和親論의 韓安國이 구두로 이야기를 주고받는 상태를 전하고 있는 데서도 알 수 있다.

그럼 의사록 외에는 어떠한 것들이 남아 있을까? 그것으로는 集議의 결과보고를 들 수 있다. 그렇다면 그 결과보고가 어떻게 되었던가를 보기로 하겠다. 아래에 게재한 사료는 전부 『漢書』를 출전으로 한다.

> 가) 御史中丞衆等奏 …… 臣聞敬近臣 …… 廷尉直以爲[20]
> 나) 右將軍蟜望四十四人以爲 如宣等言 可許 諫大夫恭龔勝等十四人

集議는 皇帝臨席의 朝議와 고급 관료들만에 의한 廷議의 두 가지로 대별된다. 그 중 보다 중요하다고 할 수 있는 廷議는 다시 두 가지로 구별된다. 하나는 公卿의 議라고 일컬어지는 것으로, 이것은 丞相·御史大夫·列候·二千石·博士等 有資格者 全員(그 수는 30~50인 정도)이 참가하고 주로 국정의 기본방침을 협의한다. 또 하나는 有司의 회의로 전문적 지식이나 경험, 기술을 요하는 문제에 대해서 협의한다. 따라서 참가자는 사안에 적합한 전문가나 관계자가 관습적으로 정해져 있다.

19) 『漢書』卷52, 竇田灌韓傳 第22.
20) 『漢書』卷83, 薛宣朱博傳 第53.

以爲21)

다) 玄成等四十四人奏講曰 …… 臣愚以爲 …… 大司馬車騎將軍許嘉
等二十九人 …… 諫大夫尹始等十八人以爲22)

라) 衛尉雲等五十人以爲 …… 議郎恭龔等以爲 …… 永信少府猛等十
人以爲 …… 臣等不知大義 唯陛下祭焉23)

마) 成帝初卽位 丞相衡 御史大夫譚 奏曰 …… 願與群臣議定 奏可
大司馬車騎將軍許嘉等八人以爲所從來久遠 宜如故 右將軍王商
博士師丹 議郎翟方進等五十人以爲禮 …… 於是衡 譚奏議曰 …
… 臣聞廣謀從衆 …… 今議者五十八人 其五十人言當徙之義 皆
著於經傳 同於上世 便於吏民 八人不案經藝 考古制24)

이상의 가)~마)에 덧붙여 앞에서 이미 한 번 소개한 사료지만 편의
상 재차 인용하면 다음과 같다.

바) 丞相匡衡 御史大夫繁延壽以爲 …… 車騎將軍許嘉 右將軍王商以
爲 …… 宜縣十日 乃埋之 有詔將軍議是25)

구체적인 검토에 들어가기에 앞서 다음의 점을 확인하여 두고 싶다.
그것은 앞서 지적한 바 있는 集議의 결과이다. 전원 일치로 의견이 합
쳐지지 않고 복수 의견이 나올 경우에는 이를 전부 보고하는 것이 원
칙이었다. 여기에서 거론한 것은 그 같은 복수 의견이 覆奏되었던 경
우뿐이다.

그런데 이러한 예에서 『漢書』에 集議 결과를 답신하는 기사가 실렸
을 때는 '某某等某人以爲……'라고 하는 형식이 일반적임을 알 수 있

---

21) 『漢書』 卷83, 薛宣朱博傳 第53.
22) 『漢書』 卷73, 韋賢傳 第43.
23) 『漢書』 卷86, 何武王嘉師舟傳 第56.
24) 『漢書』 卷25下, 郊祀志 第5下.
25) 『漢書』 卷70, 傳常鄭甘陳段傳 第40.

다. 가)·다)·마)와 같이 동일한 기사 안에서도 단순히 以爲를 나열할 뿐만 아니라, 奏 혹은 奏議라는 말도 사용되고 있는 것이다. 그 이하에 의견이 기술되어 있는 것은 같지만, 以爲와 奏議에는 역시 구별이 있다고 생각된다. 그 구별이란, 奏는 의논을 시켜 詔를 받는 사람이 황제에게 답신하는 것을 나타내며, 以爲는 그 밖의 참가자의 의견을 쓸 때에 사용된 것이 아니었을까. 이것을 가장 보여주는 것이 사료 마)이다. 이것은 승상 匡衡과 어사대부 張譚이 君臣과 議定하고 싶다고 한 신청이 인정되어 개최된 集議의 답신을 기록한 것이다. 따라서 의논을 시키고 詔를 내린 것은 匡衡과 張譚이다. 그리고 그 서식을 보면, '某等八人以爲 …… 某等五十人以爲……'라고 되어 있다. 최후로 詔를 받은 匡衡과 張譚이 스스로의 견해를 붙여서 회의 결과를 상주하고 있다. 또 다)의 사료에서도 의논을 상주하고 있는 韋玄成은 丞相이며, 그의 책임 하에서 회의가 진행되었을 것이다. 왜냐하면 廷議의 主議者는 보통 승상이고, 이 상주는 "어느 將軍, 列侯, 中二千石, 二千石, 諸大夫, 博士와 의논하였다"라고 하는 詔에 대한 것이고, 將軍과 협의하였다고 한 것이 이 傳의 주인공인 丞相 韋玄成이었을 것이다. 때문에 班固의 文에도 '下詔曰', '下詔丞相曰'이라고 쓰고 있다. 더구나 후한 말의 사료이지만『後漢書』「律曆志」中에

靈帝熹平四年 …… 詔書下三府 …… 以羣臣會司徒府議. 議郞蔡邕議 以爲 …… 太尉耽 司徒隗 司空訓以邕議劾光 晃不敬[26]

이라고 한 것이나 「律曆志」中에서

光和二年歲在己未 …… 其三年 …… 耽以說等議奏聞[27]

---

26)『後漢書』志 第2 律曆中.
27)『後漢書』志 第2 律曆中.

이라고 한 예도 같은 것을 나타낸다. 이와 같이 詔를 받는 자가 당연히 답신을 하는 것이고, 그것이 사료에서는 奏字로써 다른 의견서와는 구별되고 있는 것이다.

그렇다면 답신하는 자가 다른 의견도 전부 모아서 上奏文을 썼던 것일까? 구체적으로 말한담면 '以爲以下'의 文은 누가 쓴 것인가 하는 것이다. 추측컨대 그 의견의 주창자 자신이 쓴 것으로 생각된다. 그 근거로서 '以爲'라고 쓴 文 중에도 臣字가 사용되고 있는 점을 들 수 있다. 앞에서 제시했던 사료 라)가 그것에 해당된다. 『漢書』에서는 불과 일례만 나와 있을 뿐이지만, 주창자 자신이 썼다는 사실을 나타낸 사료로는 『後漢書』의 다음 기사가 크게 참고가 될 것이다.

熹平元年 竇太后崩 …… 及將葬 節等復欲別葬太后 而以馮貴人配
祔 詔公卿大會朝堂 令中侍趙忠監議 …… 旣議 …… 忠笑而言曰
陳廷尉便操筆 球卽下議曰 …… 忠省球議 作色俯仰 呰球曰 ……
球曰 …… 公卿以下 皆從球議[28]

陳球가 우선 구두로 의견을 서술하면 회의의 감독관은 筆을 잘 구사하여 球의 의논을 문장화시킨 것이다. 문장으로 하는 것이 언제인가는 이 예만 갖고는 판별할 수 없지만, 주창자가 쓴다는 것만은 틀림없다. 미리 결론을 말하면, 반고가 말한 議文은 의사록이 아니라 陳球가 기록한 것이며, 이는 의견을 기록한 글을 가리킨다고 생각된다. 집의 결과를 답신할 때는 이 같은 의견서를 열거하여 제출했을 것이다. 설사 의사록이 있었다고 하여도 제출한 것은 결코 의사록 그 자체는 아니었던 것이다. 이를 뒷받침할 수 있는 것으로서 『後漢書』「律曆志」의 다음 사료를 들 수 있다.

---

28) 『後漢書』卷56, 張王沖陳列傳 第46.

議郞蔡邕 以爲 …… 難問光 晃 但言圖讖 所言不服[29]

이것은 熹平 4년에 馮光과 陳晃이「曆當用甲寅爲元」이라는 上言을 받아 개최한 集議에서 나온 蔡邕의 의견이다. 이 때의 集議 상황은 李賢注에 인용된『蔡邕集』에 다음과 같이 실려 있다.

三月九日 百官會府公殿下 東面 校尉南面 侍中 郞將 大夫 千石 六百石重行北面 議郞 博士西面 戶曹令史當坐中而讀詔書 公議 蔡邕 前坐侍中西北 近公卿 與光 晃相難問是非焉[30]

결국 蔡邕은 회의석상에서 馮光·陳晃과 의견을 서로 교환하였던 것이며 蔡邕이 썼다고 생각되는 '以爲以下'의 의견서에 '難問光 晃 但言圖讖所言不服'이라고 서술되어 있는 것은 이를 뒷받침하는 것이다. 그러나 答申 때는 難問의 내용, 즉 양자가 주고받은 내용을 하나 하나 보고하는 것이 아니라 蔡邕의 의견서라는 형식으로 모아서 상주하고 있는 것이다.

지금까지 고찰한 내용을 정리해 보면, 우선 정책결정까지에는 황제 독단으로 행한 경우를 제외하고는 集議라고 하는 관료회의의 단계를 거치는 것이 통상적이었다. 그리고 그 기록으로서는 의사록과 覆奏를 생각할 수 있다. 단 전자에 대해서는 어느 정도나 발언을 충실히 전하고 있는지 의문이고, 더구나 覆奏 때는 제출되지 않았을 것이다. 후자의 경우는 각 의견의 주창자가 스스로 쓴 의견서가 제출되었을 것으로 추측하였다.

그런데 이상의 점을 근거로 하여『염철론』을 보게 되면 廷議가 행해졌던 사실을 나타낸 기사를 발견할 수 있다.「鹽鐵取下篇」의 다음 상

---

29)『後漢書』志 第2 律曆中.
30)『後漢書』志 第2 律曆中.

주문이 그것이다.

> 奏曰 賢良文學 不明縣官事 猥以鹽鐵而爲不便(盧云而衍) 請且罷
> 郡國榷沽(盧云張作酤) 關內鐵官奏可[31]

　이것은 酒와 鐵의 전매폐지에 대한 상주로서, 그것이 인정되었던 것
을 나타내고 있으며 이는 마치 賢良·文學과의 의논 결과를 상주한 것
처럼 기록되어 있어 납득하기 어렵다.
　다시 말해 막연히 전매를 금지하는 것이 좋다는 것이 아니라, 鹽·
鐵·酒 중 鹽과 鐵이라고 하여도 關內라고 하는 지역적으로 한계가 있
는 구체적인 것이다. 따라서 백성들의 고통을 조사해 보고 개최한 의
논의 보고라고 보기에는 좀 부적당하며, 따라서 이것은 오히려 廷議에
서 전매폐지를 의논할 때 보고한 것이라고 보는 편이 적당하다고 생각
된다. 또한 구체적인 내용 논의를 살펴보면 민간 측에서도 참여하였음
을 알 수 있다. 다음에서 볼 수 있듯이 어떤 구체적인 상황에 대해서
민간 유식자의 의견을 구한 것이 보이기 때문이다. 먼저『漢書』「律曆
志」上에는

> 遂詔卿 遂,遷與侍郎尊 大典星射姓等議造漢曆 …… 姓等奏不能爲
> 算 願募治曆者 …… 以造漢太初曆 內選治曆鄧平及長樂史馬可 …
> … 侍郎尊及與民間治曆者 凡二十餘人[32]

이라고 해서 太初曆을 만들 때 曆에 능통한 자를 민간에서 선별했다는
기록이 보이며,「溝洫志」에는

> 哀帝初 平當使領河堤 奏言 …… 河從魏郡以東 北多溢決 水迹難

---

31)『鹽鐵論』卷7, 鹽鐵取下 第41.
32)『漢書』卷21上, 律曆志 第1下.

以分明 四海之衆不可誣 宜博求能浚川疏河者 下丞相孔光 大司空
何武 奏請部刺史 三輔 三河 弘農太守擧吏民能者 莫有應書[33]

라고 해서 실현되지는 않았지만 治水에 통달한 자를 민간에서도 모으
려 한 예가 나오고 있다. 그러나 염철논의에 참여한 賢良과 文學은 관
리등용제도를 통해 추거된 자로서 전매제의 전문가로서 소집된 것은
아니기 때문에, 曆과 治水에 참여한 사람들 즉 전문적 지식을 함양한
사람들과 같은 차원에서 생각할 수 없다. 결국 어떤 특수한 목적을 위
해 모인 것이 아닌 민간대표자와 앞서 상주한 그러한 구체적인 내용을
의논하는 것은 역시 있을 수도 있다고 생각된다. 따라서 문학들과의
의논 결과로서 즉 酒의 전매폐지가 결정된 것은 아니며, 폐지 결정까
지에는 통상처럼 관료에 의한 廷議가 개최되었다고 생각되는 것이다.
　그럼 이 상주가 廷議의 결과보고였다고 하여도, 상주의 내용이 사실
과 다른 것에 대해서는 어떻게 해석하는 것이 좋을까? 이에 대해 大庭
脩[34]는 奏可라고 하는 것은 奏請에 대해서 '制曰可'라고 하였던 것을
節略한 것으로, 황제의 인가를 얻으면 奏上한 내용이 그대로 詔書로
된다고 설명하고 있다.
　따라서 이 경우 酒와 關內의 鐵官이 폐지되었지만, 실제로는 「昭帝
紀」의 始元 6년 가을 7월조에 '罷榷沽官'이라고 했듯이 鐵官은 폐지되
지 않았던 것이다.
　이것에 대해서는 단지 추측만 할 수 있을 뿐이지만, 廷議에서 나온
의견이므로 가능성은 있을 것이다. 앞서 보았듯이 覆奏에 해당되어서
는 소수 의견일지라도 같은 것으로 상주하기 때문에 제한된 폐지안으
로서 나온 것인지도 알 수 없다. 어느 것이나 추측의 범위를 벗어나지
는 못하지만, 상주의 내용이나 集議의 존재로서 廷議가 있었던 것은

---

33) 『漢書』 卷29, 溝洫志 第9.
34) 大庭脩, 「漢代制詔の形態」, 『秦漢法制史の硏究』, 1970.

거의 틀림없다고 생각된다. 그렇다고 하면 桓寬이 이용한 자료로서 廷議의 결과보고도 첨가할 수 있을 것이다.

3. 鹽鐵論議의 背景

지금까지 賢良·文學의 推擧로부터 酒의 전매폐지에 이르기까지 일상적으로 이루어진 경과와 기록을 1·2장을 통해 알아보았다. 이에 의하면 賢良·文學이 대책을 제출하는 단계(1), 전매폐지에 관한 廷議의 단계(3)가 있었다고 생각된다. 또한 염철논의—백성들의 疾苦한 바를 물었던—단계는 그 대책과 廷議 사이에 위치하는 셈이다(2). 또 기록으로서는 1)에서는 詔策 및 대책, 2)에서는 의사록 및 결과보고, 3)도 역시 의사록 및 결과보고를 들 수 있는데, 桓寬은 2)단계 기록뿐만 아니라, 1) 및 3)단계 기록도 자료로 이용하였다고 생각되며 이것은 실제 『염철론』 중에 詔策이나 覆奏의 일부로 생각되는 상주문에 나타난다.

그리하여 桓寬은 백성들이 고통스러워 하는 바를 조사해 보고 그것을 기록이라는 체제로 쓰고는 있다. 다시 말해 1), 2), 3) 모든 단계의 기록을 사용하고, 또는 사람들로부터 들은 말 등도 참고하면서 삭제·창작을 가해서 2)단계 의논의 기록으로서 편집한 것이『염철론』인 것이다.

그런데 賢良과 文學이 승상이나 어사대부와 대면하여 의견을 교환했다는 것은 정책결정 과정에서는 통상적이 아닌 특수한 사례이다. 그렇다면 어떻게 그러한 특수한 사례가 행하여졌는지를 고찰해 볼 필요가 있을 것이다. 우선 회의 개최에 이르는 구체적인 경과를 다음과 같이 추측해 볼 수 있다.

문학이 제출한 대책은 앞서 魏相에 보이는 것처럼 霍光의 눈에 띄었을 것이다. 그런데 그 대책 가운데 專賣나 均輸·平準 등의 경제정책에 대한 불만을 서술한 것이 많았기 때문에 이를 눈여겨 본 霍光이 다른 기회에 그 같은 내용의 대책을 쓴 자를 모아 이번에는 丞相·御史大夫인 정무 담당 최고책임자와 직접 의논하게 하였다고 생각된다. 이미 서술한 것 같이 策文에서 물어본 것은 구체적인 것이라기보다는 정치나 사회 전체에 대한 것이었고 따라서 그 答으로는 그때 그때의 상황을 반영한 여러 가지 사항이 포함되었을 것이다. 始元 5년에 추거된 문학들의 答 또한 아마 그러했을 것이다. 그러나 그 가운데 경제정책을 언급한 자가 많았으므로 그것이 霍光의 주의를 끌었던 것은 아닐까? 더욱이 霍光은 앞에서 본 바와 같이 魏相의 대책 내용을 실행에 옮겼으므로 충분히 의제로서 받아들일 수 있었을 것이다. 그럼 왜 大夫와의 직접 논의라는 형식을 취하였을까?

　霍光은 周公에 비유될 만큼 두터운 신임을 받으며 幼帝의 輔佐를 유촉받아 "政事를 모두 光이 결정한다"고 할 만큼 실력을 갖추고 있었다. 염철회의에 대해서도 『漢書』「杜廷年傳」에는

數爲大將軍光言　年歲比不登　流民未盡還　宜修孝文時政　示以儉約 寬和　順天心　說民意　年歲宜應　光納其言　擧賢良　議罷酒榷鹽鐵　皆 自延年發之[35]

라고 해서 처음 賢良을 추거해 염철논의를 행하게 된 것은 당시 최고 실력자 가운데 한 사람이자 霍光의 심복이었던 杜廷年의 건의에 따른 것이라고 할 수 있다. 여기서 그 의도를 해석해 보면, 武帝의 정치에 지친 국민의 신임을 회복하고, 사람들의 의견을 적극적으로 받아들인다는 자세를 보이기 위해 文學의 추거, 의논을 행하였다고 할 수 있을 것이다. 한편 이것에 관해 西嶋定生은 "內朝의 대표자인 霍光은 이 회의를 개최하여 경제정책을 비난하는 정책 입안 및 주도자인 外朝의 대표자 桑弘羊을 타도하려 하였다. 따라서 회의에서 보이는 賢良·文學

---

35) 『漢書』卷60, 杜周傳 第30.

의 당당한 활약 뒤에는 霍光이라고 하는 후원자가 있었던 것이다"36)라
고 지적하여 內朝와 外朝의 대립이라는 정치사적 흐름에서 이를 다루
고 있다.

염철회의처럼 지방에서 추거된 자가 승상이나 어사대부와 직접 의
논하는 예는 어쨌든 이 일례뿐이므로 그 목적이나 배경을 명확히 하기
는 곤란하며, 그런 맥락에서 정치사적 의미를 부여하여 한 西嶋定生의
견해는 하나의 해석으로서 존중해야 할 것이다. 그러나 霍光의 존재를
무시할 수 없다고 하여도, 염철회의가 인심 수습의 의미를 갖는 일종
의 모양세 갖추기였는지, 혹은 外朝 공격의 한 수단이었는지는 양자
모두 그 가능성을 인정하면서도 역시 단정하기 어렵다. 따라서 논의의
배경에는 武帝 이후의 아직 불안정한 정세와 내조·외조의 대립이라
고 하는 정치 정황이 있었다고 지적하는 데 그칠 수밖에 없다.

4. 맺음말

桓寬은 염철회의에 관한 기록뿐만 아니라 관계된 기록 혹은 사람들
로부터 들은 말 등도 참고로 하여 삭제·부가·창작을 섞어 『鹽鐵論』
을 썼다고 생각된다. 이렇게 편찬된 책이기 때문에 읽다 보면 앞서 지
적한 것처럼 大夫 측과 文學 측이 주고받는 말에 맞지 않는 부분이 많
아 혼란을 불러일으키기도 한다. 이는 여러 자료가 연결되어 있는 데
서 온 것이다. 반대로 현장감이 넘치는 격렬한 논의의 응수 장면은 桓
寬流의 연출일 가능성도 있다.

그렇다고 하면 『염철론』은 사료적 가치가 없는 것처럼 생각될 수 있
지만, 반드시 그렇지는 않다. 몇 가지 창작 부분이 있기는 하지만 그
부분은 제한적이며, 그것이 토대 혹은 기초로 삼은 바가 있기 때문이

---

36) 西嶋定生, 「武帝の死 -『鹽鐵論』の政治史的背景」, 『古代史講座』, 學生社,
    1963.

다.『염철론』을 접할 때는 이 책의 성질, 즉 이 책은 의논 기록이 아니라 桓寬의 저서라는 사실을 잊어서는 안 된다. 예컨대 대부의 말에 대해서 말하면, 桓寬이 묘사한 '桑弘羊'의 말이라고 보는 신중함이 필요하다.

　『염철론』이 桓寬의 창작을 포함한 제 자료의 편찬물이었다고 한다면 그럼 왜 그는 그러한 책을 썼던 것일까? 집필 의도를 고려해 보는 것도 이 책의 성질을 아는 데 참고가 될 것이다.

　그는「雜論篇」에서

當此之時　豪俊竝進　四方輻湊　賢良茂陵唐生文學魯萬生之倫　六十餘人　咸聚闕庭　舒六藝之諷（盧云漢書作風）論太（盧云漢書陳治）平之原　智者贊其慮　仁者明其施　勇者見其斷　辯者陳（盧云漢書騁）其詞　閨閨焉　侃侃焉[37]

이라고 하여 朱子伯인 인물이 했다는 말을 실어 賢良・文學의 활약을 기록한 후,

然蔽於雲霧　終廢而不行　悲夫[38]

라고 기술하고 있다. 이것을 보면, 그들이 주장한 전매폐지를 비롯한 다방면에 걸친 의견이 거의 실행에 옮겨지지 않은 데 대해 유감으로 생각하여 썼다고 이해된다.

　이 기록은 그러한 의미에서 남기고 싶었던 것이 아닐까? 또 거의 실행되지 않았기 때문에 잊혀지게 될 文學들의 주장이나 활약도 전해 둘 필요가 있지 않았을까? 이러한 필자의 생각과는 달리 班固는『염철론』이 단순한 기록이 아니라 '一家의 法'을 행하려 했다는 평가를 내리고

---

37)『鹽鐵論』卷10, 雜論　第60.
38)『鹽鐵論』卷10, 雜論　第60.

있어『염철론』의 또 다른 모습을 생각할 수 있게 한다.

결국 어떠한 주장이든『염철론』을 桓寬의 저서로 이해하고 있다는 점에서는 동일하다. 필자도 마찬가지로 생각하기에 집필 의도를「雜論篇」의 기록 이외에서 살펴보기로 하겠다.

우선 이 책이 쓰여진 宣帝時代의 성격을 염두에 두지 않으면 안 된다. 이 시대는 반고가 말한 것처럼, '中興'으로 일컬어지던 시대이다. 이렇게 평가된 이유 가운데 하나는 武帝時代를 이어 우수한 인재가 많이 배출되었으며, 특히 治民에서 역량을 발휘한 사람이 많았기 때문이다. 그것은 宣帝에 대해

常稱曰 庶民所以安其田里而亡歎息愁恨之心者 政平訟理也 與我共此者 其唯良二千石乎![39]

라고 기록되어 있는 것처럼, 선제가 지방을 다스리는 데는 선량한 지방장관이 필요하다고 생각하여 우수한 인재를 구하는 데 노력했기 때문이다. 주지하듯이 宣帝時代 治民의 특징은 무제시대의 酷吏와 대조되는 循吏에 있다. 그들은 빈궁자 扶助와 富民을 기본방침으로 삼고 섬세하고 치밀한 지도를 취지로 하는 지방관이었다. 이 같은 循吏의 존재는『염철론』에서 문학의 주장, 즉 백성들을 경제적으로 안정시키고 禮로써 敎化하여 다스려야 한다는 생각과 통하는 것이 있다.

그러나 현실은 문학의 이상과는 크게 차이가 있었다.

주지하는 바와 같이 宣帝 정치는 王覇를 교체시킨다고 하는 漢家의 제도를 답습한 것으로, 그러한 의미에서 武帝적인 색채가 농후한 것이었다. 循吏의 활약은 유가적 통치의 추진으로 보이지만, 이것은 어디까지나 地方에 한해서이고 선제 자신은 오히려 그 같은 방법을 멀리하였다. 예를 들면 선제 때의 博士 · 諫大夫 출신인 王吉은 "선제는 본디 무

---

39)『漢書』卷89, 循吏傳 第59.

제의 故事를 닦고, 宮室車服은 昭帝보다 盛하였다. 이 때에 외척 許·史·王 씨가 총애를 받고, 上躬들이 정사에 친밀해 能吏를 임용"하는 현상을 걱정하여, 첫째 관료로는 가족이나 친한 친구가 아닌 賢者를 임용할 것, 둘째 황제 스스로 검약에 노력하여 천하의 규범으로 삼아야 하며 그렇게 하면 백성들도 아울러서 농업에 힘쓸 것이라고 기술하였다. 그러나 이에 대한 宣帝의 평가는 "그의 말은 사정에 어둡고 실용에 적합하지 않다", 즉 한 마디로 비현실적이라는 것이었다. 이러한 선제의 정치에 불만을 갖는 관료도 있었던 모양이다. 이것을 나타낸 예로서『漢書』楊惲傳을 정리해 보면 다음과 같다.

그[楊惲]는 昭帝時代에 霍光의 후원을 얻어 어사대부와 승상이 되었던 楊敞의 아들로, 어머니는 司馬遷의 딸이다. 학문적인 재능도 있고 廉潔無私이었다고 하지만, 교만하고 刻害하는 면도 갖고 있었으며 戴長樂이란 자의 말을 계기로 벼슬을 그만두게 되었다. 그 후 그는 "집에 居하면서 産業을 다스리고, 집안을 일으켜 재물로써 스스로를 즐기고 있는데, 얼마 후 兄의 아들 譚이 또 채용되겠지요"라는 위로의 말에 대해서 惲은 "縣官을 위해 힘을 다하는 것은 족하지 못하다"고 答하고, 譚도 "縣官은 실로 그러하다. 蓋司隷·韓馮翊 모두 盡力한 吏인데, 모두 일에 안주하여 주살되었다"고 공감하고 있다. 결국 惲은 황제의 노여움을 사 처형되고, 譚도 벼슬에서 파면되어 庶人으로 강등되었다.40)

대화 가운데 등장한 인물에 대해서 언급해 보면, 우선 蓋寬饒는 강직·고절한 성격으로 봉공을 뜻으로 하였다고 하며 班固도 "詩가 소위 나라의 司直이라 할지라도 더할 수 없다"고 평하고 있다. 그는 선제가 刑法을 이용하여 中書宦官을 신임하는 데 대해 諫하는 上言을 하였다가 皇帝에 의해 吏로 떨어지게 되자 자살하였다. 또 韓延壽는 難治로

---

40)『漢書』卷66, 楊惲傳 第36.

서 유명한 潁川郡의 太守로, 형벌이 아닌 교화로써 백성들을 다스리는 데 성공하였다. 后에 左馮翊이 되었는데, 어떤 사람이 그의 낭비를 고발한 것이 계기가 되어 마침내 棄市되기에 이르렀다. 그러나 그를 사모하는 자가 많아 배웅하는 吏民이 수천에 달하였으며 눈물을 흘리지 않는 자가 거의 없었다고 한다.

宣帝時代의 이러한 상황을 염두에 두고 이제 『염철론』으로 눈을 돌려보자. 이 책의 전편에 걸쳐 풍기는 것은, 현상을 엄히 비판하면서 유가의 입장에 서서 스스로 이상으로 삼는 정치를 펴 대부 앞에서 치졸하는 것이 없는 文學의 자세이다. 大夫와 文學이 백중하게 다투는 장면이 기본적인 경향으로 되어 있는 것도 있다. 또 한 번 주목해야 할 것은 「雜論篇」에 있는 桓寬의 평가이다. 桑弘羊에 대해서는 '可謂博物通士矣'[41]라 하여 그 실력은 인정하고 있지만 道에는 어긋난 행동을 했기 때문에 주살되어도 당연하다고 보고, 또 車丞相에 대해서는 '然攝卿相之位 不引準繩 以道化下 放於利末 不師始古 …… 處非其位 行非其道 果隕其性 以及厥宗'[42]이라고 평가하였다. 또 兩府의 士에 대해서는 '斗筲之人 道諛之徒 何足算哉'[43]라고 하여 上司에 대한 아첨을 통렬히 비판하였다. 어느 것이나 모두 엄하게 쓰여져 있다. 이처럼 유가정치를 강력히 주장함과 동시에 정무 담당자의 무능과 아첨을 비판한 것은, 王吉과 같은 인물이 교화정치가 迂闊하다 하여 면직되고 楊惲으로 하여금 "縣官은 힘을 다하기에 足하지 않다"고 말하게 한 선제의 정치에 대한 불만을 반영한 것은 아닐까? 선제시대라고 하여도 『염철론』이 어느 때 쓰여졌는지는 명확하지 않다. 따라서 여기에서 든 사료 자체는 어쩌면 책이 만들어진 후의 것일지도 모른다. 그러나 문학의 강경한 태도와 桓寬의 엄격한 평가를 고려해 보면, 그가 이 책을 쓴 것은

---

41) 『鹽鐵論』 卷10, 雜論 第60.
42) 『鹽鐵論』 卷10, 雜論 第60.
43) 『鹽鐵論』 卷10, 雜論 第60.

단순히 文學의 활약을 잊어버리고 싶지 않아서가 아니라 스스로 몸으로써 느낀 불만 때문이라고 생각되며, 그 의도를 宣帝政治에서 구하여 보았다. 이 역시 하나의 추론일지 모르지만 桓寬의 『염철론』을 읽을 때는 이 책이 편찬물이며 아울러 宣帝時代라고 하는 시대적 배경 하에 쓰여졌다는 사실을 잊어서는 안 될 것이다.

바이마르 공화국 헌법

馬 碩 漢[*]

1. 머리말

바이마르 공화국의 헌법은 그 동안 역사학자의 큰 관심을 모으지 못하였다. 그 이유는 여러 가지가 있을 수 있으나, 가장 큰 이유는 바이마르 공화국의 붕괴와 더불어 정치적 전면에 나선 독일 나치당과 깊은 관계가 있다. 독일 역사상 최초로 성립되었던 바이마르 민주주의가 붕괴되고, 그 뒤를 이어 나타난 나치 독재정권은 역사상 유례를 찾아볼 수 없는 파괴와 학살을 자행함으로써, 독일의 대외적 이미지를 크게 손상시켰다. 나치정권은 또한 인류 역사에 큰 상처를 안겨준 세계 대전의 도화선을 당긴 이유로 해서 나치시대 역사에 대한 관심은 남다른 바가 있다. 이로 말미암아 상대적으로 바이마르 역사에 대한 연구는 일부 몇 사람의 관심에 의존하고 있는 실정이다. 특히 바이마르 역사에 대한 연구의 대부분은 바이마르 공화국의 붕괴와 히틀러 집권 과정의 연관 관계에 집중되고 있다. 아마 이러한 경향은 앞으로도 큰 변화는 없을 것으로 짐작된다.

이 글에서는 바이마르 공화국이 쇠퇴하게 된 주요 원인 가운데 하나

---

* 철학박사 · 용인대 강사

로 지적되고 있는 헌법 문제를 다루고 있다. 먼저 헌법의 제정 과정을 개괄하고, 이어서 헌법의 주요 조문을 통해 그 내용과 의미를 살펴본다. 다음으로는 바이마르 공화국의 붕괴 원인에 주목하면서 헌법의 문제점을 분석하고, 끝으로 그 동안 독일에서 진행되었던 바이마르 공화국 헌법에 대한 연구의 결과를 토대로 공화국 멸망과 바이마르 헌법과의 관계에 대한 상반된 평가를 요약해 보고자 한다.

2. 바이마르 공화국 헌법의 제정

바이마르 공화국의 헌법 제정은 독일제국의 마지막 수상이었던 바덴(Max von Baden)이 1918년 11월 9일 황제의 퇴위를 공포하면서 약속한 내용이었다.

> 황제는 퇴위를 결정하였다. …… 황제는 에버트 의원을 제국 수상(Reichskanzler)으로 임명하고, 제헌의회 구성을 위해 보통선거의 실시를 선포하며, 이 제헌의회로 하여금 헌법안을 제안하도록 하였다. 이 헌법은 앞으로 독일국가의 기본 형태를 확정하게 될 것이다.1)

1918년 11월 12일 인민대표자회의(Rat der Volksbeauftragten)가 발표한 성명서에서도 헌법 제정을 확인하고 있다. 특히, 인민대표자회의가 발표한 성명서에는 헌법의 기본 원칙이 제시되어 있다.

> 국민 여러분!
> 혁명에 의해 탄생한 정부는 사회주의적 이념에 입각하여 사회주의적 프로그램을 실현한다는 과제를 부여받았다. 혁명정부는 이미 합법적인 절차에 따라 다음을 선포한다……

---

1) *Deutscher Reichsanzeiger Nr. 267*, 9. November 1918.

2. 집회와 결사는 어떠한 제재도 받지 않는다……

3. 일체의 검열을 폐지한다……

4. 언론의 자유를 보장한다……

6. 모든 정치범에 대해서는 사면 조치를 취한다……

9. 전쟁 초에 중단되었던 노동자 보호 규정을 다시 시행한다 ……
   모든 선거에서는 평등·비밀·직접·보통 선거 원칙에 따라, 그
   리고 비례대표제를 토대로 하여 20세 이상의 남녀에게 선거권을
   보장한다……2)

이에 따라 1919년 11월 15일 다수파 사민당(Sozialdemokratische Partei Deutschlands : SPD)의 당수이자 제국 수상이던 에버트 (Friedrich Ebert)는 자유민주주의를 신봉하는 헌법학자 후고 프로이쓰 (Hugo Preß)에게 헌법 기초안을 마련토록 하였다. 이미 에버트의 지시가 있기 하루 전인 11월 14일 후고 프로이쓰는 베를린 신문에 기고한 글에서 새 헌법의 기본 방향을 다음과 같이 역설하고 있다.

과거 권위주의 왕정이 무너진 지 여러 날이 지났다 …… 그러나 과거의 권위주의 국가로 회귀하려는 목소리가 점차 커져 가고 있다. 심지어 독일제국에 대해 비우호적 태도를 취하던 군인들에게서도 이러한 경향이 나타나고 있다. 이러한 현상에 대해 심정적으로는 이해할 수 있지만, 권위주의 국가의 고루함이 바로 왕정이 파산에 직면하고 마침내 붕괴하게 된 근본적 원인이라는 점을 주목한다면, 과거로 돌아가려는 그 어떠한 시도도 결코 이해할 수 없는 것이다. 이러한 회귀의 목소리는 아직도 국민국가가 성립되지 못하고 있는 주된 원인이다 …… 과거 권위주의 국가에서는 시민들의 발언권이 아주 미약하였지만, 현재의 권위주의적 정치 풍토에서는 일반 국민의 발언권은 완전히 고갈되어 버렸다 …… 국민의 편에 서게 된 정부는 이제 국민만이 주된 관심의 대상이다. 이제 정부 존재의 당위성을 신의 은총에서

---

2) *Deutscher Reichsanzeiger Nr. 268*, 12. November 1918.

찾아서는 안 될 것이며, 바로 국민의 사랑을 그 존립의 토대로 삼아야 한다. 그 어떤 경우라도 법이 힘의 근원이 되어야 하며, 법의 힘에 대한 강한 믿음이 요청되는 때이다. 간단히 말하자면 권위주의적 국가로부터의 일대 전환을 의미하는 것이다 …… 이러한 방향으로 나가기 위해 일반 국민의 태도와 지지가 중요하다. 좌우익의 테러가 난무하는 현실에서 벗어나기 위해 국민들 속에서 강한 열정이 솟아날 것이다. 그리고 과거 권위주의 국가가 국민에게 완전한 평등을 부여하지 않았음에도 국민들이 머리를 숙임으로써 결과적으로 국민이 고통을 겪었던 것과 같이 새로운 권위주의에 머리를 굽히려는 나약함을 보여서는 안 될 것이다. 우리 국민들은 반동적 몸부림에 자신을 내맡겨서는 안 된다. 새로운 세력과 손을 맞잡고 대등한 동지의 자격으로 함께 전진해야 한다. 어떤 특정한 계급이나 집단, 정당 그리고 신분 계층이 아닌 독일 국민 전체가 민주적 선거를 통해 선출한 독일 국민의회만이 우리를 대표할 수 있는 것이며, 이를 통해 우리는 독일 국민국가를 이룩해 낼 수 있는 것이다. 국민의회는 하루빨리 국민국가를 이룩하여, 말로 다 할 수 없이 좌절감에 빠진 불쌍한 우리 국민들을 더 이상 비참한 상태로 방치해서는 안 될 것이다. 한시바삐 사회적 진보를 이루겠다는 마음가짐을 통해 민주주의가 실현되어야 할 것이며, 이는 계급투쟁이나 하나의 사회 계층이 다른 계층을 억압함으로써 이루어져서는 결코 안 된다. 모든 독일국민의 협력과 평등을 통해 달성해야만 한다. 앞으로 우리가 제정하게 될 헌법에도 우리의 이러한 노력들이 반드시 명시되어야 한다. 독일 국민의회에 대한 우리의 선택은 결국 민주주의냐 볼셰비즘이냐에 대한 태도가 되는 것이다.[3]

이 기고문에서 프로이쓰가 강조하고 있는 헌법 제정의 기본 이념은 다음 네 가지로 요약해 볼 수 있다.

---

3) G.A. Ritter, S. Miller, *Die deutsche Revolution 1918-19*, 2. erw. Aufl. Hamburg 1975, S. 278ff.

첫째, 국가의 권력은 국민에게서 비롯된다는 국민주권 사상

둘째, 과거의 신분제 사회를 거부하고 모든 독일국민의 평등을 강조하는 평등사상4)

셋째, 제국의회(Reichstag)를 유일한 국민 대표기관으로 인정하는 의회주의 정신

넷째, 권위주의를 거부하고 법에 기초한 정치를 강조하는 법치주의 정신

이러한 프로이쓰의 기본 정신에 따라 헌법 초안이 12월에 완성되었다. 이 초안이 정부 대표와 대학 교수로 이루어진 위원회에서 상세하게 논의되었고, 이듬해 2월 중순부터 헌법 초안에 대한 의회의 심의가 시작되었다. 그러나 헌법 제정의 기본 방침이 이미 결정된 상태였기 때문에, 실제 심의 과정에서는 격렬한 논쟁이나 충돌이 거의 없었다. 즉, 이미 공화국 체제와 의회민주주의라는 확고한 원칙이 마련되어 있었고, 순수한 의회주의 대신에 강력한 권한을 갖는 대통령을 신설한다는 기본 방침이 이미 정해져 있었던 것이다. 다만 남부 독일에서 중앙집권적 권력구조에 대해 저항을 함으로써, 연방국가적 성격이 다소 강화되는 정도의 개정 작업이 있었을 뿐이다. 또한 당시 독일국민은 헌법에 대해 큰 관심을 보이지 않았다. 전후 평화조약의 서명 문제가 당시 최대의 관심사였던 것이다. 이러한 시대적 상황으로 인해 헌법 제정은 큰 어려움이 없이 비교적 빠르게 진행되었다.

주정부(州政府) 대표로 이루어진 연방위원회(der Staatenausschuß)와 중앙정부의 협의를 걸쳐 1919년 2월 10일 「국가 권력에 관한 임시법(Gesetz über die vorläufige Reichsgewalt)」5)이 발효됨으로써, 이미

---

4) 후고 프로이쓰가 주장하는 평등사상에는 독일제국 시절부터 유지되어 오던 프로이센의 우월적 지위를 부정하고, 모든 州가 동등한 법적 지위를 갖도록 하려는 뜻도 담겨 있다고 볼 수 있다.

5) 이 임시법을 근거로 1919년 2월 11일 사민당의 에버트(F. Ebert)가 절대다수의 지지를 받아 초대 대통령으로 선출되었고, 선출된 대통령에 의해 내각이

헌법의 일부 내용이 시행되고 있었던 상황이었다. 하지만 공식적으로
는 1919년 7월 31일 찬성 262표, 반대 75표로 헌법이 통과되었고, 같은
해 8월 11일 에버트 대통령의 서명을 받아 발효되었다. 이로써 바이마
르 헌법이 탄생되었다.6)

3. 바이마르 헌법의 주요 내용

앞에서 인용하였던 프로이쓰의 신문 기고문에서 보았듯이, 바이마르
헌법의 정초가 된 기본 이념은 첫째 자유, 둘째 평등, 셋째 평화, 그리
고 마지막으로 사회적 발전을 꼽을 수 있다. 이러한 이념에 따라 마련
된 바이마르 헌법의 대체적인 모습을 우선 1919년 2월 24일 헌법 초안
을 의회에 제출하면서 실시한 프로이쓰의 의회 연설문을 통해 살펴보
기로 한다.

> 독일국민의 自決에 의한 국가 건설이라는 기본 원칙이 독일 역사상
> 최초로 실현되었다. 국가의 권력은 국민으로부터 나온다-이것이 바
> 이마르 헌법의 기본 정신이다 …… 귀족의 연합이나 독립국가들의 연
> 합도 새로운 헌법의 출발점이 될 수 없으며, 오직 독일국민 전체가
> 스스로 조직하는 국가가 되어야 한다……
> 헌법 초안에는 제국의회와 더불어 국민의 직접투표에 의해 선출된
> 대통령을 두기로 하였다 …… 대통령이 7천만 독일국민을 대표한다
> 는 점에 대해서는 긴 설명이 필요하지 않다고 본다 …… 다만 여기서

구성되었다. 내각은 사민당이 50%의 지분을, 그리고 중앙당과 민주당이 나머
지 50%의 지분을 약속받았다. 이에 따라 1919년 2월 13일 의회에 내각명단이
제출되었다. 이로써 혁명은 완결되었고, 공화국의 기초가 성립되었다.

6) 당시 국내의 정치적 소요가 위험 수위에 이르렀기 때문에 의회는 베를린에서
바이마르로 옮겨 소집되었고, 대통령 선거 이후에도 헌법제정을 위해 제국의
회는 계속해서 바이마르에 머물고 있었다. 이러한 이유로 1919년 7월 31일
제헌의회에서 통과된 헌법을 ‘바이마르 헌법’이라고 부르게 되었다.

언급하고자 하는 것은 국민의 직접투표에 의해 구성된 제국의회와 더불어 민주적 절차에 따른 강력한 대통령의 권한을 보장하고 있다는 점이다. 의회제도는 …… 이러한 권력의 조화에 필요한 전제조건이라고 나는 생각한다……

대통령에게는 제국의회를 해산할 수 있는 권한이 부여되며, 이는 대통령이 유권자에게 직접 호소함을 뜻하는 것이다. 하지만 의회에게도 대통령과 관련해서 국민에게 직접 호소할 수 있는 권한을 부여할 필요가 있다고 본다. 이는 상호보완적이며 상호협조 속에서 의회나 대통령직이 유지될 수 있도록 한 것이다……

대통령의 가장 중요한 기능은 내각 구성으로, 내각 구성은 먼저 수상이 제청하는 절차가 선행된다. 수상이 정치적 책임의 유일한 擔持者가 아니고 행정부서의 長인 장관(Reichsminister)이 책임지도록 한다……

내각은 의회의 신임을 통해 유지된다. 의회가 불신임을 의결하는 경우 내각은 사퇴해야 한다 …… 의회제도 하에서 의회가 행정부에 행사하는 직접적인 영향력은 의회에게도 신선한 정치를 가능토록 해 주며, 의회에 의해 정치지도자를 선택할 수 있도록 해 준다……7)

먼저 全文 내용을 보면, '전 민족이 하나가 되어 자유롭고 평등한 제국을 새롭게 이루고 이를 확립하려는 의지'를 밝힘으로써 개헌 취지 혹은 목적을 분명히 하고 있다. 이 전문을 제외한 바이마르 헌법은 크게 두 부분으로 나누어져 있다. 첫째 부분은 1조에서 108조까지로 국가 권력관계에 대한 규정을 담고 있다. 국가의 권력구조와 상호관계 등에 관한 제반 규정들이 명시되어 있다. 109조에서 165조까지의 둘째 부분은 기본권과 관계되는 것으로, 독일국민의 기본적 권리와 의무 관계에 대해 명기하고 있다.

프로이쓰가 마련한 초안을 토대로 이루어진 바이마르 헌법은 1848

---

7) E. Heilfron (Hrsg.), *Die deutsche Nationalversammlung im Jahre 1919*, Bd. 2, S. 676ff.

·1849년의 혁명정신에 담겨 있던 자유민주적 전통을 계승하고 있다. 따라서 언론·출판·결사의 자유와 같은 전통적 의미의 자유주의적 개인 권리 이외에 사회적 기본권을 새로이 도입하였다. 사회적 기본권에 대한 법조문은 사회 및 국가에 대한 법률에 우회적으로 담겨 있다. 이에 따르면 소수 집단과 사회적 약자는 폭력으로부터 보호를 받을 수 있도록 되어 있다. 그러나 당시에 이러한 기본권은 개인적인 법률로 인식되고 있었기 때문에, 바이마르 헌법은 국민의 기본권에 대해 매우 추상적·포괄적으로 규정하고 있으며, 부분적으로는 선언적 의미만을 갖는 경우도 있다. 예를 들어보면, 헌법 165조에서는 노동자의 임금교섭권을 보장하고 있다. 그러나 이를 위한 구체적인 규정이 없이 교섭권 보장을 선언하고 있을 뿐이다.

제165조 : 노동자와 사무직 피고용자는 사용자와 동등하게 임금과 근로조건에 대한 결정에 참여할 수 있다.

이 글에서는 바이마르 헌법과 공화국 멸망의 관계에 초점을 두고 있는 까닭에, 논란의 중심이 되는 제1부의 권력구조에 대한 규정으로 제한해서 살펴보고자 한다. 먼저 헌법 제1부의 주요 조문을 열거해 보면,

제1조 : 독일제국은 공화국이다. 국가의 권력은 국민으로부터 비롯된다.
제20조 : 제국의회는 독일국민의 대표자로 구성된다.
제21조 : 제국의회 의원은 국민 전체를 대표한다. 제국의회 의원은 자신의 양심에 따른다……
제22조 : 제국의회 의원은 20세 이상의 남녀 성인에 의한 보통·평등·직접·비밀 선거를 통해 비례대표 원칙에 의거하여 선출한다.
제23조 : 제국의회는 4년을 임기로 선출한다. 늦어도 임기 만료 60일 전에 새로운 선거를 실시한다. 제국의회의 첫 소집은 늦어도 선거

후 30일까지로 한다.

제25조 : 제국의 대통령은 의회를 해산할 수 있지만, 동일한 사안에 대
해서는 단 한 차례의 해산권만을 허용한다. 새로운 선거는 늦어도
의회 해산 후 60일 이내에 실시한다.

제41조 : 제국의 대통령은 전 독일국민에 의해 선출한다. 만 35세 이상
인 성인에게는 대통령 피선거권이 주어진다.

제43조 : 대통령의 임기는 7년으로 하며, 재선은 허용된다. 대통령 임기
만료 전에 제국의회의 발의와 국민투표에 의해 대통령직을 중단할
수 있다. 대통령 해임안은 제국의회의 2/3 이상을 요구한다.

제47조 : 대통령은 국군 최고 통수권을 갖는다.

제48조 : 주정부가 헌법과 법률이 정한 의무를 성실히 수행하지 않을
경우에 대통령은 이를 중단시킬 수 있으며, 이 때 공권력을 사용할
수 있다. 사회의 안녕과 질서를 파괴하거나 위협하는 경우, 대통령
은 사회안정과 질서를 회복하기 위해 필요한 조치를 취할 수 있으
며, 필요한 경우 공권력의 도움을 받을 수 있다. 이 목적을 위해 대
통령은 헌법 114조, 115조, 118조, 123조, 124조 및 153조에 명시된
기본권을 전부 또는 부분적으로 제한할 수 있다. 헌법 48조 1항과 2
항에 의거해서 취한 조치에 대해 대통령은 즉각 의회에 알릴 의무가
있다. 대통령의 이러한 조치는 의회의 요구가 있을 때에는 철회해야
한다.

제53조 : 제국 수상과 그의 제청을 받은 제국 장관은 대통령이 임명 또
는 해임한다.

제54조 : 제국 수상과 제국 장관은 제국의회의 신임을 필요로 한다. 제
국의회로부터 불신임을 받는 경우에는 제국 수상과 제국 장관은 해
임된다.

제56조 : 제국 수상은 정책노선을 결정하며, 자신이 결정한 정책에 대
해서는 제국의회에 대해 책임진다. 이 정책 방향 내에서 각 행정부
의 제국 장관들은 자율적으로 자신의 임무를 수행하며 그에 대해서
는 의회에 대해 책임을 진다.[8]

---

8) *Reichsgesetzblatt 1919*, S. 1383~1418.

바이마르 헌법에 담겨 있는 핵심 내용을 정리해 보면 다음과 같다.

독일은 연방국가의 체제를 지닌다.
국민주권 정신에 따라 각 주의 자주권은 인정하지 않는다.
중앙정부는 각 주정부의 상위기관이다.
제국의회는 국민의 대표기관이다.
입법부와 행정부는 동등한 지위를 갖는다.
대통령은 내각구성과 의회해산권을 갖는다.
연방이사회는 각 주의 대표자로 구성한다.

바이마르 헌법에서는 제국(Reich)라는 표현을 사용하고 있다. 이는 바이마르 공화국이 과거의 독일제국을 완전히 거부하는 것이 아니라, 이를 계승·발전한 국가로 독일제국 시대의 통일국가를 계속 유지하려는 뜻이 담긴 것으로 이해된다. 이는 또한 독일제국과 바이마르 공화국 사이의 아이덴티티를 표현함으로써, 새로운 국가의 정통성을 확립하고 보수세력으로부터의 지지를 이끌어 내려는 의도가 담긴 것으로도 보인다.

바이마르 헌법에는 국가의 권력이 국민에게서 비롯됨을 천명함으로써, 각 연방의 각국들에게는 주권이 없음을 분명히 하고 있다. 따라서 주정부의 권한은 상대적으로 약화되어 과거와 같은 철도 및 체신에 대한 주정부의 자치권이 연방정부로 이관되었다. 또한 연방법이 각 주가 마련한 자체 법령보다 상위법임을 규정하고 있는데, 이에 따라 왕정복고를 꾀하는 일부 주정부의 시도는 불법행위임을 암시하고 있다. 한편, 주정부가 갖고 있던 租稅權의 상당 부문이 연방정부에 귀속됨에 따라, 주정부는 재정적으로 연방정부에 의존할 수밖에 없게 되었다. 결국 중앙정부의 권한이 확대된 반면, 주정부의 권한은 상대적으로 약화되었다.

바이마르 헌법은 대통령에게 막강한 권한(Diktaturgewalt)을 부여하고 있다. 먼저 제국의회가 국가의 안전을 위협하는 경우, 이를 해산할 수 있는 권한이 주어졌다. 또한 내각 임명권과 해임권도 대통령이 갖게 되었으며, 주정부가 중앙정부에 반하는 입장을 추진할 경우, 대통령은 강제명령권을 행사하여 이를 저지할 수 있게 되었다. 따라서 대통령은 강력한 위치를 차지하게 되어 '대리황제(Ersatzkaiser)'로 간주되었다.

연방이사회(Reichsrat)는 각 주의 대표로 구성되며, 주정부의 이익을 합법적으로 대변할 수 있다. 한편, 입법부와 행정부가 대등한 관계를 유지하며, 양 권력 기관 간에 충돌이 있을 때는 국민투표로 결정하도록 되어 있다. 이는 바이마르 공화국이 비록 중앙집권국가를 지향하고 있으나, 전통적으로 분권적 성향이 강한 주정부의 반발에 따른 절충안으로 보인다.

끝으로 바이마르 헌법에서 각 정파 간에 가장 논란이 있던 부분은 헌법 3조의 바이마르 공화국 국기에 관한 규정이었다. 1848년에 제정된 헌법에 따르면 독일국기는 흑·적·황의 삼색으로 되어 있었다. 이 전통을 계승하려는 공화국 대표자들은 흑·적·황 삼색의 국기를 국가의 상징으로 삼고자 하였다. 그러나 보수세력은 독일제국 시절에 사용하던 흑·적·백으로 된 삼색 국기의 계속적 사용을 요구하였다. 따라서 헌법 3조에는 이 양측의 입장을 절충하여, 공화국 국기는 흑·적·황 삼색을 사용하고, 무역선에 한해서는 흑·적·백의 제국 국기를 사용하되 국기 윗부분 한쪽 모퉁이에 공화국 국기를 삽입한다는 타협점을 찾았다. 비록 국기에 대한 왕정 지지세력과 공화국 지지세력과의 논쟁은 나름대로 합일점을 찾기는 하였으나, 바이마르 공화국 내내 이 국기 논쟁은 끊이질 않았다. 이 국기 문제로 인한 갈등은 바이마르 공화국 사회가 극심하게 양극화됨에 따라 더욱 증폭되어 가고 있었다.

4. 바이마르 헌법의 문제점

바이마르 공화국 헌법의 구조적 모순에 대한 논의는 크게 두 가지
점에 집중되고 있다. 먼저 의회주의와 대통령제라는 이중구조와 비례
대표제에 대한 문제로 정리할 수 있다. 이 두 가지 점에 집중하여 바이
마르 헌법이 갖는 문제점을 살펴보기로 한다.

바이마르 헌법은 제헌 과정에 참여했던 여러 정당 간의 합의적 성격
을 갖는다.9) 당시 상황에서는 여러 정치 노선을 표방하는 다양한 정파
및 부르주아적 중립세력으로부터 공화국 체제에 대한 동의를 이끌어
내는 것이 보다 중요한 과제였던 것이다.10) 이에 따라 순수한 의회주
의에 대해 회의적이던 민주당(Deutsche Demokratie Partei : DDP)의
영향으로 의회를 견제하고 권력분산을 위해 대통령직이 설치되었다.

---

9) 당시의 대표적인 정당의 기본 입장을 살펴보면 다음과 같다.
- 공산당 : 노동자와 농민의 생계 문제를 논의하기 위해 그 어느 곳에서도
  자본가 이외에 임금노동자가 참여한 적이 없고, 지주 이외에 농민이 참여
  했던 적이 없다. 수백만 프롤레타리아 인민이 국가의 모든 권력을 장악할
  때, 그 때만이 국민을 기만하지 않는 참된 민주주의가 존재할 수 있다
  (Aufruf des Sparakusbundes, des Kerns der späteren KPD, 14. 12. 1918).
- 국민당 : 왕정체제는 독일의 발전에 부합한다. 정당보다도 왕정이 가장 확
  실하게 독일 통일을 보장할 수 있다……독일제국을 위해 우리는 호엔쯔른
  가를 중심으로 하는 개혁에 전념할 것이다(Grundsätze der DNVP vom 9.
  4. 1920).
- 인민당 : 우리 당은 독일제국의 재건을 위해 모든 노력을 경주할 것이다.
  다만 지금의 국가체제의 법적 테두리 안에서 합심할 것이다……(그러나)
  우리 당은 국민의 자유롭고 합법적인 결정에 따라 전 독일민족을 위해 독
  일 역사와 본질에 가장 부합하는 통일국가 형태인 제정국가에 주목할 것이
  다(Grundsätze der DVP vom 19. 10. 1919).
- 중앙당 : 주권을 가진 독일 국민은 국가발전에 대한 책임감을 지녀야 한다.
  따라서 모든 국민은 나라의 일에 자발적으로 참여해야 한다. 특정 계층이
  나 계급에 의한 독재는 민주주의 이념에 결코 부합될 수 없다(Richtlinien
  der deutschen Zentrumspartei 1923).
10) H.A. Winkler, *Preußischer Liberalismus und deutscher Nationalstaat*,
Tübingen, 1964, S. 122.

한편, 가톨릭을 신봉하는 중앙당(Deutsche Zentrumspartei : Zentrum)의 경우 교회와 국가의 비분리 원칙을 관철시킬 수 있었다. 따라서 교회는 법인체로서 국가의 보호를 받게 되었고 교회세 징수와 학교에서의 종교교육 실시라는 나름대로의 소득을 얻을 수 있었다. 그리고 앞서 말한 '제국'이라는 명칭을 계속 사용하기로 한 것, 헌법 3조의 국기에 관한 규정, 그리고 연방이사회의 설치 등은 모두 바이마르 헌법의 합의적 성격을 분명하게 해 준다. 이렇듯 여러 정당의 이해관계가 반영됨에 따라 바이마르 공화국이 의회주의를 표방했음에도 불구하고 강력한 대통령의 지위를 보장하는 이중 형태의 정부구조가 성립되었다.

여기서 이중구조는 두 가지 의미를 지닌다. 하나는 의회와 대통령에 의해 행정부가 이중구조로 이루어졌다는 점과 다른 한편으로는 중앙정부와 주정부와의 충돌에 따른 정치적 대립이 심화되었음을 뜻한다. 먼저 바이마르 헌법은 의회주의를 표방했음에도 불구하고, 실제적인 면에서는 오히려 대통령제의 특성이 보다 강하게 나타났다. 헌법 48조에 의해 대통령은 '합법적 독재자'가 될 개연성이 있었으며, 이 개연성은 이미 에버트 대통령 시절부터 현실로 나타나기도 하였다.11) 또한 대통령에게 주어진 독재적 권한으로 인해 1930년부터는 대통령이 '대리 입법부'의 역할도 하였던 것이다. 아울러 바이마르 헌법에서는 불신임권 행사에 대한 구체적인 내용이 없어, 대통령의 불신임 권한이 자의적이고 포괄적으로 남용되는 사례가 빈번하였다.

프로이센의 우월적 지위를 격하시키려던 혁명 초기의 개혁조치는 호엔쫄른 가에 우호적인 입장을 취하고 있는 정당과 단체의 저항에 직면하여 거의 이루어지지 않았다. 이로 인해 중앙집권제를 지지하는 세력과 연방주의를 지지하던 세력 간의 긴장이 고조되고 있었다. 특히,

---

11) 에버트가 대통령으로 있으면서 사회질서 회복과 빈곤퇴치의 명목으로 총 135 차례에 걸쳐 헌법 48조에 의거한 법령을 공포하였다.

독일제국 시절 우월한 지위에 있던 프로이센과 바이마르 공화국 중앙
정부와의 충돌이 점증되고 있었다. 따라서 과거로 회귀하려는 세력이
꾸준히 성장할 수 있었다. 심지어 노동단체조차도 새로운 질서에 대해
유보적인 태도를 보이고 있었다.

한편, 비례대표제를 근간으로 하는 선거법도 정당들의 이해관계가
반영된 것으로 해석되고 있다. 사회민주당(Sozialdemokratische Partei
Deutschlands)의 입장에서는 다수결 제도를 비례대표제로 바꾸기 위
해 오랫동안 노력하였던 까닭에 바이마르 헌법에 비례대표제가 도입
된 것은 지극히 당연한 것으로 생각되었다. 부르주아 정당도 이 비례
대표제를 지지하였다. 즉 이들은 당시의 상황으로 볼 때, 사회민주당의
독주를 막기 위해서 기존의 다수결 방식보다는 비례대표제가 더 유리
하다고 판단한 까닭이다.

바이마르 공화국이 정당정치를 기본 전제로 하고 있음에도 불구하
고 헌법에서는 정당에 대한 규정이 마련되어 있질 않았다. 정당들은
정부에 끼친 영향력이 강력하였음에도, 그에 대한 정치적 책임은 회피
하려고 하였다. 즉, 정당에 대한 법적 규제가 마련되지 않은 상황에서
바이마르 헌법이 규정하고 있는 비례대표제는 수많은 군소 정당을 난
립하게 하는 결과를 낳고 말았다. 또한 국민에 의한 직접 선거는 각 정
당이나 정치가의 선동정치 수단으로 악용되기도 하였던 것이다.

4. 바이마르 헌법에 대한 연구와 평가

1) 연구 현황[12]

바이마르 헌법에 대한 연구는 만족스럽지 못한 수준으로 평가받고

---

12) 바이마르 헌법에 대한 연구 현황은 E. Kolb, *Die Weimarer Republik*,
München, 1993, 169~182쪽을 참고하였다.

있다. 하지만 몇몇 주제에 대해서는 나름대로의 연구성과가 없었던 것
은 아니다. 예를 들자면, 쉬퍼스(R. Schifers)는 바이마르 헌법 가운데
투표제도의 제정 과정에 대해 상세히 연구한 바 있으며[13], 슐츠(G.
Schulz)[14]와 아이머스(E. Eimers)[15] 그리고 벤츠(W. Benz)[16]는 혁명
초기 공화국과 각 주정부들 간의 관계를 규명하고자 노력하였다. 이들
은 이 밖에도 헌법 제정 과정에서 각 주정부가 어떠한 역할을 하였는
가에 대해서도 관심을 갖고 연구하였다. 포르트너(E. Portner)[17]와 알
버틴(L. Albertin)[18]은 자유주의자들이 제시한 헌법안에 대해 연구하
였으며, 모세이(R. Mosey)[19]는 중앙당의 헌법안을 그리고 포트호프
(H. Potthoff)[20]와 베스트링(S. Vestring)[21]은 헌법 심의 과정에서 나
타난 좌파의 입장을 정리하였다. 한편 몸젠(W.J. Mommsen)은 헌법

---

13) R. Schifers, *Elemente direkter Demokratie im Weimarer Regierungs-
    system*, Düsseldorf, 1971.
14) G. Schulz, *Zwischen Demokratie und Diktatur, Verfassungspolitik und
    Reichsreform in der Weimarer Republik*, Bd. 1 ; *Die Periode der
    Konsolidierung und der Revision des Bismarkschen Reichsaufbaus
    1919-1930*, Berlin, 1963, Bd. 2 ; *Deutschlad am Vorabend der Großen
    Krise*, Berlin · New York, 1987 und Bd. 3 ; *Von Brünig zu Hitler. Der
    Wandel des politischen Systems im Deutschland 1930-1933*, Berlin · New
    York, 1992.
15) E. Eimers, *Das Verhältnis von Preußen und Reich in den ersten Jahren
    der Weimarer Republik (1918-1923)*, Berlin, 1969.
16) W. Benz, *Süddeutschland in der Weimarer Republik. Ein Beitrag zur
    deutschen Innenpolitik 1918-1923*, Berlin, 1970.
17) E. Portner, *Die Verfassungspolitik der Liberalen 1919*, Bonn, 1973.
18) L. Albertin, *Liberalismus und Demokratie am Anfang der Weimarer
    Republik. Eine vergleichende Analyse der Deutschen Demokratischen
    Partei und der Deutschen Volkspartei*, Düsseldorf, 1972.
19) R. Morsey, *Die Deutsche Zentrumspartei 1917-1923*, Düsseldorf, 1966.
20) H. Potthoff, Das Weimarer Verfassungswerk und die deutsche Linke, in :
    Archiv für Sozialgeschichte 12 (1972), S. 433~483.
21) S. Vestring, *Die Mehrheitssozialdemokratie und die Entstehung der
    Reichsverfassung von Weimarer 1918/19*, Münster, 1987.

시안을 심의하는 과정에 참여한 막스 베버(Max Weber)의 역할을 세밀하게 분석하기도 하였다.22) 국민의 직선에 의해 임명되는 대통령직이 헌법에 포함되는 배경을 공화국 정부와 주정부 간의 대립을 중심으로 파악하려는 노력도 있었다. 즉, 순수한 의회주의로 인해 권력이 의회로 집중되는 것을 우려하여 권력분산에 깊은 관심을 갖고 있던 자유주의자에 의해 헌법 시안은 마련되었다. 이러한 의회제도와 대통령제가 혼합된 헌법 제정에 대해 다수파 사민당은 대처를 하지 못하였다. 다수파 사민당 내에 혼합형 헌법안에 대해 많은 비판의 목소리가 있었으나, 당시 사민당 단독으로 헌법안을 처리할 수 없는 상황으로 인해 이 혼합형 헌법안을 수용할 수밖에 없었던 것이다.

한편, 정치권 밖에서 헌법에 대해 논의하였던 내용, 그리고 각 정당 내에서 있었던 헌법 논의 및 주요 헌법 조문의 성립 과정에 대해서는 거의 연구가 없는 실정이다. 특히, 헌법 48조가 만들어지게 된 경위에 대해서는 1992년 쿠르츠(A. Kurz)의 연구23)를 제외하고는 주목할 만한 연구가 없다. 그 밖에도 바이마르 헌법의 정초를 마련한 후고 프이쓰에 대한 체계적인 연구도 시급한 상황이다.

지금까지의 바이마르 공화국에 대한 연구에서 주요 관심 대상은 앞서 말한 대로 바이마르 헌법과 공화국 붕괴의 인과관계에 집중되었다. 그리고 이 인과관계에 대한 설명은 다음의 몇 가지로 나누어 볼 수 있다.

2) 헌법 48조

제헌의회에서 헌법 48조를 채택한 당시는 좌파세력에 의한 소요 사

---

22) W.J. Mommsen, *Max Weber und die deutsche Politik 1890-1920*, Tübingen, 1959, 1974.
23) A. Kurz, *Demokratische Didaktur? Auslegung und Handhabung der Artikel 48 der Weimarer Verfassung 1919-1925*, Berlin, 1992.

태로 긴박한 상황이었으며, 각 주정부나 주의회가 공화국 정부와는 다른 노선을 채택할 가능성이 높았던 시기였다. 따라서 국내의 질서 유지와 연방정부의 통제력을 강화한다는 의미에서 헌법 48조가 정해져 대통령에게 비상 계엄권이 주어진 것이었다. 사실상 바이마르 공화국 성립 후 약 3년 간 헌법 48조는 소요와 봉기를 진압하는 데 주로 사용되어, 그 제정 취지에 부합하였다. 그러나 1922~1924년 경제공황 때 대통령의 비상대권은 새로운 양상을 띠게 된다. 수권법[24] 이외에 헌법 48조 2항은 이제 대통령의 긴급명령의 법적 근거를 마련해 주게 된 것이다.[25] 이미 1920년대에 들어서면서 대통령이 선포한 비상령 가운데 대부분이 국가의 비상사태에 대처하기 위해서라기보다는, 오히려 경제 정책에 전용되고 있었다.[26] 에버트가 대통령으로 있던 시절에 이미 대통령의 일방적 권력 행사가 빈번하였고, 법학자들도 거의 예외 없이 이러한 대통령의 권력 행사를 합헌적인 것으로 인정하고 있었다. 그러나 최근의 연구에서는 에버트의 이러한 권력 행사를 비판적으로 보는 견해가 많아지고 있다.

> 긴급조치 가운데 일부는 이미 헌법 48조에 명기된 범위를 넘어섰으며, 이러한 경향은 후에 브뤼닝 내각 시절의 헌법 48조에 대한 남용을 이미 예고하는 것이었다.[27]

의회민주주의와 대통령제라는 이중구조로 인해 정부의 권력이 두

---

24) M. Fenske, *Ermächtigungsgesetzgebung im Deutschen Reich 1914-1933*, Pfaffenweiler, 1985.
25) A. Kurz, a. a. O., S. 152, 157, 193.
26) ebd., S. 146.
27) H. Oberreuter, "Die Norm als Ausnahme. Zum Verfall des Weimarer Verfassungssystems", in : *GWU 35*, 1984, S. 309 ; A. Kurz, a.a.O ; H. Boldt, "Der Artikel 48 der Weimarer Reichsverfassung", in M. Stürmer (Hrsg.), *Die Weimarer Republik, Kömigstein I. T.*, 1980, S. 288~309.

가지 방식으로 행사됨으로써, 정당들은 과반수 의석 확보의 절실함을 별반 느끼질 않았다. 소수 내각을 구성하더라도 강력한 대통령의 지원으로 내각은 존속할 수 있었던 것이다. 이에 따라 각 정당들은 정치적 책임을 가급적 대통령에게 전가하면서 자신들의 정치적 부담을 줄이고자 하였다. 그에 따라 오히려 대통령의 역할은 점점 확대되어 가고 있었다. 결국, 의회 의석의 과반수를 차지한 정당에 의해 내각이 구성되는 일반적인 현상이 바이마르 공화국에서는 나타나질 않게 되었다. 예를 들면, 브뤼닝(H. Brüning) 내각이 발의한 법안이 의회에서 과반수의 지지를 얻지 못하게 되자, 힌덴부르크(P. v. Hindenburg) 대통령은 긴급 법령을 통해 이 법이 효력을 발휘토록 하였다. 이에 대해 1930년 4월 1일 브뤼닝은 "대통령의 지시에 따라 새로운 내각은 어떠한 정당과도 聯政을 하지 않는다"[28]고 선언하였다. 그리고 1932년 5월 30일에 힌덴부르크 대통령이 브뤼닝 수상을 해임하였다. 그러나 이 과정에서 의회가 동의하지 않을 기미를 보이자 힌덴부르크 대통령은 불신임안을 제출도 하지 않은 채 수상을 해임시킨 경우도 있다. 한 가지 예를 더 보자면, 의회가 파펜(F.v. Papen) 내각에 대한 불신임을 거론하자 힌덴부르크 대통령은 곧바로 의회를 해산하였다. 해산 이유에 대해 힌덴부르크 대통령은 "제국의회가 본인이 1932년 9월 4일 내린 비상령을 철회하려고 하기 때문"[29]이라고 하였다. 위의 몇 가지 예에서 보듯이, 헌법 48조는 그 제정의 참뜻에서 벗어나면서 비상령 반포가 일상적이 되고 있었다(표 참조).

	법률	비상령	제국의회 개원일
1930	98	5	94
1931	34	44	41
1932	5	60	13

---

28) *Stenographische Berichte des Reichtags*, Bd., S. 427, S. 4728.
29) *Reichsgesetzblatt 1932*, Teil1, S. 441.

과반수 의석을 확보한 다수당의 내각 구성을 어렵게 만들 개연성에 대해 제헌의원들은 충분히 깨닫지 못한 채, 여러 가지 정치제도로부터 주요한 요소들을 단순히 모아 놓아야 한다고 생각했을 뿐, 의회와 대통령 간의 충돌 가능성과 그 약점에 대해 깊이 논의를 하지 못하였다. 현실적으로 각 정당이 다수 의석을 확보할 수 있는 정치적 역량이 부족하였으며, 또한 효율적인 연립정권을 수립할 수 있는 정치력이 부족하였기 때문에 대통령제가 도입되었고, 그로 인해 대통령의 영향력, 지배력이 강화되었던 것이다. 그러나 다른 한편으로 보면, 당시 바이마르 헌법이 국민투표에 의해 당선된 대통령을 감시인 또는 구제자로 간주하고 있었기 때문에 의회제도가 그 출발부터 약할 수밖에 없었다는 의견도 나오고 있다.[30]

의회제도의 본질적 취약성 때문에 여러 정당 간의 합의를 도출해야 한다는 압력이 강하게 작용하였다.[31]

그리고 이러한 상황 속에서 정당체제는 독일제국 시대와 큰 변화 없이 유지될 수 있었다. 그리하여 만약 의회제도가 제 기능을 발휘하지 못할 경우에는 즉시 대통령이 개입하게 되는 것이었다. 이로 인해,

각 정당들은 정치적 책임이 경감되지만, 이는 동시에 대통령 권한 강화의 원인이자 결과가 되었던 것이다.[32]

3) 비례대표제

---

30) H. Oberreuter, a. a. O., S. 299~323.

31) ebd., S. 314.

32) H.A. Winkler, *Von der Revolution zur Stabilisierung. Arbeiter und Arbeiterbewegung in der Weimarer Republik 1918 bis 1924*, Berlin · Bonn, 1984, S. 235.

혁명정부에 의해 11월 비례대표제도가 발표되어, 제국의회 선거가 이 비례대표제에 따라 실시되었다. 이 비례대표 선거제도의 도입은 일반적인 기대에 부응하는 것이었다. 앞서 말한 대로, 사회민주당의 입장에서는 독일제국 시절부터 비례대표제를 선호하였으며, 부르주아 정당도 사회민주당의 독주를 막고, 일정한 의석을 확보하기 위해서는 비례대표제가 자신들에게 더 유리하다고 판단한 까닭이다. 또한 비례대표제는 비단 독일에서뿐만 아니라 당시 대부분의 유럽 국가에서도 가장 현대적 선거제도로 보고 있었다.

바이마르 공화국 후반기에 이 선거제도의 개선을 위한 논의가 점증하였지만, 바이마르의 선거법에 대한 강한 비판은 1945년 이후에야 비로소 제기되었다. 정치가나 역사학자들은 비례대표제를 바이마르 의회제도가 제 기능을 다하지 못하게 한 원인으로 지목하고 있으며, 나아가 민주주의가 좌절하게 된 책임이 이 선거제도에 있다고 보고 있다. 그들의 주장에 따르면, 이 비례대표제는 많은 정당의 출현을 부추겼으며, 또 기존 정당이 분당하는 현상을 촉진시켰다는 것이다. 이렇게 많은 정당들이 난립함에 따라 연립정부의 구성이 난항을 겪게 되었고, 결국은 의회주의적 내각 구성이 붕괴되기에 이르렀다고 한다. 이러한 비판적 의견을 내놓은 학자 가운데 특히 헤르멘스(F.A. Hermens)는 이 비례대표제가 바이마르 공화국의 좌절에 결정적 원인이었다고 강조하고 있다.[33]

다수결 제도 하에서는 나치당(NSDAP)은 자신의 정치적 의미와 영향력이 미미하였을 것이며, 이미 1930년 이전에 지지세력을 잃고 사양길을 걸었을 가능성도 있다.[34]

---

33) F.A. Hermens, *Demokratie oder Anarchie?*, Frankfurt · M., 1951.
34) ebd., S. 229.

헤르멘스의 이러한 비판에 대해 1950~60년대에는 거의 반론이 없었으며, 1980년대에도 일부에서는 헤르멘스의 견해를 지지하고 있다. 예를 들면 샨바허(E. Schanbacher)는 다음과 같은 주장을 하였다.

비례대표제라는 바이마르 선거법은 1920년 이후 의회선거에서 사회민족주의자들이 승리하는 결정적 동기를 부여하였으며, 그 결과로 히틀러가 1933년 1월 30일에 제국 수상으로 임명되었던 것이다.[35]

그러나 오늘날 헤르멘스의 주장은 그 의미가 거의 없는 것으로 받아들여지고 있다. 유사한 비례대표제를 도입한 서독의 정치적 발전은 비례대표제와 의회제도가 결코 서로 상충되는 것이 아님을 보여주었고, 그에 따라 헤르멘스의 견해는 점차 그 설득력을 잃어가고 있는 것이다.

지금까지 선거제도와 바이마르 민주주의 실패 간의 관계에 대한 연구결과를 요약해 보면 대체로 다음과 같다.

1) 비례대표제 하에서 실시된 선거의 결과를 단순히 다수결 선거제도 상황으로 환산하는 자체가 어려운 것일 뿐만 아니라 많은 문제를 포함하고 있다. 왜냐하면 각 정당의 선거전략은 선거제도에 따라 상당한 차이를 보이리라 짐작되기 때문이다. 휀스케(H. Fenske)는 헤르멘스가 바이마르 정치 상황을 단순하게 다수결이라는 다른 선거제도에 맞추어 생각해 보려는 태도를 비판하고 있다. 즉, 비례대표제에 대한 헤르멘스의 비판은 단지 '상상에 의존할 뿐'이라고 하면서 그의 주장을 폄하하였다.[36]

2) 비례대표제의 부정적 영향은 제도 그 자체의 문제라기보다는 당

---

35) E. Schanbacher, *Parlamentarische Wahlen und Wahlsystem in der Weimarer Republik. Wahlgesetzgebung und Wahlreform im Reich und in den Ländern*, Düsseldorf, 1982, S. 231.

36) H. Fenske, *Wahlrecht und Parteisystem*, Frankfurt, 1972, S. 34.

시 독일국민의 태도 변화에서 기인한다는 주장이 제기되고 있다. 바이마르의 선거법은 급진적 정당이 급성장하게 되는 계기로 볼 수 없고, 오히려 독일국민의 민심 동요가 정당의 지지도에 큰 변화를 초래하였던 것이며, 이러한 상황 하에서는 다수결 선거제도라 하더라도 바이마르 공화국을 위기로부터 구할 수 없었으리라고 보는 것이다.37)

한편 이 대립되는 주장에 대해 중도적 입장을 취하는 학자들도 있었다. 활터(W. Falter)는 다른 선거제도가 사회민족주의의 도약을 저지할 수 없었을지라도, 어느 정도 제동을 걸 수는 있었을 것이라고 주장한다. 그러면서도 활터 자신도 다수결 선거제에서 "나치당이 절대다수를 획득하고 이를 계기로 바이마르 공화국이 종말을 고할 수도 있었을 가능성"을 완전히 배제하지는 않았다.38)

3) 바이마르 시절에 활동하던 군소 정당의 역할이 너무 과장되었음을 주장하는 학자들도 있다. 군소 정당의 난립으로 인해 의회의 정상적인 활동이 방해를 받은 것은 사실이지만, 그것은 거대정당 간의 연립내각 구성 문제로 인해 야기된 문제점보다는 심각하지 않았던 것으로 보고 있다. 의회가 제 역할을 충분히 하지 못했던 원인의 상당 부분은 부르주아 정당이 사회민주당과의 협력에 점점 소극적이었던 것에 원인이 있다고 주장한다. 이러한 주장을 하는 대표적인 역사가로 브라허(K.D. Bracher)가 있다. 그는 바이마르 공화국의 권력 문제 즉, 공화국의 권력구조 분석에 주목하여 바이마르 공화국이 처한 가장 커다란 딜레마는 전체적으로 불안정하던 권력구조가 불확실한 의식구조와 만나면서 나타났다고 보고 있다. 브라허는 바이마르 공화국의 정치체계에는 큰 결함이 있으며, 그 결함은 바로 과거와 현재의 '형식적 조화'에 있음을 밝히고 있다. 이 형식적인 조화가 궁극적으로 바이마르 공화국

---

37) E.R. Huber, *Deutsche Verfassungsgeschichte seit 1789 ; Bd. 6 : Die Weimarer Reichsverfassung*, Stuttgart, 1981, S. 133.
38) J.W. Falter, *Hitlers Wähler*, München, 1991, S. 135.

<그림 1> '공화국 깃발은 들고 있으나, 공화국 정신을
지니고 있는 자는 누구인가?'

좌절에 결정적 역할을 하였다고 보는 것이다.

4) 민주의식의 결핍

바이마르는 국민, 단체, 정당 그리고 책임 있는 정치가들이 생각을
잘못하였고, 그로 인해 잘못 행동한 데 그 원인이 있다는 것이다.[39] 국
민의 의식이 혁명적인 사회변혁을 따르지 못하고 있었으며, 정당들은
정치적 협력보다는 대결 구도를 조장하고 있었으며, 바이마르 헌법 체
제를 반대하는 자들은 합법적 개헌 노력보다는 거리투쟁에 익숙해 있
었다는 것이다. <그림 1>은 당시 국민의식의 결여를 표현한 풍자만화
다.

---

39) H. Oberreuter, a. a. O., S. 315ff.

5. 맺음말

바이마르 민주주의를 좌절하게 만든 요소가 무엇인지에 대해서는 오늘날까지도 논란이 계속되고 있다. 이 물음에 대한 답은 바이마르 공화국 역사의 개별적인 사건과 발전 과정에 대한 평가에 따라 상이하게 나타나고 있다. 에르트만(K.D. Erdmann)이 1950년대 중반 이 문제에 대해 종합적으로 접근한 이후 이 물음에 대한 설명은 더욱 복잡해졌다. 예를 들면, 브라허(K.D. Bracher)는 권력구조에 주목하면서 바이마르 공화국의 본질적인 딜레마는 불안정한 권력구조와 정치의식의 미숙함이 상호 작용한 데 있다고 주장하고 있다. 그는 정치와 사회구조의 결함, 국내외 상황, 경제 상황 들을 전혀 배제하지는 않았으나, 의회민주주의에 대한 올바른 의식이 당시 절실히 요구되었음에도 다수 국민과 정치그룹은 전통적 사고방식과 태도에서 벗어나지 못하고 있었다고 한다. 따라서 바이마르 공화국의 붕괴와 사회민족주의의 등장은 이러한 전통적 국민의식과 밀접한 관계가 있다고 주장하고 있다.[40]

일부에서는 공화국 초기의 사회화 및 민주화의 미흡을 멸망 원인으로 지목하거나, 또는 비례대표제를 원인으로 보는 접근 태도가 있기도 하지만 오늘날 개별적인 요소를 바이마르 공화국 멸망과 직결시켜 설명하는 사람은 별로 없는 실정이다. 이러한 경향은 구조 분석을 통해 당시의 정치가나 단체가 선택할 수 있었던 활동 범위를 정확하게 규명하려는 노력[41]의 결과라고 할 수 있다. 당시 독일국민에게 선택 가능한 활동이란 결국 현실적으로 주어진 정치적 상황, 전 유럽의 위기적 상황, 그리고 개인의 정치적 목적과 과실 등에 의해 극히 제한된 것이었다. 몸젠(H. Mommsen)과 같은 역사학자들이 보기에 바이마르 공화

---

40) H. Schulze, *Die politische Kultur der Deutschen und das Experiment Weimar*, 1982.

41) K.D. Bracher, *Die Auflösung der Weimarer Republik. Eine Studie zum Problem des Machtverfalls in der Demokratie*, Villingen, 1971.

국의 민주주의 정착에 가장 커다란 걸림돌은 헌법의 구조적 모순과 사회·경제적 위기가 상호작용하고 있었다는 사실이다. 헌법, 인플레이션, 국내의 혼란, 좌·우파의 첨예한 대립 등이 바이마르 공화국의 정치적·심리적 불안 요인으로 작용한 것으로 해석되고 있다.[42)]

이처럼 바이마르 공화국의 멸망 원인에 대한 물음에 대해서는 다양한 답이 제시되고 있지만, 여기에는 하나의 공통된 현상이 있다. 바이마르 공화국 멸망의 원인을 초기 연구에서와 같이 하나의 특정한 관점에서만 보려는 단선적 설명 방식을 지양하고, 복합적 원인을 통해 바이마르 공화국의 쇠퇴를 설명하려는 경향을 보인다는 점이다.

바이마르 헌법의 주된 목표는 평화를 확보하고 유지하는 것이다. 따라서 위협적인 국내 정치 상황에 직면하여 새 국가의 정통성을 어떻게 정당과 국민들로부터 확보하느냐가 중요한 문제였다. 따라서 바이마르 헌법은 여러 정당 간의 합의적인 성격을 갖게 되었다. 한편, 헌법 48조도 기본적으로 중립적이었다. 이 조문의 적용 문제는 사실상 정당 구도와 정치지도자의 태도에 달려 있었다. 따라서 단순히 에버트 대통령은 48조를 긍정적으로 활용했던 인물로, 그리고 힌덴부르크는 이를 악용했던 인물로 평가하는 것은 너무 단편적이다. 오늘의 관점에서 본다면 당시에 헌법재판소가 설치되지 않은 점도 다소 의외다. 하지만 당시의 대륙적 사고방식에서는 법관이 헌법 문제에 관여한다는 생각이 아직 성숙되지 않았던 것으로 보인다. 결국 바이마르 헌법과 공화국 붕괴의 관계는 당시의 정치·경제·사회적 상황과 연계하여 살펴보는 것이 바람직할 것이다. 한두 개의 현상을 바로 바이마르 붕괴의 원인으로 보는 단선적 접근을 지양하고, 복합적 요인을 포괄적으로 접근하는 새로운 연구를 기대한다.

---

42) H. Mommsen, *Die verspielte Freiheit. Der Weg der Republik von Weimar in den Untergang 1918-1933*, Berlin, 1989.

19세기 독일의 유태인 해방과 유태인의 인구변화를 통해서 본 사회적 지위상승
−계몽주의 시대 이후 독일제국 시대까지를 중심으로−

최 형 식[*]

Ⅰ. 서론

1781년 Christian Wilhelm Dohm의 저서『유태인의 시민적 지위의 향상에 대하여(über die bürgerliche Verbesserung der Juden)』가 발행된 이후 독일에서는 유태인 해방에 대한 많은 논의가 있었지만 1871년 제국헌법에서 완전한 보장을 받을 때까지 그 실현은 속도가 매우 완만하였다. 1780~1870년 시기는 정치적으로는 시민혁명과 경제적으로는 산업혁명을 거치면서 시민계급 사회라는 새로운 질서가 탄생되었으며 신분제적이고 절대주의 체제라는 유럽의 구질서가 해체되어 시민계급의 정치적·사회적·문화적 해방이 이루어졌다. 이러한 일반적인 유럽 사회의 해방 과정 가운데 유태인 해방도 중요한 한 부분을 차지하였

---

* 홍익대 강사

다. 유태인 해방 과정에서 유럽의 국가들이 다양하고 특징적인 요소들을 가지고 있었다고 하더라도 유태인 해방과 시민·산업사회의 성립은 서로 밀접한 관련을 맺고 있었다. 왜냐하면 유태인 해방은 신분사회의 구질서가 해체되고 시민계급의 상승을 야기하였던 경제적·사회적 변화의 한 결과였기 때문이다. 게다가 19세기 전반기에 유태인 해방의 옹호자였던 시민계급 출신의 관료와 정치가들은 인권·헌법·기본권을 요구하는 자유주의적 개혁 과정에서 유태인 해방을 예외로 두면서까지 자기 모순에 빠지려고 하지 않았다.

중세 이래 수백 년 동안 유럽에서는 단지 유태인 정책(Judenpolitik) -유태인 특별법, 유태인 박해 그리고 유태인 추방-만이 있었을 뿐 유태인 문제(Judenfrage)는 존재하지 않았다. 유태인들은 이교도들이 존재할 수 없었던 유럽 기독교 사회체제 안에서 살아남은 유일한 이교도로서 핍박과 경멸의 대상이었다. 기독교인들은 그들을 신으로부터 저주받았으며 타락한 민족으로 그리고 모든 재앙의 근원으로 간주하였다. 유태인과 기독교인과의 관계는 중세 이래로 단지 경제적 영역으로만 한정되어 있었다. 유태인들은 수공업조합과 정규적인 상인조합에 가입할 수 없었으며 토지의 소유와 경작도 금지당하였기 때문에 오로지 천한 것으로 인식되었던 상업분야 즉, 고물상, 행상 그리고 고리대금업에 종사할 수밖에 없었다. 이렇게 유태인들은 유럽의 기독교 사회에서 유일한 이교도였을 뿐만 아니라 농업과 수공업을 근간으로 하는 경제구조 사회에서 철저히 소외되었다. 사회질서에서 소외당했던 종교적·경제적 소수민족으로서의 유태인의 지위는 고정되었으며 역사의 변화 속에서도 오랫동안 유리되었었다.

그러나 18세기 말 유태인과 기독교 사회와의 관계에 있어서 근본적인 변화의 필요성과 가능성이 제시되었다. 이러한 변화의 시작은 유태인에 의해 비롯되지도 않았으며 친유태주의에서 야기된 것도 아니었다. 그것은 봉건적 신분사회에서 시민적 계급사회로 가속화된 이행 과정에서 비롯된 불가피한 결과였으며 사회변화에 대해 의도된 정책의 일환으로 생각할 수 있다. 이제 유태인 문제는 실현되어 가고 있는 시민사회 안에서 유태인의 지위와 역할의 문제로서 부각되었다. 유태인들을 사회질서 안으로 흡수하는 데 오랫동안 지속되었던 거부감은 어느 정도 자취를 감추고 이제 새로운 경제질서 속에서 유태인들의 잠재적인 경제능력을 활용하기 위한 방법들이 제기되었다. 유태인들도 다른 민족처럼 같은 능력을 소유하고 있으며 사회에 필요한 구성원이라는 인식이 일각에서 제기되었으며 지금까지 유태인의 열악한 환경과 불운한 존재는 선천적인 것이 아니라 가혹한 유태인 정책의 결과로 인식되기 시작하였다. 그리하여 유태인 존재에 대한 법적·사회적 조건의 변화 즉, 유태인에게 시민적 동등권을 부여함으로써 유태인들을 독일 시민사회에 흡수할 것이었다. 이로써 유태인 문제는 해방의 문제로서 그리고 새로운 사회질서 안에 유태인들은 동등권자로서 흡수하는 문제가 되었다. 이러한 노력의 목표는 유태인을 새로운 시민사회에 완전히 통합시키는 것이었으며 이로써 폐쇄적인 유대주의(Judentum)를 단순히 하나의 종교공동체로 전락시키는 것이었다. 기독교인들은 유태인 해방을 통해 유태인들의 사회적 정체성(Identity)의 해체와 붕괴를 기대하였다. 즉 개인으로서 유태인의 해방을 원했던 것이지 유대주의의 해방을 목표로 했던 것은 아니었다. 이러한 점에서 유태인 해방은 탈유대주의화(Dejudaisierung)의 한 방법으로 인식될 수 있다. 그러나 유태인에게 있어서 법적 해방 또는 법적 동등권은 항상 사회적 동등권을 의미하지 않았다. 유태인 해방법안으로 유태인에 대한 차별이 법적으로 사라졌을 때에도 사회적 차별은 여전히 존재하였다. 또한 유대주의 안에서 해체의 조짐이 보이고 유태인들이 독일사회에 동화하려는 노력이 적지 않았음에도 불구하고 유태인들의 다수는 여전히 그들의 정체성을 포기하지 않았던 사회적 집단을 형성하고 있었다.

독일제국의 창건과 더불어 유태인 해방이 법적으로 보장받게 되고 지속적인 호황기를 경험하면서 유태인들은 미래에 대한 낙관주의와 독일국가에 대한 애국주의에 휩싸였다.1) 그러나 1873년 이후의 경제대공황은 과거와는 그 강도를 전혀 달리하는 조직적인 반유태주의(Anti-Semitism)를 야기하였으며 또다시 유태인들을 자본주의적 경제시스템의 결과로 발생한 모든 부작용의 주범으로 낙인찍는 결과를 가져왔다. 그리하여 제국시대의 유태인의 상황은 기대했던 것보다 훨씬 불안하였다. 그 결과 유태인 해방의 법적 보장은 문화적 동화를 포함하는 독일사회의 지속적인 사회통합으로 이어지지 못했다. 유태인 해방을 지지하였던 기독교인들은 의식적이든 무의식적이든 유태인들이 개종과 동화를 통해 어느 정도 독일사회에 흡수되기를 기대하였지만, 이것은 유태인의 동질성을 포기한다는 대가를 지불할 의사와 능력을 가진 일부 유태인들에게서만 실현되었다. 다수의 유태인들은 여전히 종교, 혈통, 전통, 그리고 직업구조에 의해 구별되는 소수민족을 형성하고 있었다. 이로써 유태인 해방의 법제사는 1871년 종결되었지만 그들의 험난한 사회사는 제국시대에서 계속 지속될 수밖에 없었다.

　유태인 해방에 대한 법률 제정은 첫째, 유태인들의 정치적인 관심을 불러일으켜 입법부·행정부·사법부 진출의 길을 열어 놓았으며2) 둘째, 유태인들의 경제적 잠재력이 산업화 시기에 최대한 활용될 좋은

---

1) 독일 유태인들은 독일 민족 못지않게 제국의 창건을 지지하였다. 500명의 유태인들은 이미 1813년 프랑스에 대항하는 해방전쟁(Befreiungskrieg)에 적극적으로 참여하였다. 유럽에서는 처음으로 유태인 해방을 실현하였던 프랑스와 싸운다는 사실이 전쟁에 참여하는 유태인들의 마음을 동요시키지 않았다. 제국 창건 이후에도 중산층의 유태인들은 오랫동안 비스마르크 정책에 지지를 보냈다. 유태인들은 그들이 살고 있는 국가의 시민으로서의 권리와 의무를 항상 우위에 두었으며 국가에 충성심을 보여주고 사회에 동화하려는 열정을 증명하는 데 노력하였다. Toury, Jacob, *Die Politische Orientierungen der Juden in Deutschland*, Tübingen, 1966, 38~42쪽.

2) 행정관료와 주의회, 제국의회으로의 유태인들의 진출에 대해서는 Ernest Hamburger, *Juden im öffentlichen Leben Deutschlands*, Tübingen, 1968 참조.

조건을 만들었고 셋째, 유태인들의 삶과 종교생활이 유대교의 개혁과 시민사회의 적응을 통해 독일사회에 동화(Assimilation)되어 가는 기초를 제공하였을 뿐만 아니라 넷째는 유태인들의 인구변동에 적지 않은 영향을 미쳤다. 본고에서는 18세기 말부터 독일 제2제국 시기 사이의 유태인 해방 과정과 유태인의 인구변동을 통한 유태인들의 사회적 지위상승을 분석하려고 한다. 지방 영주들이 과거에 의도적으로 유태인의 수적 증가를 저지하고자 했으며 거주이전의 자유에 제한을 가하여 유태인들의 지위상승을 최대한 억제하였다는 점이 보호유태주의(Schutzjudentum)의 특징이었다면, 유태인 해방의 법률 제정을 통해 제한조치들을 폐지한 것은 유태인들의 사회통계학적 유동성(demo-graphische Mobilität)을 촉진시켜 사회적 지위를 상승시키는 기본 요소였다. 유태인 해방을 통한 직업선택의 자유와 더불어 거주이전의 자유는 한편으로는 유태인들에게 도시에서 전통적인 상업적 잠재능력을 최대한 전개시킬 수 있는 기초를 제공하였으며, 다른 한편으로는 유태인의 인구변동은 사회적 지위상승을 목표로 했을 뿐만 아니라 동시에 사회적 지위상승의 결과였다.

Ⅱ. 유태인 해방에 대한 법률 제정

유태인 해방을 규정하는 법률 제정의 사회적 의미를 고찰하기 위해서 우선 이전의 유태인들의 법률적 측면의 사회적 지위를 살펴보는 것이 필요하다. 신분제적 사회에서의 유태인들은 법률적 측면에서 유랑민족(fahrendes Volk)처럼 사회질서구조 밖에 존재하였다. 18세기의 유태인들은 대부분 영방국가 지배자들에 의한 '보호유태인(Schutz-juden)'으로서 직접적으로 지방 제후들과 유태인 특별법에 종속되어 사회적 멸시와 종교적 차별을 경험하였다. 이러한 상황에서 유태인들은 그들의 공동체(Gemeinde Korporation)에 더욱 의존할 수밖에 없었다. 그러나 이 공동체는 자치권(Autonomie)을 갖고 있었으며 공동체의 지도자들은 제후의 통제와 감시 하에 있으면서도 공동체를 위한 종교적·사회적 체계를 규정할 수 있었다.[3] 유태교 토라의 계명이 규정하는 유태인들의 이러한 전통적 생활방식은 더욱 사회적 고립을 야기하였다.

제후들이 유태인들에게 종교의 자유를 허용하고 회당(Synagoge)과 묘지를 짓는 것에 대해 방해를 하지 않으면서 유태인 공동체를 허용한 것은 단지 경제적·재정적 이유 때문이었다. 유태인들은 보호세(Schutzgeld)와 그들의 특권을 보장받을 수 있는 수많은 특별세(Sonderabgabe)를 지불함으로써 항상 재정적으로 곤경에 처해 있던 제후들의 수입원으로서 큰 중요성을 갖고 있었다. 또한 유태인들은 자본투자와 같은 경제적 기능을 통해 국내적으로는 경제적 발전을 주도하였으며 대외적으로는 무역에 활기를 불어넣었다. 이런 이유로 대부분의 제후들은 돈많은 유태인들을 끌어들이는 데 열심이었지만 돈없는 유태인들은 추방을 당하기도 하면서 사회적 제약을 받았다. 한 예로 대부분의 유태인들은 거주이전의 자유가 없었기 때문에 정해진 지역에서만 거주할 수 있었다. 만약 물건을 팔고 무역을 하기 위해 여행을 하기 위해서는 소위 인두세(Leibzoll)를 지불해야 했다. 이것은 다시 말해 유태인들의 물건뿐만 아니라 그들 자신도 가축처럼 관세를 지불하는 것과 다를 바가 없었다. 또한 유태인들은 수공업조합에 가입할 수 없었을 뿐만 아니라 토지의 소유나 경작도 허용되지 않았다. 그들의 직업은 법적으로 단지 상업에만 한정되어 있었다. 그러나 여기서도 수백 년 이래로 기독교인들이 일반적으로 천하게 여겨 종사하지 않던 분야, 즉 고물상, 행상, 대금업에 한정한다는 예외조항이 있었다.

지방에서는 궁전에서 활동하는 한 명의 유태인 대금업자와 유태인

---

3) Greive, Hermann, *Die Juden, Grundzüge ihrer Geschichte im mittelalterlichen und neuzeitlichen Europa*, Darmstadt, 1980, 27~39쪽.

가축상인이 유일한 자본가 계급이었으며 대부분의 기독교인들은 이들에게서 쉽게 돈을 빌릴 수 있었다. 이러한 사실은 반유태주의 운동이 만연하였던 시기에 유태인 대금업자들을 위험에 노출시켰으며 유태인 전체와 비교할 때 그들의 숫자를 과대평가하도록 하였다. 그러나 부유한 유태인의 숫자는 소수에 불과했으며 대부분의 유태인들은 소규모 상업에 종사하면서 일반적으로 여권(Schutzbrief)도 소유해 본 적이 없는 빈궁한 상태에 있었다. 제후들은 소수의 부유한 유태인들에게 특권을 부여하면서 이들을 경제정책의 도구로 이용하였으며 사치와 군대 유지를 위한 필수적인 집단으로 인식하였다.4)

18세기 중반 이후 유럽에서는 계몽운동이 활발히 전개됨에 따라 유태인과 기독교인들 간의 사회적 유대관계에 약간의 변화가 나타났다. 이러한 변화는 우선 지식인 계층 사이에 한정되어 있었다. 궁전의 유태인들(Hofjuden)이 의상이나 생활방식에 있어서 어느 정도 궁전의 기독교인들에 가까워졌을 때 탈무드 연구에 집중하였던 유태인 지식인 계층은 보편적 지식과 문화에도 큰 관심을 보이기 시작하였다. 특히 Berlin과 Königsberg에서 유태인들은 계몽사상가들과 친분을 도모하였으며 기독교인들도 유태인 여성이 경영하는 살롱에 드나드는 것이 보편화되었다. 여기서 처음으로 지식인 계층은 신분과 종교를 떠나서 서로 조우하게 되었다.5) 특히 유태인 철학자 Moses Mendelssohn은 비유태인들 사이에서도 존경받는 인물이었으며 그의 절친한 친구였던 Christian Wilhelm Dohm이 유태인들을 새로운 시각으로 규정한 사실은 이제 특이한 일이 아니었다. Dohm은 1781년 유태인 해방에 대한 공개적인 논란을 야기하였던 『유태인의 시민적 지위의 향상에 대하여 (Über die bürgerliche Verbesserung der Juden)』라는 유명한 저서에

---

4) Glanz, Rudolf, *Geschichte des niederen jüdischen Volkes in Deutschland*, New York, 1968.

5) Katz, Jacob, *Tradition and Crisis*, New York, 1961, 245~248쪽 ; ders., *Out of the Ghetto*, Cambridge, Mass. 1973, 42~45쪽.

서 유태인들이 처한 상황을 계몽운동 측면에서 새롭게 조명하였다. 그는 제후들이 수세기 동안 무자비하고 불공정한 유태인 정책을 실시함으로써 유태인들을 더욱 타락시켰다고 주장하면서 유태인에 대한 전근대적인 특별법을 폐지하고 국가가 시민으로서의 유태인에 대한 교육을 실시함으로써만이 유태인이 열악한 상황을 개선시킬 수 있으리라고 기대하였다. 유태인의 교육방법으로 그는 유태인들을 우선 상업으로부터 벗어나게 하고 수공업이나 농업에도 종사하게 함으로써 시민의 권리와 의무를 부여할 것을 요구하였다. 그럼으로써 그는 궁극적으로 유태인들이 독일사회에서 동등한 시민으로 상승하기를 기대하였다.6)

1782년 오스트리아에서는 Josef Ⅱ에 의해 선포된 「유태인에 대한 관용법안(Toleranzpatent)」에서 유태인에 대한 교육정책이 제시되었다. 이 법안으로 유태인들에게 시민권을 부여하지는 않았지만, 유태인들의 직업의 다변화와 교육개혁이 도입되었고 1788년부터 유태인들의 병역의무가 실시되었다.7) 오스트리아의 이 법안은 프랑스의 유태인 해방법안보다 더욱 큰 영향을 미쳐 독일 유태인 해방의 전형으로 간주되었다. 프랑스에서는 혁명적 분위기 속에서 유태인 해방에 대한 급격한 변화를 겪었으며 1791년 11월 13일의 법안으로 프랑스 유태인들은 즉각적이고 무조건적으로 완전하고 동등한 시민권을 소유할 수 있었다. 그 때까지 독일에서는 계몽운동의 영향 하에서 단지 유태인 개혁을 위한 위원회만 설치되었을 뿐이지만, 프랑스에 의해 점령된 지역에서는 처음으로 동등권을 확보하였다. 예를 들면 라인강 이동지역, 세 개의 한자도시, Berg 대공국 그리고 새롭게 탄생된 Westfalen 왕국과 Frankfurt 대공국이 이에 해당되었다. 그러나 이들 지역도 Napoleon의

---

6) Rürup, Reinhard, *Emanzipation und Antisemitismus*, Göttingen, 1975, 18~21쪽.
7) Greive, 앞의 책, 49~52쪽.

지배가 종식되자 1815년 이후 완전한 동등권이 다시 제한을 받거나 취소되었다. 사실 Napoleon 자신도 1808년 3월 17일의 소위 「수치스러운 법령(Schändliches Dekret)」을 발표하면서 유태인 해방에 제한을 가하였다. 이러한 상황에서 독일의 유태인들은 프랑스와 마찬가지로 이제 더 이상 국가 안의 자신들의 국가를 탄생시키기보다는 '모세종파(Mosaischer Konfession)'로서의 국가시민 자격에 더 큰 중요성을 부여하였다.[8]

무엇보다도 프랑스의 유태인 해방에 자극을 받은 프로이센도 1786년 이래로 거론되었던 유태인 해방법안을 제정하였다. 1806년 프랑스와의 전쟁에서 패배함으로써 프로이센은 신분사회를 개혁하고 국가이상에 시민들의 적극적인 참여를 유도하기 위한 일련의 사회개혁을 시도하였으며 여기에 유태인 해방도 포함되었다. 이미 1808년의 시조례(Städteordnung)에서 프로이센 유태인들은 지역시민권(Ortsbür-gerrecht)을 소유할 수 있으며 지방자치단체 명예직(Kommunale Ehrenamt)을 부여받을 수 있다고 규정하였다. 4년 後 Wilhelm von Humboldt의 광범위한 자유개혁투쟁 끝에 「프로이센 유태인들의 시민적 지위에 대한 훈령(Edikt betreffend die bürgerlichen Verhältnisse der Juden in dem preußischen Staate)」이 제정되었다.[9] 이 훈령에서 유태인들은 프로이센 시민으로서의 권리와 의무(특히 병역의무)를 가진다고 명시하였다. 그러나 유태인들에게 부여된 직업선택의 자유의 규정에도 불구하고 유태인들은 국가관료나 군대장교가 될 수 없었다. 게다가 비교적 진보적이었던 이 해방법안은 단지 1812년에 축소되었던 프로이센에만 한정되고 1815년 프로이센에 새롭게 편입된 지역에서는 적용되지 않았다. 프로이센 정부는 1833년부터 어느 정도의 재산과 교육을 받은 유태인들을 선별하여 새롭게 편입된 프로이센 지역의

---

8) 위의 책, 54~57쪽.
9) 위의 책, 59쪽.

유태인들에게도 동등권을 부여하였으며, 유태인이 가장 많이 거주하였
던 Posen 지역에서는 1848년이 되서야 비로소 그 실시를 보았다.10)

　라인동맹국가들(Rheinbundstaaten)인 Baden과 Bayern도 이미 1815
년 이전에 급격한 정치적·사회적 변화로 유태인들에 대한 법적 지위
를 새롭게 규정할 필요성을 느꼈다. 그러나 여기서도 우선 유태인에
대한 필요한 교육만이 제시되었을 뿐 법적으로 동등한 시민권 부여는
다음 기회로 미루어졌다. 1809년 Baden에서는 약 14,000명의 유태인
가운데 행상·고물상·대금업을 하지 않는 사람들에게만 시민적 권리
를 어느 정도 향유할 수 있게 함으로써 유태인들의 직업 전향을 유도
하였다.11) 이후 1846년까지 유태인 해방에 대한 논의가 Baden 의회에
서 계속되었지만 많은 사람들은 여전히 부정적인 입장을 취하고 있었
다. 1848년의 혁명으로 Baden 지역의 유태인들은 시민적 권리와 완전
한 동등권을 획득할 수 있는 좋은 기회로 생각하였지만 혁명의 실패와
함께 1862년에 가서야 완전한 동등권을 획득하게 되었다. 오스트리아
와 프로이센 다음으로 유태인이 많이(53,000명) 거주하였던 Bayern 지
역에서는 유태인의 법적 지위가 매우 열악하였다. 1813년의 소위 「주
민등록 법안(Matrikelgesetz)」은 유태인 가정의 장남에게만 주민등록
번호(Matrikelnummer)를 부여함으로써 그 지역에서 계속 생활할 수
있는 권리를 부여하고 나머지 자녀들에게는 거주권을 박탈하였다. 거
주권이 없던 자녀들은 단지 기독교인과 결혼을 하거나 또는 수공업이
나 농업으로 직업을 전환하였을 경우에만 주민등록번호를 받을 수 있
었다.12) 이런 방식으로 Bayern 정부는 유태인들의 직업 전향을 강압적
으로 유도하였으며 유태인의 인구증가를 인위적으로 제한함으로써
1861년까지 실질적으로 보호유태주의를 지속시켰다. 유태인들에 대한

---

10) 위의 책, 59쪽.
11) H. Silbergleit, *Die Bevölkerungs - und Berufsverhältnisse der Juden im
　　Dt. Reich*, Berlin, 1930, 5쪽.
12) Rürup, 앞의 책, 13쪽.

Bayern 정부의 이러한 태도로 말미암아 다른 지역에서는 유태인 인구가 급격한 증가를 보인 반면, Bayern에서는 감소를 보였다.13)

지금까지 살펴본 것처럼 1871년 독일제국 창건 이전까지 유태인들의 법적 권리의 변화는 지역적으로 매우 다양한 양상을 보였다. 이러한 지역적 차이와 더불어 시대적 배경에 따른 유태인의 법적 권리의 보장에 대한 과정 또한 매우 다양하였다. 독일 유태인 해방의 첫 번째 시대적 양상은 1815년까지 직·간접적으로 프랑스혁명의 영향을 받았으며 Wien 체제가 들어섬에 따라 유태인 문제도 1840년대까지 반동의 시기를 경험하였다. 1848년 3월 혁명으로 유태인 해방에 대한 두 번째 변화가 나타났다. 3월 혁명은 유태인들을 해방의 기대감에 부풀게 했으며 제한적이기는 하지만 유태인들은 많은 것을 획득하였다. 혁명을 통해 프랑크푸르트 국민의회에서 기본법이 제정됨으로써 모든 시민은 법앞에서 평등하며 정치와 종교가 분리되어 종교에 관계없이 국가 시민권을 보장하는 이상이 승리하였다. 이로써 유태인은 완전한 법적 동등권을 부여받았으며 무제한적인 종교와 양심의 자유를 보장받았다. 이제부터 독일 전 지역에서 모든 시민의 권리와 의무행사는 어느 종교의 선택과도 무관한 것이 되었다. 그러나 유태인에 대한 국가시민으로서의 기본권의 법적 보장에도 불구하고, 현실적으로는 대부분의 영방국가들은 행정관료나 법조계, 교육기관 그리고 군대장교의 영역에서 유태인의 진출을 제한하였다.

자유를 위한 투쟁이 실패한 뒤에는 항상 그랬던 것처럼 보수반동의 시대가 이어졌다. 1848년 12월의 프랑크푸르트 기본법이 무효화되면서 유태인 해방법안에 대한 수정이 가해졌다. 그러나 과격한 혁명을 경험하였던 대부분의 영방국가들은 혁명 이전의 상태로 완전히 전환하는 것에 대해서는 머뭇거렸다. 특히 프로이센에서는 동등권에 대한 기본

---

13) Schwarz, Stefan, *Die Juden in Bayern im Wandel der Zeiten*, München, 1963.

원칙이 유지되어 종교에 관계없이 국가시민권을 보장하였다. 그러나 헌법에 보장된 기본권은 실질적으로 유태인에게 적용되지 않았다. 프로이센에서의 유태인 차별은 세 가지 형태, 첫째는 헌법에 모순되는 유태인 차별법을 제정함으로써, 둘째는 헌법에 보장된 기본권을 유태인에게 불리하게 해석함으로써, 셋째는 헌법에 위배되는 실질적인 유태인 정책을 통해 이루어졌다. 특히 유태인의 동등권을 보장한 헌법 12조항의 실현은 "기독교는 국가기관의 기초가 된다"고 규정한 14조항과 특별법 제정으로 불가능해졌다.14) 이렇게 14조항은 유태인들을 행정관료와 교육기관에서 몰아내는 데 종종 이용되었다. 더욱이 1851년에 제정된 법무부와 문교부 장관의 칙서는 합법적으로 유태인들이 판사와 교수의 직책을 차지할 수 없도록 만들었다. 그래서 이론적인 헌법의 요구와 실제적인 헌법의 적용은 큰 격차를 보였다. 이러한 보수반동의 분위기 속에서도 1850년대와 1860년대에 산업화로 인한 시민계층의 질적·양적 상승 그리고 자유주의적 경제·사회 개혁의 진전은 시민해방의 절정을 이루었다. 유태인 해방의 관건이 유태인들의 노력이나 태도 그리고 해방 지지자들의 논리가 아니라 바로 시민해방운동의 성패에 달렸다는 것을 인식하면 시민해방이 적극적이고 상승기류를 탈 경우 유태인 해방의 조건은 병행해서 성숙되어 갈 것이었다. 자유주의적 시민계층이 조건없는 유태인의 동등권에 때때로 회의적인 태도를 취하기도 하였지만 유태인 해방과 독일사회의 통합이 항상 이들의 목표임에는 의심할 바 없었다. 또한 유태인 해방을 지속적으로 반대했던 집단 안에서도 유태인 해방을 어느 정도 지체시킬 수 있을지는 몰라도 장기적으로는 방해할 수 없음을 인식하고 있었다.15)

그리하여 1860년대에 일반적인 경제·사회 개혁과 더불어 유태인의

---

14) 위의 책, 28~34쪽.

15) Herzig, Arno, *Die Juden in Preußen im 19. Jahrhundert*, Münster, 1983, 38쪽.

완전한 법적 동등권도 커다란 저항 없이 결국 실현되었다. 독일 남부 지역의 영방국가들은 1861년, 오스트리아에서는 1867년, 북독일 연맹은 1869년에 유태인에게 기독교인과 동등한 시민권을 법적으로 보장하였다. 1871년 독일제국의 창건으로 1869년의 북독일 연맹의 법안들이 독일의 모든 지역에 적용됨으로써 유태인의 법적 동등권 확보를 위한 80년 간의 투쟁 과정은 끝을 맺었다.

Ⅲ. 1871년 제국 창건 이전까지의 유태인 인구변동

19세기 유태인들은 다른 민족과 마찬가지로 급격한 인구증가를 경험하였다. 1820~1871년 사이에 유럽의 민족들이 평균 63%의 인구증가를 보인 반면 유태인들은 74%였다.[16] 이러한 유태인들의 급격한 인구상승은 한편으로는 유태인 해방과 함께 여권(Schutzbrief) 없이도 결혼할 수 있고, 다른 한편으로는 사회적 지위상승과 이로 인한 생활환경의 개선에서 그 원인을 찾을 수 있다. 이러한 점에서 본다면 독일 유태인의 수적 증가의 시대가 유태인 해방의 시기와 일치하고 있음을 쉽게 확인할 수 있다. 그럼에도 전체 인구에서 유태인이 차지하는 비율은 여전히 1.1%에 머물러 있었을 뿐만 아니라 반유태주의가 만연하였던 1871년 이후에는 유태인들의 출생률이 다시 하락하게 되었다. 다음의 통계는 유태인 해방 시기 동안에(1816~1871) 독일 각 지역의 유태인의 인구증가를 잘 보여 준다.[17] 여기서 우리는 독일 전 지역에서의 유태인 분포가 점진적으로 프로이센으로 집중되어 가고 있음을 알 수 있다. 이 기간 동안에 프로이센은 Hannover, Hessen-Kassel, Frankfurt, Nassau 그리고 1864~1866년에 Schleswig-Holstein을 병합함으

---

16) 위의 책, 40~42쪽.
17) Lestschinsky, Jacob, *Das wirtschaftliche Schicksal des deutschen Judentum*, Berlin, 1932, 51쪽.

로써 지역적으로 크게 확장되었다. 1871년 프로이센에는 전체 독일 유태인의 69.2%가 그리고 전체 독일국민의 62.3%가 살고 있었다. 프로이센에 인구집중이 이루어진 원인은 무엇보다도 이 지역의 급속한 경제발전 때문이었다. 이 도표에서 특기할 만한 사실은 Bayern 지역에서의 유태인 인구의 감소이다. 앞에서 언급한 것처럼 Bayern은 여전히 주민등록법안을 고수하고 있었던 까닭에 많은 유태인들이 완전한 자유와 동등권을 찾아 다른 곳으로 이주하였음을 쉽게 추측할 수 있다. 이러한 현상은 프로이센의 한 지역인 Posen 지역에서도 유사하다. 다음의 통계는 1825년과 1871년 프로이센 전 지역의 인구변동을 보여 준다.[18]

	1825	1871
Ostpreßen	3,481	14,425
Westpreußen	15,350	26,632
posen	65,132	61,982
Stadt Berlin	4,079	36,015
Brandenburg	5,809	11,469
Schlesien	19,721	46,619
Pommern	4,176	13,037
Sachsen	3,572	5,958
Westfalen	11,142	17,245
Rheinprovinz	21,036	38,424
1864·66년에 프로이센에 편입된 지역	-	53,630
합계	153,498	325,436

Posen 지역과 Bayern 지역에서의 유태인 인구감소는 또 다른 한편으로는 유태인의 해외이주에 있어서 이 두 지역 출신의 유태인들이 상대적으로 많았음을 추측케 해 준다. 1824~1873년까지 Posen 지역을 떠난 유태인들의 숫자는 48,209명이었으며 1840~1871년까지 25,000명의 Bayern 유태인들이 다른 지역으로 이주하였다.[19] 이주 유태인들의

---

18) Silbergleit, *Die Bevölkerungs - und Berufsverhälfnisse*, 18~19쪽.

많은 숫자가 1821~1860년까지 적어도 150만 명의 독일민족이 이주하였던 미국을 선택하였다. 해외이주에 대한 생각은 1820년대 초 시민적 차별을 피해 자유스러운 미국에 커다란 희망을 품고 있었던 '베를린 문화협회(Berliner Culturverein)' 소속의 유태인 지식인들 사이에서 처음으로 유행하였다. 1830년대 초부터는 독일 남부지역과 Posen 출신의 소상인 계층과 수공업자들이 대거 해외이주에 동참하였다. 반면 그 외 지역의 유태인들은 해외이주에 관심이 없었다.[20] 이러한 해외이주의 동기는 첫째, 이 지역들은 유태인 해방이 다른 지역보다 지체되었을 뿐만 아니라 강제적인 직업전환 정책에 대해 불만을 품고 있었고, 둘째 1830~1840년대의 경제위기 특히 독일 남부지역과 Posen 지역의 경제침체에 있었다. 해외이주는 때때로 가족 단위 또는 공동체 단위로 이루어졌으며 해외로 이주한 유태인들은 즉시 또 다른 가족을 불러들였다. 해외에서의 이주생활은 기대한 것만큼 만족스러운 것은 아니었지만 시간이 지남에 따라 지위상승이 이루어졌다. 여기서도 유태인들은 고향의 유태인들과 지속적인 관계를 유지하면서 일반적으로 무역과 상업에 종사하였다. 한 예로 Joseph Hernheim은 1840년경에 New Orleans로 이주하고 나서 Hessen에 거주하고 있던 여동생이 제작한 기성복을 미국에서 판매하였다.[21] 미국 이외에 유태인들이 선호한 지역으로는 일정하게 민주주의가 정착하여 자유를 보장받을 수 있었던 파리와 런던이 있었으며, 이 곳은 특히 유태인 지식인 계층 사이에서 인기가 높았다.

　독일 유태인의 도시집중은 보통 19세기 이후에 시작되었으며 제국 창건 이후 비로소 유행처럼 번져 나갔다. 그러나 유태인 해방시기 동안에도 여전히 유태인들의 많은 숫자가 농촌이나 인구 2만 명 이하의

---

19) Lestschinsky, *Das wirtschaftliche Schicksal*, 43~48쪽.

20) H. G. Reissner, "The German - American Jews", in *Leo Baeck Institute Year Book* X, London, 1965.

21) 위의 글, Nr. 49.

소도시에서 살고 있었다. 도시에서 다양한 형태로 추방된 이후 근세
초기에 유태인들은 그들에게 거주를 허용하였던 영주들의 도움으로
피난처로서의 농촌에서 살게 되었다. 특히 독일 남부와 서부 지역에서
유태인들은 도시보다는 농촌지역에 더 많이 거주한 반면 동쪽지역에
서는 작은 도시들을 선호하였다. 예를 들면 1817년 프로이센의
Rheinprovinz 유태인들은 65%가 농촌에 살았으며 Baden과
Würtemberg의 몇몇 농촌지역에서는 그 비율이 40%로 매우 높았다.
특히 Württemberg에서는 1832년 유태인들의 농촌거주비율이 1864년
60%로 떨어질 때까지 거의 80% 이상을 유지하고 있었다.[22] 대공국
Hessen에서도 유태인의 많은 숫자가 농촌에 거주하고 있었다. 1828년
유태인의 65%가 2,000명 이하의 작은 부락에 살고 있었으며 1871년에
도 여전히 50%를 유지하고 있었다.[23] Baden 지역 특히 Mannheim과
Karlsruhe에서는 규모가 큰 몇몇 유태인 도시공동체가 존재하였지만
1880년대에도 유태인들의 52%가 여전히 인구 3,000명 이하의 작은 부
락에서 살고 있었다.[24] 16세기 Oberbayern과 Niederbayern 지역에서
추방당했던 Bayern의 유태인들은 농촌이나 작은 도시에 거주하기도
하였고 앞에서 언급한 것처럼 해외로 이민을 떠났으며 그리고 대도시
인 München으로 거주지를 옮기기도 하였다. 그 결과 1871년 Bayern
유태인들의 70%는 인구 5,000명 이하의 지역에서 살고 있었다.[25] 전체
적으로 보면 독일 전 지역에서 농촌이나 소도시의 유태인 숫자가 매우
완만하게 줄어들기는 하였지만 1871년 제국 창건에도 지방에서의 급
격한 유태인 인구감소는 없었다. 프로이센은 급속한 경제발전으로 다

---

22) A. Tänzer, *Geschichte der Juden in Württemberg*, Frankfurt a.M, 1937, 68
쪽.

23) Ruppin, Arthur, "Juden in Hessen", in *Veröffentlichungen des Büros für
Statistik der Juden*, Heft 6, 31쪽.

24) Blau, Bruno, *Die Entwicklung der jüdische Bevölkerung in Deutschland
1800~1945*, New York, 1950, 210쪽.

25) 위의 책, 221쪽.

른 지역보다 이러한 현상이 가끔 예외적으로 취급되기도 하지만 1867년에도 프로이센 유태인의 70%가 여전히 인구 2만 명 이하의 지역에 거주하고 있었다.26) 그럼에도 독일 유태인들은 전체 구성비율 측면에서 보면 비유태인들에 비해 여전히 도시에 많이 살고 있었다. 유태인들의 도시집중은 독일 유태인들의 경제적·사회적 지위상승을 보여주는 중요한 시금석일 뿐만 아니라 철도의 획기적인 발전과 교육의 기회라는 요인과도 매우 밀접한 관련을 맺고 있었다. 근대적 철도의 발전과 상업의 발전으로 지방에 거주하는 유태인 상인들은 그들의 영역을 쉽게 확대시킬 수 있었으며 동시에 유태인들은 전통적으로 큰 가치를 지닌 향상된 교육의 기회를 부여받을 수 있었다. 유태인들은 도시로 이주한 즉시 그들의 자녀를 도시의 인문계 고등학교와 대학에 입학시키는 데 매우 열심이었다. 이러한 현상은 유태인 상인들의 자녀들이 전문적 직업집단을 형성하는 데 중요한 계기가 되었다.27) 전문적 직업(특히 변호사·의사·교수·고위관리)에 대한 유태인들의 특별한 선호에 대해 단지 경제적 번영에서만 그 근거를 찾을 수는 없다고 하더라도 경제부흥은 유태인들에게 분명 보편적 지식의 습득과 더불어 대학교육을 통한 전문적 직업의 기회를 확대시켰다. 그리하여 1850년대 이후 도시의 대학에 입학한 유태인 자녀들은 1871년 제국 창건 이후 다양한 전문적 직업집단을 형성하면서 유태인들이 갈망하였던 교양시민계층(Bildungsbürgertum)으로 상승할 수 있었다.

18세기 독일 대부분의 도시들은 유태인들에게 거주이전의 자유를 제한하거나 혹은 허용하지 않았다. 이러한 제한은 19세기 중반까지도 여전히 많은 곳에서 지속되었기 때문에 Köln, München, Leipzig 같은 대도시에서 유태인들의 경제적 역할과 기능은 매우 미미하였다. 그러

---

26) Silbergleit, 앞의 책, 11쪽.
27) M. Richarz, *Eintritt der Juden in die Akademische Berufe in Deutschland*, Tübingen, 1974, 93쪽.

나 Hamburg, Berlin, Breslau, Posen, Frankfurt, Mannheim 그리고 Fürth 같은 곳에서는 매우 중요한 대규모의 유태인 공동체가 존재하였기 때문에 유태인들은 어느 정도 경제적 기반을 갖출 수 있었다. 19세기 중반 이후 거주이전의 자유의 제한이 점진적으로 폐지됨에 따라 대도시로의 이주가 본격화되면서 유태인들에게 경제적 지위상승과 수준 높은 교육의 기회가 주어졌다. 다음의 통계는 독일의 7대 도시에서 유태인 인구의 상승을 보여 준다.[28]

	1816	1850	증가율(%)	1870	증가율(%)
Berlin	3,373	9,595	285	36,015	1,068
Frankfurt a/M	4,309	5,200	121	7,620	177
Breslau	4,409	7,384	200	13,000	351
Hamburg	7,000	10,000	143	13,796	197
Köln	150	1,286	857	3,172	2,115
Leipzig	140	320	229	2,551	1,822
München	380	1,252	330	2,903	764
합계	19,761	35,037	178	79,057	400

이 표로 알 수 있듯이 1816~1871년 사이에 독일의 7대 도시에 거주하는 유태인 인구는 전체적으로 평균 4배가 증가하였으며 특히 1850년 이후 20년 동안 그 이전보다 3배의 급격한 인구상승을 보였다. 그 중 Berlin은 유태인들이 가장 많이 거주하였던 곳이며 1816년에 비해 10배 이상의 증가를 보였지만 1871년 Berlin에 거주하였던 유태인은 독일 전체 유태인의 7.7%에 머물렀다. 그러나 1871년 이후 도시로의 인구집중이 더욱 심화되면서 1925년 Berlin 유태인이 전체 독일 유태인의 30%까지 지속적으로 증가한 것을 고려하면, 1871년까지의 유태인의 도시집중 현상은 단지 초기 단계를 벗어나지 못했음을 알 수 있다.

---

28) Lestschinsky, *Das wirtschaftliche Schicksal*, 63쪽.

Ⅳ. 독일제국 시대의 유태인의 인구변동

독일 제2제국의 유태인 인구의 변화 과정은 지속적인 인구증가를 보인 유태인 해방시기보다 훨씬 복잡한 양상을 띠었다. 또한 유태인 해방법안과 더불어 도입된 거주이전의 자유로 말미암아 유태인들의 사회통계학적 유동성은 비유태인들보다 더 큰 활기를 띠었다. 이러한 유동성의 특징으로는 첫째 유태인의 인구감소, 둘째 동유럽 유태인들의 독일로의 이주, 셋째 유태인의 도시집중을 들 수 있다.

1. 유태인 인구의 감소

A. 출생률의 저하

제2제국 시대에 독일 전체 인구는 급격한 상승을 보였다. 1871~1919년 사이에 독일 인구는 4천 백만 명에서 6천 5백만 명으로 증가하여 58%의 인구증가율을 보인 반면, 같은 시기의 유태인 인구는 512,000명에서 615,000명으로 증가하여 단지 20%의 증가율을 보였다. 그리하여 독일제국 인구 전체에서 유태인이 차지하는 비율은 1.25%에서 0.95%로 하락하였다. 그러나 1890년 이래 러시아와 합스부르크 왕국에서 대거 이주해 온 유태인의 증가 때문에 전체 유태인의 숫자는 급격한 감소를 피할 수 있었다. 동유럽 유태인들의 이주는 1910년에는 79,000명에 달할 정도로 지속적으로 증가하여 이들이 전체 독일 유태인의 12.8%를 차지하였다.[29]

유태인의 인구증가율이 독일 전체 인구 증가율에 비해 훨씬 낮았던 사실은 독일 여론에 잘 알려지지 않았다. 독일인들은 오히려 유태인들의 도시집중 현상과 그들의 직업집단에 주목하고 있었으며 동유럽 유태인들의 독일 이주에 많은 관심을 보였다. 그러나 유태인들 사이에서

---

29) Silbergleit, 앞의 책, 45쪽.

는 유태인 감소 현상이 몇몇 유태인 통계학자들 덕분에 잘 알려져 있었으며 개종(Taufe)이나 타민족과의 결혼(Mischehe)이 우려할 정도의 규모로 성행하고 있음을 인식하고 있었다. 사회학자이면서 시온주의자(Zionist)였던 Arthur Ruppin은 1904년에 유태인 감소에 대해 경고하였으며 1911년에는 Felix Theilhaber는 유태인 인구감소에 대한 저서인 『독일 유태인의 쇠퇴(Der Untergang der deutschen Juden)』를 발행하였다. 이러한 유태인 감소에 대한 불안과 걱정으로 유태인들은 소위 '유태인 통계를 위한 사무소(Büros für Statistik der Juden)'를 설립하였으며 1905년부터는 유태인 인구통계를 위한 잡지(*die Zeitschrift für Demographie und Statistik der Juden*)를 발행하기 시작하였다.[30]

유태인의 인구감소는 우선 출생률의 급격한 하락에 기인하였다. 대략 1880년까지 유태인들은 비유태인들보다 높은 출생률을 보였으나 그 후 급격한 하락이 이어졌다. 1875~1880년 사이에 프로이센 비유태인들은 1,000명당 13.8명의 출산과잉이 있었으며 1905~1910년에는 심지어 15.04명으로 상승하였다. 그러나 유태인들은 같은 시기에 13.4명에서 1.7명으로 급격히 하락하였다.[31] 유태인들의 이러한 출생률 하락은 산아제한의 결과로 이해되어야 할 것이다. 여기서 사회적·경제적 지위상승과 높은 교육경험이 자녀의 숫자를 줄이는 데 중요한 작용을 한다는 것은 잘 알려진 사실이다. 유태인들의 많은 숫자가 도시의 시민계급에 속하였기 때문에 이들의 출생률은 도시의 전체 시민계급과 비교해야 타당할 것이다. 1880년 Frankfurt 도시 인구 1,000명당 32.8명이 출생하였으며 1910년에는 24.4명이었다면 유태인의 출생수는 같은 시기에 22.8명에서 13.5명으로 급격히 감소하였다. 규모가 더 큰 Berlin에서는 더욱 큰 감소를 나타냈다. 산아제한뿐만 아니라 결혼의

---

30) *Zeitschrift für Demographie und Statisktik der Juden(ZDSJ)*, hrsg. vom Büro für Statistik der Juden, Berlin, 1905~1931.
31) Silbergleit, 앞의 책, 45쪽.

감소와 만혼도 유태인 자녀의 감소에 중요한 영향을 미쳤다. 1901∼
1908년 사이에 독일에서는 인구 1,000명당 8.1쌍이 결혼한 반면에 유태
인들은 단지 6.5쌍에 불과하였다.[32] 이에 비해 동유럽에서 이주해 온
유태인(이하 이주 유태인)들은 대부분 전통적인 생활방식을 유지하여
여전히 조혼이 유행하였으며 조혼과 자녀의 수에 전혀 제한을 두지 않
았기 때문에 높은 출생률을 보였다. 예를 들면 München의 유태인 중
33%가 이주 유태인이었지만 아이들의 숫자는 전체 유태인의 70%를
차지하고 있었으며 전체 유태인의 50% 이상이 유태인 자녀들이었
다.[33] 이러한 현상은 위에서 언급한 그들의 전통적인 생활방식 이외에
도 이주 유태인이 일반적으로 독일 유태인보다 보다 넓은 젊은 층을
형성하고 있었다는 데에도 그 근거를 찾을 수 있다.

　유태인에게 있어서 유아사망률은 전통적으로 기독교인들보다 낮았
다. 이것은 많은 유태인이 속해 있던 중간계층의 삶이 질적으로 높았
다는 데서 그 원인을 찾을 수 있다. 또한 성인 사망률에서도 1906∼
1909년 사이에 프로이센에서는 인구 1,000명당 연평균 17.7명이 사망
한 반면 유태인은 13.9명이었다.[34] 이러한 유태인의 낮은 사망률은 저
조한 출생률과 더불어 유태인들의 고령화를 야기하였다. 한 예로
Hessen의 유태인들은 50세 이상의 숫자가 전체 인구보다 1/3 이상이
많았지만 15세 이하의 자녀 숫자는 22%나 적게 나타났다. 더욱이
Hessen에서는 지방 유태인이 다수를 차지했던 점을 고려하면 이러한
통계결과에 더욱 놀랄 것이다.[35]

---

32) Behr, Stefan, *Der Bevölkerungsrückgang der deutschen Juden*, Frankfurt
　　A.M., 1932, 45쪽.
33) *ZDSJ* 1909, No.2, 18쪽.
34) Silbergleit, 앞의 책, 50쪽.
35) 위의 책, 53쪽.

B. 개종(Taufe)

유태인 인구감소가 사회적 요인에서 기인했다는 사실을 인정한다면 여기서 개종과 타민족과의 결혼은 매우 중요한 역할을 하였다. 1840년 이후 줄어들었던 개종의 숫자가 1880년 이후 급격히 증가한 사실은 우선적으로 정치적 요인과 깊은 관련을 맺고 있었음을 알 수 있다. 자유주의의 득세와 법적인 동등권의 보장은 분명 유태인의 개종을 억제하였지만 새로운 반유태주의(Antisemitismus)의 발흥은 개종의 분위기를 과거와는 비교할 수 없을 정도의 규모로 확산시켰다.

19세기 후반의 반유태주의는 이전 시대와는 달리 개별적인 집단이나 정당에서 국한해서 발생한 현상이 아니었다. 이것은 쇼비니스트적인 이데올로기를 통합하는 요소로서 시민계층에 폭넓게 파고들었다. 반유태주의가 빠른 속도로 전파되었던 것은 특히 1873~1894년 사이의 주기적인 경제대공황에서 연유되었다는 사실을 많은 연구에서 지적하였다. 경제대공황은 시민계층으로 하여금 반근대적인 태도를 취하게 했을 뿐만 아니라 자유주의에 대한 믿음과 확신에 회의를 갖게 하였다. 이러한 분위기는 1878 · 1879년 비스마르크 정책의 전환에서도 쉽게 확인할 수 있다. 반유태주의적 태도는 유태인들이 자유주의를 신봉하고 여전히 자본주의의 무한한 능력을 인정하는 한 반자유주의적이었으며 반자본주의적이었다. 여기서 반유태주의자들이 유태인들을 증오하고 비난한 것은 첫째, 유태인들이 상업이나 금융계를 지배하면서 독일경제를 독점하고 둘째, 그들은 생산적인 노동을 하지 않고 막대한 돈을 벌고 있으며 셋째, 유태인들은 언론이나 서적을 통해 독일문화를 지배함으로써 독일사회에 물질만능주의를 만연시켰을 뿐만 아니라 종국에는 독일을 반기독교국가로 전락시킬 것이라는 점이었다.36) 이러한 논리 뒤에는 항상 기독교 세계를 지배하기 위한 유태인들의 음모라는 오래 전부터 내려온 인식이 뿌리박혀 있었다. 반유태주의자의

---

36) Rürup, 앞의 책, 110~115쪽.

적지 않은 숫자가 시민계층에 속해 있었다는 사실은 경제가 번영하는 한, 두 집단의 친화를 불러오기도 하였지만 경제위기 속에서 반유태주의자들은 비합리적이고 비이성적인 인종주의를 내세워 위기의 모든 근원을 유태인에게서 찾으려고 하였다. 반유태주의는 분명 제국시대 유태인들의 모든 사회생활에 커다른 영향을 미쳤다. 유태인이 폐쇄된 그들만의 공동체를 형성하고 사는 동안은 유태인에 대한 혐오와 증오가 결코 두드러지지 않았다는 사실을 역사는 증명하고 있다. 그러나 유태인 해방(Emanzipation), 동화(Akkulturation) 그리고 세속화(Säkularisierung)는 유태인 공동체를 지속적으로 해체시키면서 유태인 개개인은 어떠한 태도를 취해야 할지 모른 채 만연해 가고 있던 반유태주의 운동에 직면해 있었다. 이러한 불안과 동요는 한편으로는 반유태주의에 저항하는 단체를 조직하고 시온주의(Zionismus)를 탄생케 한 반면, 다른 한편으로는 유태인들을 개종의 방법으로 유태주의로부터 더욱 멀어지게 하기도 하였다.

그러나 유태인의 개종에서 반유태주의의 확산만이 결정적인 역할을 한 것은 결코 아니었다. 유태인의 개종은 경제적 발전과 시민사회의 확립 속에서 유태인의 경제적·사회적 지위상승으로 인해 유태주의에 대해 점차 무관심해지고, 뿐만 아니라 개종을 통해 시민생활에 더 많은 이득을 가져오리라는 기대감에서 비롯되었다. 다른 한편으로는 이러한 유태인 공동체의 점진적인 해체와 개종의 분위기 속에서도 유태주의에 대한 자부심과 공경심을 유지한 채 유태인으로서 남아 있었다는 사실도 놀라운 것이었다. 이러한 사실 때문에 '저항 유태주의(Trotzjudentum)'라는 용어가 널리 퍼지게 되었다. 이러한 태도가, 유태주의가 단순히 하나의 종교 이상의 것이라는 인식에 어느 정도로 작용했는지를 밝히는 일은 쉽지 않다. 여하튼 다른 민족의 경우처럼 유태인에게 있어서 개종은 대부분 기회주의의 한 표현으로 보는 것이 타당할 것이다.

다음의 통계는 독일 제2제국 시기에 개신교로 개종한 유태인의 숫
자를 보여 준다.[37]

1880~1889	=	2645
1890~1899	=	4487
1900~1909	=	4819
1910~1919	=	4528
1880~1919	=	16479

가톨릭으로 개종한 유태인들이 개신교로 개종한 유태인들의 1/3 정
도 되었다는 점을 고려하면, 1880~1919년 사이에 전체 유태인 개종자
는 약 2만 명에 달했을 것으로 추정된다. 그러나 이 통계에는 독일사회
에 동화된 유태인 가정에서 태어나자마자 세례를 받은(개종한) 유태인
자녀가 포함되어 있지 않다. 다른 한편으로는 유태인들 중에 유태인
공동체에서 탈퇴하기는 하였지만 개종에까지 이르지 않았던 부류들도
점점 늘어 가는 추세였다.

유태인 개종자들 중에는 개종을 통해 사회적으로 특별한 이득을 볼
수 없었던 상인보다는 지식인 계층이 비교적 많았다. 한 예로 Berlin에
서는 1873~1906년 사이에 유태인 공동체에서 탈퇴하고 개종한 유태
인의 36%가 지식인 계층이었다. 그리고 대도시일수록 개종이 빈번히
이루어졌으며 지방에서는 보수적인 종교적 성향과 사회적 통제가 비
교적 강하였기 때문에 개종은 미미한 수준에 불과하였다. 1904년 한
해 동안 독일 전역에서 404명의 유태인 개종자가 있었는데 이 중 153
명이 Berlin에서, 29명이 Hamburg에서 이루어진 것에 비해 대공국
Hessen에서는 한 명의 유태인도 개종하지 않았다.[38]

---

37) Behr, 앞의 책, 105쪽.
38) Ruppin, Arthur, *Die Juden der Gegenwart*, Köln, 1911, 190쪽.

C. 타민족과의 결혼(Mischehe)

타민족과의 결혼은 개종보다 유태인의 인구감소에 더욱 큰 영향을 미쳤다. 타민족과의 결혼은 개종보다 더 큰 규모로 이루어졌으며 이 결혼으로 태어난 자녀 중 소수만이(20%) 유태인 교육과 생활방식을 익혔다는 점에서 유태인 사회에 미친 영향은 지대하였다.[39] 그러나 타민족과의 결혼에 대한 유태인들의 부정적 태도는 개종에 비하면 약한 편이었다. 다음의 통계는 유태인 100쌍의 결혼에 대해 제국 전체와 몇 개 지역에서 이러한 결혼이 차지하는 비율을 보여준다.[40]

	제국전체	Hamburg	Sachsen	Hessen
1901~05	18.0	53.6	41.4	7.0
1906~10	23.7	63.8	47.5	9.2
1911~15	38.0	73.0	62.6	13.0
1016~20	38.6	73.7	24.1	16.9

이 통계에서 알 수 잇듯이 타민족과의 결혼은 개종에서와 마찬가지로 Hamburg 같은 대도시에서 성행하였다. 전체적으로는 1911~1915년 사이에 결혼한 모든 유태인 남자들 가운데 22%가, 여자들은 13%가 다른 민족의 배우자를 선택하였다.[41] 타민족과의 결혼이 제국시대에 증가한 사실은 개종을 하게 된 동기와 유사하다. 유태인들은 시민계급으로 상승함에 따라 비유태인과의 접촉과 교류가 더욱 증가하면서 그들의 전통적인 유태주의로부터 벗어나기 시작하였으며 특히 직업·사회생활에 있어서 비유태인과 빈번한 접촉을 경험하였던 남자 유태인들이 유태인 여성보다 타민족과의 결혼비율이 높았던 이유도 바로 여기에 있다.

---

39) Behr, 앞의 책, 114쪽.
40) 위의 책, 112~113쪽.
41) 위의 책, 112~113쪽.

2. 동유럽 유태인들의 유입

출생률의 하락, 개종 그리고 타민족과의 결혼으로 인한 유태인의 인구감소는 동유럽 유태인들의 유입으로 어느 정도 저지되었다. 그러나 유태인 인구가 이러한 이주 유태인들로 보충된 반면 독일을 떠난 유태인들도 적지 않았다. 제국 창건 이전에 독일을 떠난 유태인들의 숫자가 독일로 이주한 동유럽 유태인들보다 3% 많았다.[42] 앞에서 서술한 바와 같이 유태인 해방 법률이 제정되기 이전에 유태인들은 자유를 찾아 해외로 이주하였다. 제국 창건 이후에는 경제대공황으로 1880~1895년 사이에 독일을 떠난 모든 이민자의 숫자는 150만 명에 달하였으며 이 가운데 유태인이 차지하는 숫자는 단지 2만 명이었다.[43] 이들은 대체로 경제적 발전에서 큰 이득을 취할 수 없었던 지역인 독일 남부지역과 Posen 그리고 1871년 독일에 합병된 엘자스 로렌 출신들이 많았다. 특히 엘자스 로렌 유태인들은 이 지역이 독일에 합병된 이후에도 프랑스에서 동질성을 찾았으며 독일 관리들의 강제지배와 병역의무제에 큰 불만을 가지고 있었다. 이러한 정치적 이유로 1871~1910년 사이에 이 지역 유태인의 25%인 약 1만 명이 프랑스나 미국 그리고 스위스로 이주하였다.[44] 그러나 1890년대 중반 이후 경제적 호황기가 다시 찾아오자 해외이주자들은 급감하였다. 이로써 독일로 이주한 유태인 숫자는 독일을 떠난 유태인 숫자를 앞지르기 시작하였다.

동유럽 유태인들의 독일로의 이주는 분명 유태인의 해외이주보다

---

42) 1800년~1880년 사이에 약 10만 명의 독일 유태인이 다른 곳으로 이주하였다 (Toury, Jacob, *Soziale und Politische Geschichte der Juden in Deutschland 1847-1871*, Düsseldorf, 1977, 43쪽).

43) Alder-Rudel, Salomon, *Ostjuden in Deutschland 1880-1940*, Tübinger, 1959, 17쪽. 유태인들은 경제 대공황의 위기 속에서도 비유태인들보다 타격을 훨씬 적게 받았기 때문에 경제위기로 인한 해외 이주자의 숫자가 꾸준히 줄고 있었다.

44) Toury, 앞의 책, 47~49쪽.

독일사회의 큰 관심을 끌었다. 이주 유태인들은 대부분 대도시를 선호하였으며 언어나 의식주 그리고 성향에 있어서 대도시의 동화된 독일 유태인들과 큰 차이를 보였지만 대부분 곧 새로운 사회에 적응해 나갔다. 이들의 대부분은(85% 정도) 러시아 지배 하의 폴란드와 오스트리아 지배 하의 폴란드 지역인 Galizien 출신이었으며, 개중에는 부유한 상인들도 극소수 있었지만 대부분 소상인과 수공업자인 소시민계층, 공장노동자들이었다. 러시아의 유태인 박해(Pogrom)와 Galizien의 유태인에 대한 경제적 보이코트에 시달리던 이들은 급격한 경제발전과 유태인에 대한 동등권을 보장한 독일이라는 나라에 큰 매력을 느꼈을 것이다. 러시아에서는 1881년 이래로 정부에 의해 묵인 내지는 조장된 일련의 유태인 박해가 극심하였기 때문에 1914년까지 약 130만 명의 러시아 유태인들이 떠났다. 이러한 대규모의 집단이주는 대부분 독일을 통과하여 해외로 이주하는 것이 일반적이었다. 1904~1914년 사이에 Hamburg에서만 매년 10만 명의 러시아 출신 유태인들이 미국으로 떠났다. 이러한 상황에서 독일 관리들은 러시아 유태인들의 불법체류를 막기 위해 갖은 방법을 동원하였다. 러시아 유태인들은 미국행 선박티켓을 소유해야만 독일을 통과할 수 있는 허가를 받았으며 이마저도 폐쇄된 기차 속에 갇혀 철저한 감시 속에 Hamburg에 도착하였다. 이러한 철저한 감시 속에서도 독일에 체류한 유태인들이 있었다. 이에 독일정부는 추방정책으로 강경대응하였다. 1881·1882년 Berlin에서는 2,000명의 불법체류 러시아 유태인들이 추방되었으며 1906년에 또 다시 4,000명이 추방당했다. 1886·1887년 프로이센 정부는 8,000명의 유태인들을 동쪽으로 추방함으로써 가장 큰 규모를 기록하였다.[45] 1890년 처음으로 프로이센에서 이주 유태인들을 특별 분리하여 인구통계 조사를 실시함으로써 체류한 이주 유태인의 숫자를 확인할 수 있었다. 1890년에 11,390명, 1900년에는 41,000명, 1910년에는 78,000이 등기됨

---

45) Adler-Rudel, 앞의 책, 20쪽.

으로써 독일 전체 유태인 중 이주 유태인이 차지하는 비율은 1900년 7%에서 1910년 12.8%로 크게 상승하였다. 대부분의 이주 유태인들은 일자리를 쉽게 찾을 수 있다는 이유로, 그리고 같은 민족인 유태인과 쉽게 접촉할 수 있다는 이유로 대도시로 몰려들었다. 그 결과 1900년경에는 대부분의 대도시 유태인에서 이주 유태인이 차지하는 비율이 매우 높게 나타났다. 예를 들면 Leipzig에서는 67%, Dresden에서는 53%, München에서는 27%, Berlin에서는 25%를 차지하였다.[46] 이들의 많은 숫자는 대부분 상업에 종사하였으며 특히 그들의 고향이었던 동유럽 지역과의 무역 특히 모피무역에서 상당한 지위를 차지하였다. 이들 대부분은 빠른 속도로 독일사회에 적응하였지만 독일국적을 취득하기까지에는 많은 어려움이 있었다. 독일국적을 취득할 수 있는 요건으로서는 사회적 신분, 직업, 재산 등이 중요하게 작용하였다. 1890년 독일 전역에서 이주 유태인의 1/3만이 귀화할 수 있었으며 1910년 Berlin에서는 단지 11%만이 국적을 취득함으로써 이주 유태인의 상당수가 오랫동안 외국인으로서 독일에 거주하였다.[47]

3. 유태인의 도시집중(Verstädterung)

독일 유태인들이 도시로 이주한 사실은 이주 유태인들이 도시를 선호한 동기와 유사하다. 독일 유태인들은 19세기 중반 이후 유태인 해방 과정에서 거주이전의 자유를 획득하면서 도시로 대거 이주하기 시작하였다. 이 때부터 사회의 유동성(사회·경제적 지위상승)과 지역 간의 유동성(도시로의 이주) 간의 상호관계는 유태인 사회생활의 질적 향상에 중요한 특징이 되었다. 유태인들의 독일내 지역 간의 이주는 비유태인과 마찬가지로 대도시와 제국의 서쪽지역을 선호하였다. 그러

---

46) 위의 책, 21쪽.
47) 위의 책, 42쪽.

나 이러한 현상은 비유태인들보다 유태인들에게서 먼저 이루어졌으며 그 속도와 규모 면에서도 앞섰다.

다음의 통계는 1871~1910년 사이에 중요한 지역에서의 인구를 비교한 것으로 유태인 인구이동의 변화를 보여 준다.[48]

	1871	1910
제국전체	512,153	615,021
프로이센	325,559	415,867
Bayern	50,662	55,065
Sachsen	3,357	17,587
Württemberg	12,245	11,982
Baden	25,703	25,896
Hessen	25,373	24,063
Hamburg	13,396	19,472
Elsaß-Lothringen	40,918	30,483

대도시가 많고 급격한 경제발전을 경험한 프로이센의 유태인 증가율은 25%였으며 Sachsen에서는 1871년 이후 동유럽 이주 유태인들이 대거 몰리면서 1910년까지 거의 600%의 증가율을 기록하였다. 그러나 그 외 지역, 특히 독일 남부지역은 유태인 인구가 정체 현상을 보이거나 심지어 감소 현상을 보이기도 하였다. 특히 엘자스 로렌에서는 앞에서 언급한 바와 같은 정치적 배경 때문에 가장 급격한 인구감소를 보였다. 제1차 세계대전 이전까지 독일 전체 유태인의 2/3가 프로이센에 살고 있었으며 1870년대 초에는 프로이센 유태인 상당수가 농촌지역이었던 프로이센 동쪽지역으로 잠시 이동하기도 하였지만 곧바로 프로이센의 서쪽지역, 특히 Berlin이나 산업도시로 거대한 집단이주가 이루어졌다.

프로이센의 Schlesien은 동쪽에 위치하고 있었지만 지역 특성상 비교적 경제발전이 지속적으로 이루어졌기 때문에 유태인의 인구감소는

---

48) Blau, 앞의 책, 282쪽.

없었다. 반대로 Westpreussen에서는 1871~1910년 사이에 유태인들의 숫자가 반으로 줄었으며 Posen에서는 심지어 62,000명의 유태인들이 26,500명으로 급격히 감소하였다.[49] 이러한 현상은 이 지역에서 전통적으로 오랫동안 뿌리를 내렸던 유태인의 종교적 생활방식이 사라져가고 있으며 정통유태주의가 쇠퇴하고 있었음을 의미한다. 더욱이 이들 지역은 주산업이 농업이었기 때문에 경제발전의 가능성이 희박하였을 뿐만 아니라 폴란드인들이 다수를 차지함으로써 빈번히 독일정부와 폴란드인들의 갈등이 첨예화되었기 때문에 사회불안이 만연되어 있었다는 점도 유태인들이 떠난 중요한 요인으로 작용하였다.

유태인들이 특히 도시로 집중한 것은 근본적으로 그들의 독특한 직업구조에서 근거를 찾을 수 있다. 일반적으로 도시로의 인구집중은 산업화 시기의 한 특징이었다. 도시에는 유태인들이 가장 선호하였던 상업과 자유전문직이 출세할 수 있는 좋은 조건을 갖추고 있었다. 유태인들의 법적인 해방은 전통적으로 뿌리박힌 유태인들의 직업구조 변화에 별다른 영향을 미치지 못하였다. 유태인 해방을 지지하였던 기독교 정치지도자들은 유태인 해방을 통한 직업선택의 자유로 이제는 많은 유태인이 농업과 수공업에도 종사하기를 기대하였지만 일반적인 경제발전과 이에 따르는 시대적 요청은 이러한 기대를 비현실적인 것으로 만들어 버렸다. 유태인 해방시기와 마찬가지로 제국시대에도 여전히 유태인의 반수 이상이 상업 분야에 종사하고 있었다. 산업화 시기에도 수공업과 농업은 오랜 기간 동안 침체에서 벗어나지 못하여 단순히 공장노동자들을 제공할 뿐이었다. 반대로 상업과 산업은 많은 사람들에게 지위상승을 위한 전망 밝은 기회를 제공하였다. 유태인들은 수백 년 동안의 상업전통을 통해 자본주의적 산업사회로 이행하는 데 있어서 근대적 경제구조에 대한 준비와 대처가 다른 사회집단보다 훨씬 빨랐을 뿐만 아니라 매우 유연하였다. 자본주의적 경제발전에서 유

---

49) 위의 책, 282~285쪽.

태인들의 적응성과 창조성은 Werner Sombart와 같은 동시대 학자들로부터 '자본주의의 창조자'로 분석될 정도로 독일의 자본주의적 경제에 큰 영향을 미쳤다.[50] 여하튼 유태인들은 산업화의 절정을 이루었던 1890년대 중반에 전체 유태인의 56%가 상업에 종사하였으며 공업 분야에는 20% 정도가 참여한 반면 농업에는 단지 1%를 약간 웃돌 정도였다. 반대로 독일 전체에서는 이 시기에 여전히 36% 이상이 농업에 종사하고 있었으며 단지 10%만이 상업에 종사하고 있었다.[51] 유태인들의 이러한 상업 분야의 집중은 산업화의 진전으로 더욱 가속화되면서 더욱 높은 사회적·경제적 지위를 향유할 수 있었다. 전체 유태인의 60% 이상이 중산층의 지위에 있었으며 25%가 소시민 계층이었다는 사실은 제국 시기의 유태인들의 사회적 지위상승을 확인해 준다.

유태인들의 도시집중은 1850년대 이후에 시작되어 제국시대에는 산업화의 진전으로 인해 더욱 가속화되면서 유태인들의 사회적 지위상승에 큰 영향을 미쳤다. 지방의 유태인 공동체를 제일 먼저 떠났던 사람들은 바로 부유한 유태인 상인들과 야심만만한 그들의 자녀였다. 이들은 비유태인들이 대부분 공장노동자로 도시에 집중했던 것과 달리 풍부한 자본과 전문적인 지식을 가지고 대도시로 이주하였다.

이러한 경제적 요인 이외에도 유태인들의 도시집중에서 두 번째의 중요한 동기로 작용했던 것이 자녀들에 대한 높은 교육열이었다. 질 높은 교육을 통한 교양시민계층으로의 상승은 아마 경제적 지위를 이미 획득한 유태인들에게 가장 큰 희망이었을 것이다. 앞에서 서술한 바와 같이 제국시기 이전에 유태인들이 도시에 집중한 한 요인이 된 유태인들의 교육열은 제국 창건 이후 더욱 가열되었다. 유태인들에게 있어서는 부가 대학에 진학하는 중요한 조건이 결코 아니었기 때문에 소시민 계층에 속한 유태인 자녀들도 유태인 공동체에서 제공하는 다

---

50) Sombart, Werner, *Die Juden und das Wirtschaftsleber*, Leipzig, 1911.
51) Toury, 앞의 책, 114쪽.

양한 장학제도를 통해 대학에 진학할 수 있었다. 그리하여 1886 · 1887년 독일 전체 인구의 1%를 차지한 유태인들이 독일 전체 대학생의 8%를 차지하였다는 사실[52]은 고등교육을 통한 그들의 사회적 지위상승의 의욕을 쉽게 엿볼 수 있다. 그러나 유태인 대학졸업자들은 법적으로 직업을 자유롭게 선택할 수 있도록 보장받았음에도 불구하고 실제로는 행정부, 사법부, 대학교를 포함한 교육기관, 그리고 군대장교직에서 어느 정도 배제되었다. 이러한 제한은 불가피하게 유태인들로 하여금 집중적으로 의사, 변호사 그리고 언론인과 같은 전문적 자유직업 집단에 종사하도록 하였다.[53]

독일인들이 1871년 전체 인구의 4.8%만이 대도시에 살았으나 1910년에는 21.3%로 크게 증가한 것처럼 유태인들도 같은 시기에 20% 미만에서 3배 정도 증가한 58.3%로 증가하였다.[54] 여기서 우리가 간과해서는 안 될 점은 늦어도 1880년 이후에 만연해 있던 반유태주의의 위협 속에서 상당수의 유태인들이 자신들의 안전을 위해 유태인의 신분을 숨기며 살았다는 사실을 고려하면 위에서 보여 준 비율 이상으로 유태인들이 대도시에 집중해 있었음을 추측할 수 있다. 다음의 통계는 1871년과 1910년의 대도시의 유태인 인구변화를 보여 준다.[55]

이 표에서 나타난 것처럼 유태인들은 대도시에서 절대적인 수적 증가를 보였지만 대도시의 전체 인구 상승률이 유태인의 상승률보다 높았기 때문에 단지 Leipzig를 제외한 모든 대도시에서 유태인이 차지하는 인구비율은 감소했다.

대도시를 중심으로 유태인들이 증가한 것은 중소도시와 지방에서의 유태인 감소를 의미하였다. 1885년 프로이센 지역에서는 유태인들이

---

52) 위의 책, 177쪽.
53) Richarz, 앞의 책, 102~107쪽.
54) Blau, 앞의 책, 285쪽.
55) Silbergleit, 앞의 책, 24쪽 ; Blau, 앞의 책, 284쪽 ; Lestschinsky, 앞의 책, 63쪽.

	1871	독일 도시민에서 차지하는 비율(%)	1910	독일 도시민에서 차지하는 비율(%)
Berlin	36,015	4.3	90,013	4.3
Frankfurt	10,009	7.1	26,228	6.3
Breslau	13,916	6.4	20,212	3.9
Hamburg	11,954	4.0	19,472	1.9
Köln	3,172	2.4	12,393	2.0
München	2,884	1.8	11,083	1.9
Leipzig	1,739	1.1	9,434	1.6
Nürnberg	1,813	2.2	7,815	2.3
Dresden	1,276	0.7	7,334	0.6

여전히 2만 명 이하의 지방에 전체 유태인의 54%가 살고 있었지만 1910년에는 28%로 크게 하락하였다. 경제적 발전이 매우 더디었던 독일 남부지역에서는 유태인의 도시집중이 매우 느리게 이루어졌기 때문에 여전히 상당수의 유태인들이 존재하였다. 1910년 Hessen에서는 전체 유태인의 45%가 인구 5,000명 이하의 지방에 살고 있었으며 Würtemberg에서는 33%, Bayern에서는 30%를 차지하고 있었다.56) 이러한 통계는 산업화의 진전에 따른 프로이센 지역의 도시집중과 비교해 볼 때 남·북지역 간의 격차를 여실히 보여 준다. 프로이센 지역 안에서도 산업화로 인한 지역적 격차를 보여 주었는데 농업의 동쪽으로부터 산업의 서쪽으로의 이동, 지방으로부터 도시로의 이동 현상은 지방의 유태인 공동체의 재정적 위기를 초래하였다.

유태인의 도시집중에서 가장 선호하였던 지역은 의심할 바 없이 Berlin이었다. Berlin으로의 인구집중은 일반적으로 통계가 제시한 것보다 훨씬 강력하였다. 그 이유는 Charlottenburg, Schöneberg, Wilmersdorf 그리고 Neukölln과 같은 Berlin의 주변지역에 이주자들의 일부가 이주해서 살았지만 통계에는 Berlin지역에서 배제되었기 때문이다. 이 지역들은 1920년에야 비로소 Berlin 시에 편입되었다. 1910년

---

56) Blau, 앞의 책, 156·201·215쪽.

에는 독일 전체 유태인의 거의 27%가 Berlin에 살고 있었다. 1905년 이후 Berlin의 유태인 인구가 감소했던 것은 주변환경이 좋았던 Berlin의 서쪽 외곽지역으로의 이주가 빈번하게 이루어진 결과였으며 Berlin 유태인들의 경제적 환경이 점점 나아지고 있음을 의미하였다. 유태인들이 가장 선호하였던 외곽지역은 부유한 중산층이 모여 살았던 Charlottenburg였다. 유태인들은 이 곳에서 1910년에 이 지역 인구의 7.3%를 차지하는 22,000명이 살았고 이 중 반수 이상은 5년 전부터 이주해 왔었다.57) Berlin 유태인들의 출신 성분은 비유태인들처럼 프로이센 동부지역 출신이 다수를 차지하였다(Posen 30%, Westpreußen 16%, Schlesien 16%).58) 또한 이들의 15%가 동유럽 이주 유태인들이었다는 사실은 제국의 수도였던 Berlin이 비교적 자유주의의 분위기를 갖추고 있고 경제적 번영을 이룩하고 있었으며 다양한 지식인 계층이 활동하였다는 점에서 유태인들에게 경제적·사회적·문화적 지위상승의 기회를 충분히 제공하였음을 확인할 수 있다.

V. 결론

지금까지 19세기 독일의 유태인 해방과 인구변동을 통한 유태인들의 사회적 지위상승과의 상관관계를 살펴보았다. 유태인 해방 과정은 근대적인 시민사회와 산업사회의 일반적인 발전 과정과 직접적으로 관련을 맺고 있었다. 독일 유태인 해방에 있어서 두 시기(1780년~1815년과 1840년~1870)를 중요한 과정으로 인식한다면 이것은 바로 이 시기의 정치적·경제적·사회적 발전 과정에서 19세기의 혼란스러웠던 시대적 배경을 반영하는 것이었다. 첫 번째 시기(1780년~1815

---

57) 위의 책, 97쪽 ; Silbergleit, 앞의 책, 25쪽.
58) Blau, 앞의 책, 100 · 109쪽.

년)에서는 계몽주의 사상과 프랑스혁명을 통해 일반적인 개혁을 불가 피하게 인식하였던 일부 정치가들의 역할이 유태인 해방 과정의 초기에 중요하였다면, 두 번째 시기(1840년~1870년)에서는 산업화를 통한 경제발전과 자유주의적 시민계급의 성장이 유태인의 해방을 불가피한 것으로 만들었다.

유태인 해방 과정에서 유태인의 인구변동에 영향을 미친 첫 번째 요소는 독일제국 이전의 유태인 인구의 급격한 상승과 제국시대의 인구 감소였으며, 둘째는 농촌으로부터 도시로의 이주, 셋째는 유태인 해방이 매우 더디게 이루어진 곳으로부터 다른 지역으로의 이동이었다. 독일 유태인들의 이러한 사회통계학적 유동성은 유태인들이 점진적으로 '보호유대주의(Schutzjudentum)'의 굴레에서 벗어나 19세기 중반 이후안에 독일 중산층 시민으로의 상승을 반영하는 것이었다. 특히 독일 유태인들의 도시집중은 한편으로는 유태인들에게 경제적·사회적·문화적 지위상승의 기회를 제공하였을 뿐만 아니라, 다른 한편으로는 유태인들의 이러한 지위상승을 보여주는 시금석이었다.

母岳實學會

회　　장　김정의
총무간사　서 태 원
연구간사　강 세 구
편집간사　천 화 숙
감　　사　최　　용

朴尙煥博士停年紀念

史學論叢

母岳實學會 編

초판 1쇄 인쇄 · 1999년 8월 25일
초판 1쇄 발행 · 1999년 8월 31일

발행처 · 도서출판 혜안
발행인 · 오일주
등록번호 · 제22 - 471호
등록일자 · 1993년 7월 30일
121 - 210 서울 마포구 서교동 326 - 26
전화 · 02) 3141 - 3711, 3712
팩시밀리 · 02) 3141 - 3710

값 35,000원

ISBN 89 - 85905 - 97 - X 93900